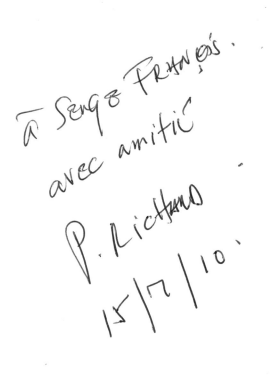

À Serge François.
avec amitié

P. Richard

15/7/10.

Dans l'ombre
d'une **exécution**

J. P. Richard
Narcisse

TOUTE L'ENQUÊTE SUR L'AFFAIRE COICOU

NEW YORK

2010

Couverture et mise en page:
Rono (www.designbyrono.com)

Distribution:

www.haitianbookcentre.com
PO Box 258
Uniondale NY 11553

info@haitianbookcentre.com
Phone: 516-538-5899
Fax: 516-208-4826

Dans l'ombre d'une exécution / J-P Richard Narcisse

Library of Congress Registration Number / Date: TXu001599461 / 2007-11-09

DANS L'OMBRE D'UNE EXECUTION TOUTE L'ENQUETE SUR L'AFFAIRE COICOU.
2007
NARCISSE, JEAN-PIERRE RICHARD

ISBN 978-1-60402-000-7

DU MÊME AUTEUR

Dèy ak Lespwa, poésie, 1978

De pale, poésie (en collaboration avec Lyonel Trouillot), 1979

Recho Etajè, poésie. 1983

La fillette couverte de paille, théatre, (en collaboration avec Syto Cavé et Lyonel Trouillot), 1984

Lotbò Granrivyè, théatre, 1989. Mise en scène : Hervé Denis. Présentée au Théatre National, Port-au-Prince, Haïti

Mémoire de Femmes, UNICEF-Haïti, (en collaboration avec Jasmine Claude Narcisse), 1997

A PARAÎTRE

La Fresaie, roman

Vwazin, kouman ou ye?, théâtre

REMERCIEMENTS

A Jean-Euphèle Milcé qui, lors des balbutiements de cet ouvrage, m'a permis généreusement de mettre à profit toute la documentation disponible en possession de la bibliothèque des Pères du Saint-Esprit.

Au frère Ernest Even de la bibliothèque de Saint-Louis de Gonzague sans qui, non plus, ce livre n'aurait point vu le jour. Qu'ils trouvent ici le témoignage de ma profonde gratitude.

À mes premières lectrices, Jasmine et Frantzie, qui ont consenti à déchiffrer le canevas soumis à elles et m'ont affectueusement aidé de leurs conseils.

Aux amis nombreux qui les ont relayées mais dont je me garderai bien, par simple delicatesse, de livrer les noms ici. Ils se connaissent et comprendront!

À Rono pour l'infinie patience dont il a su faire montre et pour l'aide essentielle apportée dans la mise en page de cet ouvrage.

À Jasmine encore pour les incessantes relectures jusqu'à fatigue d'un livre qui s'entêtait à ne point voir le jour.

À Iriane enfin qui, durant de longues années, m'a vu courbé au labeur, m'acquitter inlassablement de ce devoir mais ne s'est jamais plainte.

«La voix est la voix de Jacob; mais les mains sont les mains d'Esaü»

Genèse 27:22

«Que du moins il vous reste une voix ! que du moins
Vous nous ayez, la nuit et moi, pour vos témoins ?»

Victor Hugo

«La clarté, la clarté la plus ténue, est seule garante de l'avenir.»

À mon fils, mon bien-aimé Eugérie-André,
qui attendait tant ce livre!

SOMMAIRE

La Manchette

(...) Il faut qu'il parle.- «Il est venu pour cela, réplique Me Moise (...) l'heure est venue de faire luire la vérité ! (...)

- «J'en prends note, réplique le substitut Constant ; alors ne parlez plus de firminisme là où il n'est question que d'assassinat, de crime de droit commun.- Les exécutions du 15 Mars ont pour excuse les imprudences firministes !...- Hélas ! Dieu de justice...

(Le Nouvelliste, 6 mars 1912)

PREMIÈRE PARTIE

1
Ouverture

Lancer ce livre !

Cette déprime une fois de plus ? Et se rebiffant d'autant plus qu'elle suppute mieux que moi ce que représente exactement de vivre, et de longs mois durant, plongé jusqu'au cou dans tant de faits, tant d'événements sordides ? Pour sûr qu'il y a de ça dans cette panne sèche. Pénible. Qui me voit rivé à ce fauteuil dans une impuissance débile à rendre dingue. Pourtant, ne veux-je pas, n'entends-je pas, ce livre, de toutes mes forces l'écrire. Non ? Mieux, n'ai-je pas mission de le faire ? (Oui, mission. Ridicule par excès d'emphase, par trop d'ampoulement, ce terme mais, à tout prendre, c'est exactement ça) Appel meurtri de mon Histoire, sommation douloureuse dont j'ai trop fui l'urgence, ne faut-il pas qu'il prenne corps enfin ? Et, à mes yeux fatigués, à mes yeux implorants, devienne chose tangible, palpable ? Coup d'oeil rapide sur ma table. Devant moi, *L'exécution des Frères Coicou* de Jolibois (qui, lui aussi, avait mission, mais est-ce la même ?), le livre à l'origine de tout, de ma passion dévorante et absurde de cette histoire. Et aussi cette longue histoire de paperasse, fruit quotidien et acharné de cette passion. La plume tombée de mes mains, dans ce pêle-mêle gribouillé de notes à côté de moi, je m'apprête une fois de plus à les ouvrir, mais me ravise...

– Sur quoi au juste peinez-vous tant ? Les événements, brièvement abordés hier, du 14 au 15 Mars 1908 ?... Ceux-là ?

Oui, peiner, c'est exactement ça.

L'objet, à peu de chose près, exactement ça aussi.

Et cette voix, qui vient rompre le silence, celle de mon ami... euh... (ayant en sainte horreur les feux, convenons-en, pas toujours amènes, de la rampe, aucune raison de les lui imposer. Donc, gardons-lui discrètement son anonymat et baptisons-le pour la circonstance) ... Georges. Oui, Georges. Mon grand et, de longue date, immémorable ami, soit dit en passant. Cœur d'or entre tous, me sens-je aussi tenu de mentionner. À qui, en dépit de ces heurts inévitables entre copains, les coups durs vécus ensemble m'ont amené tranquillement à vouer un respect des plus profonds et, pour tout dire, jamais ébranlé, si vous voyez ce que je veux dire. Arrivé en coup de vent ici pour une visite «au vol» d'une heure au plus, prétendait-il, il semble y avoir pris, je ne sais trop pourquoi, demeure; et cela depuis Dieu sait quand déjà, (euh... où ai-je la tête ? depuis deux jours déjà, je m'excuse), ne me laissant pas d'autre choix, tous nos sujets épuisés, (nos batteries, aimons-nous à dire) et ma conscience battant ferme la chamade, que celui un peu pénible qui m'a vu, passant outre à sa présence, prendre place résolue et écartée à cette table. Et ce, bien entendu, à seule fin de reprendre tout ça. De m'évertuer plutôt à le reprendre. Au point rigoureusement précis, témoin deux jours plus tôt, de nos adieux sans grands regrets et contraints par l'amitié. À vrai dire, pour être honnête, au point d'étiage, au point désespérément zéro....

– ... Et qui ont vu, cette nuit-là, leur couronnement, m'avez-vous dit, par le massacre de nombre de citoyens et notamment du poète Massillon Coicou? Ceux-là ?

Oui, à l'évidence celle de l'entêté Georges. Ces événements qui me voient peiner se rapportent en effet à cette inoubliable date du 14 au 15 mars 1908; et ils ont vu, cette nuit-là, leur couronnement par le massacre de nombre de citoyens et notamment du poète Massillon Coicou. Ça a été dit et confirmé ici même dans cette pièce. Et pas plus tard qu'un quart d'heure à peine, si je ne me trompe. J'en appelle à l'horloge...Oui, computation fiable et on ne peut plus précise. À ce moment, qu'avions-nous convenu en fait? Que lui, dans son coin, resterait tranquillement à lire, à s'occuper, de sorte que, dans ces tentatives assidues d'amadouer l'inspiration (Clio, l'appelaient les grecs, et le vieux griot titubant dans sa brousse, ivre d'une lumière oubliée et de chants, sous quel nom enviable et prometteur l'invoquait–il ?), oui, de sorte que, disais-je, dans ces tentatives assidues d'amadouer l'inspiration, de sa part et sous aucun prétexte, objet nullement je ne me retrouve de la moindre sollicitation. Oui, voilà. C'est ça. Je me doutais bien, au fond, qu'il n'en ferait rien !

– ...Ceux-là ?

A cette question phatique et, en apparence, sans rebond mais masquant mal, je le devine, un flot intarissable, un flot d'une puissance rare, difficile à mesurer, voire même à contenir, que dois-je répondre en fait ? Rien. Prudence. Mutisme. Le moins je dis à ce vieux pote en ce moment, le mieux ça vaut, si vous voyez ce que je veux dire.

Oui, le mieux ça vaut...

La plume est là qui m'attend.

Poids d'une plume muette, avare !...

La conspiration du 15 mars...

Les nouvelles victimes de M. Firmin...

Quoi ?... Cette manchette une fois de plus ! Et datée du lundi 16 mars 1908 du journal Le Matin ? Quand donc l'ai-je sortie de sa chemise ? Et, surtout, demandez-moi pourquoi ? Distraitement d'abord, puis résolument attentif à mesure que se révèle à moi la conscience nette d'un acte débile, machinal, la tête gribouillée de mots et un tantinet en feu, me voilà bêtement qui m'apprête à la relire une fois de plus. Fascination due à son rôle ? Entendons-nous : l'ordre du jour présidentiel avait eu la primeur, nous dit-on, ayant fait l'objet, le jour même, d'une publication impérieuse et en grande pompe dans les rues désertées et «voilées de deuil» de la Capitale. Pourtant, dans l'émoi bien compréhensible de ces coups de feu ayant retenti à l'aube de ce 15 mars, et dans cette angoisse que dissipent mal d'inévitables rumeurs (qu'on imagine bien) distillant à tous les échos, leur confusion inouïe, s'imposant largement, d'une urgence évidente, sur plus de trois colonnes, c'est vers sa source riche de promesses qu'une ville entière dût se ruer, oui, vers elle, en quête avide de clarté autre, d'éclairage vrai sur une exécution absurde, brutale qui, aux dires de témoins, n'en finira point de la déconcerter. Je la relis attentivement. D'un cynisme, croyez-moi, à faire pleurer de rage !

– Grotesque, non ?

– Ah! vous voilà occupé, vous aussi, à la lecture de cette incroyable manchette, mon vieux Georges. Et par-dessus mon épaule, me vois-je contraint de préciser. Et moi qui, abîmé dans mes pensées, ne m'en suis nullement rendu compte!

– Mes plates excuses pour une telle intrusion, mon ami... De mon coin («De mon exil» serait, je crois, plus juste), Je vous ai vu, en panne d'idées (Suis-je en train de m'abuser ?) sortir ce vieux journal et l'étaler devant vous, et sachant qu'il ne pouvait s'agir que d'un compte rendu à chaud des événements qui vous préoccupent, j'ai désiré me faire une idée vague de ce qui s'y disait, tâter d'une atmosphère d'époque quoi...comme on dit. Euh...à condition, comprenez bien, que cela ne vous soit d'aucun dérangement. Si tel s'avère le cas, évidemment, je peux toujours...

Ah ! ah ! ah ! Georges dans ses oeuvres ! Sans-plus-vous-interrompre, aux oubliettes ! Peut-être avais-je mal entendu... deviens-je dur d'oreilles ? Question hérédité, tares familiales, remarquez-le, ce n'est que chose inscrite, donc, probable. Ma réponse, surtout, ne la ratez pas!

– Euh... Non... Aucunement mon vieux Georges. Chez un amateur de verbe de votre trempe, une telle curiosité n'est, à vrai dire, que trop compréhensible. Seulement, par un homme passé la quarantaine et se retrouvant dans cette posture ridi...euh...incommode où vous ne laissez d'être (Voyez de ces pitoyables grimaces que vous arrache l'effort), je doute fort que ne se montrent rétives à déchiffrer trois colonnes et demie de texte en 9 points de caractère, voire, à sa curiosité, consentir à livrer, et de manière appréciable, cette atmosphère d'époque dont il entend, et bien malencontreusement à mon goût, se révéler friand ! Votre fauteuil, amenez-le donc par ici... Un peu de place n'est que vite fait.

– Pas mauvaise cette idée ! Soyez béni !

– De rien, cher co-lecteur ! (Ah ! ah ! ah !) Bien du plaisir !

Quoi? Proféré en toute amabilité par moi, ce mot de co-lecteur qui vous surprend, vous choque? Compte tenu de ce fait bien nouveau s'imposant sans issue, et de toute urgence, à ma personne, à tout prendre, n'est-ce pas le terme précis, idoine? Mais place plutôt, et plus utile, à la manchette.

2

La manchette

La conspiration du 15 mars.

Les nouvelles victimes de M. Firmin.- Arrestation de Mme Galette.- Officiers militaires devant un conseil de guerre.- Exécution du chef d'expédition et de ses principaux complices.- Une lettre de A. Firmin datée du 1er Mars.

Oui, terrible, disais-je, elle l'est, et dans ses moindres inflexions...

Du consulat de France aux Gonaives où il se tient avec de nombreux partisans, le général Firmin vient d'envoyer à la mort de malheureux égarés surpris, les armes à la main dans la nuit du 14 au 15 Mars.

Et dans ses vieilles formules aussi, non ? Mais appliquées là, reconnaissons-le, avec une science plus qu'évidente. D'une pierre on fait deux coups, comme on dit. On laisse d'abord sous-entendre une atmosphère de lutte nourrie, par conséquent, une exécution «chaude» justifiée. Ils étaient armés et se battaient ! Ne l'oubliez pas. Ensuite les morts fauchées on en rend l'ennemi lui-même coupable ! De sa retraite au consulat de France des Gonaives à laquelle l'avait contraint la débâcle de ses forces débarquées de Saint-Thomas dans cette dite province, au début du mois de Janvier, (deux mois auparavant ? Oui) Anténor Firmin les a envoyés à la mort. Quel sanguinaire, il est ! Très fort, non ? Et voilà, du coup, partie toute responsabilité. Tout souci de compte à rendre. L'ordre du jour présidentiel, lui, que dira-t-il ? «Arrêtés avec des armes et munitions destinées à l'insurrection» si j'ai bonne mémoire. Je vérifie. Ce texte où est-il ?... juste au verso de cette manchette, j'oubliais. Oui, c'est à peu près ça. Ce qui est d'un mensonge plus sobre, non, et laisse mieux transparaître un processus... oui, mieux transparaître un processus... c'est bien ça. Du reste, est-ce vrai ? Enfin, si l'on veut... mais poursuivons.

Mes lunettes une fois de plus. Oui, chaussons-les.

... Des cadavres, encore des cadavres montent autour de cet homme néfaste qui n'a pas renoncé à son projet de s'emparer du pouvoir par le feu, par le fer, par le sang. Et par ce que Firmin veut être Président d'Haïti, les familles connaîtront de nouveaux jours d'angoisses et d'alarmes et dans les champs dévastés, dans les ateliers désertés, la chanson du Travail éteindra ses notes éclatantes.

Cette fois-ci encore, le gouvernement a eu raison de ceux-là qui ont cru pouvoir s'attaquer à lui et le chef de l'Expédition, ainsi que ses principaux complices ont été exécutés.

Soyons vigilant et attentionné. Par «chef de l'expédition», il faut entendre notre poète Massillon Coicou évidemment. Cette manière expéditive et brutale dont va être rendue publique sa mort !... son exécution !... insupportable !

... L'autorité était déjà prévenue, car on savait qu'une conspiration s'organisait ici et que Firmin envoyait des instructions à ses partisans. La police suivait les menées de plusieurs individus et particulièrement de Mme Galette, qui avait reçu des fonds destinés à acheter des militaires qui pourraient se laisser gagnés. Aux hauts gradés, on devait offrir de hautes situations et des superbes faveurs.

Par la lettre suivante, on verra la mission qu'avait M. Massillon Coicou, et comment il s'y prit pour la mettre à exécution ?

Cette fameuse lettre une fois de plus. Oui, efforçons-nous de la relire.

Lettre à Massillon Coicou

1er Mars 1908.

Mon cher Ami

Il y a près de deux ans que dans une lettre à Roy Lion, vous m'avez promis de m'écrire directement; mais depuis j'ai attendu, attendu et n'ai rien vu venir...

Aussi, combien j'ai été agréablement touché lorsque j'eus appris par des amis communs que vous n'êtes pas resté indifférent à la sainte cause que nous défendons avec tant de raison et de patriotique conscience.

Cela ne m'étonne pas d'ailleurs car je sais que malgré votre apparence de tiédeur et de mollesse quelle âme d'apôtre brûle dans votre poitrine et dans votre tête !...

(Un peu illisible le dernier mot, mais ça ne peut-être que ça... oui, tête.)

> Communiquez donc votre foi, une foi agissante à toux ceux qui vous environnent ou vous approchent avec cette douceur persuasive et cette ardeur inspiratrice qui sont en vous des dons de l'esprit et du coeur.
>
> Vous avez à vos côtés, serrés pour ainsi dire par les liens du sang, d'autres braves champions qui doivent se mettre aussi à la noble tâche que l'honneur et le patriotisme nous imposent quand même...

D'un énigme toujours renouvelé pour moi cette fin de phrase. Que peuvent bien tenir en suspens ces trois points ? Quand bien même nos forces soient faibles, dérisoires ?... Quand bien même l'infortune semble présider à nos moindres entreprises ?... Oui, quoi ? Je me le demande à tous les coups... À ce train, un jour pas très loin, je le devine, j'arrêterai net de me le demander et vlan ! tout ça au diable !... aux orties !...

> ... Je compte donc non seulement sur vous, mais encore sur H. C le Dr P. L. C. (qui fit pour moi une importante mission en 1902), mission que vous pouvez tous avoir à renouveller au moment voulu auprès de votre cousin à qui je garde toute mon estime et enfin sur C. C, tous vos dignes frères.

Qui donc, précisément, était C. C ?

Le fameux passage, soit dit en passant, qui, entre autres faits, porte Jolibois à émettre de profonds doutes quant à son authenticité, soulignons-le : les initiales par trop claires à son goût, autrement dit, d'où affleurent sans effort l'identité de ceux qu'elles sont sensées représenter (H. C : Horace Coicou. P. L..C : Pierre Louis Coicou, etc... frères et compagnons d'infortune de Massillon). Présupposé 1 : leur présence s'explique uniquement par une volonté de camouflage. Présupposé 2: étant donné les risques toujours probables qu'elle pût tomber aux mains d'un ennemi aux aguets, et vu le danger évident auquel, par conséquent, elle ne laisserait d'exposer ceux dont il y est fait mention, à quelqu'un dont on se réclame de l'amitié, personne, dans un tel contexte, n'aurait nourri l'insensée idée de faire parvenir une lettre de nature aussi compromettante avec des noms si voyants, parce que malhabilement camouflés. Mais il y a-t-il seulement intention de camouflage ? Que penser alors de ce long chapelet apparemment absurde de noms de proches, l'un avec mention même de ses qualités ? Et cette redondance qui clôt si harmonieusement la phrase: «*tous vos dignes frères*» ? Jolibois en a-t-il seulement fait cas ? Je crois que non. Mais poursuivons.

... Pressez-leur la main bien cordialement de ma part et avec eux réunissez vous en groupe de généreux patriotes décidés à tout affronter pour le triomphe de nos idées et pour nous délivrer de la honte et de la tyrannie qui pèsent sur le peuple depuis plus de cinq ans.

Affectueusement à vous,

Pas de signature la clôturant mais un grand blanc, un vide immense auquel il faudra, tôt ou tard, que je finisse par m'habituer.

... L'arrestation de Mme Galette a eu lieu vendredi 13 courant à 11 heures du matin, surprise en flagrant délit d'embauchage, avec valise en mains, une centaine de dollars et des pièces de nickel, elle s'enhardissait, jusque dans les environs des postes militaires et principalement au portail Salnave, à exercer son oeuvre de corruption.

Non loin du bureau de la place où elle s'était arrêtée, feignant de saluer une parente tout en portant ses regards et son attention sur les soldats qui l'observaient, elle fut appréhendée par la police et livrée à la justice.

Votre fauteuil, Georges. Allez donc le quérir, je vous prie!... A propos, est-ce ce passage que vous avez jugé grotesque ? Je l'aurais juré.

... Les preuves abondent contre elle. Nous croyons savoir qu'elle essayait d'entretenir quelque intelligence avec le bureau d'arrondissement de Port-au-Prince. La police signale qu'en trois fois la semaine dernière, elle s'y est rendue sous un prétexte ou sous un autre. Son conseiller le général Nérette prit la fuite, dès qu'il apprit l'arrestation de sa complice.

Un-cro-ya-ble ! dirait ce vieux rouspéteur de Jean, notre ami.

... Mme Galette dut certainement jouer un rôle important dans le mouvement qui s'organisait à la capitale.

Pour une trouvaille, c'en était une !

... Le Gal Félix Salnave [*Oui, Félix Salnave. Relisons attentivement ce qu'on consent bien à nous en dire.*] qui faisait l'inspection des bouches à feu du Palais National sous l'air de la grande ballade et dans la position d'un promeneur inoffensif a été également arrêté samedi.

Nous n'insisterons pas trop sur ce général F. Salnave qui, à cause du cas exceptionnel de ses frères qui se trouvent au consulat des Gonaives, a cru nécessaire de jouer un rôle quelconque dans la nouvelle aventure firministe. Le lecteur comprendra les circonstances qui déterminèrent cet homme à se trouver brusquement les armes à la main.

– Combien de fois devrai-je lire de telles stupidités !
– Autant de fois que nécessaire. C'est ça la tâche ingrate du poète... Ah! quelle méprise! ... de l'historien, à laquelle, pour peu que vous ayez à cœur de bien faire, vous ne sauriez en aucune façon vous soustraire.
Oui, tout ça au diable et aux orties !

....Hier matin, à 4 heures, la police a retrouvé les carabines déposées par M. Massillon Coicou chez Mme Siméon Salomon, sa soeur.
On a également mis la main sur deux sacs contenant des képis militaires.

– Pourquoi cette moue de dégoût ?
– Euh... Rien. Passons.

... Une certaine femme qui portait une caisse de munitions, balles système Gras et Remington, fut arrêtée en même temps que M. Massillon Coicou, sur la place du Champs-de-Mars, à proximité de la station des chemins de fer P. C. S.

Et le point d'orgue !

... M. Massillon Coicou n'hésita pas à signaler à l'autorité ses principaux auxiliaires. C'est ainsi qu'il dénonça, comme prêts à trahir le gouvernement, étant gagnés à la cause, le commandant Léonce Laraque, le commandant Milfort, le lieutenant Jolibois, le capitaine Dambreville, le sous-lieutenant Laroche qui furent arrêtés hier matin.
Ils passeront devant un conseil de guerre.

Oui, terrible sans aucun doute. Son auteur: Clément Magloire, directeur à l'époque du même journal né onze mois plus tôt, s'il faut en croire Emmanuel Lamaute. Vérifions. Oui, le 1er avril 1907, laisse-t-il entendre. *«Tout le monde connaît les liens d'affection qui unissaient Massillon Coicou et moi»*, dira-t-il plus tard dans une lettre à L'Impartial quand, à la faveur de l'enquête ouverte, un an plus tard, par ce dit journal, ses mensonges et cette caution accordée de si bonne grâce à d'aussi odieux forfaits, verront, comme de juste, son nom bruyamment associé à ceux, en nombre plutôt imposant, des bourreaux. Et à l'appui, en manière de preuve concrète pour ainsi dire, un billet adressé à lui par Massillon, qui laisse supposer une demande empressée d'argent du poète. N'empêche que, dans la fange la plus ignoble, convenons-en, un soin particulier et malsain semble être mis, ici et sous nos yeux, à traîner sans scrupules, et de manière impitoyable, l'honneur, pourtant sans prix, de l'ami fusillé, mon vieux Georges : « *M. Massillon Coicou n'hésita pas à signaler à l'autorité*»... «*C'est ainsi qu'il dénonça*»... (termes à peu près identiques à ceux de l'ordre du jour, soit dit en passant. À croire qu'ils émanent de la même encre) «*J'appris le 15 Mars à 6 h. 1/2 du matin que des exécutions avaient eu lieu dans la nuit. Je me préparais à sortir pour demander les noms des victimes quand je fus appelé au Palais National. Je me dépêchai de m'y rendre. C'est là que je fus mis au courant de l'exécution des frères Coicou et de Félix Salnave seulement. On me demanda de faire paraître un numéro extraordinaire ce dimanche même, ce n'était pas possible et le numéro parut le lendemain avec les renseignements qu'on m'avait fournis*» lirons-nous dans la même lettre, en manière d'excuse d'une partialité plutôt flagrante, et s'estimant sans doute quitte, et à si bon compte, avec l'opinion de l'heure. Mais, dans ce texte, il y a plus que de la partialité, bon Dieu ! Passons. Oui, terrible ce texte, disais-je. Mais ne s'y coudoient pas moins, et en filigrane ou non, certains faits essentiels pour l'entendement de cette histoire. Et à condition d'être gardés jour et nuit en mémoire, passablement ruminés et décantés, sans doute résisteront-ils toujours à nous livrer le sens vrai, le sens précis d'une bouffonnerie absurde et écoeurante par ce sang odieux dont sera, et pour toujours, entachée, cette fameuse nuit de mars 1908.

– Bizarre, non... ?

– Quoi ?

– ... de voir pareil mot dans un tel contexte.

– Lequel ?

– «Embauchage».

... L'arrestation de Mme Galette a eu lieu vendredi 13 courant à 11 heures du matin, surprise en flagrant délit d'embauchage.

– Bizarre, vous l'avez dit. Mais aussi rare qu'il puisse se révéler de nos jours, ce sens n'existe pas moins aujourd'hui encore, ainsi que l'atteste, Georges, *Le Robert historique de la langue française*. Attirer dans son armée les soldats de l'ennemi est faire acte d'embauchage, tout comme entraîner quelqu'un dans une activité, l'attirer dans un parti, un groupement. Sens, tout compte fait, identiques sinon assez voisins de celui qu'il semble recéler dans ce contexte.

– Et le portail Salnave, il était situé où ?

... elle s'enhardissait, jusque dans les environs des postes militaires et principalement au portail Salnave, à exercer son œuvre de corruption...

– Ah ! Ce fameux portail Salnave !... Je n'en saurais rien dire avec exactitude. Au carrefour de l'actuelle rue Mgr Guilloux et de l'actuelle rue Oswald Durand (non loin de notre stade Sylvio Cator, donc), s'élevait, bien visible sur ces deux plans de la ville (jetez-y un coup d'œil), une fortification dénommée «Redoute Salnave» que leurs auteurs nous laissent croire désaffectée (ils disent, les deux, «ancienne redoute Salnave», notez-le), et abritant ou avoisinant un poste de police, indiqué, lui aussi, de manière tout aussi visible (Euh... une loupe ?). De ce quadrilatère maigrichon (torse bombé vers la baie), vautré paresseusement dans sa gangue coloniale de fortifications vétustes qu'à l'époque, tout compte fait, ne laissait d'être notre Capitale (superficie : un peu moins de 7 kilomètres carrés, population : à peu près 100. 000 âmes. Hé oui ! Nous avons bel et bien avancé en grade...pris du galon depuis ! Vous l'avez dit!), vécue communément comme un des points limites de son pourtour[1], c'est cette croisée-là, à l'époque quasi-inhabitée, nous dit-on, qui, selon toute hypothèse, devait s'appeler ainsi[2]. J'ai bien dit, Georges, selon toute hypothèse. L'allusion qui y est faite nous la laisse croire des plus plausibles[3]. Mais ça reste quand même à vérifier. Le Bureau de la place, non loin duquel, aux dires de la manchette, avait eu lieu son arrestation, était sis, lui, à l'emplacement de la caserne du Département militaire de la Police de Port-au-Prince, nous apprend Corvington; et l'immeuble abritant le Bureau de l'arrondissement de Port-au-Prince (où, suivant la manchette encore, un prétexte ou un autre, l'avait vu, à trois reprises, se rendre, la semaine précédent son arrestation) jouxtant la Prison des Hommes, faisait l'angle nord-est de la rue du Champ-de-Mars et de la rue du Centre. Lequel, aujourd'hui, et comme vous le savez, voit son périmètre entièrement occupé par cette prison connue maintenant sous l'appellation, célèbre chez nous, de Pénitencier National, appellation abrégée, et par la force de l'habitude, en Pénitencier tout court. Dans une topographie estompée et oubliée de toutes mémoires, c'est le vieux Port-au-Prince qui désespé-

---

1 Comme au nord-ouest, le Portail St Joseph et au sud-ouest, le Portail Léogâne.

2 Par métonymie, évidemment, le nom de la redoute servant à désigner le lieu.

3 Ajout de l'auteur: À moins qu'il soit question, des parages mêmes de l'ancien Palais présidentiel (celui disparu sous Cincinnatus Leconte), car à noter l'existence dans l'enceinte sud de celui-ci, et en bordure de la rue de l'Egalité (l'actuelle rue Monseigneur-Guilloux) d'une fortification édifiée sous Salnave et bien connue, à l'époque, sous le nom de fort Salnave. (NDE)

rément s'accroche, mon cher ami..., s'entête à se survivre dans les pages marquées au feu d'une histoire dingue, loufoque. Mais où en étais-je ?... Oui, terrible ce texte, disais-je, mais, essentiels pour la compréhension de cette histoire, certains mots et faits y sont inscrits à l'encre indélébile de l'Histoire. Et, à moins d'être gardés, jour et nuit, en mémoire, patiemment ressassés et discutés, sans doute ne consentiront-ils point à réveler, et encore moins, croyez-moi, au premier venu entiché d'atmosphère ou de couleur d'époque, le sens d'une mascarade sanglante vraisemblablement appelée à surprendre toujours.

3

> Du consulat de France aux Gonaïves où il se tient avec de nombreux
> partisans......

D'abord, Anténor Firmin. Ainsi qu'on le laisse sous-entendre ici, son débarquement est-il le point de départ de tout ?

Pas l'ombre d'un doute à ce propos. Au règne du nonagénaire Nord Alexis dit Tonton Nò, et depuis son intronisation en décembre 1902, c'est également, le coup le plus sérieux jamais porté. Règne prometteur à ses débuts, certes, mais vite sombré dans l'excès... voire, la démence. Dérisoires en effet, quand elles ne sont pas prétendues, ces conjurations, auxquelles il a eu à faire face jusque là. Et en disproportion flagrante, à tout le moins, avec ces moyens radicaux auxquels, animé du souci exclusif de faire l'exemple, et faisant entorse aux prescriptions les plus formelles d'une constitution échaudée par l'excès (en vigueur à ce moment, celle de 1889, précisons-le, et dont l'article 20 abolit sans équivoque la peine de mort en matière politique) on ne se prive nullement d'avoir recours pour les éteindre dans l'oeuf : les fusillades sommaires. Entourées quelquefois de la caution bruyante de tribunaux militaires spéciaux, eux-mêmes, d'une existence réprouvée et non moins insoutenable au regard de la charte mère (article 119, cette fois-ci[4]). Et les dernières, les fusillades sommaires, évidemment, datent seulement du mois d'Octobre 1907, trois mois donc, notez-le, avant ce débarquement.

Quoi?...Oui, à n'en pas douter, le plus sérieux, mon vieux Georges. Et il venait en outre de l'ennemi juré: Anténor Firmin.

---

4 L'article 119 stipule exactement ceci: «Nul tribunal, nulle juridiction contentieuse ne peut être établie qu'en vertu de la loi.»
   Il ne peut être créé de tribunaux extraordinaires, sous quelque dénomination que ce soit, notamment sous le nom de cours martiales.

Pour une jeunesse assoiffée de changement et fouettée au vif des acquis fulgurants aussi bien que prometteurs du progrès ailleurs, l'homme qui, depuis une bonne décade déjà, ne laisse de figurer, nous dit-on, comme l'antithèse indéniable du militarisme brutal et séculaire régnant lors sans conteste. Legs glorieux de nos temps héroïques, de nos temps générateurs, certes, mais d'une pesanteur inouïe. Accablante. Militarisme, donc, symbole à ses yeux de routines obscures, de despotisme stérile, de marasme ineffable, bref de ces maux de toutes espèces comme de tous bords (dont bon nombre, héritage évident des temps esclavagistes) dans l'ornière desquels, et à l'orée miroitante de la Belle Époque, semble s'enliser, à l'évidence, notre pays (aux dires des contemporains, une vraie religion, Georges, le firminisme). Aux lendemains des événements ayant vu, six ans auparavant (soit le 12 mai 1902), l'abdication de Tirésias Simon Sam, celui que le gouvernement provisoire, et par son soutien évident à une entorse brutale de Tonton Nò au libre jeu électoral, participe à écarter d'une ascension pacifique et, compte tenu des sympathies, donnée pour imminente vers la présidence[5]. Gouvernement auquel, le 24 juillet 1902, le conseil exécutif formé aux Gonaïves, et qu'il préside, déclarera ouvertement la guerre, en décrétant le blocus du Cap : les premiers pas d'une guerre civile qui durera 3 mois. Quoi encore, mon ami? Celui que dans un soulèvement armé, l'Artibonite, le nord-ouest, le Limbé, ainsi que Petit-Goâve acclament. Mais dont, néanmoins, on sortira victorieux des forces. Dans la débâcle desquelles, s'érigera, et dans un pronunciamiento style

---

5 Processus d'éviction admirablement bien documenté et décrit par Marc Péan dans *L'échec du Firminisme*. Et qui débute au Cap-Haitien où depuis le 5 juin s'est installé Firmin, candidat déclaré à la députation pour cette ville. Au cours de la matinée du 12, des soldats ouvrent le feu sur un groupe d'électeurs firministes attendant paisiblement aux abords de la commune leur tour d'inscription sur les registres. Bilan : un mort et trois blessés. Provocation autant que prétexte pour faire revenir dans le Nord, et non sans la complicité d'un chef de gouvernement provisoire, Boisrond Canal, résolu à faire la sourde oreille, le ministre de la Guerre Nord Alexis retenu à la Capitale par sa fonction. Dès son arrivée, en effet, sous le couvert, soulignons-le, d'apporter arbitrage et conciliation auprès des groupements politiques du Cap, aidé du général Turenne Jean Gilles, (chargé, à ce moment, du haut contrôle militaire dans le département du Nord et ennemi déclaré de Firmin) tout un train de mesures et d'actions sera mis en oeuvre qui, donnant naissance aux chaudes journées du 28 et 29 juin (affrontement armé entre firministes et nordistes), journées à l'issue desquelles Firmin se verra contraint à quitter la ville du Cap pour les Gonaives, est à l'origine de cette fameuse guerre civile d'une durée de trois mois qui, brouillant les cartes pacifiques et légales, lui ouvrira les portes de la présidence.

   Pour plus ample éclairage, il n'est pas sans intérêt non plus d'insérer que seule l'assemblée nationale, à l'époque, procède au choix du chef de l'Etat. D'où la décision de firmin, ambitionnant la présidence, de se porter candidat à la députation.

classique d'époque, l'autoritarisme ombrageux et discrétionnaire de son rival Tonton Nò. Essayiste, diplomate et homme d'Etat, héritier (élargi, laissent, avec raison, entendre Sannon et, après lui, Gaillard) des convictions libérales de Boyer Bazelais et d'Edmond Paul, le général (chez un homme étranger à la carrière des armes, ce titre dont aimaient à le croire entiché et à se gausser ses ennemis, tribut inévitable de cette époque de sabre à toute forme quelconque de charisme ou, dans un contexte l'imposant, pour se garantir toutes les chances de succès ?) le général, disais-je, Anténor Firmin. Oui, lui... Pour avoir été attendu depuis quelques années, le coup ne surprenait pas moins. Et il venait précisément d'où, leur défaite consommée, Firmin et quelques uns de ses partisans avaient été contraints de s'exiler : de Saint-Thomas.

– ...

– Quoi, Georges?

– De Saint-Thomas, dites-vous ?

– Oui, de Saint-Thomas... Au moment où il débarque, notons-le, Nord Alexis a censément 14 mois à passer au pouvoir. J'ai dit censément. Et dans les coulisses qui voient et mettent aux prises rumeurs et rivalités, de plus en plus est-il question d'une passation pure et simple de pouvoir. Et ce, à un homme de poigne et de son choix, lequel donne-t-on pour dévolu, régionalisme oblige, à la personne marquante d'une vieille culotte de peau, vieux briscard de nos luttes intestines larvées et ensanglantées, le général Turenne Jean Gilles (septuagénaire avancé et comptant un demi siècle ou plus de carrière, il est homme du Nord également et délégué de ce département).

Le nombre des mécontents est considérable, remarque dans sa correspondance, le plénipotentiaire de France, Pierre Carteron.

Au mépris de toutes les prescriptions constitutionnelles, les élections législatives viennent de se terminer (elles avaient eu lieu le vendredi 10 Janvier), et l'indignation est à son comble.

Avait-il, ce débarquement, quelque chance de succès ? Sans aucun doute. Le voilà, en tout cas, en survol, et tel qu'il ressort de mes notes maigres:

[Où sont-elles, du reste ? Méthode et discipline, mon vieux!... Oui, je les ai.]

Le mercredi 15 janvier (Était-ce un mercredi ? Vérifions. Oui, pas de doute), selon un plan établi depuis la terre d'exil, et ayant à leur tête l'ex-délégué de l'Artibonite, le général Jean-Jumeau (sa présence sur notre sol, est fait acquis depuis le 7. Firmin, en réalité, ne débarquera, lui, que bien plus tard, soit le 20 précisément), les forces firministes font irruption aux Gonaives, très tôt à l'aube, et aux cris de «Vive la révolution ! Vive

Jean-Jumeau ! A bas la misère !» attaquent et s'emparent du Bureau de l'arrondissement. Sur-le-champ se forme un comité (le Comité central révolutionnaire des Gonaives) qui ne tarde pas à voir Saint-Marc se rallier au soulèvement, lequel, à une vitesse prodigieuse, semble gagner un peu partout, irradier en poches vives dans les centres avoisinants (le Nord, le Nord-ouest et l'Artibonite) mais voit néanmoins ses jours comptés, faute de ressources. En effet, attendu dans le port des Gonaives pour le jeudi 16, et censé, en armes et munitions, approvisionner la fougue des insurgés, le «Graecia» (un navire marchand de la compagnie hambourgeoise americaine qu'on avait résolu d'affréter pour la circonstance) arrivera comme prévu ce jour-là, et au soir mais, d'évidence, sans la cargaison promise (composée de deux mille fusils, deux cent mille cartouches et quatre cent mille piastres, elle s'était vue frapper, dans le port de New-York, d'une interdiction d'embarquement par la police secrète des Etats-Unis, puis fera plus tard l'objet d'une saisie pure et simple), et tout comme l'explosion de la «Crête-à-Pierrot» six ans auparavant, et la perte du valeureux Killick[6], péri à bord de son suicide, provoquant doute et confusion dans les rangs firministes.

Ah ! Les dé-veinards !

Les trois points de suspension de notre lettre ?

Du côté gouvernemental, la riposte, on le devine, ne se fait point attendre. Musclée, incisive et nourrie. Blocus des ports des Gonaives et de Saint-Marc (arrêté du 17 janvier, paru dans Le Moniteur du jour suivant). Débarquement à l'ouest, donc par mer, de troupes qui, jointes à celles qui sur terre déjà et venant d'autres points du pays, tentent de prendre en tenailles l'insurrection, feront vite surnombre. Capturé le 25, aux environs de Dessalines, et suite à cinq heures d'un combat inégal et acharné, le gé-

---

6 Hammerton Killick(1856-1902). Vice-amiral.Commandant de la flottille de guerre composée de la «Crête-à-Pierrot» et du «Toussaint Louverture».

L'un des épisodes assurément les plus émouvants de cette guerre civile. (...) Le 2 septembre 1902, raconte Marc Péan, un navire battant pavillon allemand, «le Markomania» approchait du Cap. Il fut arraisonné par la Crête-à-Pierrot qui saisit toute une cargaison d'armes destinée au ministre de la Guerre, Nord Alexis. Bonne aubaine pour le cabinet de Port-au-Prince. Il dénonça à la chancellerie de Berlin la Crête-à-Pierrot comme un navire pirate. Et le Panther, croiseur allemand qui se trouvait alors aux Antilles, fut lancé sur les traces de Killick (...) Celui-ci qui se trouvait à terre, souffrant d'une luxation du poignet droit,se transporta à bord et fit sauter la Crête-à-Pierrot (6 septembre). (...) La perte de la Crête-à-Pierrot constituait un rude coup pour le camp firministe. Une bonne partie des chances de succès du mouvement contestataire se trouvait compromise. Les communications avec les autres villes acquises à la «révolution», Saint-Marc, Port-de-Paix, devenaient difficiles tandis que les voiliers au service du gouvernement avaient le champ libre. La guerre risquait de se prolonger». (op. cit. p. 157, 158.)

néral Jean-Jumeau est fusillé sur l'heure. Avec lui disparaît tout espoir, s'il en fut, de se remettre de l'infortune. Des vents contraires. Nombreux sont les révolutionnaires à prendre refuge dans les consulats dont Firmin lui-même et son fils Eberle. De militaire, l'action, passe dans le champ plus épineux de la diplomatie. Pression tenace du gouvernement pour se faire remettre les asilés. Afin de les déférer devant leur juge, prend-on soin de préciser. Ce qui va se passer pourtant trahit bien ce fossé immémorial chez nous entre le dire et le faire (si ce n'est plus modestement, celui plutôt typique de cette «Époque des baïonnettes», entre le dire candide des bureaucrates et le faire tout-puissant du sabre... mais pas le temps à ces considérations) et inscrit dans nos annales déjà trop lourdes de tels forfaits, une autre date sombre à retenir : le 31 janvier 1908. En effet, ce jour-là, des quinze asilés du consulat américain de Saint-Marc dont, peu auparavant, et avec la complicité de leur hôte, s'était rendu maître Villehardouin Leconte (une longue histoire, mon ami ! Lisez Gaillard. *Le Grand Fauve*)[7], et au terme d'un simulacre de procès ayant pris place dans les locaux même du consulat désaffecté, au pas de course et sans forme aucune de cérémonie (un bateau de guerre américain, le «Eagle»[8] est signalé dans la rade dont on craint, nous dit-on, une demande de sursis ou une intervention bénéfique en leur faveur !) cinq seront emmenés au cimetière de la petite ville et, au grand émoi de tous, froidement exécutés[9]. Entre les autres gouvernements, notamment celui de France, et l'État haïtien, un climat froid et trouble de bras de fer s'inaugure. Objet : le même, la remise des réfugiés, qu'au grand dam de tonton Nò, ils entendent plus que jamais soustraire... euh...protéger de ses manières sommaires et de sa fureur.

... *Oui, de mes notes maigres.*

Selon Le Matin (samedi 22 février) soixante-dix réfugiés au consulat de France (des Gonaives), vingt-quatre au consulat d'Espagne, deux au

---

7 En fait, les Etats-Unis lâcheront tout bonnement leurs réfugiés en donnant l'ordre à leur consul révoqué, Charles Miot, de cesser de faire flotter sur l'immeuble abritant le consulat, le pavillon américain, et en faisant savoir (le 26 janvier) aux autorités haitiennes qu'ils ne sont nullement considérés comme étant sous leur protection.

8 Il arrivait de Guantanamo, ayant pour commandant, le capitaine Marvell. Sa mission : assurer uniquement la protection des vies et biens des ressortissants étrangers (américains, britanniques, cubains et puerto-ricains). Ce 31 janvier, le voyait quitter momentanément les Gonaives où depuis le 26 il se trouvait pour se rendre pour la n-ième fois à St-Marc; et ce, laisse entendre Roger Gaillard, à seule fin de s'informer, de la situation y prévalant. Il arrivera pour constater ces fusillades.

9 Dutton Edouard, Daumec Batraville, Justin Nicolas, Pollux Michel et Octavien Délouche. Accouru sur les lieux pour les entendre en confession et les exhorter à bien mourir, un prêtre fut repoussé et chassé.

consulat d'Allemagne. Ils ne pourront en sortir (sur le croiseur français le «D'Estrées») que bien plus tard, le 21 mars, après l'événement qui nous intéresse. Et, selon Frédéric Marcelin, à cause de celui-ci.

> «Jusqu'en mars 1908, le ministre de la Guerre a séjourné dans l'Artibonite à la tête de forces sur pied de guerre. Ses bulletins de campagnes et ordres du jour étaient régulièrement publiés dans le Moniteur». [Gérard Jolibois. L'exécution des Frères Coicou, p. 27]

Etat d'esprit à la Capitale.

Par crainte de représailles, certains firministes connus gagnent les légations.

Échauffant les esprits, ne laissent d'aller bon train... de se répandre rumeurs de conspiration et de coup d'état, tenant sur le qui-vive les membres, militaires et civils, d'un pouvoir revenu de sa surprise et désireux d'en imposer.

> «... du reste, jusqu'au mois de mars, ce fut toujours la même histoire : on devait chaque nuit tenter un mouvement. Des avis quotidiennement m'étaient donnés de tous les côtés de prendre mes précautions». [Frédéric Marcelin. Le Général Nord Alexis, tome 3, p 17]

Et voila, rapidement brossé, mon ami, et un peu trop nerveusement, je l'avoue, le contexte déjà lourd et sanglant qui voit éclater, un mois et demi plus tard, mais à Port-au-Prince cette fois-ci, l'affaire qui nous préoccupe. Celle du 15 mars. Et exception faite de l'ordre du jour (Il a eu la primeur, certes, mais aux yeux de tout lecteur[10], l'ordre du jour, quoi qu'on fasse, est et demeure toujours un ordre du jour ! Il est repris du reste dans les colonnes intérieures de ce journal. Faisant litière de l'habitude, ce qui n'est que trop compréhensible, on n'attend pas Le Moniteur qui ne le reproduira que deux jours plus tard, constatons-le!) exception faite de l'ordre du jour, disais-je, cette manchette constitue, et quant aux données de source journalistique, soulignons-le, la seule version des faits. La seule version, plutôt, d'une envergure appréciable des faits, dont forcément se voit contrainte, et impérieusement, à faire pâture, une ville remuée, sous choc et avide de faire le point. Oui, la seule. D'où ma fascination sans doute.

– Combien avaient-ils été en tout ?

---

10 De tout lecteur averti? Car, dans son Précis Méthodique D'Histoire d'Haïti paru en 1935, on est pas peu surpris de voir l'historien François Dalencour, abouché à l'ordre du jour, reprendre texto, en l'accréditant, sa version infamante des faits.

– Qui ?

– Les victimes ?

– Dix au total. Celles connues en tout cas, car, à l'époque, on le verra, la rumeur curieusement laissait en entendre plus. Et, fusillés, nullement les armes à la main, comme prétendu par cette manchette, mais froidement devant le cimetière, après s'être vus, pour la plupart, arrachés de leur lit.

Oui, devant le cimetière. Euh... celui dit extérieur, Georges, évidemment[11]. Et dans ce périmètre à l'époque bien connu sous le nom, aujourd'hui oublié, de Place du cimetière, pour plus ample précision. Leurs noms ? Massillon, Horace et Pierre Louis Coicou (les trois frères Coicou). Paul St-fort Colin dont, à notre grand désespoir, aucun témoignage, jusqu'ici, n'a consenti à livrer, de manière incontestable, l'identité de celui à qui, cette nuit-là, il dut son arrestation. Arrestation, au demeurant, un véritable énigme dans cette histoire (certaine rumeur veut qu'il ait été confondu avec un nommé Paul St-Fleur, bien à l'abri, lui, au consulat d'Allemagne). Autant que Roche Armand, en tout cas, et à en croire un témoin capital (Jules Coicou lui-même) il n'aurait pas moins vu son nom indemne de toute suspicion de complot, donc, déduisons, ne figurait point ou que paradoxalement sur la liste, cette nuit-là, des marqués pour la fusillade. Ce dernier donc (euh... Roche Armand, s'entend). Robert Lamothe. Mérové Armand (rien sur l'identité de celui par qui il fut pris, non plus). Alexandre Christophe. Alluption Casimir. Et, en conclusion de cette avérée, toujours amère et déplorable liste, Félix Salnave. Arrêté le premier, il mourra pourtant bon dernier. Il faisait jour déjà, nous dit-on. Oui, dix en tout. Sur l'initiative de L'Impartial - et incluant du même coup une translation non sans éclat de leurs dépouilles dans, assurément Georges, de moins sommaires sépultures- sur l'initiative de L'Impartial, disais-je, une manifestation se tiendra en leur honneur, le 15 mars de l'année suivante. Manifestation dont les préparatifs les verront, la veille, l'objet obligé d'une exhumation pour le moins touchante et révélatrice. En effet, accourue des quatre coins de la vieille ville, et débordant un service d'ordre pris par surprise, se portera d'un même élan, une foule dense, émue pour y assister. Et à ce moment, le public, qui la nuit de leur fusillade, s'était vu, et par un cordon funèbre, préventivement gardé de tout accès de la Place du cimetière, le public ne se retrouvera pas moins, ironie de l'Histoire sans doute, à constater, et au grand jour, l'horreur ! Oui, dix en tout, c'est sûr!

– Pourquoi n'en cite-t-elle que deux alors ?

---

11 Par opposition, à l'époque, au cimetière de St-Anne dit intérieur.

– Quoi ?

– Cette manchette, pourquoi ne cite-t-elle les noms que seulement deux des victimes, selon vous ? Étonnant quand même, non?

Oui, il a raison. Où ai-je la tête, bon Dieu?!... Evidemment, elle ne dit pas qu'il n'y en avait que deux, mais néanmoins n'en nomme que deux en effet : Massillon et Félix. Comment a pu m'échapper un tel fait ? Oui, comment ? La preuve, si besoin est, qu'on n'est jamais assez de deux pour percer à jour le séidisme froid. La malveillance. Que j'avais raison de la ressortir ! Cent fois sur le métier remettez votre lecture !... Hé oui ! Ah, merci, mon vieux Georges ! Vous absent, il m'aurait certainement eu, ce vieux truc ! Chapeau bas, monsieur Magloire !

Je plaisante évidemment. Et, à l'abri où que vous soyez aujourd'hui, monsieur Magloire, dans nos peurs innées, incommensurables comme dans nos homériques et proverbiales impunités, dans nos ovations en conserve et toujours impatientes de résonner, dans nos hourras bravi d'une générosité foudroyante et qui, pour se protéger ou s'assourdir de leur bruyance, créent la mort lente, dure, inexorable, je sais que vous l'avez bien compris. Il n'y a rien là qui puisse se cacher aux yeux du lecteur même le moins averti. Voire à des lectures minutieuses et douloureusement faites. La vérité est que de l'avoir tant de fois parcourue, tant de fois arpentée et dans ses moindres recoins, je ne laisse de me surprendre, depuis un bail déjà, dans l'attente bien compréhensible que quelque chose de neuf surgisse, vienne me surprendre enfin, me consoler de mes pénibles efforts. Mais dans ce désert d'écorchures vives et sans oasis escompté, rien d'un tel miracle non plus ne semble vouloir se produire...

– Remarque des plus judicieuse, mon cher ami. Evidemment, elle ne dit pas qu'il n'y en avait que deux, mais néanmoins n'en nomme que deux en effet : Massillon et Félix. Relisons une fois de plus, je vous prie, et de manière plus attentive, ce passage, à une phrase près, déjà cité plus haut de la fameuse lettre de son auteur. Ne l'ai-je pas sous la main ?

«...J'appris le 15 Mars à 6 h 1/2 du matin que des exécutions avaient eu lieu dans la nuit. Je me préparais à sortir pour demander les noms des victimes quand je fus appelé au Palais National. Je me dépêchai de m'y rendre. C'est là que je fus mis au courant de l'exécution des frères Coicou et de Félix Salnave seulement. On me demanda de faire paraître un numéro extraordinaire ce dimanche même, ce n'était pas possible et le numéro parut le lendemain avec les renseignements qu'on m'avait fournis. Je sus les noms des autres victimes par M. José de Armas, correspondant du Herald.»

Voilà ce que nous dit Clément Magloire. A supposer que cela soit vrai, que ce fut par un correspondant du Herald, M. José de Armas, et la manchette une fois publiée (elle paraîtra un jour plus tard quand même !), qu'il fut mis au courant des six autres noms, saurait-il, un tel fait, éclairer, à lui seul, une absence si criante des victimes ? Le saurait-il ? Non, je vous l'accorde, puisque mention aucune n'est faite non plus des noms d'Horace et de Pierre Louis, admis, eux-mêmes, pourtant, avoir été divulgués au Palais.

La vraie raison, où la chercher ? Oui, où ?

Dans l'antifirminisme aveugle et la partialité d'une fébrilité évidente de cet homme, nom de Dieu !... autant sans doute que dans son désir d'être bien au chaud dans ses accointances. C'est là, le vrai puits où elle se loge et qu'aucune affirmation, quelle qu'elle soit, ne saurait, bien longtemps, dérober à notre vue. Dans la *Camarilla* régnant en maître (désigné ainsi, par humour, à l'époque, entendez le petit cercle formé autour d'un des hommes les plus influents de l'heure, Camille Gabriel, et jouissant de la haute estime et des faveurs de tonton Nord. On verra, après, quel chaleureux et signalé service il va leur rendre !) dans la *Camarilla* régnant en maître, disais-je, ses amitiés sont nombreuses, ne se comptent pas, amitiés auxquelles,tacites, passagères ou profondes, n'entendent pas moins l'unir en tout cas, des connivences réelles et incontestables. Appelé de toute urgence, il accourt. Et l'heure, il le sait, n'étant point à la blague comme, familièrement, nous nous plaisons à le répéter, les circonstances commandent à la présentation des faits, le choix marquant d'une rhétorique précise. De choc. Et, rentré chez lui, ou le local de la rue Roux[12] une fois gagné (l'éternelle rue Bonne-Foi, Georges. Débaptisée à l'approche de notre centenaire au profit de ce nom d'un de nos héros, Pierre Maximilien Roux, il ne reconquerra pas moins obstinément et tranquillement ses droits coloniaux raffermis sur nos lèvres), oui, rentré chez lui, c'est assurément elle qu'il va se faire fort d'affûter et de fourbir : celle terrible... que dis-je, sanglante de la répression !...

– ...

– Quoi ?

– Non, rien. Poursuivez. Je vous écoute.

– ... Où en étais-je ?... Oui... venus à nous du fond des âges, et de ce terreau, à coup sûr, qui a vu leur floraison funeste, l'ombre desséchante... euh... dessiccative à souhait des autoritarismes excessifs et atrabilaires (sur ce point, aucun doute), et, par ailleurs, abondamment ressassés chez nous, les procédés, on les connaît par coeur... Et l'un d'entre eux a trait

---

12 Rue Roux, 45 : adresse, à l'époque bien connue, du périodique Le Matin.

à ce terrain mouvant, hasardeux que ne laisse d'être, à tout prendre, le nécrologe des réprimés. Chapitre aux prescriptions variées, qui, d'avoir fait leurs preuves, sont vénérées par nos vieux maîtres comme absolues et incontournables (Ah ! vous souriez, mon vieil ami). Et sur ce point, pas de badinage ! Par exemple, se présente-t-il par trop criard le compte des morts? De la part de tout homme tant soit peu de métier (de tout dés-informateur conséquent, devrais-je dire), toute prétention à la divulgation de noms doit d'emblée se voir l'objet d'une sourdine des plus étanche !

– Sous peine d'effrayer ?

– Oui, sous peine d'effrayer, c'est sûr ! Ce qui, outre les dangers évidents auxquels il expose tout pouvoir (le retournement d'effet, par exemple, en est un et bien grand), risque de faire entailles à ces images de force sereine, de pérennité tranquille qu'en dépit de tous les excès possibles, des monstruosités de toutes espèces dont ils peuvent quelquefois se rendre coupables, n'en continuent pas moins (exception faite, évidemment, de cas de terreur savamment édifiée et cultivée) à exercer une attraction contradictoire et même absurde sur eux. D'où cette prédilection pour ainsi dire nécessaire dont, entre toutes, se voient généralement l'objet, les formules expéditives et vagues similaires à celles-là : «*et le chef de l'Expédition*»... «*ses principaux complices*». Aux familles éplorées ainsi qu'au camp adverse le compte précis des morts. Et le tour est joué.

– En substance, frapper l'opinion, certes, mais de manière la moins préjudiciable pour soi.

– C'est la grande règle, la règle d'or.

– Oui, Je vous suis bien.

– À ce journaliste faisons crédit de ce qu'il avance, mon cher ami, appliquée dans sa rigueur la plus extrême, se donne-t-il moins à voir dans sa manchette, l'usage d'une variante bien connue et évidente de ce précepte ? Les noms d'Horace et de Pierre Louis, sont connus, soit... mais, de tout bénéfice, tout accès prétendu à l'information, ne se verront pas moins frappés d'un refoulement et d'une interdiction jugés salutaires. Et pour cause : Ils sont frères de Massillon !

Pire que lamentable, l'impression sur le lecteur, admettons-le, eût confiné à rien moins qu'une déplorable catastrophe. Et par ce qu'une telle mention ne laisserait d'évoquer en soi (un génocide perpétré sur une famille entière !), et par ce qu'elle donnerait à sous-entendre des conséquences probables d'un pareil acte : mère en détresse, au sein triplement meurtri, multitude d'enfants d'une même nichée, pour ainsi dire, à la merci du coup de la fortune- autant d'images fortes, admettons-le, dont tous les arguments du monde, et même les plus habiles, éprouveraient un mal fou à empêcher, revenue de toute griserie, sa compassion de faire pâture... (J'ai dit conséquences probables, n'ont-elles pas été aussi réelles ? Et pour cette gêne où se retrouveront les descendants, n'en fera-t-on pas mention lors des assises de 1912 ? La chasse aux copies des assises. Oui. Je ne me trompe pas. On parle même de mendicité... Euh...non... parlé trop vite... cette mention ne porte pas sur les Coicou... mais sur les Armand... les orphelins, passablement nombreux, de Roche... Ti-Roche.)

. . . .

Vous voilà tout à coup pensif, mon ami !

– Eviter toute compassion, toute sympathie probable, ça me semble, à l'évidence, le mot-clé d'une telle bizarre absence.

– Les victimes tombées et rapidement inhumées, les isoler du lecteur. Les empêcher de nuire par un retournement plus que probable d'effet auquel risquait de donner lieu la prise en compte scripturale de leur présence, cette nuit-là, au nombre des fusillés. Phénomène contre lequel une plume de l'acabit de Magloire avait bien pensé, et d'emblée, à se prémunir.

– Quel talent chez un seul homme !

– Je ne vous le fais pas dire !

– Et le choix de Félix Salnave ?

– Regardons-le ensemble et de plus près. Dangereux, il l'est fort, admettons-le. Les circonstances relatées de son arrestation (il faisait l'inspection des bouches à feu du Palais national) risquent de laisser entendre une fusillade réfléchie et froide, en contradiction flagrante avec l'argument sous-entendu de l'abattage (ils étaient surpris les armes à la main), et de mettre en péril, par conséquent, l'échafaudage aussi fragile que branlant de la manchette. Mais, s'il présente ce lourd inconvénient, par contre, et en compensation attrayante, pourrait-on dire, il ne laisse d'offrir un avantage des plus précieux : l'ingrédient d'ordre familial, biographique propre à susciter créance, la preuve, pourrait-on dire, irréfragable du complot. Fils du chef d'Etat Sylvain Salnave, (tiens ! fusillé lui aussi d'ailleurs) il est beau-frère de Firmin avec qui, de surcroît, ayant pris une part active au débarquement, se retrouvent également des frères à lui en état de réclusion forcée au consulat des Gonaives. (Parmi eux trois, l'ex-commandant de l'arrondissement du Cap, le général Albert Salnave, soit-dit en passant[13]) Et on ne se prive pas d'utiliser à fond ces circonstances... Quitte évidemment, par précaution martiale, on ne sait jamais, à

---

13 Les deux autres étaient Charles et Léon Salnave.

le faire endosser la grande casaque commune, «*le lecteur comprendra les circonstances qui déterminèrent cet homme à se trouver brusquement les armes à la main*». Ce qui rime grotesquement, convenons-en, avec *balade* et *promeneur inoffensif* tous mots bien choisis du paragraphe précédent pour évoquer cette nonchalance feinte, ce port tout de ruse et de dissimulation, attributs nécessaires et plus qu'inséparables des circonstances présentées de son arrestation et de sa perte. Mais qu'à cela ne tienne ! Bien sot il est qui ne sait apprécier là l'intention pure et simple d'une métaphore en écho.

Oui, en écho.

A quelle heure fut-il arrêté du reste ? La manchette en fait-elle mention ? Laissez-moi relire. Non, aucune mention évidemment. Pourquoi ai-je le mot «six heures» en tête. Ah, oui ! Les déclarations de Jules, bon Dieu... Vérifions :

> «...Salnave fut arrêté vers les 6 heures et c'est moi qui le fit prendre, devant la barrière du palais, tandis qu'il visitait les bouches à feu. «Voilà un espion, dis-je à Montreuil qui était là, et celui-ci l'arrêta. Mais je ne savais pas que c'était Félix» [Jules Coicou lors de son procès. Le Nouvelliste, 7 mars 1912.]

Il ne savait pas, affirme-t-il, que c'était Félix. Possible ? Croyable ?

Voilà de ces allégations qui, pas plus tôt exhumées, me plongent déjà dans la plus lourde perplexité. Mensonge de Jules ou pure coïncidence ? Impossible, j'ai bien peur, de pouvoir jamais le démêler... À cet horrifiant puzzle font défaut trop d'éléments clé, majeurs. Trop d'impérieuses, donc, concluantes pièces pour ainsi dire. Dois-je en faire cas ici ? Euh... non... trop tôt. Trop de choses à dire... À parcourir...une trop longue route...oui, un long chemin...avant que d'accéder à ses sombres implications. Y reviendrai-je ? Euh...fort probable que si. Mais en temps et lieu, c'est sûr...

– ...

– Quoi ?

– Qu'avez-vous dit ?

– Euh... non... rien. Comme d'habitude, Georges...parlais tout seul... À part moi.

– Combien avaient-ils été en tout ?

– Qui ?

– Les victimes.

– Dix au total. Ne l'ai-je pas déjà dit ? Celles connues en tous cas. Car, à l'époque, on le verra, la rumeur, je l'ai dit, laissait en entendre plus. Mais poursuivons, et tranquillement, à savourer notre manchette. Où en étions-nous exactement ? A ce paragraphe probablement. Et qui entend, lui aussi, nous fournir, à coup sûr, matière à de brûlantes interrogations.

4

> L'autorité était déjà prévenue, car on savait qu'une conspiration s'organisait ici et que Firmin envoyait des instructions à ses partisans...

En voilà du journalisme une fois de plus, mon vieil ami !

L'autorité était déjà prévenue, nous dit-on...

Comment ?

Par qui ?

Pourquoi ?

Parce qu'on savait qu'une conspiration s'organisait ?

Comment a-t-on su alors ?

Qui a su ?/ont su ?

Par quel hasard ?

Qu'a-t-il fait exactement ?/Qu'ont-ils fait exactement ?

Et surtout (pourquoi pas?) obéissant à quels mobiles ?

Médiocrement bâtie pour un tel crible de questions, me ferez-vous perspicacement remarquer, mon cher Georges, d'une telle formulation des faits. Et, en dépit de mon entêtement, d'un acharnement à bien des égards puéril, je dois être bon premier à le concéder. En effet, à bien regarder, ne semble-t-elle pas plutôt édifiée dans leur négation même. Et ce, au profit, dirions-nous, de cette certitude qu'elle entend habilement insinuer de l'existence à l'oeuvre, non pas d'individus précis et définis, dotés d'attaches sociales et de motivations propres à les rendre l'objet d'un repérage probable, mais, tapie dans l'ombre des consciences, d'une force vague et anonyme oeuvrant au bien être et à la sauvegarde d'un pouvoir tout-puissant et omniscientisé !

– Un peu «Big Brother is watching you»[14], quoi !

– Oui, Big Brother, vous l'avez dit. Relisons un peu cette phrase. Tout semble y être à l'oeuvre pour. Son moduler d'une solennité sombre... l'aura d'un mystère on ne peut plus hautain qui s'en dégage d'un bout à l'autre et qu'à coup sûr elle ne laisse de devoir à cet accent particulier qui, de manière inattendue et singulièrement forte, frappe l'adverbe *déjà* de son groupe de départ (*l'autorité était déjà prévenue*) et qui, pour mieux satisfaire à sa fonction évidente (magnifier la toute puissance de l'autorité, son omniscience indubitable: rien ne lui échappe) isole ce groupe de son

---

14 «Big Brother vous regarde.» Georges Orwell, *Nineteen Eighty-Four*, (Paris: Gallimard, 1950, pour la traduction française)

contexte, l'anime d'une sorte de vie propre, circulaire et indépendante. Déçu d'une telle rotondité, évidemment, l'esprit se rebiffe, on comprend bien, entend garder intacte... faire justice à sa curiosité, laquelle pourtant, par cette expression (autre pylône du mystère) préludant non moins mystérieusement au groupe suivant, et sur laquelle il vient malheureusement buter (bang!), se voit bien vite anéantie: *car on savait.*

L'autorité était déjà prévenue, Georges, car on savait...

Que diable peut bien recouvrir cet *on* qui, nous dit-on, savait, mon ami ? (Ah !Ah !Ah !) L'autorité une fois de plus ? (On eût dit alors : car elle savait, me direz-vous avec raison. Mais remarquez la faiblesse apparente du pronom *on*, m'invitant cordialement à cette méprise) Des particuliers mis au courant accidentellement de l'existence du complot et qui l'ont ébruité à certains membres du gouvernement ? Certains hommes compromis dans l'affaire et qui, par une curieuse volte-face, ont été en tremblant la dénoncer au pouvoir ? N'empêche que la manchette, par son refus tacite d'en laisser sourdre quoi que ce soit, son parti pris, je devrais dire, les élève ici à la dimension, on ne peut plus, de force occulte et, comme telle, échappant à toute prise possible du commun, toute velléité d'identification. Oui, une phrase en miroir, bon Dieu, où vient mourir tout tâtonnement et s'achopper tout processus probable. Un coup d'œil rapide à l'ordre du jour. Lui au moins laisse entendre des boniments, quoi !

– Et que laisse-t-il entendre au juste ?

– Des boniments, mon vieil ami, et pour ne rien changer. Et dont nous ne saurions, à tout prendre, que lui savoir gré, en quelque sorte... Taillés sur mesure et arrosés des plus éculés poncifs, les incontournables boniments destinés à se glorifier d'actes commis au nom de la patrie et du bien-être public et bla-bla-bla-, autant qu'à brouiller les pistes, si j'ose dire, car, à vrai dire, de mémoire d'homme, et ça ne se verra pas de sitôt, mon ami, jamais n'a été vu un pouvoir se suicider ou vendre la mèche !

– Ce complot, n'était-ce pas aux délations d'un propre frère des Coicou (Jules, m'avez-vous dit) qu'il dut d'être ébruité ?

Et voilà le nom lâché ! Le mystère éclairci ! Le saint des saints profané !

– Absolument. Mais quand donc vous l'ai-je dit ?

– Hier, en route pour Eisenhower Park.

– Oui, par Jules Coicou, ainsi que vous venez de le dire. Le sieur Jules. Mais, parvenu tout comme nous à déjouer les mailles pernicieuses de cette rhétorique de choc, supposons qu'un lecteur d'époque s'esquinte à chercher dans cet «on» des visages terrestres et bien en chair du milieu, à l'inverse de nous aujourd'hui, je parierais en mille que c'est bien loin de *lui* que dut prendre corps et s'édifier toute conjecture probable appelée à l'éclairage d'une légitime et bien louable curiosité.

– Et pourquoi donc, selon vous ?

– Pour être commandant de l'arrondissement de Port-au-Prince (commandant provisoire en réalité, mais cette nuance importe si peu ici) ne perdons pas de vue qu'on le sait frère des victimes, mon ami ! Et, à moins d'être soupçonneux de nature, fermé à l'enchantement de toutes valeurs humaines ou familiales si ce n'est résolu, et par principe, à les compter pour peu, livrer ses frères à la pâture, et ce, dans le but inavouable de se blanchir de tout soupçon et conserver son poste, n'est nullement de ces faits appelés spontanément à donner prise, à nourrir, si vous préférez, de concevables et «judicieuses» hypothèses ... Me trompé-je ?...

– Difficile, en effet, je l'admets, de prendre d'emblée en considération une telle éventualité.

– Et à digérer aussi, pensez bien ! Et on ne saura l'amener, sans preuves concrètes, à en faire cas. Divisionnaire bien connu et à un poste-clé du pays, le plus loin qu'il puisse aller, notre lecteur, s'étonner qu'il n'ait point été porté, lui aussi, au nombre des morts. Oui, l'extrême pour ainsi dire. Et dans ces incontournables listes, jamais au point, de la disgrâce (pour ne point manquer le coche, chez nous, des lendemains d'événements lourds, sanglants, à supposer évidemment, Georges, que, par une rumeur impénétrable et crâneuse à souhait, elles aient vu, cette fois-ci aussi, le jour. A supposer!) listes toujours vraies, toujours garanties authentiques où ne laissent jamais de figurer, se disputant tragi-comiquement la préséance, ministres vertement semoncés ou écroués aux toutes dernières nouvelles, conseillers intimes échappés, et de justesse, à leur mort, favoris brevetés du pouvoir ou simples ayant droit miraculés et en cavale etc...en bonne place dut-il figurer, j'en mettrais ma main au feu, euh...et au nombre de ceux en fuite plus vraisemblablement. Ah ! qu'il va tomber des nues ce cher lecteur ! À la parution, laissez voir, dix jours plus tard, de l'interview de Nérette, quel sacré coup il va prendre !...

– Ah! ça, par contre, pas le moindre mot ne m'en a été touché !

– De l'interview de Nérette ? Rendu par Magloire et à une camarilla empêtrée, c'est le signalé service dont, sans précision aucune de sa nature, je vous le concède, mention, en passant, a été faite par moi précédemment. Lequel, une fois de plus, verra cet homme, ce journaliste-né (ainsi le surnommait-on chez nous) faire prodigieusement montre d'un talent sûr et incontestable. Abordée ici, c'est une histoire qui, à coup sûr, risque de nous entraîner loin. Ou bien trop loin de notre manchette pour ne pas s'avérer dangereuse. Nous y reviendrons plus tard, ou un autre jour, je vous le promets. Contentons-nous de savoir qu'elle paraîtra le 26 mars, soit dix jours après notre chef-d'œuvre, et fera, sur les agissements de Jules, un scandale mémorable... Que disais-je? Oui, quel coup il va prendre ! Encore que, rien qu'un mince prélude, tout compte fait, en regard de ces révélations inouïes, saisissantes qui émaneront, un an plus tard, des témoignages de L'Impartial...... Entendons-nous ! Par notre Histoire houleuse, passablement habitué il doit l'être, notre lecteur, à en entendre de belles. Et ces valeurs stoïques et chevaleresques dont un engouement sans bornes, l'a vu, à profusion, se nourrir aussi bien chez Corneille que nos vieux maîtres latins, il sait de vécu propre, pour ainsi dire, leur absence douloureuse d'écho dans notre paysage. Mais, même meurtries, s'efforce péniblement de les accommoder avec un quotidien, à bien d'égards, leur négation tenace... Mais ça, Georges, il ne l'a jamais entendu encore. Et, par conséquent, se révèle loin d'être préparé pour. La marque de cette blessure ? C'est à un passage tiré du livre de Jolibois que, nous allons, sans ambages, accorder ici l'heureux soin de nous le dire :

–

«Le nom du Général Jules A. Coicou, commandant provisoire de l'arrondissement de Port-au-Prince, revient dans tous les ouvrages, dans tous les journaux de l'époque, sur les lèvres des contemporains de l'exécution ou de leurs descendants, à chaque fois que l'on évoque les événements sanglants du 15 mars 1908.» [Gérard Jolibois. op. cit., p. 37]

Euh... pas celui-là, évidemment... oui, celui-ci :

«Pendant une trentaine d'années, le nom de Jules Coicou a inspiré l'horreur, le dégoût et devenait une insulte grave qu'on jetait à la face des traîtres.» [Gérard Jolibois. op. cit., p. 255]

Oui, celui-là, bien sûr, et en toutes lettres devant vous. Oui, voilà ce qu'entend bien nous apprendre Jolibois. Et, aux yeux de qui connaît un peu les vrais dessous de cette histoire et le tapage auquel ils n'ont pas manqué de donner lieu (une enquête journalistique d'une ampleur sans précédent et trois procès[15]) et, par conséquent, porté naturellement à y ajouter foi, il n'est que trop compréhensible.

Quoi?... Oui... surprenant un peu, je vous l'accorde, qu'elle ne soit pas arrivée jusqu'à nous, cette insulte, synecdoque marquante dédiée par la sanction, au besoin vif de conjurer, d'exorciser...Mais tout, Georges, nous

---

15 En réalité, une levée d'immunités parlementaires non assortie de poursuites et deux procès proprement dits.

parvient-il toujours ? Charles Oscar[16] excepté, réduit à un masque piteux de carnaval, détaché de longue date de ses prouesses sanglantes et d'une tradition déjà bien amochée, sinon ensevelie, quoi, dites-moi, d'une époque mouvementée, d'une époque profuse en exploits sombres, est remonté à nous ?... Oui, quoi ?... Trente ans... une génération marquée par cette histoire sordide qui, estompée et disparue des mémoires on ne sait trop pourquoi, ne nous reviendra que par son livre !... Tout s'oublie vite, mon ami !... Et, ici (j'entends chez nous, évidemment, méprise constante de ma part) à un train encore plus prodigieux, encore plus ahurissant, pour autant que je ne m'abuse, non ?... Que disais-je ?... Oui, quel coup il va prendre ! Encore ne s'avérera-t-il qu'un maigre prélude, je l'ai dit, aux révélations, un an plus tard, des témoignages autrement truculents et corsés de L'Impartial.

Aussi chers qu'à un romancier, ne laissent d'être ses personnages même morts ou frappés de débilité, et pour autant évidemment que, desserrant son étreinte stérile, m'accorde la chance de le lancer, cette incompréhensible déprime compliquée d'exécrables crampes de la page blanche... lesquels témoignages, Georges, je le jure, et au coeur d'un bouquin né à leur mesure, verront bientôt leur place sommée et nécessaire ! Où sont-ils du reste ? Dans leur ardeur un peu mal époussetée mais vous saluant, ô cher Jolibois, toujours là, à attendre, et en bon ordre de bataille ! *(Ce rôle joué par Jules, Clément Magloire le savait-il ? J'entends évidemment au moment où fébrilement se rédigeait notre manchette ? Relisons sa lettre. Difficile de se faire une idée par elle seule. Et puis quelle importance ! Oui, leur frère. Mais poursuivons.)*

– Avouez que c'est ce qui vous obsède, vous interpelle le plus dans cette histoire.

– Quoi ?

– Ce double jeu d'un frère, de Jules Coicou.

– Euh... ajoutez ce stratagème mis grossièrement en oeuvre pour faire prendre Massillon, «cette trappe du cousin Jules» dont parle si bien Gaillard et je n'aurai, en effet, aucune peine à l'admettre. Mais, de grâce, évitons d'en parler et poursuivons.

Obsession! Interpellation! et tout ceci à un degré relativement plus élevé que...autrement plus intense que...Et quoi d'autre encore?...Hantement (synonyme recherché de Hantise)? Travail (comme dans travailler sourdement, et au corps)? Fascination (Non. Déjà utilisé pour la manchette

---

16 Le général Charles Oscar Etienne. Commandant de l'arrondissement de Port-au-Prince sous Vilbrun Guillaume Sam, et qui s'est illustré lors des événements du 27 juillet 1915 : dans un contexte assez controversé et mal élucidé, il donna l'ordre d'exécution des prisonniers, détenus en masse, du pénitencier national.

et dûment déposé) Obnubilation, donc?....Subjugation?...Et pourquoi pas,
Georges, tout le reste, alors ! ....Mais, assez d'un rire, d'un jeu verbal sté-
riles, et refaisons honnêtement face à la question. En vérité, n'a-t-il pas
raison? Quand, pris d'un de ces accès vifs de découragement, je m'apprête
à tout lancer au diable, invariablement que me surprends-je sous les yeux ?
N'est-ce point le témoignage, d'une simplicité frissonnante et émue, de
Clara Samuel ? À lui, pour sûr, je dois cette force obscure, mon étonnante
persévérance; oui, pas de doute. Pourtant, dans l'horreur d'une amertume
persistante et toujours renouvelée, de cette nuit-là, légion assurément ne
manquent pas d'être à se relayer les voix multiples de cette enquête. Oui,
légion...Mais aucune, bon Dieu ! pas même celle d'Exil Bois dit Fossoyeur,
pas même celle de Frè Yis ou d'Alvarez ne semble, à mes yeux, témoigner
aussi vivement, de ce degré incroyable, de cette hauteur innommable at-
teint dans l'abjection, ce jour-là, sous nos cieux ... Mais revenons vite à la
manchette... bon Dieu, sinon...

– Du «cousin Jules» ? Que croire ? Jusqu'ici ne l'auriez vous pas donné plutôt pour frère ? Euh...à moins de m'abuser évidemment.

– Et cela, Georges, j'en conviens, ne peut en effet que prêter à confusion. A vrai dire, aux autres Coicou n'unissait Jules, précisons-le, aucun
lien de parenté réelle ou de sang. Non, pas le moindre. Et, aux yeux d'une
chronique médusée, et frappée, à juste titre, d'interrogations, ce sera toujours, à tout prendre, un peu ça aussi cette histoire. Son point d'irréduc-
tibilité foncière. Son revers trouble et insondable. Surcroît de bouche
(ou de charge, si vous préférez) d'une famille campagnarde pauvre dont,
suivant cette coutume encore en vigueur chez nous (si... mon vieux, en
vigueur !), on n'avait trouvé mieux que de se départir en le plaçant, avec
bonheur et tout espoir permis, dans une famille établie de la ville, très tôt
donc se verra-t-il (Jolibois laisse entendre sept ans) et selon ce mode assez
courant aussi pour faire parler d'usage (ne nous a-t-il pas valu Zoune de
Lhérisson ?), confier aux soins de sa marraine. Et, désignée par le simple
hasard des faits, laquelle marraine, en l'occurrence, ne se trouvait être,
nous dit-on, qu'Amica Chancy, mère d'une famille nombreuse dont nos
intéressés. La suite, évidemment, ne se devine que trop. Ayant grandi
avec eux, partagé leur toit, leurs jeux, communément passait-il donc pour
être leur frère. Voilà à son sujet ce que rapporte la petite histoire. Invariablement cousin ou frère, verra-t-on dire certains témoins. Cousin ou frère.
Mais, ne nous y attardons pas outre mesure si vous le permettez. Car,
jalouse au dernier chef, avec d'autres points d'une importance extrême,
d'autres bien brûlantes questions, notre manchette est là, fébrile, à nous
attendre. *(Et notre lettre que dit-elle ? Cousin, je crois. Relisons. Oui, c'est*
bien ça... «auprès de votre cousin à qui je garde toute mon estime». Mais,

dans cette clausule à première vue contradictoire qui vient clore élégamment la phrase, «tous vos dignes frères», laisse entendre tout son passé, toute l'ambiguïté d'un statut d'enfant recueilli, euh... adopté.)

5

Par la lettre suivante, on verra la mission qu'avait M. Massillon Coicou, et comment il s'y prit pour la mettre à exécution...

Oui, cette lettre, par exemple, faisons un saut à elle. C'est d'une part ce qu'exige de nous la fin de notre mystérieuse formule...; en outre, le passé firministe de certaines des victimes, mise à part, c'est le lien, ordinairement établi entre les deux faits, le débarquement avorté et le complot s'entend. C'est donc dire son importance.

– Arrêtons-nous y alors, je ne demande pas mieux.

– Oui. Allons-y.

Oui, cette lettre...

Les choses, mettons-les au clair une fois pour toutes. A ses côtés, et témoignant d'une relation tant soit peu nourrie entre Firmin et certaines des victimes du 15 mars, aucun autre document ne saurait valablement, ni en aucune manière, prendre place. Nous n'avons rien vu de tel, et non plus du reste l'auteur de cette manchette, lui-même. Son témoignage lors du procès-Jules Coicou, quatre ans plus tard, n'en fait que trop éloquemment foi (Le Nouvelliste, 9 mars 1912). De la lire, par conséquent, comme il nous est sournoisement suggéré de le faire, que ça nous prévienne donc : un exemple plus éloquent que d'autres de mille choses dont, pour notre commodité, on entend, Georges, ne point nous embarrasser des détails. Hé oui ! Cela dit, sur l'invite, une fois de plus, de notre curieuse manchette, posons-nous sérieusement la question :

En réclusion au consulat français des Gonaïves et dans le doute le plus complet de son sort aussi bien que de celui de ses compagnons d'armes, Firmin avait-il tenté cette ultime démarche dans l'espoir qu'un mouvement (entendez mouvement insurrectionnel) ourdi à la Capitale, cette fois-ci, vienne à bout de ce que son débarquement avait échoué à mettre à bas ?

Dans l'hypothèse d'une réponse positive et que cette lettre fut bien de lui (j'ai bien dit dans l'hypothèse, Georges, car, certaines circonstances que nous verrons plus loin ayant amené à douter de son authenticité et ne disposant par ailleurs de quoi que ce soit nous autorisant à être affirmatif dans cette histoire, Firmin lui-même, s'étant gardé de toutes déclarations là-dessus, nous ne saurions décemment nous exprimer autrement) dans l'hypothèse d'une réponse positive, disais-je, peut-on empêcher certaines questions de voir le jour ?

Pourquoi avoir attendu plus d'un long mois alors ?

(A mettre en regard la date indiquée de sa rédaction, 1er mars, à celle donnée pour avoir vu, au consulat, le début de la réclusion de son présumé auteur, 26 janvier, c'est la première qui nous vient à l'esprit, non ?)

– Et plutôt judicieuse question, admettons-le, quand on sait, en effet, qu'à ce pouvoir pris de court, cette durée eût pu s'avérer amplement suffisante, pour revenir en force de toute surprise du débarquement.

– Auquel pouvoir, en tout cas, ne pouvait, de toute façon, que se révéler profitable, tout refroidissement éventuel de cette situation lourde et virtuellement à retardement créée par celui-ci... ce débarquement. Oui, pourquoi au 1er mars ?

Remarquez qu'en elle-même, cette durée peut n'avoir eu de sens, tout compte fait, que celui tout contingent d'une opportunité recherchée et finalement offerte en la personne d'un messager. Tout comme c'est peut-être en elle (ce long mois d'un bras de fer obstiné, incessant), en ce qu'elle n'a pas manqué de signifier pour les réfugiés eux-mêmes, que pourrait avant tout résider réponse à cette question, et, à cet égard, il ne saurait nullement s'avérer superflu que nous nous efforcions, en interpellant rapidement les faits, de nous faire une représentation exacte des conditions réelles qui l'ont vue prendre corps.

– Pénibles, j'imagine bien.

– Oui, brutales. C'est le moins, Georges, qu'on puisse dire. *[Mes notes, une fois de plus... Oui, je les ai.]*

A ces vaincus d'un débarquement avorté, à ces hommes à qui ne laisse d'être opposé, et non sans opiniâtreté, un refus d'exil, un refus d'embarquement appelé de tous les vœux, que représente-t-elle en fait? Oui, quoi? Marqué au coin amer de la plus cuisante déconfiture, c'est à tout prendre plus d'un long mois d'attente anxieuse dans une petite ville, à l'évidence, meurtrie des contrecoups de cette prise d'armes et vivant, par surcroît, en état d'alerte plus que sérieuse. En effet, depuis sa reconquête par les forces gouvernementales, et leur entrée solennelle le matin du 27 janvier (3000 soldats d'infanterie et 200 cavaliers), transformée en véritable ville de garnison, elle se verra l'objet d'un quadrillage impressionnant et lourd dont, inspiré sans doute par la crainte d'un éventuel rebond, le but premier demeure sans conteste, la garde étroite de ses consulats par trop combles de réfugiés. Au nombre desquels, entre parenthèses, certaines notabilités de la ville fuyant devant les fusillades sommaires (six n'ont pas manqué au rendez-vous, apprend-on dans Gaillard) et la perspective toujours à craindre chez nous, de se voir indexés de complicité. Situation épineuse s'il en fut, et qu'aux dires de Marcelin, à un pouvoir faisant la sourde oreille, le ministre de France Pierre Carteron ne laissait quotidiennement de représenter comme un danger public. En effet, à bien regarder, une source donc d'insoutenable tension sous quelque angle qu'on l'envisage. Car imprévisibles à plus d'un titre, et aisément produits en pareil cas, les dérapages ça arrive. Et mieux encore, mon ami, se trament. (selon Marcelin encore, l'idée de les faire prendre de force effleurait souvent l'esprit de tonton Nò qui, devant son entourage, ne se faisait le moindre scrupule d'y donner libre cours et «*ces paroles imprudentes* (je le cite) *tombaient dans des oreilles de militaires inconscients de gens tarés, prêts à bâtir là-dessus des plans inquiétants.*» (*Op.cit. t.3 p. 32.*)

Hé oui, mon vieil ami !

Et vécue ainsi, j'entends, à portée de main constante d'un ennemi entêté, aux jeux imprévisibles, entre quatre murs d'une résidence commune qui, par un pavillon seul, se voit conférer le statut bénéfique et sacré de consulat, dans un état de promiscuité à peine imaginable (70 réfugiés au moins pour le seul consulat de France) et sous la protection unique de ce cordon, solide, certes, du Droit des Gens, mais néanmoins des plus abstrait, «l'inviolabilité des droits d'asile», cette durée est loin de cette retraite garantie et de tout repos que le recul bêtement nous force à nous représenter. Et, par conséquent, prend rang de fait tangible, primordial dont toute considération, quelle qu'elle soit, ne saurait ne pas tenir compte ! Vilbrun Guillaume Sam[17] (et avant lui bien d'autres !) ne se verra-t-il pas, et sept ans plus tard, les frais indicibles de la fragilité de tout ça?

Tout comme, à l'évidence, et en tant qu'il se situe à l'arrière plan de leur moindre élan, leur moindre pensée, conditionnant leur moindre réflexe, doit être pris en compte également, un passé de précédents notables constituant pour ainsi dire la mémoire «chaude» et torturée de ces vaincus : proche, il instille le doute quand il remémore (Aujourd'hui, donnée pure et simple de l'Histoire, combien pesante pourtant elle a du être !) les compagnons du consulat américain de Saint-Marc tombés un mois plus tôt, et par complicité de leur hôte, aux mains revanchardes de l'ennemi.

Il est de date moins fraîche mais, sur le tapis anxieux des données et points du jour, n'a sans doute pas manqué, par ce qu'il ne laisse de révéler,

---

17 Tenu pour responsable du massacre du 27 juillet, il sera, le lendemain, arraché de la légation de France où il avait pris refuge, tué puis mutilé. Réfugié,lui, à la légation de la République Dominicaine, le général Charles Oscar Etienne, notons-le, avait subi, la veille, le même sort.

d'être d'un rebond constant, d'une évocation tenace : l'entêtement d'ogre du nonagénaire (lequel «durant sa très longue vie, n'a cessé d'agiter le drapeau de la révolution, dont il est en quelque sorte le professionnel et qui détient le record de l'asile dans les légations et consulats», remarque dans l'une de ses correspondances, ironiquement un Carteron ahuri et n'en revenant probablement pas d'une telle ténacité) cette assiduité à poursuivre inflexiblement ses ennemis, à les tenir en haleine, comme on dit, et ce, jusque dans leur retranchement ultime. En effet, quatre ans auparavant, une situation similaire s'était présentée avec deux sénateurs (Cauvin et Malebranche) qui, ayant pris refuge à l'agence française de Port-au-Prince le 25 février 1904, y sont restés, nous dit Gaillard, plus d'un an, «Nord Alexis n'ayant consenti à les laisser partir qu'à la mi-avril 1905».(Op.cit.p.249)

Tout comme, du reste, pour finir, ne doivent point manquer d'être prises en compte également ces rumeurs qui vont bon train, qui s'enflamment, comme celles dont, dans une lettre en date du 6 mars adressée à Marcelin, fait anxieusement état Pierre Carteron et qui, de toute évidence, doivent créer un climat d'alerte et de qui-vive plus qu'épuisant :

> «Je vous demande pardon de toucher ce point ; mais le bruit a circulé ces jours derniers aux Gonaïves que l'on allait organiser une manifestation «firministe», en vue de tromper lesdits réfugiés et de les pousser à quitter leur asile ; on a dit aussi qu'on mettrait le feu aux environs du Consulat pour les obliger à fuir dans la rue et pour leur y donner la chasse.
>
> Je n'ajoute pas foi à ces racontars : et c'est pourquoi je ne vous écris pas officiellement ; toutefois, il est fâcheux qu'ils puissent se donner carrière, et je dois, par suite, tenir compte «officieusement» de l'état d'esprit des gens qui les fabriquent, qui les gobent ou qui les exploitent.» [Frédéric Marcelin, op.cit. t.3 p. 60.]

Oui, vue sous cet angle terrible et des plus préoccupant, cette durée, prise en elle-même, comme une donnée en soi évidemment, n'aurait-elle pu être d'un certain rôle, Georges ? Me le demande toujours. Mais laissons tout ça pour le moment. Nous y reviendrons, je vous le promets. Où en étais-je exactement ? Oui, aux questions :

Et pourquoi Massillon ?

D'abord, ces deux hommes, se connaissaient-ils ? À en croire les maigres traces qui, dans nos bibliothèques plutôt avares de tels faits, surnagent aujourd'hui de leur amitié, depuis huit ans au moins. Mais davantage peut-être si l'on tient compte du fait qu'en 1897, deux mois approximativement avant que Firmin ne démissionne du gouvernement de Sam en tant que ministre des Finances et des Relations Extérieures (16 juillet), Massillon avait été nommé chef de bureau du cabinet particulier de celui-ci (4 mai). Pas de doute, Georges, qu'ils ne se soient au moins rencontrés lors ! Quand, sous le gouvernement de Sam encore, Massillon Coicou, âgé de 33 ans, se voit nommé en l'année 1900, donc trois ans plus tard, secrétaire de la légation d'Haïti à Paris, c'est sous le ministère d'un Firmin, aîné de 17 ans, qu'il occupera ce poste. Lequel le verra promu, deux ans plus tard, chargé d'affaires intérimaire, Firmin ayant regagné Haïti (où la lice présidentielle opportunément ouverte par le départ de Sam, il se retrouvera face à tonton Nò, et dans cette empoignade sanglante dont j'ai fait mention plus haut). De cette collaboration naîtra, entre ces deux hommes, nous dit-on, une solide amitié faite de compréhension réelle et réciproque. Aux vues d'un aîné bouillonnant et convaincu, vues politiques s'entend, la source donc, à nos yeux, de l'adhésion pleine et incontestable de Massillon? Oui, firministe, Massillon l'était, indéniablement. Mais pas le genre farouche (on disait *dechennen*[18]) qui s'accommodait mal à son caractère que décrit si bien la fameuse lettre du reste, assez modéré et doux. «*Malgré cette apparence de tiédeur et de mollesse,* (je cite de mémoire, mon ami), *je sais,* nous dit-elle, *quelle âme d'apôtre brûle dans votre poitrine et dans votre tête.*»

Oui, la source de cette adhésion? L'élément stabilisateur et définitif plutôt, serais-je enclin à croire. Car, sans négliger l'impact profond d'écrits persuasifs[19], étant donné, au sein de la jeunesse, et depuis l'affaire du Môle au moins, le prestige incontestable et sans cesse accru dont ne laissait de jouir celui-ci, self made man[20] d'une érudition vantée et d'un sens plus que remarquable de la dignité, on peut honnêtement en douter. Et lequel, piège sous nos cieux et ne guettant malheureusement que trop de tels parcours, pour desservi par une outrecuidance qu'on nous laisse croire proverbiale, n'en pouvait pas moins, et à bon droit, le voir prétendre orgueilleusement à l'ambition élitaire d'une présidence appelée et salutaire de son pays. Quoi? L'affaire du Môle, Georges ? Une longue histoire! Dont, pour notre gouverne immédiate, nous retiendrons uniquement ce

---

18. *Déchainé*

19 À ce moment, Firmin compte déjà quatre de ses publications derrière lui, dont l'inoubliable *De L'égalité des Races humaines,*une réfutation documentée des théories racistes de Gobineau et consorts (1885) .

20 Les origines sociales des Firmin, nous dit Price-Mars (*Anténor Firmin,* p,15), portent la marque d'une foncière humilité. Né d'un modeste milieu ouvrier (père, tailleur, et mère, couturière) Firmin, qui semble au départ destiné au métier de ses parents, ne devra qu'à une capacité de travail ainsi qu'à une intelligence hors pair de s'élever au rang qui fut le sien.

fait: appuyées par la présence persuasive de deux escadres dans nos eaux, les prétentions américaines à transformer le Môle Saint-Nicolas en dépôt de charbon pour leur marine de guerre verront Firmin, en 1891 et ministre des Relations Extérieures d'Hyppolite, s'y opposer avec une détermination aussi tenace qu'exemplaire et, à l'admiration de tous, parvenir à les refouler. Une vraie page d'Histoire, c'est ça ! Satisfait ? Concernant Massillon, en tout cas, signalons pour finir que ce n'est qu'en avril 1904, nous dit-on (Corvington, qui a en sa faveur des faits précis, et propres à susciter créance, laisse entendre, lui, 1903, mais ne s'agirait-il pas d'un premier voyage ?), signalons pour finir, disais-je, que ce n'est qu'en avril 1904, donc deux ans seulement après ces épisodes farouches qui avaient mis en émoi le pays entier, épisodes auxquels il semblait étranger à toute part directe, ou connue, qu'abandonnant (dois-je dire définitivement ?) cet hôtel de la Rue de Seine, et les rêves d'un relèvement culturel de son pays en tête, il regagnera Haïti.

Et où, d'un enthousiasme débordant et d'une rare passion, nous dit-on, on le retrouvera, sitôt rentré, à se partager entre l'enseignement, le théâtre et cette ébauche d'un rêve encore plus grandiose: son modeste cabinet de lecture. Bien que vivant d'une bourse précaire aux deniers raréfiés depuis la perte, sans doute bien prévisible, de son poste (corollaire de la révocation, au mois d'août 1902, et par le gouvernement provisoire, du ministre titulaire, Anténor Firmin), ce projet ne le verra pas moins à Paris employer tous les loisirs de son séjour à la collecte enchantée et infatigable de livres. Livres destinés à constituer, disait-il fièrement au tout-venant, son incontournable premier fonds. Parmi ces statues de nègres «outrageusement dorées» et ces agrandissements photographiques de nos héros- acquis, eux aussi, de cette même bourse gênée, impécunieuse, et destinés, eux-mêmes, à des rêves de galerie, à des rêves de musée- lesquels livres, invité chez lui un jour, l'homme de lettres français Jean Valmy Baysse témoignera avoir vus entassés pêle-mêle, prêts à crouler et remplissant, d'une diversité inouïe mais ne forçant pas moins l'admiration, jusqu'au lit même de son appartement sis rue de Seine. Mais où en étais-je? Oui, entre l'enseignement, le théâtre et son modeste cabinet de lecture. La bibliothèque Amica, non ? Du nom de sa mère, dont, le mercredi 7 octobre 1903, nous apprend Corvington, il dotera orgueilleusement et avec espoir, le vieux Port-au-Prince. Où était-elle logée ? A son ouverture, à l'angle des rues du Peuple et Pavée. Mais transférée, en juin 1904, à la rue du Peuple et dans un local plus vaste, signe donc qu'elle ne laissait d'aller son petit train. Survivra-t-elle aux événements ? Question idiote bien sûr puisque la réponse, tu le sais, est non... Oui, une prouesse, sûr!...

– A quoi pensez-vous ?

– Euh... rien d'essentiel, Georges, pour notre histoire.

Oui, cette lettre. Impossible tout compte fait d'en parler sans faire mention de l'autre à quoi elle restera, irreductiblement et comme à tout jamais, liée, celle d'Etienne Fils.

– Ah ! vous en avez, hein, à conter sur cette histoire !

– D'incontournables poncifs, mon ami, et rien de plus.

Etienne fils, commerçant cossu du bord de mer et ancien firministe notoire, en avait reçue une aussi, datée tout aussi bien du premier mars. Se déclarant arrivés des Gonaives, et chargés de distribuer de nombreuses lettres de même nature, par un soir du dit mois de mars, rapporte Marcelin (la première semaine de celui-ci, selon ce qui se laisse déduire, sans précision de date, de la correspondance qu'il aura à son sujet), deux inconnus se présentèrent mystérieusement en sa demeure de Turgeau, lesquels la lui remirent au nom de Firmin (où est-elle, du reste, cette fameuse lettre? J'aimerais bien vous voir prendre connaissance de sa teneur !). Au fait de cette coutume prévalant, nous dit-on, à l'époque au sein du pouvoir de tester les fidélités chancelantes au moyen de lettres compromettantes (gare ! au destinataire qui illico ne les rapportait !), avec Gaillard doit-on croire abusivement qu'il avait flairé dans celle tombée en sa possession l'un de ces fameux hameçons dont, au plus vite, il s'agissait de se démettre[21] ? Ou plus vraisemblablement, ne nourrissant aucun doute quant à la tenir de Firmin lui-même, et sachant un passé bien révolu de firministe actif le désigner inexorablement, et des tout premiers, à ces représailles qui semblent dans l'air, avait-il trouvé l'occasion bonne de se placer une fois pour toute hors de tout dangereux soupçon ? En tout cas, ayant chassé avec fracas nos deux émissaires, toujours est-il, que vivement, s'était-il empressé, le lendemain tôt, de l'apporter à Frédéric Marcelin (Trois portefeuilles, oublié de le dire, où ai-je la tête ? sont détenus par lui à ce moment: celui des Finances, qu'il gère en titre, et ceux de l'Intérieur et des Relations Extérieures, qu'il gère par intérim depuis les événements). Se basant sur un examen d'écriture qu'il laissera entendre indéniablement de Firmin, et sur la signature concluant la lettre (Peter, dira-t-il à Carteron, nom adopté, précisera-t-il, dans toutes ses correspondances révolutionnaires par le chef des insurgés) ce dernier n'aura aucun mal à se convaincre de son authenticité, et dans une lettre adressée au ministre de France en vue de souligner les implications d'un

---

21 Choqué par le procédé, et flairant une provocation gouvernementale, le destinataire nominal de ce courrier, prie les émissaires de quitter sa maison, et se précipite chez Frédéric Marcelin pour lui remettre (lui rendre?) ce papier qui lui brûle les doigts. (Roger Gaillard. *Le Grand Fauve*. P, 264.)

tel fait (utilisation abusive des réfugiés de leur consulat d'accueil dans le but de troubler à nouveau l'ordre public) et de lui demander instamment d'y remédier, se fera fort de la joindre. Si son contenu frappe d'une ressemblance étonnante avec celle adressée à Massillon Coicou, point n'est besoin par contre d'un examen approfondi du style pour se convaincre que la partialité seule, qui rend d'une cécité curieuse et affolante, pouvait seule expliquer cette attribution étonnante par Marcelin d'une telle parodie passablement empruntée du beau style, à l'écrivain, somme toute, de premier ordre que demeure l'auteur des *Lettres de Saint-Thomas*. Ce fait, et cette pratique courante à l'époque de lettre-test pour ainsi dire, laissant entrevoir la possibilité dans cette histoire de manipulation au moyen d'apocryphes rendront soupçonneux Jolibois, et le portent à se questionner sur l'authenticité également de celle adressée à Massillon Coicou...

– ...

– Quoi ?

– La lettre d'Etienne Fils promise, me la donneriez vous à lire?

– Hé oui, vous avez raison. La voilà :

> 1er mars.
>
> Mon cher concitoyen et ami,
>
> Je sais que vous ne restez pas indifférent à la triste situation du pays et que vous êtes, au contraire, un de ceux qui sont prêts à se donner dans toute la mesure du possible pour aider les patriotes à changer cette situation. Aussi bien, je fais appel tant à votre ancienne amitié personnelle pour moi qu'à vos sentiments de patriotisme éclairé pour vous demander de donner tout votre précieux concours matériel et moral aux amis qui essayent de nous tirer de l'abîme où nous a jetés le régime tyrannique et corrompu qui pèse depuis plus de cinq ans sur notre malheureuse patrie.
>
> Je compte sur vous et je vous presse affectueusement la main.
>
> (signée Peter ?)

Mais où en étais-je...? Oui, soupçonneux Jolibois et le portent à se questionner également sur celle adressée à Massillon Coicou:

> «La lettre d'Anténor firmin est-elle véridique ou fausse ? se demande-t-il. Les initiales sont trop claires. H. C. ne peut désigner qu'Horace Coicou, Dr P. L. C, le docteur Pierre-Louis Coicou, votre cousin, ne peut-être que le général Jules Coicou, C. C., Clément Coicou, un neveu des frères Coicou.» [Op. cit., p. 33, note de bas de page.]

*(Qui donc exactement était C. C ? Clément Coicou, ainsi que nous le
laisse croire Jolibois, ou Camille Coicou, autre frère des Coicou, dont il est
fait mention dans l'interview des deux Clara (Samuel et Déjoie) et que laisse croire plus probant le fameux passage des initiales ?... A voir plus tard.)*
Coup d'œil rapide sur cette lettre, mon ami. A supposer que ces initiales dont parle Jolibois y doivent leur présence à un quelconque souci
de camouflage, ce que nous interdit, entre autres, de croire aussi bien la
redondance qui clôt la phrase les comportant que la mention par trop
voyante des qualités de Pierre Louis Coicou (preuves indiscutables de
combien éloigné devait être son auteur d'un tel état d'esprit), en quoi leur
manque d'efficacité, de discrétion, constituerait-il une quelconque preuve
de l'inauthenticité de celle-ci ?

Authenticité en la matière est-elle nécessairement synonyme de prudence ? De prévoyance ? D'efficacité ? Les archives de toutes les polices
secrètes du monde seraient au trois-quarts vides alors ! Et qui ont long,
croyez-le, à nous en remontrer !

Gardons-nous de tels présupposés, mon ami, et essayons de relire cette lettre froidement, sans imagination. Cette authenticité faisant doute,
pas mal d'éléments concourent pourtant à la rendre des plus plausible.
D'abord, cette clarté des initiales qui fait tiquer Jolibois, indissociable à
mes yeux de ce long chapelet apparemment gratuit de noms de proches
et de la clausule redondante : ça pue le signe de reconnaissance (c'est
bien moi qui vous écrit et personne d'autre, à preuve...), ne peut-elle être
lue comme telle ? Ensuite, les références dont elle est émaillée et connues
uniquement du destinataire et de ses proches : la lettre à Roy Lion; Les
promesses faites par Massillon de correspondre directement avec lui, Firmin, et qu'il n'a pas tenues (sachant les courriers régulièrement ouverts,
comme nous le dira Jonathan St-Fort Colin, prenait-il ses précautions ?);
le rappel de la mission de Pierre Louis Coicou (que, lors de son procès,
une référence brève de Jules Coicou à ses années firministes, laissera voir
d'une existence hors de tout doute); l'estime gardé au *cousin* Jules, ancien
allié, sous laquelle il est difficile de ne pas lire ce sous-entendu, bien qu'il
soit pour l'heure commandant d'arrondissement du régime honni (fonction de premier ordre, et combien, que l'on accordait uniquement qu'a
des hommes de confiance ou prétendus tels). De s'y être reconnu vraisemblablement, notons en tout cas que Massillon, lui, ne nourrissait, à son
propos, rien de tels doutes, ainsi qu'en témoigne l'usage qu'il a voulu en
faire le soir de son arrestation et qui verra, tombée en possession de ses
ennemis, cette lettre faire, ici dans notre manchette, l'objet de cette publication à tout le moins pompeuse. Mais nous en reparlerons plus tard.

– L'existence, à coté de celle de Massillon, de la lettre d'Etienne Fils (un apocryphe évident à ce qu'il me semble) est de nature a troubler les esprits.

– Je crois aussi.

– A-t-on jamais pensé que cette volonté de manipulation, à quoi elle devait son existence, eût pu venir du camp firministe lui-même ?

– Poursuivez. Je vous écoute.

– ... J'entends, des hommes dans l'entourage du leader qui, voulant la réussite pleine du mouvement projeté, et pour s'assurer le concours de plus de monde qu'il n'avait pensé à toucher lui-même, entendaient combler ses lacunes, réparer ses oublis ?

– Voilà ce que c'est que parler, mon ami. Deux hommes respectables, historiens chevronnés, se sont penchés sur ces deux lettres, et une telle hypothèse, ne fût-ce que pour la réfuter, n'a effleuré aucun d'entre eux. A quoi devons-nous pareille chose ? Suspicions ancrées du pouvoir ? Lecture empressée ? Timidité ?

C'est ce soupçon que n'ont pas manqué de faire naître en moi deux choses dignes d'être soulignées: la différence évidente de tenue entre les deux lettres (argument de plus, soit dit en passant, pour l'authenticité de celle de Massillon, car, sorties d'une officine secrète du pouvoir, n'auraient-elles pas eu droit aux mêmes soins ?), la ressemblance, par ailleurs, par trop frappante entre elles (indiquant clairement, à mon avis, que l'auteur de l'une a été au fait de l'existence de l'autre. Celui de la lettre à Etienne Fils, celle adressée à Massillon, cela va de soi); soupçon d'autant plus ancré chez moi, qu'à tourner et retourner cette histoire, l'affaire Coicou s'entend, à l'arpenter dans ce qu'elle offre de plus impénétrable, dans ses méandres les mieux faits, les plus accomplis, impuissant, je me révèle à déceler sinon les raisons d'être, en elle, d'une lettre-hameçon, du moins ce qui, résistant à la lumière de certains mobiles aisément démontrables et à l'oeuvre desquels, elle ne laisse de devoir aussi bien sa nature que son existence en tant que fait, pourrait jamais être imputé à pareille chose. Cela dit, l'avez-vous toujours en main ? Relisons-la ensemble :

> 1er mars.
>
> Mon cher concitoyen et ami,
>
> Je sais que vous ne restez pas indifférent à la triste situation du pays et que vous êtes, au contraire, un de ceux qui sont prêts à se donner dans toute la mesure du possible pour aider les patriotes à changer cette situation. etc... Je compte sur vous et je vous presse affectueusement la main.
>
> (signée Peter ?)

Ces deux lettres, peuvent-elles être de la même plume ? C'est évident que non. Relisez celle adressée à Massillon, outre certaines lourdeurs absolument indignes de lui, voyez-vous, entre autres, son élégant auteur s'adresser à une connaissance et faire référence *à votre ancienne amitié personnelle pour moi* ? Cela dit, à coté de la date identique, je vous laisse le soin de dégager vous-même, les analogies par trop surprenantes entre elles, et dont l'existence, à mon avis, ne saurait nullement être imputée à une quelconque phraséologie d'époque.

Dernier point et essentiel. Avait-elle joué ce rôle prétendu par la manchette ?

Dans cette histoire, trop de faits font défaut pour n'autoriser autre chose que de pures et simples conjectures. À en croire Volcius Nérette (militaire en rupture de ban à ce moment, tout porte à croire, et adonné exclusivement au commerce, selon ce qui ressort de son interview. Passé de firministe ?), oui, à en croire Volcius Nérette, Georges, disais-je, d'un Massillon décidé et désireux à tout prix d'obtenir son concours pour un grand mouvement s'ébauchant, cette fois-ci, à la capitale, c'est vers le commencement du mois de mars qu'il recevra la visite. Massillon avait-il déjà reçu la lettre ? (le 1ᵉʳ mars est la date indiquée de sa rédaction, quelle en est celle de sa réception ?) De plus, Volcius Nérette, le seul dont nous possédons un témoignage, avait-il été le premier à faire l'objet d'une telle demande de sa part ?

En tout état de cause, d'une coïncidence à tout le moins étonnante ne laisse-t-il d'être que c'est un mois seulement après la réclusion de Firmin et de ses partisans, et précisément au début du mois de mars, que Massillon entreprend ce recrutement de taille (hauts cadres de l'armée). Désespéré après plusieurs visites chez Nérette qu'il a été impuissant à rallier à cette prise d'armes, c'est encore à ce dernier qu'il demandera de lui désigner un chef capable. Et celui-ci lui recommandera, nous dit-il, Grimard Fayette, chargé de la place de Marmelade. Oui, étonnante. L'effet de cette lettre ? Extrayons-en ce passage, la clé de sa raison d'être, donc sans doute, de notre «Pourquoi Massillon?» laissé sciemment en veilleuse précédemment :

> «Aussi, combien j'ai été agréablement touché lorsque j'eus appris par des amis communs que vous n'êtes pas resté indifférent à la sainte cause que nous défendons avec tant de raison et de patriotique conscience...»

Que nous apprend-il au juste ? Par des amis communs Firmin aurait appris une certaine sympathie manifestée de Massillon à la sainte cause qui ne manque de les retrouver, ses compagnons et lui, dans la situation que nous connaissons et aurait pris l'initiative de lui écrire, de le contacter. Pour lui dire quoi exactement ? Lui donner des directives ? Ces fameuses instructions dont parle la manchette et dont on s'échinerait en vain à chercher une quelconque trace dans la lettre ? Non. L'exhorter, l'inciter purement et simplement à prendre la relève. C'est un vœu pur et simple qu'une action vienne relayer l'échec par trop cuisant du débarquement. Peut s'y lire également un pont jeté pour des contacts plus nourris mais en absence de preuves concrètes pouvant témoigner de faits solides, auxquels ils auraient donné naissance, et sous peine de faire montre d'une absence manifeste de scrupules (ce dont évidemment n'allait nullement s'embarrasser, on comprend bien, l'auteur de notre manchette !) on ne saurait la présenter comme preuve d'un abouchement entre ces deux hommes et voir en Massillon un auxiliaire de Firmin comme le prétend la note du jour. Par contre, le rapprochement de son contenu - le «réunissez vous en groupe de généreux patriotes» qui laisse supposer Massillon bien loin d'un tel extrême au moment de la réception de cette lettre (mais son auteur ou ses informateurs auraient pu bien se tromper aussi !)- à ce que laisse bien échapper Nérette à propos de la date à laquelle il avait été, lui, contacté par Massillon (commencement de mars, ai-je dit) laisse seulement se formuler l'hypothèse qu'un tel passage à l'acte doive quelque chose à ce premier contact, objet, dans l'intervalle, d'un éventuel creusement. D'autant que, connu à ce moment pour se débattre dans des difficultés pécuniaires insupportables et persistantes, Massillon se trouve en possession de fonds destinés évidemment au mouvement et qu'il entend bien mettre (s'il faut en croire Nérette) à la disposition de celui-ci... Mais encore faudrait-il que nous soyons établi sur leur provenance exacte. Ce qui est loin d'être le cas. Ces fonds, d'où provenaient-ils ? D'hommes qu'il avait su gagner lui-même à l'opportunité de relayer, sur d'autres fronts, la lutte échouée, ou, par des lettres non parvenues à nous, d'hommes, à qui, il s'était vu désigner comme fer de lance de la relève et, à ce titre, digne du plus intégral soutien?... De sympathisants à la cause firministe ou de gens, pour des raisons diverses, éminemment ouverts, si ce n'est intéressés, à la chute de Tonton Nò ? Ils étaient plutôt légion, semble-t-il. Les canalistes (partisans de Louis Boisrond Canal Jeune dit Ti- Canal,[22] frère cadet de l'ex-Président ou son neveu ? Gaillard laisse entendre les deux, Boisrond-Canal, lui, étant décédé le 6 mars 1905), les ménosistes,[23] les syriens menacés de

---

22 Ancien commandant de l'arrondissement de Port-au-Prince sous Salomon. Au départ de Nord Alexis, il prend en charge l'Arrondissement et figure, à ce titre, dans le comité de salut public formé à l'occasion.

23 Partisans de Solon Ménos, juriste, écrivain et homme d'état bien connu.

rapatriement et qui voient leur velléité de faire florès contenues par les récentes lois anti-syriennes, s'agitent aussi, nous laisse-t-on croire. Autant que cette implication d'étrangers que, dans le but de faire le jour sur les opérations financières de l'insurrection, une commission d'enquête instituée au mois de février, laissera croire indéniable dans le soutien à Jean Jumeau (allemand, danois, anglais, syrien), un nom syrien sera jeté plus tard, et par Jules Coicou lui-même, lors de son procès. Et comme bailleur de fonds de l'épouse d'un firministe ami de Massillon (Nevers Constant) sans qu'il soit d'abord possible d'établir la simple véracité du fait, encore moins ses liens précis avec le firminisme aux abois et agissant. Mais assez dit, je crois, sur cette fameuse lettre, mon ami, passons, je vous prie, à un autre point, poursuivons notre lecture.

– Ah ! toujours vous m'étonnerez, mon vieil ami ! Pour quelqu'un donné pour mort depuis longtemps, de quelle santé vous faites preuve ! Enviable !

– Le mort, un vrai ? Ni chaud ni froid pour ainsi dire, un de-moitié de mort ! Et son tombeau, cher Georges, bien trop surfait ! Mais ces allusions discrètes aux dires d'aimables et omniscients amis, mettons-les, je vous prie, à leur vraie place, à l'écart, et revenons vite à notre propos.

6

Une certaine femme qui portait une caisse de munitions, balles système Gras et Remington, fut arrêtée en même temps que M. Massillon Coicou, sur la place du Champs-de-Mars, à proximité de la station des chemins de fer P. C. S.

Oui, au tour arbitraire, j'en conviens, de ce paragraphe à présent.

Sur la place du Champs-de-Mars, à proximité de la station des chemins de fer P. C. S et en compagnie d'une certaine femme portant une caisse de munitions, balles système gras et Remington, que devait bien faire ce poète dans un tel décor, vous demandez-vous, non ? Quel sens peut bien recéler tout ça?

D'abord, lisez «Station des chemins de fer de la Plaine du Cul-de-sac.»

– Le vieux Port-au-Prince une fois de plus ?

– Notre quadrilatère maigrichon, à n'en pas douter, et jaloux de toute évidence comme au plus haut point de sa gangue coloniale de fortifications vétustes, édentées; mais sur ce chapitre-ci, des transports en commun, Georges, se rengorge et entend bien nous en remontrer !

– Ah ! ah ! ah ! Et où était-elle située au juste ?

– Cette station ? Au sud-ouest de cette place qui, à l'époque, couverte de halliers, n'offrait au regard, qu'une étendue vaste d'un seul tenant, à laquelle elle semblait accéder comme de plain-pied. À l'emplacement actuel du ministère du Commerce et de l'Industrie, nous précise l'infatigable Corvington (numéro 8 de la rue Légitime). Lequel emplacement, comme vous le savez, s'insère dans la rive nord de cette rue, un périmètre qui ne doit, entre autres, qu'aux percées fiévreuses des années vingt[24] son exclusion, ou, si vous préférez, cette existence communément vécue aujourd'hui comme absolument distincte et autonome, de notre place.[25]

Au moment de notre histoire, elle ne comptait en fait que quelques douze années d'existence (Euh... vérifions. Oui, douze années). Contemporaine du tramway mécanique, d'une apparition tardive chez nous sous Tirésias Simon Sam, elle aurait vu le jour autour de 1896. À un système de transport à l'époque, nous dit-on, déjà des plus problématiques, originellement construite avait-elle été, pour autant que je crois comprendre, comme un point de desserte, un relais-clé en quelque sorte d'une des lignes ferroviaires qui, sous ce nouveau jour de la technique, étaient venues imposer leur note vigoureuse de changement et d'évident progrès : la ligne A (Croix-des-Bossales- rue des Miracles- Champs-de-Mars- rue des Casernes). Appelée à remplacer une autre de format bien plus modeste et en bois, et qui a joué, notons-le, un certain rôle dans notre histoire (mais située, elle, à l'ouest de la place), c'est non loin d'elle (de sa façade nord, pour être précis) que patiemment s'érigera, dans l'intervalle écoulé entre l'année 1909 et celle de 1911, cette grande tribune métallique fameuse et irremplaçable de notre enfance. Tenez ! laquelle fait aujourd'hui corps à un passé tout aussi révolu du reste, et moi m'obstinant, et contre tout bon sens, à ne point en faire mon deuil !

– Oui, révolu, vous l'avez dit ! Mais qui ne s'en souvient pas aujourd'hui encore...

– De notre âge, Georges. Qui, de notre âge, ne s'en souvient pas aujourd'hui encore. Ne serait-ce pas mieux dit ?

– ... Et particulièrement, pour l'hébergement accordé, sous ses gradins plutôt délavés et branlants, à notre merveilleux et inoubliable ciné Palace. D'un vert écaillé ces gradins, et leur armature métallique complètement rouillée par endroits mais tenace, je les revois encore.

---

24 Cette jonction de la rue St-Honoré et de la rue Cappoix, facteur démarcatif essentiel, n'existait, en effet, nullement lors, et ne s'est opérée qu'au détriment de la grande place.

25 Jusqu'à récemment, et ainsi que l'atteste le plan datant de 1927 de P. Etheart, ne nous sommes nous pas plu à ne lui voir de limite sud que strictement en face du ciné Rex ?

– Oui, notre merveilleux et inoubliable ciné Palace, vous avez raison. Et à jamais associé dans votre esprit, je ne sais trop pourquoi, à ce parabole frileux des temps sombres du Maccarthysme et des déboires en tous genres endurés par Fred Zinneman, son auteur (aux prises avec une commission d'enquête vorace d'antiaméricanismes, Will Kane à sa façon, il verra perplexe tout Hollywood tremblant se détourner de lui !) : «Le Train sifflera trois fois» . Que, dégoulinant d'eau, mais dans un enthousiasme fébrile, nous avons été voir par un certain dimanche après-midi pluvieux. Vous me l'avez dit plus d'une fois. A propos, n'ayant d'yeux, a l'époque, que pour les têtes parlantes... euh...dégainantes, de l'écran, et sans expérience aucune des infamies du monde, une telle allusion, Georges, avait-elle la moindre chance d'être décryptée par nous ? et dans un film surtout dont, aux moins chanceux que nous, pavanant d'une fierté ivre, mêlée de suffisance, notre ignorance se complaisait audacieusement à laisser croire l'auteur Gary Cooper lui même ? (Ah ! ah ! ah !) Oui, Palace... Mais, de ces souvenirs insipides et attendrissants de vieux schnocks, défendons-nous ardemment, cher ami, et revenons vite à notre fameuse station. À notre histoire elle survivra bien des années encore. Combien ? 30 ans ? 40 ans ? Sous l'effet de la liquidation en 1932 de la P. C. S, devenue d'une inutilité criante avec la disparition de l'éphémère tramway port-au-princien, qu'en fera-t-on au juste ? Quand sera-t-elle démolie ?

Bien visible, en tout cas, la voilà sur ce plan de Tippenhauer (Ne faites point de scrupules à vous servir de cette loupe, Georges !) relevé et dessiné en 1897, encore mieux en évidence avec le tracé sinueux et presque imperceptible des rails sur celui de 1927 de P. Ethéart, et brusquement, dans cette carte guide de Georges Séjour, témoin du Port-au-Prince fin 40, on ne la voit plus... Disparue !... Envolée !

– Mais d'une existence tenace, elle ne laisse d'être, pourtant, à nous interpeller dans cette histoire.

– Oui, tenace, vous l'avez dit.

À ce poète néanmoins de la paix utile et laborieuse (y a-t-il paradoxe ?), barde enthousiaste d'un Empereur nôtre... de Dessalines, n'avait-elle part aussi au décor le plus habituel, au décor de routine pour ainsi dire ? Car, à nous fonder sur Jolibois, étayé implicitement par de sûrs témoignages, il avait résidence pas loin de là, à quelques minutes seulement, ... un jet de pierre, diraient certains. Et ça, froideur de chroniqueur ou d'historien, question de pertinence obligent, en taire ici, et à nos yeux, l'acuité vive, bavarde ? Oui, le plus habituel, disais-je. Et sur lequel probablement (je le vois bien d'ici), appelé par les choses d'une présence nécessaire et par trop familière à nos cotés, il devait se surprendre, et en passant, ce regard en apparence froid, étiolé mais non moins empreint au fond d'une conni-

vence tacite, intime et, partant, des plus profonde. Combien étrangère et lointaine elle dût, ce soir-là, lui paraître pourtant...oui, combien...profilant un mutisme de métal sourd, indifférent sur cette grande place où, embusqué, l'attendait ce cordon d'hommes. Beauvais Bréva nous le dit-il ? Mais je m'égare là. Un peu de maintien, bon Dieu...! Regagnons vite notre lecture.

– Sur la place du Champs-de-Mars, mon vieux Georges, quel sens peut bien recéler tout ça? Et surtout, est-ce bien là qu'eut lieu son arrestation ?

«Les armes à la main» du tout début mentalement enlevées qui, en ombre insidieuse et mensongère, ne laissent de se projeter un peu partout, et particulièrement sur l'objet de ce paragraphe, l'amputant, par conséquent, d'un dérisoire insoupçonnable, et «caisse de munitions» qui semble d'un poids considérable pour une femme seule, remarque judicieusement Jolibois (mais n'est ce point en ces termes flous, équivoques qu'un miraculé de cette nuit-là, Aurel Madou, en parle. Lequel, escorté de sa cellule pour celle des condamnés à mort et sans appel, aurait vu, et dans la cour de la prison, cette soi-disant caisse), rien à redire. C'est bien là, en effet, qu'eut lieu l'arrestation de ce poète.

– A proximité immédiate de notre vieux ciné Palace, donc !

– A proximité immédiate de l'endroit qui, dans l'indifférence probable d'un tel fait, le verra naître bien des années plus tard, si c'est ce que vous voulez dire.

– C'est ce que je voulais dire.

– Heure ? Tout comme Félix Salnave, et à l'encontre de l'arrestation de Mme Galette dûment située temporellement, notez, en passant, l'absence de toute indication de cet ordre dans notre manchette. Rhétorique sanglante oblige. Délié de tout processus et présenté uniquement sous la lumière de leurs desseins odieux, leur cas, par ce vide temporel, marque donc d'intemporalité, doit se voir acquérir le statut définitif de chose à jamais close et entendue. Un vrai chef-d'œuvre, vous dis-je......

– Qui ne paie pas de mine à première vue, mais dont je commence à peine, et un peu grâce à vous, à apprécier la vraie mesure.

– Heure ? disais-je, entre 8hres 30 et 9 hres du soir... A moins d'un quart de mille de sa maison (récemment démolie, elle s'élevait au quartier dit derrière l'Exposition, notre actuelle ruelle Romain) et en compagnie d'une femme, en effet, du nom de Clara Samuel, que le fougueux Louis Callard, ami proche de Massillon, donne pour avoir été sa bonne et chargée du transport de la dite caisse. Au fait de tout et des moindres riens de ce «planmen[26]» remuant qu'à tout prendre ne laissait, davantage encore, de constituer sa ville... oui, lu les témoignages, mon ami. Impression étouffante, terrible : tout le monde n'en finit pas d'être au su et au vu de tout le monde !... que disais-je?... notre lecteur d'époque sait assurément que dans les parages loge le sieur Jules. (rue de l'Exposition, notre actuelle rue Légitime) mais peut-il jamais imaginer que c'est au sortir de sa maison (dans l'ombre, sciemment laissée par la manchette ?), où convié par un billet en vue de mettre la dernière main à ce complot et de quérir cette soi-disant caisse, que Massillon tombera dans ce piège ignoblement orchestré par lui ? Impossible, nous l'avons dit. Sur cette machination à tout le moins sordide, les révélations de l'enquête, un an plus tard, de L'Impartial et également les procès seuls, s'efforceront à nous lever un coin de voile terrible !...

  – ...
  – Quoi ?
  – Cette «trappe du cousin Jules» prêtée par vous à Roger Gaillard ?
  – Absolument
  – Et par un billet, avez-vous dit ?
  – D'un laconisme... euh... D'un minimalisme plutôt à faire rêver Carver, et rédigé de la main de Labissière, son secrétaire à ce moment, et dont nous possédons un témoignage. Il date (le billet évidemment) du 14 mars et dit précisément ceci :

> Mon cher Massillon,
> D'après ce qui a été dit, entre nous, ce matin, j'ai expédié les choses chez moi. Tachez de me voir ce soir, à 7 heures. Bien à vous. Signé J. A. Coicou

Dans son interview avec Louis Callard, interrogé sur le sens du mot «choses», il parlera de caisses de kola, de l'achat desquelles Massillon lui aurait prié de répondre pour lui auprès d'un commerçant de la place (une célébrité du vieux Port-au-Prince, Henri Brisson), mais, de guerre lasse, admettra lors de son procès, trois ans plus tard, qu'il s'agissait bel et bien de cette fameuse caisse, un traquenard.
  – Incroyable !

7

Mme Galette dut certainement jouer un rôle important dans le mouvement...

---

26 Plat de main

– Oui, cette femme. Arrêtons-nous à elle un moment. Les allusions à sa personne et à celle de Nérette, plus d'une fois, sans doute, m'avez-vous vu les enjamber et vous avez pris peur, non ? Peur légitime que je les oublie. Mais enjamber n'est point omettre, mon ami, et je comptais bien y revenir !

Oublions momentanément cette description grotesque (l'épithète, si je ne m'abuse, est bien de vous d'ailleurs, et qui a trahi votre intrusion... euh... notre co-lecture) oublions momentanément, disais-je, cette description grotesque et d'une cocasserie amusante des circonstances de son arrestation, laquelle, sous les traits d'une bonimenteuse accomplie, ne tend que trop à nous la faire voir. Et vantant à haute voix, à des passants retenus de crainte, des soldats en l'occurrence, une camelote assez spéciale : la rébellion (*Ah ! ah ! ah ! vous êtes décidément en verve décapante aujourd'hui !*) Mme Galette qui était-elle ? Avec qui était-elle abouchée ?

Une commerçante. Et d'articles de toilerie, selon ce que semblent attester les reçus qu'en réponse à certaines allégations de Jules, elle prendra soin de faire publier dans les colonnes de L'Impartial. Pour souligner la nature des relations, strictement commerciales, selon elle, qui la liaient au Bureau de l'Arrondissement. Une émissaire sans plus (probablement du sieur Jules). Dans son interview où il dénonce Jules Coicou comme auteur principal du complot, le général Nérette la donne pour un agent de celui-ci, et ce dernier, dans la sienne, pour un agent de Nérette. Citée à comparaître trois ans plus tard, lors du procès-Jules Coicou (5 Mars 1912), Mme Galette apparaît à l'audience mais, vu son état de santé, est dispensée de témoignage. Ce qui va nous priver de cette voix dont nous déplorons qu'elle n'ait pas été confrontée nous permettant du coup d'en entendre plus.

Oui, d'en entendre plus.

– Les témoignages écrits de témoins défaillants, ça existe, nom de Dieu !..

– Quoi?

– J'ai dit : «Les témoignages écrits de témoins défaillants, ça existe, nom de Dieu !..»

– Pour une raison qui nous échappe aujourd'hui (révision, de dernière heure, de point de système ?), la défense qui, bien qu'elle fut devenue l'ennemie déclarée de Jules, semblait tenir à son témoignage et l'avait citée, n'avait pas jugé bon d'y avoir recours. Sa valise, qui resta en dépôt au greffe jusqu'aux événements, contenait, en effet, nous apprendra le juge de Paix Emile Lucien, cent dollars or américain, onze gourdes, 19 centimes/monnaie NL. Un contrat de mariage, un acte, un bordereau et une lettre à son adresse signée Piquant. Est-ce son contenu pécuniaire, une somme plutôt rondelette pour l'époque (en témoigne le soin mis par la manchette à en souligner la possession), comparée au dénuement le plus extrême de nos pioupious et nos sans grades (une gourde le mois de solde !), qui a inspiré le mensonge des fonds reçus et de l'embauchage ?

Nul doute là-dessus, mon vieux Georges!

8

Son conseiller le général Nérette prit la fuite, dès qu'il apprit l'arrestation de sa complice...

Du montage éhonté évidemment. Remarquez qu'au moment où, dans la plus grande fébrilité, s'opère la rédaction de cette manchette, Clément Magloire est loin encore d'avoir rencontré Nérette. Avec qui, grâce à son ami David Borges, s'il faut en croire sa fameuse lettre, il aura, à la légation de France, cette interview sensationnelle mentionnée précédemment. Interview faite seulement une dizaine de jours après. Elle paraîtra, comme je l'ai dit, le 26 mars exactement. Pas avant. De cette motivation si clairement exprimée de la conduite tenue par Volcius Nérette, comment eût-il pu être seulement au fait, alors ? Par des amis de celui-ci ? *(Ah ! ah ! ah !)* Empressé à placer sous la protection ferme d'une légation, une vie qu'on considère en butte au plus immédiat danger (à prendre ambassade, comme nous disons chez nous), un homme penserait-il jamais à s'accorder le temps douillet d'un faire-part obligé à ses amis ? À voir! *(Oui, décapante et imbattable, en vérité, il n'y a là aucun doute!)* Oui, du montage éhonté. Et qui recèle la même fonction, du moins le même effet que le rapprochement Nérette-Madame Galette, masquer jusqu'à quel point, avec le rôle tenu par Jules Coicou, plus encore que prévenue, l'autorité était partie prenante de ce drame, l'un des plus sanglants sans doute, s'apprêtant à se dérouler. Le complot éventé depuis longtemps, et les arrestations devant s'opérer le lendemain, prenant de plus en plus l'allure d'un traquenard connu de tous, en homme avisé qu'il était (de l'arrondissement du vieux Port-au-Prince, on ne devient pas le commandant, poste occupé six ans plus tard, sous l'un de nos éphémères, Davilmar Théodore, sans la maîtrise évidente de certaines cordes !) oui, en homme avisé qu'il était, et grâce à des amis bien placés, ses relations comme nous disons chez nous, Nérette avait sans doute fini par avoir vent de tout ça et pris la décision qui s'imposait. Oui, du montage éhonté, c'est sûr.

– Une parenthèse, ami, pour ma gouverne : Dans ce contexte d'ébruitement et un tantinet d'alarme tel que vous le suggérez, et les autres alors... comment expliquez-vous...euh...c'est qu'ils n'avaient eu vent de rien, eux, selon vous ?

– Qui, les autres ?

– Les fusillés, évidemment.

– *La manchette, Georges, efforçons-nous à nous borner, je vous prie, et succinctement, aux points de la manchette!...efforçons-nous!...* Euh...bon... Voilà, à vrai dire, la question que je me pose nuit et jour. Incessamment. Mettons de côté, bien entendu, ceux qui n'avaient aucune part au complot et n'étaient donc, par conséquent, nullement tenus d'une vigilance particulière- ils sont nombreux cette nuit-là à mourir!- et nous aurons un des faits les plus troublants de cette histoire. Mme Galette est arrêtée la veille. Nérette, la veille aussi, gagne la légation de France. Aucune alarme ne retentirait ! Opérées chez Grimard Fayette, Pétion Courtilien Roy, tenants assurés du complot, des descentes ne se révéleront que vaines, infructueuses, ces messieurs ayant depuis longtemps décampé, pris la poudre d'escampette, voilà un indice, si besoin est, que des rumeurs à ce moment devaient courir bon train. Mieux, dans une lettre à L'Impartial, Edmond Ethéart, ami proche de Massillon et qui, à une visite pour le moins salutaire chez lui de la femme de Joannis Merisier, adjoint de Jules Coicou (visite faite, nous dit-il, sous la recommandation expresse de Joannis Mérisier lui-même), devra d'être avisé des arrestations en cours et projetées pour cette nuit-là, oui, Edmond Ethéart, disais-je, nous affirme s'être rendu en personne, et en compagnie d'un nommé Elie, à la Pharmacie Sainte-Anne, pharmacie de Pierre-Louis Coicou, faire part à ce dernier de ce qu'il venait d'apprendre. Ça ne servira pas à Massillon qui ira à son rendez-vous chez Jules Coicou. Où il tombera, on l'a vu, dans ce traquenard ignoble; et Horace, aussi bien que lui, Pierre Louis, seront arrêtés chez eux. Et là, croyez-le, dans leur lit ou quasiment. Pourquoi ? Bravoure ? Habitude, dans un climat pareil (il dure déjà depuis Janvier), de telles mises en garde ? Ou confiance absolue dans un coup où, en plus de hauts gradés qu'on croit compter de son côté, est impliqué un commandant d'arrondissement, celui de Port-au-Prince et de surcroît leur frère ! Oui, leur frère ! À côté de disposition particulière à la naïveté, voilà, sans doute (je dis sans doute, car des preuves réelles, flagrantes d'une participation quelconque à ce complot d'Horace et de Pierre Louis Coicou ne laissent de faire éminemment défaut à notre documentation) oui, voilà, sans doute, l'éclairage psychologique à ce calme étonnant dans ce contexte de feu !

– Selon vous, ils auraient pu être loin de croire à la trahison de Jules ?

– À son double jeu, vous voulez dire... Euh...à sa comédie plutôt. Oui. Et ce dernier qui s'était donné pour avoir le contrôle de tout ce qui ressortait de militaire dans cette prise d'arme, n'ayant donné aucun signe particulier d'alarme -son billet dont je vous ai fait lire la teneur, ne conviait-il pas Massillon à venir prendre possession des dites choses dans la soirée même, et s'il faut en croire ce billet encore aussi bien que d'autres témoignages, ne s'étaient-ils pas rencontrés à deux reprises ce fameux jour - c'est que tout allait bien.

Il prétendra plus tard les avoir fait avertir, la veille, par une certaine Mme Lubin, maîtresse d'Horace Coicou, mais le billet même envoyé à Massillon dans la matinée du 14, rouage, nous l'avons dit, d'une machination grotesquement orchestrée, trahit bien et de manière assez criante, pour ainsi dire, le caractère mensonger de telles allégations.

Et le cas d'Alluption ? Pourquoi l'oublié-je toujours ? Oui, «Casimir Alluption. Ancien sous-chef d'Etat-Major du Président Salomon» consent bien à nous l'apprendre, d'une brièveté à faire peur, et paru de septembre à novembre 1915 dans le journal «La Plume» de Charles Moravia, ce bilan alphabétique narquois, criant, pourtant avec trois lettres sur vingt-six, absolument loin de toute complétude, des victimes d'un centenaire de forfaits : La Liste Rouge. La seule chose du reste que je sais de lui. Pour autant évidemment que, dans ce pays glissant et d'érosion permanente, ce ne soit pas la seule chose restée de lui.

À lui, non plus, n'avait point fait défaut, nous dit-on, un salutaire avertissement. De Mme Théoma Laporte, s'il faut en croire son témoignage. Cette répression en cours, la tenant de haute source (de Camille Gabriel lui-même ?) vivement lui conseillera-t-elle de se mettre à couvert, de découcher cette nuit-là, évoquant même à l'occasion ce mauvais songe qu'elle avait eu. Mais son parti pris, et contre tout bon sens, de ne faire qu'à son entendement, lui s'était résolu à faire la sourde oreille, s'entêtant à clamer que, n'étant dans rien, rien, par conséquent, n'aurait la vertu de le faire abandonner chez lui. Arrêté pourtant aux environs de trois heures du matin, alors qu'il prenait tranquillement son bain, sans chapeau et en cottes de chemise, il sera conduit devant le cimetière et partagera le sort des autres. Une seule nuit hors de chez lui, bon Dieu !... oui, quoi ?

Ah! le cas Roche Armand ? Des plus surprenant, lui aussi, sans aucun doute. Dans la crainte de ces représailles escomptées à la capitale, et du fait d'un passé indéniable de firministe actif, assurément l'un des premiers à s'alarmer et avoir cherché refuge dans une légation. Celle de France, pour être précis. Abri dont, le 11 Février, néanmoins, et sous la promesse formelle qu'il ne serait point inquiété, nous dit Carteron, on ne le verra pas moins abandonner allègrement et en toute confiance, le confort bienfaisant et protecteur. Troquer, aurais-je du dire. Et ce, au profit de la subsistance assurée d'une nichée, la plus nombreuse par un train-train laborieux et actif de tailleur bien en vue de la vieille ville. Arrêté, lors de cette nuit terrible, le sera-t-il moins pourtant lui aussi.

«D'après ce qui a été dit entre nous ce matin...» Oui, le billet de Jules.
A bien y penser, n'est-ce pas de cet entretien qu'il ferait mention ?
La seconde audience du procès-Jules Coicou verra St Hilaire Adam fils,
un juré, adresser à Jules la question suivante : «...le samedi 14 mars, dans
la journée (à quelle heure ? pas de précisions), n'aviez-vous pas causé avec
Massillon au Champs-de-Mars, derrière la statue de Dessalines ?» «Oh !
répond l'accusé, je ne m'en souviens pas.» «Voyons, explique le juré, réflé-
chissez : je vous ai moi-même vu» «Je me rappelle, c'est vrai», admettait
Jules Coicou. (Le Nouvelliste, 7 mars 1912. Compte rendu du procès- Jules
Coicou.)

N'est-ce pas de cet entretien que ferait mention notre laconique billet ?
Fort probable que oui. Comment n'y ai-je pas pensé plus tôt ? Ainsi donc
il les avait vus... St Hilaire Adam Fils les avait vus. Sur cette portion nord
de la place, immensément déserte de tout ce qui fera plus tard ses attraits,
et derrière la statue, à l'époque solitaire et toute neuve, de Dessalines. Me
trompai-je ? Non. Inaugurée le 7 février 1904, donc quatre ans auparavant
seulement. Oui, toute neuve et solitaire... car, s'il faut en croire Corvington,
elle n'était plus guère debout cette vieille présence familière du Champ-de-
Mars, la tombe du prince Souffrant, à clamer haut et fort cette lubie assez
curieuse d'un homme de fraîche noblesse (prince de l'empire de Soulou-
que et ancien commandant de l'arrondissement de Port-au-Prince) cette
propension téméraire à vouloir faire route à part, et ce, jusque dans la
mort commune et qu'elle n'était venue, notre statue, que bien tardivement
avoisiner. Oui, plus guère debout. Démolie qu'elle avait été quelques mois
auparavant pour permettre aux travaux d'embellissement de notre place
de prendre corps. Vérifions. C'est bien ce qu'il laisse entendre en effet. Oui,
toute neuve et solitaire c'est sûr, et sur cette portion de la place que je me
représente toujours remuée par les travaux d'embellissement en cours... Et
eux, derrière, à se parler... Mais oublions tout ça pour le moment...
Oui, la note de pied de page vainement cherchée.

Il s'agissait d'une boite de cartouches et non pas d'une caisse car
une femme n'aurait pu la transporter. D'ordinaire, soit à l'étranger, soit
aux forces armées de leur pays, les cartouches de fusils étaient expédiées
par les fabriques de munitions en boites métalliques, contenant un mil-
lier : ces boites, facilement transportables, étaient munies au sommet
d'une poignée en anse. La caisse de munitions contenait 50 ou 100 de
ces boites métalliques. (Gérard Jolibois, op. cit.,p. 61)

Précision intéressante, non ? Mais qui vient malheureusement trop
tard. Mais passons.

Ah ! cet extrait des mémoires de notre cher Marcelin. Intéressant, lui aussi, sans aucun doute.

Le Président de la République, dans sa conviction absolue que les révolutionnaires devaient subir le châtiment du crime d'avoir provoqué la guerre civile, trouvait non seulement naturel, mais du devoir des nations en relations avec le pays, de remettre leurs réfugiés. Il qualifiait leur attitude d'hostilité, de complicité avec les fauteurs de troubles. Nul doute que souvent l'idée de les faire prendre de force n'ait traversé son esprit. On comprend dans quelles perplexités ses ministres vivaient. Ils étaient toujours sous l'appréhension d'une décision fatale qui aurait pu avoir pour tout le monde les plus graves conséquences... Et d'un autre côté, on n'était pas sans inquiétude de garder dans son sein ce foyer d'incendie qui pouvait à tout instant, en attisant des flammes mal éteintes, propager une conflagration nouvelle. Mais, si on appuyait sur ce côté de la question, le général Nord triomphait. Alors il répondait : «Vous voyez qu'il faut en finir. Il faut les prendre de force.» Ces paroles imprudentes tombaient dans des oreilles de militaires inconscients ou de gens tarés, prêts à bâtir là-dessus des plans inquiétants. [Frédéric Marcelin, op.cit., t. 3, p. 31-32]

– Que cherchez-vous exactement ?
– Euh ! Rien. Adressée à Pierre Frédérique, le 20 janvier de l'année suivante, et au cours de cette fameuse enquête, une lettre d'un firministe actif en 1902, le général Dolaires Laporte (avec un prénom orthographié différemment, Doleyres, il est cité en effet par Castera Délienne[27] et par Jean Price-Mars parmi les défenseurs, à l'époque, les plus connus du front de Limbé[28]). En réponse à votre question, elle saura, mieux que moi, traduire l'état d'alerte prévalant à ce moment, et a le don de me laisser songeur. Euh... je l'ai :

Port-au-Prince 20 Janvier 1909
Me P. F. Frédérique
Directeur du journal «l'Impartial

---

27 *Souvenirs d'épopée,* Imprimerie de L'Etat, 1935.

28 Localité du département du Nord qui, par sa position géographique, avait vu en 1902 une concentration imposante de militaires et volontaires acquis au firminisme; et ce, pense Price-Mars (*Anténor Firmin,* p. 346), dans le double but de barrer tout accès à la plaine des Gonaives des troupes de Nord Alexis cantonnées au Cap, et de frayer la voie sur un déferlement vers cette ville. Son évacuation décidée, le 13 octobre 1902, marque la débâcle des forces firministes.

... je me fais le devoir de vous confirmer ce que Mr Joannis Merisier vous a déjà dit, pour ce qui me concerne s'entend. C'est en effet, grâce à Mr Mérisier que j'ai pu me soustraire aux griffes des féroces assoiffés de sang de la nuit du 15 Mars.

Le Samedi 14 Mars, je me trouvais sur mon habitation Pernier, où d'ordinaire je passe toute la semaine. Dans l'après-midi, je me préparais déjà à descendre en ville pour y passer selon mon habitude, la journée de dimanche avec ma famille, quand je reçus un billet de ma femme, m'annonçant que le gal J. Mérisier, alors adjoint du commandant de l'arrondissement, lui avait fait prévenir par sa femme que, ayant reçu l'ordre de m'exécuter dans la nuit, il s'empressait de me faire prévenir.

Quoique ne me sachant dans quoi que ce soit, je me gardai bien de descendre en ville ce soir-là, et, le lendemain j'eus à apprendre hélas ! La navrante nouvelle de l'assassinat de Massillon Coicou et des autres victimes des stryges du 14 Mars.

Trois jours après, comme nos anthropophages étaient encore on ne peut plus disposés à déchirer la chair de leur semblables, je pus à la faveur de la nuit gagner la ville et me réfugier à la légation française.- Telle est l'exacte vérité.

N'ayant jamais eu aucune relation avec Mr. Joannis Mérisier, tout me porte à croire que seule sa conscience l'a empêché de mettre à exécution l'ordre barbare qu'il avait reçu de ses chefs féroces.

Veuillez agréer, mon cher Directeur, l'assurance de ma profonde considération

Gal Dolaires Laportes.

– Oui, songeur, je vous comprends.

– Et celle-là aussi, non ?

– Et que nous apprend-elle au juste ?

– Aussi bien que la précédente, c'est une réaction à la lettre de Joannis Mérisier malheureusement non parvenue à nous. C'est à son contenu qu'indéniablement je dois, touchant à Pierre-louis Coicou, les faits dont je viens de faire mention. Bien qu'il rectifie certaines affirmations de Joannis Mérisier qui laisseraient croire à un abouchement incontestable entre Massillon et lui, Edmond Ethéart, son auteur, admet en effet avoir reçu, lui aussi, ce jour-là (à quelle heure ? Pas de précision) la visite pour le moins opportune de la femme de Mérisier.

– Qui, dans tous les azimuts, n'arrêtait pas de trottiner, de s'essouffler en diable, ce fameux jour !

– Tandis que lui évidemment, en adjoint de Jules Coicou, s'apprêtait à faire son entrée en scène. Entrée (selon ce que laissent déduire certaines réactions à sa lettre, évidemment) qu'il laissera entendre avoir été faite à contrecoeur, niant certains faits, évoquant même son intention ce jour-là de sauver Pierre Louis Coicou. Qu'entendait-il exactement par là ? A l'appui de tels dires, qu'avait-il apporté de précis ? L'arrestation d'Horace et de Pierre Louis pourtant avait bien été son fait. Et, en réponse à sa lettre, la réaction de Clara Déjoie, la femme d'Horace Coicou, était venue évoquer pour le public les conditions précises de son déroulement :

> ...Le Gal Joannis oublie trop tôt que c'est lui qui a fait sauter les serrures chez le Dr Louis Coicou, aidé dans sa triste besogne de Laroche, dit Fusillé, et qu'il n'avait point besoin de l'avis d'une vielle dame, qui n'est autre que l'honorable mère des frères Coicou, pour savoir que le gibier n'avait pas découché, puisqu'il l'avait filé de toute la journée. Sa mémoire est courte pour ne pas se rappeler avoir procédé personnellement à l'arrestation d'Horace Coicou. C'était la capture importante à faire puisque devant l'hésitation des hommes d'armes qui l'accompagnaient, il a cru accomplir un acte de bravoure en se précipitant à l'escalier, en même temps qu'il proférait ces paroles que j'ai entendues- si ça terrible en haut là, m'ap monté.
>
> En effet, il est monté, et c'est lui, Joannis Mérisier, qui eut ce geste de brute féroce en portant la main au collet d'Horace. C'est encore lui qui, à l'escalier, dans sa fougue, me blessa avec le poignet de son arme. Il oublie trop vite, vraiment ! Je veux lui rafraîchir encore la mémoire en l'obligeant à se souvenir qu'en récompense de ses hauts faits, dans la triste et mémorable nuit du 14 au 15 Mars, il fut nommé commandant de la commune de Croix-des-Bouquets... [L'Impartial, 18 janvier 1909, numéro 10]

A l'appui de tels dires, qu'avait-il apporté de précis ? Compte tenu de la valeur stratégique à l'époque de Croix-des-Bouquets, et de l'importance du marché s'y tenant sur une base hebdomadaire, octroyé uniquement aux officiers sûrs et dévoués, ce poste éminemment clé et rémunérateur où en effet on le retrouvera au mois de novembre 1908 (donc huit mois plus tard) apprend-on dans Jolibois, était-ce aux actes de cette nuit-là qu'il devra d'y être nommé ainsi que le laisse crûment entendre ici Clara Déjoie ? Nous ne saurions l'affirmer. Par contre tout ce qui est dit là est stricte vérité, se recoupant avec d'autres sombres témoignages. Maintenant reclassons-le.

Oui, à faire son entrée en scène...

– Oublié notre manchette, cher ami.

– Euh...vous avez parfaitement raison, Georges. En reste-t-il grand-chose ?

– Pas vraiment.

– Finissons-en alors. Car, aussi avare qu'elle puisse se révéler, la plume est là qui m'attend, et il est grand temps que je la reprenne... Grand temps que je reprenne le boulot, si vous voyez ce que je veux dire.

9

> La police a retrouvé les carabines déposées par M. Massillon Coicou chez Mme Siméon Salomon, sa sœur... On a également mis la main sur deux sacs contenant des képis militaires...

Née Coline Coicou, c'est la soeur ainée des frères Coicou qui mourra octogénaire en 1932, nous apprend Jolibois. Recoupé à l'évidence par l'un de nos témoignages, ce qu'elle laissera entendre plus tard (et parvenue à Jolibois par une de ses descendantes) semble d'un son de cloche absolument tout autre :

> «Il y avait eu, le samedi soir 14 mars, une représentation théâtrale chez elle, en son école privée de la Ruelle Romain [*Elle s'élevait, nous apprend le même Jolibois, à l'emplacement qu'occupera plus tard notre cher stadium Vincent*]. Des tentes avaient été dressées dans sa vaste cour. Les soldats renversèrent les tentes mais ne trouvèrent aucune carabine. Le seul képi retrouvé dans son grenier ainsi qu'un sabre d'ordonnance, étaient ceux de son mari défunt, qu'elle avait religieusement conservés.» [Op.cit., p.34, note de bas de page]

– Et on n'a mis nuls gants, incroyable, à en faire un sac de képis, évidemment !

– Deux sacs, vous voulez dire ! Relisez donc notre manchette. À couvrir cette armée de soldats qui, tapie dans l'ombre, dénonçait l'envergure d'un complot qui seule pouvait justifier cette perte déplorable de sang froid et la fusillade sommaire, un sac n'eût suffi que bien médiocrement ! Deux sacs, mon cher ami !

– Tandis que les trois frères Coicou, eux, ainsi que vous l'avez fait judicieusement remarquer, se contractent en un seul : Massillon Coicou. C'est de l'art en vérité !

– Oui, et du grand !

10

... C'est ainsi qu'il dénonça, comme prêts à trahir le gouvernement, étant gagnés à la cause, le commandant Léonce Laraque, le commandant Milfort, le lieutenant Jolibois, le capitaine Dambreville, le sous-lieutenant Laroche

qui furent arrêtés hier matin... Ils passeront devant un conseil de guerre.
Ah ! Ce passage ! Le dernier, non ? L'ultime. La honte de l'homme!

– Ces militaires impliqués avaient-ils été jugés ?

– En cour martiale ? Non. Remis au conseil de discipline de la Garde, pour les interrogatoires préliminaires, ils seront renvoyés hors de cause et réintégrés à leur poste...

– ...

– Quoi ?

– Tous renvoyés hors de cause et réintégrés à leur poste ?

– Oui. Voilà, au reste, ce qu'en dit Le Nouvelliste du mercredi 25 mars :

> «Les officiers Léonce Laraque, Milfort, Dambreville, Jolibois et André Laroche prévenus de crime de haute trahison ont été minutieusement interrogés par le Conseil Spécial Militaire de la Garde. Il a été reconnu qu'aucun soupçon ne pourrait planer sur ces jeunes officiers d'avenir. Le Président de la République les a mis en liberté et réintégrés à leur poste.»

Oui, réintégrés à leur poste, comme vous l'avez lu. Et ainsi donc prenait fin, et telle une parenthèse, cet épisode qui, à coté de neuf compagnons dont deux frères, avait vu mourir le poète Massillon Coicou. Quel âge avait-il ? Tiens... Drôle de coïncidence !... le nôtre... 41 ans.

Il y a comme de la perplexité sur votre visage.

– Euh... non. Je digère ce que je viens d'apprendre, c'est tout. Peut-on supposer qu'ils purent avoir été impliqués mais quand même réintégrés à leur poste ?

– Et si vite ! Pourquoi ?

– Par un acte de grand pardon, on veut clore un chapitre dont on commence à peine, le calme revenu, à en mesurer l'horreur.

– On les aurait mis en liberté avec pompes, en s'aidant de ces formules consacrées que vous connaissez bien, pas réintégrés à leur poste.

– Laisser ressortir l'image d'un gouvernement fort et uni autour de son chef ?

– En courant le risque d'avoir en son sein des hommes peu sûrs qui ne rêvent que de coup d'Etat ? Ça ne colle pas. Du reste, si animé on l'était d'une telle préoccupation, la première démarche eût été de garder secrète leur arrestation dont, vous conviendrez, on a fait un vrai et grand chahut. La manchette est là pour en témoigner et aussi l'ordre du jour.

– Ils avaient la protection d'hommes hauts placés dont on cherchait à ménager la fidélité ?

– Incompatible avec l'inflexibilité et la froideur connues de Tonton Nò qui ignorait ce genre de ménagements. Mérové Armand était le beau-père d'Helvétius Manigat, chef de la Police administrative et ami des époux

Nord. Roche Armand, le frère du commandant Auguste Armand de la Cavalerie. Alexandre Moise, fusillé au cours de l'année précédente (le 15 octobre exactement) le beau-frère du ministre Trasybulle Laleau en fonction lors ... Les trois frères Coicou, frères ou cousins (à votre convenance) de Jules Coicou dont les hauts faits commandés... euh... non, catalysés par la crainte qu'il inspirait, ne représenteront, à ses yeux, rien d'autre qu'un gage louable de fidélité et qu'il n'éprouvera plus tard (et au grand dam de son entourage) aucun scrupule à côtoyer... Non. Rien de tout ça ne colle. Cette réintégration, il faut en convenir, est la preuve manifeste et flagrante de leur innocence. Pardonnez-moi ce pléonasme.

– Si on se mettait à pointer chacun de vos écarts au style !

– Ah ! Sous ce climat rare et fabuleux du pays natal, un court séjour de ressourcement (en ai-je fait mention ?) et vous voilà, Georges, redevenu aussi terrible et médisant que ceux de vos allusions de tantôt!

– Ah ! ah ! ah ! En passant, prière vivement m'a été faite, pourtant, vous l'ai-je dit, de vous adresser, et en personne, un salut plutôt cordial et chaleureux !

– Quoi! Et à qui ? A moi ! Bizarre. Ô surprise. Et chaleureux, dites-vous ! Garanti sincère et spontané ! Exempt de tout méchant, saugrenu et poussiéreux calcul ! De ces homériques surprises retrouvées néanmoins à se balader chez nous sous le vocable curieux, perplexe de malentendus! CHOUCHOUOUETTE alors ! (Ah! ah! ah!) N'étant point pourvu de cette grosse...que dis-je?...phénoménale gomme magique à effacer dates, noms et faits, et peu de propension, par conséquent, à faire montre d'ingratitude, contraint, ne me vois-je pas de l'accepter ce salut. Et en témoignage évident d'un passé qui, je le reconnais, s'est révélé, à ma personne, des plus fructueux et enchanteur. Euh...mais poursuivons plutôt, mon vieux Georges. Où en étions-nous exactement? Non. Rien de tout ça ne colle, disais-je. Cette réintégration, il faut en convenir, est la preuve manifeste de leur innocence. Corrigé. Satisfait ?

« Où donc était la conspiration si les officiers de la Garde du Gouvernement, impliqués dans l'affaire d'après l'ordre du jour, étaient renvoyés hors de cause et regagnaient leurs postes ? » se demande Jolibois qui, comme nous, sent tout le poids de cette réintégration dans ce qu'elle entend dire de l'innocence évidente de ces officiers et, par conséquent, le complot lui échapper (sensation, soit dit en passant, qu'il est difficile de ne pas éprouver quand on se penche sur l'affaire du 15 mars) ; et ne se rend pas assez compte que cette réintégration, pour étonnante qu'elle ne laisse d'être, ne met pas nécessairement en cause l'existence du complot mais la nature euh... l'efficacité du coup de filet opéré (bien camouflés, ceux qui étaient impliqués réellement, eussent pu s'arranger pour donner le change !) et le bien fondé des sources sur quoi il reposait. Ce qui nous amène à l'origine de leur arrestation. Pourquoi les avait-on arrêtés alors ? Parce que Massillon les avait dénoncés, déclare d'une netteté de lame et par trop explicitement, notre manchette.

Donc Massillon avait dénoncé des innocents !

Cet homme donné par ses contemporains pour avoir été une âme généreuse et sans contour, totalement dépaysée dans le monde de nos bassesses, à l'époque, jeune d'un siècle seulement, et à son aise uniquement dans ces leçons, d'une portée morale élevée, prodiguées à ses élèves d'un verbe haut, empreint de foi, avait fait ça ! C'est absolument...que dis-je... terriblement pire que de dénoncer ses complices! (À l'encontre de ce que laisse aussi entendre la manchette, faisant écho à l'ordre du jour, ce que, soit dit en passant, il s'était bien gardé de faire !). On ne le fait que par faiblesse ou, comme c'est souvent le fait, pour se dérober aux pires moyens de la géhenne, alors que, dans ce cas là, la veulerie et une malveillance ancrée demeurent seules en cause !

Voila le genre de déduction à laquelle on ne peut échapper quand on a sous les yeux ce passage terrible de la manchette. Après, beaucoup de choses seront élucidées, beaucoup de mystères éclaircis, mais il reste là, tenace (aussi solide que ne laisse d'être, dans cette histoire, notre vieille ville pourtant à jamais disparue, démantelée), à nous convier, ami, à la souillure !

Qu'en est-il exactement de tout ça ? Entre cette manière de présenter les faits et celle de l'ordre du jour, commençons d'abord par souligner une différence notable et qui traduit bien, à mon avis, quel homme était l'auteur de cette manchette.

> «Les pièces trouvées en sa possession permirent à la Police de reconnaître que des officiers mêmes de la Garde du Gouvernement, gagnés à la cause des conjurés, devaient assurer la réussite du mouvement en attentant aux jours du Chef de l'Etat et des principaux lieutenants du Gouvernement.» (Ordre du jour en date du 15 mars 1908)

Ici ce sont les pièces trouvées en sa possession qui vaudront à ces officiers aussi bien leur arrestation que leurs déboires futures, et non une dénonciation directe de lui, si vous avez remarqué. Une différence, pour ainsi dire, de taille, non ?

– Absolument. Il ose aller plus loin que l'ordre du jour !

– Hé oui ! En ce qui à trait à ses officiers, il n'y a aucun doute. Pourtant dans cet extrait précédemment lu, et noir sur blanc, de sa lettre, ne prétendait-il pas avoir dû toutes les informations de sa manchette à ce qu'on avait bien voulu, au Palais, lui laisser croire de cette histoire. C'est un zélateur dur, froid, qui n'éprouve aucun scrupule à en rajouter... à pousser, comme on dit, rageusement à la roue. Et que ne fait reculer rien. Pas même la plus basse calomnie. Pas même le renchérissement vif d'infamie et d'opprobre sur un homme qui, la veille, avait souffert le plus terrible martyre, un poète fusillé dont, pourtant, on le verra, plus tard, preuve en main, ô étonnement, se réclamer de l'amitié!

    – Oui, je comprends votre colère.

    – Qu'en est-il en réalité, Georges, de cette histoire ?

    Le seul récit de cet épisode, somme toute assez curieux, de nos faits nous vient d'une lettre parue en page intérieure du no 32, en date du lundi 22 Mars 1909, de L'Impartial (le mal que j'ai eu à la trouver !) et signée du Major Dumas, collaborateur assidu de ce journal. Je vous la ferai lire plus tard si cela vous chante[29]. Pour l'instant, arc-bouté aux simples linéaments, contentons-nous assez brièvement de faire remarquer que, selon le Major Dumas (l'issue qu'a eue leur histoire nous porte à accorder passablement foi à ses assertions), indexés depuis longtemps, ils avaient été tout simplement victimes d'une antipathie ancrée de leur entourage, antipathie gagnée par leur indépendance d'esprit autant que par leur lutte perpétuelle contre certaines routines puissantes, grenouillage et prévarications inclus, prévalant au sein de notre vieille armée (certains avaient la gestion, ou l'oeil trop près, des caisses de leurs compagnies, où ne laissaient de miroiter de fortes et alléchantes valeurs. Le capitaine Laraque, commandant de l'escorte montée du Président, symbole en quelque sorte de cet esprit nouveau qu'à l'occasion du centenaire on veut insuffler à l'armée, était un fier diplômé des académies de St-Cyr et de Saumur, si vous voyez ce que je veux dire), et qu'on avait tout simplement pris prétexte des événements pour se débarrasser d'eux.

    – Qu'est-ce à dire alors de ces soi-disant pièces trouvées en possession de Massillon ?

    – Je n'en sais rien. Si de telles pièces existaient, indexant de façon claire et compromettante ceux sur la tête desquels s'apprêtait à s'abattre ce glaive d'airain, terrible de la répression, à l'instar de la fameuse lettre de Firmin (ou attribuée à Firmin, si vous préférez) ne se fussent-elles point vues l'objet d'une claironnante publication ? Dumas parle d'un bout de papier qui circulait comportant des noms de gens à écarter (des militaires et un civil) sans qu'on puisse bien comprendre la relation établie entre celui-ci et nos fameux impliqués. Marcelin à qui, ce soir-là, Nord Alexis fera lire les papiers retrouvés sur Massillon, ne parle, lui, que de la lettre.

---

29 Ce texte est reproduit dans la section Documents annexes..

Ainsi également de ceux qui, plus tard, à l'occasion des deux procès qui auront lieu autour de cette affaire, nous laissent entendre les avoir vus.

Une longue histoire aussi, tout compte fait, que celle de ces officiers inculpés et miraculés... Une histoire dans l'histoire, quoi!... qui, elle, semble bien être de celles inépuisables et qu'on dit «à tiroirs» prisées au plus haut point par nos amis Le Sage et Diderot... De celles dont étaient si friands les Baroques et, après eux, les Lumières. Oui, si friands les lecteurs, bon Dieu, avant le règne du grand Balzac !

Ils sont arrêtés le 15 mars à cinq heures moins un quart (nous dit Dumas), conduits devant le péristyle du Palais où ils sont remis à un peloton de vingt-cinq hommes au moins commandés par le colonel Hérault Pierre pour être fusillés sur la place Pétion. (*Entendez notre actuelle place de L'indépendance. Vis-à-vis du palais de Justice*) Ils le seraient, n'était ce, propice et salutaire, l'intervention inespérée du puissant Camille Gabriel, lequel obtient qu'ils soient envoyés en prison. Là, ils vont loger et dans les fers !

Sont-ils hors de danger ? Non. Leurs ennemis intriguent et n'entendent pas les lâcher. Leur exécution est projetée pour le lendemain 16 au soir. Et aurait eu lieu sans cette panique survenue aux environs de 7 h 30 p.m. Et causée par ces bruyants coups de canon, au nombre de trois, du navire anglais «l'Indéfatigable». Euh...avec le «Bremen», croiseur allemand, et plus tard le «d'Estrées», croiseur français, navire arrivé le jour même dans notre rade et répondant à l'appel, nous dit Carteron, d'une représentation étrangère assez troublée.

Ils sont remis alors au conseil de discipline de la Garde. On espère de lui un rapport concluant à son incompétence et renvoyant les détenus par devant la fameuse cour martiale. Mais le conseil tient bon. Après son rapport concluant à l'insuffisance de preuves, la meute machine, la meute invente voulant rejeter cette ordonnance de non-lieu. Et c'est encore Camille Gabriel qui l'accepte. Libérés, ils vont trouver Nord Alexis qui leur parle de malentendu, de malveillance des victimes qui auraient couché leurs noms sur un bout de papier afin de donner plus d'éclat à leur conspiration. Réintégrés, ils reprennent du service et, comme par le passé, continuent de coucher au Palais. Mais leurs ennemis ne désarmant pas, trois d'entre eux gagnent la légation française (pas de date), un autre se jette dans les bois, et le cinquième (qui ?) reste au Palais.

Une histoire dans l'histoire, c'est sûr, mais elle aussi toute pleine de surprises et de rebonds. Il n'y a pas de doute.

– Fini ?

– Oui, fini. Euh... oui... Je crois. Et vous, satisfait ? Votre compte d'atmosphère d'époque ?

... D'où ma fascination sans doute...

Pourtant, cette manchette, me voilà à la tripoter, la regarder bêtement. Tenté de la parcourir une fois de plus ? De m'y colleter à nouveau ? Et pour relever quel trait de cynisme encore ? Sa date : 16 mars. Si pour certains sa lecture s'était déroulée dans un calme relatif, juste mâtiné d'une émotion bien compréhensible, pour d'autres, tel Dolaires Laporte, n'était-ce pas dans un état d'alarme, un état de qui-vive plus qu'insupportable ? Et ça, puis-je m'empêcher d'y penser ?... Il prendra fin, nous dit-on, à 7 heures 30 p. m, ce même jour, et ce, grâce aux trois coups de canon que fera retentir «l'Indéfatigable», croiseur de sa majesté britannique, venu de Kingston mouiller dans nos eaux (pour communiquer avec le croiseur allemand le «Bremen» aux dires de Heindl/pour s'annoncer au consul général d' Angleterre, nous dit Carteron) provoquant un énorme « kouri»[30] dans la population et, au sein du gouvernement, une panique telle, qu'à la vue des bateaux de guerre, l'ordre sera restauré. Mais est-ce absolument vrai ? Que penser alors des «trois jours après» de Dolaires Laporte ? Je n'en sais trop. Des centaines de gens ayant afflué dans les légations, seulement 78 purent être transportés à Kingston par le «Bremen»... nous dit Heindl sans nous fournir de date. Identique à celle qui aurait vu, sur le «d' Estrées», le départ des réfugiés du consulat français des Gonaives ? Le 21 mars ? Pas le temps de vérifier ça.

Non, pas le temps.

Gavé de cynisme et d'atmosphère d'époque, mon vieux Georges ?

Non, pas le temps.

– Et que lisez-vous d'autre ?
– Euh...rien... Ces «Faits Divers», c'est tout.
Et la jouxtant ces faits divers :

FAITS DIVERS

RENSEIGNEMENTS
MÉTÉOROLOGIQUES

Observatoire
DU
SÉMINAIRE COLLÈGE St-MARTIAL

---

30 Mouvement de panique assez courant dans les moments de trouble politique.

Dimanche 15 Mars
Baromètre à midi 763. m/m 7
Température.
Minimum: 19 degré 9
Maximum: 32 degré, 7
Moyenne diurne de la température 25 degré. 4
Ciel nuageux toute la journée, couvert à 9 h. du soir. Petite pluie de
9 h à 9 h 10 m. 0, 4 m/m.
Halo solaire dans l'après-midi. Couronnement lunaire à 6 h. du soir.
Baromètre en hausse.
Agitation sismique entre 9 h et demie du matin et 2 h. et demie de
l'après-midi.
[signé] R. Baltenweck «

Oui, il avait plu la veille aussi. Beaucoup de témoins en parlent.
– Attendez. Qui était ce Baltenweck ?
– Qui était qui ?
– R. Baltenweck, l'auteur de cette feuille météorologique?
– Euh...aucune idée.
– Pour vous plonger dans cette mélancolie assez feutrée du dérisoire,
quoi de mieux, hein, que les vieux journaux !
– Rien de mieux, vous l'avez dit. Avec les vieilles photos jaunies et
écornées, c'est, à mon sens, l'école la plus vive de sagesse. Il n'y a pas à
dire.

Un regard, je vous prie, à cette petite note.

Asile français
Le conseil d'administration de la société française de secours mutuels
et de bienfaisance, a l'honneur de porter à la connaissance des personnes qui voulaient lui faire l'honneur de répondre à son invitation pour le
grand bal projeté du 19 courant, qu'il est renvoyé à une date ultérieure.»

– A cause des événements, pensez-vous ?
– Sans doute.

Tournons la page.

Ordre du jour
Nord Alexis
Président de la République

Haïtiens,

Depuis quelques jours, il circulait le bruit que Firmin, en ce moment réfugié au consulat Français des Gonaïves, avait délégué quelques uns de ses partisans pour rééditer à la Capitale et dans d'autres villes de la République, la criminelle entreprise du 15 Janvier dernier.

Le Gouvernement, mis en éveil, s'empressa de prendre toutes les mesures nécessaires à la sauvegarde de la paix publique, et, à cette fin, fit strictement surveiller les menées des individus dénoncés par la police et notoirement connus pour leurs opinions firministes et antipatriotiques.

– Des boniments saupoudrés de formules éculées, certes, mais lui au moins, vous l'avez remarqué, tente de conter une histoire !

– Un inversement assez singulier de rôles tout de même ! C'est l'ordre du jour d'un pouvoir qui, plus soucieux de circonstancier, pour ainsi dire, entend, de ce fait, se révéler plus proche... euh...plus respectueux de l'opinion. Ça, il faut le faire !

– Sous notre malheureux soleil, mon ami, que n'aura-t-on point vu !

... Des citoyens notables et honnêtes, qui reçurent des propositions des chefs de la conjuration, vinrent témoigner au Gouvernement leur indignation en protestant de leur dévouement à la paix publique; et lui remirent des lettres de Firmin qui, du consulat des Gonaives, entretenait ainsi la révolte au sein des populations et la trahison parmi les officiers de l'armée.

Notez, ainsi que pour le képi retrouvé chez Coline Coicou et dont on avait fait deux sacs de képis, cet autre passage édifiant du singulier au pluriel : la lettre d'Etienne Fils devient des lettres. Intéressant, non ?

– Oui, de l'art en vérité !

...Le Gouvernement fit donc redoubler de vigilance; et hier soir, une patrouille parvint à arrêter les principaux chefs du complot avec des armes et munitions destinées à l'insurrection qui devait éclater ce matin à dix heures.

Monsieur Massillon Coicou, en présence des preuves établissant sa culpabilité, n'hésita pas à faire l'aveu de son crime et à dénoncer ses complices.

– L'ai-je déjà dit ? Présent lors de l'interrogatoire subi par Massillon (interrogatoire dû au chef d'état-major de la maison militaire de Nord Alexis, Léonce Leconte, et non à Villardhouin Leconte comme le laisse entendre le trop pressé Gaillard. Et qui se vit nullement prendre place dans les tribunes métalliques de notre enfance, comme il s'est plu à le croire, mais dans celles en bois de l'ouest de la place dont j'ai parlé précédemment, et où, sitôt son arrestation, Massillon sera prestement conduit), oui, présent lors de l'interrogatoire, disais-je, Alexandre Nelson, aide de camp de Nord Alexis, témoignera de son refus taciturne de toute déclaration au sujet de ses complices. Respectera-t-on ce trait d'honneur chez lui ? Ennemi de Nord Alexis, il n'eut droit qu'à la boue ! Quelle sauvagerie, bon Dieu !

> ... Les pièces trouvées en sa possession permirent à la Police de re-
> connaître que des officiers mêmes de la garde du Gouvernement, ga-
> gnés à la cause des conjurés, devaient assurer la réussite du mouvement
> en attentant aux jours du Chef de l'Etat et des principaux lieutenants du
> Gouvernement.

– Ce fameux passage que vous venez de citer?
– Hé oui !

> ... Les individus pris les armes à la main reçurent le seul châtiment
> que méritait leur entreprise anarchique, et les officiers reconnus traîtres
> à leur devoir ont été déférés au conseil militaire.
> Le Gouvernement félicite la population de Port-au-Prince Etc...
> Etc...
> Donné au Palais National, à Port-au-Prince, le 15 Mars 1908; an 105
> ième de l'indépendance:
> Nord Alexis

> Rôle de l'armée
> Le bureau de l'arrondissement nous prie de publier les articles sui-
> vants de la constitution: (*Notre sieur Jules Coicou ?- Hé oui !*)
> Voici d'après notre Pacte Constitutionnel deux articles fondamen-
> taux qui résument le rôle de l'armée :
> Art. 172.- La force publique est instituée pour défendre l'Etat contre
> les ennemis du dehors et pour assurer au dedans le maintien de l'ordre
> et l'exécution des lois.
> Art. 172.- L'armée est essentiellement obéissante. Nul corps armé
> ne peut, ni ne doit délibérer.

Et, à ses compères impliqués autant qu'à lui évidemment, en train déjà de s'assurer, on le devine, une défense en béton contre l'opinion!

A la Place

Le colonel Nadreau qui était chargé du bureau de la Place est en fuite.

C'est le Gal Rofilié Jn Baptiste qui le remplace au même titre.

Oui, bel et bien pris la fuite Nadreau, mais non sans avoir auparavant signé ce document mensonger, motif, plus tard, de son arrestation :
Où est-il ce document ? Le voici :

Liberté Egalité Fraternité
RËPUBLIQUE D»HAITI
Section N. 386
F. M. Emmanuel Nadreau, colonel aux Armées de la République. Aide de Camp actif de son excellence le President d'Haiti. Commandant de la place de cette Commune
A Son Excellence le President d'Haiti

Excellence

J'ai le grand honneur de porter à votre connaissances d'après l'aclameur public qu'ont avait prendre les armes contre l'ordre des choses etabli, m'assassiner au bureau de cette Place cet avertissement nous a donner l'avantage de les prendre en flagrant délit les armes à la main ce matin à quatre du matin, les nommés Horace Coicou, Massillon Coicou, Louis Coicou, Felix Salnave, Paul St Fort, Robert Lamothe, Roche Armand, Alluption Casimir, Merové Armand, Alexandre Pierre, ils ont été executer sur l'heure les criminelles, Dieu les ont fait [payé ?] cher leur témérité.

Daignez recevoir Excellence l'assurance de mon entier dévouement.

[Signé] Emmanuel Nadreau

La preuve, si besoin est, qu'il peut y avoir degrés dans le mensonge. Nadreau, lui, les donne pour avoir tous été arrêtés à 4 heures du matin, non ? Notez que c'est le premier document écrit sur la fusillade et qu'on ne s'est pas encore concerté sur une présentation des faits.

– Oui, mais le leitmotiv est quand même déjà présent : les armes à la main.

– Et digne d'un Wagner, Georges, diriez-vous.

– Quoi ! Mais...qu'osez-vous insinuer?

– Euh... Pardon... Oublié votre entichement maladif et chatouilleux du romantisme accompli, éthéré de l'auteur de Tannhauser, mon ami. Rien. Une plaisanterie, c'est tout... Est-ce défendu ?

Contre cette absurde et loufoque histoire, bon Dieu, comment d'autre se protéger, sinon? Où, à nos yeux fatigués, brûlés de veille, une seule chose semble se détacher, vivante, concrète, réelle : devant un cimetière et le regard complice, approbateur de notables bien connus de la ville, l'immolation aux premières heures d'un dimanche mémorable mais s'ignorant encore, de dix citoyens, bien en vue de la cité. Oui, dix. La plupart arrachés de leur lit, certains étrangers parfaitement aux motifs qui les voient emmenés là. Mais comptant néanmoins au nombre de leurs conducteurs et bourreaux, fait inouï, un conjuré des principaux ! Que sa peur ou de vils instincts transforment à l'occasion en défenseur sanglant d'un pouvoir honni, certes, mais avec quoi, et de toujours, il ne semble pas moins nourrir plus d'affinité réelle, plus de complicité obscure qu'avec ce camp d'idéalistes, ce camp toujours pris ou serré de court, toujours acculé de réformateurs qui (dictat impérieux de conjoncture brûlante?) sur ses épaules pourtant déjà lourdes de forfaits, avait compté à deux reprises faire reposer, Ô paradoxe, l'espoir d'un lendemain autre, moins arbitraire de notre pays... Mais où en étais-je ?...Oui, sur une présentation des faits.

Que dira-t-il Nadreau ?
Dépositions de Nadreau lors des assises de 1912 :

> «Emmanuel Nadreau dépose, quoique à l'époque commandant de la place, ne rien savoir des arrestations ni des exécutions sommaires du 15 Mars. Il avait ordre de garder son poste contre toute attaque et n'entendait que les coups de feux vers le cimetière. C'est au Palais qu'on lui fit savoir que les exécutés furent pris les armes à la main et on lui réclama un rapport. Il dut le faire d'après les renseignements de Léonce Leconte, mais donna aussitôt sa démission pour se réfugier à la légation française. [Le Nouvelliste, 6 mars 1912. Compte rendu du procès Jules Coicou]

Pourquoi ? Interrogé par L'Impartial, il répondra par le plus profond, que dis-je, le plus déconcertant mutisme. Et au prétoire ce jour là, personne ne pense à le lui demander.

INEVITABLES
QUESTIONS
D'ÉCLAIRCISSEMENT

Tombée comme par miracle d'une chemise boursouflée sur cette table ingrate de travail, cette manchette, produit réel d'une panne d'idées ou amorce destinée à l'imprudence d'un pauvre ami ? En tout état de cause, devant à une curiosité maladive, d'y avoir mordu, je reconnais, bon premier, m'être fait lamentablement ferrer. À présent, quelques questions d'éclaircissement si vous n'y voyez point d'inconvénient.

(Réplique introductive typique et... attendue de mon ami Georges)

– D'abord Jolibois. Bien en évidence sur cette table débordante de paperasses, son livre est là, que vous semblez couver comme un amour, une châsse, la plus précieuse des reliques. Ouvrons-le, je vous prie, page 33, et reprenons sa citation concernant la fameuse lettre :

> «La lettre d'Anténor Firmin est-elle véridique ou fausse ? Les initiales sont trop claires H. C. ne peut désigner qu'Horace Coicou, Dr P. L. C, le docteur Pierre-Louis Coicou, votre cousin, ne peut-être que le général Jules Coicou, C. C., Clément Coicou, un neveu des frères Coicou.»

Où diable veut-il en venir exactement ?

– Ne l'ai-je pas, Georges, bien fait entendre ?

– Bien sûr que si, mon ami, mais pas de manière suffisamment posée et explicite à mon goût.

– Allons-y page 147 alors et laissons-le, en toute bonne foi, nous l'affirmer lui-même :

> «Cette lettre ne pouvait être qu'un piège, fabriquée grossièrement par les gens du Gouvernement. [*Plus de ton dubitatif, l'avez-vous remarqué ? mais affirmation intempestive et, pour ainsi dire, sonore*] Cerné, comme il l'était, avec 70 partisans au consulat de France au Gonaïves, craignant à chaque instant pour sa vie et celle de ses fanatiques (ce, durant deux mois), ayant échoué complètement dans son débarquement du 15 janvier 1908, faute d'armes et de munitions, Anténor Firmin ne pouvait penser, ni même envisager de prendre les armes une nouvelle fois. Le consul de France, Emile Lancelot, n'eut pas non plus laissé sortir des lettres.»

A ça donc que la lettre était une fabrication grossière du gouvernement, donc une lettre-hameçon destinée à amorcer Massillon, le mettre en train en quelque sorte. Dans quel but ? Il a négligé de l'éclaircir, c'est un fait, mais, en tenant compte d'une certaine logique qui eut pu motiver un pareil acte, nous pouvons toujours tenter d'y remédier.

Mettons de coté des raisons de s'en prendre à lui personnellement (comme je n'en vois pas, je me fais fort d'imaginer que lui non plus, n'en voyait point), un désir tout policier, je suppose, de tâter, de cette manière de sonde, un terrain qu'on croit remuant et fertile de conspirations. Ce qui est en cours au sein des sympathisants éventuels de Firmin (un peu *Max et les ferrailleurs*[31] de Claude Sautet, si vous voyez ce que je veux

---

31 Adonnés au grappillage (ils pillent les chantiers de construction) une bande de petits

dire), le forcer, d'une manière pour ainsi dire circonscrite et contrôlée, à se manifester ouvertement, et ce, afin d'en mieux assurer, preuves en main, cette répression souhaitée, but évident d'une telle manoeuvre.

– Preuves en main, avez-vous dit ?

– Absolument. La justification essentielle et, à mes yeux, complémentaire d'une telle lettre. Si, au niveau des sphères du pouvoir, on est en mesure de savoir que Massillon nourrit, vis à vis du régime, de noirs et répréhensibles desseins, on doit être également au fait, peyi piti[32], de ses fréquentations assidues. De ses éventuelles complicités. Donc, le but d'une telle lettre ne peut-être de le transformer en amorce vive pour d'autres, mais plutôt de substituer, à de simples, de vagues soupçons, des preuves pour ainsi dire concrètes et définitives.

– Oui, nous sommes en plein dans *Max et les ferrailleurs,* en effet, et vous avez raison d'y faire référence. Mais...

– Quoi ?

– Euh...je réfléchis. Je tente de comprendre. Je n'avance rien, remarquez-le, mais... compte tenu de cette propension poussée de notre culture à faire fi de toute méticulosité, quant ce n'est carrément de toutes formes de scrupules, selon vous, n'est-ce pas par trop forcé... un tantinet sophistiqué ? Culture marquée au coin... que dis-je... au sang de l'arbitraire, et à laquelle, selon toute vraisemblance, ne laissent de faire défaut, subjacents à l'ossature même de cette fable cinématographique, et, par conséquent, aptes, seuls, à la justifier, ces éléments dont semblent procéder aussi bien l'énergie silencieuse et ordonnée de l'inspecteur Max, que la nécessité de cette laborieuse mise en scène que lui a prêtée Sautet (le roman, à vrai dire, est de Claude Néron, ne le jetons pas aux oubliettes) : la prise en compte de l'opinion (à défaut de l'individu) et celle du judiciaire (auquel, à la rigueur, on entend fournir preuve des culpabilités mises à jour). Chez nous, un grand «kouri» simulé ou une descente de lieu, et le tour est plutôt joué, pour autant que je ne me fourvoie.

– Ah ah ah ! *(Indéniablement en verve, vous aussi)* J'apprécie ce trait d'humour, c'est ce qu'il m'en semble aussi honnêtement. Mais cette pratique ayant eu cours dans notre Histoire, nous rapporte-t-on, en attendant que, sur les motifs réels qui l'ont vu naître, par bonheur, un jour miraculeux vienne à se produire, que ses aires d'inscription soient bien délimitées, gar-

---

truands des environs de Nanterre gagnent leur vie comme ferrailleurs. Mais, surestimant leur envergure, l'inspecteur Max n'a qu'une obsession : les prendre à son filet. Il feint de se mettre de leur bord (il se fait passer pour le directeur d'une petite agence bancaire) et les incite lui-même au hold-up.

32 Le pays est petit.

dons ouvertes toutes les possibilités. Cela dit, relisons sa note et essayons de passer en revue les arguments qu'elle présente. Un peu fantaisistes quand même. A côté de la durée de la réclusion qui me parait exagérée (il laisse entendre deux mois) faisons remarquer que nulle part dans la lettre adressée à Massillon, il n'est dit que Anténor Firmin envisageait de prendre les armes une nouvelle fois. (C'est plutôt l'inverse, non ? Il s'agit de la relève à prendre par d'autres, tout bien considéré). Cette précision faite, remarquons que l'argument essentiel avancé par Jolibois (les craintes nourries par Firmin pour sa vie et celle de ses partisans qui l'auraient gardé d'envisager une telle démarche) est celui qui pourrait mieux plaider en faveur de l'authenticité de la lettre. À condition, évidemment, qu'on ne voie pas cette crainte aussi paralysante que Jolibois l'entend. Et que l'on tienne compte des conditions réelles dans lesquelles cette réclusion se déroulait. Lesquelles, chez des hommes (ils sont 70, bon Dieu, pesez le nombre!) humiliés par leur déroute et rongeant quotidiennement leur frein, et qui, par suite des nombreux refus essuyés de les embarquer, voient leur volonté de conquête le céder de plus en plus à la plus pure angoisse, ne rendent que trop plausible l'appel d'une soif bien légitime d'action à l'origine de notre fameuse lettre. Quant à l'argument secondaire, à savoir que le consul de France aux Gonaives, Emile Lancelot (Charles, l'appelle Gaillard) n'eût pas laissé sortir de lettres, dont on éprouve du mal à déceler les véritables et judicieux fondements –sa connaissance personnelle de ce Lancelot, des membres de sa famille (à qui un hommage de reconnaissance rendu, la veille de son embarquement, par Firmin, laissera voir au nombre au moins de trois en rapport continuel avec les réfugiés) des conditions exactes dans lesquelles évoluaient ces derniers, du voisinage exact du consulat ?–, il relève de la spéculation pure et, par conséquent, ne mérite de notre part qu'une attention distraite.

Pourquoi au 1er mars, bon Dieu ? Cette situation de marasme subséquent au bras de fer dont parle Marcelin, et qui aurait laissé entrevoir aux réfugiés quelque chance de succès ? Où est-il, du reste, cet extrait ? Oui, je l'ai. N'aurais-je pas dû le donner à lire ? C'est évident que oui...

Cela dit, au sujet de l'envoi tardif de notre lettre, voici le contexte qui nous fait défaut aujourd'hui habilement évoqué par un contemporain (Marcelin, une fois de plus) en matière d'introduction pour ainsi dire au chapitre accordé dans ses mémoires à cette affaire qui nous préoccupe : l'affaire Coicou. Mais est-il satisfaisant? Nous offre-t-il de façon nette ces fameux motifs que nous poursuivons? et qui, après nombre d'années passées dans l'ombre de cette histoire, semblent toujours nous résister, toujours nous échapper ? Je ne pense pas. Mais mon devoir consiste, en dépit de tout, à le mettre sous vos yeux:

«Le Gouvernement vivait dans un perpétuel qui-vive et la faute de cette situation, il faut bien l'avouer, revenait en grande partie à la lutte qu'il soutenait avec les légations dans la question du droit d'asile. Il en était résulté une certaine confusion dans l'esprit public dont les fauteurs de troubles [*Il est de l'autre bord, ne l'oublions pas, et par conséquent joue piteusement à être de mémoire courte !*] essayaient de tirer profit. C'était la première fois, en effet, qu'on avait vu une campagne victorieuse, rapide et belle finir dans une sorte de grisaille où le peuple ne semblait pas discerner si le Gouvernement était réellement vainqueur. On n'avait pas vu rentrer les troupes sous des arcs de triomphe, on n'avait pas vu revenir les généraux victorieux. Ils étaient transformés en geôliers. Pour nombre de gens, M. Firmin et ses partisans renfermés au consulat tenaient le Gouvernement en échec mieux qu'ils ne l'y avaient tenu, en armes, dans la plaine des Gonaives. C'était là le vice d'une situation que, avec un entêtement de vieux procédurier, le général Nord Alexis, invoquant le droit, se persuadait de perpétuer. Quelle tentation, pour les révolutionnaires, [Entendez bizarrement les réfugiés] de changer cette indécision d'une certaine portion de l'opinion publique en une action efficace en leur faveur !» (Op. cit., p. 80)

Cette vue extérieure des choses, ce pouls indispensable de la situation, qui, à la rigueur, eût pu expliquer une décision d'action d'éventuels sympathisants (et qu'on fait ressortir ici comme la motivation essentielle de leur démarche) remarquez que, enfermés qu'ils étaient face à leur échec et environnés puissamment de geôliers au consulat des Gonaives, nos réfugiés, tout compte fait, ne pouvaient l'avoir que bien médiocrement. Ne faudrait-on pas penser aussi à ces données d'ordre plus ténu évoquées plus haut, et ayant trait, elles mêmes, aux conditions somme toute plus que brutales dans lesquelles cette réclusion se déroulait ? Je ne sais trop.

– La lettre d'Etienne fils, maintenant. D'où me vient ce sentiment, cette bizarre impression que vous n'auriez pas tout dit la concernant ? À coté de la signature Peter, ce point d'interrogation pour le moins éloquent ? Et qui ne laisse d'interpeller, d'intriguer ? Pourquoi ce point d'interrogation ?

– Parce qu'il y a éventualité, je dis bien éventualité, d'une signature identique pour les deux lettres. Ce que nous laisse entrevoir, rendu par Le Nouvelliste du 9 mars 1912, ce témoignage produit par Clément Magloire lors du procès Jules Coicou.

– Celle adressée à Massillon était-elle signée Peter aussi ?

– Non. Plausiblement «roi lion».

– Comment ?

– Lisez donc ce témoignage, mon cher ami, je ne vous le tends que depuis trop longtemps déjà !

A propos de la lettre d'Etienne fils, il *(Clément Magloire, évidemment)* dit ne rien savoir ; il put lire plutôt deux billets qu'on disait, au Palais, provenir de Firmin, l'un à l'adresse de Etienne fils, et l'autre de Massillon. Ces billets étaient signés : roi lion et parlaient de prise d'armes. (Témoignage de Clément Magloire lors du procès-Jules Coicou. Le Nouvelliste, 9 mars 1912)

«Qu'on disait, au Palais, provenir...». Que nous sommes bien loin, quatre ans plus tard, des affirmations péremptoires, de ce ton d'une fermeté infaillible de la manchette !... Enfin... passons.

– Comment ? Ne venez-vous pas de laisser entendre que Marcelin avait déclaré que celle adressée à Etienne Fils était signée Peter ?

– Oui, à Carteron, ai-je bien pris soin de préciser, et à qui la lettre sera même envoyée avec prière de renvoi sous le pli. Mais était-ce l'authentique ?

– Et quoi donc l'aurait poussé à un tel acte ?

– Honnêtement, je ne vois pas. Possédant d'autres documents de Firmin signés Peter (nourrissant des doutes quant au bien fondé de ses conclusions d'ordre graphologique), pour se donner un argument de plus et, partant, être mieux à même de faire valoir auprès de Carteron que cette lettre était de lui et s'assurer cette vigilance policière qu'il réclamait envers les réfugiés afin de les neutraliser. C'est le seul mobile que je vois mais qui souffre, je l'avoue, d'un manque sérieux et patent d'éclairage. Remarquez que le chroniqueur, à qui nous devons ce compte rendu du témoignage, avait peut-être dû mal entendre (le cas, sans être nécessairement fréquent, se retrouve dans ces comptes rendus !) et que seulement celle adressée à Massillon avait été donnée par Clément Magloire pour être signée roi lion (ou, comme dans la lettre, Roy Lion. L'orthographe différente devant son existence du fait que le chroniqueur transcrivait, lui, à partir de déclarations orales)

Mais, me laissant par trop perplexe, il y a une chose qui me retient toujours de croire tout à fait à une telle erreur. Une chose infime, ténue mais n'en revêtant pas moins, à mes yeux, une importance des plus extrême. Remarquons que dans la publication qu'il en a faite dans le tome 3 de ses mémoires- auquel nous devons du reste cette plus qu'importante lettre- au contraire des autres documents épistolaires rigoureusement insérés avec leurs mentions de toutes sortes propres à garantir pour mémoire leur authenticité incontestable (aussi bien du reste que du souci d'exactitude et de netteté du mémorialiste), la lettre à Etienne fils est la seule paradoxalement à ne point se voir jouir au bas de son court contenu du label indéniable de sa signature. Oui, la seule ! Erreur du typographe ? Ou aveu indirect du vieux lettré, lequel, se sachant loin des sphères actives et trop souvent fourbes du pouvoir et en témoignage pour ainsi dire solitaire devant l'Histoire, s'était vu interdire, par un certain scrupule, cet acte sacrilège d'apposer au bas d'une lettre un nom qui, tout pseudonyme qu'il fût, n'avait pas le bonheur de s'y trouver à l'origine ? Je ne sais trop. En tout cas, fuyons vite ce terrain malaisé qui, faute de faits tangibles, n'apportera vraisemblablement rien à notre compréhension.

– D'un tel accroc aux convenances ou à l'éthique, d'un tel méfait, pensez-vous honnêtement que notre Frédéric Marcelin, j'entends l'auteur de *Marilisse* et d'*Epaminondas*, eût pu jamais se rendre coupable ?

– Incroyable! Et de qui, dites-moi, me vient une telle question ? De vous, mon vieux Georges!... Et vous vous attendez sérieusement à une réponse de ma part !... D'ailleurs de quel Marcelin parlez-vous ? Du romancier sagace, peintre de nos mœurs politiques, ou de l'homme qui, à signer ministre de la Police générale a. i jusqu' au soir du 14 mars, veillait donc, et en toute légitimité, aux grains et au salut publics ! ?

– Euh... Je n'ai jamais su qu'il y en eût deux.

– Oh si ! mon vieil ami. Et bien davantage ! Ce qui ressortira bien de lui-même et assez clairement au cours de mon histoire, attendez seulement que je l'écrive !

– Euh... Mais laissons tomber... Et cette mention d'une certaine lettre à Roy Lion qui sert de préambule à la teneur de la lettre de Massillon ?

– ... *dans une lettre à Roy Lion, vous m'avez promis de m'écrire directement...* et au bas de tels mots, la signature roi lion (ou Roy Lion)? Compliqué, non ? J'avoue ne rien comprendre. Mais remarquer que, pour auteur et destinataire cela eût pu recéler un certain sens, j'entends, à la manière d'un chiffre secret, jouer un certain rôle dans l'authentification du message. Elle aura dû en tout cas lui conférer une allure des plus équivoque, ce qui expliquerait sans doute que la manchette eût pu juger bon de la retrancher du bas primordial de la lettre. Trop compliqué pour le lecteur à qui on entend adroitement ne servir que du bien solide et du net. L'autre raison en serait une toute bête et ridicule de cohérence : Firmin annoncé, il fallait retrancher roi lion. Mais, ainsi que je l'ai dit plus haut, tout ça n'est que conjectures reposant sur une affirmation peut-être entachée d'erreurs d'un chroniqueur, dont, malheureusement, ne disposant d'aucune source à lui opposer, nous ne saurions ne pas tenir compte. Par ailleurs, compte tenu de son poids somme toute assez médiocre dans notre histoire, mérite-t-elle vraiment, cette signature, que nous nous y attardions de la sorte ?

– Concernant Félix Salnave, n'ai-je pas des motifs solides de soupçonner que vous n'auriez pas tout dit concernant son arrestation ?

– Des plus solides, en effet, Georges. Selon une certaine rumeur courant à ce moment, devant ce palais qui explosera quatre ans plus tard et dont l'entrée à l'époque, regardant la baie, donnait sur l'actuelle rue Monseigneur Guilloux, cet homme, ce beau-frère de Firmin paradoxalement nullement asilé en ces heures graves, ne faisait, en toute quiétude et innocence, que passer ce jour-là. Habitait-il encore dans les parages ? En 1900, du moins, c'était le cas, apprend-on accessoirement dans l'*Anténor Firmin* de Price-Mars (la rue Monseigneur Guilloux, façade ouest, en face de l'actuelle caserne du Département de la Police, précise-t-il[33]) Mentant à Callard, Jules, responsable indéniable de sa fusillade, laissera entendre sa mort due au fait, par lui, d'avoir, au mois de février, accompagné à bord deux firministes notoires (Charles Germain et Duquerrouette) partant pour l'exil. Lors de son procès, par contre, dira l'avoir fait arrêter par Montreuil Guillaume vers six heures (heure des plus discutable), pris en flagrant délit d'un espionnage douteux : Il faisait, reprendra la manchette, l'inspection des bouches à feu du Palais. A défaut de preuves concrètes, il y a de fortes présomptions que la rumeur ait eu raison et que cet homme-là, lui aussi, doive compter au nombre de ceux tombés parfaitement innocents cette nuit-là.

– Au sujet, cette fois-ci, de cette fameuse caisse de munitions avec quoi Massillon avait été pris, ce soir-là, pourquoi, selon vous, est-ce à une femme que fut confié son transport ? Ce fait, sous nos latitudes, ne laisse-t-il pas d'être curieux, insolite ?

– A tout prendre, mon ami, indubitablement. S'inscrivant dans l'inattendu, pour l'avantage sans doute, dans ce climat de qui-vive régnant lors, d'accorder un flanc moindre aux soupçons. C'est ce que, à tort peut-être, je me plais toujours à croire.

– Vous pensez peut-être juste.

– Mais peut-être est-ce le produit d'un pur hasard. J'entends que Clara Samuel à ce moment fût la seule personne disponible pour cette besogne. Pour autant évidemment que mes déductions de la lettre d'Edmond Ethéart soient justes, son idée originale avait été d'abord de mettre à profit le concours de celui-ci, mais soit que les avantages de discrétion

33 P. 405

évidents d'une présence féminine à ses côtés, l'avaient vu se raviser, soit que les faits (impossibilité de joindre Ethéart et de s'aboucher avec lui) en avaient décidé tout autrement.

Toujours est-il que c'est de chez Jules Coicou, où, fidèle, on ne peut plus, à son rendez-vous du billet, il était arrivé seul peu auparavant, qu'on le verra sortir une première fois pour, par Arsène Coicou, son fils, faire quérir Clara Samuel. Et en compagnie de qui, cette fois-ci, sur la place à l'époque plus étendue et déserte de tout attrait du Champ-de-Mars, et à proximité immédiate de la station de la P. C. S, il se fera prendre, et pour toujours, avec cette caisse.

. . . .

Vous voilà abîmé dans vos pensées. En avez-vous fini de vos questions ?

– Quoi ! Fini ! Vous plaisantez ! Et les grandes questions alors ?

– Euh...Et qu'entendez-vous par là, si je puis me permettre ?

– Celles-clé dans une histoire pareille, cher ami. Et dont les réponses ne valent que fournies par un abord indéniablement direct et frontal de leur brûlante aspérité : y avait-il eu vraiment complot ? (Vos déclarations à ce sujet semblent assez contradictoires)

Quel but exact poursuivait-il ? (Plus qu'intéressant à savoir, non ?)

Quel en a été le point de départ ? (Plus de clarté, je vous en prie)

Qui d'autres étaient impliqués ?

L'interview de Nérette ?...

– Ah ! Ah ! Ah !

– ...De crainte que, sous vos yeux, ne vienne à périr, un ami cher, et de refoulée et inassouvie curiosité, fort plausiblement, racontez-lui, je vous prie, tant et plus de cette terrible et incroyable histoire !

– Quoi?...Mais!...Tant et plus?

– Absolument!

Sacré et indécrottable Georges !

DEUXIÈME PARTIE

LES GRANDES QUESTIONS
DE GEORGES

Les grandes questions maintenant : Y avait-il eu complot ? Quel but poursuivait-il ? Quel en a été le point de départ ? Qui étaient impliqués ?

Oui, je la regarde encore... La reclasser ? À quand donc les adieux ?... Il les avait vus... St Hilaire Adam Fils les avait vus.

Hé ! N'allons pas si vite ! Emanant pour la plupart des deux procès de 1910 et 1912, et quand ils ne sont pas rendus complètement inutilisables par leur manque évident de précision, les faits dont nous disposons ne nous permettent qu'un éclairage plutôt flou sur ces questions. Et n'oubliez pas non plus que Massillon Coicou et certains de ses compagnons qui eussent pu fournir des informations précises sur certaines de ces questions, étaient morts et (qui sait ?) peut-être morts pour ne pas les révéler. Faites-vous une idée par vous même, plutôt maigres, non, en comparaison de ceux dont nous disposons sur les arrestations et autres. Cela dit, essayons d'avancer quand même.

Y avait-il eu complot ?

Ne l'ai-je pas laissé entendre précédemment ? Que puis-je faire d'autre que l'assumer. Oui. Tout en laissant aux documents le soin de faire ressortir clairement, autant que faire se peut évidemment, le type exact de phénomène que, par manque de choix autant que par souci de rendre plus aisées les choses, je tente de faire contenir dans ce mot par trop terrible. Pour indiquer la ténuité extrême de ce complot sans grand danger réel pour le pouvoir, certains se sentiront contraints d'accoler au mot un qualificatif à valeur atténuante et parleront de complot de police ou, à la rigueur, un peu forcé, de complot de polichinelle. Mais complot de police ou autre est complot, que je sache, sa nature dérisoire n'affectant en rien les desseins qui l'ont vu naître et qui, seuls, doivent être pris en compte ici.

Oui, il y avait complot. Reconnaissons-le et faisons avancer les choses.

«La date du mouvement était fixée au 12 mars et ajournée jusqu'à l'arrivée de 10 officiers courageux en ce moment au Petit-

Goâve.» [P. Courtilien Roy. Témoin lors du procès Jules Coicou. Le Nouvelliste 7 mars 1912]

«Je conspirais avec le général Jules Coicou (...) Nous eûmes notre première conférence, Coicou, Nérette et moi, avec Mr Tancrède Auguste. C'est ainsi que je nouai des relations politiques ouvertes avec Jules Coicou ; il était «autorité» je me mis avec lui... *(pour faire triompher la cause de Firmin laisse entendre lui, le compte rendu du mercredi 7 mars du journal Le Matin, jetant une clarté plus vive sur ces déclarations, nous permettant du coup de faire un peu plus de justice à leur auteur).* A une visite que je lui fis le vendredi 13 Mars, sur son propre appel, Coicou me prit la main, et en gros créole, il me cria : «Mon cher, affaire nou belle ; moins baille Massillon un peu z'armes, m'ta besoin gnou homme de confiance pour bali encor.»[34] [Le Nouvelliste, 8 Mars 1912. Déposition de Pétion Courtillien Roy lors du procès Jules Coicou.]

«La prise d'armes était prévue pour le jeudi 12 Mars. Le retard provient de ce qu'on attendait de Petit Goâve des généraux firministes que Radius Raymond avait été chercher dans un canot» [Le Nouvelliste, 7 mars 1912]

«... une patrouille parvint à arrêter les principaux chefs du complot avec des armes et des munitions destinées à l'insurrection qui devait éclater ce matin à dix heures» [Le Moniteur. Ordre du jour en date du 15 Mars 1908]

«La conspiration était dirigée par des firministes. Le général Grimard devait attaquer le bureau de l'arrondissement. Le général Nérette, le Palais national. Et le général Nord Alexis, voulait-on l'assassiner ? -Mais non apprend l'accusé *(Jules Coicou),* on devait tout simplement le déposer à l'archevêché.» [Le Nouvelliste, 6 mars 1912]

«La nuit du 15 mars, tout était prêt et la conspiration allait éclater. On attendait seulement l'arrivée de généraux qui se trouvaient à Petit Goâve. Les ordres étaient déjà donnés, le mode d'attaque arrêté. Grimard devait enlever le bureau de l'arrondissement, Volcius Nérette, le palais national, mais l'autorité savait tout. Sur des ordres partis du palais, les conspirateurs sont arrêtés dans la nuit du 15 mars entre dix heures du soir et trois heures du matin.» [Le Matin reprend Jules Coicou. Mercredi 6 mars 1912]

---

34 Mon cher, nos affaires vont bon train; j'ai donné quelques armes à Massillon, j'aurais besoin d'un homme de confiance pour lui en donner aussi.

Ajoutez l'interview de Nérette, une partie de celle de Jules Coicou, trop longues pour être citées ici (Les voilà du reste. Lisez-les s'il vous en dit) et vous avez à peu près tout ce dont nous disposons sur cette question.

Devant l'évidence de ces témoignages, la plupart émanant d'hommes impliqués, eux-mêmes, comment conclure autrement que positivement ?

Mais les questions abondent plus que les réponses, non ?

Prenons la première date fixée pour sa réalisation : le Jeudi 12 mars, nous dit-on. Mettons-la en regard avec ce que nous apprend l'interview de Nérette et celle de Jules Coicou. A cette date Tancrède Auguste, sur l'appui de qui compte si bien Jules Coicou (on le comprend aisément, c'est un patricien doublé d'un homme à poigne, que deux passages au ministère de l'Intérieur d'Hyppolite et de Sam avaient propulsé à l'avant-scène. Riche, il a de l'influence et de l'envergure, ce que prouvera bien son accession à la présidence quatre ans plus tard), à cette date, disais-je, Tancrède Auguste n'a pas encore été contacté. Il ne le sera seulement que le 12 au matin, nous apprend Jules, et lors d'une réunion qui aura lieu chez ce dernier. Entendait-on au préalable se passer de son concours pour finalement se raviser qu'il ne serait pas de trop ? C'est possible. Mais pourquoi son refus de participer à la prise d'armes alors semble si déterminant qu'il incite Jules Coicou à changer son fusil d'épaule ? (Je ne me trompe pas. C'est bien ce que supposait Nérette et que Jules, lui-même, affirme, non ?)

– Euh, laissez-moi lire. Absolument.

– Est-ce à dire que Jules Coicou (un parvenu, lui...euh!... restons dans la comparaison, un plébéien, lui) en dépit de son grade et de son titre, par manque probable de prise sur l'entourage militaire du Palais, ne suffit pas à accorder à ce qui se trame, ce label de créance indispensable à son succès ? Mais c'est essentiellement sur lui, commandant d'arrondissement, que compte un mouvement qui n'a été ajourné, nous dit-on, non à cause de ses faiblesses, mais à cause de l'absence de 10 officiers courageux, qu'un nommé Radius Raymond avait été à Petit-Goâve quérir dans un canot !

Ces officiers, du reste, qui sont-ils ? Admettons que, connus à l'époque, leurs noms ne soient tout simplement pas parvenus à nous, mais il n'en demeure pas moins qu'à ce que nous apprend la citation de Jules Coicou faite par Le Matin, ils aient été, la veille de la seconde date arrêtée, à se faire encore attendre, non ? Cette citation, mise à part, du reste, aucune trace d'eux dans cette histoire.

Et ce point-ci est-il plus clair ?

Par Nérette, nous apprenons que Massillon se trouve en possession de fonds destinés au mouvement dont même Jules qu'il donne pourtant pour l'organisateur principal du complot (curieux, non ?) ne semble savoir qui les fournit. Qui fournissait ces fonds ? Et pour quel usage ?

Et les participants, qui sont-ils exactement ?

Grimard devait enlever le Bureau de l'arrondissement, Volcius Nérette, le Palais national. Avec le concours de qui ?

Dans sa relation des événements qui, à son caractère unique, doit de constituer pour nous, un document des plus précieux, un document incontournable, Frédéric Marcelin ne semble nullement douter des chances de succès de l'entreprise, compte tenu, affirme-t-il, de certaines complicités dans la cour même du Palais et voire- qui sait?- dans l'entourage même du Président *[Une affirmation visant indirectement à atténuer la violence inouïe de l'acte commis. A nous dorer la pilule combien douloureuse et amère de cette exécution ? C'est possible. L'on ne saurait trop faire preuve de méfiance dans cette terrible et incroyable histoire]*. Mais qui sont-ils ? Les officiers arrêtés et libérés plus tard ? Nous avons une idée, non, de ce qu'était leur soi-disant culpabilité. Terrain mouvant que ce complot dont la trame semble résister à toute tentative de pénétration, nous réduisant, ainsi que je l'ai dit plus haut, à de vaines suppositions, de vaines conjectures.

– Il a du être, en tout cas, quelque chose d'informe, de brouillon, à la mesure même des difficultés qu'on a d'en pénétrer la trame.

– Cela va sans dire.

Quel but poursuivait-il ? D'après ce qui ressort des témoignages de Jules Coicou et de Volcius Nérette (C'est encore à eux que nous nous voyons contraints de nous référer), on projetait un gouvernement provisoire qui aurait eu à sa tête Tancrède Auguste. Que se proposait-on par la suite ? Répondant aux vœux d'un Courtillien Roy par exemple, des élections dont Firmin serait l'immanquable favori ? Que, libéré de la tyrannie de Tonton Nò, un pays serait prêt à acclamer, et de sa réclusion au consulat français des Gonaives, on verrait alors, fait inouï de notre Histoire, accéder tranquillement au fauteuil présidentiel ? Nous ne pouvons rien affirmer.

Quand avait-il débuté ?

À partir de cette fameuse lettre de Firmin ?

Il a dû son impulsion, nous l'avons dit, à partir de l'initiative de Massillon, c'est sûr, lequel au commencement du mois de mars rend visite à Nérette et tente de gagner son adhésion à un vaste mouvement dans la Capitale, cette fois-ci. Mais, ainsi que je l'ai dit plus haut, Nérette fut-il le premier à avoir été contacté par Massillon ? Et les initiatives de ce dernier dataient-elles uniquement de la fameuse lettre de Firmin ?

Les motivations des éventuels participants étaient-elles toutes unanimes ? Ou, profitant de cet état d'indécision et cette apparente grisaille dont parle Marcelin, venaient-elles, comme autant de corps parasites, prendre opportunément appui sur l'arbre des événements en cours ?

Un coup d'oeil rapide, je vous prie, à ces quelques déclarations glanées également dans les comptes rendus des deux procès :

> «C'est Jules Coicou qui conspirait pour conserver sa place et sa vie que voulaient lui retirer ses ennemis du palais.» [Emmanuel Coicou. Le Nouvelliste, 7 Mars 1912]

> «Jules Coicou était de la conspiration. Laissez-moi le temps de rassembler les preuves, disait-il au président, et je vous livre tous vos ennemis. Le général Nord envoyait de temps en temps tarabuster J. Coicou lui faisant demander les preuves promises. Et les noms de ses ennemis.» [Le Matin du 30 juillet 1910. Témoignage de Constantin Mayard, employé au cabinet particulier du Gal Nord]

M. Borgella Camille. Repris par Le Matin du samedi 9 mars 1912 :

> «La conspiration du 15 mars a été le fait de Jules Coicou. Il se sentait pencher chaque jour davantage. Les entours du général Nord l'abreuvaient d'insultes. Même il se vit un jour refuser par Montreuil ses appointements sous prétexte qu'il n'était plus commandant de l'arrondissement. Enfin on en voulait même à sa vie.
>
> Il pense à une prise d'armes qui le débarrasserait de ses ennemis et l'élèverait. Les alliés étaient tout trouvés. Il avait été firministe, Firmin était encore au consulat, et son parti qui travaillait pour lui aurait tout tenté pour sa délivrance. Jules Coicou vit ses cousins, les fit entrer dans la conspiration ; mais déjà Nord Alexis savait tout. Coicou se sentit perdu, s'il ne sacrifiait ceux qui conspiraient avec lui. Il dénonça au général Nord la conspiration. Il cita le nom de ses cousins, rejeta le complot sur les firministes et fit tout pour qu'on leur en crût la paternité. S'il ne pouvait monter du moins il conserverait sa place.»

Si cette tentative de résumé de l'affaire Coicou, faite par Borgella Camille, contient bon nombre d'éléments qui éclairent sur la conduite de Jules Coicou et sur les motifs qui l'ont poussé à adhérer au complot, elle se ressent trop de l'influence de l'interview de Volcius Nérette pour ne pas souffrir d'un manque patent de nuances qui, certains témoignages une fois connus, risque de nous rendre cette histoire encore plus brumeuse qu'il n'est besoin. En effet que présuppose-t-il ? Exactement cette croyance d'une complicité d'entrée de jeu entre Massillon et Jules, à laquelle

Nérette, qui pourtant avait été contacté séparément par les deux hommes (Par Massillon, au commencement de mars, et par Jules, le 11 mars), avait donné cours.

Or Jules nous apprend, lui, qu'il n'y a eu rencontre entre Massillon et lui que le vendredi 13, c'est-à-dire, la veille même des arrestations. N'est-ce pas un peu tardif pour des gens qu'on croit de connivence ? Que croire ? Que Jules, comme à son habitude, mentait impudemment ?

Sous l'influence de Nérette, et du livre de Jolibois, c'est ce à quoi je ne laissais d'accorder foi jusqu'au jour où, à cet entretien dont témoigne Emmanuel Coicou et qui nous laisse quelque peu perplexe, il m'a été possible de trouver des précisions de date :

> «Avant ces événements, il a eu une entrevue avec Jules Coicou, Massillon était là aussi, appelé par une lettre de son cousin. Jules Coicou, après avoir congédié les personnes qui étaient au Bureau de l'arrondissement, leur dit qu'il avait des ennemis qui pourraient l'attaquer d'un moment à l'autre : il voudrait compter sur le concours de ses frères. Massillon lui promit de lui envoyer quelques jeunes gens qui coucheraient au Bureau de l'arrondissement. Puis on parla politique, Jules savait que le pouvoir allait être transmis à Jean-Gilles et en paraissait heureux. Massillon lui demanda de retourner au firminisme. Jules lui fit comprendre qu'il n'avait pas renié son Dieu et que l'on pourrait s'entendre.» [Le Matin 1 août 1910. Compte-rendu du procès-Montreuil]

La date de cette rencontre: elle n'est pas fournie par l'auteur du compte rendu mais, par bonheur, sera retenue deux ans plus tard par l'auteur de ceux que Le Nouvelliste, lui, consacrera au procès-Jules Coicou. Procès où l'on verra une fois de plus Emmanuel Coicou appelé à témoigner (il y a peine une semaine que je l'ai trouvée et dans Le Nouvelliste du mercredi 6 mars 1912). La date de cette rencontre, disais-je, le vendredi 13 mars 1908.

> «Le témoin Nadreau est renvoyé; Edmond Coicou est retenu pour être confronté avec Emmanuel Coicou qui vient déposer. Le substitut leur pose diverses questions. Emmanuel raconte que le vendredi 13 mars, sur l'invitation de Jules Coicou, il se rencontra avec Massillon à l'arrondissement où Jules Coicou fit part de ses projets. On parla de Solon Ménos et des canalistes qui plutôt conspiraient (...) Jules confia que Montreuil et Thimoclès Lafontant ne voulaient pas le voir au Palais, et que le général Alfred Celcis était déjà tout désigné pour le remplacer.- «C'est donc, crie Emmanuel Coicou, Jules Coicou lui-même qui conspirait et avait invité ses frères à l'aider.»

Oui, la date de cette rencontre : le vendredi 13 mars 1908.

– Où Nérette avait-il été puiser de telles croyances, alors ?

– Devant ses hésitations à adhérer à la conspiration, pour plusieurs raisons dont, entre autres, les excellents termes dans lesquels il ne laissait d'être avec Jules et qu'il ne voulait sans doute (je crois comprendre), en aucun cas compromettre, Massillon, nous dit-il, lui dira que ses craintes étaient sans fondement, qu'il répondait de Jules Coicou dont le concours à la prise d'armes était un fait acquis. Etait-ce de cette affirmation de Massillon ?

Ou déformait-il à dessein la vérité et ce, dans le but bien probable d'embarrasser Jules Coicou ? Il ne faut pas oublier le contexte et le but de l'interview dont nous parlerons plus loin.

A la question qui fournissait les fonds nécessaires posée par Clément Magloire nous verrons Nérette répondre : «Jules m'avait demandé quel était le banquier chargé de distribuer de l'argent. Je lui avais répondu de voir Massillon qui m'en avait offert.» Sans se rendre compte des implications réelles qu'une telle question de Jules ne laissait de sous entendre, sinon en termes de contradiction à certaines réponses fournies dans son interview, du moins, en termes plus simples de sourdines qu'elle ne laissait de commander à certaines affirmations par trop catégoriques proférées par lui, lesquelles plus tard, dans cette affaire, ne seront malheureusement que trop appelées à prévaloir.

– Que s'est-il passé exactement ? Y a-t-il moyen de le savoir ?

– Clairement et de manière irréfutable ? J'ai bien peur, Georges, que non. L'interview de Nérette, qui eût pu nous aider, se ressent trop du contexte qui l'a vue naître, à savoir la mise sur sellette de Jules Coicou, et celle de Jules Coicou trop du souci de se défendre, pour nous permettre autre chose que d'hésitantes affirmations.

Mises en regard l'une et l'autre, et aidé des quelques bribes échappées des deux assises, voilà honnêtement ce que l'on peut en tirer :

Quand a débuté le complot ?

Au commencement du mois de mars ? C'est à ce moment imprécis en tout cas, à en croire Volcius Nérette, qu'il reçoit la visite de Massillon, lequel lui demande son concours pour un grand mouvement à la Capitale et tente vainement de gagner son adhésion. De guerre lasse, Massillon lui demande de lui désigner un chef capable et celui-ci lui recommande le général Grimard Fayette que Massillon va voir et avec qui il s'abouche.

Nérette donc théoriquement ne fait pas partie du complot.

Le 11, de Mme Galette ou de Pétion Courtillien Roy (le nom de l'informateur varie suivant la déposition) apprenant que quelque chose se trame en faveur d'Anténor Firmin, Jules Coicou fait son entrée en scène.

Que fait-il ?

Il envoie Mme Galette préparer sa visite à Nérette chez qui il se rend dans la soirée du même jour. La date à laquelle Nérette dit avoir reçu la visite de Jules Coicou (vers le 10 ou le 12 mars, nous dit-il), correspond, en effet, assez bien à celle proposée par Jules (11 mars).

À quelle heure ?

7 heures du soir selon Nérette.

Quelles sont ses motivations ? Un peu celles décrites si bien par Borgella Camille que nous venons de lire. Mal vu des proches de Tonton Nò et de la *Camarilla*, il sait qu'il risque à tout moment de perdre son poste, et même sa vie, et vient là voir s'il n'y aurait pas profit à accorder son concours.

Son concours à quoi ?

À une prise d'armes qu'on lui aurait dit devoir s'opérer le lendemain soir, et dont Nérette et Massillon seraient les chefs. Cette visite semble rassurer Nérette (notez qu'il avait refusé son adhésion à Massillon) dont les déclarations laissent sous-entendre, à ce moment seulement, avoir souscrit au complot (C'est possible, mais on peut supposer aussi que son refus à Massillon n'était pas aussi catégorique qu'il l'avait laissé entendre dans son interview, et que, de loin, en attente de garanties fermes, il avait continué à garder un oeil réservé sur la chose). Il...euh...notre Jules donc donne rendez-vous pour le lendemain 12 à Nérette chez lui et lui promet que Tancrède sera là. Dans sa déposition citée plus haut, Pétion Courtillien Roy affirme, nous l'avons vu, avoir pris part à cette réunion. S'agit-il du même complot ? Pour Nérette, oui, puisqu'il croit Jules de connivence avec Massillon (Ce qui, soulignons-le, était, nous l'avons vu, bien loin d'être le cas). Pour Jules Coicou, oui, puisqu'il croit Nérette abouché à Massillon. Mais en réalité, non. Et qui, pour devoir sa naissance à cette impulsion originelle donnée par Massillon, et en attente sans doute de s'aboucher au sien, n'en est pas moins une donnée nouvelle. À cette réunion chez Jules Coicou, notez-le, n'assistent ni Massillon ni Grimard Fayette.

Tancrède ayant décliné toute offre, toute proposition de prise d'armes, Jules va au Palais dénoncer le complot.

[Parenthèse : Etait-il le premier ?

Mettons de côté le caractère un peu brouillon de ces abouchements propres à faire naître et flamber toutes sortes de rumeurs (Dans son témoignage lors du procès Jules Coicou, Clément Magloire affirmera sans ambages qu'il eut vent de la conspiration comme tout le monde puisqu'on en parlait publiquement); de coté également la lettre du commerçant Etienne Fils- lettre d'une teneur, on l'a vu, à faire dresser l'oreille - on peut affirmer que oui. Dans son interview, Nérette déclare que Jules, par l'entremise de Mme Galette, et dans l'après-midi du 12, lui fit dire de se hâter, ayant été dénoncé par plusieurs personnes et notamment par le général Nadreau. Mensonge de Jules Coicou ? En tout cas, lors des assises de 1910, Nadreau affirmera non seulement avoir été au courant du complot mais l'avoir personnellement dénoncé au Président. De quelles informations exactes disposait-il ? Tenez-vous bien ! De confidences de Jules Coicou lui-même, précisera-t-il, lequel, à plusieurs reprises avant le 14 mars, et dans la matinée même de ce jour, lui avait désigné ses propres parents comme ourdisseurs d'un complot. Ce qui nous montre clairement de quelle ruse était capable notre bonhomme. Il a bruit d'un complot auquel il envisage sérieusement d'accorder -si ce n'est auquel il a déjà accordé- son adhésion, mais n'entend pas moins également s'assurer les arrières. Faites à haute voix, et comme en passant, à Nadreau, autant que d'aider à sonder le terrain des informations précises dont disposait le pouvoir, ces soi-disant confidences ne devaient pas l'être moins, comme on le devine, à se prémunir contre tout risque d'un éventuel ébruitement, par d'autres voies, de ce complot. Ne fut-il pas des tout premiers à le dénoncer ? Alors se trouverait un témoin, Nadreau, pour certifier l'avoir entendu le faire en effet (*Incroyable! -Hé oui!*). Cela a-t-il aidé Nord Alexis à le croire sincère quand, ce fameux jour du 12 ou du 13, il a été à lui tout dévoiler, se justifiant d'une adhésion, donnée, selon toute probabilité, pour impérative, à ce complot que par sa volonté d'en mieux pénétrer les desseins ? Sans doute. Mais il y a fort à parier que c'est à partir de cette dénonciation directe, cette fois-ci, de Jules Coicou lui-même que le pouvoir a disposé d'informations précises et d'une liste de noms, lui permettant de sévir.

À quel moment exactement cette dénonciation s'est faite et pourquoi ?

Les déclarations contradictoires de Jules Coicou rendent malaisée toute tentative de se fixer à ce sujet. Dans son interview avec Louis Callard, après qu'il eut appris l'arrestation de Mme Galette dont il craignait sans doute certaines révélations (arrestation qui, selon la manchette, rappelons-nous, avait eu lieu le 13), et lors de son procès, après le refus de Tancrède Auguste à qui avait été promis pourtant d'être chef du gouvernement provisoire.

> «(...) Tancrède refusa, bien qu'il devait être le chef du gouvernement provisoire; je refusai aussi, moi à qui on promettait d'être le conseiller à la Guerre et à la Marine. De suite, après l'entrevue, j'allai au Palais tout dire au Président.» [Jules Coicou. Lors de son procès. Le Nouvelliste, 9 mars 1912]

Que croire ? Il n'est pas interdit de formuler l'hypothèse du 12 et de voir l'arrestation de Mme Galette comme le premier effet probable de cette dénonciation.

Vendredi 13. Arrestation de Mme Galette. Désireux à tout prix de se blanchir aux yeux du pouvoir, et à en croire la déposition citée plus haut de Constantin Mayard, c'est un Jules Coicou que de temps en temps envoie tarabuster Tonton Nò, qui, par lettre, invite Massillon et Emmanuel Coicou à venir conférer avec lui au Bureau de l'Arrondissement. (Mentant à Callard, et gommant la présence d'Emmanuel Coicou, il donnera cet entretien pour avoir eu lieu chez lui et sur une visite de Massillon). Selon Emmanuel Coicou, son invitation était pour trois heures et celle de Massillon pour quatre heures. Dans quel but a-t-il lieu ? Dans le but évident de cuisiner ses parents. Leur arracher des noms de complices destinés à défrayer la sanglante liste.

Relisez, je vous prie, le témoignage d'Emmanuel Coicou et vous vous ferez une juste idée de cette autre ruse employée par notre Jules. Mal vu par certains membres du pouvoir, leur laisse-t-il entendre, et certains de ses ennemis menaçant même de l'attaquer d'un moment à l'autre, il les à fait venir à seule fin de s'assurer de leur concours. Quoi de plus naturel ? N'est-ce pas exactement le genre de choses qu'on demande aux parents, non ? (Aussi bizarre qu'elle puisse paraître à première vue, la démarche, notez-le, n'avait rien de déplacé. Lors du procès Montreuil, à la question si des bourgeois pourraient ainsi se rendre à l'Hôtel de l'Arrondissement pour accomplir le service demandé, posée par un juré, Emmanuel Coicou, militaire, répondra affirmativement, laissant entendre le fait possible en cas de danger, et pour prêter main forte, étendant même aux amis d'une autorité la possibilité, dans ce cas-là, d'avoir accès à son poste). Pourquoi leur demande-t-il ça ? D'abord c'est la preuve d'une croyance à la force et à la fidélité à toute épreuve des liens de parenté (dans le malheur extrême, c'est à eux qu'il pense et non à de soi-disant amis que son grade et sa fonction élevés ont pu, à l'occasion, lui gagner) ensuite parce que, entamée de cette manière, il le sait bien, la conversation ne peut qu'inévitablement glisser vers le point réel qu'il a en vue : la politique; et au-delà de la politique, ce qui est en train de se tramer pour mettre à bas le régime honni (ou qui sait si mal défendre de ses ennemis, un commandant d'arrondissement). Massillon lui demande de retourner au firminisme. Il dit qu'il n'a pas renié son Dieu et que l'on peut s'entendre. Le témoignage, évidemment, s'arrête là, mais en a-t-il été de même de la conversation ? Elle a dû se faire de plus en plus précise, touchant à des confidences sensibles, à certaines dispositions pratiques qu'un engagement au firminisme, à ce moment, ne laisse à coup sûr d'impliquer.

– Terrible !

– C'est le moins qu'on puisse dire, mon cher ami. Mais essayez de garder votre sang-froid car vous en aurez besoin, et plus encore, croyez-moi, dans cette histoire !

– En faisant hautement et sauvagement accroire que les arrestations opérées venaient d'une dénonciation de lui, c'est donc ce rôle infâme de Jules Coicou qu'on tentait, à l'évidence, de garder dans l'ombre. Incroyable !

– Absolument. L'interrogatoire, dont cette fameuse tribune du Champs-de-Mars le verra, le lendemain, et durant de très longues heures, endurer courageusement l'amertume, n'était rien moins que de pure forme- n'étant jamais très sûr du nombre exact de gens à faire périr ou embastiller dans la mesure évidemment où, aux yeux d'un pouvoir quelconque, puisse jamais l'être tout à fait un interrogatoire de cette nature - le cuisinage, à son insu, ayant déjà été opéré, la veille et le jour même, par le sieur Jules ! Mais poursuivons. Euh... attendez. Ici aussi une parenthèse s'impose:

Erreur d'identité et règlement de compte mis à part (Deux personnes passent pour devoir leur mort à ça), est-ce à dire que les noms de toutes les autres victimes, de tous les miraculés de cette nuit-là, proviennent essentiellement de ce cuisinage ? Aucun document ne nous permet pareille certitude et l'affirmer serait ne pas tenir compte de cet état de confusion auquel n'avait sans doute pas manqué de donner lieu ce chassé-croisé d'abouchements, fertiles ou non, propre à favoriser toutes sortes de malentendus. Et aussi tout un climat de suspicion régnant lors dont, qu'on le veuille ou non, sont toujours, chez nous, les premiers à faire les frais les mal vus du régime, ceux dont le passé ou une certaine posture d'indépendance, jusque là l'objet d'une tolérance teintée d'ambiguïté, désignent, aux moments d'extrême tension, inexorablement à la répression. Le cas du général Dolaires Laporte, firministe actif en 1902, dont a été lue par nous précédemment, la lettre adressée à Pierre Frédérique, loin, croyez-moi, d'être le seul dans cette histoire, me semble, à ce point de vue, des plus significatif. Parenthèse terminée, nous pouvons poursuivre.

Vendredi 13 encore. Nouvelle rencontre avec Pétion Courtillien Roy dont, malheureusement, aucune indication dans son témoignage, ne nous permet d'établir le lieu exact où elle s'est tenue. Au Bureau de l'Arrondissement également ? A quelle heure exactement ? Pas de précision non plus sur ce point-là. (Après celle de Massillon s'il faut en croire, dans les propos prêtés à Jules, l'allusion faite à celui-ci ?). Mais, selon ce qu'il assure c'est sur la demande de Jules qu'elle se fera. Et par qui il s'entendra dire ce que vous venez de lire précédemment, et qui, d'un mensonge probable et puant la chausse-trappe, est assez éloquent sur les intentions réelles nourries par Jules à son égard, pour qu'on ne s'inquiète nullement de les faire ressortir.

– Mensonge en effet, me parait-il, car ces armes, soi-disant données à Massillon, sont, dans le témoignage d'Emmanuel Coicou, d'une absence pour le moins criante.

– Autant que dans toute cette histoire du reste qui n'est pas à un mystère près, car, en dépit de notre ostensible caisse de munitions, on n'est pas près de les y trouver. Sur l'heure avait-il eu, P. Courtillien Roy, une conscience nette et vive du guêpier ? Jules, nota-t-il, lui avait crié ses paroles. De cette manière, ainsi que ses propres dépositions (Le Nouvelliste, 8 mars 1912) laisseront croire une habitude assez ancrée chez lui, et comme nous le verrons également le faire le soir fatal à Massillon, à quelque personne bien dissimulée dans quelque pièce attenante à écouter, entendait-il les rendre distinctes, clairement audibles?[35]. À cette offre alléchante mais sonore, bruyante que répondra-t-il ? Et surtout par quel miracle, cette nuit-là, aura-t-il la vie sauve ? Voilà ce qui, faute de pertinence sans doute, n'a pas été retenu ou demandé.

Samedi 14. Nouvelle lettre à Massillon pour l'inviter à passer le voir chez lui à 7 heures du soir. Notre fameuse lettre, celle où il est question des *choses*.

Cette lettre, par erreur, nous apprend-on, parviendra à Emmanuel Coicou. Lequel, par le porteur, la fera remettre à son vrai destinataire. A quelle heure ? Samedi matin, selon Louis Callard. Ne laisse-t-elle pas supposer, entre eux, la probabilité, dans la matinée, d'une rencontre précédente à son envoi?

Mention de St Hilaire Adam fils ? Non. Détail inutile. Absolument non judicieux...

A deux heures (selon Joannis Mérisier) sur une visite de Massillon au Bureau de l'arrondissement, nouvelle rencontre entre ces deux hommes. Visite annoncée sans doute par retour de courrier. Car Jules Coicou (Il lui avait donné rendez-vous à 7 heures, rappelons-nous) semblait rien de moins qu'avisé. À un de ses adjoints, nous apprend toujours le même Joannis, il avait ordonné expressément, sitôt son arrivée, de laisser monter près de lui Massillon. L'ordre exécuté, au Palais impatient de mettre en

---

35 Apparait Bléus Augustin que Jules Coicou avait cité à propos d'une entrevue au bureau de l'arrondissement(...)Il affirme avoir rencontré Emmanuel Coicou à l'arrondissement mais n' assista point à ses entretiens. Vif colloque entre Mes Camille et Dejean, au milieu de rumeurs prolongées, qui s'accentuèrent quand Jules Coicou répète qu'il fit passer, ce jour-là, Bléus Augustin dans un couloir pour entendre ce qui se disait.

branle la répression, et qui, sans doute, avait fait, une fois de plus, réclamer les preuves promises, Jules Coicou fait annoncer, et par Joannis Mérisier, qu'il est en conférence avec Massillon Coicou. Le tisonneur...euh...par
souci vif du document, et au risque d'une incongruité, évertuons-nous,
Georges, à demeurer dans le vocable des témoignages... le «tarabusteur»
président (pardonnez, je vous prie, ce néologisme) lui exprime toute satisfaction !

– Incroyable !

– La suite ? Entre 7 et huit heures, Massillon se rend au rendez-vous
chez Jules et tombe dans le plus ignoble des guets-apens. La suite ? Cette
répression loufoque dont, humiliant tout bon sens, l'absurde n'en finit
pas d'exaspérer, de déconcerter. Cette nuit d'abomination qui, dans son
ombre, me voit vivre depuis un bail déjà, et qui, à un siècle près des trois
procès auxquels, on l'a vu, d'une obstination sans bornes, s'évertuer douloureusement à donner le jour, ne laisse pourtant de hurler encore, et de
moi, ami, s'entête a vouloir faire, un témoin défaillant !

Oui, il les avait vus, St Hilaire Adam fils... Ce résumé est-il bon. Evi-
demment que non. Passage à pieds joints et frustrant sur l'essentiel, mise
en relief, peut-être, de détails inutiles... Et cette phrase qui me revient... Une
obsession ? Mais pourquoi ? Sur cette place immense de la vieille ville, la
solitude de la statue toute neuve de Dessalines qui me renvoie toujours à
l'autre, celle du poète attrapé dans une machination sordide, digne des
enfers, mais ne le sait pas ? N'en a aucun soupçon ? Sans doute... Mais
passons. Et vite !

Il y a beaucoup de gens à croire (Gaillard souscrit à cette thèse) que,
répondant aux vœux implicites du pouvoir, ou de connivence ouverte
avec lui, il s'était mis, dès le début, avec les conjurés pour les livrer et les
perdre. (Outre ces confidences à haute voix faites à Nadreau) l'un des
inconvénients majeurs de cette façon de voir, demeure, à bien regarder,
le sens même de cette fusillade qu'à l'encontre de ceux qui, comme
Marcelin, réclament un jugement en bonne et due forme, Jules Coicou
(témoignage de Joannis Merisier une fois de plus) avait été le premier
à exiger et obtiendra. Et aussi le sens réel de l'interview de Nérette qui,
autrement, est incompréhensible. Mais ça, nous en reparlerons plus
loin.

Maintenant, si vous n'y voyez pas d'inconvénient, ces témoignages,
que vous ne laissez de tripoter au risque même de me les abîmer, de les
écorner, rangeons-les soigneusement et écoutons tranquillement Frédéric
Marcelin[36].

---

36 Op. cit. pp 88 à 90.

«Longtemps avant cette affaire du 15 mars, et dès le commencement de la révolte des Gonaïves, des amis avaient attiré mon attention sur la conduite du commandant de l'arrondissement, qui, selon eux, était bizarre: Ils m'affirmaient qu'il se rendait à des conciliabules, qu'il voyait des gens suspects, que ses allures, pour le moins, étaient louches. J'attribuais ces avertissements à des questions personnelles, à des rivalités d'ambition. Peu à peu, cependant, ces soupçons s'étaient fortifiés. Ils avaient pris corps. Je fus persuadé à la fin que cet officier général n'avait pas une franchise militaire rassurante, soit qu'il complotât pour lui-même, soit qu'il fût au fait de certain secret qui rabaissât son épaulette par le trafic qu'il en faisait. Quand on le rencontrait, par hasard, la nuit en patrouille, il avait une façon de rodailler assez inquiétante... Que de fois l'un de nous, parmi les amis qui sortaient avec moi, ne m'a-t-il pas dit : «Je suis sûr qu'il va à un conciliabule chez X...!» Je répondais en souriant : «S'il rodaille ainsi au bord des galeries, c'est plutôt qu'il a peur d'un coup de fusil au milieu de la rue.» Mais, après le 15 mars, quand il venait parfois à Turgeau me voir, pour affaire de service, j'entr'ouvais toujours le tiroir de mon bureau, où il y avait mon revolver chargé...»

Pardon ! je me suis trompé d'extrait, c'est plus loin, page 111.

«Le 14 Mars au soir, *[Oui, ce passage]* je passai, comme de coutume, au Palais national avant de commencer les tournées que je faisais régulièrement en ville et aux environs en vue de veiller à la sécurité publique. J'étais accompagné de mes adjoints et de quelques amis. On avait traversé le Champs de Mars et l'on n'y avait rien vu de particulier. Tout était très calme. Au Palais, c'était autre chose. Une grande agitation y régnait. J'en demandai la cause. On m'apprit alors l'arrestation des conspirateurs. Je m'étonnai qu'on eût procédé à des arrestations en pleine nuit. On me répondit qu'ils avaient été pris les armes à la main. Or, pris les armes à la main, à ce qu'on assurait, ils n'avaient pas été exécutés, le Président n'en avait pas donné l'ordre, et ils avaient été déposés en prison...

Je me hâtai d'aller trouver le Président dans sa chambre. Il était assis dans sa dodine près de son lit.

– Excellence, lui dis-je, je vous félicite d'avoir encore une fois déjoué les desseins des fauteurs de troubles. Comment avez-vous su cette conjuration ?

Alors le Président me raconta dans ses détails toute l'affaire. Il me narra que le Général Coicou avait reçu les confidences des conjurés, qu'il avait fait semblant d'être avec eux, et qu'enfin il les lui avait livrés ce soir même avec tous les documents, les armes et les munitions. Il tira de sa poche la lettre de Firmin qu'il me montra.

– Et les prisonniers, Président, où sont-ils ?

– Ils sont en prison, à mes ordres.

Quelque chose enfin qui vient détruire cette image, formée en nous, d'une fusillade de victimes en armes, devez-vous penser, non ?

– Absolument.

– Mais, laissons-le poursuivre.

– Aux ordres de la justice, Président, Permettez-moi de vous le dire. Ce n'est pas un sentiment d'humanité qui me fait vous parler ainsi. C'est mieux que cela, c'est le sentiment de l'intérêt de votre gouvernement. Vous savez ce qui est arrivé après Saint-Marc. Le Gouvernement américain nous a tourné le dos, et il nous a retiré tout appui dans la question des réfugiés des Gonaives. Jugez donc selon toutes les formes légales ces conspirateurs que vous venez d'arrêter. Faites-leur un procès à grand éclat, comme vous avez fait celui de la consolidation. Qui sait si cela ne servira pas avantageusement nos revendications près de la légation de France ? En tout cas l'opinion publique sera avec nous. Elle verra que nos adversaires ne veulent pas désarmer.

– C'est absolument mon opinion, me répondit fermement le Président, je vais faire un procès retentissant, un procès célèbre... Mais que le bon Dieu me punisse ! S'ils sont condamnés à mort, je les fais exécuter.

– Ça c'est une autre question, et on n'en est pas là pour le moment. Ce que je vous demande, c'est de ne pas faire ce qui a été fait à Saint-Marc: pas d'exécution sommaire !

– Mais, monsieur le ministre, je vous répète qu'ils sont en prison. Si on devait les exécuter on l'eût fait sur l'heure, aussitôt qu'ils ont été pris les armes à la main.

– Avez-vous bien lu ?

– Quoi ?

– Les armes à la main.

– Oui.

– Et que diriez-vous ? Qu'il était en train de mentir à son ministre ?

– Non, c'est plus profond. A mon avis, ce n'est rien de moins que de la suggestion pure et simple, de l'auto-hypnose pour ainsi dire, et à pleins tubes. La comédie qu'on croyait destinée aux autres, on se la jouait avant tout, à soi-même. Et c'est peut être l'une des raisons de la caisse de munitions avec laquelle Jules avait tenu à faire prendre Massillon: créer l'image propre à mettre le feu à cette hantise, à cette psychose, et ce, afin de parvenir à son but le plus cher : l'exécution des prisonniers.

– Le rusé Jules !

– Mais, laissons-le poursuivre.

– Donc, Excellence, c'est entendu: ils seront jugés. Excusez-moi d'insister: mais c'est tellement de l'intérêt du gouvernement !

– Je suis absolument d'accord avec vous. Ils seront jugés. Dès demain, le procès commencera. Je m'y engage formellement.

Je quittai la chambre du Général Nord sur cette promesse solennelle qu'il venait de me faire. Dans la pièce lui servant de cabinet de travail, et où plusieurs personnes se trouvaient, je redis que le Président m'avait déclaré que dès le lendemain le procès des conjurés allait se faire au grand jour, afin que le pays pût juger entre M. Firmin et lui

Quelques instants après, je remontais chez moi à Turgeau.

Au matin, vers les cinq heures environ, je fus réveillé par la voix de mes officiers. Ils me criaient de la propriété de face où ils logeaient qu'on avait tiré en ville, et que depuis assez longtemps ils tâchaient de me réveiller. (...) Je m'habillai, fis rapidement ma tasse de café à mon habitude, la bus tranquillement me disant-selon ce que j'avais entendu dire au palais qu'au jour on continuerait les arrestations- que c'étaient probablement des conjurés qu'on était allé arrêter et qui ne se laissaient pas faire (...)

Arrivé au palais, j'appris l'affreuse, et je pourrais dire, la stupide vérité. Non, jamais acte ne fut plus maladroit. Quel intérêt le président pouvait-il avoir à agir ainsi ? Comment ne vit-il pas que cette exécution sommaire ne pourrait être utile qu'au général Coicou, sur le rôle duquel elle projetait immédiatement les ténèbres bienfaisantes, que, du reste, même après le 15 Mars, ce général ne cessa de réclamer sans cesse, et avec menaces ? Comment ne comprit-il pas que, comme après l'exécution sommaire de Saint-Marc, qui justifia le refus de lui remettre les réfugiés, la fusillade de Port-au-Prince allait rendre obligatoire leur embarquement ?

Mais allez faire comprendre ces raisons-là à un chef militaire qui, quand il croit son autorité menacée, n'écoute plus rien, n'écoute même pas son intérêt propre ! Il est toujours enclin à faire alors ce qu'il appelle des exemples. (...)

Nul doute que durant la nuit on dut agir dans ce sens sur l'esprit du Président et que le principal intéressé, le général Coicou, avait dû y aider de toutes ses forces. Il a dû insister, plus que quiconque, pour une fusillade sommaire qui le débarrassait de ses complices.

Oui, voilà ce que nous dit Marcelin. Evidemment, sur la promesse nominale d'un homme, «chef militaire», et par ce fait donc, à en croire sa définition, passablement enclin et prompt à faire des exemples, le choix qu'il fait de remonter chez lui à Turgeau tranquillement se coucher, se privant ainsi de la possibilité de faire contrepoids d'influence, accuse une légèreté coupable, indigne du romancier sagace, de l'homme d'une perspicacité exemplaire que fut Frédéric Marcelin, et par conséquent, ne donne que trop matière à épilogue, non ?

Mais est-il le seul ? Interrogés, certains acteurs diront avoir été loin d'imaginer un dénouement pareil (évidemment, ils sont loin d'être Frédéric Marcelin), et adressée à sa femme, cette nuit-là, cette requête d'Horace de lui faire parvenir en prison, un matelas et deux gourdes, nous le laisse croire à mille lieues d'une telle éventualité. Qu'est-ce qui peut bien expliquer ça ? Marqué d'un bras de fer vigoureux avec les consulats, ce contexte général, ce contexte politique que campe si bien Marcelin? Lequel a pu peser sur les esprits jusqu'à les endormir ? Il est réel certes, mais pas moins le produit abstrait, le produit réflexif d'une saisie, d'une construction, ne l'oublions pas, et par conséquent, avait toutes les chances de n'être point «vécu» et partagé par tous. Ou plutôt, témoin de ces arrestations de gens opérées dans leur lit et dans leur bain, pour la plupart, ce contexte plus restreint, je dirais même dérisoire, et qui, autant que nombre de leurs preneurs, par conséquent, laissent certains captifs loin d'imaginer une fin aussi terrible. Du lit fraîchement défait à ce périmètre oublié dénommé Place du cimetière, un chemin aussi court, un chemin aussi prompt vers la mort trouvée et par un peloton d'exécution ? On ne sait trop. Voilà de ces interrogations qui répugneront toujours à des tentatives de réponses fermes.

Que disais-je ?... Oui, matière à épilogue, non ? Est-ce pour devancer un tel reproche qu'à Carteron, faisant le récit des événements de cette nuit-là, il laissera fermement croire être rentré chez lui plus tard qu'il n'avait été le cas ? À deux heures, lui dira-t-il, ce qui est bien loin d'être confirmé par les témoignages. Sacré Marcelin ! Mais de cette boîte à Pandore que, tout compte fait, ne laisse d'être notre affaire, ça aussi c'est une autre histoire, sur laquelle nous reviendrons plus tard si vous le désirez. Pour l'instant, contentons-nous de tirer profit de l'éclairage fourni par son extrait sur le contexte global dans lequel vont s'opérer ces fusillades (ce bras de fer vigoureux avec les consulats, évidemment), et sur les motifs profonds qui, à n'en pas douter, en sont la cause :

Quitte à compromettre irrémédiablement la possibilité de se faire livrer les réfugiés des consulats pour les faire juger, le choix que fait un Tonton Nord frustré, en rage et pris de court (les soupçons de complicité pèsent encore sur certains officiers de la garde, ne l'oublions pas), d'assurer avant tout l'édifice de son pouvoir par un exemple qu'il sait de nature à effrayer. Et ça l'analyste Marcelin, qui attribue tous les profits de cette fusillade au seul Jules Coicou, ne le verrait pas ? À d'autres ! Voyons un peu ce qu'il dit quelques pages plus loin. Non, rien. Mais intéressant quand même. Nous y reviendrons également plus tard, je vous le promets. Et à l'occasion (à supposer que vous ne les ayez pas déjà devinées, du reste) chez un homme ordinairement doté de ce coup d'œil lucide qui fait précisément défaut à toute une république, je me ferai fort de vous dévoiler les raisons intéressées, je dirais, d'une cécité par trop flagrante pour n'être pas feinte. Pour le moment, occupons-nous d'autres choses.

Est-il le seul ? Interrogés, certains acteurs diront avoir été loin d'imaginer un dénouement pareil...

Oui... derrière la statue, à l'époque, toute neuve et solitaire de Dessalines...

– Et Jules Coicou courait encore ?

– C'est à lui justement que je m'apprêtais à passer. De lui précisément que j'entendais vous entretenir. Parlons de lui. D'abord, qui était-il ? Quelle était son histoire ? Ses antécédents ? Ouvrons *L'exécution des Frères Coicou* de Jolibois :

P. 37 :

> «Jules Alexis, appelé en son enfance Ti Coicou ou Petit Coicou, avait conservé ce patronyme quand on l'avait fait entrer dans l'armée sous Salomon. *[Note de nous: Grâce à l'appui de la soeur aînée des frères Coicou, Mme Siméon Salomon, mariée à un général de l'Etat-major du président Salomon, son oncle ?]* Il était un enfant de la campagne confié aux Soins de Madame Pierre-Louis Coicou, née Amica Chancy. Cette mère de douze enfants, dont les trois frères Coicou, avait élevé Jules comme son propre fils. Elle l'avait envoyé en classe, lui faisant atteindre un niveau d'instruction, fort important à cette époque. [Cours Moyen I ou II, assure-t-il plus avant, tout en précisant qu'à l'époque, le certificat d'études primaires n'existait pas encore en Haïti.] Les fils Coicou qui le considéraient comme leur frère, comme un proche parent, n'avaient jamais fait d'objections quand Jules adopta le nom de famille des Coicou: Il avait vécu dans l'intimité de leur famille depuis l'âge de cinq ans et avait partagé les jeux de leur enfance.»

Plus loin, p. 255 :

> «Il était né dans les années soixante du siècle dernier, dans les hauteurs de la Rivière Froide, voisine de la chapelle Saint Roch. Son père,

Alexis, fabriquait des chaises, avec pieds et dossier en bois tourné ou ouvragé et siège en paille tressée...

Sa mère était lavandière. Elle venait, d'ordinaire le samedi, prendre du linge sale chez ses clients (ses pratiques) et le rapportait propre le samedi suivant... La «pratique «, cliente la plus fidèle, la plus serviable, la plus encourageante était Mme Amica Chancy, femme de Pierre Louis Coicou. Aussi, le père et la mère s'accordèrent -ils pour leur donner à baptiser en l'église Sainte-Anne, leur nouveau-né, Jules. Les Alexis possédaient une famille très nombreuse et tous leurs enfants vivaient avec eux, à la Rivière Froide. Quand Jules eut sept ans, Alexis et sa femme décidèrent de le confier comme enfant de service à leurs fidèles clients, devenus des parents...

– «*Confier comme enfant de service*» qui, je l'accorde, est toujours, chez nous, la finalité de tels placements, cela veut-il dire qu'il était enfant de service ?

– Il y a un monde.

– C'est ce monde-là malheureusement que ne craint nullement de franchir Roger Gaillard (Le Grand Fauve, p. 263) «*Il était au service de la maisonnée.*» affirme-t-il, sans qu'à notre curiosité attentive, preuve aucune ne soit fournie des sources à l'origine d'une telle imposante certitude.

... En grandissant, il avait toujours refusé d'accepter les enfants de ses parents pour ses soeurs et frères. Son père et sa mère, il ne voulait pas en entendre parler et ne mettait jamais les pieds à la Rivière Froide.

Il n'aimait pas ses vrais parents, il dédaignait ses frères et soeurs paysans et haïssait sa famille adoptive.»

Voila ce que honnêtement nous pouvons tirer de Jolibois, portrait esquissé, nous dit-il «à partir des déclarations de contemporains, des notes de journaux de l'époque, des descriptions des accusateurs publics, d'avocats de la partie civile». Le reste? Des bribes, de provenances diverses, certaines, dans le silence des actes précis dont il aurait été l'auteur, ne laissant pas moins entendre cependant, et jusqu'à une stature enviable de divisionnaire de notre ancienne armée, une ascension style d'époque et dans le sang de cet homme pour le moins étonnant qui, au mois de mai 1907, se verra promu commandant provisoire de l'arrondissement de Port-au-Prince.

– *[Pensez-vous qu'il y ait eu de ça dans cette histoire ?*

– *Un ressentiment vif et mal digéré. Contre sa famille adoptive, une vieille rancune tenace et larvée ? Difficile d'affirmer le contraire. Comment autrement comprendre cette lettre toute d'une ironie pénible que, l'enquête de L'Impartial ouverte, il adressera à ce journal. Cette têtière, rapportera la rumeur qu'il donnera en prison pour amarrer Horace, pourtant déjà réduit à l'impuissance, ce dont il se défendra énergiquement devant Callard. Le désir de sauver sa peau est loin d'éclairer tout. Tout comme d'illustres et précédents exemples, et à l'instar de certains miraculés de notre fameuse nuit, abri il eût pu aisément requérir et trouver dans un de ces consulats bien proches. Ce que, devant la chute imminente de Nord Alexis, il n'hésitera nullement à faire du reste, et qui indique bien que ce chemin, douloureux, certes, mais praticable pour d'autres, était connu de lui aussi. Il y a eu de ça aussi dans cette histoire, ce n'est que trop évident. Pour autant, avec certains, et comme, en plein prétoire, on le verra soutenir par Nevers Constant, doit-on y croire son rôle uniquement motivé par un besoin d'assouvissement d'une quelconque vengeance ou haine contre la famille Coicou ? Ainsi que je l'ai dit précédemment, c'est ce bond-là qu'une logique implacable des faits ne m'autorise nullement à faire ni à tenter.*

Oui, les bribes maintenant :]

«(...) tout ce qu'il fit, ce charpentier qui peut-être a été du 22 septembre 1883 et tout ce qu'il projette de faire l'homme du 28 mai 1891.» Mr Alfred Thibault. Chef du Parquet. Le Nouvelliste, 9 Mars 1912.

En amont de cette ascension flamboyante au sein de notre vielle armée, de tous ces postes élevés occupés par la suite, Alfred Thibault nous laisse clairement entendre, lui, une carrière modeste de charpentier. Débutée quand ? Menée au début conjointement avec ses obligations de soldat ? Qui avait pris fin quand ? Des questions. Nous n'avons que ça, tout compte fait, le concernant. La date du 22 septembre 1883, à laquelle fait dubitativement allusion Thibault, fait référence à cette grande journée de répression des libéraux, survenue sous Salomon. Répression opérée par la populace de Port-au-Prince et par ses partisans, suite à la mort du général Pénor Benjamin tué à son poste. Pour celle, tout aussi fameuse, du 28 mai 1891, voir Roger Gaillard, ci-dessous :

«Sous Hyppolite, n'avait-il pas, en tant que commandant de la place, escorté le président dans les rues de Port-au-Prince, lors de la violente répression du 28 mai 1891, jour de la fête-Dieu ? Et ne fut-il pas récompensé plus tard en devenant commandant de l'arrondissement de léogâne, fonction de confiance et, par la complicité avec la contrebande, passablement rémunératrice ?» [Roger Gaillard. Le Grand Fauve, p. 261]

«(...) Gestes de Coicou depuis 1902 comme firministe : à Léogâne, à St Marc, à Duvivier (...)» Substitut Nevers Constant. Le Nouvelliste, 9 mars 1912.

«En 1902, j'étais firministe, avoue Jules Coicou; je reçus alors à Léogâne, où il n'y avait que 9 firministes, une carte de Firmin apportée par mon neveu Pierre Louis : je devais agir pour la cause et protéger les amis. J'étais un firministe déchinnin à l'époque ; mais les choses tournèrent, je me mis avec Nord Alexis.» [Jules Coicou. Le Nouvelliste, 9 Mars 1912]

– Dans notre fameuse lettre à Massillon reproduite par la manchette, cette mission de P. L. C dont il est fait explicitement mention ?
– Il n'y a pas de doute. Mais que fît-il exactement ? Une agitation effrénée exceptée, les allusions de Nevers Constant à cette période de sa vie, ne laissent échapper rien de précis. Mais poursuivons.

«Notons qu'en 1902, le général J. St-Fort Colin (*Oncle de Paul St Fort Colin au nombre de nos exécutés*) Ministre de l'Intérieur et de la Police Nationale, avait élevé Jules Coicou au grade de Général, puis l'avait appelé au bureau de l'arrondissement comme l'un de ses principaux adjoints. Le successeur de St fort Colin à l'arrondissement de Port-au-Prince, le général Justin Carrié, l'y avait conservé.» [Gérard Jolibois. op. cit. p. 80. Note de bas de page.]

«Le général Barthélemy Justin Carrié, commandant de l'arrondissement de Port-au-Prince, mourut le 18 mai 1907 ; afin de succéder au général Charles Régnier, élu sénateur, il avait fait nommer commandant de la place de Port-au-Prince le général Raymond, qui a été pour une courte période, remplacé par Jules Coicou, précédemment commandant de l'arrondissement de Léôgane. A la mort de Carrié, Coicou fut nommé commandant de l'arrondissement de Port-au-Prince» [Ertha Pascal Trouillot et Ernst Trouillot. Encyclopédie biographique d'Haiti, p.14]

Concluons ce portrait des plus brumeux (et donc des plus frustrants) avec cet extrait de notre incontournable Frédéric Marcelin :

«A la mort du général J. Carié, commandant de l'arrondissement de Port-au-Prince, le Président de la République nomma à sa charge, provisoirement, disait-il, le général Coicou.
Le général Nord Alexis commit ce jour-là une erreur impardonnable dont il devait, à juste titre, payer plus tard les fatales conséquences.

Aux reproches que je fis à ses conseillers intimes de ne l'avoir pas détourné de ce choix néfaste, ils me répondirent:- «Le Président sera son propre commandant d'arrondissement, Jules Coicou sera dans sa main, tandis que Carrié éveillait trop ses craintes. «

(...)

C'était une sorte de défi, une indignité qui nous remettait au plus mauvais temps de notre histoire, que de donner ce général à la ville de Port-au-Prince comme commandant militaire. C'était aussi une injure faite à la mémoire de Justin Carrié. On peut penser ce qu'on voudra de Justin Carrié,- - et certes personne ne songe à excuser en lui des actes qui sont pourtant familiers à tous nos généraux... Cependant il honora le commandement dont, il fut revêtu tant par son éducation, son courage personnel, que par sa fidélité à toute épreuve. Il avait du devoir militaire la plus haute conception, et bien assurément ce n'est pas à lui qu'on aurait osé faire les propositions qu'écouta Jules Coicou !

[À sa manière, un terrible aussi que ce Carrié et qui s'illustra dans l'affaire Maxi Momplaisir, laquelle en janvier 1904 ouvrira la liste des crimes sans nom du pouvoir et essentiellement son fait. Mais il a droit ici au ton le plus élogieux et pour cause ! Il n'a pas comploté contre le gouvernement auquel faisait partie Marcelin d'une part, gouvernement dont il a contribué, au contraire, à affirmer le pronunciamiento du 21 décembre 1902 (la preuve, Georges, que ses oreilles, nullement de marbre, ne demeuraient point à l'abri, elles non plus, de certaines sortes de pro-positions) et de l'autre, bien fait et imposant de sa personne, il avait fière allure et ce panache qui trahissait... devinez !... l'appartenance notable et patricienne ! Mais, au regret, cher ami, de l'avoir interrompu. Laissons-le poursuivre.]

... Nos chefs d'État sont parfois plus qu'aveuglés et il semble qu'ils soient en résumé les meilleurs artisans de leur ruine. Ce sera toujours un problème pour moi que de comprendre qu'ayant à nommer à un poste aussi élevé, aussi important, à quelque point de vue où l'on se place, que celui de l'arrondissement de Port-au-Prince, le général Nord Alexis ait choisi précisément le général Coicou qui n'avait aucune des qualités, ni dans le caractère, ni dans le courage, propres à cette charge. Il faut croire sans doute que sa fortune lui vint justement du peu de mérite dont il était pourvu, ce qui devait le rendre précieux, une sorte, de perinde ac cadaver, au jour des élections présidentielles ou pour d'autres besognes qu'on pouvait attendre de lui...» [Frédéric Marcelin. *Le Général Nord Alexis*, p. 86-88]

Dictat impérieux de conjoncture échauffée, toujours brûlante? Voilà l'homme en tout cas sur les épaules de qui, entre autres, et à deux reprises, s'était vu reposer l'espoir d'un lendemain plus amène et moins arbitraire de notre patrie. Incroyable !

Oui, des bribes, et qui, outre de ne rien nous révéler de bien précis sur la vie de cet homme à tout prendre étonnant, nous laisseront toujours sur notre soif quant à comprendre pourquoi entre son poste et ses parents adoptifs, il fera, et de sang froid, choix de celui-là.

– Et il courait encore ?

– Oui. Mais pas sur une piste dépourvue d'embûches, vierge de tout danger. D'abord, sur cette affaire, somme toute encombrante pour certains dignitaires que rend mal à leur aise l'absence d'une comédie de légalité- «le Gouvernement en ordonnant les exécutions sommaires, n'a pêché qu'en la forme, il avait raison au fond», entendra-t-on dire à l'ex-ministre de la Justice Trasybulle Laleau, appelé à témoigner, deux ans plus tard, lors du procès Montreuil- il y a cette instruction que, par pure forme, on entend ouvrir aux lendemains de l'exécution. Menée avec diligence et un tant soit peu de sérieux, elle peut se révéler une arme redoutable aux mains de ses ennemis. Rencontrant en cela les voeux de Tonton Nò, à coups d'objurgations et de menaces, nous apprend encore Marcelin, Jules parviendra à l'endiguer.

Ensuite, il y a aussi les complices réfugiés dans les consulats, qui détiennent certains secrets brûlants et compromettants, lesquels ébruités ne peuvent rien de moins que se révéler néfastes. Et contre cette éventualité, il ne peut absolument rien. C'est de là, de cette brèche visible et large ouverte dans son dos pour ainsi dire, que, le 26 mars, soit 11 jours après les événements, lui viendra ce coup terrible qu'il éprouvera un mal fou à digérer!

– Lequel ?

– Comment ! L'interview du général Nérette, mon vieux Georges ! Lequel, ne l'oubliez pas, était encore en réclusion à la légation de France. Elle fera plus que sensation ! Evidemment, ainsi que je l'ai dit précédemment, laissant entendre une connivence d'entrée de jeu entre Massillon et Jules, d'une part, et souffrant d'un manque patent d'éclairage sur les agissements de Nérette lui-même, d'autre part, je suis loin de lui conférer, comme Marcelin, le statut de «vérité historique» sur notre fameuse affaire, et je demande qu'en la lisant on fasse un peu preuve de recul, mais, pour le lecteur d'époque ainsi que pour nous aujourd'hui, on ne saurait nier son rôle majeur dans la saisie des dessous infects de cette terrible affaire du 15 mars.

Dans ce numéro, le 299 ième du Matin, qui a vu sa parution sur quatre colonnes à la une et une demie colonne de la deuxième page, la voilà toujours à l'oeuvre et bien disponible sous nos yeux:

LE G^{AL} JULES ALEXIS COICOU

Etait à la tête du mouvement !..

Il avait fourni des armes à Massillon Coicou

Le rôle de Madame Galette

Le Général Nérette fait des révélations au « Matin » sur la dernière prise d'armes.

Nous avons voulu faire la lumière sur les derniers événements et nous avons été avant-hier vers les 4 heures, à la légation de France, nous renseigner près de quelqu'un, le général Nérette qui nous semblait tout désigné pour nous aider dans notre enquête.

Voici le résultat de notre interview.

– Général, le *Matin*, voulant faire la lumière sur les derniers événements a naturellement pensé à vous que l'on a toujours connu un paisible travailleur, pour savoir à la suite de quelles circonstances vous vous êtes trouvé mêlé à cette affaire.- Voulez-vous me donner quelques renseignements à ce sujet ?...

Quelles étaient donc les garanties qu'avaient ces messieurs, pour hasarder un coup de main si périlleux ? Car ils savaient le gouvernement fort, tous ses lieutenants disposés à le défendre au péril de leur vie. Dites la vérité, je vous prie.

– C'est Massillon Coicou qui me demanda le premier mon concours vers le commencement de ce mois de Mars pour un grand mouvement à la capitale, dans le but de renverser le gouvernement du général Nord Alexis.

Je lui fis des objections en lui disant que c'était très imprudent, qu'à mon avis, il ne fallait pas brusquer les choses et que le gouvernement ayant 14 mois encore à faire, il était sage d'attendre.- Je parlai aussi à Massillon de mon intimité avec Tancrède que je ne voudrais pas compromettre et de Jules Coicou, avec qui j'étais en d'excellents termes. Je parlai de ma situation de commerçant, de mon genre de travail qui m'empêchaient de prendre part à aucun mouvement armé et j'ajoutai que je ne voulais pas risquer ma vie inutilement.

Massillon me rassura en me disant que mes craintes étaient sans fondement, parce qu'il répondait de Jules (Coicou) dont le concours à la prise d'armes était assuré. *[Pourquoi lui aurait-il tenu de tels propos, alors que nous savons qu'entre Jules et lui, et autour de cette question, aucun abouchement n'avait encore pris place ? C'est ce mensonge de Massillon, ou l'exagération d'une remarque qu'il aurait laissé entendre d'une sympathie probable de Jules à un éventuel coup de force, (n'oublions surtout pas le contexte de l'interview, mon ami!*) *qui, en tout cas, se trouve à l'origine de ce malentendu persistant aujourd'hui encore de leur connivence d'entrée de jeu. Malentendu ne laissant malheureusement de colorer toute l'interview. Mais laissons-le poursuivre]* - Malgré cela, je ne voulus pas encore donner ma parole.

Massillon vint me voir une seconde, une troisième fois, m'invitant toujours à m'engager dans l'affaire. Comme je lui refusais constamment, il me demanda de lui désigner un chef capable. Je lui parlai du général Grimard, ancien chargé de la place de Marmelade pendant les événements. Il s'entendit dans la su ite avec ce général.

La semaine d'après, Madame Galette vint me voir de la part de Jules (Coicou), me disant que le commandant de l'arrondissement avait besoin de moi pour m'entretenir de certaines choses importantes touchant la prise d'armes. Je lui répondis que j'étais à sa disposition.

A 7 heures du soir, Jules vint chez moi au Morne-à-tuf, je n'étais pas là. Il m'attendit quelques minutes. A mon arrivée, il me dit en gros créole naturellement: « Mon chè Nèrette, Président sot' di'm préparé'm pour'm goumain avec blanc... Comment ou trouvez ça ?[37] C'est une chose impossible ; aussi j'ai envoyé une lettre à Tancrède qui m'a répondu en me donnant rendez-vous dans ma maison privée demain matin à 9 heures... M'ta vlé ou là pou ou assisté[38]. Je veux avoir son mot, car c'est un homme précieux... Toute bagaille fin'gâtè[39]... Voyez Helvé pour lui dire un mot, parce que moi je ne suis pas en de bons termes avec lui... *[Le général Helvétius Manigat, chef de la police administrative, lors, et beau-fils de Mérové Armand]* » Il me parla du général Nord : « cé zorange pourri... Quant à zarmes, m'gain compte zarme moin.[40] Ils ont cru me désarmer, ils se trompent beaucoup...»

«Il nous faut frapper tout de suite, car on veut me remplacer. Je ne peux pas non plus me laisser commander par des enfants.» Je lui parlai de la Garde du gouvernement. Il me répondit que tout est arrangé et qu'il allait conférer avec Horace et Massillon pour prendre les dernières dispositions. Ceci se passait vers le 10 ou le 12 Mars... *[Le 11, selon l'interview de Jules.]*

Je fis la commission près d'Helvé qui me répondit que Jules devrait lui parler personnellement. Il ne voulut pas me répondre : «Pourquoi ne vient-il pas lui même ?» me dit-il.

---

37 Mon cher Nérette, le Président vient de me dire de me préparer à me battre avec les blancs...Que pensez-vous de ça?

38 J'aimerais que vous y soyez aussi.

39 Rien ne tient plus.

40 C'est une orange pourrie.Quant aux armes, j'en ai mon compte.

– [Un malin que cet Helvé ?
– Hé oui ! Plutôt.]

Le lendemain, je fus exact au rendez-vous, dans la maison privée de Jules. Tancrède était déjà là. Jules vint 5 minutes après et dit : «Ah, mon chè compè. Toute bagaille fini. Président n'a pas dix hommes dans la cour du Palais. Ça ou dim'cé ça...[41]»

Tancrède répondit: «Je ne peux prendre aucune disposition contre un gouvernement qui m'a toujours protégé.» [*Condamné par contumace à quinze ans de travaux forcés lors du procès de la consolidation en 1904, il regagnera Haïti sans être inquiété et, mieux, chargé par intérim de la Direction du Département de l'Intérieur, se verra remis en selle par un poste de Secrétaire d'Etat aux Travaux Publics, poste qui lui sera offert au mois de novembre 1908, donc quelques mois après ces événements.*] Jules insista en disant à Tancrède le grand rôle qu'il aurait à remplir. Il dit à Tancrède que c'est à lui que serait laissé le choix des membres du gouvernement provisoire. Il ajouta qu'il avait des armes à la disposition de Tancrède. Celui-ci refusa encore en lui disant qu'il était préférable d'attendre. «Ne comptez pas sur moi. J'ai des raisons pour ne prendre aucune position contre le gouvernement du Gal Nord. D'ailleurs ce sont des Bêtises.» Jules répondit: «cou ça a, cé pas bêtise non.[42]» J'intervins alors, énervé par la résistance de Tancrède à qui je dis qu'il avait tort de douter du sérieux de l'affaire, quand Jules lui-même, commandant d'arrondissement, disait que c'était une affaire bien arrangée... Jules me dit alors : «Je sais qu'il finira par accepter. Ne vous mettez pas en colère.» Tancrède répondit que c'était inutile, qu'il était convaincu dans ses dispositions et qu'il n'avait pas deux paroles. Je me retirai alors les laissant ensemble.

Dans l'après-midi, Jules me fit dire par Mme Galette, que malgré tout ce qu'il avait fait, Tancrède n'avait pas accepté. Il fallait le mettre de côté et se hâter, car sa vie était en danger, ayant été dénoncé au gouvernement par plusieurs personnes et notamment par Nadereau, chargé de la Place. [*On sait ce qu'il en était de cette dénonciation.*]

– Mais qui fournissait les fonds nécessaires ? [*Nous y voilà.*]

– Jules m'avait demandé quel était le banquier chargé de distribuer de l'argent. Je lui avais répondu de voir Massillon qui m'en avait offert. Je ne peux vous dire qui fournissait les valeurs à Massillon. [*Oui, assez étrange, vous avez raison. - Etant de connivence avec Massillon, dès le commencement du mois de mars, ou selon les croyances, peut-être même bien avant,*

---

41 Ah, mon cher compère, tout est fini. Le Président ne compte pas dix partisans au Palais. Votre mot est le mien.

42 Ce coup-là, c'est du sérieux.

peut-on comprendre que Jules ait attendu mettons plus d'une semaine pour demander à Nérette, qu'il aurait théoriquement fait racoler par Massillon (cette manière de présenter le rôle de Massillon, est de lui, vous allez le voir), qui fournissait les fonds ! Bizarre, non ? Mais laissons-les poursuivre]
– Mme Galette, dans tout cela, a joué un certain rôle ?
   – Mme Galette a été l'agent principal de Jules. Elle est vivante. Si vous pouvez la voir, elle vous donnera des renseignements qui vous édifieront. *[Nérette, que la manchette présente pour avoir pris la fuite à l'ouïe de l'arrestation de sa complice, ne donne-t-il pas l'impression de n'être même pas au fait de l'emprisonnement de Mme Galette ? Pour le succès du guet-apens, sans doute avait-on évité de faire du bruit autour de celui-ci. Incroyable !]*
   Tenez, Monsieur, je suis prêt à tout dire, en présence de Jules lui-même si c'était possible. Car c'est lui qui m'a entraîné dans cette conspiration. Du reste, il m'a fait dire dimanche qu'il m'a protégé le jour où l'on avait donné l'ordre de m'arrêter. Il était allé exprès à Thor, pour me protéger, - m'a-t-il fait dire par Lamercie, une amie à moi qu'on avait arrêtée et qui a été libérée.
   La vérité, Monsieur, la voici. Jules Coicou était à la tête du mouvement; c'était lui l'organisateur, c'était lui qui par sa situation, donnait confiance en faisant racoler des partisans par Massillon à qui il avait donné des armes. Brusquement, par peur, ayant vu l'appui de Tancrède lui manquer et craignant d'être arrêté, il a été effrayé de son oeuvre et a pris les devants. Je le lui dirais à sa face, si je pouvais me trouver en sa présence; je lui poserais des questions. Jules me disait souvent qu'il était fatigué avec les p'tit Camille, les p'tit Montreuil, des enfants qui l'humiliaient et le faisaient surveiller tout le temps. Sa vie se passait dans de continuelles alarmes. Pour avoir le rendez-vous avec Tancrède chez lui, Jules, il lui a fallu mentir et dire qu'il rentrait dans sa maison privée, parce que sa femme était malade, tant il avait eu peur de la surveillance de ces gens-là. Je le répète, l'auteur principal de la dernière prise d'armes, c'est Jules Coicou lui-même...
   Si le Ministre de France voulait me faire accompagner par quelqu'un de la légation, je dirais toutes ces choses devant qui de droit.
– Et que comptez-vous faire ?
   – Ma vie, vous le voyez, est en danger avec cet homme qui m'avait entraîné dans le mouvement contre le gouvernement, *[Un peu forcé quand même, non ? Mais, passons]* moi qui ai tout à perdre dans les guerres civiles. Mais je ne voulais pas m'en aller sans dire la vérité que je savais et que personne au monde ne peut se permettre de démentir, pas même Jules, pas même Tancrède... Je vais travailler à Colon, et si je n'y trouve rien à faire, j'irai à la Guadeloupe où la vie est à meilleur marché. Mais je pars tranquille, vous ayant dit la complète vérité.»

*

Un cas classique d'interview dirigée, non ? Et qui traduit bien la préoccupation essentielle de son auteur, la mission dont il est investi ou dont il s'est investi: dévoiler le rôle joué par Jules Coicou au sein de ce complot, et ce, compte non tenu du complot lui même, de sa nature et de ses visées sur lesquels, remarquez-le, aucune question ne sera posée. Sauf évidemment en ce qui a trait à celui ou ceux qui fournissaient l'argent. Et ça, dans un contexte où l'on tue des gens, relève, Georges, d'un cynisme déplorable. Cynisme loin d'étonner en tout cas chez un homme accoutumé, on l'a vu, à faire litière de tout principe. Et qui, confondant sympathie pour un gouvernement et travail de sbire, devait tenir pour rien du tout les données essentielles de compassion et de respect qui font du journalisme une quête vive d'humanité. *[Un peu pompeuse ma phrase, et démodée par surcroît ! Mais je n'y peux rien. Quoi faire, Mr Magloire ? La changer ? Non, qu'elle reste telle quelle. Pas une once de talent, certes, mais assez, monsieur, pour souligner vos turpitudes ! ...Quoi ! Pire encore que la précédente !... Décidément !]* Mais passons. Assoiffé d'information, le lecteur d'époque, tout comme Nérette aussi, j'imagine, y avait-il sans doute trouvé son compte. Et elle fit sensation.

Que dis-je? Plus que sensation !

La réaction du général Jules Coicou ? Ouvrons une fois de plus cette fameuse lettre du sieur Clément Magloire (où est-elle du reste ? Oui, je l'ai) :

> «L'apparition de cette interview sensationnelle produisit une émotion considérable et provoqua presqu'une révolution. Ce numéro fut tiré à près de 5000 exemplaires. Le général Coicou, après avoir proféré des menaces publiques devant mon imprimerie, s'arrêta, au coin de la pharmacie centrale, *[Encoignure Sud-est de la rue Bonne-Foi et de la Grand'rue, nous rapporte l'infatigable Corvington]* faisant saisir et déchirer tous les exemplaires du journal qu'il voyait entre les mains des passants. Et le soir, l'Hôtel Bellevue *[Emplacement actuel de l'hôtel le Plaza]* où je me tiens, était cerné par les sbires du gouverneur. (...)
>
> Pendant plusieurs jours, je fus inquiété par le Général Coicou qui m'accusa auprès du général Nord d'être en connivence avec les soldats du 30e Régiment pour un mouvement contre lui. Je fus défendu par le général Bellomon, le colonel Séide et d'autres officiers du 30e, ainsi que par MM. Camille Gabriel et Hector Jn Joseph qui avaient approuvé la campagne du Matin contre le général Coicou»

Vendredi 27 mars, Le Nouvelliste (où, soit dit en passant, collaborait régulièrement Massillon Coicou, et où vainement se chercherait un mot de sympathie à son endroit) produisait une circulaire confidentielle du général Jules Coicou. Remise personnellement, nous apprend la même édition du journal, au commandant de la place de Pétionville, convoqué à la Capitale, cette circulaire au numéro 480, et datée du 14 mars 1908, laissait entendre ses destinataires les commandants des communes de la Croix-des-Bouquets, de Thomazeau et de l'Arcahaie:

> «Je vous préviens que les firministes s'organisent pour frapper incessamment un coup; ils ont envoyé de l'argent et des émissaires sur différents points, aux fins de surprendre les représentants du Gouvernement, comme ils avaient fait aux Gonaives et à Saint-Marc» (...)

La main de Jules Coicou n'est que par trop visible derrière tout ça, non ? Et pour l'accès au document, et pour le but évident poursuivi par sa publication: montrer combien contradictoires peuvent être les allégations de Nérette avec l'attitude réelle, l'attitude notable adoptée, au coeur même des événements, par le commandant d'arrondissement.

(Ah ! Le Nouvelliste !)

Voilà ce qu'a été la réaction de Jules Coicou.

Mais pour la connaître quelque peu, ne fait pas moins défaut, par contre, et à sa juste appréciation, le contexte qui, en nous dotant d'une vue, peut, seul, nous permettre d'y accéder. Et compte tenu de son but immédiat, faire ressortir le courage dont il a fait montre lors des événements et l'injustice qu'il y a à l'accuser aujourd'hui, si une lettre comme celle de Clément Magloire tend d'évidence à le masquer, un mot de lui, par contre, bien compris et pénétré, nous permettra, je suis sûr, de lui faire pleinement justice en le restaurant. MM. Camille Gabriel et Hector Jn Joseph, a-t-il dit, avaient approuvé la campagne du Matin contre le général Coicou. Qu'entend-il exactement par là ? Un acquiescement par à coup, après la parution de l'interview ? C'est ainsi que je m'étais pris à le comprendre moi-même, au tout début, avant de tomber évidemment sur ce compte rendu fait par Le Nouvelliste des assises du 9 Mars 1912, compte rendu où, par bonheur, se trouvent résumées les déclarations de Clément Magloire venu témoigner ce jour-là:

> «Avant de faire l'enquête, dit celui-ci, au sujet des faits du 15 Mars, il consulta les principaux rédacteurs de son journal, entre autres Constantin Mayard [Il est du cabinet particulier de Nord Alexis, rappelez-vous] qui l'encouragea... Le résultat, par l'interview de Nérette, ne parut pas d'abord, sans avoir été préalablement communiqué à Mayard et Camille

Gabriel. *[Rappelons que c'est l'homme tout-puissant du moment]* Le Journal était tout dévoué au gouvernement du général Nord Alexis, et il s'agissait d'accusation sur un lieutenant du gouvernement.»

Et voila qui, recoupé avec d'autres témoignages, certainement dit tout, je pense, et sur le sens de l'interview et sur la réaction de Jules Coicou.

«La preuve que je n'ai pas contribué avec Jules Coicou à assassiner ses frères, déclare Montreuil Guillaume à Pierre Frédérique, c'est que j'ai été le premier à me mettre avec Gabriel pour le faire tomber. Demandez à Mr Clément Magloire qui l'avait fait appeler pour l'envoyer interwiever Nérette afin de trouver un joint pour jeter Jules Coicou. Qui l'a protégé, quand Jules voulait le prendre pour avoir publié cette interview ? Demandez au juge Nau qui l'avait fait appeler pour trouver le moyen de mettre la Justice en mouvement, afin de renverser le gal Coicou ? Quand j'ai dit à Gabriel, dès le lendemain matin, mon horreur de Jules Coicou, il me répondit: «nègue là gangnin quère dir oui ! Si li capable faire frère à li ça, li capable faire toute bagaille ! Gnou n'homme con ça pas pou rété aké nous[43]» Si j'avais été le complice de cet homme, est-ce que j'aurais pu le combattre aussi ouvertement?» [L'Impartial, mercredi 20 janvier 1909]

Le sens de l'interview:

Au moment où elle parait, Jules, semble-t-il, ne compte qu'un seul allié au Palais, mais de taille: le général Nord, a qui tout le monde demande instamment de se débarrasser de lui. Il n'inspirait pas confiance auparavant, soit (voir, à ce sujet, certaines déclarations faites par lui à Nérette), maintenant, après ce qui vient de se produire, ce qu'on l'a vu faire à ses propres frères, plus encore que l'horreur, il inspire le dégoût. Mais le vieillard résiste, n'entend pas lâcher un homme qui, dit-il, en venant lui découvrir le complot tramé contre lui par ses propres frères, n'a fait que son devoir de soldat. Témoignage, si besoin est, du pouvoir dont jouit réellement Camille Gabriel, l'interview soumise à son approbation, si ce n'est tout simplement qu'il a finement suggérée, va paraître, à l'insu du général Nord, et j'ose dire, dans un dialogue muet avec le général (Car ne soyons pas naïf, mon ami, le lecteur cible, c'est, au premier chef, lui). Qu'en espère-t-on exactement ? C'est une question de taille. D'abord, susciter le scandale, ce qui est toujours nuisible pour un homme de la fonction de Jules Coicou,

---

43 Cet homme a le coeur dur! S'il se révèle capable d'une telle action vis à vis de ses propres frères, il est capable de tout! Un homme pareil ne saurait demeurer parmi nous.

c'est entendu, mais aussi montrer jusqu'à quel point il était sincère dans son «complot».

Montreuil Guillaume qui s'explique sur son emploi du temps le soir du 14 mars, à Pierre Frédérique, nous confie:

> «(...) arrivé au palais, Gabriel m'apprit que le général Coicou avait avoué que ses frères qui ne voulaient pas le reconnaître comme parent se réclamaient de lui aujourd'hui qu'il était autorité (sic) et lui avaient fait des propositions de prendre les armes avec eux; qu'il avait accepté dans l'unique but d'être au courant de leurs secrets, pour pouvoir plus facilement étouffer leur mouvement. Moi de dire à Gabriel: prenez garde que cet homme ne soit réellement avec ses frères et veuille nous donner un coup d'Etat. On n'avait pas confiance en lui. Alors, il fut décidé qu'on ferait sortir un officier avec lui.»

Et c'est ça le véritable coup porté à Jules. C'est ce qui le fait rager. Sa participation au complot ? On la connaît déjà. Il a dit qu'elle était feinte, dans quel but il y avait pris part. Sa sincérité de conjuré ? Voilà tout le problème. Et, à cet égard, certains passages de l'interview sont de nature à confondre. L'évocation des motifs de son mécontentement du régime: il était fatigué avec les «ptit Camille», les «ptit Montreuil» qui l'humiliaient et le faisaient surveiller tout le temps. Les motifs allégués de sa dénonciation, l'appui de Tancrède qui lui a fait défaut. Ou tout simplement en discordance criante avec le but assigné à sa participation : le moment précis où il est entré dans ce complot, par rapport au moment précis où il l'a dénoncé ?

Contre ceux qui voulaient les faire juger, voilà peut être ce qui explique son insistance à obtenir la fusillade des conjurés. Et, l'instruction ouverte peu après sur cette affaire, son opposition farouche à ce qu'elle poursuive son cours. Par Lamercie, voilà, sans doute aussi, pourquoi il fait dire à Nérette avoir été exprès jusqu'à Thor le protéger, l'ordre donné de son arrestation. Oublié dans sa cellule, tandis que le jour allait poindre, voilà, sans doute, aussi pourquoi il ira personnellement chercher Salnave le faire conduire à la mort [44]: autour de son adhésion, il ne veut, n'entend que le plus exclusif, le plus absolu silence!

Extrait d'un compte rendu fait par Le Matin (7 Mars 1912) de la première journée d'audience du procès Jules Coicou :

---

44 Phrase qui n'implique nullement que Salnave fût coupable. L'auteur se réserve d'éclaircir ce point plus tard.

«Quelle était demande-t-on au témoin Arban Nau, la situation politique de Jules Coicou après le 15 Mars ? *[Avant ou après cette interview ? Aucune précision.]*

Le témoin n'en sait rien; seulement un jour il reçut l'ordre d'arrêter Jules Coicou, et tout de suite après, contre-ordre. Il n'a jamais su pourquoi.

«De qui venait l'ordre d'arrêter Jules Coicou ?

De Camille Gabriel.»

Le contre-ordre d'Arban Nau: la résistance entêtée du nonagénaire.

La réaction de Jules ? Il sait d'où lui vient le coup, et n'ose pas agir à fond contre Magloire. Tout au plus se contente-t-il de menaces publiques. Et, selon Le Nouvelliste du 8 mars, d'arrestation sur les acheteurs du numéro. Il est malin, notre Jules Coicou. Mielleux, on ne peut plus, le ton par lequel débute cette lettre adressée au «Matin» n'est-il pas par trop significatif ? D'évidence, en tout cas, revenu de ses bravaches, celui de quelqu'un pénétré du regret de ses offenses. Qui sait, de profonde conviction, avoir agi contre très fort, ou qui s'est fait pincer l'oreille. Elle paraîtra le 30 Mars, en deuxième page, s'il vous plaît ! Et comme un courrier de coeur sans plus, sous la rubrique «Boite aux lettres». À un gouverneur qui dépasse toute mesure, voilà le traitement qu'il convient d'infliger !

«Monsieur le directeur, jusqu'ici je n'avais pas cru utile de protester contre les insanités du Général Nérette, publiées par votre estimable journal et relatives au rôle que j'aurais joué dans la conspiration étouffée le 15 mars. J'avais cru que le simple bon sens suffirait à faire comprendre à tout le monde le caractère fantaisiste et mensonger d'assertions venant d'un adversaire intéressé à tout défigurer et à discréditer le Gouvernement.

«Comment par exemple, sans être stupide, s'arrêter à croire un seul instant que j'aurais déclaré à Nérette que le président d'Haïti m'avait dit de me préparer pour me battre avec les Blancs ? Si j'avais eu à me faire bien voir de ce conspirateur, je n'aurais pas choisi une intervention aussi ridicule, aussi dénuée de vraisemblance, aussi contraire aux sentiments connus et au long passé du Général Nord Alexis.

«On comprend après cela que je n'ai pas jugé nécessaire de m'occuper de l'interview publiée par le Matin.

«Mais la propagande criminelle et anti-patriotique des ennemis du Gouvernement feignant de prendre pour vérité des calomnies évidentes et se donnant libre carrière, je viens opposer ici le plus formel démenti aux assertions de Nérette, contre qui je dépose aujourd'hui une plainte entre les mains du commissaire du Gouvernement (...)

(Signé) J. A. Coicou

Cette démarche est un minimum pour qui nourrit la prétention de demeurer à son poste. Elle vient quatre jours après la parution de l'interview, ce qui, à tout prendre est d'une limite assez raisonnable, non ?

– Si vous voulez.

– Et, devant l'imminence de la chute du régime Nord Alexis, sous l'assaut décidé des troupes révolutionnaires du Sud du délégué Antoine Simon (plus chanceux que Firmin, il aura raison de Tonton Nò), huit mois avant la fuite à la légation de France, le 30 novembre de la même année, du commandant d'arrondissement Jules A. Coicou...

Questionné par un juré sur les motifs qui l'avaient poussé, devançant le départ de Tonton Nò, à prendre refuge dans un consulat, Jules laissera entendre avoir été dénoncé par un membre du pouvoir, de faire manque assez suspect au devoir incombant à son commandement. Mais, dans cette voie toute tracée et lourde d'empreintes de devanciers, l'ennemi creusant implacablement sa route vers la Capitale, tout laisse croire, opportunisme aidant, qu'il n'avait fait en réalité que précéder de peu, ennemis farouches du droit d'asile hier, cette vague affolée de dignitaires qui, observera Carteron, la débâcle en voie d'être consommée, ne se feront pourtant nulle faute, dans leur déroute, d'en profiter. Et voilà !

Plus de questions ? Abasourdi ? À ce tissu d'horreur que constitue cette page, aujourd'hui estompée, de notre Histoire, ceci pourtant ne saurait figurer, ami, que comme un léger et aérien prélude. Et d'une ténuité exemplaire de surcroît. Ces témoignages recueillis par L'Impartial, lisez-les donc !

Que disais-je ? Oui, un prélude et rien de plus. Qu'il est grand temps de clore, du reste, avec la lecture de quelques extraits tirés du livre de devinez qui ? De notre Marcelin, une fois de plus :

> «Quoi qu'il en soit, le général Nord fit une faute impardonnable, en se laissant arracher cet ordre, *[l'ordre d'exécution s'entend, évidemment]* non seulement barbare, mais contraire à son intérêt.
>
> Je ne cachai pas mon sentiment au Président... Durant longtemps je lui reprochai d'avoir laissé accomplir un tel acte. Mais il en avait vite pris son parti avec cette accoutumance aux violences qui est familière, plus ou moins, à tous nos chefs d'Etat. Et dans son entourage un de ses familiers me disait parfois en riant : Vous avez trop peur du sang. C'est un défaut dans un homme politique haïtien.- Oui, répliquais-je, surtout du sang versé comme cela, bêtement.
>
> De son côté, le Président, en réponse à, mes récriminations, concluait : - Quoi ! ils avaient mérité leur sort. Ils auraient été certaine-

ment condamnés à mort et je les aurais fait certainement fusiller ! Alors, c'est exactement la même chose... *[Ai-je bien lu ? – Bien sûr que si, mon cher Georges]*

Cependant, avec les fautes qui s'accumulaient, je prévoyais bien que peut-être on n'arriverait pas à une transmission légale, et que tout le Gouvernement serait mis un jour sur la sellette- par les partis victorieux... Je poussais donc le plus possible à faire l'enquête sur la conspiration du 15 mars, à la déférer à la justice, afin que les responsabilités fussent nettement établies. Les principaux coupables avaient bien été supprimés, cela n'empêchait pas tout de même, avec les éléments qu'on avait en mains, les détenus qu'on avait dans les prisons, de reprendre l'affaire au point de vue légal.

Le général Nord Alexis semblait au début partager cette opinion, et lui prêter tout son appui dans les premiers jours. Puis subitement il changea d'avis, devant les objurgations du général Coicou surtout, qui ne voulait ni être interrogé, ni qu'on interrogeât personne. Je crois aussi qu'une autre raison, une fausse raison d'État pesa aussi sur son esprit: il ne crut pas politique, par rapport à la solidité de son Gouvernement, de dévoiler aux yeux du pays l'étendue de la conspiration, qui embrassait des officiers attachés à sa garde même.

En tout cas, la réprobation que souleva l'action du général Jules Coicou, livrant ses parents - on disait ses frères– fut générale. Ce fut à l'honneur du peuple que cette manifestation unanime de la rue. Il resta d'habitude de montrer ce général du doigt quand il passait. Au Palais ce fut, durant plusieurs semaines, le même sentiment de répulsion, mais contenu, retenu par l'attitude de satisfaction invariable du Président envers lui. Cependant, de toutes parts, et malgré cela, on le sollicitait de se débarrasser de cet auxiliaire indigne. Conseiller, ministres, corps diplomatique même donnaient cet avis au général Nord. Et il répondait avec opiniâtreté: «Je ne le ferai jamais. Il n'a fait que son devoir militaire.»

On n'insista plus: et à la longue ce sentiment s'assoupit, s'éteignit, comme tout s'assoupit, s'éteint...» [Op. cit. p 117 à 119]

Plus loin :

«On sait que l'affaire du 15 mars eut ce résultat logique, implacable et que n'avait pas prévu le Président : de l'obliger à consentir à l'embarquement des réfugiés des Gonaïves. On comprend l'état dans lequel il se trouva quand cette solution lui parut inévitable. Lui qui l'avait toujours repoussée, toujours combattue, il s'y trouvait acculé, et, par sa faute. En effet, il n'était plus possible de s'y soustraire. S'il l'avait ajournée encore, une nouvelle catastrophe aurait éclaté immédiatement à Port-au-Prince, dans l'échauffement des esprits, dans ce désaccord qui régnait au Palais où beaucoup de personnes demandaient qu'on livrât le commandant de l'arrondissement à la justice ou tout au moins qu'on le révoquât, afin de donner quelque satisfaction à l'opinion publique.» [Op. cit, p 139.]

– Qu'est-ce qui vous fait sourire ?

– Une phrase de Jules Coicou dont les termes précis m'échappent. Elle dit à peu près ceci : «*On ne peut pas me mettre sur le dos, tous les péchés d'Israël*». Et, à lire ce texte que Marcelin veut de toutes ses forces nous faire gober, on ne peut malheureusement que lui donner raison.

Prenons d'abord cette seule phrase: «*Je poussais donc le plus possible à faire l'enquête sur la conspiration du 15 mars, à la déférer à la justice, afin que les responsabilités fussent nettement établies.*»

N'est-elle pas en contradiction évidente, visible avec l'expression «*les principaux coupables*» de la phrase suivante ? Car, comment peut-on, au départ, les donner pour coupables tout en admettant qu'aucune enquête n'avait été préalablement faite ?

Coupable, Roche Armand l'était-il ? Paul St Fort, Félix Salnave, Alluption, l'étaient-ils ? Et pour ne citer qu'eux sur le compte desquels, les documents, dont nous disposons, nous permettent le plus profond doute quant à toute participation à un quelconque complot.

«*Afin que les responsabilités fussent nettement établies*». Elles seraient attribuées à qui ? À Jules Coicou tout seul, comme le laisse bien sous-entendre tout le texte ?

Il a beau avoir été l'auteur d'une machination sordide, mais il n'y a pas que sa main dans cette histoire qui met en cause, tout compte fait, tout un gouvernement: celui qui a indexé ceux qui devaient mourir, celui à qui fut, de bon gré, arraché cet ordre et qui a, indéniablement, trouvé ou cherché profit dans leur assassinat. Et la foule des autres, bien entendu, ceux qui ont procédé à l'exécution de cet ordre (Et ils sont plutôt nombreux, vous allez le voir). Ainsi que ceux qui ont donné leur caution notable et civile à ce massacre, en payant de leur présence lors des arrestations et de l'exécution (pour échapper à toute tentative d'identification, de la part des parents, des voisins ou d'éventuels curieux, rabattant leurs chapeaux ou se voilant la face, leur présence anonyme mais tenace, colore, et combien, les interviews !) ou en restant fidèlement à leur poste, soit passivement, soit activement en s'efforçant de colmater des brèches faites au navire et travaillant donc, par conséquent, à l'oubli et au silence d'un crime odieux et à la perpétuation d'un quotidien fait d'exécutions sommaires et de mépris de la vie humaine. Et cela, n'en déplaise au talentueux Marcelin, ne nous parait que d'une évidence pour le moins plate.

Du reste, le but de cette enquête est-il seulement avouable ? S'inspiret-il de motifs de justice ? Il consiste à blanchir certains collaborateurs.

«Ce fut à l'honneur du peuple que cette manifestation unanime de la rue. Il resta d'habitude de montrer ce général du doigt quand il passait...»

Tandis que, lui, Marcelin, devoir oblige, continue à nouer des relations de service avec Jules, non ? Tout en se donnant la satisfaction mentale, chaque fois que ce dernier s'amenait chez lui, de laisser entr'ouvert un tiroir où se trouvait son pistolet chargé, en manière de protestation secrète pour ainsi dire contre l'indignité de l'homme à qui il était comme contraint d'avoir commerce. Jeu d'autruche, Georges, et, plutôt, maigre consolation, non ?

Que l'horreur que nous inspirent ces déclarations ne nous empêche nullement de voir lucidement le but visé par Marcelin : se blanchir (faute d'enquête, il a recours à la plume). Et l'impact de ce projet sur sa relation des événements. Le premier à répondre du crime n'est pas Tonton Nò (il n'a commis qu'une faute, se laisser arracher l'ordre) mais Jules Coicou... Que ce qui est reproché à Jules ici ce n'est nullement son crime, mais d'être parent des fusillés. Ce qui semble présenter d'intérêt est moins le crime lui même ravalé au rang bien simple de maladresse, mais ses conséquences sur la politique de Tonton Nò. Bref, un déplacement continu d'accent dont le but évident est de noyer, de diluer. Faire perdre de vue, véritable cauchemar pour lui, et l'indicible densité de l'acte commis, et cette responsabilité collective dont il craint, à l'évidence, les éclaboussures.

Oui, c'est exactement son but. Marcelin ministre au service d'un despotisme coupable d'un crime atroce, commis gratuitement (le complot est plus que neutralisé !) et, n'en déplaise aux prouesses rhétoriques de la manchette et à ses vaines pirouettes, de sang indéniablement froid, ne doit nullement gêner la gloire de Marcelin romancier. Et, pour ce faire, Marcelin mémorialiste va intervenir pour régler tout ça. Quitte évidemment à y aller de petits coups de ciseaux trompeurs.

– De petits coups de ciseaux trompeurs ! Vous y allez, vous, plutôt fort, non ? Qu'entendez-vous par là ?

– Un exemple pour vous édifier ? Reportons-nous à la relation qu'il a faite de sa visite au Palais, et extrayons-en seulement ces paragraphes:

> «...Arrivé au palais, j'appris l'affreuse, et je pourrais dire, la stupide vérité. Non, jamais acte ne fut plus maladroit. Quel intérêt le président pouvait-il avoir à agir ainsi ? Comment ne vit-il pas que cette exécution sommaire ne pourrait être utile qu'au général Coicou, sur le rôle duquel elle projetait immédiatement les ténèbres bienfaisantes, que, du reste, même après le 15 Mars, ce général ne cessa de réclamer sans cesse, et avec menaces ? (...)

Nul doute que durant la nuit on dut agir dans ce sens sur l'esprit du Président et que le principal intéressé, le général Coicou, avait dû y aider de toutes ses forces. Il a dû insister, plus que quiconque, pour une fusillade sommaire qui le débarrassait de ses complices»

A ce moment que Marcelin nous donne pour décisif pour le sort des prisonniers (à supposer évidemment qu'il le fût), j'entends entre le moment où il est sorti du Palais avec la promesse formelle de jugement que lui fait Nord Alexis (11 heures, s'il faut en croire le témoignage d'Emile Marcelin, son cousin) et le moment où les prisonniers ont été emmenés près du cimetière, entre 3 heures et 4 heures du matin, Jules Coicou avait-il été au Palais ? Non. Et il y a des témoignages pour le certifier. Pourquoi donc cette affirmation de Marcelin. Ignorance de Marcelin de ces données ? Ce n'est pas ce que laisse voir cette relation des mêmes faits qu'il fera à Pierre Carteron:

«C'est la thèse que soutient M. Marcelin auprès du Président. Il me l'a dit à moi-même [que les prisonniers soient jugés, évidemment] (...) Il se retire chez lui tranquillisé. Terrassé de fatigue et d'émotion (il est deux heures du matin !) [Intéressant, non ?] Il se jette sur son lit et cherche longtemps le sommeil. (...) Il s'habille promptement [*après l'ouie des salves*] et court au Palais, croyant à une attaque. Là, il apprend (il est quatre heures et demie) que, dès qu'il était parti, le général Leconte et les autres farouches conseillers du Président lui avaient fait honte de sa faiblesse et lui avaient arraché l'ordre d'exécution. C'est en vain que M. Gabriel, neveu et secrétaire du général Nord Alexis, et personnage très influent au Palais, le supplie de réfléchir, d'attendre. «Assez, Monsieur, lui répliqua le Président en proie à une violente colère, assez ! On m'avait bien dit que, vous aussi, vous étiez un firministe.» [Roger Gaillard, op. cit. PP 268-269]

Voilà le récit que nous a fait Carteron. Par certains détails, il s'avère trop proche des déclarations de Marcelin un an plus tard, pour qu'on puisse à aucun moment douter qu'il l'aie du à Marcelin lui même que, du reste, et en toute confiance, il prend soin de citer. Que se passe-t-il ?

Au profit de Jules Coicou, à qui il s'agit de faire porter en toute solitude le chapeau de cet événement sans nom, Léonce Leconte (chef d'Etat Major de la maison militaire de Tonton Nò, je crois l'avoir déjà dit) et les autres farouches conseillers se sont vus opportunément et agréablement l'objet d'un salutaire petit coup de gomme. Agir autrement laisserait voir notre cher Marcelin entouré de malfaiteurs endurcis et ne se complaisant que trop en leur brutale et plutôt ignare compagnie.

Oui, Marcelin ministre ne doit nullement gêner la gloire de Marcelin romancier. Et, pour ce faire, Marcelin mémorialiste va intervenir pour régler tout ça. Mais entre eux trois, Georges, il y a l'Histoire. Pour être souvent sourde aux promesses de joie nouvelle, on la dit amoureuse des grands et cruelle aux mécontents, c'est sans doute vrai. On la dit capricieuse à l'excès, c'est d'une évidence indiscutable. Mais dans ses trémoussements excessifs allant parfois jusqu'au délire et la nausée, il y a une chose, avouons-le, qu'elle se révèle d'instinct, la garce, peu encline à supporter, c'est qu'on tente à bon marché de la duper. Et ça, du meilleur d'eux -mêmes, (Marcelin romancier) n'étaient-ils point tenus de l'apprendre Marcelin ministre et mémorialiste !

Hé oui! «tenus», j'ai dit, c'est ça, c'est bien le mot. Il y a de ces limites qui, assurément, s'imposent, mon vieux Georges! À l'esbroufe comme à toute volonté de parade. Limites tangibles. Évidentes. Infranchissables. Vouloir gagner en tout, ou sur tous les tableaux, n'est, avant tout, qu'entreprise débile et déshonorante. Des gens sont morts, bon Dieu ! Certains absolument étrangers aux motifs qui, cette nuit-là, les verront, face à l'indicible, et dans un déni de tout droit comme de toute explication, alignés devant leur fin : le peloton d'exécution. Voilà le sang. Les faits. La pierre de touche. En dépit de la violation impudente d'une promesse faite à lui, dans ses mémoires, de longues tirades pour explorer les motifs profonds qui l'ont vu, logicien consommé et lettré rompu d'Histoire, demeurer fidèlement à son portefeuille. Valables ? Gardons-nous de l'envie d'être jamais juge de tels faits, mon grand ami. Oui, gardons-nous-en. Mais, au nom de l'image et de l'inamovible «beau rôle»...à seule fin d'un blanchiment douteux, de là à vouloir maquiller les faits, en en gommer... Un peu de gravité bon Dieu!...Un peu de respect quand même ! Oui, un peu de respect, c'est tout. Mais...euh...Georges...passons...

– L'Impartial, les témoignages promis où sont-ils donc, je m'impatiente un peu !

– O.k. vous allez les avoir. Quelques dates importantes, cependant, pour nous faciliter ce long et douloureux voyage que nous allons y faire:

Oui... derrière la statue à l'époque toute neuve et solitaire de Dessalines...

17 mars. La présence menaçante, dans notre rade, de ces vaisseaux de guerre récemment arrivés, y aidant sans doute, Le gouvernement qui, jusque-là, avait fait une opposition farouche à l'embarquement des réfugiés du consulat français des Gonaives, fait savoir au ministre de France, Pierre Carteron, qu'il enlève son veto.

21 mars -Les réfugiés du consulat français des Gonaives, Firmin en tête, s'embarquent sur le «d'Estrées».

5 et 10 juillet- Très violents incendies à Port-au-Prince. Dégâts considérables. La rumeur publique les imputera à Nord Alexis, l'accusant d'avoir ordonné ces incendies dans le but de «détruire les dépôts clandestins d'armes à feu et permettre au regard de s'étendre librement du Palais National à la mer[45].» Les quartiers dévastés sont baptisés «savane Cécé» du nom de la compagne de Tonton Nò.

11 octobre. Décès de Mme Nord Alexis, Amélia Pierrot dit Cécé.

15 novembre. Annonce par Nord Alexis de la révocation du délégué du Sud, Antoine Simon.

20 novembre. Dans une adresse aux départements de l'Artibonite, du Nord et du Nord-ouest, la population des Cayes informe de sa sédition et sa prise d'armes contre Tonton Nò.

30 novembre. Refuge de Jules Coicou à l'ambassade de France.

1er décembre. Progression victorieuse de l'armée d'Antoine Simon vers la Capitale. La débandade des ministres et députés commence. Certains prennent refuge dans les consulats.

2 décembre. Nord Alexis s'embarque sur le «Duguay-Trouin», vaisseau de guerre français. Mais ce n'est que le 5 qu'il put quitter la rade sur le «Sarnia» en route pour Kingston.

5 décembre. Le général Simon entre à Port-au-Prince.

7 décembre. Simon qui, la veille, est nommé par ses brigades, «Chef du pouvoir exécutif», entre au Palais National. Il ne sera élu par l'assemblée constituante que 12 jours plus tard.

13 décembre. De Saint-Thomas, et d'un exil, le troisième, de 6 ans cette fois-ci (le premier sous Florvil Hyppolite avait duré 5 ans. Le second sous Sam 5 ans), retour au pays du journaliste Pierre Frédérique[46].

26 décembre. L'Impartial, journal hebdomadaire fondé le 28 août 1890, et qu'il dirige, réapparaît et, sur l'événement qui nous préoccupe, ouvre durant quatre mois (de janvier à avril 1909) cette enquête d'une audace folle sur laquelle, à mon sens, Georges, il serait beaucoup plus sage de nous pencher demain.

---

45 Georges Corvington, Port-au-Prince au cours des ans. T, 4, p, 169..

46 Qui, à l'encontre de ce que laisse croire une notice biographique parue récemment (voir *Chef d'Etat en Haiti, Gloire et Misères,* Michèle Oriol) n'avait point pris part au débarquement du 15 janvier. Lequel l'avait surpris à New-york. En témoigne une déclaration faite par lui à Montreuil Guillaume (L'Impartial mercredi 20 janvier 1909, no 11) dont nous aurons l'opportunité de prendre connaissance, aussi bien qu'une déclaration recueillie de lui par le Van Wert Daily Bulletin, à New-york, le 21 mars 1908, au sujet des événements.

– Quoi? «beaucoup plus sage»! Ai-je bien entendu? Mais...vous êtes fou à lier, vous ! À moins de m'abuser, ne venez-vous pas de promettre formellement que nous allions, à l'instant même, nous y atteler?

– Ah ! Vous voilà attrapé, vous aussi, du virus insatiable de cette incroyable histoire, mon vieux Georges ! Ce qui assurément vous rend d'un appétit vorace pour la «paperasse» et, vis à vis des amis, sans ménagement aucun... Demain, le plus tôt que vous voudrez, mais, de grâce, pas maintenant, car me voici recru de la plus extrême fatigue et (vous êtes-vous seulement rendu compte du temps écoulé !) il se fait tard.

Oui, d'où ma fascination sans doute.

Pourtant, me voilà à la tripoter, la regarder bêtement. Tenté de la parcourir une fois de plus ? De m'y colleter à nouveau ? ...Que penser alors des «trois jours après» de Dolaires Laporte ? Je n'en sais trop. Des centaines de gens ayant afflué dans les légations, seulement 78 purent être transportés à Kingston par le «Bremen»...

Et voici qu'arrive enfin l'heure des adieux.

– Quoi? Qu'avez-vous dit?

– Rien. Je m'adressais à cette vieille bête de la manchette pour tenter d'extérioriser la certitude révélée de nos adieux prochains, car je sais maintenant que je vais l'avoir, Georges. Nos adieux, c'est pour bientôt!

– Et votre conviction serait nourrie de quoi, si je puis me permettre... ?

– C'est que cet opiniâtre et réticent préambule, il est enfin trouvé!

– Ah ! Magnifique ! Et en quoi, par exemple, consisterait-il, je vous prie?

– Juste vous et moi assis tranquillement à lire cette feuille de chou...si vous voyez ce que je veux dire... Euh... À condition, bien entendu, qu'un tel cadre vous inspire, que votre délicatesse ne souffre point à y figurer...

– Tout seul, je l'avoue, rien qu'un vrai cauchemar. Mais avec vous et dans un tel livre ! ça ne peut-être qu'une joie ! Et je dis mieux : vous m'en trouverez des plus honoré ! Ah je savais que vous auriez trouvé un truc, mon vieil ami, et que cette histoire, à coup sûr, pouvait compter sur vous.

– Maintenant, ainsi que vous en avez émis le vœu, je vais tranquillement la ranger (cette feuille de chou) et qu'on en parle plus.

– Votre vieil air sauvage de déprime assagie et inconsolable, je ne le vois plus, c'est épatant, sur votre visage. Il semble en avoir pris un sacré coup aussi, dans la foulée.

– Ah! ah! ah! Oui, un vrai et grand coup de poing sur la gueule, vous ne croyez pas si bien dire. C'est la grande joie de toute une vie. Plus rien, je le sais, ne m'arrêtera d'écrire ce foutu livre !... Plus rien !... Mais assez parlé de moi, car il se fait tard. Oui, tard.

FIN

du livre premier

LIVRE SECOND

L'enquête de L'Impartial

(JANVIER - AVRIL 1909)

– Bien reposé ?

– Je crois que oui.

– Et d'attaque ?

– D'un effet tonifiant et apte à réveiller un mort, ce café, décidément, est bien ce qu'il fallait.

– Commençons donc alors.

– Oui, mais par quoi ?

– Question des plus intéressante, à n'en pas douter. Deux routes mènent à cette douloureuse histoire. Légitime l'une aussi bien que l'autre. La première (celle de Jolibois un peu), de loin la plus courte, guidée par le souci classique de la concision et de la clarté et amenée, par conséquent, à privilégier un axe précis de faits (les protagonistes principaux et leurs gestes) au détriment d'autres dits accessoires, consisterait à aller droit à l'enquête de L'Impartial, à faire main basse sur les interviews, à opérer parmi celles qui «parlent» (toutes ne le font pas ! loin s'en faut) celles qui veulent bien nous éclairer en conséquence et ne nous en tenir qu'à elles. C'est la démarche de l'historien chevronné, l'homme d'un métier affermi et incontestable. Celle aussi, soit dit en passant, des gens sérieux, des hommes de bien, des bien-pensants. La seconde, curieuse de tout, et dont le moindre défaut est de tout confondre (comparses et acteurs, témoignages muets et parlants, motifs principaux et accessoires) consiste à ne point opérer de choix qui vaille. A traiter les interviews, autant que possible, sur un pied d'égalité, les aidant au besoin à s'éclairer l'une l'autre. Bref, à tout prendre comme un bloc indivisible, inséparable de l'impulsion à laquelle elles doivent de naître au jour : la force de L'Impartial, son acte d'accusation, ses tâtonnements et son enquête. C'est la démarche peu recommandable des apprentis historiens, celle aussi, à la rigueur, des ratés, des avortons, des gens hybrides, des boulimiques. Laquelle, dites-moi, convient mieux à votre humeur ?

– Dois-je faire sérieusement cas d'une telle question ?

– Absolument.

– La seconde évidemment !

– Ah ! ah ! ah ! À moi aussi, inutile de vous le dire. Du reste, ce sera celle de mon livre, condamné par excès de curiosité à n'être rien d'autre qu'une compilation attrayante (entendez évidemment vivante) et sans ambitions sur l'affaire Coicou. Compilation dont notre lecture de la manchette, tout bien considéré, ne sera qu'un maigre et saisissant prologue. Pour paraître moins tendue sur les faits ayant eu lieu cette nuit-là, elle ne laisse de les éclairer d'une lumière plus vive, plus véridique et, à ce titre, peut être considérée comme plus riche et instructive. Ce point réglé, asseyons-nous tranquillement alors et attelons-nous à cette occupation d'une vie entière:

lire. Et pour répondre à votre question «par quoi commencer ?», je vais mettre sous vos yeux un numéro qui, je crois bien, fera l'affaire. Tenez ! Ce numéro-ci, le 4, celui du 6 Janvier 1909. A notre manière on ne peut plus ample, de concevoir notre sujet, il offre une entrée vive et de plain-pied dont nous aurions tort, je crois, de ne pas tirer profit.

    – Oui, de plain-pied, en effet, il n'y a pas à dire.

L'IMPARTIAL ACCUSE

NOTRE ENQUETE

    Comme nous l'avions annoncé la semaine dernière, [*L'édition du samedi 2 janvier, no 3*] nous publions aujourd'hui la liste des martyrs du 15 Mars et celle des personnages accusés par la clameur publique comme ayant pris une part active à ces saturnales. La liste que nous donnons ici ne contient que les noms des victimes les plus notoires. Quand aux autres, martyrs obscurs, pauvres victimes d'autant plus intéressantes qu'elles étaient innocentes et inoffensives, nous n'avons pas pu avoir leurs noms, confondus qu'elles sont dans la foule des anonymes qui ont été immolés dans cette fatale nuit du 15 Mars.

    Tout le monde sait pourtant que plus de 27 personnes ont été fusillés tant au cimetière qu'à la Saline et derrière le fort Alexandre. [*Lisez le Fort National. Ces deux appellations étaient, à l'époque, usitées concurremment*] Certain cadavre a même eu la tête tranchée. On affirme qu'une femme a été exécutée.

    Au fur et à mesure qu'au cours de notre enquête nous découvrirons les noms des dix-sept autres victimes, nous compléterons notre liste...

    – Ce fameux problème, mentionné hier, du compte des victimes ?

    – Hé Oui ! .... Outre de laisser entendre des fusillades ayant eu lieu à peu près aux mêmes lieux (La Saline et Bois Saint-Martin) à noter que Carteron, dans sa correspondance fait une estimation presque identique de leur nombre[1]. De quelle source ont-ils eu ces données? Mystère. D'autant plus grand que rien de tels faits ne semble transpirer des interviews. Jules Coicou, vous le verrez, s'inscrira en faux contre ces ouï-dire et ne laissera entendre de fusillés que ceux tombés devant le cimetière, et que l'exhumation qui aura lieu au mois de mars 1909 laissera voir au nombre indéniable de dix. Ceux dont je vous ai cité les noms et exacte-

---

1 A la différence de Fréderique, il parle, lui, uniquement de 27. V. Roger Gaillard, *Le Grand Fauve*, p. 271.

ment ceux-là dont les noms sont contenus dans la liste jointe à ce texte et qui, autant le dire, ne s'élongera jamais d'apport de nouveaux noms.

Autre point intéressant. Carteron porte le nombre des victimes du cimetière à onze et parle d'un certain Benjamin immolé avec les autres. Ce Benjamin, est-il une invention pure? Dans son interview avec Callard, et dans le contexte précis qui verra naître ce démenti mentionné plus haut, on verra Jules Coicou prendre également soin de souligner que le nombre des victimes eut été onze si, en route pour le cimetière, l'un des prisonniers dont il laissera entendre ne pas se souvenir du nom, n'avait eu l'heur de se soustraire à ses gardes. Dans cet onzième, faut-il voir ce Benjamin dont parle Carteron, lequel, quoique ayant du à sa fuite d'avoir eu la vie sauve, n'avait pas moins été porté par la rumeur au nombre des fusillés? C'est possible. Mais par qui avait-il été arrêté? Et à quel moment? Quelles ont été les circonstances de sa fuite? Voilà un mystère de plus dans cette histoire, tout compte fait, par trop friande d'énigmes. Aucune trace de tout ça dans les interviews. Il est vrai qu'au cours de cette enquête, ceux des protagonistes rencontrés (beaucoup étaient en fuite!) ont fait le choix facile, et quelquefois aberrant, de nous abrutir de mensonges, ce qui, à n'en pas douter, explique grandement ces immenses trous d'une béance regrettable. Mais laissons-le poursuivre...

– Et si Jules dit vrai, à savoir qu'il s'était sauvé en route pour le cimetière, comment comprendre qu'à la chute de Nord Alexis, il n'ait point donné signe de vie?

– Oui. Ça c'est la question, Georges, qui n'a laissé de me chipoter. L'enquête de L'Impartial va s'ouvrir dans ce climat d'incrimination et de liesse confondues, plutôt typique, chez nous, des lendemains de «règnes» forts. En effet, émanant de victimes des autorités d'hier (victimes de cupidité affirmée si ce n'est de représailles sanglantes), toutes sortes de griefs, de doléances se font jour. La commination, comme l'espoir sont au rendez-vous. Espoir d'un régime juste, plus respectueux des droits, certes, mais espoir aussi, espoir surtout, de réparations immédiates et fermes....Et lui qui a connu l'indicible angoisse de l'homme voué à l'exécution, en passe d'être fusillé, ne s'est point manifesté ...

– Pour indexer ouvertement ceux qui entendaient l'immoler, vous voulez dire?

– Oui, ses avortés bourreaux, Georges, si je puis dire. Euh... étrange... en effet...non?

– Oui, je vous l'accorde.

– Nous y reviendrons, en tout cas, et en temps et lieu, je vous le promets. Pour le moment, soyons tout à notre texte.

... Quant à la «nomenclature « des personnages accusés par la clameur publique, nous ne pouvons pas la garantir absolument sincère et véritable. Il y en a parmi eux dont la culpabilité est incontestable et sur le compte desquels notre conviction est faite ; ceux-là, nous les accusons hautement. D'autres n'ont été dénoncés, au cours de notre investigation, que par une seule voix isolée.

Des dénonciations pareilles peuvent être l'effet de haines personnelles que nous ne voulons point servir. – Notre oeuvre n'est pas de passion mais bien de justice. Nous voulons aider à la manifestation de la vérité, empêcher que les coupables échappent mais nous ne tenons pas à condamner quand même, des gens qui peuvent avoir bien servi le gouvernement du général Nord, sans pourtant avoir pris part au crime effroyable du 15 Mars.

Quelle tenue bon Dieu ! Peut-on être plus clair. Pourtant, et comme il fallait s'y attendre du reste, il ne manquera point de voix compromises à s'élever pour assimiler un tel projet à une entreprise passionnée de firministes aigris et revanchards. C'est que, au chaud dans des privilèges excessifs et amollissants qu'au mépris quelquefois d'idéaux professés la veille, on entend à tout prix faire perdurer par une collaboration équivoque et tenace avec un régime despotique et prompt à fouler la loi aux pieds, aucunement n'hésite-t-on à faire montre d'une caution indéniable et répréhensible dans ses actes les plus viles, voire les plus marqués de sang mais, l'heure venue, n'entend nullement rendre compte de ses forfaits. Privilège, silence et impunité totale, voilà les desiderata invariables, mon ami, de tout homme politique, chez nous, qui entend faire florès ! ... Mais je parle trop, Georges... Le texte !

... C'est pourquoi nous invitons ceux-là qui se sentent innocents et que nous n'avons pas eu encore le temps d'interviewer de nous faire parvenir leur défense que nous publierons avec la plus grande impartialité.

Ce que nous voulons, c'est la lumière grande, éclatante sur ces faits abominables.

Tous ceux qui peuvent contribuer à la faire luire, doivent nous y aider dans l'intérêt de la Justice qui sera appelée à se prononcer en définitive.

Nous continuerons notre enquête sans nous décourager, sans crainte de responsabilités et aussi sans parti pris.

Nous ne négligerons rien pour que justice se fasse, une justice sévère, mais impartiale et sereine. Les ennuis et les sacrifices personnels ne nous arrêteront pas dans l'accomplissement de ce sacerdoce que nous nous sommes volontairement imposé.

      P. F. Frédérique

– Qui a signé ce texte?

– Le nom n'est-il pas lisible ? Pierre Frédérique, évidemment. P. F (F. mis pour François[2], prénom de son père ?) Frédérique. D'une justesse presque infaillible, ce ton haut et clair de coq pugnace, de coq fougueux, dressé au combat, résonnant tout à la fois par sa foi dans le changement et par son défi à tout esprit de compromis, laisse-t-il planer, mon Georges, un quelconque doute sur son auteur ? *[Oui, cette biographie, quand donc m'y mettrai-je sérieusement ? Aurai-je jamais le temps ? Il faut pourtant que quelqu'un dise ce qu'un tel homme a incarné]*. Et sur une page, comme vous le voyez, indifférente à tout souci esthétique, et qui semble ne faire cas que de l'efficacité journalistique, suivent, en se disputant la une, les deux listes annoncées : celle des bourreaux d'abord mais qui, trop longue pour le format, est contrainte par celle des victimes sur laquelle elle vient buter, à se développer page suivante:

– Les noms cités hier et rien qu'eux.
– Absolument.

---

2 Non, Frédérius, ainsi que l'atteste son certificat de décès consulté par nous.

Et celle des bourreaux, formée de plus d'une trentaine de noms, avec le sieur Jules Coicou en tête évidemment. Elle témoigne d'une approche des responsabilités bien différente de celle de notre cher Marcelin, non ? Lequel, du reste, y figure tout aussi bien. Les noms qu'elle contient, ainsi que vous le constatez, émanent de tous les secteurs, de toutes les instances-clés de la vie politique, de tous les corps constitués ou non de la force publique lors. Elle doit avoir eu l'effet d'une bombe. Que n'aurait que médiocrement atténué l'accouplement d'un adjectif tel «présumés» sans doute absent à dessein de provoquer des révélations utiles. Dans le même esprit doit aussi se comprendre le refus d'établir parmi les noms et selon les informations obtenues, des différentiations atténuantes. Il admet que certaines personnes n'ont été dénoncées que par une seule voix isolée mais se garde bien d'en indiquer lesquelles, d'en faire des cas à part, dans le but, discutable ou non, de contraindre tout le monde à la justification. Et ce qui est rare dans notre pays, fera droit, on le verra, et la plupart du temps sans commentaires, à toutes protestations et justifications reçues.

Leurs signataires, ne laissant de voir leurs noms en lettres nettes dans une liste, à bien d'égards, infamante pour leur mémoire et bon nombre d'entre eux, dans des interviews que nous entendons

Liste des bourreaux

Noms de ceux qui ont pris une partie active à l'assassinat des victimes du 15 Mars 1908.

1. Jules A. Coicou, Commandant de l'arrondissement de Port-au-Prince.
2. Arban Nau, Sous-Inspecteur de la Police administrative de la Capitale.
3. Timoc'ès Lafontant, Député du peuple.
4. Montreuil Guillaume, Payeur à la Guerre
5. Saint-Julien Sanon, Député du peuple.
6. Léonce Leconte, Chef de l'État major.
7. Choute Lafortune (dit Tichoute) Chef de la police spéciale du général Nord Alexis.
8. Camille Gabriel, Député du peuple.
9. Borgella Sévère, Député du peuple.
10. Trasybule Laleau, Ministre de la Justice.
11. Frédéric Marcelin, Ministre des Finances Chargé par intérim du porte-feuille de l'Intérieur.
12. Emile Marcelin, Député du peuple.
13. Camille Léon, Député du peuple.
14. Emile Williams (dit Dicky) Député du peuple.
15. Mimpreville Memnon, Député du peuple.
16. Auguste Laroche (dit fusillé) Sous-inspecteur de la police.
17. Vitellus Jn-Gilles, aide de Camp.
18. Thomas Hyacinthe, aide de Camp.
19. Alexandre Nelson, aide de Camp.
20. Edgard Bobo, aide de Camp.
21. Lamennais Kébreau, aide de camp.
22. Hector Richemont, aide de Camp.
23. Joanis Mérisier, adjoint de l'arrondissement.
24. Cherfils Télémaque, commissaire de police.
25. Necker Rodrigue, membre de la police secrète.
26. Oswald Jean, Inspecteur de travaux publics.
27. Saint-Julien (dit Laboucherie), Chef des volontaires du nord.
28. Cicéron Innocent Michel Pierre Commissaire du gouvernement.
29. Alexis Tassy, aide de Camp.
30. Joseph Blanchard, aide de Camp.
31. Christian Régulus,
32. Clément Magloire,
33. Théagène Cinéus
34. Stéphen Archer, Président du Sénat.
35. Beaumont Denis fils dit Tibeau aide de camp.
36. Leurboures, aide de Camp.

lire sans coupures et sans complaisance aucune (que Dieu nous garde, Georges, de ce démon-là !), aussi coûteux qu'à notre patience, cela puisse se révéler, nous avons pour devoir éthique de tenir compte de leurs voix et entendons le faire. Mais, question d'ambiance oblige, permettez-moi auparavant une petite promenade au trot à travers quelques lettres, entrefilets et articles d'un intérêt relatif, certes, mais seuls capables de nous restituer quelque chose de ce climat particulier, quelquefois survolté, régnant en maître à ce moment et indissociable, à mes yeux, de cette passionnante enquête.

PROMENADE D'AMBIANCE

Quoi? La lettre-réponse du ministre de la Justice, J. J. F. Magny, à P. Frédérique. Son objet: la fuite de Jules Coicou.

Les antécédents? L'éditorial du samedi 2 janvier entend bien nous les fournir. Le vendredi 1er janvier 1909, Jules Coicou qui avait abandonné précipitamment les bureaux de l'arrondissement un mois auparavant, soit précisément le 30 novembre 1908 pour se réfugier, nous l'avons vu, au consulat de France, parvient à gagner vers 8 heures du soir, le steamer allemand «Sarnia» en partance pour Kingston. A 9 heures du soir, ce premier janvier, et dès la nouvelle sue, accompagné de Me David Jeannot, Pierre Frédérique se rend illico chez le Commissaire du gouvernement, Me Léonce Coutard et ce, afin de lui dénoncer cette fuite et le requérir de se transporter à bord pour y perquisitionner et s'emparer de la personne du fugitif. Le Commissaire «semblait complaire à prolonger la discussion jusqu'à ce que, à 10 heures 30, on vint nous annoncer que le bateau venait de lever l'ancre.» Frédérique d'écrire prestement au ministre de la Justice pour obtenir de son ressort, l'accomplissement des formalités nécessaires en vue de l'extradition de Jules Coicou. « L'article 1er du traité du 7 décembre 1874, conclu entre la Grande-Bretagne

EXTRADITION de JULES COICOU

Liberté   Egalité   Fraternité
République   d'Haiti

Cce générale
No 126

Port-au-Prince   le 4 Janvier 1909, an 105e de l'Indépendance

Le Secrétaire d'Etat au département de la Justice

Monsieur   Pierre   Frédérique, Directeur   de l'« Inpartial », En ville

Monsieur le Directeur.

Je suis en possession de votre lettre dn 2 Janvier courant portant à ma connaissance que Monsier Jules Coicou prévenu d'assassinat dans la nuit du 15 Mars de l'année dernière s'est sauvé à bord du steamer « Sarnia » de la ligne Hambourgeoise en route pour Kingston. J'ai accordé, monsier le directeur, toute mon attention aux diverses communications que vous m'avez faites a ce sujet et vous informe en l'occurrence que ce département s'occupe de donner à cette affaire la solution légale qu'elle comporte.

Agréez, Monsieur le directeur, l'expression de ma parfaite considération.

J. J. F. MAGNY.

et Haïti, soulignait-il, vous permet d'obtenir l'extradition de tous ces criminels fugitifs». D'où cette réponse prometteuse de J. F. Magny.

Maintenant allons-y deux pages plus loin :

> COUP D'OEIL
>
> Mercredi 6 Janvier
>
> L'hallali. - L'action publique est en mouvement et la chasse est donnée aux criminels du 15 Mars.
>
> C'est ainsi que le Gal Démétrius a procédé, avant hier, à l'arrestation du commissaire Auguste Fusillé qui est en ce moment au bloc.
>
> Arban Nau, contre qui, un mandat a été aussi lancé, s'est sauvé, quand on s'est présenté derrière la loge, Les Coeurs-Unis, où il se tenait caché.
>
> On dit que si la police le voulait, on l'aurait pris.
>
> Que les chefs de ce corps exercent un contrôle sévère sur leurs hommes pour éviter les reproches de complicité.
>
> Samedi 9 janvier

Bref échange épistolaire. Objet: Montreuil Guillaume.

> Port-au-Prince, le 7 Janvier 1909.
>
> 8 heures 20 du matin
>
> Monsieur le Commissaire du Gouvt
>
> E. V.
>
> Monsieur,
>
> Je viens d'apprendre d'une façon certaine que Mr Montreuil Guillaume est en ce moment dans la rade. La liste des passagers du bateau qui l'a ramené en Haïti comporte son nom.
>
> J'espère bien que vous voudrez agir et qu'un mandat sera immédiatement décerné contre Mr Guillaume qui est en état de prévention comme co-auteur dans les saturnales du 15 Mars.
>
> Recevez, Monsieur, mes salutations empressées.
>
> P. F. Frédérique

Ancien payeur de la Guerre et membre, nous l'avons vu, patenté de la camarilla. Aux côtés de son idole déchue, Nord Alexis, le 5 décembre l'avait pourtant vu prendre sur le Sarnia, la route avisée d'un exil volontaire pour Kingston. Une lettre reçue du Cap par Pierre Frédérique signale sa présence dans la rade de cette ville, trois jours auparavant, soit le lundi 4 janvier, à bord du même bateau (le steamer Altai) qu'il n'avait pas quitté. « Cependant la femme légitime de Montreuil est montée à bord et y a passé la journée. Elle est descendue bien tard avec des paquets pour le délégué, pour Normil Chavannes et Millionard de la part du vieux Nord. On dit que ces paquets contiennent des instructions nécessaires pour prendre les armes dans le but de replacer le démoralisé sur le fauteuil présidentiel» Quel était le but de son retour? Politique ou, comme il sera suggéré dans un entrefilet du 9 janvier, récupérer son argent?

Port-au-Prince, le 7 Janvier 1909.

A. S. Ex. Le Président de la République

Au Palais national ;

Monsieur le Président,

J'ai l'honneur de porter à votre connaissance que Monsieur Montreuil Guillaume, prévenu des crimes abominables du 15 Mars est à bord du bateau qui vient d'entrer dans notre rade, ce matin.

Je viens d'écrire à Mr le Commissaire du Gouvernement pour qu'il fasse le nécessaire en la circonstance. Mais comme je n'ai pas confiance dans l'activité et la vigilance de ce Magistrat, et sachant qu'un mot de vous aura la vertu de lui faire faire son devoir, je viens prier V. Ex. de bien vouloir dire ce mot, pour que force reste à la loi.

Fort des principes préconisés par votre Ex. et convaincu de la sincérité que vous mettez à l'exécution de votre programme de justice et de liberté, je ne doute pas, Président, que vous apprécierez ma démarche et y ferez droit.

C'est dans cette conviction que je vous renouvelle l'expression de mon respectueux dévouement en la patrie.

P. F. Frédérique.

– Quelle énergie bon Dieu !

– Quand Frédérique mord, il ne lâche pas.

Port-au-Prince, le 8 Janvier 1909.

Monsieur P. Frédérique, Avocat

E. V.

Monsieur,

Je vous accuse réception de votre lettre en date d'hier par laquelle vous m'appreniez la présence en rade de cette ville de Monsieur Montreuil Guillaume, prévenu d'assassinat sur la personne de Monsieur Mérové Armand.

Je vous annonce qu'après l'accomplissement de certaines formalités qui ont eu une durée de cinq à six heures, je me suis emparé de la per-

sonne du dit prévenu qui a été déposé en prison aux ordres de la justice.
Agréez, je vous prie, Monsieur, mes bien sincères salutations.
E. Coutard.

Vendredi 8 janvier.
Arrestation de Montreuil Guillaume.

LE STEAMER ALTAI
LE BOURREAU MONTREUIL GUILLAUME ECROUÉ
Conduite des autorités et de la Population

Hier matin a pris mouillage dans nos eaux le Steamer Altai, de la ligne Hambourgeoise, ayant à son bord Monsieur Montreuil Guillaume, ex-payeur du Ministère de la Guerre et l'un des principaux auteurs des assassinats du 15 mars.

«L'Impartial», en apprenant l'événement, s'est empressé d'écrire à M. le Commissaire du Gouvernement pour lui demander la mise en état d'arrestation de ce grand coupable. Cette nouvelle, une fois répandue, toute la ville était debout. C'est ainsi qu'on a pu constater sur le wharf et aux abords du bureau du port un attroupement de plus de 3.000 personnes, négociants, commis, employés publics, étrangers, femmes et enfants ont dû abandonner leur occupation pour aller revoir la face du monstre que l'Altai va dans un moment vomir sur la plage.

L'on doit réellement compter avec toi, ô Justice immanente !

A 2 heures 5 pm, MM. le Commissaire du Gouvernement Coutard et le juge de paix Emile Lucien, accompagnés de deux recors MM. Bernard et Lafortune montent à bord du Steamer afin de se saisir de la personne de Montreuil Guillaume, les formalités légales ayant été remplies.

Une heure d'attente furieuse s'écoule...Importante, mais curieuse, intéressée, la foule reste fichée sur le quai et se demande : pourquoi ce retard ? ... Hourrah ! Le voilà se détachant de l'Altai le canot à l'arrière duquel flotte le drapeau bicolore et qui ramène à terre les représentants de la Justice avec le criminel !

Quelle déception !... seuls en sont descendus les quatre officiers ministériels, le Capitaine de l'Altai ayant refusé de livrer le bourreau sans un ordre émané du Ministre de l'Allemagne.

La foule, contrariée, murmure et veut éclater en imprécation ; mais elle se contient, car on lui donne l'assurance que Montreuil sera pris quand même. Et confiante, elle attend, immobile qu'on lui donne la satisfaction à laquelle elle a droit ; qu'on venge dans la personne de l'audacieux, la morale publique si souvent et si impunément outragée par ces scélérats qui entouraient le Gal Nord et qui, par leurs actes abominables, nous faisaient passer pour des sauvages endurcis aux yeux des peuples civilisés.

Une demi-heure après, en effet, le Chancellier du Ministre d'Allemagne et les officiers ministériels précités s'embarquent, et, en attendant qu'ils reviennent avec le criminel, l'énergique Ministre de l'Intérieur, aidé de l'actif chef de la police, organise d'une façon irréprochable, le service d'ordre à terre. L'on voit M. le Ministre à cheval, courant par ci, par là, donnant des ordres et faisant prendre à l'escouade de policemen et au détachement de soldats de la garde, présents sur les lieux pour le maintien de l'ordre, des dispositions telles que toute violence est impossible. Un bon point, avec nos félicitations, M. le Ministre.

A 5 heures 8 minutes, Montreuil, personnifiant le type du criminel qui a conscience de ses forfaits, la face blême, la tête courbée sous le poids du crime, est devant le bureau du port, sous les bras du Commissaire Coutard et du juge Lucien et enveloppé par le détachement des soldats de la garde.

La foule bat des mains en criant : Vive Antoine Simon ! Vive Renaud Hyppolite !

Le Ministre de l'Intérieur commande de lever la marche. Et la foule répète ses applaudissements et ses vivats en suivant jusqu'à la maison d'arrêt- et tout en se grossissant d'îlet en îlet- le cruel Montreuil qui y a été écroué.

O fragilité des choses humaines !

O Justice immanente !

Le prisonnier a confié à l'actif juge Emile Lucien un cahier de notes qui, sur sa recommandation, a été remis à M. le Ministre de la Guerre; c'est le même juge qui a apposé les scellés sur les deux malles de Montreuil qui sont en dépôt au bureau du port sous l'active surveillance du Général Bréa.

Nous envoyons nos sincères félicitations à MM. les Ministres de l'Intérieur, de la Guerre, de la Justice et des Relations Extérieures qui on su bien faire leur devoir. L'Impartial félicite également MM. le Commissaire du Gouvernement, le juge de paix, le chef de la police et les recors.

Dix bons points et meilleurs compliments à la population qui dans sa sagesse a compris que la personne d'un criminel déjà entre les mains de la Justice est sacrée, - ce criminel fut-il Montreuil Guillaume, l'un des principaux auteurs des saturnales du 15 mars et des blessures encore saignantes qu'elle porte en son sein.

– Formidable ce texte, qu'en pensez-vous ?
– Absolument. De cette ambiance survoltée dont vous avez parlé, quelque chose, en effet, semble s'y être accrochée et qui, aujourd'hui encore, nous la rend des plus tangibles.
 – C'est ce que je crois aussi. Avez-vous bien lu le dernier paragraphe? Difficile, devant pareille tenue, de ne pas faire montre d'un enthousiasme délirant ! non ?
– On a surtout du mal à croire qu'elle existait chez nous.
– Hé oui ! Je vous suis bien. Mais poursuivons.

> Port-au-Prince, le 8 Janvier 1909
> Monsieur P. F. Frédérique
> Directeur de «l'Impartial»

> Mon cher Pierre,
> *Ah ! Cette lettre ! Intéressante aussi.*
> La manifestation qui a lieu jeudi après-midi, au débarquement de Monsieur Montreuil Guillaume, est un triomphe pour «l'Impartial». Elle est une preuve manifeste qu'une presse indépendante se faisant l'écho de l'opinion, peut contribuer à réaliser une quantité considérable de progrès. Et, en effet, n'est-ce pas un progrès considérable d'avoir pu contraindre un fonctionnaire veule, apparemment incompétent, à comprendre l'importance de sa fonction et à consentir, après mille tergiversations, à en exercer les puissantes attributions.
> Si vous n'aviez mis l'épée aux reins de Monsieur le Commissaire du Gouvernement, si vous n'aviez pas dénoncé sa mollesse, si vous ne l'aviez pas justement accusé de complicité avec un criminel dont il semble avoir négocié l'évasion, [*Référence à cet éditorial du 2 janvier de P. Frédérique dont j'ai fait mention plus haut. Lequel, nous l'avons vu, indexait Coutard de complicité dans l'évasion de Jules Coicou]* Monsieur Guillaume ne serait pas en ce moment dans la cellule de méditation réservée à ceux qui ne savent pas dominer la coupable passion de l'homicide.
> Encore un autre qui s'en irait impuni avec le sardonique sourire de Méphistophélès. Et la clameur.... (*non, sautons ce paragraphe, et enchaînons sur celui-ci*)
> Mais puisque vous avez crispé la main de Monsieur le Commissaire du Gouvernement sur le glaive de la loi, que vous avez ouvert ses yeux

pour le contraindre à voir les criminels qui s'enfuyaient et que vous l'avez obligé à appréhender l'un d'eux, veillez à ce que, dans un excès de zèle et, peut-être, dans la pensée de compromettre l'austérité de la Justice que vous avez mise en mouvement, on ne commette aucun attentat contre Monsieur Montreuil Guillaume qui soit de nature à empêcher qu'il ne s'échappe de ses lèvres de compromettantes révélations.

Qu'il soit entouré de toute la protection qui est due au prévenu, qu'on ne renouvelle pas sur sa personne les tortures et les humiliations que le tyran faisait infliger à ceux qui résistaient à son despotisme.

J'ai souffert ces tortures et ces humiliations, vous les avez autrefois également souffertes, beaucoup d'autres ont eu à les souffrir. Réclamons qu'on ne les perpétue pas même contre nos pires ennemis (...)

Recevez mon cher Pierre, l'assurance de toute mon amitié, et croyez que toutes les fois qu'il y aura une bonne action à accomplir, vous aurez ma collaboration.

J. B. W. Francis

Nom à retenir car, plus d'une fois, au cours de notre périple, s'offrira l'occasion de le rencontrer. C'est l'avocat Jean Baptiste Webert Francis que nous retrouverons comme membre du comité organisateur de la manifestation en faveur des victimes du 15 mars et représentant d'une des parties civiles lors du procès Montreuil. Mais nous n'en sommes pas encore là. Poursuivons.

– La ténacité de Frédérique faisait en effet merveilles.

– Sans aucun doute. Mais, en attribuant qu'à elle seule le succès louable d'une telle arrestation, J. B. W Francis, d'une naiveté indiscutable, ne magnifiait que trop son pouvoir et, par conséquent, ne nous accorde, quant à la nature réelle des données en jeu à ce moment, qu'une vue, j'ose dire, des plus partielle et insuffisante.

Se faisant l'écho de l'opinion, une presse indépendante, nous dit-il, «peut contribuer à réaliser une quantité considérable de progrès» c'est chose bien évidente, mais encore faut-il que les doléances de cette presse soit prises en compte par le pouvoir, auquel, dans le cas précis nous interpellant ici, celui de mesures précises en vue de la répression d'un crime, il ne laisse d'incomber, et de manière incontestable, toute discrétion de leur actionnement comme de leur efficacité. Et nous touchons là ce qui conférait à cette conjoncture son caractère spécial. D'un coté l'intransigeance de L'Impartial, son énergie à poursuivre les prévenus du 15 mars, certes, et de l'autre, plus important, je pense, encore grisé par son succès, sinon surpris, la quête bien prévisible et tous azimuts de légitimité et d'assises nécessaires d'un pouvoir, en plein affermissement et (n'en déplaise évidemment au caractère style méridional et débon-naire de son chef) de souche indéniablement militariste et autocratique. Lequel, pour peu que ne pâtissent point, de contrecoups quelconques, ses choix et ses orientations foncières, entend bien plaire à l'opinion. Et cela, dans un pays dont les déficiences de toute sorte et la mise en quarantaine de ses forces vives voient son intelligentsia souffrir d'un manque patent de points d'appui (ce n'est nullement hasard qu'elle soit toujours en quête d'un messie, Georges !) est d'une fragilité, on ne peut plus terrible et ne durera pas. L'arbitraire chez nous à la peau quand même plus dure ! Et l'on ne va pas tarder à s'en rendre compte. D'autres numéros ?

– Absolument.

– Ceux du vendredi 8 et samedi 9 janvier.

COUP-D'OEIL
Vendredi 8 Janvier

Le Général Fusillé Laroche, ancien sous-inspecteur de la police et le Commissaire Théagène Cinéus qui avaient été arrêtés ont été interrogés et mis en liberté.

Samedi 9 Janvier
MONTREUIL ET SA FORTUNE
L'ancien payeur de la guerre est venu dans notre rade pour récla-mer 80. 000 doll. Qui se trouvent dans deux malles chez M. M Gordon et Mathéis, dit-on, et changer 45. 000 gourdes qu'il a en sa possession.

– Enorme une telle somme pour l'époque !

– Plutôt. Et dont la possession malheureusement rapportée par ouï-dire, soulignons-le, nous interdit toute certitude quant à sa véracité. Avérée authentique, elle ne laisserait d'étonner, en tout cas, et particu-lièrement chez un membre influent d'un gouvernement ayant gagné la faveur populaire par l'organisation, cinq ans plus tôt, du fameux procès de la consolidation. Mais passons.

ENCOMBREMENT
La quantité énorme de justifications et de protestations qui nous parviennent à propos des événements du 15 Mars nous obligera à paraî-tre trois ou quatre fois la semaine prochaine.
Nous publierons ces pièces sans préférence, dans l'ordre de leur réception.

– L'effet escompté par Frédérique qui se manifestait?

– Hé oui ! Mais poursuivons.

– Attendez ! Laissez-moi au moins finir cet avis !

– Lequel ? Ah ! celui-là...Il n'est pas de premier intérêt pour nous, je vous le signale, mais nous pouvons toujours nous y arrêter si tel est, Georges, votre bon vouloir.

> Samedi 9 Janvier
> Une plainte a été déposée contre le nommé Emmanuel Nadreau, ex-chargé de la Place et de la commune de Port-au-Prince pour dénonciations calomnieuses faites contre moi à l'ex-Président Nord Alexis ;- dénonciations qui me valurent :
> 1) Onze mois de cachots-fers,
> 2) Des traitements abominables en prison;
> 3) Mon envoi devant le Conseil spécial militaire.
> Aurel Madou

– Madou...Ce nom m'intrigue. N'en a-t-il point été question hier, par hasard ?

– Au moment de notre lecture de la manchette? Oui, vous avez raison. C'est un miraculé de cette fameuse nuit du 14 au 15. Cet emprisonnement qui avait eu lieu au mois de décembre 1908, quelques mois donc avant l'accomplissement des événements qui nous préoccupent (Pour avoir commis des faux, laisse entendre Nadreau. Plus tard une perquisition opérée chez lui, nous dit le même Nadreau, mettra au jour un appel adressé aux exilés de St Thomas), lui vaudra de partager la cellule des condamnés avec la plupart des fusillés, au nombre desquels, il ne devra qu'à sa bonne étoile d'être soustrait. Son témoignage, d'un laconisme regrettable sur cette nuit-là, fait mention d'une caisse de munitions entrevue dans la cour de la prison et qui me parait bien être celle en possession de laquelle Massillon et sa compagne avaient été surpris au Champ-de-Mars, à leur sortie piégée de chez Jules Coicou.

– Ah ! oui, ça me revient.

– Autre numéro ?

– Oui, allez-y.

> Mardi 12 Janvier (1909)
> Coup-d'oeil
> Bonne prise.
> Le général Arban Nau a été arrêté hier et écroué.
> Arban Nau est l'un des principaux auteurs des crimes du 15 Mars.

Après avoir fui de maison en maison, après avoir changé plusieurs fois de quartier, il a été trouvé enfin sous une table dans une maison située au côté sud des «Coeurs-Unis» où notre police l'a découvert. *[Là où avait eu lieu la première tentative avortée ?-Il semble que oui. Selon le plan de G. Tippenhauer, cette loge se trouvait sur la rive Ouest de la rue du Magasin de l'Etat, entre la rue du Champ-de-Mars et la rue St-Honoré]*

Nous l'avons toujours suivi, soit dans la rue du Bel-Air, *[l'actuelle rue Macajoux]* soit dans la rue St-Honoré, tout près de la Société Biblique, ou à Bizoton.

Nous nous empressons de faire nos meilleurs compliments au gal. Démétrius Volcy et à l'actif juge Emile Lucien qui n'ont rien négligé pour opérer cette capture et aussi au Commissaire du Gouvernement Coutard qui maintenant ne se fait plus prier pour remplir son devoir.

Avec Arban, on a la clef du 15 Mars.

Que la police veille sur terre et sur mer pour que les autres grands coupables ne se sauvent pas et ne nous donnent pas la peine de les faire extrader.

Arban va parler.

– Quel enthousiasme !

– Celui du lever de rideau, Georges, à n'en pas douter.

Explication. - Le général D. Volcy explique que c'est seulement jeudi après midi que le juge Lucien lui a envoyé le mandat lancé contre Arban Nau; *(Deux jours après la tentative avortée dont nous avons lu le compte rendu dans le No du mercredi 6 janvier donc)* que ce n'est point la police, mais bien l'huissier Lafortune accompagné de ses recors qui a été faire la tentative d'arrestation qui a effarouché le prévenu. La police n'est donc point responsable de cette fuite. Dont acte.

– Rocambolesque !

– A cet autre fait, l'objet de cette protestation en caractères plus petits lui faisant suite, et dont je vous invite maintenant à prendre chaleureusement connaissance, quel qualificatif conviendrait alors?

Protestation. - M. Théagène Cinéus qui était venu déposer sur les événements du 15 Mars, a été arrêté à sa sortie de chez notre directeur qui a protesté sur l'heure contre le procédé de la police qui pourrait laisser croire à un guet-apens combiné entre notre Directeur et la police et dont le moindre inconvénient serait d'effaroucher les autres prévenus qui voudraient venir apporter quelques éclaircissements sur le 15 Mars.

– A sa sortie de chez Frédérique ?

– Bien sûr que si ! Les maladroits ! Une erreur de plus de cette taille et c'en aurait été fait de cette enquête. Car, ainsi qu'on le verra plus loin, au local du journal (angle des rues du Peuple et Férou...euh rue des Miracles) tout comme chez Frédérique lui-même (no 67 de la rue du Centre), dans un souci louable et bien compréhensible de justification, bon nombre d'acteurs et de prévenus venaient d'eux-mêmes enrichir l'enquête en cours.

– Mais lui n'avait-il pas déjà été arrêté et relaxé ?

– Oui le 8 janvier comme nous l'avons vu. Mais à ce moment sans doute ne disposait-on d'aucune charge précise contre lui. Fait qui, avec l'arrestation d'Arban Nau, je suppose, a du se révéler autrement, sa déposition ayant dû faire mention de lui. Ces deux hommes, en tout cas, ont opéré ensemble ce soir-là, faisant partie, nous allons le voir, de ceux ayant procédé à la capture d'Alluption Casimir et d'Alexandre Christophe.

> DERNIERE HEURE. - Ce matin le gal Volcy dont l'activité est infatigable a arrêté et écroué Théagène Cinéus contre qui un mandat de dépôt a été dressé en lieu et place du mandat de comparution.

Après la protestation, la nouvelle ?

> Mercredi 13 Janvier
> COUP-D'OEIL
> ATTENTION
> Le Général Coicou et ses complices qui sont partis récemment pour l'étranger, se sont embarqués sans passeport. Les agences des bateaux qui ont favorisé leur fuite sont de ce chef passibles d'une amende de 1000 dollars, d'après la loi du 13 août 1903 /voir l'article/.
> Il importe que l'on prenne des mesures sévères afin d'éviter la fuite des autres complices des assassins du 15 mars, qu'on rappelle notamment aux agents des lignes de bateaux, la sanction que la loi attache à la violation de la loi ci-dessus rappelée
> Parmi les autres coupables, il y a des députés, dit-on, qui sont encore couverts par l'immunité parlementaire.
> Il ne faut pas que dans l'intervalle de l'instruction, ils aient le temps de s'enfuir comme le monstre Jules Coicou, en se réfugiant à bord d'un bateau en partance pour l'étranger, sans être muni d'un passeport, que le Gouvernement doit d'ailleurs leur refuser si la Justice doit suivre son cours.

– Infatigable cet homme !

– Hé oui.

– Et cet entrefilet-ci à lire aussi ?

– S'il y en a un à jamais le mériter, ça doit être certainement lui !

Mercredi 13 Janvier

FUITE

On dit que monsieur Camille Gabriel qu'on ne peut pas encore arrêter, parce qu'il est couvert par les immunités parlementaires va partir aujourd'hui, à bord du Français.

Le ministre de l'Intérieur ne lui a certainement pas délivré de passeport et la compagnie transatlantique ne peut lui délivrer de carte de passage, sans passeport, comment donc va-t-il partir?

S'il l'essaie, c'est à la police à l'arrêter en flagrant délit de contravention, nonobstant ses immunités.

Pas de complaisance.

– L'homme tout puissant du régime déchu ! Que diable faisait-il encore au pays ?

– Assez étonnant je l'avoue. Mais qui le saura jamais ? La conscience d'avoir tenu, au coeur des événements, une conduite irréprochable ? La naïveté de croire que ses immunités parlementaires (il était officiellement deuxième député du Cap-Haïtien) le protégeraient de toutes poursuites. Il devait être certainement plus malin que ça. Notez que, moins à l'index que lui, d'autres députés tels Borgella Sévère et Saint-Julien Sanon avaient depuis longtemps décampé !

Oui, mystère. Jusqu'à la levée des immunités parlementaires (7 juin 1909) qui le verra à la disposition du juge d'instruction (avait-il été arrêté ? s'était-il constitué prisonniers ?), ses allées et venues clandestins, ses faits et gestes dans le pays feront l'objet d'entrefilets semblables et, autant à l'ôter de l'oubli, sans aucun doute, fermement destinés à attiser dans l'opinion une manière de vigilance. Mais laissons-le à sa rumeur de tentative de fuite et poursuivons tranquillement notre promenade.

Lundi 18 Janvier

ARRESTATION

Ce matin le gal Auguste Laroche, dit Fusillé a été arrêté et déposé en prison.

– Incroyable! N'avait-il pas été, lui aussi, arrêté et relaxé ?

– Oui, le même jour que Théagène Cinéus, avions-nous lu. Arrêté, interrogé et mis en liberté puis arrêté de nouveau. La preuve d'un tâtonnement terrible du côté de l'instruction, certes, mais d'un sérieux évident aussi dans les poursuites, remarquons-le. Car en Haïti, où drapo k'monte pas desann[3], et vice-versa, rarissime, on ne peut plus, se révèle-t-il de voir les instances concernées se reprendre ainsi d'une décision déjà rendue effective.

Jeudi 21 Janvier

– Un numéro précieux entre tous. Mais rien qui puisse se révéler d'un intérêt quelconque pour l'instant.

– Et cette petite lettre ?

– Pas de première nécessité certainement. Néanmoins, à votre appétit féroce et libre de lecture, rien n'interdit de prendre connaissance de sa teneur. Mais, auparavant, il faudrait lire celle-là, parue dans l'édition du mardi 12 Janvier, no 7, à laquelle elle fait indéniablement suite.

Port-au-Prince, le 8 Janvier 1909
Monsieur P. F. Frédérique
Directeur de l'Impartial
En ville.

Mon cher Directeur,
Puisque l'on parle de M. Lamennais Kébreau, (*Son nom, souvenez-vous, figure dans la fameuse liste*) laissez-moi profiter de l'occasion pour vous dire à quels dangers il m'exposa lors des événements du 15 Janvier 1908.

On fêtait la prise de St.-Marc par les troupes du Gouvernement, et la coudialle annonçant cet évènement à la population passait ce soir-là devant ma porte.

Ma famille avait déjà eu le temps d'aller se reposer quand on entendit frapper...

C'était un jeune homme recueilli chez moi et qui logeait dans une chambre de la cour.

Tandis que l'on descendait ouvrir, ma mère, du balcon lui demanda la cause des réjouissances.

Le retardataire la mit au courant en lui disant que les troupes du Gouvernement ayant enlevé St.-Marc ce monde prenait son plaisir.

Le colonel Kébreau, alors aide-de-camp actif qui accompagnait officiellement la coudialle, s'arrêta pour soulever un colloque à la suite duquel il décida :

M'ap arrêté ou ! Oui, n'ap prend plaisir nou. Ca qui pa content tant pis pou yo ![4]... [*Incroyable !*]

---

3 Le drapeau hissé l'est une fois pour toutes.

4 Je vous arrête ! Oui, nous nous réjouissons.Que ceux que ça mécontente, prennent garde!

Joignant le geste à la parole, il éperonna des deux, courut au poste préposé à la garde du Parquet du tribunal civil qui se trouvait à deux pas de chez moi, et revient en moins de temps qu'il ne le faut pour le narrer, à la tête d'une escouade de police.

Mais ce temps avait suffi au jeune homme pour se mettre à l'abri, et il entrait dans la maison au moment où l'escouade gravissait le perron.

Le colonel vexé de se voir claquer la porte au nez, lança contre moi de sa voix de stentor, cette menaçante apostrophe:

«Alors, cé ici qui réfuge firministes yo ! ...Puisque nou ve pas louvri, m'ap fait rapport m'baille Gouvernement an. M'sieu Labidou va dit Gal Nord pour qui l'ap serré firministes yo la caille li! ...»[5]

[Toujours le même, hein, ce pays !]

Et, non satisfait d'avoir, par ces terribles propos, mis ma famille dans les transes toute la nuit, le dit colonel poussa son manque de conscience jusqu'au bout !

Le lendemain matin, n'était-ce la protection de quelques amis influents à cette époque, qui m'ont défendu au moment même où M. Kébreau essayait de me perdre, j'aurais certainement été écroué et je n'aurais peut-être pas aujourd'hui l'avantage de vous écrire.

Toutefois, je ne me serais plaint de rien, mon cher Directeur, si, à la chute du général Nord, M. Kébreau avait eu assez de flair pour se retirer de l'état-major. Il aurait dû comprendre que les fonctions d'aide-de-camp sont de toute délicatesse; qu'il ne pouvait être hier prêt – au premier mot du Gouvernement renversé- à servir toutes ses passions, pour prétendre aujourd'hui à la confiance du nouveau Chef.

Vous serez, mon cher Directeur, bien aimable de publier la présente tandis que Son Excellence le Général Simon n'a pas encore formé définitivement son état-major.

Bien cordialement vôtre

Labidou

– Quoi?

– Toujours le même, hein, ce pays !

– Il n'y a pas de doute. Incident, diraient nos sociologues, éminemment typique. Maintenant, avec la «petite lettre», comme vous l'appelez, de l'édition no 12 du jeudi 21 Janvier, mettons fin, gentiment, à cette édifiante, certes, mais souriante parenthèse.

Port-au-Prince 19 Janvier 1909

---

5 C'est ici le repaire des firministes! Puisque vous refusez d'ouvrir, je ferai mon rapport au Gouvernement.Monsieur Labidou fournira au Gal Nord les raisons de cet abri accordé chez lui, aux firministes!

Me P. F. Frédérique
Directeur de «l'Impartial»
E. V.

Monsieur le Directeur,
J'ai lu, dans votre numéro du 12 du courant la lettre que vous a adressée Monsieur Labidou relatant l'incident survenu entre lui et le gal Lamennais Kébreau; ce qui, peu s'en fallut, lui coûterait la vie sur la déclaration faite par ce dernier au poste du Parquet du tribunal civil. C'est absolument exact, ce que vous dit Monsieur Labidou. Je suis celui que Monsieur Kébreau avait voulu arrêter lors des réjouissances publiques que le gouvernement de Nord Alexis donnait à l'occasion de la prise de Saint-Marc.

N'était-ce, en effet, l'hospitalité que Monsieur Labidou m'avait humainement accordée, mon corps serait peut-être mis en lambeaux par la horde des gendarmes que recruta du poste du Parquet le colonel Kébreau sous le prétexte que Monsieur Labidou cachait chez lui des firministes. - Encore une fois, le fait est exact et je viens le confirmer par la présente.

Recevez, Monsieur le Directeur, mes respectueuses salutations.

Marcius Jn Baptiste

Et ce, dirions-nous, pour qu'aussi bien chez Frédérique que les lecteurs de L'Impartial, nul doute jamais ne se fit jour quant à l'authenticité du fait narré par Labidou à propos des faits et gestes de l'aide-de-camp Lamennais Kébreau par cette fameuse nuit de coudialles. Maintenant aux faits ayant trait plus directement à ce qui nous intéresse, faisons un prompt retour avec les entrefilets de ces deux numéros du 23 et du 27 janvier. Sacrifice machinal au réflexe chronologique, celui du 23 évidemment, tombera bon premier sous vos yeux affamés et infatigables:

Samedi 23 Janvier

ARRESTATION
Le général Oswald Jean, un des bourreaux, est dans les bois. *[Dans les bois, non. Parti avec Nord Alexis à bord du »Sarnia» comme en fait foi une lettre de remerciement dont il fut l'un des signataires, et que fit tenir Nord Alexis à Carteron et au commandant du «Duguay Trouin» au moment de prendre congé le 5 Décembre de l'hospitalité accordée par le vaisseau de guerre français depuis le 2. Mais ça, on ne le savait pas ou pas encore.]*

St Julien Laboucherie, lui, a été pris et mis en prison. Quant à Vitellius Jean-Gilles, qui a reçu un mandat de comparution, il est protégé par son oncle, le général Jean-Gilles, le délégué.

Notre Jean Gilles ?

Soi-même. Le délégué du Département du Nord et successeur présomptif de Nord Alexis. Au lendemain du départ de celui-ci, se ralliant prestement à la cause triomphante du Sud, il se verra, de ce fait, confirmé dans ses fonctions par Antoine Simon, continuant à faire peser sa lourde poigne sur les populations du Nord. Combattue par L'Impartial, soutenant en cela les griefs des populations du Nord, cette confirmation pourtant ne sera jamais remise en cause. La preuve, n'en déplaise à Webert Francis, des limites tangibles du pouvoir de l'opinion dans notre pays.

Et impatient d'attendre son tour, celui du 27 maintenant, avec entre autres faits, le sieur Jules Coicou à l'honneur une fois de plus :

Mercredi 27 Janvier [*Le dernier, hein !*]

COUP-D'OEIL

JUIF ERRANT

Une dépêche télégraphique du consul d'Haïti à la Jamaïque annonce au gouvernement que Jules Coicou s'est sauvé de Kingston pour Santiago de Cuba, au moment où son extradition allait être accordée sur les pièces expédiées par le département des Relations Extérieures.

Bien que nous n'ayons pas de traité avec la jeune République Cubaine, Monsieur Murat Claude ne peut-il entamer des négociations avec le gouvernement cubain qui n'hésitera certainement pas à accorder par courtoisie internationale et par un sentiment de justice, l'extradition d'un criminel aussi odieux, et contre lequel la conscience universelle s'était indignée.

Il n'est pas de doute que cette démarche soit accueillie avec succès. On a qu'à la tenter. On l'a déjà fait entre nations qui n'étaient pas liées par traité pour de simples caissiers infidèles, criminels moins odieux que Jules. [*A quoi fait-il allusion là ? – Aucune idée*]

La justice haïtienne doit poursuivre cet assassin partout où il ira jusqu'à ce que enfin elle le ramène et lui fasse vomir le sang bu.

Jules est à Santiago depuis le 24 janvier, apprendrons-nous dans une lettre adressée au général Jonathan St Fort Colin. A l'encontre des motifs allégués ici par l'Impartial, interrogé par Callard sur les raisons qui l'avaient vu quitter Kingston pour Santiago de Cuba, Jules laissera entendre l'avoir fait pour s'éloigner, sans préciser pourquoi, du voisinage de Tonton Nò. Un mensonge de plus du sieur Jules ? Et destiné à couvrir l'auteur d'une éventuelle indiscrétion sur sa demande d'extradition ?

Dans une lettre rectificative de Christian Régulus parue dans l'édition du samedi 13 mars, no 29, notons toutefois cette rumeur à laquelle ce journaliste semble accorder foi et qui, accréditant cette version de la fuite, précise même pour le lecteur les circonstances dans lesquelles elle s'était opérée : à la faveur de la nuit et Jules «déguisé en nègre des côtes».

INCURIE, NEGLIGENCE OU PROTECTION?

Le Secrétaire d'Etat des Relations Extérieures n'a pas pu faire arriver ici Messieurs Leconte, St Julien et Borgella qui sont encore à la Jamaïque, parce que son collègue de la Justice n'avait requis l'extradition que de Jules Coicou et n'avait expédié de pièces que contre lui. - On dit même que M. Magny ne veut pas remplir de formalités contre ces trois derniers criminels qui sont du Nord comme lui.

Nous voulons bien enterrer toute question de localité ou de préjugé quelconque ; mais dans une conjoncture aussi grave, nous ne pouvons nous empêcher de rappeler à Monsieur Magny que sous le Gouvernement du général Simon, il n'y a pas de *coui couvri coui,* [6] le chef de l'Etat ayant promis la justice envers et contre tous.

L'opinion réclame qu'on agisse et n'entend pas que cette affaire soit enterrée comme par exemple la fusillade de Sobo. *[Sobo ou Lobo, le juge d'instruction Siméon Lobo, fusillé sommairement à Port-de-Paix le 9 décembre 1903 par le commandant de l'arrondissement Timoléon Jadotte ?]*

Le ministre de la justice du général Simon ne doit pas ressembler au ministre de la justice de Nord Alexis, alors même que les deux s'appellent J. F. Magny

Changement de maître, changement de métier.

– Quels traits cinglants, bon Dieu ! Par hasard, et selon vous, n'y aurait-il pas du Frédérique dans les parages?

– Comme tous ceux parus sous cette rubrique *Coup d'œil*, ces entrefilets, comme vous l'avez constaté, ne portent pas de signature, Georges. Et

---

6   Récipient à usage divers fort prisé des campagnes d'Haiti et obtenu ordinairement par la section longitudinale d'une calebasse vidée et séchée. «coui kouvri coui» littéralement, le coui couvre le coui. Dans l'esprit : le coui est sensé protéger, s'allier à son pareil.

quoique, question de style, je soupçonne fortement, et tout comme vous, Frédérique d'en être l'auteur, dans ce journal d'un ton, à bien d'égards, unique sous nos cieux, et où, insupportable à plus d'un contemporain, cette fougue inspirée, voeu d'une pléiade de rédacteurs, était loin, par conséquent, de constituer l'apanage exclusif d'un seul, les lui attribuer, à mon avis, serait vain et même un peu risqué de notre part. Occupons-nous maintenant du passé de J. F. Magny à quoi certains passages font allusion.

Avocat du Cap, d'abord membre du conseil provisoire du 8 décembre d'Antoine Simon en qualité de ministre des Relations Extérieures, lequel ratifié par l'assemblée nationale en tant que chef de l'Exécutif, le nommera 10 jours plus tard au portefeuille de la Justice et des Cultes. Il avait été en effet ministre de la Justice de Nord Alexis d'avril 1903 à janvier 1905. Au moment donc où s'était produit l'affaire non éclaircie et vite enterrée de Lobo-Jean Paul (Siméon Lobo et Tervilien Jean-Paul) fusillés le même jour sur la place du Champ-de-Mars de Port-de-Paix par le satrape Timoléon Jadotte. C'est à son remplaçant, Emile Deslandes, qu'avait succédé le 30 juillet 1905 Trasybulle Laleau demeuré à ce poste jusqu'au départ de Nord Alexis.

– Qu'est-ce qui vous fait sourire?

– Le «coui couvri coui» évidemment. Pour indiquer cette protection que mutuellement s'accordent ou s'entendent à le faire des éléments de nature semblable euh...homogène, pensez-vous qu'il puisse jamais s'en trouver mieux ?

– Honnêtement, Georges, je doute fort. Mais à cette promenade d'ambiance, qui, tout compte fait, n'a que trop duré, mettons un terme propice par la lecture de ces trois courtes lettres adressées à L'Impartial. Choisies pour leur intérêt primordial, indiscutable ? Pour une certaine fièvre quant à leur contenu, en tout cas, laquelle, en l'accentuant sans doute un peu, saura bien confirmer, celle jusqu'ici, de notre bref parcours.

Parue dans l'édition du mercredi 10 février, la première émane de l'insaisissable Grimard Fayette, donné par Nérette, souvenez-vous, pour abouché avec Massillon et tenant assuré du complot et à qui, aux dires de Jules Coicou, incombait, militairement, de s'emparer du bureau de l'arrondissement. La seule fois sans doute où ce promoteur fantôme du complot s'était manifesté dans cette enquête, nous apportant la preuve par neuf que, nullement une invention d'esprits troublés, il existait bel et bien.

Port-au-Prince, le 9 février 1909
Au directeur du journal «l'Impartial»
En ville

Monsieur le directeur,

Vous voudrez bien me permettre d'user de vos colonnes pour dénoncer publiquement le pillage qui a eu lieu chez moi dans la nuit du 14 au 15 Mars par les bourreaux qui avaient pour mission de s'emparer de ma personne et de me fusiller.

Ces brigands, après avoir escaladé ma maison et fait le sac de ma chambre, se sont transportés presque dans les hauteurs de «Martelly» (*dans les parages de Bolosse, sur les dernières pentes du morne l'Hôpital, zone extra-muros, où, à l'époque, ne s'élevaient que quelques rares cahutes*) sur une propriété que j'ai affermée, où ils ont encore pillé sous les ordres du commissaire Falvéus. En ce moment même le commissaire Porcéna porte encore mon képi de général de brigade enlevé cette nuit-là. [*Peut-on honnêtement, Georges, s'empêcher de sourire ?*]

Ma malle a été défoncée. Ce n'est qu'une partie de mes effets qui a pu être sauvée, grâce à mon ami Turenne.

Vous voyez bien, mon cher directeur, que cette bande de brigands étaient non seulement des assassins mais aussi des pillards.

En vous priant de donner publicité à cette présente, veuillez agréer, mon cher directeur, mes meilleurs compliments.

Gal Grimard Fayette.

«...presque dans les hauteurs de «Martelly»...»

A nos oreilles d'aujourd'hui, ce membre de phrase résonne-t-il de ces connotations appelées sans nul doute à confondre notre lecteur d'époque ? Pour Grimard, une manière à coup sûr de signifier l'énergie incroyable dépensée pour sa capture. Car, juchée, je l'ai dit, sur les pentes dernières et retirées du morne l'Hôpital, et bien loin de cette agglomération d'une densité notable qui la voit figurer aujourd'hui comme partie intégrante de la ville, cette zone était pour ainsi dire inaccessible et perdue au vieux Port-au-Prince.

Une autre remarque plus importante s'impose. Grimard a fait mention des fouilles opérées dans sa garçonnière mais pas de celles effectuées à deux reprises chez sa maîtresse. Pourquoi? Je me le demande. Sur les manières dont s'opéraient perquisitions et fouilles cette nuit-là, en tout cas, cela nous vaudra deux témoignages assez brûlants et significatifs : celui de Mme Celina Eugène et celui du plus jeune témoin de L'Impartial, Louis Alvarez, un adolescent dont, pour marquer l'horreur des épreuves imposées à son âge, on prendra soin de souligner celui-ci: seize ans. Euh... Au moment du témoignage évidemment, son interview parue à la fin du mois de janvier, il devait forcément être moins âgé 10 mois et demi plus tôt. J'espère bien avoir l'opportunité de vous les faire lire plus tard[7]. Maintenant, ouvrons l'édition du mercredi 10 mars et faisons place à l'autre lettre: celle de Balthazar Christophe Pierre.

> Gonaïves, le 22 Janvier 1909
> Cher concitoyen,
> Je me suis fais le devoir de vous écrire cette lettre pour vous mettre en connaissance des vols faits par M. Arban Nau dans la maison de mon feu frère Alexandre Christophe, victime de l'assassinat du 14 au 15 Mars dernier.
> Directeur, de cette atrocité commise par ces scélérats, amoureux passionnés de leur poche et de la misère publique, nul n'a été capable de s'en plaindre. Aussi m'étais-je bien gardé de ne dire aucun mot à M. Arban Nau et au commissaire Galumette, lesquels ont pris de mon feu frère, lors de la boucherie du 15 Mars, une chaîne et une montre en or, quelques pièces de cheviotte et de diagonale de plusieurs nuances, une machine à pieds et une autre dite domestique. Mais, aujourd'hui que le despotisme a complètement disparu; aujourd'hui qu'il est permis à chacun en particulier, et à tous en général, de s'exprimer selon les besoins de la justice, je viens respectueusement vous mettre en connaissance de ces faits : car, faut-il que ces assassins privilégiés du Gouvernement déchu reçoivent le juste châtiment de leurs forfaits.
> Je vous prie avocat du peuple, partant de la famille haïtienne, de croire à ma parole et veux vous saluer avec toute la franchise de mon coeur.... et je vous salue.
> Balthazar Christophe Pierre

Un inventaire patiemment dressé, me direz-vous, et attendant son heure.

– Plutôt typiques aussi, de tels faits. Une police ? Non. Une armée étrangère en pays conquis et prenant butin de l'ennemi.

– Et pour finir, parue dans l'édition du jeudi 21 janvier, la lettre de A. Lorquet maintenant :

> Mr Pierre Frédérique
> Directeur de l'Impartial
> Port-au-Prince, le 14 Janvier 1909

---

7   Non lues au cours du livre, ces interviews se retrouvent dans la section Documents Annexes, en fin de volume.

Monsieur le directeur de l'Impartial,

Après l'horrible fusillade de la nuit du 15 Mars, dont personne aujourd'hui n'entend prendre la lugubre responsabilité, pour en subir les justes châtiments, [*Référence aux lettres de protestation dont à cette date, on le devine, bon nombre avaient déjà été lues*] au matin de ce jour inoubliable, Mr le Général Léonce Leconte, chef de la maison militaire de Nord Alexis, faisant fi de sa dignité de soldat et de tous sentiments d'humanité, s'écriait en montant le grand escalier de la Présidence : «Je ne suis pas pour longtemps ici, je ressors de suite, pour achever le reste, parmi ceux-là, l'ancien Commandant de la commune de Miragoâne, n'homme grand'barbe la (sic)»

Je n'avais jamais eu de relations avec ce Monsieur. A l'annonce de cette macabre sentence, le général E. Dégand qui se sentait plutôt soldat que bourreau, toucha immédiatement son voisin L... aide de camp, comme lui, en lui disant : C'est du Général Lorquet, qu'il s'agit, vite, sauvons-le.

En effet, au matin de ce dimanche de sang, à 6 heures, se présentait au parloir du collège Louverture, encore sous l'impression d'une visible émotion, un ami de Mr Emmanuel Dégand, envoyé par lui pour me dire de me mettre à couvert et sans retard, qu'un pressant danger me menaçait.

J'ai dû, de suite, me réfugier chez un ami pour la journée, - pour de là retourner au collège Louverture.

Quelle vie d'inquiétude ai-je menée là, durant ces temps néfastes, Dieu seul le sait.

C'est le canon Anglais de l'Indéfatiguable qui me fit revoir définitivement le grand jour et sauva de même de l'emprisonnement ou de la fusillade nombre de citoyens marquants de la capitale, désignés et réservés par la camarilla de la Présidence pour cette continuation de l'infernale boucherie.

[Lui aussi fait mention, notez-le, de ces trois coups de canon.]

Monsieur le Directeur,

Cette liste martyrologe, dressée par les Directeurs de ces saturnales du 15 Mars existe, horresco referens. - Sa publication s'impose pour l'édification de tous et vous la trouverez, j'en suis sûr. -

(...) quelques temps après je reçus mandat de comparution du juge d'instruction de ce ressort pour lui m'interroger sur le vaste complot, étouffé dans la nuit du 15 Mars, me disait ce magistrat.

C'est au cours de mon interrogation que j'ai compris ma condamnation anticipée par le cours technique du Palais, le sens des paroles de Mr Léonce Leconte, et l'heureux avertissement de Mr E. Dégand.

Sorti sain et sauf de la fournaise, j'ai vécu forcément à la Capitale sur des charbons ardents – jusqu'à l'arrivée du généralissime des armées du Sud, aujourd'hui Président de la République.

A. Lorquet

Evidemment, détachée de son contexte, cette lettre ne nous dit rien de son autre but (louable en soi) qui est de rendre l'opinion favorable à un bienfaiteur sur la sellette: l'aide de camp Emmanuel Degand. Avec le commissaire Calixte et le sous-inspecteur Decius Avin, l'un des seuls absents de la fameuse liste parmi ceux à qui compte sera demandé plus tard par la Justice. Accusé, on le verra, par le général Eliacin et par Mme Roche Armand, l'un d'avoir pris part à sa tentative d'arrestation, l'autre d'avoir compté au nombre de ceux venus, cette nuit-là, perquisitionner chez elle et procéder à l'arrestation de son défunt mari. Elle est écrite deux jours après la parution de l'interview d'Emmanuel Degand où, face à Pierre Frédérique, on le voit s'expliquer sur son emploi du temps cette nuit-là, et faire pièce énergique à ces accusations...

Que lui reprochait-on à Lorquet? Tout comme le cas Dolaires Laporte, entrevu précédemment, un passé d'adhérent au firminisme ? Dans un article, «Trois souvenirs historiques», paru sous sa signature dans l'édition no 25 du samedi 27 février de L'Impartial, nous apprendrons qu'aux côtés de Normil Chicoye et de Casimir Guerrier, les événements de 1902 l'avaient vu prendre part à ce soulèvement, vite réprimé, de Petit-Goâve qui, au mois d'août de cette année s'était rallié, nous le savons, à celui des Gonaïves en faveur de Firmin. A la suite de quoi, il s'exilera à Curaçao.

– Cette liste dont il parle, avait-elle été trouvée et publiée ?

– Pas dans les numéros parvenus à nous en tout cas. Maintenant, si vous n'y voyez point d'inconvénient, place nette aux lettres de protestation dont il s'avère plus qu'impérieux d'ouvrir le passionnant et épineux chapitre.

– Oui, ouvrons-le, vous avez raison.

...Et lui qui a connu l'indicible angoisse de l'homme voué à l'exécution, ne s'est point manifesté... Pour indexer ouvertement ceux qui entendaient l'immoler ?...Ses avortés bourreaux ? ...Euh...étrange...en effet...non?

– A quoi pensez-vous donc?

– Euh...à notre mystérieux Benjamin.

– Je l'aurais juré !

– Lettres de protestation !

LES LETTRES DE PROTESTATION

Mais à la zafè. Ces messieurs sont entrés chez moi, ont tenu la lampe pour fouiller. Je leur ai même parlé...

[Interview de Mme Théoma Laporte. L'Impartial, samedi 13 février 1909. No 20]

L'Impartial en recevra jusqu'au mois de mars. La dernière en date, celle de Frédéric Marcelin, écrite de son exil volontaire en France, le 4 mars, et publiée dans l'édition du lundi 22 mars, no 32. Nous ne pourrons pas tout lire ensemble. Faites-vous une idée par vous-même. Un vrai paquet, non ? Et encore, avec les numéros manquants, rien ne nous interdit de croire être vraiment loin du compte.

Celles dont nous disposons sont signées : J. S. Lerebours, Alexis Tassy, Beaumont Dennis Fils, Emile Marcelin, Emile Williams, Thimoclès Lafontant, Frédéric Marcelin, déjà cité, Saint-Julien Noël, Camille Léon, Limpreville Memnon, Christian Régulus, Jules Coicou, Clément Magloire. Au total plus d'une dizaine.

Que faire me demandez-vous ? Ouvrons ce numéro du 13 janvier et débutons sans retard avec celle de J. S Lerebours. N'étant, en somme, qu'une demande d'éclaircissement et, à tout prendre, sans vue aucune sur notre fameuse nuit, un rapide résumé, je crois, ne saura que trop vous contenter.

Dans cette liste des bourreaux du 6 janvier, Lerebours se déclare profondément étonné, de voir en toutes lettres figurer son nom et, outre des éclaircissements d'identité («Nous sommes deux Lerebours qui avons appartenu à l'Etat-Major de l'ex-président Nord Alexis : Camille Lerebours, fils du Sénateur Calixte Lerebours et moi, St Armand Lerebours, fils du sénateur Diogène Lerebours») demande au calomniateur, au cas où il s'agirait de lui, de se faire connaître et de fournir des preuves à l'appui de son assertion. Dans l'édition du samedi 8 janvier, no 7, nous apprendrons que, la veille, à 11 heures du matin, il avait été confronté avec Mme Théoma qui avait déclaré l'avoir reconnu parmi ceux qui, dans la nuit du 15 mars, étaient venus forcer sa maison pour arrêter son mari, Mr. A. Cléopha (*Oui, Alexandre Cléopha. Il avait découché, lui. Et on verra plus loin pourquoi*). Mr. Lerebours, signale L'Impartial, s'est défendu avec véhémence et déclare ne s'être pas déplacé du Palais cette nuit du 15 mars et n'avoir su tout ce qui eut lieu que le lendemain à 6 heures du matin. Il déclare en outre qu'il peut citer au besoin ses collègues avec lesquels il a passé toute cette nuit, côte à côte, au Palais.

Mme Théoma a maintenu sa déclaration.

La valeur réelle de cette déclaration maintenue? Entendons-nous. Preuve sans aucun doute que L'Impartial ne l'accusait nullement en l'air, elle est loin toutefois de constituer à nos yeux, celles exigées par Lerebours, dans ce cas précis et, à la rigueur, d'autres témoins oculaires venant attester les dires de Mme Théoma, ce qui, disons le tout net, l'abritant de dénonciations faites par erreur- le cas est courant dans cette histoire- ou pour l'assouvissement de querelles d'ordre privé et personnel, est un minimum destiné à conférer à toute accusation définitive, ce label de sérieux autorisant quiconque aujourd'hui à s'en faire le moindre écho. Néanmoins, pour quelqu'un demeuré toute la nuit au Palais, et déclare n'en être point sorti, l'heure à laquelle Lerebours prétend avoir eu connaissance des fusillades ayant eu lieu (6 heures) pour être par trop tardive, ne laisse sérieusement d'intriguer. Ce qui ressort bien, du reste, de la comparaison avec les déclarations faites dans son interview par l'aide de camp Joseph Blanchard, de service cette nuit-là, et qui, lui, laisse clairement entendre avoir appris, ses collègues et lui, ce qui venait de s'accomplir à 5 heures du matin : une bonne heure de différence quand même, non? Néanmoins, la liste des aides de camp sortis cette nuit-là, énumérée par Blanchard, ne contient pas le nom de Lerebours. Mais malheureusement on ne saurait totalement s'y fier, car elle ne comporte pas non plus le nom de Tassy qui, quoique d'une durée plutôt brève qui aurait pu expliquer l'oubli de Blanchard, admet avoir été envoyé en mission par le Président. Que faut-il croire? Lerebours avait raison et Mme Théoma s'était trompée? La manière un peu hâtive et sans mise à jour continuelle de cette enquête (qui, par là, entendait à bon droit, se démarquer d'une instruction proprement dite) nous empêche toute réponse décisive et claire. Mais passons à quelqu'un d'autre.

Alexis Tassy. Les malheurs s'enchaînant, c'est de retour du cimetière où il venait d'inhumer sa mère qu'il se verra présenter le numéro de L'Impartial comportant son nom dans la liste des bourreaux. Il était loin de s'attendre à pareille chose. Aide de camp actif du Président d'Haïti, il fut envoyé en mission le 14 mars, vers les 9 heures et demie du soir par le chef de l'Etat lui-même. Soldat, il s'acquitta de la mission en moins d'un quart d'heure. Rentré au Palais, il ne franchit la barrière que le lendemain 15 mars à 7 heures du matin, en présence de ses collègues. Il demande à Frédérique de le confronter avec celui qui l'a si injustement calomnié afin que cette vérité qu'il poursuit puisse se manifester pour la grande édification et de son journal et du public.

Cette confrontation avait-elle été faite? Non. Mais le nom de Tassy n'avait pas non plus été cité en l'air. On le retrouve dans le témoignage de Cicéron Joseph qui affirme, vers 9 heures du soir, l'avoir vu en compagnie des généraux Jules Coicou, Léonce Leconte venir, au poste des volontaires du nord, tout près du Palais, quérir St Julien Laboucherie et l'ordonner de faire sortir un détachement.

Sa mission c'était pour Leconte, dira-t-il plus tard, lors du procès Montreuil où il sera cité comme témoin, sans cependant en préciser la nature une fois de plus. A comparer l'heure à laquelle il dit avoir été l'accomplir et celle à laquelle Cicéron Joseph affirme l'avoir vu en compagnie de Leconte précisément, et compte tenu de notre inexactitude proverbiale en ce qui a trait à l'heure, il est fort possible que la même circonstance ait fait se rencontrer ces deux hommes, et que, ainsi qu'il l'affirme, Tassy n'ait rien d'autre sur son compte que cette mission-là qui l'ait contraint à sortir du Palais et, par conséquent, exposé à être vu ce soir du 14 mars. Mais ne jurons de rien, bon Dieu, et surtout pas dans cette histoire où le mensonge, sous des formes quelquefois grotesques et ridicules, a trop la partie belle. Oui, ne jurons de rien et avançons.

Beaumont Dennis Fils. Cette nuit, il était retenu dans son lit, souffrant de fièvre par suite d'une chute de cheval qui lui avait occasionné une assez grave blessure à l'oreille. Il en appelle au Docteur Louis Michel dont il recevait les soins. Aussi bien qu'à Auguste Armand, venu chez lui, le matin du même jour, à 6 heures, lui apprendre, en présence de David Borges, que son frère (Roche Armand) avait été fusillé. Après enquête spéciale, apprenons-nous, dans l'édition du samedi 8 janvier, no 5, L'Impartial avait acquis la conviction qu'il disait vrai et prie ses lecteurs de radier de la fameuse liste le nom de Mr Dennis sur le compte de qui, dorénavant, ne saurait plus peser le moindre doute. Et d'ajouter : «*nous serions heureux de pouvoir faire autant pour beaucoup d'individus.*»

Emile Marcelin. Sa lettre apporte des éclaircissements sur ses faits et gestes de cette nuit-là. Nous la lirons.

Emile Williams fait entendre son énergique protestation. Josias Ambroise, un tenancier de cabaret pour ainsi dire, affirme l'avoir vu, le soir du 14 mars, dans cette escorte mentionnée dans ses mémoires et occupée (est-ce nécessaire de dire légitimement, Georges ?) à la patrouille des rues de Frédéric Marcelin, et Théoma Laporte, déclare, elle, l'avoir vu déguisé parmi les bourgeois (entendez les civils) venus perquisitionner chez elle en quête de son mari, Alexandre Cléopha. «*Monsieur Diqui* (autre nom d'Emile Williams) *était déguisé avec une tunique très ample, gonflée devant et lui faisant un gros ventre*», affirmera-t-elle, sans qu'il nous soit possible, étant donné l'absence d'autres témoignages venant confirmer ses dires, et ainsi que pour le cas Lerebours vu précédemment, de faire écho à son accusation. Quand l'interview de Théoma Laporte paraîtra un mois plus tard toutefois, au contraire de Stephen Archer et de Valembrun qui, nous le verrons, se rebifferont de voir leurs noms figurer dans un contexte jugé par eux des plus infamant et menaceront même d'un actionnement en justice pour diffamation, remarquons, disais-je, que n'avait été notée de sa part aucune réaction quant aux assertions le visant. Aveu indirect ou manque de suite dans les idées ? On ne le saura jamais.

Thimoclès Lafontant. Il est fort étonné de voir citer son nom comme un de ceux ayant participé à la malheureuse affaire du 15 mars et proteste énergiquement contre cette infâme accusation, attendu que, cette nuit, il l'a passée dans son lit et n'a été réveillé que par les bruits de la fusillade. Et ce n'est qu'après information (sic) qu'il fut au fait de ce qui venait de s'accomplir.

La réponse de L'Impartial parue au bas de sa lettre dans le même numéro (l'édition du mardi 12 janvier, no 7) ne la ratez surtout pas, mon ami :

> «Nous maintenons le nom de Mr Lafontant sur la liste des bourreaux du 15 Mars; car, malgré l'énergie de sa protestation, notre conviction est qu'il a participé à ces hécatombes. De nombreuses dépositions, formelles, absolues, tant des parents des victimes que des complices mêmes de Mr Lafontant établissent sa participation à ces saturnales.»

– Qui a cité le nom de Thimoclès Lafontant?

– Qui n'a pas cité son nom serait, à mon avis, plus correct, Georges. Josias Ambroise. Mme Théoma Laporte. Le général Eliacin. Clara Déjoie. Jules Coicou. Porsena Laurent. Joachim François dit Pierrot. Et on verra plus loin dans quels contextes. Contentons-nous de dire que la petite histoire le donnait pour avoir été avec Montreuil Guillaume, ceux qui, à sa sortie de chez Jules Coicou, le soir du 14 mars, s'étaient des premiers emparé de Massillon Coicou, et on aura une idée claire des motifs profonds qui, à la lecture d'un étonnement aussi vigoureusement exprimé, avaient provoqué de la part de L'Impartial, cette sortie hors de tous gonds, intempestive et mémorable. Son influence enviable au sein du pouvoir, la devant sans aucun doute au fameux procès de la consolidation qu'en tant que commissaire près la banque, il avait eu six ans plus tôt, et par sa découverte méticuleuse de faux, la main heureuse d'enclencher, cet homme, ne manquera point, lors des élections de janvier 1908, de se voir élire premier député de Port-au-Prince; poste dont son fanatisme inconditionnel ou bruyant de Tonton Nò, le verra allègrement délaisser les hauteurs imposées et ce bon ton à l'avenant et du meilleur aloi, au profit, cette nuit-là, d'une conduite aux dehors évidents de sbire. Tout espoir de voir Tonton Nò se maintenir au pouvoir perdu, il n'attendra cependant pas son embarquement sur le Duguay-Trouin, et la veille, dans la nuit du 1er décembre, s'empressera de prendre refuge à la légation de France. Là où l'avait sans doute surpris cette fameuse liste des bourreaux. Laquelle, d'une plume par trop concise et certainement oublieuse à l'excès, nous vaudra, son énergique mais étonnante protestation. Un nom, par conséquent (vœu du destin?), sans nuances aucunes et dans un mutisme effrayant, à tout jamais lié à cette histoire !

Frédéric Marcelin. Une version plus jeune et spontanée, donc, indéniablement plus véridique, de certaines déclarations lues hier dans ses mémoires. Et dont, son rôle bien que largement connu, on gagnerait certainement à prendre connaissance. À l'amateur de façonnage mémoriel que vous ne laissez d'être, lecture chaudement recommandée. Mais... Euh... À faire plus tard en temps et lieu.

Saint-Julien Noël, dit Laboucherie, chef des volontaires du Nord. Son patronyme en moins, omis volontairement ou non, c'est ainsi qu'il est présenté dans la fameuse liste des bourreaux. Ayant accompagné Tonton Nò sur le «Duguay Trouin», il fera partie de ceux, au nombre de neuf, retournés à terre, on ne sait trop pourquoi, laissant à quatorze la suite du nonagénaire (Voir Gaillard *Le Grand Fauve*. P. 334). Réfugié au Cap, il sera arrêté et écroué à la prison de ce chef-lieu, ainsi que nous l'avons appris, sans de telles précisions, dans l'édition du 23 janvier au cours de notre promenade d'ambiance, là où il fera parvenir à L'Impartial cette lettre de protestation, datée du 27 janvier mais publiée dans l'édition du samedi 13 février.

Que raconte-t-il exactement Georges, dites-le moi ?

– Il est profondément étonné de se voir souffrir depuis bientôt vingt quatre jours dans les prisons du Cap-Haïtien, pour, dit-on, avoir pris part à la mort tragique du regretté Mérové Armand. Il jure, pourtant, à Pierre Frédérique, de bien vouloir croire, que durant ces tristes et noirs moments pour les pauvres disparus, il n'était qu'à son poste et ce n'est que le lendemain matin, en allant, comme d'habitude, faire son rapport comme soldat, au Palais, qu'on lui apprit que dix-huit personnes avaient été fusillées cette nuit du 15 Mars. Il ne gagnait que quinze pauvres gourdes par semaine comme chef des volontaires cantonnés tout près du Palais. Il n'a jamais assassiné personne ni fait de mal à personne durant tout son long séjour à Port-au-Prince, au contraire il a laissé beaucoup de regrets dans le coeur de ses nombreux amis. Innocent de tous ces faits sanglants, il jure, au nom de Dieu, que lui-même, a sincèrement pleuré la disparition tragique de ces pauvres frères.

– Un pauvre hère, devez-vous croire, et dont la mention dans une telle liste n'est, tout compte fait, imputable qu'aux égarements de la clameur publique. Mais ne vous méprenez pas. Selon Jules Coicou, cette nuit l'a retrouvé chef du peloton d'exécution ! Dires que d'autres témoignages sinon recoupent du moins laissent croire des plus authentiques. Le nombre 18 que dans sa lettre, il avance pour les victimes ne prête nullement à conséquence. Il est là uniquement pour donner le change. Pour prouver à ceux qui, par hasard, auraient eu une idée du nombre exact des fusillés, combien étranger il devait être à ces exécutions vu qu'il en ignorait jusqu'au nombre des victimes. A certains des volontaires devant qui, de retour à son poste au matin, il se félicitera ouvertement du rôle rempli dans ces événements (parmi lesquels Cicéron

Joseph de qui nous disposons un témoignage) il donnera des détails de noms et un chiffre plus proche de la réalité (Dix ou onze s'est souvenu Cicéron Joseph).

L'Impartial qui disposera d'une interview de lui, faite à la prison du Cap, et qui ne nourrissait aucun doute quant à sa participation à ces sanglants faits, prendra soin de la faire paraître le même jour et en regard édifiant de celle de Cicéron Joseph, l'une à la suite de l'autre (la sienne, la première, évidemment) afin de faire ressortir aux yeux du lecteur, le caractère éhonté des mensonges dont on entendait en toute quiétude et copieusement l'abreuver.

Ce qui exaspère: «...*durant ces tristes et noirs moments pour les pauvres disparus....*

Je vous jure, au nom de Dieu, que moi-même, j'ai sincèrement pleuré la disparition tragique de ces pauvres frères...»

Mentir est une chose, Georges, en arriver là en est une autre.

– Oui, dégoûtant, c'est le moins qu'on puisse dire. Mais passons vite à quelqu'un d'autre.

– Camille Léon. À lire

Limpreville Memnon. A lire ? ...Euh...pourquoi pas.

Christian Régulus. Choisie.

Clément Magloire. Indispensable !

Jules Coicou. La fameuse lettre promise hier et assez révélatrice sur la psychologie un peu particulière de ce personnage. Une protestation dans le goût des autres ? Une parodie, si je ne m'abuse. A lire évidemment.

Maintenant, mettons soigneusement de côté cette pile encombrante de paperasses et occupons-nous de lire ensemble les lettres choisies par nous. Mais, auparavant, une remarque s'impose. Le nombre des protestataires se résume-t-il uniquement à ceux qui, anxieux à bon droit de leur image ou appréhendant les conséquences éventuelles de leurs actes cette nuit-là, ont tenu à faire parvenir leurs lettres ? Absolument non. Il y a ceux qui ont été interviewés et qui nient toute participation aux événements (Trasybulle Laleau, Montreuil Guillaume, Décius Avin, Joseph Blanchard...). Il y a aussi le cas de ceux dont nous ne détenons ni lettres ni interviews mais seulement leurs déclarations lors des assises où ils seront appelés à témoigner (Lamennais Kébreau). Ceux qui ont menacé d'actionner pour diffamation certains témoins (c'est une manière aussi de protestation, non ? Stephen Archer). Au total, reconnaissons-le, une foule nombreuse et ahurissante de protestataires. Ce qui nous met en mesure de pouvoir mieux apprécier l'allusion, lue précédemment, à cet état de fait du général Lorquet.Et aussi ces boutades judicieuses émanant de lecteurs assidus de L'Impartial :

Port-au-Prince, le 8 Janvier 1909
Monsieur Constant Nevers
Administrateur du journal L'Impartial
A propos des protestations

Mon cher Nevers,
Je me suis porté à faire cette réflexion que Massillon Coicou et tous ceux qui sont morts dans la nuit du 14 au 15 mars, ont été les propres auteurs du crime commis sur leurs personnes ; puisque tout le monde proteste et prétend n'en avoir pris aucune part, jusqu'à l'infâme Thimoclès qui s'étonne d'entendre citer son nom.
Cordialement à toi
Emmanuel Toussaint.

Port-au-Prince, le 8 Janvier 1909
Monsieur Pierre Frédérique
Directeur du journal «l'Impartial»
En Ville

Monsieur le Directeur,

(...) Monsieur le Directeur, je m'étonne que la clameur publique ait pu s'égarer ainsi dans le labyrinthe des calomnies en accusant de pauvres et doux petits innocents qui tous dormaient paisiblement et n'ont appris l'assassinat que le lendemain à 6 heures - heure de rendez-vous, ou de ralliement, nous l'ignorons. -
Dans cette circonstance, je me demande si la clameur n'eut pas mieux fait de substituer : «se sont assassinés a ont été assassinés» – même par humanité – Car, eu égard aux profondes connaissances en droit de l'ex-Ministre de la Justice, Monsieur Trasybulle Laleau, (avocat) la justice à rendre ne consisterait qu'à dresser un simple procès verbal constatant que : au lieu d'être pris les armes à la main, les 27 (et peut-être davantage) ont été trouvés morts et enterrés.... les armes à la main. (...)
Dans l'attente,
Je demeure votre dévoué
C. Arnoux

– On ne pêchait pas par manque d'humour !
– Que non. Maintenant lecture. Qui aura l'insigne honneur d'être le premier lu? Camille Léon, député des Cayes ? Oui, allons-y pour lui.

Port-au-Prince, le 7 Janvier 1909.
A Monsieur Pierre F. Frédérique, directeur de «l'Impartial»
En ville
Monsieur le Directeur,

J'ai eu hier soir à vous exprimer ma grande surprise de vous voir porter mon nom au No de l'Impartial du 6 dans la liste des bourreaux des victimes du 15 Mars dernier et je vous ai fait à cet égard une formelle protestation contre une telle accusation.

Je vous ai demandé, en même temps, -puisque le quatrième paragraphe de votre article m'en accordait le droit -si j'étais de ceux dont la culpabilité est incontestable et sur le compte desquels votre conviction est faite.

Vous m'avez répondu que votre loyauté vous commandait de m'avouer que vous aviez des doutes pour ce qui me concernait et que je me trouvais dans la catégorie de ceux à qui s'applique le deuxième alinéa de ce paragraphe quatre.

(*Ceux indexés par une voix isolée ?* – *Absolument*) N'est-ce point le cas de demander à votre impartialité une rectification suffisamment justifiée par les déclarations catégoriques que vous m'avez faites.

En attendant votre réponse, recevez, Mr le Directeur, mes salutations distinguées
Camille Léon, Député des Cayes

– Frédérique avait-il fait réponse à sa lettre ?

– Bien sûr que si, et qui n'a pas attendu. Elle paraîtra dans le même numéro, celui du samedi 8 janvier si je ne me trompe et datée du sept aussi ...Oui, c'est bien ça...la voilà juste en dessous de l'autre et en caractères plus petits...visiblement par faute de place.

La réponse de Pierre Frédérique :

Port-au-Prince, le 7 Janvier 1909.
M. Camille Léon
E. V.
Cher Monsieur,
En réponse à votre lettre de ce jour, je vous confirme ma déclaration que je vous ai faite dans les termes rappelés par votre dite lettre.

Et j'ajoute que bien que votre nom ait été cité comme ayant pris part à cet événement du 15 Mars, j'ai obtenu, d'autre part, au cours de mon enquête, des informations qui expliquent que Emile Williams, Marcelin et vous sortiez quelquefois le soir avec le ministre Marcelin, pour aller au palais ou faire la patrouille en ville.

Cette circonstance me fait supposer que vous auriez bien pu être ce soir-là dans l'escorte du ministre, sans pourtant que vous ayez pris une part quelconque aux massacres du 15 Mars. Maintenant laissez-moi vous dire que mon opinion personnelle est que vous n'avez pas pris une part active à ces saturnales («...*pris une part active*», *Frédérique ne fait pas de cadeau.*)

Il y a des gens, tels que vous et Laleau, par exemple, à la culpabilité desquels, en pareille matière, je ne pourrai croire qu'en présence de preuves manifestes, irréfragables, qui, je l'avoue, ne m'ont point été fournies contre vous, comme je les ai obtenues contre d'autres.

Voilà, mon cher Léon, la réponse que loyalement, je peux faire à votre lettre.

Recevez mes salutations distinguées

P. F. Frédérique

Les circonstances qui verront son nom figurer dans l'un ou l'autre des témoignages sont, si je ne m'abuse, clairement exprimées ici par Frédérique. On affirmerait l'avoir vu, le soir du 14 mars, dans cette ronde nocturne de patrouille opérée régulièrement en ville par Frédéric Marcelin. Ce témoignage malheureusement ne nous est pas parvenu. Parmi ceux dont nous disposons, deux font, sans conteste, mention de lui, ceux de Josias Ambroise et de Mme Théoma Laporte à qui, pour confirmer vraisemblablement d'autres dires, la question sera posée si les faits dont ils témoignaient avaient vu sa présence cette nuit-la, sur le théâtre assuré de leur déroulement. Les réponses négatives de ces témoins ne sauront point les garder cependant de laisser libre cours à des déclarations d'une pertinence à tout le moins douteuse sur son compte. Déclarations dont vous aurez certainement l'occasion de prendre connaissance plus loin. Mais qui, pour passer outre des règles formelles du témoignage, ne doivent point et ne sauront nullement trouver d'écho en nous...Place, je vous prie, à quelqu'un d'autre. Limpreville Memnon ?... Un peu longue non ?... Mais tant pis ! ... Lisons-la quand même.

Port-au-Prince, le 7 Janvier 1909.
Monsieur P. F. Frédérique
En ville.
Monsieur,
Ce n'est pas sans un étonnement bien grand que j'éprouverai jusqu'aux restes de mes jours que j'ai lu, dans le No 4, de votre journal

«L'impartial» paru hier, 6 du courant, mon nom parmi ceux de la liste des bourreaux du 15 Mars de l'année dernière.

Je vous dirai, Monsieur, que j'ai un nom de famille que je me suis toujours évertué à respecter et à faire respecter en dépit de tout, et que je dois transmettre à ma postérité, tel que je l'ai reçu (*Une fréquentation plutôt assidue de Corneille non !*)

D'abord, je ne m'appelle pas : Mimpreville Memnon, mais bien : Limpreville Memnon ; puis, je veux bien croire qu'en me portant dans cette liste énumérative vous avez été mal informé, et que les explications que je vais avoir l'avantage de vous fournir seront de nature à modifier la mauvaise opinion que vous pourriez avoir de moi et à faire rayer mon nom de ce cadre lugubre et néfaste.

J'ai perdu, le 10 Mars, ma fille Germaine dont l'inhumation a eu lieu le 11 dans l'après-midi. Mes regrettés amis Horace et Massillon n'avaient point manqué d'honorer ma famille qui pour la première fois payait son tribut à la nature, de leur visite de condoléances. Cette malheureuse tragédie dont ils furent les principales victimes, m'était donc tout à fait étrangère, car d'ordinaire, je me réveille à six heures du matin. [*Ai-je bien lu ? Absolument. Il n'a pas pris part à cet assassinat parce que d'ordinaire il se réveille à six heures. C'est bien ce qui est écrit là, noir sur blanc Et s'il se réveillait à quatre heures, y aurait-il pris part ?- On est en droit de se le demander en effet. - Des arguments plutôt solides hein, de la part d'un député du peuple*]

Ce jour, dimanche, j'étais assis, comme de coutume, sous ma galerie intérieure, et tandis qu'on me servait le café, j'entendis des cris de femmes qui traversaient le Champ de Mars. Je parus à ma barrière, non par esprit de curiosité, mais par pur sentiment de sensibilité, tant que ces cris m'arrachaient profondément le coeur, et que vois-je : des dames, des jeunes filles éplorées qui s'en allaient du coté du pont du Bois de chêne. [*Les parents des Coicou sans doute. Ils habitaient, je crois l'avoir dit, le quartier connu de nos jours sous le nom de Ruelle Romain. Lequel n'accordait d'accès à ce coté-ci du Champs-de-Mars, le coté Est, que par ce modeste pont métallique disparu sous l'occupation*] . Renseigné sur les douleurs poignantes de ces femmes affolées, je me rendis en toute hâte au Palais afin d'avoir plus amples édifications, et c'est là, Monsieur, croyez-moi sincèrement, que j'ai commencé à mépriser certains de mes semblables. [*Quel lenteur ! S'il n'attendait que ça pour commencer à mépriser non pas ses semblables mais certains d'entre eux, il doit avoir eu un choc alors. Car, au rendez-vous do-*

minical de la petite revue,[8] ce matin-là, une faune plus que nombreuse se bousculait orgueilleusement au Palais, ne tarissant point d'éloges sur ce danger conjuré]

Dans ma vie publique et privée, j'ai toujours évité l'épithète outrageante de brigand, j'en appelle à ceux qui ont été témoins de mon enfance, et qui ne m'ont jamais marchandé leurs conseils; ce qui m'a permis de marcher droit mon chemin. Je me suis toujours respecté, malgré les affronts dont j'ai été plus d'une fois abreuvé durant le septennat du Général Nord, et je les subissais, savez-vous pourquoi? C'est que le plus faible, comme l'on dit, doit être le plus malin. [*Méfiez-vous de ceux qui ont le mot honneur à la bouche et dont le Dieu profond est la réussite -À qui avez-vous piqué cette phrase ?-Euh...Je ne sais plus*] Mon entrée libre au Palais était purement futile, car le public était plus informé que moi des faits qui se déroulaient dans le Cabinet intime du Président, et toujours, c'est par l'opinion publique que j'étais renseigné, malgré ma persona grata.

Est-ce étrange?...Eh bien ! Souvent il arrivait que je ne figurais pas avec le Président, mais bien avec sa femme de regrettée mémoire qui tenait beaucoup à ma famille, qui s'y intéressait en un mot, et vous pouvez appeler en témoignage certains de vos amis du Nord actuellement à la Capitale.

Je m'attendais bien à être noirci un jour par mes contempteurs politiques, [*Que de grands mots !*] car, comme l'a dit l'honorable Monsieur Louis Joseph Janvier, dans les «Les affaires d'Haïti» : «En politique surtout, la calomnie est un baptême, une consécration.» Or, cette fausse accusation n'est qu'une manifestation évidente des responsables qui me reprochent amèrement de ne les avoir point suivis sur la route de l'exil ou cherché asile dans une légation quelconque ; mais fort de ma conscience, je ne faillirai pas devant une conduite qui a été respectueuse et irréprochable. Maintenant, que ceux dont les noms sont énumérés dans votre journal comme bourreaux ou même ceux qui ont été miraculeusement échappés aux Saturnales du 15 Mars, témoignent m'avoir vu hors de chez moi durant cette nuit par trop mémorable pour le Pays !

Ma défense a pour but d'ôter un opprobre flétrissant, une tâche indélébile sur un nom que j'ai reçu immaculé et de le laver devant la postérité.

Telle est, Monsieur, la raison positive qui me porte à vous adresser la présente à laquelle vous serez assez obligeant de donner publicité dans le plus prochain numéro de votre journal.

---

8   La petite revue ou parade du dimanche.Moins grandiose que la revue qui avait lieu, celle de Port-au-Prince, le plus souvent au Champ-de-Mars, le premier dimanche du mois et jours de fête nationale, elle se déroulait,elle, dans la cour du palais et après la grande messe de sept heures. Ne mobilisant nullement troupes de ligne et garde nationale, y participaient uniquement donc les corps de la garde du gouvernement et les aides de camp réguliers et honoraires.

Recevez, Monsieur, mes salutations,

L. Memnon aîné

Notaire

Député au Corps Législatif

– Laissez-moi vérifier, oui...député de Grand-Bois.

– Un personnage absolument digne de la plume d'un Fernand Hibbert, non ?

– Ou, dit autrement, la preuve que son réalisme était sans failles, ou qu'il ne s'échinait nullement à chercher ses modèles.

– Qui a cité son nom?

– Il ne se retrouve dans aucun des témoignages parvenus à nous. Une voix isolée, sans doute et n'émanant pas forcément du camp des responsables ainsi que le-plus-faible-devenu-bien-trop-malin Memnon entend nous le faire accroire.

– Ah ! ah ! ah ! Rien ne vous échappe vous.

– Pas ces petites ruses à la pelle quand même ! Mais ne nous y attardons pas outre mesure. Place à quelqu'un d'autre...À Emile Marcelin, écrivain à ses heures et député de Petit-Goâve.

– Ok... Allons-y pour lui !

Port-au-Prince 8 Janvier 1909.

Monsieur Pierre Frédérique

Directeur du Journal « l'Impartial»

En ville.

Monsieur le Directeur,

J'avais pris depuis longtemps l'habitude affectueuse d'aller passer quelques heures, après dîner, avec mon parent, M. Frédéric Marcelin. Le soir du 14 Mars, j'avais été comme de coutume le voir, et après avoir causé de choses et d'autres, ne relevant nullement de la politique, il me demanda de l'accompagner en ville. J'acceptai. Nous fîmes en effet une tournée ensemble, et à ce moment Port-au-prince était bien calme, à notre retour, nous avons passé au Palais National, pour regagner quelques heures après, notre demeure. Et en me séparant de lui, vers les onze heures environ, il me dit avec la satisfaction du devoir accompli : «Mon cher Emile, je viens d'arracher au président la promesse formelle que Massillon Coicou et ses frères qui viennent d'être arrêtés par les ordres de son excellence, seront jugés selon les formes légales». J'affirme que M. Frédéric Marcelin n'a fait, ni assisté à aucune arrestation.

Je suis donc rentré chez moi tranquillement, et j'étais depuis fort longtemps dans mon lit, quand ma femme me réveilla pour me dire qu'elle avait entendu des coups de feu.

Je ne sus véritablement ce qu'il y avait que le lendemain matin vers les six heures, en me rendant chez ma belle-mère qui m'avait fait appeler pour m'annoncer l'arrestation de mon beau-frère, le commandant Léonce Laraque, (*L'un des cinq officiers, souvenez vous, qu'aux dires de la manchette, Massillon n'avait point hésité à dénoncer.*) par un ami qui me fit le récit de ce drame douloureux qui coûta la vie à tant de concitoyens...J'affirme n'avoir assisté à l'arrestation de qui que ce soit, encore moins à des exécutions sommaires.

Vous comprendrez, Monsieur le Directeur, combien grand a été mon étonnement de voir dans le numéro de votre journal «L'impartial» du 6 Janvier, mon nom figurer dans la liste des bourreaux du 15 mars.

C'est assurément un malveillant qui vous a induit en erreur et a cité mon nom parmi ceux qui ont la responsabilité de ces regrettables événements. Je proteste contre cette infamie et vous demande de donner à la présente, la publicité à laquelle j'ai droit.

Recevez, Monsieur le Directeur, mes salutations.

Emile Marcelin

Député du peuple

Voilà une lettre des plus énigmatiques, admettons-le, et qui, à la relire, Georges, ne laisse de me plonger dans un abîme renouvelé de perplexité. Etant donné ce qui se tramait ce soir du 14 mars, pouvez-vous croire que la conversation entre un ministre de l'Intérieur a. i (jusqu'à ce jour au moins car, j'en prends le Moniteur du mercredi 18 mars à témoin, cette vacance ministérielle datant du mois de janvier n'avait été enfin théoriquement comblée que ce jour du 14 mars et, s'il faut en croire Montreuil Guillaume, autour de onze heures du matin) oui, pouvez vous croire que la conversation entre un tel ministre et un député de ses cousins n'ait à aucun moment roulé sur la politique ? Soit !

Les tournées nocturnes de Frédéric Marcelin étant essentiellement faites, selon Marcelin lui même, «en vue de veiller à la sécurité publique», pouvez-vous croire qu'Emile Marcelin ait pu être gagné à l'accompagner ce soir-là sans qu'à aucun moment allusion aucune n'ait été faite, ou que ne soient parvenus à eux au moins rumeurs des événements en cours. Pourtant, dans cette lettre qui a réussi la difficile prouesse de soustraire à nos yeux avides d'informations toutes données immédiates ou à chaud du moment ...euh...d'ordre situationnel (relisez donc cette performance !) lesquelles, on imagine bien, ne devaient se rapporter qu'aux faits nous préoccupant, vainement y chercherait-on la moindre petite trace.

Remarquez la manière presque incidente dont il fait allusion aux arrestations. Lesquelles, interdites d'introduction (dans une narration, introduire ne vise que trop à une ouverture franche de champ!), tombent sous nos yeux ahuris presque à brûle pourpoint. Dans sa relation des événements, dont nous avons lu un important extrait hier, souvenez-vous, avant de commencer ce soir-là et en compagnie de ses adjoints et de quelques amis, les tournées qu'il faisait régulièrement en ville, n'était-ce point au Palais où il s'était, nous dit-il, comme de coutume rendu que Frédéric Marcelin nous a clairement laissé entendre avoir été au fait des arrestations qu'on venait d'opérer ? Or si lui, Emile Marcelin, ainsi que nous le voyons l'affirmer du reste, avait accompagné au Palais Frédéric Marcelin, nul doute qu'il en eût mot au Palais tout aussi bien, ou, à supposer que Frédéric Marcelin soit oublieux de ces circonstances (c'est toujours chose possible, mon ami), en tout autre lieu ou à tout autre moment où ces faits furent portés à leur connaissance pour ainsi dire simultanée. Or que laisse-t-il entendre? Que ce serait de la bouche de F. Marcelin qu'il aurait appris ça, et ce, comme une confidence faite par ce dernier au moment tardif des adieux. Pas correct du tout. C'est abuser pour rien de notre sottise. Cela dit, son nom n'est cité qu'une seule fois dans cette enquête et par Josias Ambroise, dont nous avons parlé plus haut et dans des circonstances à peu près identiques à celles qu'il donne pour motif de sa sortie ce soir du 14 mars. Sauf que l'heure à laquelle Josias Ambroise affirme l'avoir vu dans l'escorte de Frédéric Marcelin, laisse croire à une présence un peu plus tardive dans les rues qu'il ne le laisse entendre (entre 11 heures et minuit). Par le rapport que fera tenir au secrétaire d'Etat de la Justice, la commission spéciale de la Chambre des représentants chargée de statuer sur la levée des immunités parlementaires des députés impliqués dans cette histoire, durant l'instruction, apprendrons-nous, Auguste Armand, avait laissé entendre sa présence chez Roche Armand lors de l'arrestation de ce dernier. Fait qui n'a nullement été prouvé.

Oui, pour plus cons que nous sommes ! Il n'y a pas de doute ! … Mais poursuivons.

– Y a-t-il des raisons de supposer Frédéric Marcelin oublieux de telles circonstances ?

– Ai-je laissé entendre ça ?

– Absolument.

– C'est que je m'évertuais à faire en sorte que ma formulation tienne un peu compte des contradictions par trop criantes entre les témoignages de ces deux cousins. Mais cela ne vaut vraiment pas la peine de s'y arrêter ou, tout au moins, pas pour le moment. Car, avant cette plongée inévitable dans les faits cruciaux de cette nuit-là, en temps et lieux, comme annoncé, je me réserve bien de faire, et pour le bien de la logique, une station ultime et bien nécessaire à notre mémorialiste. Et ce, afin de tirer au clair, et eu égard à certaines données de cette enquête, les palinodies absurdes dont ne laissent d'être entachées certaines de ses déclarations.

On en parlera donc à ce moment. Ah ! Vous insistez. Oui, il y a raison de supposer Frédéric Marcelin oublieux de telles circonstances...Si, ainsi qu'il l'avance, il aurait appris les arrestations opérées au Palais et ce, avant même que ne débute sa ronde de patrouille en ville (laquelle pourtant, dans cette lettre que nous venons de lire, prend chronologiquement place, remarquez-le, avant cette visite édifiante du Palais), il y a lieu de croire celle-ci amorcée bien tardivement alors ou assez pour que Emile Marcelin, pourtant invité par lui, et qui affirme y avoir pris part, n'y ait eu le temps que de maigrement y figurer car Horace et Pierre Louis ont été arrêtés entre 10 heures 30 et 11 heures. Deux témoins, Clément Coicou et Clarisse Coicou avancent même 11 heures (heure, remarquerez-vous, qui est celle avancée par Emile Marcelin pour être approximativement celle de leur séparation).

– Intéressante remarque, il n'y a pas à dire. Et selon vous, j'imagine, il y a oubli intentionnel ?

– Absolument.

– Donc manipulation chronologique ?

– L'omission exceptée, c'est, jusqu'à preuve du contraire, le recours le plus fréquent de cette sorte étrange d'oubli, que je sache ?

– Et qui masquerait quoi ?

– Ce qui, à l'évidence, a du gêner notre romancier : certaines arrestations s'étaient opérées au moment de ses tournées de patrouille en ville. De peur d'être jamais confondu avec un Arban Nau ou un Théagène Cinéus par exemple, à la postérité crédule, il préfère donc laisser entendre avoir fait irruption sur la scène au moment où tout s'était déjà enclenché. Où le premier acte de l'irréparable (l'arrestation des frères Coicou, si ce n'est tout simplement l'arrestation de tout le monde ! Il dit : on m'apprit alors l'arrestation des conspirateurs. Relisez-le et dites-moi ce que vous en pensez) était déjà comme consommé. Sacré farceur ! Mais nous y reviendrons, je vous le promets, pour le moment, poursuivons tranquillement notre chemin. Euh... avec Christian Régulus cette fois-ci :

– Une petite remarque auparavant. L'heure à laquelle Emile Marcelin affirme avoir été mis au courant des événements (6 heures) est étonnamment identique à celle à laquelle Beaumont Dennis affirme avoir appris d'Auguste Armand, la fusillade de son frère Roche (6 heures), en avance d'une demi heure seulement de celle de Clément Magloire si je me base sur l'extrait, lu hier, de sa lettre (6 heures 1/2). On ne peut s'empêcher de se demander comment des hommes tout à fait en dehors du théâtre des événements purent avoir été au fait de leur accomplissement à la même heure ou à peu près que l'aide de camp Lerebours qui, lui, de service cette nuit-là, payait d'une présence nécessaire au Palais. Un peu curieux tout de même ?

– Absolument...Et, dans l'oubli, je l'avoue, d'aussi intéressants faits, j'ai tenté, en me basant uniquement sur le témoignage de Joseph Blanchard de le faire ressortir précédemment. Mais ainsi que je l'ai dit, ne nous empressons nullement de tirer quoi que ce soit de conclusion d'un tel non sens qui, tout compte fait, peut avoir son origine dans une erreur de L'Impartial (une coquille ça arrive, nom de Dieu !) ou tout aussi bien dans une défaillance de mémoire de l'aide de camp Lerebours dont la confrontation avec Mme Théoma Laporte, à laquelle nous devons cette information d'heure, a eu lieu quelque dix mois après les événements. Oui, ne nous empressons en rien, je vous prie, et, comme annoncé, cédons la place au journaliste Christian Régulus, ex-directeur du Trait d'Union, organe au service du gouvernement de Nord Alexis :

> Port-au-Prince, 7 Janvier 1909
> Me Pierre Frédérique,
> Directeur politique et Gérant du journal l'Impartial
>
> Monsieur le Directeur,
> Je suis absolument étonné de voir mon nom figurer dans la liste des bourreaux du 15 Mars dont votre numéro du 6 du courant donne la nomenclature.

– [*Ils sont tous étonnés, ce n'est pas possible !*
– *Hé oui !*
– *Personne n'a dit, mon devoir de journaliste ou de député m'imposant telle attitude que ma lâcheté...euh...qu'un manque regrettable de courage nécessaire m'interdisait, je ne suis pas étonné du tout.... etc, cependant... C'aurait été merveilleux tout simplement, non? Au lieu de ça...Mais laissons-le poursuivre.*]

> Pour m'arrêter à un passage de votre article notre enquête, je veux bien croire que cette dénonciation peut être l'effet de haines personnelles que vous ne devez point servir comme vous l'avez bien dit, et vous avez aussi pour mission, à mesure que vous reconnaissez l'innocence des accusés, de vous empresser de les laver aux yeux de l'opinion publique.
> J'ai eu comme Rédacteur du journal «Le Trait d'Union» que je dirigeais sous le gouvernement de Nord Alexis à parler de cette fatale nuit du 15 Mars qui a fait l'objet d'un article de tête intitulé «La nuit du 14 au 15 Mars. » Le plus grand nombre de ces victimes étaient mes amis, entre autres, Massillon Coicou qui m'aima à l'égal d'un frère et dont la collaboration littéraire au «Trait d'Union»a su agrandir davantage notre amitié.

Comme beaucoup d'amis du gouvernement, j'ignorais tout à fait ce qui allait se passer dans cette nuit où l'on a vu tomber sous les feux de la fusillade des citoyens arrachés sommairement de leur lit. Ce n'est que le lendemain matin, descendu de Turgeau pour la ville, que j'ai appris ce qui venait de s'accomplir. Ne croyez pas, Monsieur le Directeur, que le journaliste, sous le système déchu, était mieux renseigné sur les événements du jour qu'un simple particulier. Il arrivait bien souvent pour lui d'être mis au courant de certains faits que par ce qu'on en disait dans le public. Voici pour vous édifier sur ce que j'avance un passage relatif à la nuit du 14 au 15 Mars.

«Dimanche 15 du courant, toute la population se réveillait au bruit d'une assez vive fusillade. Les esprits étaient inquiets. L'atmosphère était voilée d'une ombre de deuil. Dans le ciel livide de tristesse accablante, quelque chose flottait d'insaisissable et vague. L'on avait comme l'impulsion (*impression?*) d'une nuit où venait de se passer quelque chose d'étrange. L'on s'abordait anxieux, l'on s'interrogeait et chacun se gardait de dire ce qu'il avait entendu ou appris. Par les rues presque désertes, passaient pourtant alertes, les militaires en casernes. Et les esprits seraient restés dans cette situation anormale, si l'ordre du jour publié dans les rues de la capitale n'était venu dévoiler à la population ce qui venait de s'accomplir ou à quelles hécatombes elle venait d'échapper. [*Sous-entendu si le dit complot n'avait point été drastiquement maté. Et voilà ce qu'il jugeait digne d'être repris dans une lettre de cette nature. Et apte à plaider haut contre toute possibilité de soupçon à son endroit. Nous ne pouvons qu'en rire !*]

«Cette publication nous a annoncé que l'autorité ayant surpris dans la nuit du 15 Mars, armes et munitions à la main, les chefs d'une conspiration, ces derniers furent fusillés» [*Sous le couvert prudent d'une citation pure et simple et non assumée de l'ordre du jour, et dans l'absence, reconnaissons-le, de ce ton vitriolique dont a fait montre Le Matin, voilà une fois de plus relayée la même version officielle des circonstances de ces fusillades.*]

Ainsi donc, Monsieur le Directeur, voici avec toute ma conscience de journaliste, comment j'ai eu à parler de ces événements qui ont soulevé l'indignation générale de la presse Européenne. [*Et dont on chercherait vainement un quelconque écho dans le Trait d'Union du moment*] Qui ont été les exécuteurs de ces hautes oeuvres? Je ne puis vous le dire. Mon rôle pour ce qui me concerne est de me justifier de cette dénonciation, oeuvre de la malveillance et d'adversaires dont j'ai eu à flétrir les actes dans mon journal ou que j'ai dû atteindre indirectement par la violence de mes écrits.

Mais qu'importe, je n'en reviens pas ! ! !

(...) Me sentant innocent de cette accusation calomnieuse et intéressée, je ne puis laisser planer sur mon compte aucun soupçon dangereux et mon devoir, tout en me justifiant, est de vous prier encore une dernière fois de dire que si j'ai servi comme journaliste le Gouvernement du Général Nord Alexis, je n'ai jamais pris part à aucun acte criminel ni infamant !

Je vous saurai gré, Mr le Directeur, de reproduire ma lettre dans votre prochain numéro.

Je me tiens aussi à la disposition de vos reporters pour tout interview nécessaire.

Recevez, Monsieur le Directeur, l'assurance de mes salutations distinguées.

Christian Régulus

Ex Directeur du journal le Trait d'Union.

Directeur actuel de la « Sagesse «

– Avait-il été interviewé ?

– Pas que je sache. Frédérique sans doute n'avait point jugé nécessaire un tel fait. Aussi bien que celui de Clément Magloire, son nom ne figure dans aucun témoignage parvenu à nous. À quoi donc devaient-ils de figurer dans une telle liste ? Moins à la mauvaise foi d'adversaires d'hier épris de revanche, ainsi que les deux se complaisaient à le faire accroire, à leur caution indéniable de journalistes aux faits sanglants de cette nuit-là ? Ça m'en a tout l'air. Et si oui, à l'origine d'un pareil fait, a-t-on tort de soupçonner la main intransigeante et impétueuse de L'Impartial ? Pour l'édification de tous, pourquoi ne l'avoir pas souligné alors ? Car, à mes yeux, là seul résiderait son tort. Car la plume, que certains prennent plaisir à opposer à l'épée, se révèle très souvent son soutien le plus efficient et le plus sûr. Maintenant place nette à l'enquête qui ne nous attend que depuis trop longtemps déjà.

– Quoi ! Vous êtes fou ! Et cette fameuse lettre de Clément Magloire ! Et celle, promise hier, de Jules Coicou ! Que, dans leurs numéros respectifs, je vois bien encadrées au feutre rouge, à nous attendre; de notre part, elles mériteraient bien ne serait-ce qu'un petit coup d'œil, si je ne m'abuse !

– Ah ! ah ! ah ! Ne faites pas cette tête-là, mon cher Georges. C'est bien mon avis aussi. Mais pour tester votre intérêt, m'assurer que je n'ennuyais pas, j'ai eu recours à cette plaisanterie, un peu ridicule et éculée, je l'avoue.

– Tant mieux alors.

– Place maintenant à leur lecture pour finir.

– Laquelle le sera la première ?

– Celle qui est à côté de la pile. Elle est de l'auteur de la manchette si je ne me trompe...Oui, c'est bien ça. Lisons-la intégralement cette fois-ci, avec en mémoire, bien entendu, sa fameuse et bien terrible manchette !

A Monsieur P. F. Frédérique
Directeur de «l'Impartial»

Monsieur le Directeur,

Dans la liste des bourreaux que vous avez publiée hier, «les noms de ceux qui ont pris une part active à l'assassinat des victimes du 15 Mars 1908» mon nom figure en bonne place. [*Voilà qui nous change un peu de cet étonnement invariable, prélude jusque-là de presque toutes les lettres. Mais, à lire de près, me direz-vous, il n'en sonne que plus fort. Le style, mon cher ami !*] Absent du pays à l'époque où s'accomplissaient ces événements, vous ne pouviez certainement pas savoir l'attitude que j'ai eu à prendre. Mais ceux qui vous entourent auraient pu avoir la bonne foi de faire taire leurs haines pour parler le langage de la vérité.

– [*Ai-je bien lu ?*
– *Hé oui ! mon vieil ami*]

Tout le monde connaît les liens d'affection qui unissaient Massillon Coicou et moi. Ceux qui actuellement se servent du cadavre de ce poète pour venger leurs rancunes font une oeuvre mauvaise. Si les morts pouvaient se faire entendre, l'auteur de «1804» [*Ce n'est plus le chef de l'expédition, avez-vous remarqué ? Il y a des moments où Paris doit être appelé Paris, Georges, et d'autres, Capitale de la France. Blaise Pascal. Euh... de mémoire stylistiquement défaillante, évidemment.*] les eût rappelés à la raison et priés de respecter sa mémoire, car ce n'étaient pas eux qui le soutenaient dans ses jours de détresse... [*Il n'hésita pas à dénoncer ses complices. Qui donc l'avait écrit ? Etait-ce, par hasard, vous mon vieux Georges ! Quelle platitude !*]

J'appris le 15 Mars à 6 h. 1/2 du matin, que des exécutions avaient eu lieu dans la nuit. Je me préparais à sortir pour demander les noms des victimes quand je fus appelé au Palais National. Je me dépêchai de m'y rendre. C'est là que je fus mis au courant de l'exécution des frères Coicou et de Félix Salnave seulement. On me demanda de faire paraître un Numéro extraordinaire ce dimanche même. Ce n'était pas possible et le numéro parut le lendemain avec les renseignements qu'on m'avait fournis. - Je sus les noms des autres victimes par M. José de Armas, correspondant du Hérald. [*Paragraphe déjà l'objet d'une attentive lecture*]

Cependant, je résolus de faire la lumière sur la sanglante tragédie du 15 Mars et j'en parlai aux membres de la rédaction. Mon ami David Borges sollicita pour moi un entretien du Général Nerette, qui se trouvait à la légation de France et j'obtins les renseignements qui parurent dans le Matin du 26 Mars.

L'apparition de cette interview sensationnelle produisit une émotion considérable et provoqua presqu'une révolution. [*Autre paragraphe déjà lu, évidemment*] Ce numéro fut tiré à près de 5000 exemplaires. Le Général Coicou, après avoir proféré des menaces publiques devant mon imprimerie, s'arrêta, au coin de la pharmacie Centrale, faisant saisir et déchirer tous les exemplaires du journal qu'il voyait entre les mains des passants. Et le soir, l'Hôtel Bellevue où je me tiens, était cerné par les sbires du gouverneur.

Dites moi, Monsieur le Directeur, la main sur la conscience, si, complice du Général Coicou dans les exécutions du 15 Mars, dont je n'ai été au courant qu'à six heures du matin, [*6 hres ou 6hres 1\2 ? Guère important. Notez en tout cas l'identité parfaite ici avec l'heure Lerebourienne*] j'eusse pu prendre vis-à-vis de lui cette attitude d'accusateur, je n'eusse pas été dénoncé par lui. [*Réduction bien malicieuse des responsabilités. Qui l'a accusé de pareille chose ? Complicité dans les faits du 14 au 15 mars et non complice du général Coicou, que je sache. Complice des complices du général Coicou à la rigueur.*]

Mais là ne s'arrêta pas ma mission. Un de mes employés, Mr Léonce Auguste, allié aux Coicou, m'ayant affirmé que les déclarations du Général Nerette étaient exactes, que c'était bien Jules Coicou qui avait immolé les victimes [*La bonne blague ! Le voilà qui s'entête à persévérer dans la réduction. Pourquoi, dites-moi, cet acharnement à vouloir à tout prix faire porter à Jules, seul, le chapeau de cette abomination ! Incroyable, non ? Au lendemain des exécutions, les mains encore tachées du sang des fusillés, on ne verra pas moins Montreuil Guillaume faire à son ami Auguste Bosq, ces déclarations saisissantes : «tout cela, c'est l'œuvre de Jules Coicou. On devait arrêter et non exécuter». Oui les mains tachées de sang ! ... Est-ce seulement concevable! Mais laisson-le poursuivre*] et qu'Emmanuel Coicou, réfugié à la Légation Allemande, détenait une carte par laquelle il était invité à se rendre à l'Arrondissement, je le priai de demander pour moi une entrevue à Emmanuel Coicou. Celui-ci accepta. Je me rendis en toute confiance à la légation Allemande. Au moment où Emmanuel Coicou qui était à ma disposition se préparait à me faire les révélations promises, une bordée d'injures, de huées et d'insultes m'environna soudain. [*La preuve qu'on avait bien lu la manchette et qu'elle ne laissait de faire très mal*] Je dois aujourd'hui un public hommage à Mr Callard à qui j'expliquai le but de ma visite et qui calma ses amis. Je pus alors prendre congé. Entre temps, on avait déchiré les feuillets de mon carnet où je venais de transcrire une déclaration de Mr Aurel Granville Bonaparte.

[*Contenue déjà dans la correspondance échangée à l'occasion avec*

Von Zimmerer, ministre d'Allemagne et parue dans l'édition du jeudi 2 avril 1908 du Matin, cette assertion de Magloire ne laisse d'intriguer Georges (L'un deux même déchira avec violence les feuillets de mon carnet sur lesquels je transcrivais des renseignements que me fournissait M. Aurel Granville Bonaparte, dira-t-il à ce moment à Zimmerer, parlant de ces réfugiés en ire). Pourquoi cette emphase déplacée, est-on en droit de se demander, surtout chez un homme qui, pour la connaître à fond (on l'a vu à l'œuvre dans la manchette !), mesurait la portée de la moindre petite virgule ? Il n'y a pas moyen de le prouver, et je le dis sous toutes réserves évidemment, si cette déclaration est celle qui paraîtra plus tard dans le Matin du 21 janvier sous la plume d'Aurel Auguste Bonaparte (une seule et même personne ? Price Mars parlera de Bonaparte Auguste, firministe bien connu à l'époque, lequel eut un fils du même nom, homme de loi bien connu, Granville Bonaparte Auguste) ne faut-il pas y voir une manière astucieuse de Magloire de se justifier de n'y avoir point fait écho à ce moment ? Elle laissait clairement entendre que Paul st Fort était mort pour avoir été confondu avec un nommé Paul St Fleur (Benjamin St Fleur Paul, ancien colonel de régiment, cité par Price Mars pour avoir été sur le front du Limbé en 1902). Oui, une manière astucieuse mais, dans l'incapacité de le jamais prouver, je l'avance sous toutes réserves, évidemment.]

Pendant plusieurs jours, je fus inquiété par le Général Coicou qui m'accusa auprès du Général Nord d'être de connivence avec les soldats du 30e Régiment pour un mouvement contre lui. Je fus défendu par le Général Bellomon, le colonel Seide et d'autres officiers du 30e, ainsi que par MM Camille Gabriel et Hector Jn Joseph qui avaient approuvé la campagne du Matin contre le Général Coicou. *[Paragraphe ayant également déjà fait l'objet d'une lecture attentive]*

Quand donc Port-au-Prince a vu mon nom parmi les «bourreaux», ce fut une stupéfaction générale. Je savais bien, Monsieur le Directeur, que beaucoup d'individus ne me pardonneraient jamais de n'être pas arrivé au pouvoir, *[Qu'entend-il exactement par là ? En général c'est plutôt l'inverse, non ?-Une manière adroite de laisser entendre qu'il ne faisait nullement partie du gouvernement Nord Alexis- Ah ! Je vois]* mais je ne pourrais supposer que leurs passions les pousseraient à de tels excès.

Comme c'est mal servir une cause, la cause de celui avec qui j'étais dans les meilleurs termes et qui m'écrivait quelques semaines avant sa fin tragique à propos d'une affaire d'intérêt :

Mon cher Magloire,

«Placez le moyen terme vous-même ; je veux croire que nos deux consciences sont faites pour s'accorder, elles s'accorderont. Ce que je désire, je vous l'avoue en toute loyauté, c'est que vous ayez ma préférence, pour mainte raison.»

De coeur

M. Coicou

Non, on ne porte pas ainsi atteinte bénévolement à la réputation des gens, simplement parce qu'on les hait. Non seulement, j'ai déploré les événements du 15 Mars [*Ai-je bien lu ?*] et nombreux sont les amis qui peuvent l'attester, [*I love that one.*] mais encore j'ai fait mon devoir. [*De porte-parole acerbe, féroce d'un gouvernement d'abord, de plumitif au service d'une clique embarrassée ensuite, il n'y a pas de doute.*] Cela n'a pas été sans péril. [*À voir le ton mielleux arboré dans sa lettre par Jules Coicou, il avait été des plus grands en effet.*] L'oeuvre que vous poursuivez en ce moment, je l'ai entreprise le premier. [*Quel culot !*] La chose avait une telle gravité, qu'aucun des journaux n'osa reproduire le réquisitoire formidable dressé par le Matin. Ce fut un acte de grand courage.

C'est ce qui restera quand les calomnies dressées contre moi se dissiperont [*C'est mon souhait le plus profond et de tout cœur pour vous, monsieur Magloire*] et que les ennemis que je me suis créés, revenus forcément de leurs erreurs, laisseront la place libre à la justice souveraine à qui reste toujours le dernier mot.

Veuillez agréer, Monsieur le Directeur, mes meilleures salutations [*Chapeau bas, Mister Magloire!*]

Clément Magloire.

– Un choc, non ?

– «*L'auteur de 1804 les eût rappelés à la raison et priés de respecter sa mémoire*» ! Que n'aura-t-on pas vu, dîtes-moi, sous notre malheureux soleil !

– Hé oui ! Mais sa lettre avait été bien lue. A preuve, d'une Léonie Coicou, alors âgée de 18 ans, et, à tout prendre, encore inconnue du public,[9] cette réaction d'une spontanéité émouvante à laquelle, il ne serait peut-être pas superflu d'accorder un peu de temps :

Monsieur le Directeur,

C'est avec une réelle stupéfaction que j'ai lu l'article de M. Magloire, disant qu'il avait soutenu mon père dans ses jours de détresse. Je serais vraiment bien aise d'entendre ce monsieur s'expliquer amplement à ce sujet. Je n'ai pas à rougir en disant que mon pauvre père, avec une famille de onze enfants, était parfois obligé de faire le sacrifice de ses émoluments et de ses intérêts pour vivre. A l'appui de cela, j'apporte le

9 Elle deviendra par la suite l'une des meilleures actrices de son temps, enseignante et directrice d'école (l'Ecole Thomas Madiou) et l'une des féministes haitiennes marquantes et convaincues.

pli dont M. Magloire fait état et qui établit seulement une transaction. Le régime de honte et de crimes de M. Nord a fait sept émissions qui n'ont pu même suffire à ses suppôts ; mon père, malgré ses aptitudes que je laisse à d'autres le soin d'apprécier – l'a traversé en éprouvant des jours de grande détresse, détresse que M. Magloire n'a sans doute jamais connue... et ne connaîtra jamais...C'est ainsi que dans l'après-midi du 14 mars, mon pauvre père venait de percevoir du Département de l'instruction publique une valeur d'environ 100 gourdes, pour des ouvrages vendus à ce département. - Monsieur Laleau va t-il aussi se prévaloir, comme une faveur faite à mon père, le fait d'avoir acheté de lui des ouvrages qui faisaient besoin à ses bureaux? Quelle vanité pourrait-il en tirer? Mais ce que je veux dire, c'est que dans la nuit du 14 au 15 Mars, de vulgaires bourreaux ont enlevé à mon pauvre père sa vie et la valeur qu'il portait dans ses poches.

Pour avoir été chef de bureau du Cabinet du général Sam, il a eu à recueillir bien des confessions intimes d'amis aux prises à la détresse, il est mort en brave coeur, dans une attitude très ferme, comme a dit M. Nelson, n'ayant jamais trahi l'amitié et l'affection qui le lient aux autres, ce dont je me glorifie. [*L'interview de Nelson sur laquelle nous aurons également l'occasion de nous pencher bientôt, avait paru cinq jours plus tôt, dans le même numéro que la lettre de protestation de Magloire. Elle était donc des plus récentes.*]

Si les morts pouvaient se faire entendre, qu'aurait pensé l'auteur de 1804 des préférences de deux consciences faites pour s'accorder, placé comme il est, au terme de la réalité éternelle, où, avec ses chers frères, il est entré debout ! Je consulte la loyauté de M. Magloire pour mainte raison.

Léonie Coicou

– Quelle lettre, mon ami !

– Elle avait bien lu la manchette, c'est hors de doute ! Et voilà, arrivée enfin, l'occasion d'honorer ma promesse d'hier : la lettre de Jules Coicou. Une protestation dans le goût réel, authentique de celles que nous venons de parcourir ? Une parodie, dirais-je plutôt, et qui, ainsi que j'en ai fait mention précédemment, outre d'être révélatrice sur la psychologie particulière de cet homme, a peut-être l'avantage d'être, émanant d'un divisionnaire, le seul document de cette nature contenu dans toute notre Histoire de peuple. Place nette à elle et dites-moi, honnêtement, ce que vous en pensez.

Kingston, le 4 Janvier 1909
A Monsieur Pierre Frédérique, Directeur du journal l'Impartial

Port-au-Prince Haïti

Cher Monsieur,

Sur la terre étrangère, douce et paisible retraite où je me trouve, c'est avec une profonde indignation que je vois mon nom si honorable figurer sur la liste des bourreaux du 15 Mars, que vous avez eu l'imprudence de publier (*l'impudence ?*)

Comme certains protestataires, je dormais, cette nuit-là, tranquillement chez moi, lorsque je fus, au matin, brusquement réveillé par le bouquet de feux d'artifices que clôtura, place du cimetière, cette fête mémorable.

Bourreau ! Un homme comme moi ! Demandez si je le suis, à mes amis, qui ont eu également l'organisation de ce fameux Gueuleton où de si jolies pièces ont été empiffrées.

Bourreaux aussi, par conséquent, seraient MM. Les Secrétaires d'Etat de cette époque, pour la plupart, avocats, journalistes, romanciers, rhéteurs, hommes du monde accomplis aux ongles polis, rosés, aux cheveux, à la barbe parfumés et bon teint !... Y pensez-vous ?...

Ah ! Combien je me rappelle avec délices la façon délicate dont ils me faisaient les honneurs de leur salon. Dans leur langage imagé, élégant comme leur personne, ils ne tarissaient pas en éloges sur ma conduite, mon énergie, mon activité dévorante.

Non ! Ainsi que Macbect, je n'ai pas tué le sommeil, en faisant mourir tant de victimes avec mes trois frères.

Leur mort mystérieuse m'attrista, au contraire profondément. J'en fus malade, si malade, que moi et mes amis ne saurions vous énumérer, à la suite de ce malheur, les ordonnances que l'on eut à nous triturer à l'officine du Bureau du Contrôle de la Banque, par les soins du Général Frédéric Marcelin, ce cher et célèbre médecin des finances haïtiennes.

Je vous salue en la Patrie.

Jules Coicou

Ancien commandant de l'Arrondissement de Port-au-Prince.

Oui, cette lettre, promise hier et qui, en traits d'un naturalisme étonnant et mieux peut-être, que n'auraient jamais su le faire un Zola ou un Courbet par exemple, entend nous révéler, la personnalité réelle et j'ose dire, d'une trivialité rare de cet homme qui semblait étranger à toutes valeurs humaines, tout sentiment de remords. Ecrite à Kingston, elle a paru dans le numéro du mercredi 13 janvier. Sa publication, par conséquent, est de quatorze jours antérieure à l'annonce du départ de Jules Coicou pour Santiago de Cuba dont, à l'occasion de notre promenade d'ambiance, nous avons pris connaissance, rappelez-vous, dans la rubrique «Coup D'œil» du mercredi 27 janvier.

– D'un cynisme révoltant!

– Avec ces protestations qui se multiplient, et non sans quelque inquiétude sans doute, Jules sent se resserrer autour de lui, l'étau rageur de l'opinion et fait d'intempestives ruades. L'occasion par ailleurs se révèle par trop belle de se venger de toutes les humiliations subies, de cette réprobation d'abord belliqueuse puis contenue et muette dont, les derniers mois du règne n'ont laissé de le voir, la paradoxale victime et il s'en donne à cœur joie. Quitte évidemment à faire semblant d'ignorer qu'il n'est nullement le seul à figurer dans cette fameuse liste des bourreaux, et que cette accusation collective dont il se fait l'invétéré...euh...l'intéressé champion est au fond de la démarche même de L'Impartial. Je pense que là réside le véritable sens de cette lettre qui, de surcroît, comporte, concernant Frédéric Marcelin, des affirmations précises qui, pour impossibles à vérifier, n'en paraissent pas moins des plus douteuses à nos yeux. Les deniers de Judas dont il fait allègrement mention étant à l'évidence contenus dans cette confiance recouvrée qui, sa trahison consommée, l'avait permis incontinent de se remettre en selle.

D'une étoffe différente est celle écrite à Jonathan St-Fort Colin et que nous aurons l'occasion de lire plus tard. Oui, d'une étoffe tout autre.

– Il devait en vouloir particulièrement à Frédéric Marcelin !

– Et qui, je ne sais trop pourquoi, se voit affubler par lui du titre assez pompeux et surprenant de général. La preuve, sans doute, de ce mépris hautain et non désarmé dont, dans leurs rapports de service obligés, notre romancier affirme avoir constamment fait montre vis-à-vis de lui, après les événements. Le revolver chargé, le tiroir, vous en souvenez-vous ?... Maintenant, mon offre de pause café s'étant vu déclinée par vous (pas de remords, mon ami, je saurai où la faire indiscutablement prendre place), poursuivons sereinement notre lecture avec cette fameuse enquête cette fois-ci. Elle consiste en un nombre impressionnant d'interviews, d'importance inégale certes, mais qui, collées bout à bout, peuvent seules nous restituer quelque chose de cet hourvari sanglant que n'a point manqué d'être cette fameuse et inoubliable nuit de mars 1908.

LES INTERVIEWS

Oui, les voilà. Celles que j'ai pu trouver, cela va sans dire. Mais, n'ayez crainte, l'essentiel est là. En nombre par trop impressionnant, je l'avoue. Mais à première vue seulement, car, en réalité, elles se lisent vite et mieux encore qu'on ne le croit. Donc, ne nous décourageons pas. De valeur égale, toutes ? Loin s'en faut. Mais, comme autant de pièces d'un puzzle, je l'ai dit, elles ont toutes un rôle indéniable à jouer, dans la restitution nécessaire mais pénible de cette fameuse nuit. Toutes. Et même les plus «muettes» en apparence (j'entends, celles qui ne relatent rien et qui courent donc, par conséquent, le risque facile de se voir négligées, mises au rancart) même les plus mensongères, croyez-moi. Il n'y a donc pas de peine perdue dans notre lecture. Non, pas de peine perdue. Par commodité, elles se retrouvent ici divisées en deux grands groupes : les apparemment muettes et les plus volubiles. Discutable sériation ? (Oui, vous avez bien noté, tout s'inscrit dans une relativité des plus décevante ici, mais que disais-je ?) Discutable sériation ? Absolument. Mais quoi, Georges, ne l'est pas, tout compte fait, l'effort excepté ? Effort nullement ménagé par moi et dont, au cas où quelque chose clocherait, je me porte garant qu'il ne saurait nullement être incriminé et que, plutôt qu'à mes faibles moyens, mes propres limitations, s'en prendre à lui, par conséquent, ne peut relever que de la plus pure et de la plus grossière méprise. Mais, assez de boniments, mon ami, et attaquons-nous à elles. Et, comme par simple réflexe, l'eût fait, parmi les conteurs ou les romanciers, celui le moins favorisé des bonnes grâces du talent ou de l'habileté, commençons d'abord par le premier groupe mentionné: les muettes. Il débute avec une interview de Décius Avin parue dans l'édition du mercredi 6 janvier no 4. Laquelle ouvre l'enquête de L'Impartial et (coïncidence ?) se trouve parfaitement convenir à l'ordre dans lequel les interviews ont été rangées par moi pour être lues. Bon signe ! Qu'en dites-vous ? Oui, bon signe à n'en pas douter. Lecture !

DECIUS AVIN
(SOUS-INSPECTEUR DE LA POLICE ADMINISTRATIVE)

D. - On cite votre nom parmi les criminels du 15 Mars. Voulez-vous me dire quelle a été votre participation à cette affaire ?

R- Je n'y ai pris aucune part et n'en ai absolument rien su qu'au matin, en même temps que le public

[Début prometteur, qu'en pensez-vous ?]

Celui qui a fourré mon nom dans cette affaire, c'est Mr Helvétius Manigat, mon ennemi personnel, qui a déposé une plainte contre moi, m'accusant d'être l'assassin de son beau-père, monsieur Mérovée.[*Entendez, Georges, Mérové Armand.*] Voici ce qui existe entre Mr Manigat et moi : Il était inspecteur de la police et moi sous-inspecteur pour la Section Nord.

Comme il avait l'habitude, à chaque paiement, de renvoyer des hommes de police pour garder leur paie, de ne donner à un commissaire que 25 au lieu de G. 50, à un sous-commissaire la paie d'un brigadier, etc, il se crut autorisé à exercer les mêmes déprédations sur les hommes de ma section. Je protestai et le Président Nord fit monter tout le corps de la Police au Palais où un contrôle sévère du paiement, fit découvrir un écart de plusieurs milliers de gourdes, entre les valeurs touchées et celles payées.

Depuis ce moment, l'ordre a été donné au payeur du département de l'Intérieur de compter à chaque sous-inspecteur la valeur destinée aux hommes de sa section, empêchant ainsi le général Manigat de faire son djob mensuel. Inde iroe ! Mais le général Manigat lui-même sait en conscience que je n'ai point participé à ces saturnales, pas plus que lui.

J'étais à mon poste au Bel-Air, quand vers les 2 hrs, un détachement composé d'hommes du Nord et ayant à sa tête, Arban Nau, Joannis Mérisier et le sous-commissaire Théagène Cinéus, se présenta et fut arrêté par mon factionnaire. -Alors le général Arban Nau s'avança, sollicita de moi une cigarette que je lui donnai, tira de sa poche une liste qu'il consulta à la lueur de ma lampe et me demanda de lui indiquer la maison d'Alexandre Christophe, un petit tailleur, résidant dans ma section. Je lui répondis que Christophe ne demeurait pas au Bel-Air, mais bien à la Croix-des-Bossales. Il me remercia et continua sa route, sans rien me dire davantage. Il avait l'air bien posé et ne décelait rien qui put me faire soupçonner, d'aussi graves événements.

Je croyais qu'il s'agissait d'une simple arrestation. Je m'en fus me coucher après le départ de mon collègue et ne sus ce qui s'était passé que vers les 4 1/2 hrs du matin.

Ces gens du gouvernement n'avaient pas confiance en nous, pour l'exécution de leur plan. Aussi, le général Manigat lui-même, tout chef de la police qu'il était, - je le dis, malgré qu'il soit mon ennemi, - ignorait absolument ce qui allait se faire. On a pris Mr Arban qui était dans la combinaison et qui s'est fait assister du sous-commissaire Théagène. Voilà tout. La police administrative a été indemne de toute participation à cet assassinat. Même les simples archers n'ont pas été employés; les hommes dont on s'est servi étaient tous des hommes du 30 ème régiment, ou de la police spéciale du centenaire.

Je vous jure, Monsieur le directeur, que ce que je vous dis est l'exacte vérité.

*

Un coup d'œil, je vous prie, sur ce compte rendu fait par Le Matin d'une audience des assises de 1910.

> «Il (Arban Nau) passe à la Croix-des-Bossales pour se faire indiquer la maison d'Alexandre Christophe, cause avec l'adjoint de D. Avin, qu'il emmène après avoir pris une cigarette d'Avin. Celui-ci corrobore la déclaration d'Arban. «S'il avait pris part aux arrestations du 15 Mars, il ne se le reprocherait pas, ayant été comblé de bienfaits par le général Nord. Mais il dormait paisiblement à son poste et ne s'est réveillé qu'au moment où Arban emmenait son adjoint Dorcély. Il ne les a suivis que par curiosité.» [Le Matin, 28 juillet 1910. Compte rendu du procès Montreuil]

Curiosité évidemment, s'il faut en croire Théagène Cinéus, qui le verra accompagner le groupe chez Ethéart d'abord (Oui, l'ami de Massillon) puis chez Alexandre Christophe où il prendra indéniablement part à son arrestation. Parmi ceux, au nombre d'une bonne quinzaine, à qui compte sera demandé plus tard par la Justice, avec le commissaire Gilbert Calixte et l'aide de camp Emmanuel Dégand, l'un des rares à ne pas figurer dans la fameuse liste de L'Impartial.

(Déjà entendue cette phrase, non ? Tant pis alors !)

> «Je vous jure, Monsieur le directeur, que ce que je vous dis est l'exacte vérité.»

Incroyables ! Tous ces mensonges qui, d'un acharnement tenace, ne laissent d'entourer cette exécution !

– Hé oui ! mon vieil ami. Et d'une densité telle, que, s'entêtant à la dérober à notre curiosité, ils ont fini, à mes yeux tout au moins, par se constituer partie intégrante de cette loufoque et malheureuse histoire.

– Que pensez de ses déclarations qui laissent entendre la participation exclusive aux événements des hommes du 30ème régiment et de la Police spéciale du Centenaire ?

– Mensonges également ! Ce qu'il veut nous laisser croire, c'est une participation exclusive d'hommes intimement liés à Nord Alexis. Ou par ce régionalisme assez marquant à ce moment ou par devoir incombant à leur vocation propre. La Police spéciale du Centenaire («Les zinglins du jugement dernier») est un corps créé par Nord Alexis ne répondant que de lui. Le 30ème régiment, est celui du Cap en garnison pour ainsi dire permanente à Port-au-Prince (auxquels je m'étonne qu'il n'ait pas ajouté Les Volontaires du Nord dirigés, nous l'avons vu, par St-Julien Labboucherie et cantonnés à proximité du Palais.) Oui, mensonges. Et les témoignages, tout à l'heure, ne le prouveront que trop.

Conduite étrange que celle dont a fait montre, cette nuit-là, cet homme à la rancune tenace duquel il prétend avoir dû son nom mêlé à cette histoire.

– Helvétius Manigat ?

– Absolument. Dans son interview, souvenez-vous, Nérette laisse entendre que Jules l'avait pressé de toucher mot à Helvé de leur dessein.

> «Voyez Helvé pour lui dire un mot, parce que moi je ne suis pas en de bons termes avec lui.(...) Je fis la commission près d'Helvé qui me répondit que Jules devrait lui parler personnellement. Il ne voulut pas me répondre.»

Pourquoi une telle demande de Jules à Volcius Nérette ? C'est qu'on le savait sans doute mécontent du pouvoir et favorable à un éventuel coup de force, me direz-vous.

Était-il, comme le prétend Décius Avin, dans l'ignorance complète des événements en cours ?

Ce n'est pas du tout ce que nous laisse croire, le concernant, un passage assez étrange du témoignage de Théagène Cinéus. Passage qui, à défaut de certains faits, résistera toujours, j'en ai bien peur, à toute tentative d'explication curieuse. Vers les 7 heures du soir, nous dit-il, le général Helvé l'appela et lui intima l'ordre d'aller arrêter Alexandre Cléophat.

Notez que la visite de Leconte chez Cléophat qui nous vaudra l'important et incontournable témoignage de Mme Théoma Laporte n'aura lieu que bien plus tard, aux environs de minuit nous dit cette dernière, et (celle de Félix Salnave exceptée, procédée pour ainsi dire accidentellement) se situe donc chronologiquement, ainsi que toutes les autres du reste, après l'arrestation de Massillon Coicou. Arrestation survenue, je l'ai dit, entre 8 heures 30 et 9 heures et dont la logique avait sans doute été d'en attendre le plein accomplissement pour procéder à celle des autres. Oui, pourquoi cet ordre donné à Cinéus et si tôt, est-on en droit de se demander ?

Ordre d'autant plus incongru que selon Cinéus lui-même qui, mû on ne sait par quoi (Cléophat, notez-le, réside pourtant, nous laisse-t-on croire, à la rue des Miracles !) fera mine de l'exécuter en parcourant les rues du Bel-Air en quête de Cléophat mais s'abstiendra bien d'aller chez lui : «le Gal Helvé aurait dû penser que moi seul, je ne pourrais pas arrêter un homme comme Alexandre Cléophat».

Se sachant en disgrâce (ou suspect de complicité avec son beau-père, comme nous le laisse entendre Porsenna Laurent), s'assurer les arrières, en faisant montre d'un zèle sonore et ce, au mépris d'un ébruitement qui risque de compromettre toute possibilité de succès des opérations projetées ? Donner l'éveil à un ami ? Cinéus retourne bredouille de sa quête, et il lui adjoint, cette fois-ci, un autre, le commissaire Gilbert Calixte. Face à la trempe d'un Cléophat, et à défaut encore une fois de se révéler de taille, sans doute, duo qu'on verra répéter le précédent manège tout en s'abstenant une fois de plus d'aller chez lui.

Ou encore (et pourquoi pas ? Par trop exagéré ?) misant sur l'alarme timide d'une tentative d'arrestation vouée au départ à l'échec, donner l'éveil tout court ? Les faits nous manquent pour l'élucidation d'une conduite aussi curieuse et avant que d'autres essentielles viennent à coup sûr la submerger, le mieux consiste sans doute à profiter qu'il soit question de lui pour en faire mention ici tout simplement. Place nette maintenant à Trasybulle Laleau.

Conclusion fausse d'un Cinéus probablement manipulé à son insu :
«Comme nous avions demandé pour Cléophat à plusieurs personnes, on a du le lui dire et il s'est sans doute mis à couvert.»

[L'Impartial, samedi 8 janvier, no 7]

ME T. LALEAU
MINISTRE DE LA JUSTICE, CHARGÉ DE LA GUERRE

D. - Pouvez vous me dire ce que vous savez des fusillades du 15 Mars ?

R. - Je n'ai su que ces exécutions sommaires ont au lieu que le 15, entre 5 et 6 heures du matin. Vous n'ignorez pas que Madame Gaston Lebrun, votre soeur, a habité chez nous, près de 18 mois. *[La soeur de Frédérique ? - Oui, Dulcinée Frédérique morte, nous apprend Jolibois, vraisemblablement de maladie, peu de jours après le retour de celui-ci d'exil, donc moins d'un mois avant cette interview... Oui, petit pays comme vous le dites, et qui l'était encore davantage à l'époque, vous allez vous en rendre compte. Mais laissons-le poursuivre.]* C'est elle qui, en revenant de la Cathédrale ce dimanche, en compagnie de mon fils Léon et d'une des nièces de ma femme a porté ces faits à ma connaissance. J'étais encore au lit.

D. - J'ignorais que ma soeur habitât chez vous, n'ayant pas correspondu avec elle, tout le temps de mon exil. Mais cela ne fait rien à la question. *[Quel homme ! bon Dieu.]* **Veuillez me dire quelle part vous avez prise à ces événements ?**

R. – Aucune. Et si quelqu'un prétend que j'y ai pris une part quelconque, il est un infâme calomniateur. En tout cas, cet individu n'a qu'à déposer contre moi une plainte au parquet de la Capitale. Je saurai alors quelle attitude prendre contre lui devant la Justice.

D. - Où étiez-vous cette nuit-là ?

R. - Chez moi, rue Férou (*Lisez rue des Miracles*) No 127, depuis 9 heures du soir jusqu'à 6 heures du matin. *[Étonnant !]*

D. - Quand vous avez appris ces atrocités, qu'avez-vous fait en votre qualité de ministre de la Justice.

P. - En arrivant au Palais, vers les 8 heures du matin, j'ai su que l'action publique était déjà mise en mouvement par le Commissaire du Gouvernement, Innocent Michel Pierre, pour trouver les auteurs et les complices de la conspiration reprochée à Massillon Coicou, et nul doute que dans le cours de cette instruction, tous les faits s'y rattachant n'auraient pas manqué d'avoir une solution.

D. - Cette instruction dont vous parlez était ouverte contre les victimes et non pas contre leurs assassins. C'était une façon de faire condamner les morts par ceux qui les avaient tués. En tous cas, pouvez-vous

me dire quels actes d'information ont été faits et quelle solution a été donnée à l'affaire durant les dix mois qui ont suivi la consommation du crime et pendant lesquels vous êtes resté Grand Juge ?

R. - Je crois que l'instruction de la conspiration Massillon Coicou a été ouverte le jour de l'arrestation de Mme Galette ou 24 heures après. Adressez-vous au juge saisi de la connaissance de l'affaire pour savoir à quel point se trouve l'Instruction.

D. - Mme Galette a été arrêtée au moins trois jours avant l'assassinat... [*N'était-ce point deux jours ? - Oui, c'est une erreur de Frédérique. Son arrestation avait eu lieu le vendredi 13*]. Comment expliquez-vous que l'instruction pût s'ouvrir sur ce fait avant sa consommation ?

R. - J'ai appris, après l'exécution des frères Coicou, que les deux affaires étaient connexes et que l'instruction de l'affaire de Mme Galette renseignerait la Justice sur la conspiration Coicou.

D. - Vous ne répondez pas à ma question qui, je l'avoue, est embarrassante. Mais en somme qu'avez-vous fait comme ministre de la Justice ?

R. - Vous n'êtes pas juge de ma conduite sur ce point.

D. - Je comprends...
Voulez-vous maintenant me dire quel rôle votre collègue des Finances alors chargé de l'Intérieur a rempli dans cette affaire ?

R. - En sa qualité de ministre de l'Intérieur, il était certainement au courant de la conspiration Coicou. [*Intéressant ça ! À le lire, ce n'est nullement cette impression qu'il donne pourtant.*] J'ai la ferme conviction que quand il a su l'arrestation de Massillon, il avait obtenu du Président qu'il ne fut pas exécuté et qu'il fut déposé en prison pour être jugé avec ses complices. C'est après sa sortie du Palais que les exécutions eurent lieu.

D. - Qui donc, à votre avis, a ordonné ces exécutions, puisque d'après vous, ce n'est ni le Président, ni le ministre de l'Intérieur ?

R. - Je ne sais pas. -

Plus n'a été interrogé.

*

Plus d'un an plus tard (son interview a paru dans l'édition du vendredi 8 janvier, no 5), et à l'étonnement amusé de notre lecteur d'époque, sans aucun doute, ce compte-rendu des assises ne révèlera-t-il pas un Laleau plus bavard et un peu moins énigmatique ? Vérifions. Non, je ne me trompe pas, jugez-en par vous-même:

> «Le substitut Rosemond veut savoir l'opinion du témoin sur l'affaire du 15 mars. «Par tempérament et par principe je ne pouvais avouer ces exécutions sommaires. Je l'ai même dit au Palais. Je dis ceci : on a eu tort seulement dans la forme. On aurait pu livrer à leurs juges naturels ces conspirateurs qui, sûrement, auraient été condamnés.»

D'un homme de lois émerite, au fait mieux que quiconque du gouffre immense et salutaire qui, dans une société de droit et au nom du bien-être public, ne laisse judicieusement d'imposer une frontière nette, infranchissable entre la notion de prévention et celle de culpabilité, nous faisant, par conséquent, la rigoureuse interdiction de parler en des termes aussi empreints de certitude de prévenus n'ayant pas vu leur cas instruits, voire l'objet d'un procès intenté en due forme, d'une part, et au courant mieux que quiconque par ailleurs, du contenu de l'article 20 de la constitution en vigueur lors, abolissant de manière on ne peut plus explicite, la peine de mort en matière politique, d'un tel homme, disais-je, aussi révélateurs que ne laissent d'être de tels mots de son opportunisme ancré et cuirassé, Georges, nous ne saurions nous y arrêter, ayant déjà été cités et bien opportunément hier. Ceux qui nous intéressent ici, ce sont ceux suscités par cette question cruciale du substitut Rosemond :

> «On (le substitut Jules Rosemond) veut que le témoin dise pourquoi il n'a pas mis en mouvement l'action publique.»

Si je ne m'abuse, Georges, c'était un peu ça que voulait savoir Frédérique, non?

> «L'arrêt du tribunal de Cassation a élucidé ce point, répond M. Laleau»(...)

> «Je veux seulement savoir pourquoi vous n'aviez pas mis l'action publique en mouvement contre «les bourreaux» ?

> «Peut-on demander à un ministre de faire mettre en accusation le Chef de l'Exécutif ? Car, en somme, c'est au général Nord qu'il aurait fallu demander compte du 15 mars, les exécutions ayant été ordonnées par lui. L'arrêt du tribunal de Cassation est très explicite sur ce point.»
> [Le Matin. 30 juillet 1910. Compte rendu du procès Montreuil]

Oui, ainsi que vous avez plaisir à le constater, sans doute, un Laleau plus bavard et un peu moins énigmatique. C'est qu'on était, depuis longtemps, revenu de la crainte occasionnée par la débâcle, et, faisant jouer une logique dont l'infaillibilité ne fait nul doute, on pouvait se permettre d'afficher une conséquence indéniable avec soi-même, laquelle, pour se révéler nécessaire à certains dans l'éclairage apporté sur une conduite, n'était sans doute pas moins, et depuis belle lurette, devinée par d'autres. Mais ça, c'est une autre histoire. Occupons-nous plutôt de certaines déclarations faites dans son interview.

À cette question de Frédérique : «Où étiez-vous cette nuit-là ?», que répond-il ? «Chez moi, rue Férou No 127, depuis 9 heures du soir jusqu'à 6 heures du matin.»

Laleau avait-il menti à Frédérique ? Deux témoignages, Georges, font mention de lui dans cette enquête: ceux de Porsena Laurent et de Josias Ambroise.

Porsena Laurent[1] :

> «Qu'avez-vous vu à cette tribune ? *(La tribune où, après leur arrestation au sortir de chez Jules Coicou, avaient été conduits Massillon Coicou et sa compagne Clara Samuel.)*
>
> R. Général Leconte, Général Arban, Joannis, Charléus, Laroche, Thimoclès Lafontant, Ministre Laleau, Emile Diqui, Thomas Paret, Altéus Michel, Gilbert qui sont entrés dans la tribune où se trouvaient la femme et l'homme prisonniers.
>
> Le Ministre Laleau était en buggy, quand on a fait conduire les prisonniers en prison, il s'est séparé de l'escorte et a dirigé sa voiture vers le palais.»

À peu près vers quelle heure ? Vers minuit.

Josias Ambroise[2] :

(Témoigne, lui, de ce qu'il a vu aux abords de la place Pétion, aujourd'hui place de l'Indépendance, à moins de deux kilomètres de là, alors qu'il se rendait chez lui.)

> «Le Ministre Laleau avait son escorte à lui, et je l'ai vu aussi: il était monté sur un cheval souris appartenant à M. Chapoteau et était habillé en noir avec un chapeau castor.»

À quelle heure exactement ? Le contexte assez flou, laisse entendre entre 11 heures et minuit. Mais cette indication d'heure, ne s'applique pas rigoureusement à Laleau comme il s'applique à d'autres gens que le témoin avait déclaré précedemment avoir vu et, par conséquent, ne peut être, en ce qui le concerne, que d'une utilisation des plus relative.

Celui de Porsena Laurent ? Deux faits entachent sa crédibilité et le rendent inutilisable à nos yeux.

---

1 L'Impartial, mercredi 13 janvier, no 8.

2 L'Impartial, mercredi 17 fevrier, no 21.

1- N'a t-il pas déclaré avoir vu Charléus, non ? Or, lisez un peu cette lettre :

Port-au-Prince 15 Janvier 1909,

Me P. F. Fréderique

Directeur du journal «l'Impartial»

Monsieur le Directeur,

Je suis vraiment étonné de voir mon nom figurer dans le No 8 de votre journal en date du 13 courant. Il est de mon devoir de vous dire que ce Porsena Laurent que je ne connais pas du tout a menti impunément pour s'être peut-être trompé sur ma physionomie. Autrement, il faudrait accepter qu'un homme peut être aux Gonaives et en même temps à Port-au-Prince.

Car enfin le public Port-au-Princien n'ignore pas qu'aux événements de Janvier, je fus dans l'Artibonite depuis le 17 Janvier. Je fus chargé d'une division sous les ordres directs du gal. Cyriaque, ministre de la guerre à l'époque. Je ne fus au courant de la nuit du 15 Mars que le lendemain à trois heures après-midi.

A ce moment seulement, le ministre, ayant reçu le télégramme y relatif me fit appeler et m'en donna communication.

Et je ne suis retourné de ma mission qu'après le 15 Mai (la fête du Président).

Vous seriez bien aimable, Mr le Directeur, de donner publicité à la présente dans le plus prochain No de votre journal et recevez mes distinguées salutations.

Charléus Charles

Ou il s'agit d'un autre Charléus, ou il s'agit bien de celui-là. Alors, il l'a sans doute confondu avec quelqu'un d'autre. Et ce cas, croyez-moi, est loin d'être unique parmi ces témoignages. Evidemment, il ne s'ensuit pas qu'il se soit trompé sur le compte de Laleau aussi, mais cela jette un peu d'ombre à son interview et nous force à la prudence quant à en faire usage.

2- L'heure à laquelle il prétend l'avoir vu. Il est facile de prouver (et, au moment opportun, nous le ferons) qu'à cette heure-là, Massillon ne pouvait encore être à la tribune du Champ-de-Mars mais sous écrou. De sorte que, à supposer que ce fut bien Laleau qu'il ait vu, on ne peut imaginer le fait ayant eu lieu que plus tôt. Plus tôt, oui, mais à quelle heure ?

S'ensuit-il qu'il ait menti délibérément ? Le cas est trop fréquent dans ces témoignages pour qu'on soit tenté de le croire (Exil Piquant et Aurilus Jeune, deux témoins de la Place du cimetière et qui parlent de l'arrivée d'un détachement conduisant certaines des victimes sur les lieux de l'exécution, situent le fait, l'un à 4 heures, l'autre à 5 heures du matin, une bonne heure de différence quand même !). Et, pour être inévitable dans toute enquête de cette envergure menée sans retour sur soi et, je le répète, presque sans rebond, se trouve probablement un motif d'accentuation non négligeable ici, dans cette absence de tension horaire si manifeste chez nous que, répondant en cela au vœu profond et inaliénable du fondateur, elle a fini, et à notre insu, par s'ériger en véritable trait de culture.

– Pourquoi au vœu profond du fondateur ?

– Lisez donc ce passage tiré de Madiou et relatant un épisode du massacre des blancs, ayant pris place aux lendemains de la proclamation de notre indépendance et vous m'en direz :

> «Le lendemain, le gouverneur Dessalines parcourut la ville, dont les galeries et les places étaient teintes de sang. Quand il arriva dans la rue Bonne-Foi vis-à-vis de la maison Boisblanc, quelques haitiens lui présentèrent un horloger français dont ils demandèrent la grâce. Jean Jacques Dessalines se saisit de sa montre, la brisa contre les pavés du ruisseau, en s'écriant, levant les yeux vers le ciel : «Qu'avons-nous besoin de son industrie ? Quand le soleil sera directement au dessus de notre tête, nous saurons qu'il est midi.» Le Blanc fut sabré sous ses yeux.» [Thomas Madiou, Histoire d'Haiti, éd. Deschamps, t. 3, p. 167.]

– Ah! Ah! Ah! Une citation a rarement été aussi opportune !

– Je tente de faire les choses au mieux, mon ami. Mais où en étions-nous ? Oui, aux témoignages sur Laleau.

Celui de Josias Ambroise ? Ces précisions dans la description («habillé en noir» «chapeau castor» «cheval souris appartenant à monsieur Chapoteau»), et qui vraisemblablement devaient dire beaucoup plus au lecteur d'époque qu'à nous autres aujourd'hui, semblent le rendre d'une solidité infaillible mais, ainsi que je l'ai dit, l'absence d'indication rigoureuse d'heure le rend impropre à toute opinion définitive. De sorte que la question demeure ouverte. Pour éviter d'avoir à dire qu'il était resté tard, cette nuit-là, à patrouiller dans les rues (est-ce nécessaire de dire bien légitimement Georges ?) et sauvegarder cette image de fonctionnaire intègre, méticuleux, toujours à sa place, qu'il devait avoir cultivée plus que tout autre, mais incompatible en quelque sorte aussi bien avec son opportunisme qu'avec l'intérimat qu'il détient, le ministère de la Guerre, Laleau avait-il menti à Frédérique ?

Une chose demeure certaine en tout cas. Certaines déclarations faites dans cette interview ne correspondent pas tout à fait à d'autres faites plus tard, lors du procès Montreuil également:

«Je n'ai appris les arrestations faites dans la nuit du 14 au 15 mars, qu'à cinq heures et demie du matin, lorsque je me suis rendu au Palais. On m'y dit qu'il y avait une conspiration et que, pour l'étouffer, on avait eu recours à des exécutions. J'ai vu la liste des exécutés.» [Le Matin, 30 juillet 1910. Compte rendu du procès Montreuil]

Là, c'est au Palais qu'il a tout appris où il s'était rendu non plus à 8 heures du matin, comme il l'a laissé entendre dans l'interview, mais dès 5 heures 1/2. Il y a plus. Étant donné que ces affirmations à Frédérique ne portaient que sur les exécutions, un lecteur attentif aurait pu croire qu'il était au courant au moins de certaines des arrestations, à tout le moins celle de Massillon Coicou puisqu'elle avait eu lieu, je l'ai dit, entre 8 heures 30 et 9 heures. Là, aucun doute n'est laissé quant à son ignorance complète du cours des événements. C'est au Palais qu'il a tout appris et, pour ainsi dire, en bloc.

– Pas mal du tout ça !

– Non, pas mal du tout. Lors de ce procès du reste, on verra ce fonctionnaire intègre, cet homme de lois émerite, venir faire usage de conversations receuillies chez lui dans le but d'innocenter Montreuil Guillaume; sans se rendre compte sans doute, ce faisant, du pas immense qu'il faisait franchir à son opportunisme : travailler à couvrir le crime, œuvrer plus tard à en entraver la répression.

Au tour assurément de cette autre phrase maintenant :

«En sa qualité de ministre de l'Intérieur, il était certainement au courant de la conspiration Coicou», dit-il, parlant de Frédéric Marcelin. En tenant compte de cette rétention et de cette méticulosité qu'on a vues à l'œuvre et sans doute ancrées chez l'homme de loi qui l'a proféré, pesez le mot. «Certainement» et non «peut-être». Qu'entend-il exactement par là ? Dans son *Général Nord Alexis* maintes fois cité, Frédéric Marcelin n'hésite nullement à affirmer qu'avant la dénonciation de Jules, prélude à notre nuit d'horreur, il savait comme tout le monde qu'on s'agitait à Port-au-Prince, que les partisans des réfugiés des Gonaives cherchaient à s'organiser pour fomenter un mouvement. Est-ce à ce savoir-là, des plus vagues, que fait référence Laleau ? Si tel s'avère le cas, il s'était très mal exprimé alors, il eût du dire en sa qualité de ministre de l'Intérieur, il était certainement au courant que l'on conspirait. Ou à quelque chose de plus précis, j'entends, aux informations précises dont, entre la dénonciation de Jules et les arrestations en cours de s'accomplir, va disposer le pouvoir, lui permettant de sévir ? En ce qui a trait à ces données précises, aucun doute n'est laissé par Marcelin quant à avoir été dans leur ignorance la plus complète... Me trompai-je ? Relisons-le.

– Pensez-vous?

– Je vous en prie, Georges! Ne croyez pas que je veuille m'acharner contre quiconque. C'est un devoir qui me tient debout dans cette histoire : celui douloureux d'éclairer et de comprendre.

«Le 14 Mars au soir, je passai, comme de coutume, au Palais national avant de commencer les tournées que je faisais régulièrement en ville et aux environs en vue de veiller à la sécurité publique. J'étais accompagné de mes adjoints et de quelques amis. On avait traversé le Champs de Mars et l'on n'y avait rien vu de particulier. Tout était très calme. Au Palais, c'était autre chose. Une grande agitation y régnait. J'en demandai la cause. On m'apprit alors l'arrestation des conspirateurs. (D'eux tous, non ? Y compris Alluption arrêté aux environs de deux heures du matin, Alexandre Christophe, aux environs de quatre heures !) Je m'étonnai qu'on êut procédé à des arrestations en pleine nuit. On me répondit qu'ils avaient été pris les armes à la main. Or, pris les armes à la main, à ce qu'on assurait, ils n'avaient pas été éxécutés, le Président n'en avait pas donné l'ordre, et ils avaient été déposés en prison...

Je me hatai d'aller trouver le Président dans sa chambre. Il était assis dans sa dodine près de son lit.

– Excellence, lui dis-je, je vous félicite d'avoir encore une fois déjoué les desseins des fauteurs de troubles. Comment avez-vous su cette conjuration ?

Alors le Président me raconta dans ses détails toute l'affaire. Il me narra que le Général Coicou avait reçu les confidences des conjurés, qu'il avait fait semblant d'être avec eux, et qu'enfin il les lui avait livrés ce soir même avec tous les documents, les armes et les munitions. Il tira de sa poche la lettre de Firmin qu'il me montra... etc...»[3]

Ne laisse-t-il pas entendre avoir appris cela de la bouche même du Président ? Ce qui, pour être vrai peut-être, ne nous parait pas moins quelque peu forcé, étant donné, du reste, les préalables multiples auxquels ont donné lieu les arrestations opérées cette nuit-là. La circulaire au numéro 480 adressée par Jules Coicou aux commandants des communes de la Croix-des-Bouquets, de Thomazeau et de l'Arcahaie et remise personnellement au commandant de la place de Pétion-ville convoqué à la Capitale. L'activité plutôt fébrile de Jules ce jour-là, ses visites à tous les postes de la ville, s'il faut en croire le témoignage de Déjoie Dorcé, la liste dressée des gens à faire l'objet d'arrestation, rien de tout cela ne serait parvenu à l'oreille du ministre de l'Intérieur Marcelin ? Montreuil, membre influent de la camarilla, nous dira bien plausiblement n'avoir

---

3   Frédéric Marcelin, op. cit., pp 111-112.

été au fait des événements en cours que dans l'après-midi du samedi 14, mais notez qu'il n'est pas ministre de l'Intérieur, lui, mais bien payeur à la Guerre, d'une part, et que, pour l'avoir appris tardivement, (revanche évidente de l'homme au pouvoir ancré et bien assis ?) ne l'a pas moins appris avant leur accomplissement ! Quel ministre distrait !

Tiens ! Intéressant ça...

– Quoi ?

– Sa lettre de protestation. C'est le moment ou jamais, je crois, de sa mise en regard promise à la longue citation de notre prélude.

Paris, ce 4 Mars 1909.

Monsieur, je demande à votre impartialité de publier ce qui suit :

PROTESTATION

On m'a mis parmi ceux qui exécutèrent l'acte du 15 Mars.

Je proteste formellement, et absolument, contre cette assertion.

Depuis la prise d'armes des Gonaives, je faisais chaque soir des tournées en ville et dans les environs, accompagné de mes adjoints et de quelques amis, pour veiller à la sécurité publique. Ce soir du 14 Mars, j'arrivai au Palais comme de coutume. J'y appris les arrestations qu'on venait d'opérer. J'allai immédiatement trouver le Président dans sa chambre.

Je lui demandai, et il me promit sans hésitation, que les prisonniers seraient jugés dans toutes les formes légales. Je lui fis observer qu'il devait strictement en être ainsi et que la fatale affaire de St-Marc nous avait fait déjà assez de tort. Agir autrement serait d'une incomparable maladresse. Le Président fut absolument d'accord avec moi.

Je revins dans son cabinet particulier où j'annonçai la promesse solennelle que le Chef de l'Etat venait de me faire.

Je me retirai quelques instants après pour rentrer chez moi à Turgeau où je me séparai d'avec Emile Marcelin comme il l'a, du reste, raconté.

Vers les 4 heures 1/2 du matin à peu près, je fus réveillé par la voix de l'officier de garde. Il me disait, de la barrière d'entrée, que depuis quelques instants déjà, il m'appelait parce qu'on avait tiré en ville. Je prêtai l'oreille, mais je n'entendis rien.

Je fis seller mon cheval et descendis au Palais accompagné de l'adjoint de garde et de l'officier de la brigade de sûreté. Il devait être cinq heures, et il faisait grand jour. Ce récit peut être aisément verifié, car il ne me parait pas que ces officiers qui m'accompagnaient hésiteront à dire la Vérité.

Je n'avais donc absolument aucune idée de ce qui s'était passé. Arrivé au Palais, je l'appris. Et on peut me croire si l'on veut, je le reprochai amèrement au Président. A mes récriminations, le Président répondit. «Tant pis pour les conspirateurs quels qu'ils soient ! ... Et alors selon vous je devais me laisser assassiner ici !»

Durant plusieurs semaines, je lui fis les mêmes reproches, publiquement, soit dans son cabinet, soit sur le grand balcon... Il y a des personnes qui pourraient attester le fait, car elles ont entendu mes reproches. Tant pis pour elles si elles croient devoir se taire !

On a dit qu'il fallait donner sa démission après cet acte. Ceci est autre chose, et ne relève que de moi-même. J'expliquerai plus tard pourquoi je ne l'ai pas fait et pourquoi je croyais ne pas devoir le faire.

L'acte du 15 Mars, en dépit de la passion politique, intéressée à poursuivre tous ceux qui ont servi le Gouvernement déchu, restera une exécution militaire de laquelle aucun ministre n'a jamais eu connaissance...

Qu'on ne croie pas, par ce qui précède, que je fais défection au Gouvernement auquel j'ai appartenu... !

F. MARCELIN.

Que remarquez-vous ?

Pour analogues à première vue, ces deux relations ne laissent pas moins de se différencier par quelques points notables et significatifs, non ? La plus tardive, celle citée en premier est une version posée, maquillée de la protestation, il n'y a pas de doute. De nature moins fragile et moins contingente que l'autre vouée, à coup sûr, à l'oubli ou à la poussière irrémédiable des archives, Frédéric Marcelin y avait mis tout son talent de faiseur afin qu'elle le serve mieux devant l'Histoire.

Cette antériorité absurde d'une visite édifiante au Palais par rapport aux tournées de patrouille en ville, est totalement absente dans la lettre de protestation.

Au Palais, il apprit les arrestations qu'on venait d'opérer (celle des frères Coicou, s'il faut en croire Emile Marcelin dont nous l'avons vu accréditer le récit) et non l'arrestation des conspirateurs. S'il y a déjà mensonge dans cette version, cette hantise à se référer au Palais et à occulter la rue, il est on ne peut plus sobre et laisse voir un Marcelin d'une audace plus tempérée.

L'accusation est moins centrée sur la personne de Jules Coicou. L'acte du 15 Mars, nous dit-il, restera une exécution militaire de laquelle aucun ministre n'a jamais eu connaissance.

«Je m'étonnai qu'on eût procédé à des arrestations en pleine nuit. On me répondit qu'ils avaient été pris les armes à la main.» [Nouvelle version, évidemment]

– Oui, c'est l'homme soucieux de la loi et à qui, mensonge s'était avéré nécessaire pour le forcer en quelque sorte à accepter le fait.

– Mais plus soucieux d'arrestations illégales que de fusillade sommai-re, soit dit en passant, Georges, car la promesse solennelle faite à lui, vio-lée par Tonton Nò, on ne l'a pas moins vu vaquer fidèlement à son poste ! Mais il n'y a pas que ça de différence. Il y a une variation au niveau de l'heure aussi.

> «Au matin, vers les cinq heures environ, je fus réveillé par la voix de mes officiers. Ils me criaient de la propriété de face où ils logaient qu'on avait tiré en ville, et que depuis assez longtemps ils tâchaient vainement de me réveiller (...) je m'habillai, fis rapidement ma tasse de café à mon habitude, la bus tranquillement me disant-selon ce que j'avais entendu dire au palais qu'au jour on continuerait les arrestations- que c'étaient probablement des conjurés qu'on était allé arrêter et qui ne se laissaient pas faire (...)» [Nouvelle version]

> «Vers les 4 heures 1/2 du matin à peu près, je fus réveillé par la voix de l'officier de garde. Il me disait, de la barrière d'entrée, que depuis quelques instants déjà, il m'appelait parce qu'on avait tiré en ville. Je prêtai l'oreille, mais je n'entendis rien.» [Lettre de protestation]

Variation pas très notable mais qui revêt une portée toute différente quand on connait un peu cette histoire. Vers les 4 heures 1/2 à peu près (remarquer en passant la concordance de cette indication d'heure avec celle recueillie par Pierre Carteron des confidences de notre romancier), oui, vers les 4 heures 1/2 à peu près, disais-je, rien n'est terminé encore. Le dernier fusillé, Félix Salnave ne l'était point encore. Il ne le sera que vers les cinq heures. Le jour, en tout cas, avait déjà point, nous dit-on. Or un témoin, Joachim François, affirme à peu près vers cette heure avoir vu près du cimetière et en compagnie de Thimoclès Lafontant et de bien d'autres, le ministre Marcelin sur un cheval couleur foncé. Que faut-il croire ? Que ça a joué un certain rôle dans les palinodies de notre romancier ? C'est ce que, à tort peut-être, j'ai toujours tendance à croire. Ou, se voyant découvert, il a voulu faire perdre toute trace d'une présen-ce tardive sur les lieux (explicable pour maintes raisons) qu'il a dû juger déplacée et même compromettante, ou l'ayant lu, et sachant que les ci-ronstances jouaient contre lui et rendaient donc ce témoignage inexact (rappelons-nous le cas Charléus) absolument crédible, il a préféré, par cette retouche à l'heure, se placer définitivement et une fois pour toutes au dessus de tout racontar. Toujours est-il, en tout cas, que je trouve par-ticulièrement bizarre cette modification portée à l'heure.

– Et à toute l'attitude aussi par rapport à la nouvelle qu'il apprend. «Je prêtai l'oreille, mais je n'entendis rien» est plus nerveux, plus actif que ce par quoi il a été remplacé : «je m'habillai, fis rapidement ma tasse de café à mon habitude, la bus tranquillement», et, par conséquent, est moins clos.

– Notez aussi le changement qui se produit au niveau de la source d'information : «l'officier de garde», plus proche, plus complice se mue en un anonymat vague, «mes officiers.» Mais nous avons perdu la tête et ne faisons là que divaguer évidemment. Mettons fin à cette parenthèse Marcelin par ce témoignage assez singulier dont s'est fait l'écho le rapport de la chambre des députés. Selon celui-ci, fondé sur les données de l'instruction, un témoin affirmerait sa présence aux cotés de Thimoclès Lafontant (oui, Thimoclès une fois de plus) au moment de l'arrestation de Paul St Fort Colin. Fait dont, malheureusement, aucune précision de lieu ni d'heure n'ont été fournies, et dont on s'échinerait vainement à chercher la moindre trace dans notre enquête. Ah ! tiens... Maintenant que j'y pense Georges, assortie de l'arrestation prématurée et comme en bloc des conspirateurs, cette antériorité absurde d'une visite édifiante au Palais aux tournées de patrouille en ville si chère à la nouvelle version, ne tenons nous pas là, un autre motif probable de sa raison d'être ?

– Bien probable ce que vous dites. Oui bien probable. Le prochain texte, c'est quoi ?

– L'interview de Joseph Blanchard. Passons-y vite, je vous en prie, avant que, nu comme un ver, je ne me retrouve sur cette table, hors de tous gonds, à miauler ou à danser la gigue !

– Une question dont vous me pardonnerez le ridicule. Avez-vous vraiment l'intention de faire place à tout ça dans votre livre ?

– Qu'entendez vous par tout ça ?

– Tous ces petits mensonges, ces platitudes...

– Aussi pénible que cela puisse se révéler pour mon lecteur (à supposer évidemment qu'il y en aura un) et pour moi, il ne le faudra que trop. La lecture sans coupures de cette enquête, ainsi que dit plus haut, ne peut être qu'à ce prix, je l'admets, onéreux et dispendieux. Par ailleurs, en ce qui a trait à notre romancier lui-même (à supposer évidemment que c'est à lui que vous faisiez allusion), à l'encontre de certains témoignages d'une roublardise exceptionnelle rencontrés dans cette enquête, pour avoir pris corps hors de tout bruit et dans le recul aérien, j'ose dire, d'un exil des plus prometteurs, ses mémoires ne laissent de revêtir l'allure d'une mystification à froid qui n'est pas sans indisposer. De ce fait, je l'avoue, n'eussé-je pas été contraint à faire mention des siens que, par souci édifiant pour ainsi dire, il m'eut incombé de les faire ressortir au grand jour. Car, admettez-le, des coquetteries d'un homme pas à la hauteur de lui-même ni d'un choix auquel, en dépit des événements, il entendait, en toute loyauté, ne point faire défection, qu'il ne soit jamais dit, Georges, que la vérité doive pâtir. Un peu de vigueur quand même !

– Je vous suis bien. Place alors à Joseph Blanchard:

... Oui, à miauler ou à danser la gigue... nom de Dieu !

*

MR JOSEPH BLANCHARD

D. Comme vous avez dû le savoir déjà, votre nom a été cité parmi ceux qui sont accusés d'avoir fait les hécatombes du 15 Mars. Voulez-vous me dire ce que vous savez de ce triste événement ?

R. Je suis entré au palais, dans la soirée, entre 7 et 7 1/2 heures. Je suis monté dans le carré du Président où je n'ai trouvé que Mr Camille Gabriel qui m'a demandé si c'est seulement à cette heure-là que je rentre au Palais ? Quand, disait-il, on devait prendre les armes ce soir-là.

Je lui ai répondu que je n'en savais absolument rien.

[Lui non plus n'en savait absolument rien !]

C'était alors qu'il m'a demandé si les aides-de-camp étaient tous présents. Je lui répondis qu'il n'y avait personne.

Alors il m'a dit que le Président tenait à ce que tout le corps fut au complet.

J'ai été immédiatement prévenir mes amis, entre'autres, Emmanuel Dégand, St Armand Lerebours.

En retournant au Palais, j'ai pu comprendre par le remue-ménage qui s'y faisait, qu'il y avait quelque chose d'anormal. -

Et puis nous sommes restés jusqu'à onze heures du soir sans qu'il n'y ait rien. Alors, je suis allé me coucher pour n'être réveillé qu'à 4 heures du matin par le Gal Dumesle qui m'a appris qu'on tirait en ville.

Nous sommes restés mes collègues et moi, jusqu'à 5 heures. C'est à cette heure que, mes amis et moi, nous apprîmes ce qui s'était passé.

[Ôtons gentiment Lerebours du nombre puisque nous l'avons vu avancer six heures pour l'heure à laquelle il fut, lui, touché de ces faits.]

D. Aviez-vous dit à quelqu'un de vos collègues en le convoquant : cette nuit, on va fusiller du monde.

R. Je ne le pouvais, puisque je ne savais absolument rien de ce qui allait se passer.

D. Puisque vous avez dormi jusqu'à 4 heures, vous ne pouvez donc me donner aucun renseignement sur ce qui s'est fait au Palais cette nuit-là ?

R. Vers 9 heures, j'ai vu le commandant de l'arrondissement entrer au palais causer avec Camille Gabriel dans le carré; puis passer dans la chambre du Président où il est resté à peu près un quart d'heure. *[Contradiction flagrante, notons-le en passant, avec Marcelin qui, souvenez-vous, avait laissé entendre une présence plus tardive et d'une durée plus longue de Jules que ce dernier n'avait pas manqué de mettre à profit pour user d'une influence néfaste et décisive sur l'esprit du nonagénaire ; mais laissons-le poursuivre.]*
Après est venu le général Arban Nau.

D. N'avez-vous pas été envoyé en mission ce soir-là ?
R. Non.

D. Pouvez-vous me dire les noms de vos collègues qui ont eu à sortir en mission ?
R. Il y a Dégand à qui Gabriel a donné une commission dès son arrivée. D'autres collègues, tels que Hyacinthe et A. Nelson étaient sortis avec le chef d'Etat-major, *[Léonce Leconte, évidemment, chef d'état-major, je le répète, non pas de l'armée, fonction occupée à ce moment, on le verra, par Tancrède Bellote, mais de la maison militaire de Nord Alexis. Oui, le commandant des aides de camp, si vous voulez.]* avant mon arrivée.

*

– Oui, vous aviez raison, mention nullement n'est faite de Alexis Tassy.
– Lequel pourtant, nous l'avons vu, reconnaît, dans sa lettre, être sorti en mission ce soir-là. La durée de celle-ci que Tassy nous dit avoir été brève pourrait, ainsi que je l'ai dit, expliquer qu'elle n'ait pas été retenue par Blanchard, car, Dégand mis à part, les autres sont quasiment restés avec Leconte.

*

CICERON JOSEPH

J'etais à mon poste, samedi 14, à 7 heures du soir, quand Bernadotte Etna (?), un parent du général Nord, vint à moi et m'apprit qu'il devait avoir *mouvement*, ce soir. Je jouai à l'étonné et lui dis que j'en savais absolument rien. *[Voilà ce que c'est que parler. Il a joué à l'étonné pour en savoir un peu plus. Comment un simple volontaire, est-on en droit de se demander, a t-il pu être au fait de choses dont un ministre de l'Intérieur a.i ainsi qu'un aide de camp étaient dans l'ignorance la plus complète ? Le secret des petits n'a rien d'une réalité terrestre, pourtant. Ces visites de Jules Coicou à tous les postes de la vil-le dont parle Déjoie Dorcé ? Et demeurées sans écho pour eux ? Etrange... Mais écoutons-le de préférence]* Cependant, à 9 h. du soir- toujours à mon poste commandé par St Julien Laboucherie- les généraux Jules Coicou, Léonce Leconte et Alexis Tassy appelèrent St Julien et l'ordonnent de sortir avec un détachement de vingt hommes. Ce qui fut éxécuté. Je restai toujours à mon poste. *[Remarquez, ainsi que je l'ai dit plus haut, la présence de Tassy auprès de Leconte à l'heure à peu près où il affirme être sorti en mission ce soir-là.]*

D. Quand St julien fut parti avec son détachement et accompagné des généraux cités plus haut, qui resta comme chargé de votre poste ?
R. C'est M. Belony Marcajoux. C'est alors que je vis passer Arban Nau, Alexandre Nelson, Gilbert et plusieurs autres que je ne reconnus pas.

D. Durant la nuit, qui a visité votre poste ?
R. Personne. Ce n'est que le lendemain matin dimanche, à 5 heures, que St Julien nous revint, le coeur joyeux, racontant ses exploits de la nuit comme suit :Certains brigands qui ont voulu nuire au gouvernement du papa Nord Alexis, ont été éxécutés. Il nous a cité onze ou dix noms, entre autres ceux des frères Coicou, de Mérovée, de Roche Armand, Félix Salnave, etc, *[Oui, notre pauvre hère qui a sincèrement pleuré la disparition tragique de ces pauvres frères-Incroyable !]*

D. Pouvez-vous me renseigner plus amplement sur ces fusillades ?
R. Je ne puis rien vous dire de plus, sinon ce que je viens de vous raconter.

*

– Que nous a-t-il raconté en somme ? Pas grand chose, dirait-on, mais qui, reconnaissons-le, par des détails apparemment inutiles qu'il a fait revivre, nous a permis d'apprendre beaucoup. Aussi bien que de permettre à d' intéressantes questions de se former en nous, suffisamment en tout cas pour percer à jour certains mensonges grotesques dont cette histoire est par trop truffée. Il n'y a pas d'interview dénuée d'intérêt dans cette enquête. Toutes ont leur rôle à jouer dans la restitution de cette fameuse nuit. Oui, toutes. Comprenons-le et avançons.
– A qui le tour maintenant ?
– A Montreuil Guillaume, payeur de la Guerre et membre attitré de la *Camarilla*.

*

MONTREUIL GUILLAUME

D. Voulez-vous me dire si vous avez pris une part quelconque aux fusillades du 15 Mars ?
R. Je suis devant un juge d'instruction, il découvrira si j'ai été à la tête d'une colonne ou si j'ai été chef de la police ou autre chose. Au contraire, je suis arrivé ici et tout le monde savait que j'allais être ministre de l'Intérieur. Et l'on ne m'a pas nommé. En quelle qualité le géneral Nord m'enverrait-il dehors ? Il m'enverrait si j'étais ministre ou autre chose; mais je n'ai été qu'un simple payeur de la Guerre. *[Argument un tantinet idiot!]*

D. Je croyais que, devant les accusations que la vindicte publique porte contre vous, vous sentiriez la nécessité de vous défendre. Voilà pourquoi je me suis donné la peine de venir jusqu'ici vous interviewer. Maintenant si vous ne jugez pas à propos de répondre à mes questions et préférez attendre que la justice décide sur votre cas, je n'ai plus qu'à vous souhaiter bon courage et à prendre congé.
R. Je ne refuse pas de répondre à vos questions. Mais, Monsieur Pierre Frédérique, pensez-vous que j'aie pu assassiner les frères Coicou qui étaient mes amis, presque mes parents. Raoul Prophète, mon cousin, a épousé leur soeur. L'ainé des Coicou, Horace était mon bon ami, au point que je lui donnais toujours, de ma poche, de l'argent chaque semaine, pour vivre; car il ne travaillait pas. Et quand les fêtes arrivaient, c'est moi qui l'aidais à acheter des souliers pour ses enfants. *[Quelle crapule !]* C'est par son intermédiaire que j'ai fait la connaissance de son frère Massillon qui est devenu aussi mon bon ami. Massillon et moi nous étions si bien que quand il allait représenter sa dernière pièce, c'est à moi qu'il s'adressa pour m'emprunter une valeur de trois cents gourdes que je lui comptai contre un bon qu'il m'avait souscrit. Cela s'est passé en mes bureaux, devant mes employés qui sont encore là ; vous pouvez les interroger.

Moi, assassiner un homme intelligent comme Massillon Coicou ! – Au contraire, quand je suis revenu de Port-de-Paix, le 1er Mars, Massillon est venu me voir au bureau et m'a dit : mon cher Guillaume, je suis toujours raseur, c'est pourquoi je ne suis pas encore venu régler mon petit bon. Au contraire, je crois que j'aurai besoin que tu me prêtes encore cent gourdes, cela fera 400 pour lesquelles je te donnerai des feuilles. Je lui ai répondu : mon cher Massillon, il n'y a rien que je ne puisse faire pour toi ; tu sais que je ne puis rien te refuser et je lui donnai sur l'heure les cent gourdes, devant tous mes employés. Quelques jours plus tard, il m'apporta les effets et je lui remis son bon qu'il détruisit. *[Signalons la lettre de Georges Laroche qui s'inscrit en faux contre ces assertions.]*

Quant à Horace, il était tellement mon ami que quand je partais pour l'Artibonite, c'est chez lui que ma femme Angèle avait déposé ses affaires.

Elle avait démonté même son lit qu'elle avait envoyé chez Horace, sur l'invitation de celui-ci. Vous pouvez le demander à Clara Déjoie, sa petite femme, qui vivait sous le même toit que lui. - Il m'avait dit : mon cher, on parle de prise d'armes ici. Ne vous inquietez de rien, laissez Angèle sur mon compte. A mon retour, en Mars, vous savez, il me racontait comment il avait pris soin d'Angèle, et je lui ai répondu que je n'en attendais pas moins de lui.

Comment voulez-vous que j'aie pu tuer ces Messieurs ? *[La lettre de Clara Déjoie, réponse à cette interview, mérite absolument lecture!]*

D'ailleurs en quelle qualité sortirais-je cette nuit-là. Le général Nord ne m'aurait pas mis dehors non plus ; car on savait que j'étais mécontent du passe-droit qu'on venait de me faire. Vous avez dû apprendre cela. Je venais de combattre dans l'Artibonite et le Nord-Ouest. A mon débarquement ici, le peuple m'a acclamé ; tout le monde me réclamait comme ministre de l'Intérieur—Ce même samedi, 14 Mars, ma maison était remplie de monde qui était venu me féliciter de ma nomination. J'avais même commencé à donner à boire ; quand un ami est venu m'annoncer qu'on allait publier l'arrêté dans la cour du palais. J'envoyai un de mes petits employés voir adroitement ce qui se passait. Il revint m'apprendre que c'était Vilhardouin qu'on avait nommé. - A 11 heures du matin, ce samedi, les intrigues de Monsieur Vilhardouin avaient réussi à m'ôter ce qui me revenait de droit. On intriguait contre moi au palais même. — On a dû vous le dire.

D. Etant à New-York, j'ai appris qu'on vous avait fait ce passe-droit et que, à cette occasion, vous aviez tiré votre revolver sur Gabriel, au palais même.

R. Eh bien ! Vous êtes renseigné.

Vous êtes un homme impartial, M. Pierre Frédérique, dites-moi, pensez-vous qu'après l'ovation qu'on venait de faire à la nomination de M. Vilhardouin, j'aurais pu aller assassiner du monde pour le gouvernement, quand je n'étais pas ministre, ni même chef de la police.

D. Donc vous aussi dormiez tranquillement dans votre lit cette nuit-là ?

R. Dans mon lit, non ! Je dormais au palais (*Nous y voilà*). Voici : quand dans l'après-midi, on vint m'annoncer qu'il devait y avoir prise d'armes, durant la nuit, j'ai répondu que c'était impossible ; que le gouvernement ayant étouffé la révolution de l'Artibonite, était plus fort que jamais ; qu'une prise d'armes était impossible, à Port-au-Prince, à moins qu'il y ait une autorité militaire là-dedans.

Je dis cela sans savoir. Mais arrivé au palais, Gabriel m'apprit que le général Coicou avait avoué que ses frères qui ne voulaient pas le reconnaitre comme parent se réclamaient de lui aujourd'hui qu'il *était autorité* (sic) et lui avaient fait des propositions de prendre les armes avec eux ; qu'il avait accepté dans l'unique but d'être au courant de leurs secrets, pour pouvoir plus facilement étouffer leur mouvement. Moi de dire à Gabriel : prenez garde que cet homme ne soit réellement avec ses frères et veuille nous donner un coup d'Etat. On n'avait pas confiance en lui. Alors, il fut décidé qu'on ferait sortir un officier avec lui.

Vers les 8 heures donc, je dis à ma femme que je me rendais au palais pour prouver au général Nord que malgré son injustice, c'est moi qu'il verrait à ses côtés. *[Son mécontentement du passe-droit n'avait donc nullement entamé son fanatisme ainsi que, précédemment, il entendait le faire accroire.]*

Quant à vous, lui ai-je dit, traversez chez Mews, notre voisin, qui vous protègera, moi je resterai au palais jusqu'à la dernière minute et si le général Nord arrive à perdre pied, quand les consuls viendront, ils m'embarqueront avec lui. - Une fois au palais, j'appris que c'était Léonce Leconte qui était désigné pour sortir avec le général Jules. (*Il a donc été à deux reprises au Palais.*) - J'allai me coucher et je passai toute la nuit à dormir. Je ne suis sorti qu'à 5 heures du matin pour me rendre chez moi.

D. Si vous n'êtes pas sorti du palais vous pouvez donc me dire quels sont ceux que vous avez vus entrer et sortir toute la nuit pour prendre des instructions ou faire des rapports. Avez-vous remarqué Timoclès Lafontant ? *[Humour de Frédérique ? Je me plais à le croire; car la rumeur, on l'a vu, prétendait que Montreuil et Thimoclès étaient tous deux présents sur les lieux de l'arrestation de Massillon Coicou et y avaient joué un rôle à tout le moins actif. Oui, c'est vraisemblablement la raison d'être de cette question]*
R. Je ne me rappelle pas. Timoclès entrait au palais et en sortait tout le temps. Il y allait plus souvent que moi.

D. Et Laleau, chargé de la guerre ? Et Marcelin, chargé de l'Intérieur ? Puisqu'on savait qu'il devait y avoir mouvement ce soir-là, ils ont dû être sur pieds, par devoir même de leurs fonctions. Ne les avez-vous pas vus entrer au palais cette nuit-là ?
R. Je ne puis vous le dire. Vous comprenez bien que je n'étais pas sur le péristyle pour voir tous ceux qui entraient. J'étais couché dans ma chambre.

[Dans sa chambre !!! Par cette nuit-là ? On aurait embarqué Nord Alexis sans même qu'il s'en rende compte alors !]

D. Pouvez-vous dire quels sont ceux qui, comme vous, ont passé la nuit au palais sans sortir ?

R. Je ne puis ; car tout le monde n'était pas ensemble ; il y en avait dans le carré du Président, dans la chambre des aides-de-camp, sous la galerie, en haut, en bas, partout. Je ne pouvais pas les voir ; car je dormais moi-même dans une chambre.

D. On prétend que vous étiez devant le cimetière à 5 heures du matin ; que vous avez assisté à l'exécution d'Alexandre Christophe, et comme il commençait à faire jour, vous avez donné votre valise de balles et votre carabine de 16 coups à un soldat pour être apporté chez vous ?

[Ce témoignage auquel se réfère Frédérique ne nous est pas parvenu. Par contre, nous possédons celui de qui remise avait été faite de sa carabine de 16 et de sa gibecière de balles : son planton Joachim François dit Pierrot.]

R. C'est absolument faux.

D. On dit que vous n'êtes rentré chez vous que le dimanche 15, à 11 heures du matin, après avoir visité votre maitresse de la rue des Abricots et celle qui s'appelle Angèle, que vous étiez très fatigué et que vous avez dormi à peine rentré ?

R. Qui pourrait me suivre pour savoir combien de maitresses j'ai visitées avant de rentrer chez moi ? Je ne pourrais pas paraitre fatigué, puisque je n'avais pas passé la nuit à cheval, à courir à droite à gauche.

D. Comme vous êtes sensé avoir passé la nuit à veiller sur le Président, vous pourriez bien être vanné, sans pourtant que vous ayez couru à cheval ?

R. Non, du tout. Je n'avais pas l'air fatigué. D'ailleurs je ne pourrais pas rester jusqu'à 11 heures du matin, sans rechanger. *[Quel argument dans un tel contexte !]*

La preuve que je n'ai pas contribué avec Jules Coicou à assassiner ses frères, c'est que j'ai été le premier à me mettre avec Gabriel pour le faire tomber. Demander à Mr Clément Magloire qui l'avait fait appeler pour l'envoyer interviewer Nerette afin de trouver un joint pour jeter Jules Coicou. *[C'est ce fameux passage cité hier. Magloire, remarquons-le, ne fera nul démenti à cette assertion.]*

Qui l'a protégé, quand Jules voulait le prendre pour avoir publié cette interview ?

Demandez au juge Nau qui l'avait fait appeler pour trouver un moyen de mettre la Justice en mouvement, afin de renverser le gal Coicou ?

Quand j'ai dit à Gabriel, dès le lendemain matin, mon horreur de Jules Coicou, il me répondit : «nègue la gangnin quère dir oui ! Si li capable faire frère à li ça, li capable faire toute bagaille ! Gnou n'homme con ça pas pou rété aké nou».[4]

Si j'avais été le complice de cet homme, est-ce que j'aurais pu le combattre aussi ouvertement ?

Non, on peut me hair, parce que j'ai servi le général Nord ; mais on me calomnie quand on me met dans la liste des bourreaux *[Incroyable !]*

D. Si vous avez des calomniateurs, ce sont peut-être ceux que vous avez humiliés hier dans leurs personnes ou dans celles de leurs femmes, les faveurs que vous leur faisiez et qui, aujourd'hui, se vengent en lâches des insultes qu'ils avaient recherchées ou acceptées avec reconnaissance. - Ce n'est pas nous qui vous accusons d'être bourreau, c'est la vindicte publique ; ce sont des déclarations formelles reçues au cours de notre enquête. - Nous ne vous faisons pas un procès de tendance, parce que vous avez servi le gouvernement du général Nord. Notre oeuvre n'est pas une oeuvre politique mais bien de Justice. Si nous voulions récriminer, ce ne serait pas contre vous. Ce serait contre les fonctionnaires constitutionnellement responsables. Ce n'est pas le procès du *règne* Nord Alexis que nous faisons, mais le procès des assassins du 14 mars. Et c'est en toute loyauté que nous vous ouvrons les colonnes de notre journal pour faire entendre votre défense. *[Impossible, Georges, de se retenir d'admiration. Cette passion politique intéressée à poursuivre tous ceux qui ont servi le gouvernement déchu à laquelle, dans sa lettre de protestation, fait allusion, et non sans conviction, l'ex-ministre Frédéric Marcelin, où est-elle, je vous prie ? Il n'eût pas du y avoir enquête. Tout désir de faire le jour sur cette fusillade sommaire et de chercher ses responsables eût du être retenu. Comprimé. Voilà, à tout prendre, la clé de telles affirmations. Mais laissons-les poursuivre.]*

R. Vous avez raison, vous n'étiez pas ici ; vous ne me connaissez pas : on a dû vous dire que j'étais l'un des bourreaux ; mais croyez que c'est l'oeuvre de lâches ennemis.

Voyez, *mon cher Pierre,* vous êtes un homme convaincu, vous appartenez à un parti...

D. Pardon ! mon parti s'est rallié au gouvernement du général Simon,

---

4   Cet homme a le coeur dur ! S'il se révèle capable d'une telle action vis à vis de ses propres frères, il est capable de tout! Un homme pareil ne saurait demeurer parmi nous.

sous l'égide de qui nous travaillons à restaurer la Justice et la Liberté dans nos moeurs politiques et administratives.

R Vous êtes un homme convaincu et courageux. Eh bien ! je suis comme vous. J'ai servi le général Nord avec dévouement et conviction. Malgré ses injustices envers moi, j'avais dit que quand ses favoris l'abandonneraient, il ne verrait que moi à ses côtés au moment solennel. Le 2 Décembre, je l'ai prouvé.

D. Je l'ai appris et je dis que cette conduite vous fait honneur. *[Quelle élégance !]*

R. Eh bien ! si le gouvernement du gal Simon ou tout autre m'appelait à le servir, je le servirais avec le même dévouement. *[E. T. a raison, bon Dieu ! Quelle absence de scrupules... Et surtout quelle audace !]*

Si c'est pour cela que je dois mourir, vienne la mort, je n'ai pas peur. Cette nuit, demain matin, je peux mourir dans ce cachot.

Tant pis !

D. Ne vous inquiétez pas : nous ne sommes plus au temps où l'on tuait les gens dans leurs cachots. C'est la Justice qui règne aujourd'hui. Elle fera son cours. Et si vous êtes innocent comme vous le dites, elle vous blanchira des accusations portées contre vous. Ayez seulement le courage et la patience d'attendre son verdict.

*

– Mentait-il, lui aussi ?

– Ah ! J'apprécie cette manière abasourdie, interloquée dont se colore votre question. Vous n'en croyez pas vos yeux, hein? Tous les arguments avancés contre toute part possible à cet assassinat (les termes on ne peut plus cordiaux dans lesquels il ne laissait d'être avec Horace, sa parenté par alliance avec les frères Coicou) sont ceux qu'aurait pu inspirer uniquement la sincérité la plus véritable. Un cas de dédoublement de la personnalité ? A moins d'admettre la possibilité qu'il puisse s'opérer à une échelle très vaste, à une échelle collective, car il n'est pas le seul, on l'a vu, à nous abrutir de mensonges; et les mensonges, par ailleurs, se révèlent par trop immédiatement interessés pour affirmer en nous une telle croyance. Un certain art consommé du mensonge ? Il ne pourrait donner ce résultat s'il ne s'était allié à quelque chose d'autre qui, en parlant en des termes aussi aimables d'hommes qu'on a contribué à faire périr, interdit à l'esprit, et comme automatiquement, la remémoration de certaines images brutales indissolublement liées, depuis les événements, à leur évocation mentale : la froideur la plus extrême, l'absence de tout sentiment humain, de toutes sortes de scrupules. Et, à un siècle près de distance, sous l'influence sans doute de ce croquis hâtif et en contraste heurté avec Arban Nau, croquis que dressera d'eux, à l'ouverture de leur procès, le chroniqueur judiciaire malheureusement anonyme du Nouvelliste, c'est ainsi que m'apparaît toujours l'homme que taraudait sans doute, par-dessus tout, le souci constant de rechanger, le jeune et beau Montreuil Guillaume (il ne comptait lors que trente six ans, apprend-on dans le compte rendu de la cinquième journée d'audience faite par le matin du 30 juillet 1910) : une élégance creuse et de pure façade, une sorte de petit monstre inaltérable et sec.

> «Montreuil Guillaume est resté l'élégant cavalier que l'on a connu : sa figure respire toujours la jeunesse et ne porte aucun signe de ses graves déboires. Il salue affablement ses connaissances et ponctue de temps à autre les débats de son sourire invariable.
>
> Arban Nau conserve toute son ampleur physique, sur laquelle la prison n'a exercé la plus légère influence. Il promène parfois des yeux contrariés un peu partout, écoute avec une attention marquée ce qui se dit, ou se lit à la Cour d'assises.» [Le Nouvelliste, 26 juillet 1910. Compte rendu du procès Montreuil]
>
> «D'ailleurs je ne pourrais pas rester jusqu'à 11 heures du matin sans rechanger.» [Déclaration, déjà lue, de Montreuil à Pierre Frédérique]

Oui, ainsi. À tout prendre, croquis et déclaration semblent s'inscrire dans une concordance des plus parfaites, non ? Mais nous musardons trop, place maintenant à sa lettre de rectification...

Quoi ? Sollicité par cette petite note ?

> L'Impartial paraîtra demain avec toute une série d'interviews démentant d'une façon précise et formelle les déclarations de Mr Montreuil Guillaume.
>
> Prière de ne pas demander le journal avant 6 heures.[5]

Important, l'ai-je déjà dit, ce fameux numéro annoncé (oui, le douzième, en date du jeudi 21 janvier). Il comporte à lui seul six témoignages dont quatre font indiscutablement mention de Montreuil. Vraisemblablement les détenait-il en tiroir Frédérique avant de se rendre à la Prison des Hommes interviewer Montreuil. Pourquoi ce retard fait

---

5 Note parue, évidemment, à la seconde page de l'édition ayant vu la publication de l'interview de Montreuil Guillaume : celle du mercredi 20 janvier, no 11.

à leur publication ? Tenter de prendre Montreuil par surprise, le retenir d'une défense préalable et en conséquence ? C'était compter sans le mensonge dont un climat d'impunité absolue seul peut expliquer un usage aussi immodéré et grotesque. Le résultat ? À tout le moins piteux. Oui, le numéro 15, en date du mercredi 27 janvier... Et ça, c'est quoi ?

Nous signalons à notre Edilité l'état malpropre du quartier compris entre la Cathédrale et l'encoignure du Lycée (Rue des Fronts-Forts). Il serait à souhaiter que l'autorité compétente prit nos doléances en sérieuse considéra...

Non, c'est la lettre de rectification qu'il me faut et qu'il nous incombe de lire avant toute considération.

Lettre de rectification de Montreuil Guillaume.

Oui, la voilà !

Prison de Port-au-Prince, 22 Janvier 1909

Monsieur Pierre Fréderique, Directeur du journal «l'Impartial.»

Monsieur le directeur,

J'ai lu avec attention mon interview que vous avez publiée dans votre journal du 20 Janvier. Je vous remercie de l'avoir si bien reproduit ; excepté deux omissions que je crois venir de ma part. Au lieu de Angèle, c'est Léda Ganthier qui avait déposé ses affaires chez Horace Coicou, c'est bien elle qu'Horace me dit à mon retour de l'Artibonite avoir pris soin durant mon absence. Pour l'altercation que j'ai eue avec Camille, elle a eu lieu avant la nomination de Vilhardouin au Ministère de l'Intérieur et pour un autre motif.

Dans l'espoir que vous voudrez bien publier la présente dans le plus prochain numéro de votre journal,

Agréez Monsieur le Directeur, mes salutations les meilleures.

M. Guillaume

– Erreurs ou malentendus, mais certainement pas omissions, monsieur Guillaume.

– À moins qu'il s'en fût rendu compte sur l'heure et avait omis de les relever. Là, admettons-le, il serait plus qu'autorisé, en effet, à parler d'omissions.

– Rien à redire Georges, remarque éminemment intéressante. Maintenant, notre devoir rempli, à certaines réactions des plus brûlantes que n'avait pas manqué, on le devine, de susciter cette interview, il convient bien évidemment de faire place nette ; mais auparavant, ouvrons *Le Grand*

Fauve de Roger Gaillard et, pour une rapide mise au point, le concernant, extrayons une curieuse remarque qui, à la relire, ne laisse, je l'avoue, de me chipoter.

MEMO
Remarque de Gaillard à discuter.
Le Grand Fauve. p. 266. Note de bas de page.

– Ça sert à quelque chose un mémo !
– Sans aucun doute. Mais certainement pas à nous permettre de trouver ce livre, enfoui sous la paperasse. Oui, je l'ai. Et également notre remarque :

> «Malgré son titre militaire ronflant, Montreuil Guillaume n'est pas un personnage de premier rang. Payeur au Département de la guerre (Marcelin, Bric à Brac, 253), il fait partie cependant de la «camarilla» (nom employé alors pour les désigner) de jeunes entourant Nord Alexis, et que le même Marcelin appelle «conseillers intimes»ou «conseillers occultes», conseillers dont il estime le nombre à huit ou dix, parmi lesquels il faut ajouter celui de Camille Gabriel, petit-neveu de Mme Nord.»

Relisez-la. Ne semble t-elle pas truffée de contradictions cette note de pied de page ? Je suppose qu'il veuille dire malgré qu'un titre militaire ronflant ne le retrouve que simple payeur au Département de la guerre, il est un personnage de premier rang, non ?
– Ça m'en a tout l'air en effet. Encore que, question d'échelle intime ou de vision du pouvoir, ça dépend de la place qu'y occupe ou qu'on entend bien y accorder à un conseiller occulte.
– C'est bien possible Georges. Oui, bien possible. En tout cas, chez un simple payeur de la Guerre d'où pouvait bien venir un tel pouvoir ?
S'il faut en croire Dubois Muller, un armateur, qu'à l'occasion de son entrée à Port-de-Paix, il forcera à prendre refuge dans un consulat pour le dépouiller allégrement de son bateau en le mettant à travailler à son profit (et qui laisse entendre avoir actionné contre lui), c'est sous le titre pompeux de Délégué extraordinaire du Gouvernement dans les Départements de l'Artibonite, du Nord-ouest et du Nord qu'on le verra combattre la prise d'armes firministe. (L'Impartial 17 février 1909, no 21)
En altercation au Palais avec le tout puissant Camille Gabriel, on l'a vu, il ose dégainer sur lui.
En visite au bureau de l'Arrondissement, selon Déjoie Dorcé, se refusant à monter comme d'autres, il contraint à descendre en pleine rue lui parler, Jules Coicou, commandant de l'arrondissement. Disant tout haut ce

qui, à l'époque sans doute, se chuchotait tout bas, c'est l'avocat J. B. W Francis qui, par des déclarations en plein prétoire, nous fournit probablement la clé d'une telle énigme. De sa bouche, en effet, on apprendra lors du procès Montreuil, que ce dernier n'était rien moins que l'heureux et digne fils du nonagénaire (illégitime évidemment, le couple présidentiel étant connu pour n'avoir point engendré). N'était-ce là que simple oui-dire ? Émanant de Montreuil, bien présent à l'audience ce jour-là, remarquons qu'aucun démenti ne sera noté vis-à-vis d'une telle fracassante et, compte tenu de sa situation, dangereuse déclaration. Autre point: dans le texte[6] sur les vicissitudes des officiers compromis dans l'affaire que je vous ai résumé hier (une lettre ouverte adressée à J. Murvil Noisy, Directeur de la Libre Parole du Cap-Haitien), l'auteur, le major Dumas qui ne souscrit que trop à cette croyance, et sans même les frais d'une mention préalable et explicite de son nom, fait allusion à lui comme »le rejeton d'Attila«. Signe qu'il savait une telle allusion, seule, ne courir nul risque de demeurer incomprise de son lecteur. Mais, dans notre histoire, cela recèle-t-il une quelconque importance ? Peut-être que oui, peut-être que non. Mais concernant ce triste sire et menteur impénitent de surcroit, pour ne point encourir le risque d'être accusé par vous de faire montre, moi aussi, de cette rétention qu'on a trop vue à l'oeuvre, j'ai cru nécessaire et de mon devoir de révéler faits ou oui-dire en ma possession. C'est tout. Comme je l'ai dit, occupons-nous maintenant des réactions que son interview n'avait pas manqué de susciter.

> Monsieur Nevers Constant
> Administrateur du journal «l'Impartial»
> E. V
> Mon cher Nevers,
> J'ai été tellement étonné de lire dans le No d'hier de l'Impartial, les platitudes débitées par ce vulgaire matador, qui se croyait tout dernièrement un moutardier du Pape, que je me demandais si cette cohorte d'imbéciles se moque encore de l'opinion publique.
> Il est vrai, l'on ne peut mentir que sur les morts, sûr de n'en être point démenti ou soufffletté.
> Avec quel flegme, cet homme néfaste ose encore offrir son service sanglant au gouvernement du Général Antoine Simon ou tout autre avec le même dévouement. Quelle audace !
> Eh ! bien, non, plus de rétrograde; qu'il se le tienne pour dit ! La République, après s'être débarassée de cette horde de massacreurs, de toute cette canaille, doit entrer, fière et triomphante, dans la voie du progrès.
> (...)

---

6 Il est reproduit dans la section «Documents annexes».

Que le Seigneur Dieu, dans la plénitude de sa bonté, accorde au Général Antoine Simon sa fermeté dans ses résolutions ! Qu'il prête la protectrice attention aux cris de ces malheureuses victimes du 14 au 15 Mars et n'entende pas les séditieux propos de ces vulgaires assassins qui prétendent rester impunis.

Cordialement à toi

E. T.

Dieu eût du entendre votre souhait, mon cher E. T. !

– Qu'avez-vous dit ?

– Rien. Parlais tout seul, Georges. À part moi.

– Qui est E. T. ?

– Un lecteur vigilant de L'Impartial. Ces initiales me semblent êtres celles d'Emmanuel Toussaint dont la réaction à propos des lettres de protestation, a été lue par nous précédemment. Ça m'en a tout l'air en tout cas.

Port-au-Prince, le 20 Janvier 1909

Me P. F. Frédérique

Directeur du journal «l'Impartial»

Monsieur le Directeur

Dans le No 11 de votre journal de ce jour, nous avons lu l'interrogatoire de Mr Guillaume où il déclare pour sa défense 1) qu'il est parent des Coicou- A cela on n'a qu'à lui rappeler que Jules Coicou est leur frère- 2) qu'il savait donner de l'argent de ses poches à notre regretté père Horace Coicou qui lui en savait gré. Mr le Directeur, les morts ne parlent pas mais, Dieu merci, la fierté bien connue d'Horace n'était pas que de surface. Et d'ailleurs, si comme le prétend Mr Guillaume, notre père acceptait l'argent et l'amitié de tous ces parvenus, comme certains Port-au-Princiens le faisaient, il n'eut pas eu cette fin que lui ont valu son indépendance et sa fierté.

Nous avons le ferme espoir que le public ne verra dans cette blague que la preuve du cynisme de ces criminels en détresse qui, pour se dérober à la justice, ne reculent même pas devant le nouveau crime de jeter l'insulte à la mémoire des hommes dont la valeur morale surpassait de beaucoup la leur et dont l'existence n'est pas non plus chose à démontrer.

Nous vous présentons nos meilleures salutations.

Léon H. Coicou, Christian H. Coicou.

Monsieur Pierre Frédérique, Directeur de «l'Impartial»

En Ville

Mon cher Directeur,

J'ai été passablement surprise de lire certaines assertions contenues dans l'interview de M. Montreuil Guillaume publiée dans l'Impartial du 20 Janvier No 4. Décidément, il perd la raison, ou du moins son esprit s'égare sous le poids des accablantes accusations portées contre lui.

Cependant quel que soit l'écart de sa mentalité, je l'invite une dernière fois à ne pas renvoyer à moi, sous prétexte que je n'ignore pas certaines particularités de ses relations avec Horace. En toute sincérité, j'avoue ne pas les connaître.

Personnellement, je peux déclarer que M. Montreuil n'est pas inconnu à moi, - nous avons pris naissance dans la même ville ; - Horace, à la rigueur, pouvait aussi avoir entretenu des relations d'amitié avec lui.

Mais, s'ensuit-il, qu'il n'ait pas participé à son assassinat ? Evidemment non.

Et de plus, quand la Justice aura établi sa culpabilité, il doit craindre qu'on le condamne pour avoir assassiné son ami, son parent, puisqu'il se réclame maintenant de sa parenté avec la famille Coicou.

Monsieur Montreuil ment éffrontément quand il déclare que nous avons reçu chez nous, - lors de son départ pour l'Artibonite, - sa femme Angèle. De quelle Angèle parle-t-il ? Je ne la connais pas et, à plus forte raison, ne point l'ai reçue chez moi.

De grâce, Monsieur Montreuil, rassemblez mieux vos souvenirs ; il ne vous reste plus qu'à affirmer que j'ai recueilli la confidence de vos criminels projets, tentez ce pas et... l'on aura rien à relever, c'est plus commode pour vous.

Excusez, Monsieur le Directeur, l'abus que je fais de la gracieuse hospitalité des colonnes de votre journal.

Je me souscris votre dévouée servante,

Clara Déjoie.

Port-au-Prince, le 24 Janvier 1909.

Et pour finir celle de Laroche:

Port-au-Prince, le 21 Janvier 1909
A Monsieur Pierre Frédérique, directeur de «l'Impartial»
En ville.

Mon cher Directeur,

Depuis que j'ai lu la déposition de Monsieur Montreuil insérée dans le No 11 de votre journal «l'Impartial» paru hier, j'éprouve un mal sans nom (...)

Monsieur» Montreuil a menti ! Voilà plutôt ce qui en est. Croyez-moi. Ce fut vers le mois de Janvier de l'année dernière que Massillon avait vendu certains mois de ses appointements à ce Mr. Quand on paya le premier, qui fut le mois de Février, Mr Montreuil ne le toucha pas; alors, loin de voir Massillon pour lui demander la cause de tout cela, il vint à la section du «contrôle de la Banque» où l'on avait déjà ordonné le paiement sans qu'il le sût; proféra des injures tant contre l'employé qui avait fait passer le reçu, que contre Massillon qu'il traita de vicieux.

Seulement, sur le tard quelqu'un est venu auprès de Massillon pour une explication; alors Massillon promit de le voir après. Et réellement ils se sont vus et arrêtèrent que d'autres mois seraient donnés à l'occurrence.

Des jours après, Massillon et moi, nous nous rendions à une répétition, à «l'Hospice St Vincent de Paul» où quelques amis préparaient une fête théâtrale. Quand nous arrivâmes du coté du Palais, Massillon entra au Ministère de la guerre pour dire à Mr Montreuil que dans le temps, il avait une petite affaire avec un payeur d'un de ces départements ministériels et que c'est celui-la qui avait trouvé bon de garder cet argent que lui non plus n'avait pas du tout touché, et ils se quittèrent, Massillon avec l'idée de réparer cet état de choses le plus tôt, et Montreuil de toucher au prochain paiement. Le samedi 14 Mars, Mr Montreuil envoya dire à Massillon de lui faire d'autres reçus à la place de ceux qu'il détenait et qui n'avaient nulle valeur; Massillon, sur le champ, les lui fit. C'est seulement tout cela qui permet actuellement à Mr Montreuil de chanter tout haut, comme le régime Nord est déchu, qu'il fut un très sincère ami à Massillon !

N'est-ce pas répugnant ? Avouons-le !

Jusqu'à présent j'ai à la mémoire tous les tableaux de misères affreuses que toute une clique de méchants faisaient endurer à Massillon, qui les subissait toujours avec un clair sourire à la bouche en me disant : «Que veux-tu, mon petit ami, je suis un apôtre, je dois le subir, durant toute ma vie; encore ces misères en grossissant lanceront en moi d'autres traits en d'autres parts». Je vois encore le jour où l'on était venu lui dire d'ordre de Son Excellence le Président d'Haiti: *Dessalines* n'est plus à jouer dans le pays. [*Oui, son drame. Au mois d'octobre 1907, soit six mois avant les événements. Et, à lui, signifié personnellement, nous apprend Louis Callard, par le commandant de la place, le colonel Nadreau, un jour arrêté pour une représentation, la pièce s'apprêtant à monter en scène.*]

Monsieur le Directeur, pensez comme moi. Tous les influents d'hier qui manoeuvraient la machine «Nord Alexis» pouvaient s'ils le voulaient, ou du moins s'ils n'étaient pas les vrais auteurs, exempter à notre pays ce mal qui pour toujours est irréparable.

Maintenant, disons leur que les temps ont passé; nous ne comprenons leurs absurdes manoeuvres que comme de simples échappatoires; après qu'ils ont immolé la victime, ils n'ont plus besoin de chercher à nous prouver qu'ils l'aimaient mieux que nous qui l'avons toujours pleurée; ils n'ont plus besoin de nous dire qu'ils la regrettent mieux que nous, en nous mettant sous les yeux soit un petit billet affectueux, soit un manuscrit, soit quelques bons signés de Massillon Coicou.

Sans m'arrêter, Monsieur le Directeur, je vous souhaite du courage, pour finir votre noble besogne toujours avec le même zèle, le même dévouement (...)

Votre très humble et très fidèle serviteur.

Georges Laroche.

– Que pensez de tout ça ?

– Ce numéro annoncé en grandes pompes par L'Impartial, c'est, je crois l'avoir dit, le numéro 12 du jeudi 21 janvier. Entre autres choses intéressantes, il comporte des témoignages plutôt accablants pour cet homme qui prétendait n'être point sorti du Palais cette fameuse nuit-là.

Celui de son planton Joachim François dit Pierrot :

Vers les 4 heures 1/2 du matin, entendant des coups de feu dans la direction du cimetière, il s'y était rendu en curieux et là, il trouva Montreuil Guillaume qui lui remit sa carabine de 16 et sa gibecière de balles, lui enjoignant de les apporter tout de suite à la maison.

De Aurilus Jeune dit Frè yis, agent de police, de garde au poste du cimetière cette nuit-là :

Au moment où le peloton faisait feu, il entendit Montreuil Guillaume crier: Vive Nord Alexis ! Ce à quoi le peloton fit chorus.

De Vertus Jn Jacques:

Sur la Place du cimetière, à la tête du détachement ayant conduit les prisonniers sur leur lieu d'exécution, il certifie, sur la foi du serment, avoir vu Montreuil Guillaume en compagnie des généraux Léonce Leconte, Arban Nau, St Julien Laboucherie et Altéus Michel ; déclararation, évidemment, qu' un an plus tard, lors du procès Montreuil, sous l'influence de la haute protection dont bénéficiait celui-ci (dont l'appel, à l'encontre des voeux d'un E.T, Georges, avait été, somme toute, plus qu' entendu!), et non sans la complicité d'une magistrature complaisante, il se fera fort de rétracter au grand émoi du ministère public, offrant à la défense le joint qu'elle espérait pour faire libérer Montreuil; preuve, s'il en est, de combien éloigné nous ne laissions d'être, une fois de plus, de ce règne enviable et prometteur de la Justice, règne que l' enthousiasme et l'idéalisme le plus forcené, avaient rendu un peu trop prompt à saluer l'avènement dans le gouvernement d'Antoine Simon (relire son mot final à Montreuil), un Pierre Frédérique qui, du reste, ne tardera nullement à déchanter... Mais nous sommes loin d'être à ce point. Revenons tranquillement à la revue des témoignages sur notre bonhomme.

De Geffrard Joseph dit Doctè :

Il affirme avoir vu Montreuil, de sa carabine de 16, faire feu sur Félix Salnave et Mérové.

À coté de ceux-la, peuvent être également citées les interviews de Nérestan Zamor :

vers 4 heures 1/2 environ (heure discutable), Il affirme avoir vu Montreuil Guillaume devant la prison au moment où l'on était venu quérir les prisonniers.

D'Altéus Michel :

Entre 2 heures et 3 heures du matin, il vit Montreuil passer devant son poste au marché Debout, seul, à cheval, et traverser la place Ste Anne.

De Clara Samuel :

L'homme qui avait bondi sur Massillon Coicou et s'était emparé de sa personne lors de son arrestation, elle l'avait entendu répondre au nom de Montreuil lancé par quelqu'un de la bande contre laquelle, elle et Massillon, étaient venus buter à leur sortie de chez Jules Coicou.

Lettre de Jules Coicou au général Jonathan St fort Colin: Dans cette fameuse lettre, que nous allons avoir l'opportunité de lire bientôt, le nom de Montreuil figure souligné parmi ceux qui ont pris part active aux exécutions.

De Jules Coicou encore lors de son procès :

L'arrestation de Félix Salnave au voisinage du Palais, prélude à cette nuit d'horreur, sur son indication à lui, Jules, avait été le fait de Montreuil.

Et pour couronner le tout, la déposition du fossoyeur Osman Lafontant, témoin défaillant, lors de son procès. Tenez-vous bien :

Le coup de grâce à Horace Coicou, dont le veston flambait déjà sous les premiers coups de feu, n'avait été le fait de personne d'autre que de Montreuil Guillaume.

Un écho de ce veston en feu se retrouve chez R. Debs Heindl utilisant, lui, les sources diplomatiques nord-américaines :

> «Remarquant que les vêtements d'Horace Coicou brûlaient du fait de la décharge des fusils qui l'avaient tué, le Général Montreuil Guillaume, qui commandait les exécutions, ordonna au peloton de tir d'éteindre le feu.» [p. 343. traduction de G. Jolibois]

Oui, voilà pour sa participation aux arrestations et exécutions, ce que nous disent les témoignages. Passons maintenant aux lettres.

Lettre de Léon et Christian Coicou. La colère qui l'inspire, pour justifiée qu'elle soit, et pour juste que soit l'interprétation des desseins de

Montreuil dans l'utilisation monstrueuse qu'il fait de ses relations avec Horace, ne doit pas nous faire oublier un coté, je dirais, par trop extrême et puéril de certaines de ses affirmations. Aucun lien d'amitié n'aurait pu unir Horace, le fier, à Montreuil, le parvenu, semble-t-elle vouloir dire en substance, ce qui, loin de la complexité de notre vécu étriqué et insulaire de peuple, semble relever beaucoup plus d'une image radicale et infantile du père que de toute autre chose. Clara Déjoie n'admet-elle pas «qu'Horace, à la rigueur, pouvait aussi avoir entretenu des relations d'amitié avec lui»; phrase qui, prise dans son contexte, nous laisse entendre beaucoup.

– C'est une lettre inspirée par la peur des retombées éventuelles et des torts qu'auraient pu occasionner les déclarations de Montreuil à l'honneur de la famille Coicou.

– Elle s'en ressent un peu trop, je trouve. D'un tout autre calibre sont, à l'évidence, les accents de celle de Léonie Coicou à Clément Magloire, et même ceux de Clara Déjoie que nous venons de lire. Mais nous n'avançons guère.

La Lettre de Clara Déjoie. La rectification de Montreuil parait dans le même numéro qu'elle (l'édition, je l'ai dit, du mercredi 27 janvier), et nous ne disposons malheureusement pas de réaction de Clara Déjoie la concernant. Au lieu d'Angèle, si, du premier coup, il avait affirmé Léda Ganthier, la lettre de Clara Déjoie aurait-elle comporté ce point de dementi ?

La lettre de Georges Laroche. Elle semble avoir été écrite sans que son auteur ait eu connaissance du contenu du numéro 12 montrant, et de manière flagrante, la participation de Montreuil aux exécutions; sinon, il n'aurait pas manqué de souligner cette coincidence de Montreuil qui envoyait demander de nouveaux reçus à Massillon, le jour même où ce dernier allait être arrêté et fusillé. Son indignation, remarquez-le, porte sur la prétention de Montreuil à se réclamer de l'amitié de Massillon Coicou du fait uniquement d'avoir eu des relations d'affaire avec lui.

Cette coincidence bizarre n'échappera nullement à Jolibois qui déduit:

> « (...) C'est que le général Montreuil Guillaume, déjà au courant des projets pour fusiller Massillon Coicou durant cette nuit, s'empressait de prendre des garanties, ayant les possibilités de se faire payer de l'Etat après la mort de sa victime.» [Op. cit. p.73, note de bas de page.]

À supposer que Laroche détienne, seul, la vérité sur cet épisode (ce que, faute de données, il nous est absolument impossible d'établir) il n'en demeure pas moins qu'une telle affirmation, pour vraisemblable qu'elle soit, nécessite que nous ayons des preuves que Montreuil était au fait du projet d'arrestation de Massillon avant l'exigence des nouveaux reçus en question. Or, une telle preuve, admettons-le, n'aurait pu nous être fournie que par des précisions d'heure qui, malheureusement, ne font que trop défaut dans la lettre de Laroche. Dans son interview, Montreuil nous dit avoir été mis au courant de l'existence d'une prise d'armes que dans l'après midi du samedi 14. A quelle heure exactement avait-il envoyé son émissaire à Massillon Coicou ? L'imprécision de Laroche nous empêche de le savoir.

Autre chose, évidemment, serait de prouver qu'autant que pour sa participation aux exécutions, son interview l'avait vu mentir aussi en ce qui concerne l'heure à laquelle il fut mis au courant de l'existence de la prise d'armes, bien antérieure à ce samedi après-midi-là.

> «Camille Gabriel m'a dit après le 15 Mars, raconte Mme Théoma Laporte, que depuis la veille, Montreuil lui avait communiqué la liste des gens à fusiller; mais qu'il ne l'avait pas approuvée et qu'il ne croyait pas que cela pourrait se passer ainsi.» [L'Impartial,samedi 13 février 1909,no 20]

Cette déclaration nous met-elle en possession et de la preuve que nous voulons et de celle qu'il a fait plus que participer aux exécutions, ayant été à l'origine même de la sanglante liste? On serait tenté de dire oui. Mais ce serait faire montre de peu de méfiance vis à vis de cette indiscrétion du rusé Camille Gabriel (à supposer que ces déclarations fussent authentiques, j'entends, qu'elles ne fussent pas une invention pure et simple de Mme Théoma Laporte qui, se défendant difficilement d'un certain faible pour Camille Gabriel, aurait tenté ainsi de le protéger) ce serait, disais-je, faire montre de peu de méfiance vis à vis du rusé Gabriel en train sans doute déjà de s'assurer les arrières (on le verra à l'oeuvre dans cette histoire !) et, en le donnant en pâture à la vindicte des oui-dire, tout en profitant, à l'occasion, de se venger discrètement et en toute impunité d'un homme avec qui, toutes de tension et de rivalité, ses relations, on l'a vu, étaient loin de se révéler de tout repos. Car, en somme, il n'y a pas de liste dressée des prochaines victimes sans l'apport essentiel et indiscutable de Jules Coicou; et, l'interlocuteur attitré de Jules Coicou au Palais, tel qu'il apparait clairement dans la déposition de Joannis Mérisier dont nous ferons lecture plus tard, n'est autre que Camille Gabriel lui-même, investi de la pleine approbation et de la toute confiance de Tonton Nò.

Il y a aussi cette déposition d'Auguste Bosq lors du procès Montreuil qui prouve (euh ! pas de tels mots dans ce contexte de fripponnerie et de mensonges) qui laisse croire que Montreuil n'avait sans doute pas menti, cette fois-ci, en affirmant à Frédérique n'avoir été averti de la prise d'armes que dans l'après-midi du 14 :

> «Auguste Bosq depuis la campagne de l'Artibonite n'a jamais abandonné Montreuil Guillaume d'un pas. Le samedi 14 Mars, étant au Ministère de la Guerre, il fut intrigué par le va et vient du Général Jules

Coicou au Palais National. Il en avertit Montreuil Guillaume qui s'y rendit et revint lui dire qu'il y avait réellement mouvement. Le lendemain matin, il sut ce qui s'était fait la nuit. Il revit Montreuil qui lui déclara en propres termes, à cet égard : «Vous autres, gens de Port-au-Prince, je ne vous comprends pas, vous vous détruisez vous-mêmes. Tout cela, c'est l'œuvre de Jules Coicou. On devait arrêter et non exécuter» [Le Nouvelliste. 2 août 1910. Compte rendu du procès Montreuil]

Evidemment, ce compte rendu, vous le constatez, est muet de toute exactitude, aussi bien quant au moment précis où s'est produit ce fait qu'à l'endroit précis où il avait retrouvé Montreuil (au ministère de la Guerre, également? Chez lui?), mais il y a de fortes probabilités que nous tenons en Auguste Bosq, cet *on* par qui, dans ses déclarations à Frédérique, Montreuil laisse entendre avoir été mis au fait de la possibilité d'une prise d'armes durant la nuit. Mais notre arrêt commence à trop durer. Nous avons du chemin à faire. Place à Timoléon Mardi ou à Josias Ambroise.

– N'auriez-vous pas oublié de conclure ?

– A quoi ?

– À tout ce que vous venez de dire à propos de ces fameux nouveaux recus exigés par Montreuil. C'est quand même eux notre point de départ.

– Hé oui ! Vous avez raison.

Compte tenu donc de ce que nous avons vu, absence d'indication d'heure chez Laroche, suspicion qui ne doit pas manquer d'acceuillir les déclarations de Mme Théoma Laporte, il nous est diffice d'établir que cet empressement de Montreuil à obtenir de Massillon Coicou, ce samedi 14, ces fameux nouveaux reçus, ne soit pure coincidence, et, par conséquent, de souscrire à l'affirmation un peu empressée de Jolibois qui, visiblement, allait un peu trop vite en besogne. Voilà votre conclusion. Satistait?

« (...) Le général Montreuil Guillaume, déjà au courant des projets pour fusiller Massillon Coicou durant cette nuit, s'empressait-il de prendre des garanties, ayant les possibilités de se faire payer de l'Etat après la mort de sa victime ?» [Op. cit. p.73, note de bas de page.]

Cette phrase, Georges, elle n'était pas à l'interrogative, que je sache. Qui l'a tournée ainsi ?

– Vous ne comptez que moi à coté de vous !

– Oui, pas de doute. Elle est bien mieux ainsi.

Oui. Bien mieux ainsi, mon ami. Pas de doute.
EXTRAITS DE COMPTES RENDU D'ASSISES INDISPENSABLES
POUR LE CAS MONTREUIL.
À INSÉRER OU NON.

– Ah ! de patientes et scrupuleuses notes de lecture. Permettez-vous que j'en prenne connaissance ?

– Rien ne vous retient, mon cher Georges.

«Ce prévenu *(Théagène Cinéus)* demande la parole et fait de graves révélations : Il a vu Montreuil Guillaume devant la prison à 3 hres du matin, il était à cheval avec Léonce Leconte, d'autres cavaliers et un fort détachement de soldats et volontaires. - C'est un nouveau jour qui se répand sur les débats. - Minutieusement questionné, Théagène Cinéus s'explique : il décrit même le costume que portait Montreuil cette nuit-là.» [Le Nouvelliste, 29 juillet 1910. Compte rendu du procès Montreuil.]

«Le soir mémorable, il *(Porsena Laurent)* était à la tribune du Champ de Mars quand Massillon Coicou fut arrêté. C'est devant lui que se formèrent les colonnes dirigées par Léonce Leconte, Joannis Mérisier et Montreuil Guillaume, celui-ci prit la direction du Bureau de la Place.» [Le Nouvelliste, 2 août 1910. Compte rendu du procès Montreuil.]

«Ce n'est pas ce que pense Me W. Francis. Aucun poste de la ville, fait-il ressortir, ne pouvait avoir la prétention d'arrêter Montreuil Guillaume, cette nuit-là surtout. On le savait fils du Général Nord, privilégié du Palais : une fois qu'il avait donné le mot d'ordre au premier bivouac, on ne se permettrait d'exiger plus de lui.

Montreuil Guillaume répond en déclarant qu'un soir, il fut arrêté et conduit à l'Hôtel de l'arrondissement. C'était l'ordre reçu par l'officier qu'il éxécutait. Arrivé à ce bureau, il fut amené chez lui.» [Le Nouvelliste, 28 juillet 1910. Compte rendu du procès Montreuil.]

«Le premier témoin entendu est Constantin Mayard, employé au cabinet particulier du général Nord. Il ne s'est présenté au Palais que le 16, c'est-à-dire après les exécutions du 15 mars, mais il n'a pas tardé à être mis au courant de tout par les familiers même du Palais. (...) Le témoin se croit en mesure d'affirmer que Montreuil Guillaume n'a pris part aux arrestations et exécutions du 15 Mars. Il avait sa maitresse malade et avait l'air d'être très embêté de son cas. Il y a plus : Montreuil était quelque peu mécontent du gouvernement qui lui avait refusé un poste dû à son courage et à son dévouement, le ministère de l'Intérieur donné à Villehardouin Leconte.

Il y eut même à ce sujet, une altercation très vive entre Montreuil et Camille Gabriel.» [Déposition de Constantin Mayard, ex-employé au cabinet particulier du général Nord. Le Matin, 30 juillet 1910. Compte rendu du procès Montreuil.]

Relisez attentivement la lettre de rectification de Montreuil Guillaume adressée, un an et demi plus tôt, à Pierre Frédérique et dites-moi, honnêtement, ce que vous pensez de cette déposition du sieur Constantin Mayard.

«On entend, en effet, pendant près de deux heures, de nombreuses dépositions de témoins défaillants : celles de Aurélus Jeune, affirmant avoir vu Montreuil Guillaume devant le cimetière ; de Osman Lafontant, un fossoyeur, devant qui l'accusé eut à achever le pauvre Horace Coicou, dont le veston flambait déjà sous les premiers coups de feu. (...)

Par moments, la lecture de ces dépositions excite, dans l'auditoire attentif, des murmures d'horreur. [Le Nouvelliste, 3 aout 1910. Compte rendu du procès Montreuil.]

«Tout cela, c'est l'œuvre de Jules Coicou. On devait arrêter et non exécuter.» [Déclaration de M. Guillaume à Auguste Bosq. Le Nouvelliste, 2 août 1910. Compte rendu du procès Montreuil]

*

TIMOLEON MARDI

D. Dites-nous ce que vous savez des malheureux événements du 14 au 15 Mars de l'année dernière ?

R. Je n'en sais absolument rien. Aussi, je trouve étrange que le commissaire Théagène Cinéus ait pu citer mon nom comme ayant pris une part quelconque dans cette affaire. Pour être dispensé du service général, j'ai été attaché spécialement au service du général Arban Nau. Le soir du 14 Mars, un officier du Palais, je ne sais pas si c'était un aide-de-camp, était venu appeler le général Arban de la part du Président. Quelques instants après, la pluie commença à tomber. [*Cette fameuse pluie dont vous avez fait mention hier ? - Hé oui ! mon vieil ami. Et à quoi, je ne laisse de devoir (allez savoir pourquoi !) mon attachement absurde à cette histoire.*] Je compris que son cheval pourrait lui être utile. Je le fis seller et le lui conduisis, en lui apportant son pardessus et ses bottes. Quand j'arrivai au Palais, il était en haut causant avec le Président. Je l'attendis un peu et il descendit bientôt me trouver.

Je lui remis alors son cheval et son pardessus qu'il endossa aussitôt en se mettant en selle. Il ne prit pas les bottes que je dus rapporter au bureau Central où je me rendis avec lui. A peu près un quart d'heure plus tard, Théagène rentra au bureau et ressortit bientôt avec le général Arban. J'allai me coucher alors, pour me réveiller seulement vers quatre heures et demie.

D. Avez-vous vu cette nuit Léonce Leconte venir au bureau Central ?

R. Oui, sitôt après la pluie, c'était vers onze heures, je vis venir le gal.

Léonce Leconte qui demanda le gal. Arban. Celui-ci alla le trouver, mais je n'entendis rien de ce qu'ils se dirent. Le gal. Leconte avait avec lui quelques cavaliers que je ne reconnus pas. Tous les soirs, depuis les événements de Janvier dans l'Artibonite, il avait pris l'habitude de faire la ronde à la tête de certains élèves de la Cavalerie du Centenaire. Je puis dire seulement que ce soir, ses suivants ne me parurent pas être des membres de la Cavalerie du Centenaire. Ce n'est que le dimanche à six heures du matin, que j'appris la fusillade de tout le monde, par les cris déchirants que poussait, dans le voisinage, Mme Mérovée Armand, la belle-mère du gal. Helvétius Manigat.

*

– Pensez-vous que Timoléon Mardi n'ait pu avoir eu connaissance des faits que seulement à l'heure indiquée par lui: six heures du matin ?

– À l'heure lerebourienne, vous voulez dire? Pour quelqu'un ayant passé la nuit au bureau central où régnait cette atmosphère décrite, vous le verrez, par Louis Alvarez[7] et Porsenna Laurent et qui plus est, était déjà sur pied à quatre heures et demie, je trouve cela des plus bizarre en effet.

Il a commencé par nous dire qu'il trouvait très étrange que Théagène Cinéus ait pu citer son nom comme ayant pris une part quelconque dans cette affaire. Or, le rôle qu'il dit avoir joué est identique, certaines circonstances exceptées, à celui que nous a rapporté Cinéus, ce qui montre bien un homme inutilement à la défensive et, partant, plus enclin à se taire qu'à faire avancer cette enquête. C'est dommage ! Remarquez qu'il a passé la nuit dans le voisinage de la maison où peut-être eût du se produire l'arrestation de Mérové Armand et ses deux fils (ils seront, au jour, remis en liberté, eux). Arrestation dont les circonstances font exaspérement défaut aux témoignages en notre possession. Doit-on croire qu'il n'eût pu être d'aucune aide quelconque dans l'éclaircissement de ces faits ? Une chose me fait douter de ça. Les liens de parenté unissant ces prisonniers au chef de la police administrative qui, à n'en pas douter, ont du créer un état de tension particulièrement vif et inaccoutumé au bureau central.

– Le journaliste n'a pas poussé non plus !

– Lui, il est dans le feu de l'action avec, à sa portée, des centaines de témoins auxquels il peut, en cas de besoin et à tout moment, avoir

---

7   Nullement lus au cours du livre, nous le rappelons, son témoignage ainsi que celui de Célina Eugène ont été néanmoins publiés en fin de volume, dans la section «Documents annexes»

recours, à commencer par la femme de Mérové elle-même ainsi que ses deux rescapés de fils, ne se rendant pas assez compte que c'est chaque témoin, sans doute, qu'il s'agit de pousser dans ses retranchements ultimes, jusqu'au jour où la machine s'arrête et puis plus rien. À la posterité de constater les immenses trous béants. Mais gardons en mémoire nos lacunes concernant cette enquête (les fameux numéros manquants) et aussi le but immédiat visé par elle (inciter au jugement des gens impliqués dans cette affaire) qui pour rencontrer l'historien sur certains points (faire la lumière sur les événements) ne recoupe pas forcément son exigence de précision et de clarté nette. Oui, gardons cela en mémoire et poursuivons tranquillement notre périple.

– L'historien-poète vous voulez dire ?

– Euh...l'historien tout court... Ah ! mon ami perdu. Par la seule faute d'un court séjour au pays, devenu aussi médisant que ceux du pays natal. Mais assez parlé, place à Josias Ambroise.

*

JOSIAS AMBROISE

Samedi, 14 mars, vers les 9 heures du soir, tandis que, comme d'habitude, l'on dansait et jouait dans mon établissement, *[A cette heure-là, je le rappelle, Massillon Coicou est déjà arrêté et se trouve dans les tribunes du Champ-de-Mars où l'avait fait emmener Léonce Leconte pour interrogatoire]* le général Altéus Michel, chef du poste du marché debout, *[Il se tenait sur la place Ste Anne, nous apprend E. Lamaute]* vint me donner l'ordre de faire taire la musique, ce que je fis. -Quelques instants après, vers 10 heures environ, je vis passer une escorte qui s'est arrêtée au poste de police, et le général Altéus revint acheter chez moi une gourde de rhum et m'apprit que c'est le ministre Marcelin qui avait offert le grog aux policemens pour les porter à se tenir éveillés. *[Altéus Michel, on le verra, niera avoir tenu de tels propos mais on ne voit pas pourquoi Josias Ambroise les aurait inventés.]*

Entre 11 heures et minuit, j'ai fermé le café pour rentrer dans ma maison privée, rue de la Réunion, en face d'Ado; mais, en chemin, devant la maison de Madame Marseille- place Pétion *[place de l'Indépendance]* – je rencontrai une patrouille composée de bourgeois. J'ai reconnu Monsieur le Ministre Marcelin, Messieurs Thimoclès Lafontant monté *sur un cheval gris pintade,* avec son cocher portant un costume jaune avec une carabine, Emile Marcelin, William Dicky, montés, chacun sur un cheval rouge, Charles Sambour, administrateur des finances, portant un chapeau en toile blanche, Hector Richemont, Vitélius Jn-Gilles et quelques autres bourgeois, que je n'ai pas pu reconnaître. C'est précisement M. Thimoclès, qui m'arrêta, [*Oui, notre protestataire énergique, Thimoclès Lafontant, député de Port-au-Prince depuis le 10 janvier courant*] mais grâce à l'intervention d'Hector Richemond, qui a déclaré que j'étais son ami, j'ai été mis en liberté et j'ai pu rentrer chez moi, (*Hector Richemond ? Aide de camp tout comme Vitélius Jn Gilles, son nom, nous l'avons vu, figure aussi dans la fameuse liste*). Mais arrivé à la maison, j'ai trouvé les portes enfoncées; vite, je retournai au bureau de la police et en fis la déclaration au général Altéus qui envoya avec moi un commissaire accompagné de deux hommes de police pour constater le fait. - Ma malle a été enlevée et je ne l'ai pas encore retrouvée.

[Un de plus à se plaindre de biens disparus, cette nuit-là.]

A 4 heures 1/2 du matin, je quittai la maison pour aller ouvrir mon café; arrivé à l'encoignure du bureau de l'arrondissement, je rencontrai Léonce Piquion qui me demanda où j'allais et si je ne savais pas ce qui venait de se passer. - je lui répondis que j'allais ouvrir et que je n'étais au courant de rien. C'est alors qu'il m'apprit que M. Félix Salnave et plusieurs autres Messieurs avaient été fusillés; il ajouta que Valcima, adjoint de la prison, était un malhonnête, parce qu'il venait de recevoir de Mme Salnave une chaise et une dormeuse pour M. Salnave et n'a pas dit à la pauvre femme que son mari a été assassiné. - *[Si l'heure de son départ est rigoureusement exacte (4 heures 1/2 du matin), compte tenu du peu de distance à franchir d'un point quelconque situé au nord de la rue de la Réunion (lieu de sa résidence) à son point de jonction avec Piquion (encoignure du bureau de l'arrondissement) rue du Centre ou, plus vraisemblablement, rue du Champ-de-Mars, doit-on croire qu'il y a contradiction entre son témoignage et ceux de quatre ou cinq témoins qui nous affirment la fusillade de Salnave avoir eu lieu vers les 5 heures et même au delà ? Notez que le témoin n'a pas précisé l'heure exacte de son entretien avec Léonce Piquion, et que rien ne nous interdit de croire qu'il eût pu s'être arrêté en route. Mais laissons-le poursuivre.]* Après cela, je me rendis à mon établissement.

D. Aviez-vous vu M. Camille Léon dans l'escorte de M. Marcelin ?

R. Non; je vous l'ai dit, tout à l'heure, je n'ai pu reconnaître tout le monde, mais je sais que le Député Camille Léon allait tous les soirs au Palais, en buggy et que samedi soir il y était.

[Cette déclaration dont vous vous refusiez catégoriquement à vous faire l'écho ? - Absolument. Et qui confine, je trouve, dangereusement au mouchardisme. Pour notre part, bornons-nous à la question posée et contentons-nous uniquement de sa réponse négative.]

D. Aviez-vous vu le Ministre Laleau avec M. Marcelin ?

R. Non. Le Ministre Laleau avait son escorte à lui, et je l'ai vu aussi: il était monté sur un *cheval souris* appartenant à M. Chapoteau et était habillé en noir avec un chapeau castor. Si bien qu'en le voyant, je dis : voyez donc un ministre de la guerre. - Dans son escorte, j'ai reconnu le général Tancrède, (*Tancrède Auguste ? Non, Bellote, je crois l'avoir dit.*) chef de l'état-major général de l'armée et d'autres militaires, probablement des adjoints.

D. Avait-il des bourgeois avec lui, le Ministre Laleau ?

R. Non. C'est dans l'escorte du Ministre Marcelin qu'il y avait des bourgeois. Je vous dirai plus: pour avoir buté, le cheval de M. Thimoclès a été affecté comme tireur dans la même semaine. Je connais M. Thimoclès et je connais le cheval parce que je travaillais au bureau hydraulique. *[Allusion absolument incompréhensible pour nous. T. L, à quelque temps de là, était, nous l'avons dit, Commissaire du gouvernement près la Banque, laquelle, s'il faut en croire le plan de G. Tippenhauer, se trouvait déjà à son emplacement actuel (angle sud-est de la rue du Quai et de la rue des Miracles), la même rue où était sis à l'époque, mais un peu plus au nord, le bureau hydraulique (angle nord-ouest de la rue du Quai et de la rue Bonne-Foi.) Est-ce à ce voisinage proche, source d'une bien compréhensible familiarité, qu'il est fait allusion ici ? Notez que le journaliste ne réclame aucun éclaircissement pour la gouverne du lecteur. Maladresse ? Oui. Mais elle ne l'explique pas tout à fait. Que pensez alors de cette phrase de Grimard Fayette lue par nous précédemment : « (...) Ce n'est qu'une partie de mes effets qui a pu être sauvée, grâce à mon ami Turenne.»*

– Le vieux Port-au-Prince ?

– Absolument. Tout le monde est au su et au vu de tout le monde, et le journaliste, négligeant les rigueurs propres de l'écrit appelées à l'autonomiser de tout contexte et de tout temps, se laisse insidieusement piéger par ces références partagées. Mais laissons-le finir.] Ce que je vous dis là, Monsieur, est l'expression de la vérité, et je peux le maintenir en présence de tous ceux dont j'ai cité les noms. Et je me tiens à votre disposition, le cas échéant. - Croyez-moi, je n'ai pris aucune part aux crimes du 15 mars, et c'est par malveillance qu'on a cité mon nom.

Plus n'a été interrogé.

*

– Fini ?

– Je crois...

– Remarquez, ainsi que je l'ai dit plus haut, l'ambiguité du contexte relatif à Laleau. Quand Josias a-t-il vu son escorte ? Au même moment que celle de Marcelin, alors qu'il se rendait chez lui ? Peu avant celle-ci, peu après ? Ou tout simplement ce soir-là, dans d'autres circonstances qu'il n'a pris la peine de préciser. Le contexte, avouons-le, est par trop flou.

– Ça m'a tout l'air d'être, alors qu'il se rendait chez lui, à peu près au même moment que Marcelin, peu avant ou peu après important peu.

– Ça m'en a tout l'air aussi; mais ce ne sont point de telles impressions qui peuvent tenir lieu de preuve qu'il avait menti à Frédérique en affirmant péremptoirement avoir été chez lui, rue Férou no 127, depuis 9 heures cette nuit-là.

– Ça, je ne peux que vous le concéder. Mais passons à autre chose. Une question qui n'a peut-être pas sa place ici mais qui ne laisse d'intriguer. Ce qualificatif de malhonnête dont se voit affubler Valcima, adjoint de la prison, sur quel reproche, selon vous, se fondait-il au juste ? Qu'il n'aurait rien dit à Mme Salnave pour pouvoir en toute quiétude recéler les objets, chaise et dormeuse, destinés à son mari ? Ou, en agissant ainsi, d'avoir entretenu en elle l'horrible certitude qu'il était encore vivant dans sa cellule et apte à en profiter ?

– La phrase, je vous l'accorde, est, en effet, des plus ambigue; et par conséquent, autant que des mobiles réels de l'attitude de Valcima, ne laisse rien transparaître de la nature du reproche formulé à son endroit. Si la deuxième interprétation s'avérait la bonne toutefois, pensez-vous que cet homme eût mérité un tel qualificatif ? Coupable, il le serait, c'est sûr, de n'avoir point fait montre des exigences de courage et de fermeté inhérentes à sa fonction, mais là, à mon avis, se bornerait son tort. Essayons tranquillement d'imaginer la scène, Georges... Oui, là, je crois, se bornerait son tort...

– Pour finir, savez-vous par qui a été cité le nom de Josias Ambroise et pourquoi ?

– Désolé de ne pouvoir vous répondre, le fait ne nous est pas parvenu. Maintenant, appelés par le café et par une pause des plus souhaitable, mettons un point final à cette partie-ci de notre périple avec cette interview des plus brèves, et muette également, cela va sans dire, de l'ex-commandant de la Place de Port-au-Prince, le colonel Emmanuel Nadreau.

*

LE GENERAL NADREAU

CHARGÉ DU COMMANDEMENT DE LA PLACE DE PORT-AU-PRINCE, JUSQU'AU SOIR DU 15 MARS.

D. La conduite que vous avez tenue sous le Gouvernement déchu vous a merité l'estime de tous les honnêtes gens, général; vous ne l'ignorez pas. Nous venons vous demander de nous fournir quelques renseignements sur la sanglante nuit du 14 Mars, et vous prier en même temps de nous dire les motifs réels qui vous ont déterminé à vous réfugier à la légation de France...

[Inutile de vous apprendre que l'existence de ce fameux rapport signé de sa main et dont nous avons pris connaissance hier, était loin d'être encore connue. Elle ne le sera que près de deux mois plus tard. Nadreau donc à ce moment, (début février 1909[8]) et quoique déclaré, deux semaines plus tôt, par le témoin Geffrard Joseph avoir été vu devant le cimetière, ce qui n'était sans doute pas sans favoriser questionnement et scepticisme à son endroit, Nadreau, disais-je, jouissait de toute évidence et très largement dans l'opinion, d'une auréole encore intacte de vrai héros. Mais laissons-les poursuivre]

R. J'ai déjà parlé au juge d'instruction, je n'ai plus rien à dire. Quand on a fait son devoir et qu'on se voit encore sous le coup de la calomnie, on se tait.

D. Non, on doit plutôt se défendre... Souvenez-vous de ce mot de Voltaire : mentez, mentez, il en restera toujours quelque chose. - Eh ! bien, rien ne doit rester du mensonge...

R. Je ne chercherai pas à me défendre... C'est inutile. Vous me connaissez, vous m'avez vu grandir sous vos yeux, vous savez donc qui je suis. *[Le poète Arsène Chevry. C'est à lui que nous devons cet entretien, apprendrons-nous dans l'édition du mercredi 5 mai 1909].* Que m'importent les calomnies. Le général Helvétius Manigat et Mr Paul Laraque se sont concertés pour me faire envoyer un mandat d'amener à moi qu'ils accusent d'avoir assassiné Mérové; le juge d'instruction, après m'avoir entendu, m'a permis de retourner chez moi... Je me tiens à la disposition de la Justice... Que demain l'on me condamne ou non, cela m'est fort égal. Dieu seul est appelé à me juger. C'est un drôle de pays que le nôtre... Des malveillants seuls s'acharnent après soi. Le petit Madou s'est permis aussi de m'accuser de l'avoir dénoncé quand la vérité est qu'il m'a été expédié au bureau de la Place pour avoir commis

---

8 Son interview a paru précisément dans l'édition no. 18 du samedi 6 février.

des faux. Je l'ai immédiatement livré à la Justice. Plus tard, j'ai reçu l'ordre d'aller perquisitionner chez ce même Madou. Nous y avons, en effet, trouvé un appel adressé aux exilés de St Thomas... Peu de temps après, Mr Firmin a opéré son débarquement...

D. Je regrette que vous refusiez de vous mettre à la disposition de l'Impartial dont vous connaissez le but.
R. Le but est très beau. Oui... Mais, je n'ai rien à dire. C'est inutile...
D. Je ferai part de votre déclaration à la rédaction.

*

Il est mal à son aise Nadreau.

De savoir qu'un document signé de sa main et des plus accablant sur sa conduite existe et, découvert, risque de porter un coup fatal, aussi bien à sa liberté, qu'à cette auréole d'héroïsme dont il jouit dans l'opinion ? Le rapport découvert, en tout cas, il sera écroué. Publié en grandes pompes dans l'édition du samedi 27 mars, no 33, de L'Impartial, et occupant l'intégralité de sa quatrième page, il se verra, en outre, l'objet de frais supplémentaires de lithographie. «Afin de permettre à chacun d'avoir sous les yeux l'autographe même de la fameuse lettre» dira Frédérique.[9]

Toutefois, Nadreau sera vite relaxé. Preuve que rien d'autre n'avait été retenu contre sa personne. Et, au contraire de ce mutisme résolu et un peu bougon opposé ici au poète Chevry, se révélera successivement, à la barre de nos deux fameuses assises où, sans surprise, on le verra plus tard appelé à témoigner, d'une présence haute et remarquée. Là, en dépit, deux ans plus tôt, de cette caution plus qu'enthousiaste et laudative de son rapport (ou désireux, qui sait, de le soustraire à tout jamais des mémoires), on ne l'entendra pas moins lors du procès Montreuil qualifier de barbares et honteuses, les exécutions du 15 mars.

Pressé de questions, Nadreau y reconnaît comme authentique le document publié par L'Impartial, mais n'entend toutefois pas qu'on y voit la preuve d'une participation quelconque aux fusillades, laissant clairement entendre, lors des assises de 1912 (compte rendu du 7 mars du journal Le Matin), avoir reçu l'ordre formel de ne pas quitter son poste cette nuit-là et, autant que sur la demande de Léonce Leconte, n'avoir rédigé son contenu que sur les renseignements fournis par ce dernier en visite au bureau de la Place après les exécutions. Ce que, présent lors de l'audience ce jour-là, on verra pourtant Leconte nier formellement.

---

9   Pour re-lecture de ce document, voir p.77 du livre premier.

Que faut-il croire ? À l'exemple d'autres, qu'il tentait lui aussi de nous abreuver de mensonges. Qu'ayant pris part ou assisté aux exécutions, il avait donc été à même d'avoir accès, et de visu pour ainsi dire, aux informations ayant trait aux victimes d'une part, et en ce qui concerne le reste (projet ébruité de l'assassiner au bureau de la place, arrestation, les armes à la main, des conspirateurs) l'inventer proprement et de toutes pièces ?

Un seul témoin, je l'ai dit, laisse croire sa présence incontestable sur la place du Cimetière cette nuit-là, mais son témoignage, on le verra, étant truffé par trop d'erreurs d'identité, aucune raison donc de le croire infaillible en ce qui à trait à Nadreau.

Pourquoi avoir rédigé ce rapport élogieux et mensonger pour aussitôt après prendre refuge à la légation ?

Selon un compte rendu de la troisième audience du procès Montreuil fait par Le Nouvelliste du 28 juillet 1910, on le verra tout bonnement déclarer avoir été contraint de le faire. Assez vague, un tel mot, non. Qu'entendait-il exactement par là ? Ce rapport à lui demandé, et compte tenu du contexte, qu'il s'avérait ou qu'il sentait dangereux pour sa personne d'opposer un quelconque refus à le fournir ? À moins de me fourvoyer, c'est, je crois, la seule interprétation possible. Et que semble confirmer, précédemment résumé, le compte rendu fait par Le Matin de cette audience du procès Jules Coicou où, une fois de plus, cette même question lui avait été posée.

Sa fuite constituait-elle, ou non, un désaveu des exécutions ?

En dépit de l'horreur bien compréhensible inspirée par son rapport, de cette conciliation bien difficile entre celui-ci et les motifs accordés à cette fuite, et qui, après bien d'autres, nous porte naturellement à faire montre d'un scepticisme pour le moins motivé à son égard (Contradictions, lâcheté et rachat de conscience sont données par trop ténues et propices au regimbement), en notre possession, aucun fait précis jusqu'à date, avouons-le, ne semble nous autoriser à en douter. Au palais, et jusqu'à cette nuit-là, une situation bien assise, semble vouloir en faire foi et que devait solidifier davantage encore, on le devine, le fait d'avoir été, sur les informations de Jules Coicou, le premier à ébruiter ce complot ?

Aussi bien que le public en tout cas, c'est la perception qu'en devait avoir Tonton Nò lui-même qui, outré d'une telle discordance et de ce désaccord qu'elle clamait bien haut, ou dans le but probable de dissuader son entourage d'un tel dangereux exemple, fera perquisitionner chez lui, à sa recherche.

A quel moment exactement est-elle survenue ?

Selon Le Nouvelliste du 6 mars 1912 : aussitôt fourni le rapport exigé de lui.

Oui, un vrai énigme Nadreau.

Là, sur une action concertée de Paul Laraque et d'Helvétius Manigat, nous dit-il (Paul Laraque est juge en Cassation, apprend-on dans l'édition du samedi 25 décembre de L'Impartial), on apprend qu'il avait été par devant le juge d'instruction pour répondre du meurtre de Mérové Armand. (Après Montreuil, St-Julien Noel, Décius Avin, le quatrième, l'avez-vous noté, accusé du même fait) Helvétius Manigat le soupçonnait-il d'avoir participé à l'assassinat de Mérové, son beau-père ? Si oui, compte tenu de la fonction élévée de l'homme dont elle émanait (chef de la police administrative) laquelle, mieux que quiconque, l'habilitait d'accès à certains faits et gestes cruciaux de cette nuit-là, voilà une accusation révélatrice, serions-nous tenté d'affirmer et, par conséquent, nullement à prendre à la légère. Mais cela suppose que ce que nous dit Nadreau ne puisse être mis en doute. Ce qui, à voir le contenu de cettre lettre de Paul Laraque que j'entends bien vous faire lire à présent, semble pourtant loin d'être le cas :

Port-au-Prince, le 9 Février 1909

Au Directeur du journal «l'Impartial»

Mon cher Directeur,

Mon étonnement a été bien grand de lire sur le dernier No de votre journal, dans la déclaration de Mr Nadreau, que j'ai concerté avec Helvétius Manigat pour faire envoyer à lui, Nadreau, un mandat par le juge d'instruction.

Il ne m'est jamais arrivé une seule fois d'avoir à penser à ce monsieur.

C'est donc absolument faux ce qu'il a déclaré.

En attendant que je lui fasse une action en justice pour diffamation, je vous prie de bien vouloir donner publicité à la présente.

Affectueusement.

Paul Laraque.

Etonnant ! Non ?

– Que faut-il croire ?

– Quelqu'un qui n'était sans doute point en bon termes avec Paul Laraque (avec Helvétius aussi ?) a du l'indexer à Nadreau comme responsable de sa comparution devant le juge d'instruction et, sans se soucier de l'exactitude du fait, Nadreau le diffuse. C'est à tout prendre un impulsif Nadreau. Un colporteur impénitent aussi sans doute. Pour assurer son double jeu, était-ce de le savoir que Jules Coicou s'était éffrontément servi de lui ?

Oui, un cas bizarre Nadreau ! Que nous allons clore, je vous suggère, par la lecture de quelques extraits à son sujet ?

– Allons-y donc !

«Reprise à 4 heures, c'est par le général Emmanuel Nadereau que l'on commence.[10] - On se rappelle que ce témoin était commandant de la Place de cette ville, quand eurent lieu les «boucheries». On sait aussi la double mésaventure qui arriva au général Naderau: exil et ensuite emprisonnement. De tout cela il lui a été fait pleine justice.

Le général Nadereau dit à son tour qu'il fit son devoir, en dénonçant une conspiration au Gouvernement. Il raconte qu'après ces tueries nocturnes, il était prêt à arrêter Jules Coicou. Mais celui-ci eut la haute protection du Général Nord... Il raconte, en outre, que contraint, il signa le rapport qui eut, dans le temps, un si grand retentissement. - Le témoin ne ménage pas les auteurs de ces exécutions qui, selon lui, sont barbares et honteuses.» (Le Nouvelliste. 28 juillet 1910. Compte rendu du procès Montreuil)

«A 3 h reprise. Tout de suite les débats s'animèrent. Emmanuel Nadereau dépose (...)

Fut-il au courant de la conspiration ? Oui, répond-t-il, et par Jules Coicou lui même, qui lui en fit la confidence au Palais National, en lui désignant ses propres frères. Jules Coicou le lui réaffirma dans la suite.» (Le Nouvelliste. Mercredi 6 mars 1912. Compte rendu du procès Jules Coicou)

«Le général Nadereau, commandant de la Place, au moment des exécutions du 15 Mars, a pu mieux que personne, savoir les dessous de ces assassinats et on attendait de lui des renseignements plus précis et plus particuliers à Jules Coicou que ceux donnés par les autres témoins. Il ne sait rien, dit-il, des arrestations et des exécutions du 15 Mars.

Il est resté à son poste, cette nuit-là, ayant reçu l'ordre de ne pas le quitter et il n'a appris les exécutions que par les détonations qui venaient du cimetière. On lui a dit au Palais que les personnes fusillées étaient des conspirateurs surpris les armes à la main.

Il savait par Jules Coicou l'existence d'une conspiration : la confidence lui a été faite au Palais. (...) Vous voyez, lui a dit Jules Coicou, je viens de le dire à Edmond. Si ces messieurs ne restent pas tranquilles, je les fusillerai tous, et je donnerai chaque semaine des provisions à leurs femmes et à leurs enfants.

«Mais le rapport que lui Nadereau, a fait sur les exécutions du 15 Mars et qui disait des victimes qu'elles avaient été surprises les armes à la main ?» Ce rapport, répond Nadereau, a été fait sur les renseignements et sur la demande de Léonce Leconte, qui est venu à ses bureaux après les exécutions.

---

10 L'orthographe Nadreau adoptée par l'auteur est celle qui figure à l'en-tête du document lithographié publié par L'Impartial. (NDE)

Léonce Leconte proteste. (...)» (Le Matin. 7 mars 1912. Compte rendu du procès Jules Coicou.)

«Au sujet du témoin Nadreau, l'accusé Léonce Leconte nie le fait avancé de sa visite au bureau de la Place. Et Nadreau répond successivement à diverses questions. Du consulat où il était, un soir, sa maison fut cernée pour le trouver ; c'est Léonce Leconte qui dirigeait l'escorte. - L'accusé confirme, déclarant qu'il faisait alors son devoir de soldat – «Mais, étiez-vous accompagné du juge de paix ? Demande le juré A. Dorcé. Non, répond-il, j'exécutais l'ordre du Président d'Haiti» (Le Nouvelliste. Mercredi 6 mars 1912. Compte rendu du procès Jules Coicou)

Oui, un cas bizarre, Nadreau. Ce Jules Coicou dont, après ces terribles tueries, il prétendait être prêt à s'assurer de la personne, s'était-il jamais rendu compte qu'involontairement sans doute, il l'avait aidé à parfaire son double jeu ?

Un seul témoin, l'ai-je déjà dit, déclare l'avoir vu devant le cimetière: Geffrard Joseph dit «Doctè». Mais à la lecture intégrale de son témoignage, à faire en temps et lieu, on verra qu'il n'y a pas moyen de tirer au clair s'il s'était trompé ou non.

«D. Quels sont ceux que vous avez pu reconnaître parmi les exécuteurs ?

R. Le commandant de l'arrondissement, le gal Nadreau, commandant de la place, le gal Montreuil et foule d'officiers et d'archers de police. (...)

Le lendemain du jour, Vertus vint m'apprendre que «la Place» était au consulat. Je lui dis : il est si jeune, après avoir constaté tant de crimes, sa conscience ne lui permet pas d'en prendre la responsabilité (...)» (Extrait de l'interview de Geffrard Joseph Dit Doctè. L'Impartial 21 janvier, no. 12)

Oui, bizarre. Par sa démission, en tout cas, le seul à rendre suspecte cette banalité vécue et insinuée des faits de cette nuit-là. Oui, le seul.

À présent, mon ami, bien méritée et ne souffrant nul retard, la pause-café indiscutable des braves !

L'enquête de L'Impartial

DEUXIÈME PARTIE

ET À PRÉSENT LES FAITS !

De L'ACTION1 : [*Tiré du périodique L'Action?*]

«On se demande à quels magistrats confier l'instruction de l'affaire des criminels du 15 Mars dernier, puisque, à part une honorable exception, ils sont tous les créatures ou les favorisés du régime déchu.

En effet, nous savons que certain Magistrat, la veille de l'assassinat, délibérait avec le pouvoir d'alors, sur les mesures à prendre contre les prétendus conspirateurs, et, Secrétaire d'Etat *in partibus* il faisait aussi sa tournée, cette nuit inoubliable. Un autre qui, généralement prend plaisir à forger des textes, dans l'unique but d'éclabousser des hommes de bien, - sur les instances de ses amis, bénéficia, faveur incommensurable, de l'avance d'une année de ses émoluments remboursables par tiers.

Un troisième appartînt, ces temps derniers, à diverses commissions d'enquête politique, qui envoyèrent à la mort plusieurs de nos intéressants citoyens. Un quatrième, en récompense des nombreux services rendus à l'Etat, reçut une forte valeur de dix mille dollars, régulièrement touchée.

Dans de telles conditions, peut-on espérer que les criminels de cette lugubre nuit du 15 mars, seront sérieusement recherchés, retenus, et punis par la Justice ?»

---

1 L'Impartial, édition du mercredi 20 janvier, no 11.(NDE)

L'IMPARTIAL :
Nous demandons que la lumière soit faite sur les graves accusations portées par notre confrère. Les juges appelés à connaître du crime du 15 Mars doivent se laver les mains et les aseptiser avant que d'y toucher.

– Attendez!...

Samedi 20 Février
Le général Joannis Mérisier, ancien adjoint de Jules Coicou, a été arrêté et écroué.

...Elle m'avait complètement échappé cette annonce. Tant pis !
– Que cherchez-vous ?
– Parue dans l'édition du jeudi 25 février 1909, numéro 24, l'interview du général Jonathan St Fort Colin. Reposé et pétant le feu, c'est par sa lecture que je recommande vivement de débuter cette étape cruciale et ultime de notre parcours.
– Là voilà.
– Bien, merci. Sur les faits terribles de cette nuit-là, voyons à présent ce qu'elle entend bien nous apprendre !

*

LE GENERAL J. ST FORT COLIN

D. Vous n'ignorez pas que nous poursuivons une enquête sur les massacres du 15 mars, au cours desquels, votre neveu, par erreur ou non, a été immolé avec tant d'autres victimes. Nous avons appris que vous avez reçu dernièrement une lettre du général Jules Coicou se défendant d'avoir été l'assassin de Paul St-Fort et dénonçant ceux qui auraient contribué à la mort de ce jeune homme. Voulez-vous nous dire si c'est vrai et pouvez-vous nous communiquer cette lettre ?
[«Votre neveu, par erreur ou non»... Ce qui montre Frédérique bien au fait de cette rumeur mentionnée précédemment, et faisant état de cette erreur d'identité dont aurait été victime Paul St Fort, pris en lieu et place d'un nommé Paul St Fleur, à l'abri, lui, à la légation allemande. D'en avoir eu connaissance dans le Matin du 21 janvier 1909, par la lettre d'Aurel Auguste Bonaparte ? Ou la tenait-il d'autres sources vives de l'heure ? En tout cas, courant déjà les rues au lendemain même des événements, bien présente, la retrouve-t-on rapportée par Carteron dans sa correspondance. Oui, bien présente, mon ami. Mais Laissons-les poursuivre.]

R. Je suis entièrement à votre disposition. Oui, j'ai reçu la lettre du général Coicou que je n'ai pas encore communiquée au Président de la République, sûr que si l'administrateur général des Postes continue à bien remplir ses devoirs, comme il savait si consciencieusement le faire sous le Général Nord, déjà les membres du Gouvernement ont dû lire la lettre avant moi. Néanmoins, comme votre journal cherche à faire la lumière sur les assassinats du 15 Mars, et que je comprends que c'est mon devoir, comme celui de tout bon citoyen, de vous y aider, je n'hésite pas à vous communiquer cette lettre.

Je ne me contente pas de vous la communiquer seulement, je vous la confie pour que vous en fassiez tel usage qu'il vous plaira. En la lisant, vous verrez les noms de ceux que Jules Coicou dénonce comme les bourreaux de mon neveu.

D. Je vous remercie. Je vais publier la lettre et, - si vous le permettez – après je la déposerai entre les mains du Juge d'instruction pour être jointe au dossier.

R. En vous remettant cette lettre, j'entends vous prouver que j'ai absolument confiance en vous. C'est vous dire assez que vous pouvez en faire tel usage que vous jugez utile, et que je ratifie d'avance. Maintenant, permettez-moi de saisir l'occasion pour faire dans votre journal la déclaration publique que durant mes six années d'exil, je n'ai jamais écrit à aucun membre du Gouvernement du gal Nord, rien que pour ne pas les compromettre ; que, conséquemment, je n'entends pas que, ces jours-ci, tandis qu'ils sont à leur tour en exil, ils se croient la faculté de m'écrire pour essayer de me compromettre. (*Cette alternance, réglée comme une horloge, du tour d'exil, bien significative de notre malheureuse Histoire, quelle phrase, dîtes-moi, pourrait mieux la traduire ?*) Par l'organe de votre journal, je prie donc Monsieur Jules Coicou de cesser de m'écrire à l'avenir. Pour toute réponse à sa lettre, je tiens à lui adresser, sous pli recommandé, un exemplaire de votre journal comportant ma présente déclaration.

Je vous prierais même de lui faire pour moi, et à mes frais, l'expédition de ce numéro.

D. Vous serez satisfait.

R. Merci d'avance. Et croyez, MM. que, en toutes circonstances et à chaque fois que vous aurez besoin de moi pour un renseignement quelconque vous me trouverez toujours à votre disposition.

*

Et suit, comme vous le constatez, la publication de la fameuse lettre, précédée de cette amusante mise en garde :

«Voici in extenso, la lettre du général Coicou. - Prière ne pas mettre au compte du typographe les erreurs dont ce document est galonné et brocheté. Nous avons voulu respecter le texte :»

Avant que d'entamer sa lecture, quelques mots sur Le général Jonathan St Fort Colin de nature à éclairer certaines de ses déclarations : Un baron de ce temps-là ! Et qui, du reste, en 1896, sous Tirésias Simon Sam, donc 13 ans plus tôt, avait eu des démêlés pour le moins orageux avec Pierre Frédérique. Lequel, à l'occasion, s'était vu vertement menacé par lui, de fusillade sommaire. La cause : un article à la mémoire du fondateur de L'Impartial, Amilcar Allen, abattu deux ans plus tôt, sous Hyppolite (1er septembre 1894), et dont le contenu n'avait eu l'heur de lui plaire. Le fait ou la version officielle que Allen, soupçonné de menées contre le gouvernement et objet, chez lui, au Poste Marchand, d'une tentative d'arrestation, avait résisté par les armes (notez que blessé, il sera froidement conduit devant le cimetière!) n'avait nullement empêché Frédérique de parler d'assassinat, ce qui, aux yeux du général, revêtait l'allure d'une pure provocation.

– Deux vieilles connaissances alors ?

– Hé Oui ! mais au moment de cette interview, ce passé semblait loin, enterré à jamais. Le «brave et bruyant général» ainsi qu'avec humour, l'avait alors désigné Frédérique, semblait nourrir à son égard des sentiments autrement plus amènes.

Divisionnaire incontestable, et comme de tradition lors, retrouvé à briguer avec succès et à deux reprises des postes électifs (député de l'Arcahaie puis sénateur de l'Ouest), il avait été commandant de l'arrondissement de Port-au-Prince sous la présidence de Tirésias Simon Sam, ministre de l'Intérieur et de la Police Générale du gouvernement provisoire de mai à décembre 1902, tout en gardant le commandement de l'arrondissement de la Capitale.

Connu pour ses sympathies sénéquistes[2], la volonté de Nord Alexis, par un pronunciamiento style d'époque, de couronner la défaite récemment infligée au firminisme, devenant plus que manifeste, il prendra refuge à la légation des Etats-Unis, le 16 décembre 1902. Dans le cadre de l'enquête sur la consolidation de la dette publique, ayant vu le jour tenace

---

2 Sénèque Momplaisir Pierre. Commerçant et industriel. Fils de Pierre Momplaisir Pierre, candidat à la présidence des libéraux en 1874. Ministre de la Guerre et de la Marine sous Légitime, de l'Intérieur et de la Guerre sous T.S.Sam. A deux reprises, sénateur de la République. A côté de Callisthènes Fouchard, de Solon Ménos et d'Anténor Firmin, l'un des candidats les plus influents aux élections présidentielles de 1902.(NDE)

mais d'une frivolité hors pair en l'année 1904, condamné par contumace à cinq ans de travaux forcés par jugement du tribunal de Port-au-Prince, moins de trois ans plus tard, néanmoins, et à l'instar d'un Tancrède Auguste quelques mois auparavant, J. St Fort Colin ne tardera nullement, heureux ou indifférent (mais sans étonnement peut-être), à se voir l'objet d'une grâce spéciale au mois de février 1907. Dans ce climat de liesse subséquent à la chute de Nord Alexis, le 2 décembre 1908, il comptera des tout premiers (le mois courant), à regagner hâtivement le pays. Quoi d'autre ?... Euh, assez dit, je crois, sur son compte, et pour l'éclairage hâtif d'un parcours, place maintenant et sans plus tarder à notre lettre.

Santiago de Cuba, le 26 janvier 1909
Au Général St-Fort Colin
Port-au-Prince

Mon Cher Général et ami,

Je vous annonce que je suis à Santiago, depuis dimanche 24 du courant, sortant de Kingston. Je regrette beaucoup de avoir laisser Haiti sans vous avoir vue, au fin de vous entretenir en deux mots concernant la filsilade de votre neveu qui a eu le 15 mars, l'année dernier, d'après ce grande service que vous me avez rendu en 1902.

[En cette bruyante année, avons-nous lu hier sous la plume de Joli-bois, le tout puissant St Fort Colin avait élevé Jules Coicou au grade de gé-néral, puis l'avait appelé au bureau de l'arrondissement de Port-au-Prince comme l'un de ses principaux adjoints : tremplin, s'il en fut, pour ce poste enviable de commandant d'arrondissement de Port-au-Prince qu'il sera, plus tard, appelé à occuper. Est-ce à ce fait, d'une importance cruciale pour Jules, on le devine, qu'il est fait allusion ici ?]

Donc je vous doive un reconnaissance éternel, mon cher général, je vous affirme avec tous sincérité que Paul St Fort et Roche Armand, cousin germain de mon épouse, a été arrêté, chez eux et filsilée par le général Leconte, le ex-chef d'Etat major du Général Nord, sans aucune ordre du Gouvernement pour les affaires personnel, mais toléré. Le même jour de filsilade je ne pas maqué de dire cela au commandant Auguste Armand de la Cavalerie, le jeune frère du défunt, mon épouse et plusieur autre ami. - moi qui vous parle, je été entre l'enclume et le mateau grâce à Madame Nord je me arret là pour le quart d'heure, car je ne peut pas confiée tout au papier, en raison il y a beaucoup à dire concernant cette malheureuse affaire qui a exciter la population de Port-au-Prince, les autorités constituées non pas pris aucune part ni arrêté ni filsilée, à ma connaissance- Voici le nom de celles qui ont arrêté du monde et filsilée mais d'après l'ordre du Président d'Haïti et le vice-Président Camille Gabriel : 1ère Général Montreuil Guillaume 2ème Général Leconte 3ème Thomas Hayacinthe 4ème Général Aban Nau 5ème Joannis Mérisier 6ème Choute fortune 7ème Général St julien, chef de volontaire parmi le sept nons il y a cinq qui sont soulinée, ce sont celles qui a été fais les exsicutions. - en attendant porté vous bien.

Récevez mon cher général mes meilleur salutation

J. A. Coicou

Au bas de la lettre, cet accusé de réception du juge Valmé :

Reçu du sieur Pierre Frédérique, pour être jointe au dossier de l'affaire du 15 Mars, une lettre adressée par le général J. Coicou au général Saint Fort-Colin laquelle lettre est datée de Santiago de Cuba le 26 Janvier 1909.

Port-au-Prince, le 25 Février 1909

V. Valmé

Le remuant Jules Coicou à l'oeuvre. Traître à ses parents de la mort desquels il s'est servi pour se blanchir de tout soupçon de complot aux yeux de Tonton Nò, le voilà maintenant traître à ceux qui ont prêté main forte à ses machinations. Dans le texte tel que paru dans L'Impartial, soulignés par le procédé commode de mise en italique, les noms de ceux ayant pris part aux exécutions sont ceux de Montreuil Guillaume, Léonce Leconte, Thomas Hyacinthe, Choute Lafortune et St Julien Noel.

En ce qui a trait à Paul St Fort, qu'apprend-il à son oncle Jonathan St Fort Colin ? Que son arrestation ce soir-là, tout comme celle de Roche Armand, avait été le fait de Leconte, et ce, pour des motifs personnels mais tolérés. Sans lui en préciser, évidemment, lesquels (version qui, pour être différente de celle de notre rumeur, n'en laisse pas moins voir Paul St Fort mort étranger à toute idée de complot). Dans son interview avec Callard, il se montrera plus bavard. Il laissera entendre qu'il fut exécuté pour avoir, quelques jours auparavant, toisé un grand personnage du gouvernement en réponse au salut de ce dernier. Cette affirmation, comment doit-elle être comprise, comme un éclairage aux allégations faites ici à Jonathan St Fort Colin ?

Echo des assises ?

Bien sûr.

« (...) Le juré Félix Magloire demande pourquoi Paul St Fort, par exemple, dut être fusillé ? – Son nom, apprend Jules Coicou, ne se trouvait pas sur la liste, non plus celui de Roche Armand. Il le dit, le matin

du 15 mars, à Camille Gabriel, qui s'étonnait d'apprendre son exécution.
- Qui arrêta Paul St-Fort ?- Je ne sais, répond Léonce Leconte, je ne pris
que Roche Armand.» [Le Nouvelliste, 6 mars 1912. Compte rendu du
procès Jules Coicou]

Leconte, qui admet sans détour l'arrestation de Roche Armand, laisse
entendre, par contre, n'avoir nullement été l'auteur de celle de Paul St
Fort. Pourtant, du geôlier Dorléus Jn Philippe, nous tenons, et de manière
nette et sûre, qu'en prison cette nuit-là, il n'avait été conduit par nul autre
que Leconte lui-même. Tenons-nous la preuve d'un mensonge évident du
sieur Leconte ? Pas nécessairement puisque ces mêmes déclarations de
Jn Philippe s'appliqueront également à Alluption Casimir dont nous savons l'arrestation, le fait indéniable de Joannis Mérisier et d'Arban Nau.
De sorte que ces deux questions restent ouvertes, et auxquelles, malheureusement, aucun témoignage en notre possession ne viendra apporter
réponse absolue et définitive. A qui précisément Paul St Fort a-t-il dû son
arrestation ? (question moins vaine qu'elle ne parait compte tenu du cadre fourni par cette répression à l'assouvissement de querelles éminemment privées) Et à quoi exactement son exécution ? Erreur d'identité ou,
comme nous le dit Jules Coicou, motifs d'ordre personnels tolérés ?

En ce qui a trait à Roche Armand, bien placé au cœur de ce complot,
Jules, lors des assises, laissera en entendre plus. Il avait, lui, été touché de
cette prise d'armes mais avait refusé catégoriquement d'y prendre part. Ce
firministe actif en 1902 , que la crainte de représailles, l'ai-je déjà dit, avait
fait compter parmi les tout premiers à chercher refuge dans une légation,
refuge qu'il n'eut que trop tort de quitter (il le comprit sans doute trop tard,
ce jour-là) sous la promesse formelle de n'être point inquiété, ce tailleur affairé, père d'une progéniture nombreuse (quatorze enfants) que tout donc
laisse croire revenu totalement de la politique, sinon de ses hauts faits du
Limbé[3], quels sont les motifs qui le verront, cette nuit-là, faire face au peloton d'exécution ? Oui, quels sont-ils ? À l' interview de Jules, un vrai pa-
norama de cette histoire, sur laquelle, gracieusement, je vous invite maintenant à nous pencher sans retard, laissons, entre autres choses, le soin de
nous éclairer là-dessus. Euh... j'oubliais... devant par nécessité être coupée
en deux tranches, cette interview, et celle comportant le point en question
appelée à être lue bien tardivement, autant donc, nous jetant à l'eau, y ré-

---

3 Localité du département du Nord qui, par sa position géographique, avait vu en 1902
une concentration imposante de militaires et volontaires acquis au firminisme; et ce,
pense Price Mars (*Anténor Firmin*, p. 346), dans le double but de barrer tout accès à la
plaine des Gonaives des troupes de Nord Alexis cantonnées au Cap, et de frayer la voie
sur un déferlement vers cette ville. Son évacuation décidée, le 13 octobre 1902, marque
la débâcle des forces firministes.

pondre une fois pour toutes et par nous-même : les insultes qu'il fit auparavant au chef d'état-major Léonce Leconte pour une valeur impayée, due,
précise Jules, de la confection de deux pantalons.

Quoi ? Interloqué! Bienvenue aux bacchanales du 14 au 15 mars, cher
co-lecteur !

Echo des assises.

«(...) On revient au témoin, *(Emmanuel Dégand)* qui déclare, à l'égard
de Roche Armand, que Léonce Leconte lui donnait à travailler comme
tailleur ; que Jules Coicou, après les exécutions, l'accusa d'avoir fusillé
Roche dont le nom ne se trouvait pas sur les listes. Le fait fut éclairci
devant le Président. Mais Jules Coicou affirme que Roche ne conspirait
pas, car tout le monde avait accepté, sauf ce pauvre homme et quelques
autres.» [Le Nouvelliste, 9 mars 1912. Compte rendu du procès Jules
Coicou.]

«(...) un billet tiré des papiers du défunt par sa veuve, passe sous
les yeux et prouve que le tailleur Roche Armand n'était pas inconnu
à Léonce Leconte, qui le priait de lui envoyer un pantalon. - Il mourut
créancier de l'ancien chef de l'état-major.» [Le Nouvelliste, 2 août 1910.
Sixième audience du procès Montreuil.]

Oui, bienvenue Georges !

Jeudi 25 février

COUP- D'ŒIL
Pour les victimes du 15 Mars.
Ce matin, le comité chargé d'organiser une manifestation publique
en faveur des victimes du 15 Mars a été faire part du projet au Président
de la République qui cordialement l'a ratifié et a promis son concours.

Au champagne, le Général Simon a prononcé de belles paroles où
vibre son cœur d'homme et de patriote et le comité a pris congé de son
excellence, emportant de bonnes impressions.

Voici les noms des membres du comité : MM. Pierre Frédérique,
Président, Duclervil, Secrétaire, Catinat Fouchard, Trésorier, W. Francis,
avocat, Charles Germain, A. Duquerrouette, Arsène Chevry, David Jeannot, av, Mac Donald Alexandre, député.

Autre élément indissociable du climat qui a vu naître cette enquête, cette manifestation dont j'ai fait mention hier, et qui eut lieu le 15
mars 1909 en souvenir des victimes. A dater de cette courte annonce du

comité organisateur, les préparatifs feront assez régulièrement les frais d'entrefilets de L'Impartial, dénotant une activité fébrile de ce comité. Quel objectif poursuivait celui-ci ? Quel programme était prévu ? Dans une pause aménagée à cette fin, nous nous efforcerons de voir tout ça plus loin, pour le moment, soyons tout à l'interview de Jules.

JULES COICOU

NOTRE ENQUETE

Nous donnons in extenso l'interview du général Jules A. Coicou qu'un correspondant spécial de l'Impartial, Mr. Louis Callard, a été tout exprès recueillir, à Santiago de Cuba. Le public appréciera la rigoureuse exactitude avec laquelle notre collaborateur a rapporté non seulement les paroles de l'ex-commandant d'arrondissement, mais aussi la physionomie même de leur entrevue.

MARDI, 26 FÉVRIER 1909.
SANTIAGO DE CUBA
   INTERVIEW
   DU GÉNÉRAL
JULES ALEXIS COICOU
Ancien Commandant de l'Arrondissement de Port-au-Prince.
12:50 heures du matin.

– *[Faite à une heure plutôt indue, cette interview !*
– *Hé Oui ! Et pas du tout à cette date indiquée dont la présence s'explique certainement par une coquille de L'Impartial. Si notre numéro est celui du mercredi 3 mars, date vérifiée et rigoureusement exacte, mardi ne pouvait nullement être 26 février mais 23. L'interview donc a paru huit jours après avoir été faite. Ce que semble confirmer, paru dans l'édition du 23 février, un entrefilet faisant état d'un télégramme reçu du représentant spécial de L'Impartial à Cuba, et annonçant qu'une interview complète sur les événements du 15 mars avait été obtenue de Jules Alexis Coicou, à Santiago de Cuba, interview, concluait l'entrefilet, qu'on comptait, sitôt reçue, livrer à la publication. Ils avaient reçu le télégramme le jour même de l'interview, d'un Louis Callard enthousiaste et que j'imagine heureux d'une mission menée à bien. Agé alors de 24 ans, il est surtout connu à ce moment en tant qu'acteur, pour sa collaboration constante à la société d'art dramatique, le Théâtre Haitien, cadre culturel fondé dès son retour de France (cinq ans auparavant) et dirigé*

non sans persévérance et foi par Masssillon Coicou – et qui le verra se produire dans différents rôles de pièces locales, vocation prioritaire et compte tenu de l'époque, en tous points admirable et avant-gardiste de cette société. Cette participation à l'entreprise de L'Impartial, le voyait vraisemblablement à ses débuts dans le journalisme. Champ, du reste, qu'il n'allait pas tarder à marquer de son empreinte d'une franchise acérée dans nos annales, et qui, pour le retrouver plus tard, dans des positions les plus ténues, voire les plus contestables, ne l'aura jamais surpris sans doute - fait digne d'être souligné -à faire manque au courage et au panache. Mais je parle trop, et jalouse des moindres mots n'ayant trait que médiocrement à elle, notre histoire est là, Georges, à nous attendre... Place donc à l'interview !]

D. Que je vous dise tout de suite, général, que, si j'écoutais les sentiments que je professe contre tous ceux qui , de près ou de loin, ont contribué à faire le 15 Mars, je ne me serais pas présenté ici. Car, moi aussi, j'ai failli être victime, avec mon regretté ami Massillon, des hécatombes de cette nuit terrible. Mais à côté de ces sentiments, j'ai un devoir sacré à remplir, c'est de travailler avec mes amis à faire la lumière sur cette malheureuse affaire, en attendant que la Justice arrive, par son verdict, à frapper les auteurs de ces assassinats. C'est à cette occasion que je me présente ici pour vous demander, au nom du journal «l'Impartial,» dont je suis un des collaborateurs- et qui a ouvert une enquête sur la nuit du 14 au 15 Mars- quel est le rôle que vous avez pu jouer dans cette malheureuse affaire où périrent dix-sept citoyens notables de Port-au-Prince ?

[C'est le seul, je ne sais trop pourquoi, à faire mention d'un pareil chiffre. Carteron, je l'ai dit, parle de vingt-sept, et Frédérique, nous l'avons vu, souscrit à davantage. Dans sa lettre toute d'humour au directeur de L'Impartial, souvenez-vous, tout en accréditant le nombre vingt-sept en y faisant écho, le lecteur assidu des protestations, C. Arnoux, n'en laisse pas moins transparaître ses soupçons quant à un nombre encore plus imposant de victimes... Oui, le seul. Mais laissons-les poursuivre.]

R. D'abord, je vous déclare qu'il est faux que dix-sept aient été exécutés, et il est aussi faux que, comme je l'ai entendu dire, on ait fusillé du monde à la Saline ou ailleurs.

D. Alors dites moi, dans ces conditions, le nombre exact d' hommes exécutés cette nuit-là ?

R. On n'a exécuté que dix hommes seulement et pas plus. C'eut été onze, si, en route pour le cimetière, l'un d'eux n'avait réussi à se sauver.

D. Pouvez-vous me dire le nom de celui-là ?

R. Je ne connais pas son nom...

   [- Ce benjamin de Carteron ?

   – Probable. Mais nous y reviendrons, je vous le promets. Accordons pour le moment une attention souveraine aux répliques qui vont suivre. Elles ne le méritent que trop.]

D. Revenons à la question, général, à savoir quel rôle vous avez joué dans cette affaire. Le général Coicou veut quand même aborder avec moi les détails de la conspiration. Je lui fais observer que les détails sont connus déjà *(Pas si vite, Louis Callard !)* et que je veux tout simplement savoir le rôle joué par lui en sa qualité de Commandant d'Arrondissement, aux arrestations et exécutions de cette nuit du 15 Mars et que son interview doit se borner qu'a cela seulement. Malgré mes observations, le général persiste à me relater ces détails. *[Heureux qu'il ait persisté car, sans cela, qu'aurions-nous à placer en regard de l'interview de Nérette. Evidemment, il l'a fait pour nous abreuver de mensonges mais a éveillé notre curiosité, nous aura fourni des pistes. Mentez, mentez, il en restera toujours quelque chose.]* Enfin ne pouvant l'arrêter, je le laisse faire. Alors il me dit: «Le mercredi 11 Mars, entre 11 hres et 12, Madame Galette vint en mes bureaux me faire part de la conspiration et me pria d'y porter mon concours en me convainquant de la réussite du coup. Elle m'apprit que Massillon et Nérette en étaient les chefs. Je me rendis chez Nérette dans la soirée et lui reprochai amèrement de ne m'avoir rien dit, moi son compère, tandis qu'il allait prendre les armes, le lendemain soir. Nérette me répondit que cette conspiration était menée minutieusement , si bien que même les chefs de colonne ne se communiquaient pas. Nous primes rendez-vous pour le lendemain jeudi 12, dans mes salons privés et Nérette me dit que Tancrède y serait aussi. J'écrivis alors à Tancrède, l'invitant au rendez-vous. Effectivement, Tancrède s'y rendit et trouva Nérette qui l'avait précédé de quelques minutes. On entama la question et Nérette offrit à Tancrède le Gouvernement provisoire et à moi le Ministère de la Guerre. Tancrède refusa en faisant observer qu'il ne pourrait jamais consentir en retour des bienfaits que lui avait faits le gal. Nord à prendre part à une prise d'armes contre son Gouvernement, alors Nérette se leva et lui répondit : Tancrède c'est pour la troisième fois que vous me contrariez ? Quant à cette fois-ci, je ne suis pas responsable de vous; puis on se sépara.»

D. Alors vous avez accepté la prise d'armes, vous ?

R. Non.

D. Et pourquoi ?
R. Si Tancrède avait accepté, je l'aurais fait à mon tour.
[-En affirmant le refus de Tancrède, la cause de sa soudaine volte-face et de sa décision de tout rapporter au Palais, Nérette semble avoir vu juste alors.
– C'est bien ce qu'il parait, en effet.]
Le vendredi 13, Massillon vint chez moi, il me fit voir combien il était nécessaire de finir avec le Gouvernement; il me parla de la grande misère dans laquelle se débat le pauvre peuple et qu'enfin ce gouvernement était une honte pour le pays et me demanda mon concours. J'écoutai attentivement tout ce qu'il me disait et lui fis un petit reproche : celui de m'avoir averti si tard, moi son cousin.

D. Vous aviez donc accepté ?
R. Non. Je fis semblant d'accepter. Je m'ouvris à lui pour mieux avoir la clef de la conspiration.

D. Alors, c'est vous qui aviez dénoncé la conspiration au Gouvernement ?
R. Oui.

D. Et en le faisant vous ne pensiez donc pas aux malheurs que vous alliez déchaîner ?
R. Je ne pouvais pas faire différemment. Quand le vendredi, au milieu du jour, j'appris l'arrestation de Madame Galette, je m'empressai de me rendre immédiatement au Palais, feignant d'ignorer ce qui venait de se passer. On m'annonça avec force admonestation l'arrestation de Madame Galette. Alors, je fis observer que j'ignorais cela et qu'au contraire ma visite avait précisément pour but de dénoncer avec Madame Galette, Nérette et mon cousin Massillon, les trois principaux auteurs d'une conspiration qui s'ourdit à la capitale. Mais je me trompais, je n'étais pas le premier à dénoncer la conspiration. Car, avant moi, Etienne fils et Charles Moravia l'avaient fait. Etienne Fils, pour avoir remis la lettre de Firmin à Marcelin qui la remit au Président. *[Et Charles Moravia ?]* Quand donc je fis connaître au Palais le but de ma visite, c'est-à-dire, quand je donnai les secrets que je détenais, Madame Nord me demanda : Général Jules, qui Saints ou servi [4]? Je répondis à Cécé : m 'servi toutes Saints.[5] Elle esquissa un sou-

---

4   Quels saints servez-vous ?

5   Je sers tous les saints.

rire, et me dit : *ou servi bien, dépi hier ou té pou fisillé⁶*. C'était vrai, car j'ai
pu savoir que c'est St Julien Laboucherie qui devait m'exécuter.

**D. À part Massillon, Mme Galette et Nérette vous n'avez pas dénoncé
d'autres personnes ?**
R. Je jure n'avoir dénoncé que ces trois individus dont je viens de vous
citer les noms.

*[Après notre résumé d'hier, est-il nécessaire de signaler que le sieur
Jules ment effrontément ? Sans doute que non; mais il est intéressant d'indiquer à quoi tendent ses mensonges : Effacer toutes traces de ses initiatives au sein de ce complot, aussi bien que toutes traces de ce stratagème
diaboliquement mis en œuvre après le refus de Tancrède d'y prendre part;
et, la lecture intégrale de son interview achevée, on tentera de faire ressortir le but exact poursuivi par eux.*

*1- La rencontre avec Massillon Coicou, le vendredi 13. Selon Emmanuel
Coicou, elle s'est tenue non pas chez Jules où Massillon se serait rendu,
mais au Bureau de l'Arrondissement et sur l'initiative de Jules lui-même,
qui, par lettre, avait invité Emmanuel et Massillon à venir le voir.*

*2- Le rôle attribué à Mme Galette. Cette dernière qui, dans l'interview
de Nérette, était l'émissaire de Jules Coicou, devient, dans la bouche de
Jules, l'émissaire de Nérette. Et on comprend pourquoi: admettre Mme Galette son émissaire, c'est non seulement avouer son adhésion au complot,
mais aussi admettre en quelque sorte en être l'un des instigateurs.*

*3- L'initiative de l'invitation de Tancrède. Dans l'interview de Nérette,
elle est de Jules Coicou, alors que dans l'interview de Jules Coicou, celle de
Nérette. Et ce, pour des raisons identiques à celles avancées précédemment. A ce niveau, signalons une probable contradiction.*

«Nous primes rendez-vous pour le lendemain jeudi 12, dans mes
salons privés et Nérette me dit que Tancrède y serait aussi. J'écrivis alors
à Tancrède, l'invitant au rendez-vous...»

*Si, ainsi qu'il l'a laissé entendre, l'initiative de l'invitation revenait à
Nérette, pourquoi avoir écrit à Tancrède ? Politesse d'hôte ? Ou persistance
de la vérité qui, en dépit de la trame serrée du mensonge, finit par percer
au jour ?*

*4ème et dernier point : les dénonciations. Pour les mêmes raisons, affir-
mera-t-il n'avoir dénoncé que Massillon, Mme Galette et Nérette (en admettre plus équivaudrait à laisser entendre, bien que douteuse, une implication
plus marquée), alors qu'il est évident que sans lui, le pouvoir ne saurait
disposer de liste substantielle d'individus contre qui sévir.*

---

6   Vous servez bien, car vous auriez dû, depuis hier, être fusillé.

Que ces mensonges ne nous empêchent nullement de mettre à jour un autre, disons, plus malin: la date à laquelle cette dénonciation s'est faite.

Le vendredi 13, au milieu du jour, et après qu'il eut appris l'arrestation de Mme Galette, nous laisse-t-il entendre, non ? Or dans une lettre que nous allons avoir l'occasion de lire, Mme Galette n'avait nullement caché sa conviction d'avoir dû son emprisonnement à Jules Coicou, lui-même. Qu'est-ce à dire ? Que cette dénonciation s'est faite non pas le vendredi 13, comme il veut bien le laisser croire, mais le jeudi 12, après l'échec auquel avait abouti l'entrevue avec Tancrède (il le reconnaîtra du reste lors de son procès); et, survenue le jour suivant, l'arrestation de Mme Galette, je l'ai dit hier, peut-être aisément vue comme le premier effet de ce cafardage éhonté et gros des faits à venir.

«(...) après l'entrevue, j'allai au palais tout dire au Président. Ce même jour, je priai Mme Helvétius Lubin d'avertir Horace qu'on voulait fusiller tous les Coicou de derrière l'Exposition. J'écrivis même à Massillon et à Emmanuel Coicou.» [Le Nouvelliste, 9 mars 1912. Compte rendu du procès Jules Coicou.]

Faite dans la chaleur des débats généraux, voilà une déclaration d'un intérêt primordial pour nous, qu'en pensez-vous ? Car bien que mensongère quant aux motifs réels qui l'avaient vu écrire à Masssillon et à Emmanuel (pour les avertir du danger qu'ils couraient, laisse-t-il entendre) elle ne nous laisse pas moins voir qu'il l'avait fait, ce qui est une confirmation des dires d'Emmanuel Coicou.

– Mentez, mentez, il en restera toujours quelque chose.

– -Absolument. Mais où étions-nous exactement ?... . Oui, cette dénonciation faite, on comprend pourquoi, ce vendredi 13, il invite Emmanuel et Massillon, lequel Massillon il croit sans doute abouché à Nérette (tout comme Nérette, lui, le tenant, nous dit-il, de Massillon lui-même, croyait ce dernier abouché à lui, malentendu que favorise sans doute ce climat d'autosuggestion, de mensonges et de survalorisation de ses forces, entourant ordinairement toute conjuration en instance) à venir le voir.

– Oui, ainsi que vous l'avez dit hier, à seule fin de les cuisiner et de parfaire son alibi.

Et cette dénonciation de la conspiration par Etienne fils et Charles Moravia dont il a fait mention à Callard, que faut-il en croire exactement ?

– Loin de pouvoir faire peser de justifiables soupçons sur des individus précis, la lettre d'Etienne Fils laisse tout au plus entendre que les asilés des consulats se remuent, s'agitent et, par conséquent, ne peut qu'ajouter au climat de qui-vive et de suspicion vague régnant déjà plus qu'en maître, à défaut de toute autre chose. Quant à Charles Moravia, dans une lettre à

l'appui de preuves publiée dans Le Matin, et que nous allons aussi avoir l'opportunité de lire, il fera clairement ressortir qu'il avait été absent de Port-au-Prince jusqu'au mois d'avril, et que ces événements l'avaient surpris aux Cayes, où il s'était rendu , nous dit-il, appelé par une mission de délégué des Finances. Où est-elle, du reste, cette lettre ?... oui, bien là, et en attente.

Remarquez, en passant, que mention aucune n'a été faite par lui de Nadreau, pourtant, et comme en font foi, nous l'avons vu, les propres déclarations de Nadreau lui-même, indiqué véridiquement à Nérette comme à l'origine d'un ébruitement certain du complot. Simple oubli ? Ou bien peu de poids accordé en fait à cette dénonciation que, par ses propres indiscrétions, il avait lui-même suscitée, sachant, je le répète, qu'en manière de preuve tangible, Nadreau, nullement ne manquerait de faire valoir que les faits divulgués par lui, tiraient leur source sûre de confidences receuillies de lui, Jules, et en l'innocentant du coup, combien utile, le cas échéant, cela pourrait se révéler, (lequel cas, comme escompté, a vu indéniablement le jour avec le refus de Tancrède, ce fameux Jeudi 12) à établir, aux yeux de tonton Nò, la crédibilité d'un rôle prétendu de taupe qu'il se ménageait ainsi...Mais assez dit sur ce chapitre, poursuivons et sans interruption cette fois-ci.

– Sans interruption, en êtes-vous sûr ?

– Promis.

– Juré?

– Absolument. C'est que Callard, à qui manquent certains faits (les procès, ne l'oublions pas, n'ont pas encore eu lieu) et le recul suffisant pour avoir le fin mot des dessous de cet assassinat, sans s'en rendre compte, lui en a trop donné, je crois. Mais il va se rattraper Callard, soyez-en certain.]

R. Je jure n'avoir dénoncé que ces trois individus dont je viens de vous citer les noms.

D. Revenons maintenant à la question principale. Quel est le rôle que vous avez joué dans les arrestations et fusillades de la nuit du 14 au 15 mars ?

R. Le samedi à 8 heures du soir, j'arrivai au palais comme d'habitude, revenant du Champ-de-Mars où j'avais été m'occuper d'une affaire de piano chez Mme Sydney. Je trouvai alors dans sa chambre Camille Gabriel, puis Timoclès Lafontant et Borgella Sévère. Ils étaient tous trois debout, Camille, devant son bureau, (sur lequel je remarquai une liste) tenait une plume en main. Il m'adressa, le premier la parole et me dit : Général, c'est à cette heure que vous arrivez ? (il faut vous dire que parfois je venais avant) Où étiez-vous depuis tout ce temps-là ? Vous ne savez donc pas qu'il y a mouvement ce soir ? A ces paroles, je m'excusai et me rendis au bureau où, à peine descendu de cheval, un aide de camp vint m'appeler en toute hâte, de la part du Président. Je retournai immédiatement au palais. Je montais l'escalier quand un aide de camp qui entrait en même temps, dit à un de ses collègues: «*On vient d'arrêter l'un des conspirateurs.*»

D. Pouvez-vous me dire le nom de cet aide de camp ?
R. Je ne puis pas vous dire précisément son nom, mais c'est le fils d'un sénateur qui travaillait au sénat avant.

D. Et quel est ce collègue à qui il annonça la nouvelle ?
R. A Denis.

D. Quel Denis ? Ce serait alors Beaumont Denis, puisqu'il n'y avait qu'un seul Denis dans l'état-major du général Nord. Et ce ne peut-être lui, car il a déclaré que cette nuit-là, il était chez lui couché avec la fièvre occasionnée par une chute de cheval . Il a même cité à l'appui de sa déclaration le médecin qui l'avait soigné ce soir-là. *[Bien vrai ça. N'avons-nous pas lu sa lettre de protestation ?- Hé oui !]*
R. Je ne sais pas alors. *[Ah! ah ! Pris de front, le voilà qui se rétracte, tente de faire marche arrière.]*

D. Et quel était ce conspirateur ?
R. C'était Massillon, je crois.

D. Cependant, je relève une grande contradiction entre ce que vous me dites en ce moment et ce qui s'est réellement fait et que tout Port-au-Prince sait. Vous êtes accusé d'avoir, vous même, livré Massillon au gouvernement en l'attirant dans un guet-apens et je m'en vais vous dire dans quelles conditions eut lieu son arrestation. D'abord, vous ne pouvez, en toute conscience, nier avoir, le samedi matin écrit une let-tre à Massillon (lettre qui existe encore) annonçant à celui-ci que vous aviez fait transporter ces choses chez vous et l'invitant en même temps à se présenter chez vous à 7 1/2 heures, pour une communication im-portante, *(7 heures, monsieur Callard)* tout en le recommandant de ne pas manquer au rendez vous. (lettre qui prouve d'une façon manifeste, que votre adhésion à la prise d'armes était un fait accompli...
R. C'est une erreur de croire que cette lettre annonçait quoique ce soit ayant trait à la politique. Massillon, la veille, m'avait prié de répondre pour lui chez Henri Brisson, où j'ai un compte ouvert, d'une douzaine et demi ou de deux douzaines de kola, en plus il me pria de lui emprunter

P. 25.00, argent et kola qui devaient lui permettre le dimanche de recevoir quelques amis qui lui avaient annoncé leur visite. J'acquiesçai donc à sa demande et je lui fis le samedi matin la lettre en question qui avait seulement pour objet de lui annoncer que ces *choses* étaient à la maison, à sa disposition, et où j'avais laissé l'ordre à une femme de les lui remettre. *[Ainsi que nous l'a laissé entendre sa fille Léonie, alarmante au plus haut point devait être sa situation pécuniaire, Massillon. C'est le troisième, l'avez-vous remarqué, à tenter d'en tirer profit pour nous en faire accroire.]*

D. Pouvez-vous me dire le nom de cette femme ?
R. J'ai oublié son nom.

D. Je veux bien que le mot «chose» ait voulu dire kola et argent, mais la deuxième phrase de la lettre l'invitant à se présenter à 7 1/2 heures *(7 heures, monsieur Callard)* pour la communication importante et de ne pas y manquer ?
R... . . .C'était toujours pour ces choses. *[Lors de son procès, trois ans plus tard, il admettra pourtant que le mot «choses» avait une acception toute autre que kola et argent.]*

D... Enfin, passons... Vous avez aussi connaissance d'avoir écrit, le même jour ou la veille une lettre à Emmanuel Coicou, il vous avait, lui aussi, prié de répondre de bouteilles de kola pour lui, chez Henri Brisson ?
[Ah ! ah ! pas mal du tout ce trait !

C'est pour avoir appris, d'un parent des Coicou, l'existence de cette lettre, souvenez-vous, que Clément Magloire nous a dit s'être rendu à la légation allemande interviewer Emmanuel Coicou. Et Callard y était aussi, dont l'intervention apaisante et opportune lui évita d'être pris à partie par l'humeur courroucée et agressive des asilés. D'où l'hommage tardif que lui a rendu Magloire. Bien qu'il semble tâtonner sur la date exacte de la réception de cette lettre par Emmanuel Coicou, et qu'il donnera l'impression de n'être nullement au fait de celle reçue au même moment par Massillon, rien n'interdit de croire que c'est probablement de première main qu'il tenait cette information.

– Pourquoi hommage tardif ?

– Parce que, ainsi que preuve en a été faite précédemment, j'ai eu le bonheur (ou le malheur, vous en déciderez) de lire dans le Matin du 2 avril 1908 (No 305) la correspondance tenue en la circonstance par Magloire et le ministre d'Allemagne, Von Zimmerer, et je dois dire qu'aucune mention n'avait été faite de l'attitude adoptée ce jour-là par Louis Callard. Néga-

*tive, comme de juste, à l'endroit des réfugiés, la note, toutefois, ne laissait
nullement entendre d'exception parmi eux.*

– Ah bon !

*– La politique, mon cher Georges ! Ou du moins, ainsi que l'entendait le
sieur Magloire. Callard comptant, à ce moment, au nombre des opposants
farouches au gouvernement, aucun cadeau ne devait lui être fait. Mais revenons, je vous prie, et illico, à notre interview.]*

D... Enfin, passons... Vous avez aussi connaissance d'avoir écrit, le même
jour ou la veille, une lettre à Emmanuel Coicou, il vous avait, lui aussi,
prié de répondre de bouteilles de kola pour lui, chez Henri Brisson ?
R. Non, c'était pour le prier de s'occuper pour moi d'une affaire de maison.

D. Malgré le caractère que vous voulez donner à cette lettre, *[Le billet
faisant mention des choses évidemment]* tout laisse à croire que c'était un
piège que vous tendiez à ce malheureux. Car, en effet, cette lettre reçue,
Massillon s'empressa, à l' heure convenue, de se rendre chez vous, je
vous le dis en connaissance de cause, car, c'est de chez moi qu'il partit
pour le rendez-vous. II arriva donc chez vous et sortit sans doute sur
votre demande pour aller chercher sa bonne du nom de Clara à qui
vous deviez remettre quelque chose. Il revint une seconde fois, accompagnée de la dite Clara à qui effectivement vous avez fait la remise
d'une caisse. Alors, sous les apparences d'un adhérent enthousiaste
vous avez ouvert la conversation avec lui sur les moindres détails de
la prise d'armes et celui-ci deux fois confiant en vous, et comme complice et comme cousin, vous traça dans les moindres détails le plan de
la prise d'armes, en répondant aux moindres questions que vous lui
posiez, tandis que dans une chambre attenante au salon, où vous vous
entreteniez , se trouvaient comme deux fauves, accroupis à la palis-
sade, Timoclès Lafontant et Montreuil Guillaume écoutant tout ce que
vous disait Massillon. *[Incroyable !- Attendez donc !]* Et quand le dernier
mot fut dit entre vous, Massillon fit le geste de sortir, il voulut passer
par une porte, vous lui avez alors conseillé, comme par prudence, de
passer par une autre. Il écouta vos conseils et passa réellement par le
chemin indiqué, mais c'était pour aller plus directement se jeter tête
baissée dans le piège, car, dès qu'il fut à peine arrivé devant votre
porte que les hommes qui étaient disséminés tant autour de votre
maison qu'aux abords de la station du Chemin de fer, le cernèrent.
Il vous cria alors: *Jules, je suis arrêté*, et vous, enjambant votre cheval

bas, vous lui avez répondu : mouin te parlé ou[7]. Pour ma part, je dois vous dire que je tiens ces faits pour vrais, et il y a pour l'attester la même Clara qui a été arrêtée au même moment que Massillon, avec la caisse. Ils furent tous deux conduits à la tribune du Champ-de-Mars où un instant après le colonel Dégand vint dire au général Leconte de la part de Camille Gabriel, de mettre immédiatement en liberté la femme qu'on venait d'arrêter avec la caisse de munitions.

[Les détails exceptés, cette version est identique à celle de Clara Déjoie, parue dans l'édition du 23 janvier (no 13), soit plus d'un mois auparavant. Le témoignage de Clara Samuel l'attestera, mais, on le verra, ne comportera aucune mention de la présence dissimulée de Thimoclès et de Montreuil.]
R. Tout cela n'est pas vrai. Massillon a été arrêté sur le pont qui sépare le Champs-de-Mars de la place du panthéon, *[L'actuelle place Toussaint Louverture, évidemment.*

– Y-avait-il un pont là ?

– Que oui; et qui donnait accès d'un lieu à l'autre, à l'époque séparés par un long fossé creusé par les eaux du Bois-de-Chêne. Il est indiqué sur les vieux plans de Port-au-Prince. En maçonnerie, et un peu incliné en raison d'une dénivellation comblée sous l'occupation mais, à l'époque, bien visible et assez marquée entre nos deux places, il ne laissait d'être, nous dit Lamaute, la terreur des chevaux et des cochers en temps de pluie.] et voici comment : je crois que de bonne heure dans la soirée, un cordon d'hommes avait été disposé de la tribune du Champ-de-Mars aux environs de la maison Seide où, paraît-il, habitait quelqu'un avec qui Massillon était en relation et chez qui il devait passer ce soir-là. Il paraît qu'il s'y rendit effectivement ; en sortant, il parcourut la route où s'étendait le cordon d'hommes, et, arrivé sur le pont, on le cerna et on posa la main sur lui.

D. Quelle heure était-il quand vous êtes retourné au palais, la seconde fois ?
R. Entre 8 et 8 1/2 heures,

D. Massillon était déjà arrêté alors ?
R. Naturellement.

D. Cependant, il est de notoriété publique que Massillon a été arrêté à neuf heures. Passons. Et que vous dit Camille en arrivant au palais, cette seconde fois ?
[Evidemment, Jules, on le sait, s'entête à nous débiter, et avec autant d'ef-

---

7 .Je vous avais prévenu.

fronterie, ses mensonges, mais il est intéressant de constater avec quelle té-nacité il poursuit sa logique: effacer toutes traces de sa participation. Admet-tre l'arrestation de Massillon chez lui, c'est admettre un certain abouchement même feint avec ce dernier.

    – Que pensez de l'heure proposée par Callard pour son arrestation ?

    – J'ignore quelles sources lui permettent d'affirmer une heure aussi précise (neuf heures, nous dit-il catégoriquement). Faisons toutefois remar-quer qu'à mettre en regard, l'interview de l'aide de camp Joseph Blanchard qui déclare, lui, avoir vu Jules, vers 9 heures, entrer au palais causer avec Camille Gabriel dans le carré , ce qui n'a pu tenir que peu après l'arresta-tion, et celle de Clara Samuel que nous allons lire sous peu, entre 8 1/2 et 9 heures serait l'estimation la plus prudente. Mais laissons-les poursuivre.]

D. (...) Et que vous dit Camille en arrivant au palais, cette seconde fois ?
R. Il m'annonça qu'il y avait arrestation et me remit une liste comportant sept noms de la part du Président.

D. Pouvez vous me citer ces sept noms ?
R. Alexandre fils (pour Alexandre Christophe) tailleur en face St. Joseph. Horace Coicou ; Docteur Coicou ; Robert Lamothe ; Mérové Armand ; Grimard et Christian. Je pris cette liste en faisant observer à Camille qu'il était trop tard pour procéder à des arrestations, qu'il valait mieux attendre le lendemain matin et que d'ailleurs je ne me sentais pas trop bien, ce soir-là. Il me répondit que c'était le voeu du Président que ces arrestations dussent avoir lieu tout de suite et puisque je ne me sentais pas trop bien je pouvais me faire représenter par un adjoint. Je lui ré-pondis que j'allais envoyer un adjoint capable et sur le champ j'expédiai un officier au bureau m'appeler Joannis. Je courus immédiatement à la maison communiquer la liste à ma femme en lui disant : ma chère, voici une liste que vient de me remettre Camille, et qui comporte les noms d'Horace et de Docteur, puis un autre Coicou, «Christian» que je ne connais pas, elle me répondit : c'est un fils d'Horace. Je lui dis : ma chère comment dois-je faire pour sauver ces messieurs car je ne voudrais pas me compromettre d'autant que je suis suspect. *[Trois ans plus tard, lors de son procès, nous l'avons vu, ne dira-t-il pas que, la veille, soit le ven-dredi matin 13 mars, il avait demandé à Mme Helvétius Lubin, maîtresse d'Horace Coicou, d'avertir les frères Coicou du danger les menaçant. Or là, mensonge différent, il joue à l'homme pris de court par cette liste.]* A ces paroles, elle me répondit: il paraît que le quartier est cerné, car je viens de voir passer un détachement ayant à sa tête le général Leconte.

II parait que l'on fait des fouilles chez Mme Siméon.

[- Mme Siméon ? C'est qui ça ?

– La soeur aînée des frères Coicou, chez qui, aux dires de la manchette, avaient été trouvées des carabines déposées par Massillon Coicou, ainsi que... Et caetera.

– Ah ! Oui ça me revient maintenant.]

Immédiatement, je descendis au bureau. Arrivé au coin des dames Larousse, (*Elles habitaient, nous dit Jolibois, à la rue du Champ-de-Mars, et le bureau de l'arrondissement, je le rappelle, faisait l'angle nord-est de la rue du Champ-de -Mars et de la rue du Centre.*) je fis jonction avec Joannis qui montait au palais me trouver. Je lui fis des compliments pour son activité et lui ordonnai de se rendre à la tribune du Champ-de-Mars où il trouverait les généraux Leconte, Fusillé et Arban Nau et de se mettre à leurs ordres. Arrivé au bureau, j'appelai Nérestant Zamor, mon adjoint, je lui dis : J'ai envoyé Joannis trouver Arban, Leconte et Fusillé pour prendre part aux arrestations de cette nuit, restez pied ferme ici : je me sens un peu souffrant, je monte me reposer un instant (Car, il pleuvait cette nuit) vous me tiendrez donc au courant de tout ce qui arrivera.

D. -Quelle heure était-il à ce moment ?

R. Onze heures. *[Mme Théoma Laporte et Eliacin affirment pourtant l'avoir vu parmi ceux venus perquisitionner chez eux ce soir-là . Mais on verra qu'il n'y a pas moyen d'éclaircir ce point. Un mystère de plus dans cette terrible histoire.]*

Je suis donc monté me reposer , en effet, quand quelques instants après Nérestant vint me dire : L'arrondissement, on vient d'entrer en prison avec quelques messieurs parmi lesquels j'ai remarqué vos parents au milieu d'un fort détachement commandé par Arban, Fusillé, Leconte et Joannis. Je lui répondis : c'est très bien. Un peu plus tard, Montreuil Guillaume entra en prison, monté sur un cheval rouge et suivi de deux hommes à pied. *[Il avait le don de bilocation celui-là!- Comment expliquer autrement qu'il pût être couché au Palais et simultanément être vu à la prison.]*

D. Puisque vous étiez couché au bureau comment avez-vous pu voir, cela ?

R. - J'étais mis au courant de chaque circonstance qui se présentait par Nérestant qui s'était mis en observation afin de me renseigner.

D. - Et qu'était venu chercher Montreuil en prison ?

R. – Sans doute pour ordonner au geôlier de préparer ces messieurs.

B. - Les préparer à quoi ?

R. - Pour l'exécution. Car, vers les 4 heures, on sortit avec ces messieurs. *[Quelle légèreté bon Dieu ! Insupportable !]*

*

Aussi intéressante que puisse se révéler cette interview, et aussi désireux que nous puissions être de la lire toute, résignons-nous à la quitter momentanément ici, et ce, afin de voir, à l'appui des dires de Callard et des nôtres, ce que certains témoignages consentent bien à nous apporter.

D'abord, les deux lettres de Mme Galette et de Charles Moravia : Elles sont des réactions à l'interview de Jules. Elles paraîtront après l'interview intégrale qui occupera deux numéros (26 et 27, du 3 et 6 mars 1909) Mais ne nous embarrassons nullement de scrupule à les lire maintenant, les points sur lesquels elles interviennent, ayant déjà été plus qu'abordés. A noter du reste que la date portée par celle de Mme Galette, 4 mars, prouve bien qu'elle n'avait nullement attendu la publication de la seconde tranche pour réagir. En quoi, ma foi, elle avait parfaitement raison. Et nous, à l'avenant.

> Port-au-Prince, 4 Mars 1909
> Au Directeur de l'Impartial
> En ville.
> Monsieur le Directeur,
> Dans son interview parue hier, Monsieur Jules Coicou dit : «Le mercredi 11 Mars entre 11 heures et 12, Madame Galette vint en mes bureaux me faire part de la conspiration et me pria d'y porter mon concours, en me convainquant de la réussite du coup. Elle m'apprit que Massillon et Nérette en étaient les chefs. »
> Je déclare que c'est faux. La vérité en est que, au mois de février, j'ai été appelée en deux fois au bureau de l'arrondissement, mais pour affaires commerciales: les trois pièces ci-jointes que je vous prie de publier, l'attestent.
> Monsieur Jules me devait, et ce n'est que durant mon emprisonnement qu'il a pu solder son compte par des avaloirs hebdomadaires. Ma présence au bureau de l'arrondissement n'avait aucun caractère politique, c'est au contraire chez moi que Jules Coicou savait venir pour critiquer les actes du Gouvernement et médire du gral Nord & Co [*Intéressant, ce qu'elle nous apprend là, non ?*] Il s'en souvient très bien, ce misérable qui, après m'avoir fait emprisonner gratuitement, a toujours prudemment refusé la confrontation que j'avais constamment demandée avec lui, durant mes neufs longs mois de captivité.

Je vous remercie de votre amabilité M. le Directeur, et vous envoie mes meilleures salutations.

Madame C. Galette.

Suivent les trois pièces ci-jointes indiquant, en effet, les relations de commerce liant Jules Coicou à cette dame. L'une, une lettre de commande signée de Jules Coicou, l'autre, un reçu contresigné par lui, et la troisième, un état de compte :

COMMANDANT DE L'ARRONDISSEMENT
DE PORT-AU-PRINCE
Port-au-Prince, le 3 Dbre 1907
A Madame Galette, commerçante,
En ville.
Ma chère Commère,
Je vous remets avec la présente, un reçu du chef de la Compagnie des St-Louisiens que j'ai appuyé, en vous priant de vouloir bien délivrer les articles qu'il mentionne. Vous recevrez un avaloir toutes les semaines, au paiement de la ration.
Bien à vous.
J. COICOU

Se substituant aux troupes traditionnellement vouées à ce rôle, et devant son existence des plus récente, à ce vent de réforme qui, à l'approche de notre centenaire, souffle sur l'armée et la dote de quelques corps d'élite (giboziens, Cavalerie du Centenaire, Compagnie d'Artillerie) cette compagnie d'infanterie de ligne, dirigée par son chef éponyme, le lieutenant Cicéron Saint-Louis, montait, depuis moins d'un lustre, la garde à l'Hôtel de l'Arrondissement.

Reçu de la maison de Madame Galette pour compte de la Compagnie des St-Louisiens, dite de l'Indépendance, la quantité de 45 aunes drill bleu supérieur, 25 aunes de calicot, 52 aunes siam croisé.
Port-au-Prince, le 3 Décembre 1907
Vu : l'Instructeur général, Chef du Corps, Saint-Louis
Vu : Le Commandant de cet Arrondissement,
J. Coicou.

Doit le Cdant. de l'Arrondissement pour la Compagnie St-Louisien.

Dbre 2. 450 aunes drill bleu supérieur	2. 50	1125.00
80 aunes Siam croisé	0. 80	24. 00
		P. 1149. 00
Dbre 14 Reçu à valoir quarante gourdes		40. 00
		P. 1109. 00
Dbre 23 Reçu à valoir trente cinq gourdes		35. 00
		P. 1074. 00
Dbre 28. Reçu à valoir trente deux gourdes		32. 00
		P. 1042. 00
8 Jan. 1908. Reçu à valoir quarante gourdes	35/100	40. 35
		P. 1001. 65
Janvier 13. Reçu à valoir quarantes gourdes		40. 00
		P. 961. 65
Janvier 20. Reçu à valoir seize gourdes		16. 00
		P. 945. 65

> Port-au-Prince, le 12 mars 1909
> Monsieur le Directeur du Matin
> En ville
> Monsieur le Directeur

Désirant établir, pour l'édification de mes amis et de tous les lecteurs de bonne foi, que je ne suis arrivé à Port-au-Prince, ma mission de Délégué des Finances terminée aux Cayes, qu'à la fin du mois d'avril de l'année dernière, je vous prie de mettre sous les yeux du public les pièces suivantes:

Extrait du «Nouvelliste», numéro du 25 avril 1908 : Sont arrivés ce matin sur le S/S Hollandais «Prinz Willem II «venant de:

Jacmel: M. Charles Moravia

Cayes: Mme Charles Moravia

Extrait du «Matin», numéro du 25 avril 1908.

Ce matin, est entré le steamer «Prinz Willem II» avec les passagers suivants:

Jacmel: M. Charles Moravia

Cayes: Mme Charles Moravia

La même constatation peut-être faite dans le registre du Bureau de Port-au-Prince. En outre, la lettre du Département me relevant de mes fonctions est datée du 10 mai 1908; on en peut voir la copie au Ministère des Finances et du Commerce.

Ayant obtenu du gouvernement de rentrer à Port-au-Prince, je quittai les Cayes le 17 avril pour aller nommer à Jacmel l'enfant de mon cousin Narbal Boucard: je ne fis que trois jours à Jacmel où je pris le S/S Hollandais (Prinz Willem II) le 23 avril 1908.

Il ressort de ce qui précède que je n'étais pas à Port-au-Prince au mois de mars 1908 et je porte à quiconque le défi le plus formel de prouver le contraire.

F. CH. Moravia

Lettre de Mme Galette.

La dame (excusez, Georges, mon entêtement à y revenir) donnée par la manchette pour avoir joué un rôle de premier ordre dans ce complot, nous voilà, à présent, un tant soit peu édifiés sur son compte! Evidemment, dépassant son but, qui est la réfutation des déclarations de Jules, sa lettre semble nous la laisser croire d'aucun rôle du tout dans cette histoire. Ce qui, disons le tout net, est absolument impossible. Acculée par des questions adroites et précises, qu'aurait-elle répondu aux affirmations de Nérette ? (dont visiblement, en raison de sa captivité, elle n'avait sans doute pas lu l'interview parue 13 jours après son arrestation). Pour Jules qui l'appelle sa *chère commère*, et qui, nous dit-elle, savait venir chez elle, «pour critiquer les actes du gouvernement et médire du général Nord et co», elle n'aurait pas nié, à mon avis, avoir joué au moins le rôle d'entremetteuse. Et, à tout prendre, c'est ce qui, même gratuits, dut expliquer ces neuf longs mois de captivité endurés par elle.

Lors du procès-Jules Coicou, 3 ans plus tard, l'ai-je déjà dit, Mme Galette comparait devant le tribunal mais, vu son état de santé, est dispensée de témoignage. Ce qui va nous priver de cette voix dont nous déplorons qu'elle n'ait pas été confrontée, pour nous permettre d'en entendre plus. Oui, plus.

La lettre de Charles Moravia, elle, se passe de commentaires. Vraisemblablement loin de Port-au-Prince lors des événements (l'absence de la date de son départ pour les Cayes, autre facette, combien importante, de son alibi et qu'a négligé de fournir sa lettre, faisant fond sans doute sur ce climat d'insidieuse et grande familiarité inséparable, on l'a vu, du vieux Port-au-Prince, nous impose en quelque sorte ce ton des plus mitigé) on voit difficilement comment il eût pu jouer dans le déroulement des faits, ce rôle d'informateur que lui attribue Jules Coicou !

– Ce n'est que trop évident...

– À présent, occupons-nous des faits et gestes de ce dernier avant la vague d'arrestation.

TEMOIGNAGES
SUR LES FAITS ET GESTES
DE JULES COICOU

OU PREPARATIFS
DE NOTRE SIEUR JULES

(...) et c'est là que Massillon Coicou commença son calvaire. Il fut , Lui, le délicat poète, le doux rêveur, souffleté par Léonce Leconte.
(Le Nouvelliste, 27 juillet 1910. Compte rendu du procès Montreuil.)

«La chose» qu'était-ce donc ? Insiste Me Délienne. L'accusé répond simplement : mon avocat le dira. - C'était une caisse de munitions, et l'arrestation de Massillon Coicou fut un ignoble guet-apens !
(Le Nouvelliste, 7 mars 1912. Compte rendu du procès Jules Coicou.)

L. LABISSIERE

D. Pouvez-vous nous fournir quelques renseignements sur les événements du 15 Mars ?
R. Aucun, puisque je n'ai été mis au courant qu'après l'accomplissement de l'acte.

D. On dit que le billet par lequel Jules Coicou aurait donné rendez-vous à Massillon Coicou, dans la soirée du 14 Mars, était de votre écriture ?
R. Oui, comme son secrétaire j'ai du l'écrire.

D. Vous en rappelez-vous les termes ?
R. Il était a peu près ainsi conçu : «Tâchez de me voir ce soir; les choses ont été expédiées à la maison.» C'est un billet qui m'a été à peu près dicté par Jules Coicou, lui-même.

D. En écrivant le billet, saviez-vous de quoi il s'agissait ?
R. Non, seulement, comme j'écrivais à Massillon Coicou une lettre, j'ai voulu prendre soin de la rédaction et des termes; «les choses sont à la maison» m'ayant paru peu protocolaires, j'ai demandé des renseignements au général Coicou qui me répond «écrivez ainsi; Massillon comprendra.» je ne pouvais que me conformer; d'ailleurs, n'était-ce pas à son frère qu'il écrivait. Ils pourraient avoir ensemble des affaires de famille que je ne devais point pénétrer.

D. N'étiez-vous pas au bureau dans la nuit du 14 au 15 ?
R. Non.

D. A quelle heure l'aviez-vous laissé le samedi, et à quelle heure y êtes-vous retourné le dimanche ?
R. J'ai laissé le bureau, samedi, comme c'était jour de poste, à 7 heures du soir. J'y suis retourné le lendemain dimanche à 5 heures du matin, contrairement à ma routine qui était de me présenter à 10 heures, car ayant appris qu'il y avait eu mouvement pendant la nuit, j'ai dû me rendre de bonne heure à mon poste.

D. Quand vous êtes arrivé au bureau y avez-vous trouvé le général Coicou ?
R. Oui, il s'habillait pour aller au palais.

*

– Terrible cet homme quand même!

– Ah! La réponse fournie par Labissière à l'ultime question de L'Impartial qui, je le jurerais, vous a arraché cette exclamation.

– Oui. Il faut le faire!. Le sang était encore chaud de ses parents qu'il venait de faire couler, bon Dieu! Et lui se donnait à voir en train de s'apprêter !

– Cette phrase résonnera en vous encore plus terrible quand vous aurez le fin mot de ce qui a eu lieu cette nuit-là. Mais chassons au plus vite l'émotion car elle risque de nous brouiller la vue.

– Une interview beaucoup plus intéressante par le moment qu'elle restitue que par des faits concrets qui nous permettraient d'avancer. Car, à part de faire la preuve que ce billet était bien de l'officine de Jules Coicou, que nous apprend-elle en somme ? Pas grand chose.

– Non pas grand chose, vous l'avez dit. Et elle a raté l'essentiel : l'heure à laquelle a vu le jour, notre fameux et laconique billet. Parmi toutes les questions posées, pouvez-vous croire qu'aucune n'a porté à éclaircir ce point. Pouvez-vous seulement le croire ? Pris entièrement par le contexte, ils ne pensaient certes pas à nous qui, aujourd'hui, près d'un siècle plus tard, tous les témoins disparus, n'avons plus l'opportunité de les interroger mais nous voyons réduits à la tâche rude et compliquée, penchés sur leurs moindres mots, de les tordre aux quatre vents afin d'en extraire le jus, certes édifiant, mais amer et douloureux de cette histoire. Non certes pas à nous...c'est évident. Mais tant pis! Ils ont fait un sacré boulot, les coquins, dans notre périple, et par notre assiduité, efforçons-nous de l'achever.

– ....

– Quoi ?

– J'ai dit, les indications d'heure, ça n'était pas leur fort.

– Non, ça se situe au delà d'eux. C'est fait, ainsi que j'ai tenté de le faire ressortir précédemment, éminemment culturel. Autrement dit, ancré dans notre fibre. Les étrangers, chez nous, ne l'ont que trop souligné. Et jamais, d'une telle évidence, je n'avais été autant frappé qu'en me penchant scrupuleusement et laborieusement sur ces interviews. Prenons le billet tel que remémoré par Labissière par exemple, et comparons-le à l'authentique mis, rapidement, sous vos yeux hier. Je le ressors. Selon vous, est-ce un hasard que le «7 heures» soit oublié ?

– Ah! Ah ! vous y allez un peu fort, mon ami !

– Non, je n'y vais pas un peu fort, et je ne pense pas que ce soit pur hasard que, forcé de se rappeler les termes d'un texte qui porte son écriture, il se soit souvenu de *soir* et laissé dans les limbes pour ainsi dire, l'heure précise fixée par ce rendez-vous. Qu'il se trompe ! La main dans le sac, qu'il se fasse prendre, comme Louis Callard, en flagrant délit d'un entêtement (dessalinien ?) à majorer d'une bonne demie, l'heure pourtant ronde de notre billet. Qu'il y aille même d'une heure et ce serait, ma foi, autrement plus logique : par nostalgie ou mimétisme, la méprise épousant la rotondité magnétique et absolue de son objet. Mais qu'il ne se considère point quitte à nous laisser en plan avec cette grosse portion de temps dont, le billet disparu, nous ne saurions, admettons-le, de toute évidence que faire *(Ah ! ah ! ah !)* . Mais disons comme Louis Callard : passons.

Cela dit, le billet authentique, c'est à la ténacité infatigable et, une fois de plus, sans manque de Frédérique que nous devons sa mise au jour. Lequel, en guise de clôture en quelque sorte, avait pris soin de le faire paraître dans l'édition du samedi 6 mars, no 27 ; et au bas de l'interview de Jules Coicou. Et ce, autant pour appuyer les dires de Louis Callard, nous semble-t-il, que pour souligner de manière catégorique, et d'un trait marquant et impérissable, les mensonges que le sieur Jules, en toute impudence, s'évertuait à nous faire gober. Tout comme celle de la lettre à St Fort Colin, sa publication était suivie d'un avis de réception du juge Valmé daté du 5 Mars 1909, soit la veille de la publication de la seconde tranche de l'interview.

> Port-au-Prince, le 14 Mars 1908
> A Mr Massillon Coicou
> Mon cher Massillon,
>
> D'après ce qui a été dit, entre nous, ce matin, j'ai expédié les choses chez moi. Tachez de me voir ce soir, à 7 heures.
> Bien à vous.
> (signé) J. A. Coicou

– Où Frédérique l'avait-il trouvé ?

– Probablement de Léonie. C'est ce que je me plais toujours à croire. L'ayant reçu et pris connaissance de son contenu (de sa perfidie insoupçonnée, devrais-je dire plutôt), Massillon affairé avait dû vite s'en débarrasser. Dans quelque tiroir perdu de sa demeure où longtemps après les événements, dans le silence de l'horreur revenu, il fut, par un hasard inévitable, découvert. Oui, c'est ce que je me plais toujours à croire. Mais trêve de dangereuse imagination mon ami, et penchons-nous à présent sur d'autres témoignages. Ceux de Déjoie Dorcé et de Joannis Mérisier par exemple, qui, à grands cris, ne laissent de nous réclamer. Moins avares, vont-ils se révéler, croyez-moi, sur les préparatifs de notre sieur Jules.

*

DÉJOIE DORCÉ

[Ou encore, Georges, Déjoie Dorcé Falaise, selon le compte-rendu fait par Le Matin de la quatrième journée d'audience du procès-Montreuil où on le verra, plus tard, appelé à témoigner .[8]]

Monsieur le Directeur, je me présente ici pour vous prier de relever une inexactitude qui se trouve dans la lettre de Monsieur Joannis relative à l'affaire du 15 Mars. Ce Monsieur prétend que c'est moi qui suis venu le réveiller pour qu'il allât accomplir sa triste besogne. Le fait est absolument faux; et je ne vois pas pourquoi ce Joannis a cru devoir mêler mon nom à cette affaire.

La vérité, la voici :

Persécuté à la croix des Bouquets depuis la mort de mon père, on me garda pendant quelque temps sous la consigne au bureau de la place d'ici, puis on m'envoya au bureau de l'arrondissement où le général Jules me prit comme adjoint supplémentaire; à la fin on me révoqua, sous prétexte qu'il n'y avait pas d'allocation pour moi. En vérité, on voulait simplement me garder à vue, m'avoir sous la main. J'étais virtuellement un prisonnier au bureau de l'arrondissement.

C'est dans ces conditions que le 15 mars me surprit à ce poste.

Toute la journée du 14, j'étais en tournée avec le général Jules; car depuis 6 heures du matin, ce jour là, il était à cheval. Il alla au rapport, puis fit sa tournée réglementaire.

A deux heures de l'après-midi, il sortit encore avec moi, visita tous les postes de la ville, leur annonça qu'ils devaient être attaqués cette nuit-là, et qu'ils devaient se tenir prêts. Il fit les mêmes recommandations au bureau de l'arrondissement. Ce samedi 14, il fit plusieurs visites au palais et nous ne rencontrâmes au bureau qu'à 5 heures du soir.- Fatigué et ayant fait le service durant toute la journée, j'ai été exempté du service de nuit. Je n'ai donc pas pu aller réveiller le général Joannis qui était un adjoint actif et de service cette nuit-là.

[Attendez. Jules n'a-t-il pas fait mention de ça dans son interview ? « (...) sur le champ j'expédiai un officier au bureau m'appeler Joannis.» Ce dont il est question ici a dû se produire quand l'officier dépêché s'est présenté au Bureau et qu'à l'encontre des convictions de Jules, n'a pas trouvé Joannis... Bon, renonçons à comprendre et poursuivons.]

D. N'êtes-vous pas allé avec le général Jules chez lui, après 6 heures, quand il devait rencontrer son frère Massillon ?

---

8   Le Matin, 29 juillet 1910.

R. Non. Il est sorti presque seul, avec son guide seulement. *[Que diantre peut bien vouloir dire «presque seul», Georges ? Passons.]*

D. Vous rappelez-vous à quelle heure, il est rentré au bureau après cette dernière sortie ?
R. Je ne me rappelle pas. Mais il rentra et passa le reste de la nuit au bureau, pour n'en sortir qu'à 4 heures, au moment où le général Leconte est venu prendre les prisonniers pour les emmener au lieu d'exécution. - Le général Jules était en haut ; quand il entendit le bruit dans la rue, il demanda qui c'était. C'est moi qui lui répondis que c'était le chef de l'Etat-major du Président avec son détachement composé de police et de volontaires et de soldats. Alors, le général Jules descendit, fit seller et sortit.

[De cette arrivée massive et dure à la prison, à noter que Jules nous affirme pourtant n'en n'avoir été mis au fait que par son adjoint Néres-tan⁹ Zamor. Lequel Nérestan, dans son témoignage que nous nous proposons de lire plus loin, semble rien moins que le confirmer. Cela implique-t-il contradiction ? Je ne pense pas. Il était sans doute là, lui aussi, à faire office d'informateur, mais a vu sa personne gommée au profit du seul Nérestan, lui-même, à en croire Jules, explicitement préposé à cette tâche, ou, qui sait, d'une présence plus marquante pour ce dernier. C'est une illustration probable du fameux cas, souvent vécu, de l'oubli de la tierce personne, et qui trahit bien quelquefois tout un monde de valeurs et de hiérarchie inconscientes en fonction de quoi la mémoire économe et toujours intéressée, opère le choix truqué de ses souvenirs. Pas aussi innocente qu'on le croit, la mémoire. Mais trêve de réchauffé mon ami, et faisons tâche plus utile : nous taire et lire.]

D. Pendant la nuit, n'avez-vous rien remarqué d'insolite ? Le général Coicou a-t-il dormi son sommeil d'ange ?
R. Non ! Toute la nuit, il nous venait des patrouilles, des rondes, des escouades d'hommes, emmenant des prisonniers. Les chefs de ces escouades montaient causer avec le général. Je ne sais pas ce qu'ils se disaient, puisqu'il ne m'était pas permis d'assister à leur conversation.

D. Mais au moins vous les avez reconnus ? Quels étaient-ils ?
R. Le général Arban, général Leconte, d'autres sous-inspecteurs du bureau central, général Montreuil Guillaume qui ne monta pas, mais fit descendre le général Jules qui alla lui parler dans la rue ; *[Le fait que vous avez cité pour répondre à la note jugée truffée de contradictions de Gaillard.*

---

9   Selon l'orthographe de son prénom, sans le «t» muet, et tel qu'il figure à l'en-tête nominal de son interview parue dans l'édition du mercredi 10 mars (no 28).

Il est intéressant de remarquer que Jules n'a fait aucune mention de cet entretien avec Montreuil. C'est qu'il voulait poser pour l'homme exclu des décisions qui se prenaient.] et bien d'autres que je n'ai pas pris la peine de dévisager.

D. Avez-vous vu des bourgeois parmi eux ?
R. Je ne sais pas s'il en est venu, parce que à certain moment, j'allais me reposer dans mon Hamac et ne m'occupais pas de dévisager ceux qui entraient. Mais je sais qu'il en est venu beaucoup durant tout le cours de la journée du 14.
D. Ceux-là les connaissez-vous ?
R. Comme je ne suis pas d'ici, je ne connais pas leurs noms. Mais les plus marquants d'entre eux , je pourrais les reconnaître, s'ils étaient mis en ma présence.

D. Quelle heure était-il quand le général Montreuil se présenta ?
R. A peu près minuit.

D. Était-il seul ?
R. Il était à la tête d'une forte escorte à cheval et suivi d'une plus forte colonne d'hommes à pied.
[- Un menteur invétéré ce Montreuil!
– Un cochon de menteur!
– Que leur reprochez-vous aux cochons, précisément ?
– Euh...rien. Vous avez raison.]

*

DÉPOSITION DE JOANNIS MÉRISIER

Le Général Jules donna ordre à Dorcé Falaise [*Notre Déjoie Dorcé.*] de laisser monter près de lui monsieur Massillon Coicou qui devait se présenter à l'Hôtel de l'Arrondissement le même jour (samedi 14 Mars) vers les deux heures de l'après-midi. Et à moi, il me commanda de ne pas sortir à l'arrivée de Monsieur Massillon Coicou. En effet, Monsieur Massillon Coicou se présenta à l'heure indiquée. Le Général Jules m'appela et m'ordonna de me transporter sans retard au Palais pour annoncer à Monsieur Camille Gabriel qu'il était en conférence avec Monsieur Massillon Coicou. (*Incroyable !*)

Arrivé au palais, ayant rempli ma mission auprès de Monsieur Camille Gabriel, celui-ci m'invita à entrer près du président pour lui annoncer la même nouvelle, et il m'accompagna près du Président; je remplis donc ma mission, et le Président me répondit que c'était très bien. Je m'en retournai donc au bureau de l'Arrondissement; je fis réponse au Général Jules qui m'invita encore à ne pas sortir jusqu'à six heures. Vers 6 heures du soir environ, le Général Jules monta à cheval et m'invita à le suivre au Palais. Là, je fus introduit dans la grande salle du Conseil des Secrétaires d'Etat où je reçus ordre de demeurer tandis que le général Jules pénétra dans la pièce où est installé le bureau du Président ainsi que celui de Camille Gabriel.

Il y eut entre les trois une longue conférence et même une discussion au cours de laquelle j'ai pu entendre Monsieur Camille Gabriel prononcer ces paroles assez fort pour être entendues de moi : [*Intentionnellement, pensez-vous ?*] «Non, non, il ne faut pas les fusiller; au contraire, après les avoir arrêtés, déposez-les en prison, faites-les interroger, et ils pourront vous faire d'autres révélations; il faut d'ailleurs qu'ils soient jugés, avant cela on ne peut pas les fusiller.»

[- Un témoin de tels propos n'est jamais tout à fait de trop, quoi !
- Peut-être bien, qui sait ?]

Le Général Jules Coicou insista pour que des exécutions fussent faites immédiatement après les arrestations et il ajouta pour appuyer son opinion :

«Je suis commandant d'arrondissement et ce Monsieur est venu me proposer d'accepter d'être conseiller au département de la Guerre tandis qu'il a lui même fait choix du Général Prudent pour me remplacer comme commandant d'arrondissement. Je ne pardonne pas cela à ces conspirateurs, et je suis d'avis qu'ils soient fusillés sans retard. . Et si je n'ai pas fait procéder à l'arrestation du Général Prudent, c'est qu'ils ont fait choix de lui sans le consulter.»

[Une autre invention probable du rusé Jules, pour justifier son insistance à voir mourir ses soi-disant complices, et empêcher ainsi que ne prenne corps tout soupçon éventuel d'autres mobiles.]

[Déposition de Joannis Mérisier devant le juge d'instruction V. Valmé, rendue publique dans le rapport du 27 août 1909 adressé au secrétaire d'Etat de la Justice par la commission spéciale de la Chambre des représentants chargée de statuer sur la demande de levée d'immunités parlementaires des députés impliqués dans cette histoire. Ce rapport a paru dans Le Matin du Lundi 30 août 1909.]

*

– Oublions momentanément l'usage que l'on a voulu en faire et qui, au moment d'aborder le procès-Camille Gabriel, ne manquera nullement d'être éclairé, et efforçons nous de ne considérer ici que ce qu'elle entend bien nous apprendre des préparatifs du sieur Jules.

– Elle est d'importance. On ne peut le nier. Relisons, je vous prie, les propos rapportés de ce dernier. Ce monsieur dont il parle, et qui serait venu lui proposer d'accepter d'être conseiller au département de la Guerre, ce serait qui, selon vous ?

– Il n'est pas explicitement dit, il est vrai, mais tout laisse à croire qu'il s'agit toujours de Massillon, exclusivement l'objet du paragraphe introductif.

– C'est bien ce que je pensais aussi. Poursuivons.

– Plutôt remuant ce jour-là, hein, notre Jules !

Adressée aux commandants des communes de la Croix-des-Bouquets, de Thomazeau et de l'Arcahaie et remise personnellement au commandant de la place de Pétion-ville, convoqué à la capitale, sa circulaire confidentielle au numéro 480, tout comme la lettre à Massillon, porte également, ne l'oublions pas, la date du 14 mars 1908. Je la ressors pour mémoire :

> Je vous préviens que les firministes s'organisent pour frapper incessamment un coup; ils ont envoyé de l'argent et des émissaires sur différents points, aux fins de surprendre les représentants du Gouvernement, comme ils avaient fait aux Gonaives et à Saint-Marc.

Signée évidemment, Jules. A. Coicou, commandant de l'arrondissement de Port-au-Prince.

Ces témoignages sont à rendre fou, Georges !

D'abord, sont-ils contradictoires ?

C'est l'impression qui se dégage, car pour la même heure (deux heures de l'après-midi) Déjoie Dorcé et Joannis Mérisier semblent nous proposer deux emplois du temps absolument différents de la même personne (Jules Coicou) Déjoie Dorcé : Il sortit en tournée; Joannis Mérisier : il reçut Massillon.

À noter, cependant, que Déjoie Dorcé dit «à deux heures» et Joannis, lui, «vers les deux heures», ce qui laisse entendre une portion de temps suffisamment large pour ne rendre qu'apparente une telle contradiction. Si Massillon s'est présenté, disons, à deux heures moins dix et n'est resté que dix minutes, les deux témoins diront vrai.

Maintenant pourquoi Déjoie Dorcé ne fait-il pas mention de cette visite de Massillon au Bureau de l'Arrondissement ? Elle n'a pas eu lieu ? Quel intérêt Joannis aurait-il eu à l'inventer alors ?

Mettons de côté l'oubli, qui n'est tout simplement pas envisageable, s'offrent à nous deux explications possibles :

La première, est qu'il l'a sciemment passée sous silence. Déjoie Dorcé n'entend pas du tout être mêlé à cette affaire, et il pourrait croire qu'avouer avoir reçu Massillon ce jour-là, établit une certaine complicité entre Jules Coicou et lui.

La deuxième, Joannis Mérisier s'est trompé d'adjoint (une fois de plus, car, aux dires de Déjoie Dorcé, il s'était déjà trompé d'identité sur la personne venue le réveiller) ; c'est à quelqu'un d'autre que Jules avait ordonné de laisser monter Massillon; qu'absent lors de cette visite, par conséquent, lui, Déjoie Dorcé, n'en avait pas été témoin.

Ces témoignages sont à rendre dingue. Mais, dans un souci de synthèse et de clarté indispensable pour notre avancement, c'est à travers eux que nous allons tenter d'établir, autant que faire se peut évidemment, l'emploi du temps de Jules Coicou avant cette vague furieuse d'arrestation.

> D'après ce qui a été dit, entre nous, ce matin, j'ai expédié les choses chez moi. Tâchez de me voir ce soir à 7 heures. Bien à vous. J. A. Coicou.

Oui, cette lettre. Cette fameuse lettre par laquelle Jules avait donné rendez-vous à Massillon chez lui, commençons tranquillement par elle. À quelle heure avait-elle été envoyée ? Aucune indication de cet ordre, nous l'avons vu, dans l'interview de Labissière. Tournons-nous vers d'autres sources. Samedi matin, nous dit Louis Callard, sans nous donner de précision d'heure (de qui tenait-il cette information ? D'Emmanuel Coicou, avec qui, nous l'avons vu, il avait été en réclusion forcée à la légation allemande; et à qui, apprend-on dans Le Nouvelliste du 2 août 1910, par erreur, cette lettre avait été remise ? Sans soupçon aucun de la traîtrise de son contenu, il enverra le porteur chez le vrai destinataire). Mais samedi matin, c'est plutôt vague, non ? Mais contentons-nous en, car de tous ces documents patiemment accumulés, jamais nous n'aurons mieux. Avec plus d'attention, relisons-la. Entre Massillon et Jules, ne laisse-t-elle pas entendre un abouchement certain avant sa rédaction et son envoi ? Pas de doute.

Lors du procès de Jules, trois ans plus tard, peyi piti,[10] on verra lors de la seconde journée d'audience, et sans étonnement peut-être, un membre du jury, St Hilaire Adam fils, lui poser tout de go la question suivante : «Le 14 mars, dans la journée (à quelle heure ? Toujours désespérément pas de précisions), n'aviez-vous pas causé avec Massillon Coicou au Champs-de-Mars, derrière la statue de Dessalines ? »Oh! répliquait Jules Coicou, je ne m'en souviens pas. «Voyons, reprenait le juré, réfléchissez, je vous ai moi-même vu !» «Je m'en rappelle, c'est vrai» admettait Jules Coicou.[11]

---

10 Petit pays.

11 Le Nouvelliste,7 mars 1912.

Est-ce de cet abouchement que témoignait, ce jour-là, au prétoire, cette question retenue du juré St Hilaire Adam fils ? C'est possible. Rien de plus probable.

Ce rendez-vous donné, en tout cas, on pourrait s'attendre à ce que, entre Massillon et Jules, nul rencontre ne prenne place avant les sept heures indiquées de la lettre, non ? Or ce n'est pas ce que nous apprend Joannis Mérisier dont le témoignage, nous l'avons vu, parle d'une visite de Massillon (vers deux heures de l'après-midi) au Bureau de l'Arrondissement. Et nullement à l'improviste puisque Jules, avisé, ordonnera à un adjoint (Déjoie Dorcé ?) de faire monter Massillon sitôt son arrivée. Que faut-il croire ? Qu'après la lettre, ils s'étaient rencontrés une seconde fois, et que la rencontre dont parle St Hilaire Adam Fils n'était pas celle précédent la lettre mais celle-là. C'est tout aussi possible. La fameuse lettre reçue, on peut tout aussi bien supposer une réponse par retour de courrier de la part de Massillon, et dans laquelle figurait bien l'annonce de cette visite. C'est encore plus plausible. Et le rythme plutôt intense de leur communication n'a rien pour étonner puisque le coup, nous dit-on, était prévu pour le lendemain. Massillon, du moins, le croyait-il.

2 heures de l'après-midi (?). L'infatigable Jules Coicou, à cheval et en tournée depuis 6 heures du matin, opère une visite de tous les postes de la ville pour leur annoncer qu'ils devaient être attaqués cette nuit, et de se tenir prêts en conséquence. Mêmes recommandations au Bureau de l'Arrondissement.

Visites nombreuses au Palais dont fait mention Déjoie Dorcé sans indications d'heure. Leur rythme, s'il faut en croire Auguste Bosq, ne laissera de l'intriguer, et il ira avertir Montreuil.

Vers 6 heures, visite une fois de plus de Jules Coicou au Palais, et en compagnie de son adjoint, Joannis Mérisier. Son but : obtenir la fusillade sommaire de ses complices.

Est-ce au cours de cette visite qu'eût lieu l'arrestation de Félix Salnave ? Et par Montreuil Guillaume, comme, plus tard, le laissera entendre, l'accusé Jules ?

> «Salnave fut arrêté vers les 6 heures et c'est moi qui le fit prendre, devant la barrière du Palais, tandis qu'il visitait les bouches à feu.» Voilà un espion, dis-je à Montreuil qui était là, et celui-ci l'arrêta. Mais je ne savais pas que c'était Félix» [Le Nouvelliste, 7 mars 1912. Compte rendu du procès Jules Coicou.]

C'est probable. Mais les indications d'heure du sieur Jules (pour ne point faire exception) étant toujours chose approximative, on peut aussi supposer le fait s'être produit au cours d'une des précédentes visites, ainsi que les sources consultées par Heinl nous donnent matière à le croire.

Lesquelles situent l'arrestation de Félix Salnave à cinq heures de l'après-midi.

> «En commençant à 5 hres dans l'après-midi du 14 avec l'arrestation du beau-frère de Firmin, Félix Salnave, et courant à travers la ville toute la nuit jusqu'à l'aube, la Police du Centenaire de Nord Alexis (les Zinglins du jugement dernier), parcourt toute la capitale, arrachant les victimes de leurs lits et les entraînant au palais, à la prison, ou, en certains cas, directement aux murs du cimetière. [Heinl. Written In Blood, p. 343-344. Traduction de Gérard Jolibois.]

Ce qui nous rapproche beaucoup plus du moment où Montreuil Guillaume situe à Frédérique sa première visite au Palais, Georges : dans l'après-midi, non ?

– Absolument.

– Et aussi des déclarations, que nous lirons plus loin, du geôlier Dorléus Jn Philippe, lequel laisse entendre à Frédérique Salnave lui avoir été amené (toujours décidément pas d'indication précise d'heure) dans l'après-midi.

Cette visite en compagnie de Joannis achevée, il retourne au Bureau de l'Arrondissement d'où Déjoie Dorcé le verra sortir seul (il dit presque seul) avec son guide cette fois-ci. Pour se rendre où ? Chez lui, au rendez-vous avec Massillon.

– Qui ne se doute de rien ?

[Une parenthèse ici : Qui, s'il nourrissait certaines réticences vis-à-vis de Jules, lesquelles semblent totalement vaincues à ce moment. Réticences dont, sans lumière sur leur motif réel, il nous sera pourtant facile de faire la preuve. Parlant à Callard de cette rencontre du vendredi 13 avec Massillon, Jules lui dit : «Je lui fis un petit reproche : celui de m'avoir averti si tard, moi son cousin.» Evidemment le contexte qu'il donne pour avoir vu naître ces paroles (chez lui où Massillon serait venu recueillir son adhésion) est, nous l'avons vu , d'une invention pure, mais ces mots, eux, l'étaient-ils? Car, venu bien tard en effet est, s'il faut en croire Emmanuel Coicou, ce qu'au Bureau de l'Arrondissement et au bout d'une conversation frelatée et destinée à sa perte, Massillon s'entend demander à Jules, ce jour-là : de retourner au firminisme. Oui, bien tard. En sa possession se trouve, et ce, dès le début du mois de mars, une lettre brûlante de son appel   (celle attribuée à Firmin) lettre de surcroît qui, sinon suggère cet abouchement, le laisse croire en tout cas d'un recours à ne point exclure, et peut-être même incontournable; et, lui que nous fait voir Nérette, en quête d'hommes et de hauts cadres de l'armée, n'aurait passivement attendu, pour gagner Jules, un parent, à son *mouvement,* que cette manifestation inopinée de l'appel fourré de traîtrise du vendredi 13 ! Que veut bien dire tout ça ? Prémonition ? Pour ma part, je ne veux y voir que la preuve pure et simple de réticences indubitables. Oui, il nourrissait certaines réticences, c'est sûr, mais pour l'heure, elles sont totalement vaincues, et il ne se doute de rien... Fin de parenthèse.]

– Quoi ?

– Qui ne se doute de rien ?

– Qui ne se doute de rien, Georges, c'est incroyable ! et qui, de chez Louis Callard où il était, où de chez Horace (certaines affirmations de Clara Déjoie nous laissent fondé à croire, en effet, à une telle possibilité) - le temps était couvert, et pour ses réfugiés, d'un abri assidûment précaire, le consulat français des Gonaives - devait s'empresser, et non sans résolution, vers ce rendez-vous d'un bras de fer pathétique et d'une Patrie à rénover chez son frère Jules (je le vois toujours à pied), ignorant tout du guet-apens.

– Tout ?

– Mais, absolument ! Comment eût-il pu s'imaginer ?

L'ARRESTATION
DE MASSILLON COICOU

Ensuite arrive un ancien commissaire de police : le nommé Bréva.

Celui-ci vint mettre en relief le piège digne des enfers que trouva Jules Coicou pour livrer Massillon et tuer des Coicou comme lui.

Jules Coicou dit au général Leconte : l'homme que vous verrez sortir avec une femme, c'est lui, prenez le !

Et quand on arrêta dans les ténèbres l'inconnu, on reconnut que c'était, dit Bréva, Mr Massillon Coicou.

[Le Nouvelliste, 27 juillet 1910. Compte rendu du procès Montreuil]

Mais d'après vous, Jules Coicou, demande le juré St-Hilaire Adam, est ce que Massillon aurait continué à conspirer, si vous l'en aviez détourné ?- L'accusé répond que Massillon était comme un fou, alors ; il ne le comprenait plus.

[Le Nouvelliste, 9 mars 1912. Compte rendu du procès Jules Coicou]

BEAUVAIS BRÉVA
(SOUS-COMMISSAIRE)

D. On dit que vous avez assisté aux exécutions du 15 Mars. Que pouvez-vous me dire ?

R. J'étais sous-commissaire de la police administrative. Le 14, à 6 heures du soir, j'étais à mon poste, au pont Clermont, (*L'actuel pont St-Géraud*) quand le sous-inspecteur Laroche m'envoya l'ordre de venir avec deux archers le rencontrer au poste du Petit-Four.

Arrivé là, il nous fit renforcer son détachement, nous conduisit devant la statue de Dessalines et nous mit de garde, tandis que le général au même instant venait l'appeler. Il nous fit nous coucher au lieu de la place et s'en fut avec le général Jules, Léonce Leconte, commissaire Tichoute et un fort détachement de police du centenaire.

Quand il eut bien posé ses bivouacs, il dit au général Laroche : tout à l'heure vous allez voir apparaître un homme avec une femme, arrêtez-les, puis s'en fut chez lui.

Un moment après, un homme et une femme, sortant de chez lui, furent arrêtés devant la station centrale de la compagnie des Tramways. Les hommes étaient couchés à plat ventre; les prisonniers vinrent donc tomber dans un piège.

On les emmena tous deux à la tribune où l'on procéda à l'interrogatoire de l'homme à pantalon blanc, qui n'était autre que Massillon Coicou.

Leconte lui dit : m' pralé fisié ou[12]. On est resté des heures à cette tribune. Puis on envoya la femme à la prison des femmes et on escorta Massillon qui fut garrotté par les hommes du général Tichoute.

Nous autres de la police administrative, on nous fit marcher à la suite du détachement comme renfort.

D. Massillon était-il amarré, a-t-il été frappé ?

R. Non! Il n'a pas été amarré; mais il a été frappé par le général Leconte. Pendant l'interrogatoire, ce général avait déposé son revolver sur la petite table qu'on avait placée dans la tribune, et comme Massillon Coicou, en parlant, fit le mouvement de poser la main sur cette table, le général, croyant sans doute qu'il voulait s'emparer de l'arme, bondit sur lui et lui donna une violente tape à l'oreille, en vociférant. Au même instant, il commanda qu'on le tint. Les hommes de police du centenaire s'emparèrent immédiatement de la personne de la victime qu'ils mirent dans l'impossibilité de se défendre.

---

12 Je vais vous fusiller.

D. Quels sont ceux que vous avez vus à la tribune ?

R. Général Leconte, général Choute, général Laroche, général Jules qui ne parut pas pour ne pas être vu de Massillon, général Arban qui resta derrière la tribune avec général Jules.

D. Vous avez donc été jusqu'en prison avec Massillon ?

Oui. - On allait le conduire au cimetière, quand le général Jules observa : si on le fusillait à ce moment-là, le bruit des détonations donnerait l'éveil et ferait manquer de prendre les autres. Il vaut mieux, conclut-il, que nous le déposions en prison. Quand nous aurons pris les autres, nous les exécuterons tous ensemble.

C'est alors que nous fîmes route pour la prison, passant sur la place et longeant la rue du Champs de Mars. C'est après avoir déposé Massillon que le général Jules envoya le même détachement renforcé de quelques hommes de garde à l'arrondissement, prendre Horace et Pierre Louis Coicou. *[Ce que confirme en partie, on le verra, le témoignage de Dorléus Jn Philippe]* Ce détachement était sous les ordres de Laroche et Joannis, ce dernier ayant le commandement supérieur.

*

MADAME ABRAHAM
NÉE CLARA SAMUEL

Il était à peu près 8 heures du soir, ce samedi 14 mars , quand Massillon me fit appeler par son fils Arsène. J'ignorais pourquoi. Cependant, je m'empressai de répondre à son appel. Il m'invita alors à l'accompagner chez son frère, le Commandant de l'Arrondissement. Quand nous arrivâmes chez Jules, il embrassa Massillon avec effusion, passa son bras autour du cou de son frère et l'entraîna dans une pièce intérieure, tandis que moi j'étais laissée au salon, en la compagnie de Mme Jules. C'est ainsi que je n'ai pas pu entendre toute leur conversation.

D. Avez-vous vu ceux que Jules avait enfermés dans une chambre voisine pour écouter sa conversation avec Massillon ?

R. Non. Je n'ai pas pu les voir puisque j'étais laissée seule au salon avec Mme Jules.

Tout ce que je puis affirmer c'est que, à la suite de leur entretien, Jules et Massillon ont reparu au salon dans le même embrassement, Jules entourant le cou de Massillon de son bras, en signe d'affection et de protection. Je ne savais pas ce qu'ils venaient de se dire, mais ils paraissaient satisfaits tous les deux et j'entendis Jules conseiller à Massillon de passer, pour aller chez lui, par *la route d'en haut* nécessitant de passer devant la station centrale du Chemin de fer. Cette route, dit Jules, quoique plus longue, est bien plus sûre. Il demanda à Massillon de revenir le voir entre 10 et 11 heures. Il insista même en lui rappelant qu'il l'attendrait à cette heure.

Nous sommes donc sortis ensemble et avions pris la route indiquée par Jules. Quand nous arrivâmes juste en face du dépôt central de la compagnie du chemin de fer, Massillon qui était à mes côtés fut brusquement arrêté par un *homme mulâtre* qui, armé d'un beau revolver, le coucha en joue, comme pour le prévenir qu'au moindre mouvement de sa part, il le brûlerait. A cet instant un autre *homme noir* surgit comme de terre, bondit sur Massillon, le prit par les reins tandis que l'homme mulâtre le tenait toujours en joue.

D. N'avez-vous pas reconnu *l'homme noir* **pour être Montreuil et** *l'homme Mulâtre* **pour être Thimoclès; car on prétend que ce sont ces deux qui ont procédé à l'arrestation de Massillon et qui étaient enfermés chez Jules pour écouter la conversation ?**
R. Je n'ai pas pu les reconnaître puisque je ne les connaissais pas. S'ils étaient chez Jules je n'en sais rien. Ce que je peux affirmer, c'est que, au moment où l'on venait de s'emparer de ma personne, -car la main rude d'un soldat s'était abattue aussi sur mon poignet et m'entraînait, -quelqu'un de la bande interpella le général Montreuil et l'homme noir répondit à cette interpellation. Quant à l'homme mulâtre, je ne peux vous dire qui il était, puisque personne ne l'avait nommé.

D. Si vous étiez mise en sa présence pourriez-vous le reconnaître ?
R. Peut-être. Je vous disais quand vous m'avez interrompue, que l'on m'avait aussi arrêtée. Nous étions pris dans un guêpier, car, nous nous étions jetés au milieu de centaines de soldats armés, couchés à plat ventre sur le Champ-de-Mars, devant le bureau du P. C. S. -On nous conduisit à la tribune du Champ-de-Mars. Et, pendant le parcours du lieu de l'arrestation à la tribune, celui qu'on venait d'appeler Général Montreuil, ordonna à l'un de ses hommes d'aller au palais annoncer au Président *que l'homme était pris.*

Arrivé à la tribune, on nous mit sous la garde de soldats et de polices, on fouilla Massillon; on lui enleva ses papiers qu'on envoya au palais. [*Au nombre desquels se trouvait, Georges, la fameuse lettre de Firmin.*]

D. Est-ce qu'au moment de le fouiller, on le souffleta ?
R. Non. - Je me rappelle que l'on avait pris son mouchoir en même temps

que ses papiers qu'on avait déposés sur une petite table. Massillon fit le geste de prendre son mouchoir qui était tout près du revolver que le général avait déposé sur la table, celui-ci, croyant qu'il voulait s'emparer de l'arme, fit un geste agressif ; mais se calma quand il sut que le pauvre captif ne voulait que son mouchoir ; il lui permit de le prendre. - je me rappelle aussi ce geste d'apôtre qu'il eut quand un petit soldat ramassa une pièce de 10 centimes qui venait de tomber de sa poche, au moment où on le dépouillait de ses papiers et de l'argent qu'il avait sur lui.

Le petit soldat avec compassion lui présenta la pièce de monnaie, et Massillon lui répondit, comme s'il savait qu'il allait mourir : gardez-la en souvenir de moi.

Vers les... *[Illisible, non ? Selon vous, quel nombre est-ce ?- Ça me paraît 9]* 9 heures du soir, on le conduisit en prison et quelques hommes détachés de la bande, m'accompagnèrent à la prison des femmes où je fus enfermée, malgré mes protestations que j'étais femme et que j'étais étrangère.

Cependant, une heure plus tard, on vint me rendre à la liberté.

Je courus directement ici et trouvai la maison vide, à l'exception des enfants qui pleuraient tous. - Ces dames étaient parties, soit pour suivre Horace et Louis, soit pour sauver Camille. *[Camille Coicou, autre frère de Massillon, le C.C de la lettre attribuée à Firmin ? À l'exception d'une autre mention tout aussi brève de lui dans l'interview de Clara Déjoie, plus trace de lui dans cette histoire.]*

Je compris seulement alors que l'on m'avait gardée à la tribune et en prison uniquement pour avoir le temps de prendre Horace et Louis et m'empêcher de leur donner l'alarme en leur annonçant l'arrestation de Massillon. - Voilà, Monsieur, ce que je peux vous dire de la nuit du 14 Mars, ouf!

*

– Vous paraissez pensif.

– Euh...non. À supposer que nous ayons bien lu, évidemment, ces 9 heures avancées par Clara Samuel pour avoir vu leur emprisonnement qui, à tout prendre, me paraissent tôt, c'est tout. Mais nous y reviendrons.

Terrible, non ?

– Il n'y a pas d'autre mot.

– Les mises au point maintenant.

– Quelle mises au point ?

– N'avez-vous rien remarqué ?

– Euh...oui... Une chose au moins : son témoignage ne dit rien de la sortie de Jules. Ce dont parle Beauvais Bréva qui, de la bouche de celui-ci, nous dit avoir entendu cette phrase adressée à Laroche: «tout à l'heure vous allez voir apparaître un homme avec une femme, arrêtez-les...»

– Absolument. Ce qui, par impératif de clarté, nous force en quelque sorte, à nous poser cette nécessaire question : à quel moment exactement Jules est-il sorti ?

Trois possibilités :

1– Jules est sorti avant l'arrivée de Massillon au rendez-vous. Lequel, lors de cette rencontre au Bureau de L'Arrondissement, quelques heures plus tôt, et dont témoigne Joannis, avait bien pris soin de préciser qu'il se ferait accompagner d'une femme.

2– Massillon vient à son rendez-vous avec une femme (Clara), et, au cours de leur entretien, Jules s'absente furtivement s'aboucher avec le piège pour, de directives ultimes, s'assurer de sa bonne marche.

3– Massillon vient chez Jules seul et, sur la demande de Jules ou sur sa propre initiative, sort quérir Clara ; et dans les entrefaites Jules va parler à Leconte et à Laroche. Cette possibilité, ni plus plausible en soi, ni plus logique forcément que les deux premières, a pourtant l'avantage de répondre point par point à la rumeur dont, sur ce chapitre, nous avons vu Callard se faire l'écho. Et, par conséquent, a droit à notre entier suffrage. Et Clara, qui n'a pas été témoin de cette sortie, n'en parle tout simplement pas.

Retournons à l'interview de Jules Coicou et voyons ce qu'il nous dit :

> «(...) Il arriva donc chez vous et sortit sans doute sur votre demande pour aller chercher sa bonne du nom de Clara à qui vous deviez remettre quelque chose. Il vint une seconde fois, accompagnée de la dite Clara à qui effectivement vous avez fait la remise d'une caisse. Alors, sous les apparences d'un adhérent enthousiaste vous avez ouvert la conversation avec lui sur les moindres détails de la prise d'armes (...)»

Cette rumeur parvenue à Callard avait toutes les chances d'être fondée.

Evidemment, la caisse de munitions dont elle fait mention est d'une absence, me direz-vous, plutôt étonnante dans les interviews, et davantage encore chez Clara Samuel à qui, nous dit-on, elle avait été remise pour son transport. Mais cette absence, due à une négligence de l'interview plus soucieuse, c'est visible, de l'identification des acteurs que de l'établissement une fois pour toutes des faits, ne met pas pour autant son existence en doute. Clara Déjoie, de l'interview de qui nous allons lire l'extrait ci-dessous, en parle de manière tout aussi catégorique, et affirme tenir cette information, comme bien d'autres tout aussi absentes, de Clara Samuel, elle-même. Et Jules Coicou, qui au début de son procès fera preuve de l'acharnement mis devant Callard à en nier toute réalité concrète, avait bel et bien fini par en admettre l'existence clé... laquelle, au demeurant et selon toute probabilité, est confirmée, je l'ai dit, par le té-moignage d'Aurel Madou qui la verra, cette nuit-là, en prison. Massillon, nous dit-elle, l'avait fait quérir par son fils Arsène pour l'accompagner chez son frère Jules, dans quel but ? Ça ne peut être, me semble-t-il, que parce qu'il avait besoin de son concours...

– Pour le transport d'une éventuelle caisse ?

– Oui.

– Et pourquoi une femme alors ?

– Cette même question qui nous revient. Pour s'inscrire dans l'inat-tendu, ça conférait l'avantage, dans ce climat de qui-vive régnant en maî-tre lors, d'accorder un flanc moindre aux soupçons. C'est, du moins, ce que je me plais toujours à croire.

– Vous pensez peut-être juste.

– Son idée originelle, nous le verrons, et pour autant que je crois com-prendre, avait été de mettre à profit le concours d'Edmond Ethéart, son ami, mais les faits, je l'ai dit hier, et pour le bonheur d'Ethéart évidem-ment, en avaient peut-être décidé tout autrement.

Un autre fait maintenant moins facilement clarifiable : la présence dissimulée de Thimoclès et de Montreuil écoutant la conversation de Ju-les et de Massillon. Elle est, vous l'avez vue, dans l'interview de Callard, dans les questions que pose L'Impartial à Clara Samuel, et aussi dans cet extrait de l'interview de Clara Déjoie sur lequel je vous invite instamment à nous pencher maintenant :

«Le samedi 14, Jules Coicou, avait, par lettres, donné rendez-vous à ses frères, chez lui. -Massillon devait l'aller voir à sept heures du soir.

Il s'y rendit en effet, Jules lui parla politique, lui demanda entre autres choses : quant à ce petit Montreuil, qu'est-ce que nous ferons de lui, quand nous l'aurons pris ? Et Massillon de répondre : nous le ferons prisonnier. Mais non, dit Jules, nous le fusillerons.

– Il est trop jeune, répartit Massillon. D'ailleurs, tu seras Ministre de la Guerre, cela te regardera.

Pendant cette conversation, Montreuil et Thimoclès Lafontant étaient dans une pièce attenante et écoutaient. Comme conclusion de l'entrevue, Jules donna à une femme qui accompagnait Massillon, une caisse de munitions. Quand Massillon voulut sortir, Jules le retint pour permettre à ses sicaires de tendre leur ligne et avisa Massillon de pren-dre de préférence la route de l'est, prétextant qu'elle était plus déserte et offrait moins de danger. C'est là que l'attendait le piège. Il fut arrêté ainsi que la femme qui portait la caisse, en face de la compagnie des tramways par Mr Montreuil qui l'a pris au bras, tandis qu'une troupe de soldats l'entouraient. La femme a été conduite en prison, et Massillon à la tribune du Champ de Mars, où il fut fouillé, dépouillé de tous ses papiers. Ces renseignements ont été fournis par la femme qui accompagnait Massillon.» [Mme Clara Déjoie [L'Impartial, samedi 23 janvier, no 13.]

Admettons qu'elle tenait les détails relatifs à la caisse de Clara Samuel elle-même. En ce qui a trait à la présence cachée de Montreuil et Thimoclès, Clara Déjoie ne l'a certainement pas apprise de Clara Samuel puisque cette dernière d'une part affirme ne point les avoir vus, et quant à l'identité de ceux qui ont arrêté Massillon à sa sortie de chez Jules d'autres part, s'est refusé à toute affirmation catégorique, avouant en toute honnêteté ne pas les connaître. Elle a mêlé ce qu'elle a appris de source sûre, à ce qui ne tenait que de la rumeur, et pour donner à l'ensemble force de créance, dans la conviction qu'elle disait vrai, sans doute, l'a attribué à Clara Samuel.

Que faut-il penser de cette rumeur ?

Elle avait toutes les chances d'être fondée, étant donné son origine même pour ainsi dire, et que souligne en quelque sorte son coté par trop circonstancié. D'où pouvait-elle provenir ? De Jules Coicou lui-même? Rien de moins probable. De Thimoclès et de Montreuil plutôt, serais-je enclin à croire, lesquels, aux lendemains des événements, feront vite d'ébruiter le fait afin qu'il desserve Jules Coicou qu'il s'agissait de mettre à bas et ce, sans penser qu'il aurait pu un jour se retourner contre eux, accusant leur complicité dans l'arrestation de Massillon.

– Ah ! ah ! ah ! C'est en effet d'une évidence plate.

– Qu'est-ce qui explique leur présence ? Une peur de Jules que la caisse de munitions qu'il a tenu à faire porter à Massillon ne suffise point à allumer cette hantise qui veut que pris, les armes à la main, il soit immédiatement fusillé. Ecoutez la question posée à Massillon. Elle est terrible.

«Quant à à ce petit Montreuil, qu'est-ce que nous ferons de lui, quand nous l'aurons pris ?»

À supposer que la réponse fut: «Nous le fusillerons.», ce auquel s'attendait sans doute ce cochon de Jules, *(Laissez donc les pauvres cochons tranquilles!)* elle est destinée à faire du puissant Montreuil, membre attitré de la *camarilla*, un homme de plus à jurer la perte de Massillon cette nuit-là, et à user de toute son influence à cette fin. Mais c'était compter sans l'aménité et la bonté naturelle de cet homme, de notre poète, qui spontanément répond : «nous le ferons prisonnier.» Réponse décevante pour Jules qui voit s'écrouler sa mise en scène et qui, tel un souffleur aux aguets, indique presque à Massillon ce que doit être sa réponse: «mais non, nous le fusillerons.» «Il est trop jeune, répartit Massillon (qui, prenant sans doute cette insistance de Jules pour une hantise qu'il ne faut surtout pas contrarier ce soir-là, lui lâche :) «D'ailleurs, tu seras ministre de la Guerre, cela te regardera.»

Oui, voilà, selon la rumeur parvenue à Clara Déjoie, et dans ce salon auquel n'avait eu nul accès, Clara Samuel, l'essentiel du dialogue échangé entre Jules et Massillon, ce soir du 14 mars. Avec la nature des mobiles qui animaient Jules Coicou et qui ne seront connus qu'après coup par les témoignages, il nous parait cadrer trop bien, en relation visible d'une conformité trop étroite, pour qu'on puisse à la légère s'imaginer que les circonstances qui l'auraient vu naître (la présence dissimulée de Thimoclès et de Montreuil) autant que lui, évidemment, aient pu n'avoir été que pur produit d'une invention fantasque.

Maintenant revenons aux deux interviews et posons-nous la question qui, à coup sûr, vous intéresse, Massillon avait-il été frappé ?

Beauvais Bréva dit oui, mais que nous dit Clara Samuel ?

Elle nous dit non. Et, en guise de brutalité, se souvient uniquement d'un geste agressif mais vite refoulé qu'avait eu Leconte vis à vis de Massillon. Mais les deux témoignent curieusement de la même scène. Jugez-en par vous-même:

> «Massillon fit le geste de prendre son mouchoir qui était tout près du revolver que le général avait déposé sur la table» [Clara Samuel]

> «Pendant l'interrogatoire ce général avait déposé son revolver sur la petite table qu'on avait placé dans la tribune et comme Massillon Coicou, en parlant, fit le mouvement de poser la main sur cette table.» [Beauvais Bréva]

Evidemment la description de Clara Samuel nous donne une vue plus rapprochée, partant plus précise (non pas de la cause de l'incident) mais du but visé par le captif (ce qui est compréhensible car, arrêtés ensemble, elle et Massillon avaient du être tenus proches l'un de l'autre) : celui de prendre son mouchoir. Ce qui semble étranger à Bréva qui lui, on l'a vu, interprète autrement son geste (Un besoin probable de prendre appui contre la petite table). Mais il n'en demeure pas moins que sa lecture nous donne l'impression d'un témoin oculaire de la scène dont il parle et qui, à cette distance que nous pouvons supposer relativement proche, est bien capable de discrimination. Que faut-il croire? Qu'un geste agressif contenu, uniquement esquissé, s'était transformé aux yeux de Beauvais Bréva en un acte accompli, parvenu à son terme? Aussi étrange que cela ne laisse d'être, ce n'est rien moins que probable. On ne saurait douter du témoignage de Clara Samuel, ni s'accrocher non plus à l'hypothèse qu'elle eut pu faire usage d'euphémisme, car à la même question si Massillon, au cours de son interrogatoire, n'avait pas été souffleté, on verra Alexandre Nelson, autre témoin de premières loges, si je puis dire, de cet interrogatoire avorté et de pur théâtre, répondre singulièrement tout aussi négativement.

Dernier point: papiers de Massillon.

Sitôt arrêté, nous dit Clara Samuel, Massillon fut dépouillé de ses papiers qu'on envoya au Palais, et parmi lesquels se trouvait la fameuse lettre datée du premier mars de Firmin (lettre qui, aux lendemains des fusillades, fera les frais, nous l'avons vu, d'une publication en grande pompe dans notre fameuse manchette). Marcelin, à qui, par Tonton Nò lui-même, cette lettre fut montrée peu de temps après, ce soir même, témoigne explicitement du fait.

N'est-ce pas étonnant ? Dans ce climat de couvre-feu larvé et de qui-vive régnant plus qu'en maître, je l'ai dit, que devait faire cette lettre par trop compromettante sur un homme bien conscient qu'il aurait à se balader avec une caisse de munitions ?

En faisant mention dans ses mémoires, d'une rumeur qui lui est parvenue, c'est Marcelin qui nous fournit matière à éclaircir le fait:

> «(...) C'était à la demande, dit-on, de Jules Coicou lui-même qui lui avait, à plusieurs reprises, recommandé de ne pas oublier de venir avec la lettre ce soir-là. Jules Coicou tenait, et de toutes façons, à bien établir son flagrant délit (...)» [Le général Nord Alexis. T 3, p. 105.]

Que faut-il supposer ? Que l'acquisition de la caisse n'était sans doute pas le but premier de la visite de Massillon. À qui promesse avait sans doute été faite par Jules d'un abouchement décisif avec d'autres sympathisants firministes ce soir-là. Sympathisants donnés pour rétifs probablement et dont cette lettre (qui sait ?) pouvait seule vaincre les réticences, apportant la preuve exigée sinon réconfortante d'un mouvement bien lié à Firmin et se faisant pour sa cause (*Incroyable* !). Prenons ce passage de l'interview de Clara Samuel qui n'a laissé de m'intriguer:

> «Il demanda à Massillon de revenir le voir entre 10 et 11 heures. Il insista même en lui rappelant qu'il l'attendrait à cette heure.»

De revenir le voir pourquoi ? On peut supposer pour la rencontre promise avec ce monde dont il avait dû, par un mensonge de plus, expliquer l'absence à Massillon. Lequel, venu au rendez-vous, s'attendait probablement à les voir.

– Mais c'est abject tout ça !

– Je vous l'accorde. On n'a jamais mieux fait dans la fourberie.

– Et cette insistance dont parle Clara Samuel, quel était son but, selon vous, puisqu'il savait son destin scellé; qu'une fois sorti, il serait pris ?

– Pour se donner contenance vraisemblablement (même dans une situation pareille, et qui, à distance, nous semble avoir été jouée d'avance,
le moyen pour un traître de s'en passer, n'a point encore été trouvé, mon
ami). Pour endormir les suspicions de Massillon, soit parce qu'il les avait
senti naître, soit pour les tuer dans l'oeuf, comme on dit, au cas où une
maladresse de sa part serait venue à leur donner l'éveil, c'est tout aussi
possible. Il a du croire, en tout cas, que cette insistance, écartant au départ
l'idée que lui, Jules, aurait pu avoir quelque motif de s'inquiéter qu'il put
arriver quelque chose dans les entrefaites, de ce moment à leur prochain
rendez-vous, devait rasséréner Massillon, en instance de départ, quant
aux suites heureuses de ses actes, en faisant naître en lui la vague idée
qu'il aura le choix, et que l'avenir dépendait de lui.

– Mais, c'est monstrueux, tout ça!

– Qui a dit que ça ne l'était pas ?

– Mais de la part de Massillon quelle incroyable naïveté quand même
! (est-ce trop fort ?) de ne s'être point rendu compte que cette caisse à
transporter à pied et de nuit masquait à n'en pas douter une intention
arrêtée de le perdre ?

– Son regard même brouillé par un si vivant contexte: ce vent brûlant
d'Histoire soufflant depuis janvier et dont l'appel résonnait en lui, ses
liens de parenté avec celui de qui il la tenait ?

– On ne saurait nier en effet le poids appréciable de telles circonstances, mais... !

– Euh... En plein dans la lecture du livre de Jolibois, c'est ce que,
pris de colère et de dépit, je n'arrêtais nullement de me répéter aussi.
Jusqu'au jour, en tout cas, où, forcé de voir les faits sous l'angle d'un
temps plus vaste (la seule manière valable de les voir, Georges !), s'est
faite en moi l'évidence cruciale de ce point-ci : que loin de projeter un
quelconque ridicule sur lui, cette trahison grotesque dont a été victime
ce poète, insistait au contraire à nous clamer haut et fort de quelle étoffe
réelle il était fait. Se refusant à toute bassesse d'âme, il était incapable
de la déceler chez les autres. Et il est là tout entier dans cette trahison
qui a cru le perdre. Naïveté? Crédulité ? Peut-être. À l'inverse d'une
brutalité et d'une grossièreté courant les rues chez nous, disons plutôt
qu'il était trop éthéré (Marcelin dit «dépaysé»), fait d'une âme trop pure
et qu'il en est mort. Et ça, il l'a sans doute compris ce soir-là, quand, garrotté par les soldats, il fut emmené à cette tribune pour subir, seconde
étape du scénario, l'interrogatoire, vu à distance, plutôt absurde et vain
de Léonce Leconte (dans la mesure, évidemment, où puisse jamais l'être,
je le répète, un interrogatoire de cette nature). Que la réalité des choses
à laquelle, disons-le, il avait été plutôt brutalement réveillé, non ? (quel

réveil terrible d'une terre rêvée ! des illusions !) l'avait peut-être et de toujours échappé mais, de sa dignité ni de sa personne, notez-le bien, ne paiera rien pour tenter de la rattraper. Trahi grotesquement et environné de l'air menaçant des fusils, on le voit en quête d'un mouchoir, le sien, pour éponger sa peur. C'est qu'il avait bien droit à cette peur ! Mais aux questions policières de Leconte, qui, en retour, on le devine, visent à faire naître en lui cette trahison ignoble dont il venait d'être victime, répond par le mutisme (naïf, idiot, autant qu'on veuille, mais pas de ce pain-là!). En route pour la prison, nous dit Nelson, il s'efforcera tout au long à demeurer ferme (est-ce impressionné par cette fermeté totalement inexplicable, incompréhensible pour lui, qu'il croyait, nous allons le voir, Massillon dans l'ignorance complète d'une fusillade prochaine ? À propos de sa pièce de monnaie, que penser alors de ce geste d'apôtre dont parle Clara Samuel, de ces mots qu'à l'adresse du soldat compatissant, elle nous dit l'avoir entendu proférer ?). Devant le peloton d'exécution, une certaine rumeur laisse croire que, trahissant ses émotions, un acte de clémence fut imploré par lui en faveur de Pierre Louis, son frère, et ce, afin que ce dernier, le plus jeune d'eux trois, pût prendre soin de la famille. Et ça, à supposer qu'il fût vrai, Georges, n'est que trop compréhensible! (en retour de cette grâce demandée, rapporte la même rumeur, il se verrait - incontestable, cette fois-ci? - l'objet humilié d'un soufflet de Léonce Leconte !) . De paroles dures, Jules nous affirme l'avoir entendu flageller le général Nord. Et, atteint de deux balles qui n'auront point raison de lui, c'est encore à cette dignité qu'il s'accrochera comme pour narguer ses fusilleurs, et qui, d'une chair souffrante et humiliée par la trahison, le faisant taire tout cri, tout gémissement, lui arrachera ce mot ultime dont s'est faite l'écho Clara Déjoie: mot dont le sens ne laisse d'intriguer et sur lequel, je l'avoue, je continue, aujourd'hui encore, à m'interroger: «Allez dire à ce monstre que je suis encore debout!»

Je n'invente rien, Georges, les témoignages sont là. «Debout» (sur la Place du cimetière? À attendre toujours et de pied ferme cette mort escomptée, à savoir, cet anéantissement total de sa personne et qui, certes, ne viendra pas, ne saurait venir, car, moralement, indestructible il s'est révélé aussi bien par la peur que par la vilenie d'une contagion vivace?). Quel qu'en fut le sens en tout cas, en dépit de s'être laissé piéger à mille lieues de sa poésie, et dans ce contexte douteux propre, aujourd'hui, et omission faite du poids notable des circonstances, à faire tiquer notre purisme, il devait bien se sentir l'être encore et tenacement à ce moment pour que de tels mots lui soient spontanément venus. Une dignité simple, mais ancrée et profonde d'homme, sa fidélité aux amis, une foi presque absurde en la parole, une générosité sans pareille, un certain sens du rêve et de notre patrie, voilà, décidément, et à en croire Victor Delbeau[13], ce qu'il possédait en propre, faute de sagacité voulue, peut-être, de lucidité. Et, en publiant en grande pompe qu'il n'avait point fait montre d'hésitation à balancer ses complices, mieux encore que d'avilir ses menées, n'était-ce point, ami, l'assassiner deux fois, et pour de bon cette fois-ci? En sus d'autres effets recherchés[14], sans doute, empêcher que cette fierté-là du mutisme entouré d'hostilité, cette fidélité à soi-même comme à ses compagnons, cet orgueil-là à vouloir s'efforcer à demeurer debout, oui, debout et bien d'aplomb, ne parviennent à nous clairs comme ils entendent, aujourd'hui, se dégager des témoignages. Et, en dépit de s'être fait l'écho fielleux et amplifié de ça, de cette tentative à la fois aberrante et odieuse d'anéantissement total, que l'Histoire (le temps plus vaste, Georges, et qui, pour demeurer indifférent à nos caprices comme à notre poursuite acharnée et à tout prix des grandeurs, nous restitue, par conséquent, à la vraie valeur des choses!) s'avère légère à l'homme d'une insensibilité de glace, ce brandisseur étonnant de preuve d'amitié, de preuve épistolaire, le séide...euh...le journaliste-né Clément Magloire ! C'est du moins notre souhait.

Mais vous m'avez fait sortir de mes gonds. C'est trop parlé, poursuivons un peu plus froidement et tranquillement notre lecture. Place donc, et au plus vite, à l'aide de camp Alexandre Nelson:

*

ALEXANDRE NELSON

D. - Voulez-vous me dire ce que vous savez des exécutions du 15 Mars ?
R. Je n'en sais rien. Je n'étais pas chez moi, vers les 8 heures du soir, le samedi 14, quand le général Leconte est passé m'appeler pour me demander des renseignements sur la maison des Coicou. Mme Alida Dupiton qui était chez moi lui a répondu que je n'y étais pas et ma femme, lui ayant dit que j'étais allé au Palais, il a continué son chemin avec le général Arban Nau.

D. À quelle heure êtes-vous allé au Palais ?
R. Vers les 6 heures.

---

13 *Massillon Coicou.* L'Impartial, éditions du lundi 22 mars, et du samedi 27 mars 1909, nos 32 et 33.

14 Masquer la source d'information (la trahison et le cuisinage éhonté de Jules) certes, mais également dissuader d'autres éventuels comploteurs d'entreprendre de telles menées, leurs acolytes se montrant toujours légers et prêts à les balancer.

D. Comment Leconte qui n'en est sorti qu'à huit heures ne savait-il pas que vous y étiez ?
R. Il y a une chambre où Edgard Boco se tient d'ordinaire; j'étais dans cette chambre causant avec lui.

D. Vous ne saviez donc pas ce qui se passait ?
R. Point du tout. Pas plus qu'aucun aide de camp

D. A quelle heure l'avez-vous su ?
R. Vers dix heures.

D. Par qui ?
R. Par le fait d'avoir vu le va et vient des autorités. Je compris qu'il y avait quelque chose. Alors poussé par la curiosité, je voulus aller voir ce qui se passait. Je suis donc sorti avec Thomas Hyacinthe et, arrivé sur la place, j'ai vu Massillon que venait d'arrêter Arban Nau. - Le général Leconte a pris Massillon de lui, pour l'empêcher de le maltraiter

D. N'aviez-vous pas un détachement sous vos ordres ?
R. Ce détachement, composé des hommes du général Tichoute de la police du centenaire, était confié à Thomas Hyacinthe.

D. Par qui ?
R. Je ne sais pas. Il venait d'en haut causer avec Camille Gabriel qui seul était debout et donnait des ordres, le Président ayant été enfermé dans sa chambre.

D. Quelle était la mission de ce détachement et où allait-il ?
R. Je ne sais pas. Je le suivais tout simplement.

D. Où l'avez-vous suivi ?
R. Jusque sur le Champ-de-Mars.

D. Arrivé là, qu'a fait le détachement ?
R. Il s'est mis à la disposition du général Leconte qui interrogeait Massillon Coicou, après lui avoir enlevé ses papiers, etc.

D. Que s'est-il passé entre Coicou et Leconte ?
R. Eh bien! Leconte a interrogé Coicou.

D. Que lui a-t-il demandé ?
R. Plusieurs questions auxquelles Coicou n'a pas répondu ; et finalement Leconte lui a demandé : vous ne voulez donc rien dire ?- Je n'ai rien à dire, répondit Massillon.

D. Pendant cet interrogatoire, est-ce que quelqu'un n'a pas souffleté Massillon ?
R. Non, ce n'est pas vrai, sur Dieu, ce n'est pas vrai.

D. Après l'interrogatoire qu'a-t-on fait de Coicou ?
R. Le général Leconte me l'a remis pour le conduire en prison, en me disant : «Alexandre, vous êtes un homme sage; c'est vous que je choisis pour conduire honnêtement Monsieur Coicou en prison.» Ce que je fis. Je le laissai à la conciergerie.

D. Pendant le trajet, Massillon vous a-t-il parlé ?
R. Non.

D. Etait-il ferme ?
R. Oui, très ferme.

D. Savait-il qu'on allait le fusiller ?
R. Non. Pas plus que moi. Je pensais que le lendemain, il aurait été mis en liberté.

D. Après avoir laissé Massillon en prison, où êtes-vous allé ?
R. Au Palais.

D. Alors vous n'avez pas continué avec Leconte?
R. C'est-à-dire qu'il m'avait donné l'ordre de le rejoindre à Lalue. J'y ai été et ne l'ayant pas trouvé, je suis rentré au Palais, puis je suis sorti à nouveau pour aller me promener dans les environs, du côté du Sénat et du bureau de la place; et, à 4 heures, j'ai été chez moi ou j'ai appris ce qui avait eu lieu.

D. Alors vous n'aviez pas entendu les rafales ?
R. Oui. Mais je ne savais pas ce que c'était.

D. N'aviez-vous pas vu des gens venir au rapport, durant la nuit ?
R. Oui. C'était même très animé, mais je ne savais pas ce qu'il y avait.
(*Incroyable!*)

D. N'avez-vous pas été avec le général Leconte chez le général Eliacin ?
R. C'est directement là qu'il allait quand il m'a dit de le rencontrer à Lalue ; mais je n'ai pas pu trouver la maison d'Eliacin.

D. A part vous et Thomas Hyacinthe, quels étaient vos autres collègues qui étaient avec Leconte ?
R. Je ne me rappelle pas. Mais ceux qui venaient étaient plutôt des missionnaires. Ces missionnaires étaient envoyés par Gabriel qui a tout fait de connivence avec Jules Coicou.

Gabriel est un jésuite, qui jouait au protecteur avec ses victimes tandis qu'il poussait le Président contre elles. Quelquefois même, il allait jusqu'à donner, de son autorité privée et à l'insu du Président, des ordres cruels contre de pauvres innocents. Ainsi, dans cette terrible nuit du 14 Mars, tout ce qui s'est fait, s'est fait par l'ordre de Gabriel. Il joue à l'agneau sans tâche, parce qu'il a sauvé quelques jeunes gens de la cour du Palais. Les sauver de qui ? De lui-même. Il les a tout simplement exemptés, tandis qu'il a fait massacrer les autres. *[Allusion aux officiers de la manchette ? – Absolument.]*

D. Aviez-vous vu Dégand à la tribune ?
R. Je sais qu'il y était venu apporter une mission ; mais je ne l'ai point vu.

D. Quels sont les bourgeois que vous y avez vus ?
R. Aucun.

D. Mais, et Thimoclès et quelques autres qui ont procédé à l'arrestation de Massillon ?
R. Je ne sais pas. S'il y avait des bourgeois, c'est peut-être au moment de l'arrestation ou après mon départ ; mais pas devant moi.

D. N'avez-vous pas dit avoir vu Montreuil sur les lieux ? Que faisait-il au moment de l'interrogatoire ?
R. Il n'y était pas. Il ne s'est présenté que vers les 3 heures du matin, devant la prison, au moment de l'exécution.

D. Quel rôle a-t-il joué à ce moment-là ?
R. Comme c'est un homme qui a du sang, apprenant ce qui se passait, il a dû se transporter là en curieux plutôt qu'autre chose.

Maintenant, je trouve fort que Monsieur Petit Pépé puisse dire de moi tout ce qu'il a dit. *(Fait nullement parvenu à nous)* Un homme à qui j'ai fait du bien. Cet homme était en prison dans les fers ; j'ai fait des démarches et obtenu sa mise en liberté. Il sait que je n'ai point participé à ces saturnales. Si j'avais reçu ordre d'agir, je ne dis pas que je ne l'aurais pas fait ; même en ce cas, je n'aurais pas de responsabilité ; car je suis soldat.

Mais je peux vous dire que le Président, qui était enfermé dans sa chambre, quand il eut appris ces fusillades, qu'il n'avait pas ordonnées, fut très mécontent ; mais en soldat, il dut tout avaler et accepter le fait accompli.

*

– Il n'aimait pas Camille Gabriel, ce monsieur.

– Non.

– Mais il aimait Montreuil Guillaume, Léonce Leconte et Tonton Nò.

– C'est sûr!

– Et mieux encore qu'eux tous, il s'adorait lui-même.

– Ce n'est que trop évident.

– Et ça explique certaines affirmations tendancieuses dont son interview n'est que par trop truffée. Affirmations dont nous n'aurions même pas pris la peine de faire ressortir les trop criantes absurdités si elles ne venaient semer le doute sur des témoignages, eux-mêmes, d'une authenticité évidente à nos yeux, et, par conséquent, affecter profondément notre compréhension, et des faits, et de leur chronologie attestée cette nuit-là.

– Ah! ah! ah! elles auraient été nulles d'implications que vous vous seriez donné la peine quand même !

– Pensez-vous ?

– Si.

– Euh... peut-être avez-vous raison, cher ami. Oui, peut-être bien. Maintenant, attachons-nous à débuter par ce premier point : la question de l'heure à laquelle s'est produite l'arrestation de Massillon Coicou. Sans aucun doute nous permettra-t-elle de dissiper un premier malaise vivement éprouvé à la lecture du témoignage de Nelson : son emploi du temps.

L'heure proposée par Nelson : aux environs de 10 heures, non ?

Est-ce possible ? Prenons ces deux témoignages : celui de Clara Samuel et celui de Joseph Blanchard :

> «Il était à peu près 8 heures du soir (...) quand Massillon me fit appeler par son fils Arsène.»

«Vers 9 heures, j'ai vu le commandant d'arrondissement entrer au Palais causer avec Camille Gabriel dans le carré; puis passer dans la chambre du Président où il est resté à peu près un quart d'heure.»

N'indiquent–ils pas les points limites entre lesquels prend indéniablement place le fait. Massillon a été arrêté entre 8 heures et 9 heures, et à un moment plus proche de 8 heures que de 9 heures, s'il faut se fier, d'une part, à cette impression que la visite chez Jules n'a été que d'une durée relativement brève, et au fait, d'autre part, que l'arrestation consommée, et avant que de se rendre au Palais comme en témoigne Blanchard, Jules restera aux abords des tribunes où, à nouveau, et en compagnie d'Arban Nau, il sera vu par Beauvais Bréva. À ce sujet, il est intéressant de se rappeler sa déclaration à Callard :

D- Quelle heure était-il quand vous êtes retourné au palais, la seconde fois ?

R. Entre 8 et 8 heures 1/2.

D. Massillon était déjà arrêté alors ?

R. Naturellement.

D. Cependant, il est de notoriété publique que Massillon a été arrêté à neuf heures.

L'emploi qu'il donne de son temps est mensonger, mais il y a fort à parier qu'il ait eu raison sur Callard quant à l'heure à laquelle s'était produit le fait.

Il n'y a donc aucune raison de se laisser tourmenter sur ce point par le témoignage de Nelson.

A mon avis, son premier élan avait été de mentir sur l'heure dans l'espoir d'un quelconque profit à tirer de cette manipulation absurde, mais, en cours de route, s'est ravisé, se rendant assez vite compte que le seul mensonge à s'avérer vraiment utile, c'était d'effacer complètement sa présence sur le Champ-de-Mars; ce qui comportait un risque énorme, qu'il ne voulait point encourir, celui de porter un flanc suspect aux démentis d'autres témoignages, alors il s'est décidé pour une version plus véridique (euh !... raisonnable) des faits, sans correction de l'exagération initiale de l'heure.

Car, ainsi que vous pouvez le constater, il n'y a que ça qui cloche dans son témoignage, qui, par ailleurs, ne laisse planer nul doute quant à la véracité d'une présence sur les lieux dès les premiers moments de l'arrestation (au point qu'on eût pu facilement croire à une erreur de frappe, n'eût été l'heure à laquelle il prétend que Leconte est passé chez lui, 8 heures, ce qui est un peu tard si on se réfère au témoignage de Beauvais Bréva. Et que peut aisément confirmer celui de Joseph Blanchard qui nous affirme qu'avant son arrivée au Palais, située entre 7 et 7 heures 1/2, Leconte était déjà sorti.)

> «D'autres collègues, tels que Hyacinthe et A. Nelson étaient sortis avec le chef d'Etat-major, avant mon arrivée» (J. Blanchard)

Admettons que Nelson n'ait pas menti, qu'il était dans cette chambre où d'ordinaire se tient Edgard Boco (*Ah! se tenait*) et à causer avec lui, qu'il soit sorti après Leconte et en compagnie de Thomas Hyacinthe, il n'en demeure pas moins que cette sortie s'est opérée avant l'arrivée de Blanchard, et qu'il se retrouvera assez tôt au Champ-de-Mars pour assister, c'est évident, à l'interrogatoire de Massillon Coicou, mais, mieux, pour voir «*Massillon que venait d'arrêter Arban Nau.*» Ce qui, entendons-nous, ne peut nullement avoir eu lieu à l'heure indiquée par lui.

Phrase qui nous met d'emblée en présence du second point à discuter, lequel s'avère de taille : y a-t-il contradiction entre ce témoignage et celui de Clara Samuel ?

– Evidemment que si .

– Et je ne peux que vous donner raison à première vue, car, pour Clara Samuel, en effet, ça a été le fait d'un *homme mulâtre* (non identifié) qui, armé d'un beau revolver, le coucha en joue, suivi au même instant *d'un homme noir* qui prit Massillon par les reins, qu'elle entendit quelqu'un de la bande interpeller général Montreuil et qui répondit à cette interpellation. Lequel *homme noir*, en route pour la tribune, ordonna à l'un de ses hommes d'aller au Palais annoncer au Président que *l'homme était pris*. Voila ce que nous dit Clara Samuel, et qui, sans nécessairement la confirmer, donne force de probabilité à l'une des rumeurs d'une ténacité telle dans cette histoire, qu' avec ses moindres replis, pour ainsi dire, elle a fini par faire totalement corps. Or, voilà que cette phrase de Nelson vient instiller le doute, et la fin de son interview tout chambouler quand, à la question n'avez-vous pas dit avoir vu Montreuil sur les lieux, on l'entend péremptoirement affirmer qu'il n'y était pas. Evidemment, qu'un témoin se porte négativement à l'égard d'une présence certifiée par d'autres (quand ce n'est tout simplement par le propre témoignage du sujet lui-même), le fait, dans cette enquête, ne recèle rien d'exceptionnel. À la question s'il n'avait pas vu Nelson, lui-même, sur la place, Arban Nau répondra, de manière surprenante, non. Mais ce «non» ne renvoie subjectivement qu'à lui, et n'interdit nullement de croire que Nelson ait été présent.

– Entre «je ne l'ai pas vu» et «il n'y était pas» s'étend, en effet, un vrai monde.

– Absolument. Tandis que la dénégation de Nelson, dénégation objective, pourrait-on dire, frappe d'une certitude d'autant plus troublante à nos yeux que nous ne disposons d'aucun contre-témoignage à lui opposer.

> D. N'avez-vous pas vu Dégand, Alexandre Nelson et des bourgeois ?
> (Sur la place évidemment.)
> R. Non. Aucun de ceux-là.
> (Arban Nau.[15])

Que doit-on croire ? Que Clara Samuel s'était trompée, et d'un nom qu'elle avait vaguement entendu (celui d'Arban probablement) et doté d'une signification à peu près nulle pour elle, en avait progressivement fait un autre (celui de Montreuil), et ce, sous la dictée inconsciente des parents des Coicou au fait d'une rumeur qui lui accordait (qui accordait à son occurrence dans ce contexte) une probabilité très forte.

Regardons de plus près ce témoignage. Que dit-il ?

> «Je suis sorti avec Thomas Hyacinthe et, arrivé sur la place, j'ai vu Massillon que venait d'arrêter Arban Nau.- Le général Leconte a pris Massillon de lui, pour l'empêcher de le maltraiter.»

Un témoin oculaire, pas de doute. Mais de quel calibre ?
Cette partie-ci de son interview peut nous aider. Relisons-la :

> D. Mais, et Thimoclès et quelques autres qui ont procédé à l'arrestation de Massillon ?
> R. Je ne sais pas. S'il y avait des bourgeois, c'est peut-être au moment de l'arrestation ou après mon départ; mais pas devant moi.

Il n'a pas été présent lors de l'arrestation, et n'oppose aucun démenti formel à la possibilité que Massillon ait pu être arrêté par quelqu'un d'autre que par Arban; qui plus est, en laissant entendre que certains acteurs avaient pu disposer de temps suffisant pour se retirer de la scène avant son arrivée, il nous laisse croire qu'un laps de temps plus ou moins appréciable a dû séparer le moment dont il témoigne de celui de l'arrestation.

Donc, venu sur les lieux à un moment où tout était déjà fait, rien ne nous interdit de penser que son attribution de l'arrestation à Arban, ne relève du plus pur arbitraire, qu'il peut n'avoir pas vu Montreuil qui, ainsi qu'il en laisse entendre la possibilité pour d'autres, avait déjà quitté la scène.

Postérieur, par conséquent, d'une durée que nous ne saurions évaluer, au moment dont parle Clara Samuel, son témoignage ne peut être vu

---

15 L'Impartial, mercredi 10 février, no 19.

comme contradictoire au sien, mais en regard à lui, tout au plus, peut être considéré comme un manque à confirmer.

Ceci est une possibilité.

Mais il y a une autre, à mon avis, plus convaincante, en ceci qu'elle nous offre une explication nette de ce qui a du se passer.

– Parlez. Je vous écoute.

– On ne peut la comprendre que si on a une idée précise du théâtre de l'arrestation, ce que peut, seul, nous fournir l'homme précieux, entre tous, l'historien de Port-au-Prince, Georges Corvington. D'abord, où habitait Jules Coicou ?

> «Il habitait la maison à étage protégée par un treillis, sise à l'encoignure de la rue de l'Exposition (rue Légitime) et de l'avenue Magloire-Ambroise. (...) Sur l'emplacement de cette maison récemment démolie s'élève aujourd'hui un building à plusieurs niveaux.» [Port-au-Prince au cours des ans, t. 4, p,166.]

Où se trouvait la tribune ?

À l'ouest du Champ-de-Mars, sur le terrain des manoeuvres qui, lui, occupait le secteur de la Place des héros de l'indépendance, emplacement, aujourd'hui, des jardins du monument de Pétion.

Or de chez Jules, non loin duquel l'arrestation a eu lieu, à la Place des héros de l'indépendance (où les prisonniers seront amenés), il y a quelques bonnes minutes de marche qui, autrefois, retrouvaient le promeneur dans une étendue déserte et non interrompue, qu'il parcourait dans le sentiment d'un lieu identique : *la place* (On entendra Emmanuel Dégand dire: *la savane*), et qui peuvent être d'un poids considérable dans le témoignage de deux personnes placées, disons, aux deux extrêmes du parcours, et appelées à rendre compte d'un fait comme celui qui nous intéresse. Nous ne saurions donc être trop vigilants. Relisons le témoignage de Nelson :

> «Je suis sorti avec Thomas Hyacinthe et arrivé sur la place...»

Rien de plus vague, non ? Supposons que, venant du Palais, il ait fait son apparition près des tribunes, à l'autre bout du parcours, au point où, dans l'attente du prisonnier, devait se trouver Léonce Leconte (qui s'était même fait apporter, on l'a vu, une petite table pour la circonstance) n'aurons- nous pas un contexte plus plausible pour comprendre son témoignage ?

Arban, que nous croyons désigné arbitrairement, l'a été par lui, du fait uniquement qu'il l'ait vu, en tête du cortège, en train d'emmener Massillon Coicou, mais dans l'ignorance totale de ce qui venait d'avoir lieu quelques minutes plus tôt, de l'autre coté, près de chez Jules Coicou.

– Et qui constitue le fond du témoignage de Clara Samuel ?

– Absolument. Et qu'un autre point vient renforcer à nos yeux.

– Lequel ?

– Le message que *l'homme noir* envoie au Palais : *que l'homme est pris.* Pouvait-il être d'Arban Nau ? Non. D'abord que suppose-t-il ? Une mission dont a été doté son auteur, non ?

Or, par le témoignage de Blanchard, par celui de Timoléon Mardi, et par celui d'Arban Nau, lui-même, il est facile de prouver qu'à cette heure-là, Arban n'avait pas encore été au Palais, et, par conséquent, n'avait encore été doté d'aucune mission précise, qu'il le sera, mais bien plus tard, au-delà de 9 heures, que sa présence sur les lieux (qui le voit accabler un prisonnier déjà neutralisé) peut s'expliquer, en effet, par les raisons qu'il avance pour la justifier, à savoir, qu'il avait été envoyé par le général Helvé à qui un nommé Bernadotte venait d'annoncer qu'on arrêtait du monde sur le Champs-de-Mars.

D'abord à qui adresse-t-il son message ? A Camille Gabriel ? Non, au Président lui-même, qui, à ce moment d'extrême péril, par un homme d'intime et d'absolue confiance, avait sans doute tenu à doubler Jules Coicou, ou, à tout le moins, ne semble que de lui (et de lui seul) répondre de ses actes.

> «Et, pendant le parcours du lieu de l'arrestation à la tribune, celui qu'on venait d'appeler Général Montreuil, ordonna à l'un de ses hommes d'aller au palais annoncer au Président que l'homme était pris...» (Clara Samuel)

– Et Montreuil alors, où était-il passé ?

– L'homme que Clara Samuel avait entendu répondre à l'interpellation de Montreuil, vous voulez dire, et que nous soupçonnons fortement n'être autre que Montreuil Guillaume ?

Il s'était éclipsé à un moment ou un autre du trajet.

Et c'est ce qui nous vaut, de la part de Nelson, cette déclaration péremptoire qu'il n'était pas sur les lieux (entendez, évidemment, aux abords de la tribune).

> «(...) Il était au Champ-de-Mars, il a vu Montreuil descendre le Bureau de la Place.
>
> – Comment était-il habillé ?
>
> – Je ne puis vous le dire, il faisait très noir cette nuit-là. Ce que je sais, c'est que j'ai vu Montreuil descendant vers la Place du Panthéon.»
> [Déclaration de Porsenna Laurent lors des assises de 1910.[16]]

---

16 Le Matin, 1er août 1910. Compte rendu du procès Montreuil.

Si jamais, (sur ce chapitre tout au moins) une preuve de sa sincérité doit être fournie, on peut aisément la trouver dans la phrase suivante :

«Il ne s'est présenté que vers les 3 heures du matin devant la prison, au moment de l'exécution.»

Ce qu'il nous dit sans se rendre compte qu'il se trahissait lui-même, car on aurait pu aisément faire ressortir que, n'étant pas comme l'objet des ses assertions (l'alité M. Guillaume) pourvu du don indéniable de bi-location, il ne pouvait être à flâner du coté du Sénat et du Bureau de la Place, ainsi qu'il le laisse croire, et se retrouver simultanément devant la prison pour voir Montreuil, d'une part, et que cette correspondance parfaite qu'il établissait entre l'apparition opérée devant celle-ci par no-tre bonhomme et l'exécution des prisonniers, indiquait d'évidence une connaissance pourtant niée de ces fusillades.

Mais ce n'est pas la première fois qu'on tente de nous mener en ba-teau dans cette histoire. Et, croyez moi, ce ne sera pas la dernière non plus!

Autre point d'importance: ce qu'il nous laisse entendre à propos de Camille Gabriel en tant qu'auteur principal de ces exécutions.

En contradiction flagrante avec ce que, jusqu'ici, ont consenti à nous apprendre les témoignages. Vues subjectives et intéressées dont on n'a pas à s'occuper, faire le moindre cas. Il insinue même que le président avait été enfermé; et dans l'impossibilité de tout contact avec les acteurs cette nuit-là. Ce que, par certains témoignages, nous pouvons démontrer être absolument faux. Souvenez-vous des confidences faites à Carteron par Frédéric Marcelin. Oui souvenez vous-en ! Et si, d'aventure, elles s'avé-raient insuffisantes, rappelez-vous Marcelin lui-même, son long récit, lu hier, des événements aussi bien que, fraîchement quitté, le témoignage de Joannis Mérisier. Aussi débile et croulant qu'on le prétend à ce moment, ne s'y dégage pas moins, admettez-le, un Tonton Nò plutôt actif et revan-chard ! Non ? Qu'en pensez-vous ? Et attentif surtout aux moindres faits propres à documenter une répression qu'en dépit des conseils, il ne peut résister, vieille peau d'une tradition coulée dans l'arbitraire, à rendre san-glante pour exemplaire!

À présent, à cette interview, aussi importante qu'elle puisse se révé-ler, résignons-nous, Georges, à mettre un point final, par la lecture de cet entrefilet paru sous la rubrique Coup-d'oeil dans l'édition du jeudi 21 janvier, no 12 :

CONFIRMATION AU LIEU DE RECTIFICATION. -

Nous avons reçu la lettre de M. Alexandre Nelson nous demandant de rectifier son interview. Nous la confirmons, au contraire ; car nous avons écrit la déposition de Mr Nelson, sous sa dictée, en sa présence et lui en avons donné lecture après l'avoir écrite.

Mr Nelson est venu chez nous déposer de son propre mouvement. Nous lui avons accordé plus de deux heures de notre temps et avons fidèlement reproduit ses paroles avec toutes ses contradictions.

Le public comprendra aisément pourquoi Monsieur Nelson veut rectifier aujourd'hui : quand il déposait, il était en liberté et n'espérait pas être arrêté ; aujourd'hui, il est en prison *dans la même chambre* que ses co-prévenus qui lui ont – probablement – appris le mode de défense auquel ils se sont arrêtés après concert...... .

C'est ici l'occasion de signaler à M. le juge d'Instruction que ces prévenus, logeant ensemble, ont pleine liberté pour se concerter dans le but d'essayer de fourvoyer la Justice. Ne pourrait-il pas y remédier ?... .

En attendant, nous confirmons l'interview de M. Nelson publiée dans notre avant-dernier numéro. (*Celui du 18 janvier, ainsi que nous l'avons vu.*)

– On s'était donc rendu compte des contradictions ?

– Pour sûr; et on avait «négligé» de les relever par ménagement sans doute pour quelqu'un qui, de sa propre initiative, était venu témoigner, et aussi, qui sait ? pour ne point dissuader d'autres éventuels collaborateurs, en les laissant entrevoir de quel passage à tabac ils se risquaient à être, de la part de L'Impartial, l'inévitable et frémissant objet (Ah! ah! ah!). Mais poursuivons sereinement et sans désemparer notre lecture.

– Qu'avez-vous là en main ?

– Deux lettres; l'une d'Edmond Ethéard, et l'autre de Clarisse Coicou, soeur des frères Coicou. Elles ont leur place dans notre périple. N'ayant pas celle de Joannis Mérisier (édition du 16 janvier, no 9) contre laquelle elles s'inscrivent bruyamment en faux, j'ai toujours hésité à en faire usage, mais leur contenu, d'un intérêt primordial, m'interdit tout scrupule de cet ordre, et je dois en faire fi. C'est l'occasion ou jamais de les lire. Ne souhaiteriez-vous point, cher ami, y jeter ne fut-ce qu'un petit coup d'œil ?

ARRESTATION
D'HORACE ET DE
PIERRE LOUIS COICOU

Mettez-vous en noir, dit-on. Horace se vêt de blanc et sort. Elle le suit, et finalement, sur injonction du prisonnier, retourne chez elle.

(Le Nouvelliste, 27 juillet 1910. Compte rendu du procès Montreuil.)

Port-au-Prince, le 17 Janvier 1909.[17]

A Monsieur Pierre Frédérique, Directeur du journal «l'Impartial»

En ville.

Monsieur le Directeur,

J'ai lu dans le No 9 de *l'Impartial*, une lettre du général Joannis Mérisier où je relève quelques inexactitudes que, dans l'intérêt de la vérité, je dois vous signaler.

Je rends, toutefois, hommage à la bonté du général Joannis, grâce à qui mes frères et moi nous devons la vie. Mais la reconnaissance ne doit pas m'interdire le droit de présenter les faits sous leur véritable jour.

Et si je me vois obligé de vous écrire cette lettre, c'est que le général Joannis, loin de s'arrêter à l'exposé des faits qui sont de sa connaissance personnelle, a raconté des faits qu'il n'a appris que par oui-dire. De là, les erreurs qu'il a intentionnellement commises.

Que le général Joannis déclare qu'il avait, par sa femme, fait prévenir mes frères et moi de l'ordre barbare qu'il avait reçu à notre égard, c'est vrai ; qu'il ait rapporté qu'il avait protégé mes soeurs qui s'en allaient, de nuit, nous prévenir, c'est encore vrai. Mais, qu'il ait dit que Massillon Coicou «m'avait écrit un billet pour m'inviter à me rendre dans la maison privée de Jules Coicou, pour prendre une caisse de munitions qui y était déposée «et que Me Saint-Elme Mathieu s'était trouvé avec mes frères et moi et un nommé Elie réunis ensemble, c'est ce qui ne peut être resté sous silence vu qu'à aucun moment je n'ai eu à recevoir de billet du pauvre Massillon Coicou, vu qu'à aucun moment Monsieur Saint-Elme Mathieu ne se fut trouvé avec moi, mes frères et ce nommé Elie qui, cependant, était venu, en effet, m'appeler, seulement m'appeler de la part de Massillon Coicou, à quelle fin ? Je ne saurais le dire jusqu'ici.

La vérité, c'est que seulement ce dit Elie et moi étions à la maison quand vint la femme du général Joannis, et après qu'elle m'eut dit l'objet de sa visite, nous allâmes, Elie et moi, à la Pharmacie Sainte-Anne où nous rencontrâmes Pierre Louis Coicou (*Des indications d'heure, bon Dieu! Il nous en faut dans cette histoire!*). Je lui fis personnellement part de ce que je venais d'apprendre au sujet des arrestations qui devaient avoir lieu dans la nuit.

Donc quand le général Joannis déclare que mes autres frères, Saint-Elme Mathieu et moi étions ensemble à la Pharmacie Sainte-Anne, il dit une chose dont l'inexactitude est évidente.

D'ailleurs, comment le général Joannis a-t-il pu savoir ces particularités qu'il raconte ?

Voilà la vérité.

---

17 Parue dans l'édition du mercredi 20 janvier 1909, no 11.

J'espère que les lecteurs de l'*Impartial* voudront la retenir.

En vous priant d'avoir la bonté de donner publicité à ma lettre, je me souscris, Monsieur le Directeur, votre très dévoué serviteur.

Edmond Etheard.

*

Monsieur le Directeur, [18]

Il y a dans la lettre de M. J. Mérisier, parue dans votre No du 16 Janvier 1909 des assertions fausses que je tiens à rectifier.

D'abord, Horace Coicou n'est pas sorti de toute la journée de samedi, 14 Mars, ce n'est donc qu'à l'arrivée de Pierre Louis, vers les 9 heures du soir, qu'il put le voir chez lui et non point à la Pharmacie Sainte-Anne comme ce Monsieur l'a imaginé. Ensuite, pour donner le change, il dit qu'il eut l'intention de sauver le docteur Pierre-Louis Coicou. Cette nuit du 14, au contraire, il se présenta, criant, jappant et menaçant de faire feu si l'on ne venait ouvrir. Sur ce, il tira si fortement la porte que la serrure se détacha. Dès que la porte fut ouverte, ce monsieur prit le chemin de l'escalier, criant à sa troupe assoiffée de sang : «allongez»! C'était, dit-il, pour rivaliser d'enthousiasme et de fureur avec Monsieur Laroche qui venait de se précipiter dans l'escalier, et, en moins de temps qu'il ne faut pour le dire, le lit de notre cher Pierre Louis, réveillé en sursaut, était entouré de gardes. Quand il se fut réveillé, Monsieur Mérisier lui commanda de s'habiller et, dans les mouvements que faisait Louis pour retrouver ses chaussettes, cet homme le crut à la recherche d'une arme dissimulée sous son oreiller et lui dit que s'il faisait le moindre mouvement, il allait l'exécuter dans son lit. Alors, parut Clément, le neveu de Pierre Louis, qui dormait dans la chambre voisine. Ce monsieur, d'un ton arrogant, lui commanda aussi de s'habiller, ce qu'il fit ; c'est alors que sa pauvre mère cria en lui disant que Clément était de grande taille, mais qu'il venait à peine de laisser les classes. - Ce n'est qu'en descendant l'escalier et en laissant Pierre Louis sous la garde du détachement pour aller en faire autant chez notre regretté Horace dont M. Laroche avait déjà fait cerner la maison, que Clément put, providentiellement, s'esquiver.

Dans cette horrible nuit, Monsieur le Directeur, la pitié, plus que jamais, était bannie du coeur des bourreaux ; ni nos larmes et nos prières, ni celles d'une pauvre mère au sein trois fois meurtri, ne pouvaient les fléchir.

Mme Vve Raoul Prophète Née Coicou.

*

---

18 Parue dans l'édition du 23 janvier 1909, no 13..

Voilà deux lettres, Georges, appelées à me laisser songeur.

Pourquoi Ethéard n'avait-il pas été voir Massillon ?

Du fait de ce qu'il venait d'apprendre de la femme de Joannis Mérisier, arrivée à temps (l'émissaire de Massillon, le nommé Elie, on l'a vu, était encore présent) lui faire part des mises en garde de son mari ?

Ce prétendu billet de Massillon dont, dans sa lettre à L'Impartial, avait fait mention Joannis Mérisier- billet que celui-ci aurait adressé à Ethéard pour l'inviter à se rendre chez Jules prendre possession d'une caisse de munitions- était-il une invention pure, apprise par oui-dire ainsi que le soupçonnait Ethéard ? Ou bien Joannis, tenait-il son existence assurée de Jules Coicou, à qui Massillon avait sans doute fait part de son intention initiale de l'écrire mais s'était ravisé ensuite pour un dialogue de vive voix avec Ethéard (lequel, il avait fait mandé par ce nommé Elie) et ce, à l'insu de Jules lui-même qui le crut donc passé à l'acte ?

Et s'il s'avère qu' Edmond Ethéard ne dût qu'à cette méprise de Jules Coicou, de voir figurer son nom sur l'une ou l'autre des ardentes listes courant les rues cette fameuse nuit, et confiées par le Palais au zèle et aux bons soins de nos diligents acteurs (celle d'Arban Nau si je ne me trompe. Vérifions. C'est bien ça), on peut supposer que la visite de la femme de Joannis Mérisier chez lui, n'avait pris place chronologiquement qu'après celle de Massillon au Bureau de l'Arrondissement (visite de Massillon qui, on le sait, se situe après la fameuse lettre du rendez-vous, et aux environs de deux heures de l'après-midi), et dans la foulée probable de celle dont bénéficiera Dolaires Laporte, dont la lettre, une réaction également aux dires de Joannis Mérisier, a été lue par nous, au tout début, hier.

Un coup d'œil rapide, une fois de plus, à cette lettre de Dolaires Laporte. Le billet d'avertissement de sa femme, lui faisant part de cette visite salvatrice de l'épouse de Mérisier, il dit l'avoir reçu le samedi 14, dans l'après-midi(*Hé oui ! Pas mieux que ça mon ami. Dans l'après-midi !*), alors que, de son habitation de Pernier (en Plaine du Cul-de-Sac) où, d'ordinaire, il passe toute la semaine, et se trouvait donc à ce moment, il s'apprêtait, comme d'habitude, à descendre en ville.

Ce billet étant d'un contenu éminemment urgent, on peut supposer qu'on ne l'avait nullement fait attendre pour l'avoir, et que sa femme y avait veillé de manière tout expresse et ce, sitôt l'épouse de Mérisier partie. Ce qui manque de précision nécessaire pour confirmer notre hypothèse mais lui accorde droit de cité.

Et ce nommé Elie, qui était-il ? Son nom figurait-il aussi dans l'une ou l'autre des fameuses listes ? Après avoir quitté la Pharmacie Sainte-Anne, qu'avait-il fait ? Avait-il été voir Massillon, lui faire part des suites de sa mission ?

Et, si oui, Georges, que s'était-il dit entre eux ?

À Pierre Louis, Ethéard nous affirme avoir confié ce qu'il venait d'apprendre au sujet de ces arrestations qui, en ses propres termes, devaient avoir lieu dans la nuit.

Est-ce ce que lui avait dit la femme de Mérisier ?

Sans doute, car c'est ce qui se trouve aussi dans la lettre de Dolaires Laporte. Pourquoi attendait-on la nuit pour procéder à ces arrestations ?

Pour l'avantage de rendre plus sûre la prise des captifs, ou tenait-on d'abord à établir le flagrant délit ?

En tout cas, produite pour ainsi dire accidentellement, l'arrestation de Félix Salnave exceptée, et aussi ordonnée, nous l'avons dit, par Helvétius Manigat, une tentative incompréhensible d'arrestation, par Théagène Cinéus, d'Alexandre Cléophat, tentative située vers les 7 heures du soir, donc peu avant l'arrestation de Massillon Coicou, c'est seulement une fois celui-ci obtenu que, partant du Champ-de-Mars, (lieu de confusion et de réunion de tous les corps, ce soir du 14 mars) les opérations débuteront.

Oui, songeur.

Elles informent sur un état d'esprit qui devait régner et dont, ainsi que je l'ai dit hier, il nous est difficile aujourd'hui de comprendre goutte à la motivation. Edmond Ethéard nous affirme qu'il a été personnellement informé Pierre Louis de ce qu'il venait d'apprendre de source sûre, et on eût pu s'attendre à ce que, fermant illico la pharmacie, Pierre Louis monte de toute urgence chez lui informer Horace de ces menaces d'arrestation, mais il n'en a rien été. Il arrivera chez lui, s'il faut en croire Clarisse, à 9 heures du soir, probablement heure de sa rentrée habituelle et, à ce moment seulement, aura avec Horace cette rencontre dont nous a parlé Clarisse. Que s'était-il dit entre eux ? On ne le saura jamais, c'est évident, mais rien, on le devine, de nature à éveiller leur méfiance en tout cas puisqu'ils seront arrêtés chez eux, et Pierre Louis, nous montre Clarisse, dans son lit même ! Que comprendre de tout ça ? Climat sursaturé de rumeurs d'arrestations qui invite à la banalisation ? Ethéard, averti, s'accorde le temps d'une rencontre personnelle et hasardeuse avec Pierre Louis; et, en faveur de ses soeurs qui, de nuit, nous dit-il, s'en allaient les prévenir, ses frères et lui, il ne lui faudra pas moins compter, et de la part du même Joannis, une intervention protectrice et directe cette fois-ci, pour se mettre, peut-être, définitivement à couvert! Il n'y a pas de banalisation chez un conjurateur dont l'esprit est tout d'alarme et de qui-vive. Donc, innocence ? Pourquoi, l'avertissement reçu, alors, cette visite immédiate d'Ethéard à la Pharmacie Sainte-Anne à seule fin d'informer Pierre Louis? Et, de plus, à supposer qu'innocents Pierre Louis et Horace le fussent, Massillon, lui, l'était-il ? Et, à moins d'être prêt à les supposer de surcroît dans l'ignorance complète des menées notoires de ce dernier, ce que ne montrent nullement ces témoignages, ou d'une naïveté, Georges, incommensurable, on ne saurait tenter, par une telle hypothèse, d'éclairer cette conduite arborée par eux, à la veille même d'un tel drame, conduite, admettez-le, plutôt molle et singulière! Par ailleurs, dans son interview déjà mise à profit, il y a deux déclarations faites par Clara Déjoie qui, parlant bien haut, ne laissent d'aviver notre curiosité: la première, dont j'ai déjà fait mention, qui laisse entendre Horace bien au fait de la visite de Massillon chez Jules, et la seconde que, brossant d'abord le contexte dont elle est éclairée, je prendrai soin aussi de mettre textuellement sous vos yeux :

«Horace était inquiet de ne pas voir revenir Massillon (de chez Jules évidemment) ; mais je le rassurai en lui disant que Massillon probablement, ayant beaucoup à faire, était allé ailleurs.»

À tout prendre, ça ne laisse d'être expressif, non ? Place maintenant à la seconde. Horace et Pierre Louis sont escortés en prison, et elle les suit. Horace, à plusieurs reprises, lui ordonne de retourner et finalement obtient gain de cause :

«Je n'allais pas obtempérer à l'ordre d'Horace malgré tout ; mais (...) Je compris aussi qu'Horace voulait me faire retourner pour aller mettre ses papiers en sûreté, en cas de perquisition.» [L'Impartial, samedi 23 janvier, no 13]

Quels papiers, est-on en droit de se demander ? De nature indéniablement compromettante ? Et accusant indubitablement une certaine participation à ce qui est en train de se mijoter ? Mécontents donc touchés de la conspiration mais, à notre manière désordonnée, plus velléitaires qu'impliqués réellement ? Ou, ainsi que je l'ai dit hier, participants convaincus en attente de leur heure, et dont tout instinct de méfiance se trouve endormi par les fausses promesses et l'assurance d'un homme qu'ils considèrent leur frère ?

– Qui laissait entendre avoir les choses en main et qui n'a donné aucun signe d'alarme !

– Oui, aucun. Pas le moindre. A tout prendre, à l'origine de ce calme étonnant, c'est bien probable qu'il y eut la fausseté et les agissements soporifiques de notre sieur Jules, Georges, c'est chose plus que probable.

– Notre fameux Jules!

– Oui, le fameux Jules. Encore que, reconnaissons-le, nous ne tenons là rien qui nous permette de l'affirmer nettement. Et les maigres faits sur lesquels nous nous voyons contraints de nous reposer, résistant difficilement à une batterie de questions judicieusement posées, peuvent, en matière de preuve concrète d'affiliation ou d'adhésion à un complot, ne se révéler, tout compte fait, que pur vent !

Déclarations contradictoires de Jules Coicou lors des assises:

> «Jules Coicou continue. Après les exécutions, il fut interrogé par le juge Valmé. Le procès verbal contient mes révélations. Je fis part d'ailleurs de mon étonnement qu'Horace et Pierre Louis fussent fusillés. Ils ne conspiraient pas eux-mêmes.»
>
> Jules Coicou affirme, au contraire, connaître parfaitement le témoin, (Mme Helvétius Lubin, maîtresse d'Horace Coicou) chez qui, souvent, il allait et à qui d'ailleurs le vendredi matin 13 mars, il demanda d'avertir Horace Coicou du danger les menaçant, lui et Massillon et Pierre Louis. Le Général Nord tenait à les fusiller, à cause de leur menées.»
>
> «L'accusé Jules Coicou appuie les affirmations d'Edmond, et demande pour d'autres faits, à faire appeler Tancrède Auguste, Volcius Nérette, Mme Galette et Clara Déjoie, qui connaissent tout de l'affaire.» [Le Nouvelliste, 6 mars 1912. Compte rendu du procès Jules Coicou]

Mais nous avons trop musardé, passons maintenant aux faits tangibles.

Gardons en mémoire cette phrase de Beauvais Bréva : «C'est après avoir déposé Massillon que le général Jules envoya le même détachement renforcé de quelques hommes de garde à l'arrondissement, prendre Horace et Pierre Louis Coicou.» Confirmée aussi bien par les déclarations de Nelson que par celles, dont vous prendrez connaissance plus loin, de Porsena Laurent et du geôlier de la Prison des Hommes, Dorléus Jn Philippe, cette antériorité de l'emprisonnement de Massillon à celui de ses frères, ne fait pourtant pas l'unanimité dans les interviews . On verra Théagène Cinéus affirmer :

> «Arrivés au coin de l'arrondissement, nous rencontrâmes toute une force à peu près de 300 hommes, sur les deux ailes, et des cavaliers en militaire et en bourgeois, accompagnant 3 hommes : les trois frères Coicou. On les déposa en prison devant moi.» [L'impartial, samedi 8 janvier, no 7]

Si, ainsi que l'affirme Nelson, il avait, en personne, déposé Massillon à la conciergerie, il y a fort à parier que Théagène Cinéus, en croyant les avoir vus ensemble à ce moment, s'est lourdement trompé. À côté d'Horace et de Pierre Louis, qui donc avait-il vu alors ? Oui, qui ? Aucune hypothèse envisageable.

Mais, assez parlé, Georges, les témoignages!

BEAUVAIS BREVA
(SUITE)

C'est après avoir déposé Massillon que le général Jules envoya le même détachement renforcé de quelques hommes de garde à l'arrondissement, prendre Horace et Pierre Louis Coicou. Ce détachement était sous les ordres de Laroche et Joannis, ce dernier ayant le commandement supérieur.

Quand nous arrivâmes, général Joannis fit escalader la clôture de la maison du Docteur Coicou qu'il fit bien envelopper, puis frappa. La mère Coicou ouvrit, le général s'enquit du Docteur. Il dort, dit la mère. A ce mot, on grimpa les escaliers et arracha le docteur de son lit. Pendant ce temps, la portion d'hommes conduite par Laroche alla prendre Horace dans la maison voisine. J'étais resté chez Louis avec le général Joannis. Quand les deux frères furent réunis, nous descendîmes tout droit en prison. La femme de Coicou nous suivait ; mais son mari lui commanda de s'en retourner, comme j'étais assez bien avec la famille, j'intervins pour lui dire : Mamzelle Clara, puisque monsieur Horace vous le commande, retournez-vous en.

Alors, elle dit au général Laroche : Auguste, Horace est entre vos mains. Ne vous inquiétez pas, répondit le général, Horace est mon ami, rien ne lui arrivera.

[Notre quadrilatère maigrichon ?- Hé oui !]

Après avoir déposé ces Messieurs en prison, on nous retourna à notre poste, nous autres hommes de la police administrative. Mais arrivés au haut de la rue St-Honoré, le général Arban que nous rencontrâmes dans les parages de la prison des femmes nous donna un coup de sifflet, nous nous arrêtâmes ; il nous prit pour renforcer son détachement et alla avec nous fouiller chez Mr Grimard. Un enfant du nom de Louis nous ouvrit. *[Louis Alvarez, le plus jeune témoin de L'Impartial, dont, décidément, faute de place, nous n'aurons pas l'opportunité de lire ensemble, et comme souhaité, les saisissantes révélations.]* On fouilla sans succès. Alors on arrêta cet enfant qu'on commença à bousculer. Je protestai, car le petit était un mien parent. Le commissaire Falvéus alors m'apostropha en me disant : ou chaud, ou lan firministe. Si ou pa rété ya fisié ou tout a souè là[1]. On emmena l'enfant au bureau central. Il ne fut remis en liberté que le lendemain matin, sur les démarches de sa mère.

---

1   Tout doux monsieur le firministe ! Continuez donc ainsi et vous serez, vous aussi, fusillé ce soir!

On me renvoya à mon poste ; mais le lendemain matin, le général Jules m'appela pour me dire qu'il avait appris que je me plaignais de la fusillade des Coicou ; que si je ne restais pas tranquille, il me fusillerait ; que, d'ailleurs, il avait reçu carte blanche du Président pour ce faire, qu'étant sous la main, il me prendrait au moment opportun ; mais qué tonnè crasé li, for li fisillé moin.[2]

Je dus donc être halsa tout le temps, ne pouvant me sauver pour l'exil.

Et je crois que si je n'ai point été exécuté, c'est parce qu'on ne pouvait plus tuer, après l'intervention des puissances.

*

CLÉMENT COICOU

D. Dites nous ce que vous savez des événements de la nuit du 14 au 15 Mars de l'année dernière ?

R. J'étais couché chez moi lorsque, vers onze heures du soir, j'entendis des bruits de pas et des oh ! oh ! dans la chambre de mon feu oncle, le Dr. P. L. Coicou, contiguë à la mienne. Je me levai et après m'être chaussé, je courus vers la chambre de mon dit oncle, à l'injonction que lui fit le général Joannis Mérisier, dont je distinguai particulièrement la voix, de se lever et de s'habiller, car il était arrêté *d'ordre supérieur*. Le Dr. dormait encore. Je le secouai pour le réveiller en lui disant : Docteur, on est venu nous arrêter. A ce moment-là, la chambre était envahie et le lit du Dr entouré de bourgeois, agents et officiers de police et généraux, les uns- presque tous-armés de carabines et de cocomacaques.[3] (*Entouré de bourgeois... Euh... de civils aussi, avez-vous bien lu ?*) De tous ces hommes, je n'ai reconnu qu'un seul : Joannis Mérisier qui était en face de moi. Après le réveil du Docteur, Joannis lui dit de s'habiller. Quand il se fut éveillé, il se baissa vers le parquet pour prendre ses chaussettes afin d'exécuter l'ordre du dit Joannis. Celui-ci lui dit alors : Si vous faites un mouvement, je vous fusillerai sur le lit même. Ensuite, il revint à moi et me dit en patois : Où sont les armes que vous avez ici ?- Je n'ai pas d'armes, lui répondis-je avec empressement. — Vous ne pouvez pas me dire, répliqua-t-il, que vous n'avez pas d'armes ici. — Vous pouvez fouiller dans toute la maison si vous le voulez, afin de vous convaincre de la véracité de ce que je dis. Je n'ai que ce poignard et ma montre. Prenez-les si vous les considérez

---

2   Que le tonnerre l'écrase, il me fusillera.

3   Gourdin, trique.

comme des armes.» Ces objets étaient alors sur une malle près de moi et il semblait fixer sur eux un regard de convoitise.

Il retourna au docteur et lui fit, toujours en patois, les mêmes questions. Dr côté z'armes ou gangnin ici.[4] —Non, cher, répondit froidement Pierre-Louis je n'en ai pas. C'est alors que ma grand'mère ainsi que ma tante, Mme Vve Raoul Prophète, apparurent en pleurant et dirent : «Pourquoi cela, pourquoi arrêter ces messieurs.» Ma grand'mère s'agenouilla aux pieds de Joannis en lui disant : Vous ne pouvez pas arrêter Clément; il est de grande taille tout simplement; c'est un enfant qui vient à peine de laisser les classes.» . Je m'approchai de ma grand'mère, et lui prenant les mains, je lui criai : «Grand'mère, relevez-vous. Nous saurons le pourquoi demain matin» Elle demanda à Joannis : «Qui êtes-vous Monsieur.» Ce à quoi l'envahisseur répondit : Comment vous ne me connaissez pas. Je suis le général Joannis, l'ex-adjoint du général Carrié. Madame Raoul pleurait et criait. Docteur lui dit alors : Clarisse, je t'en prie. Pour moi, ne dis pas un mot. Descendez, ajouta-t-il, s'adressant à ces deux dames, et laissez nous seuls. Elles obéirent. Joannis se tourna aussitôt vers ses hommes et leur dit : toujours en patois : Je vais descendre aux fins de faire ouvrir ce Monsieur Horace qui n'entend pas le faire. Moi-même, profitant de son absence, je rentrai dans ma chambre furtivement et me coiffai d'un grand chapeau de paille du pays que j'avais près de mon lit, ce qui me fit ressembler entièrement aux envahisseurs, [*D'un sang-froid étonnant, ce bonhomme !- Et qui, après une carrière bien remplie d'homme de lois et de journaliste, lui valut peut-être d'avoir survécu 44 ans à cette histoire.*] puis passant par le couloir, j'arrivai à l'escalier pour me trouver en face d'un autre groupe d'envahisseurs tant bourgeois que militaires, policemen et soldats.

L'un de ceux-ci m'apostropha en me disant : Où allez-vous ?—Comment, lui répondis-je d'un ton autoritaire, je vais faire ouvrir ce Monsieur Horace qui n'entend pas le faire depuis une heure qu'on frappe à sa porte. Ils me firent alors un passage et j'ai pu descendre l'escalier. [*Incroyable !*] A ce moment, j'entendis une voix dire, dans la cour de la maison d'Horace : Mon cher, si vous n'ouvrez pas, je serai obligé de faire feu.

La menace était faite en créole, avec l'accent capois et je crus distinguer la voix du général Auguste Laroche, dit *Fusillé*.

Quand je fus arrivé au bas de l'escalier, je ne trouvai personne et je me blottis dans la chambrette qui se trouve sous l'escalier et doucement je fermai la porte à double tour.

On descendit alors avec Pierre-Louis et quand il fut sous la galerie, j'entendis l'un des envahisseurs demander : Où est l'autre homme ? Et

---

4 Docteur, où sont les armes que vous avez ici?

une voix de répondre : il est dehors; on est déjà descendu avec lui. Le premier répliqua : Non ce n'est pas vrai. La foule pénétra alors dans la cour et fouilla méticuleusement les moindres dépendances de notre propriété. [*À sa recherche ? – Evidemment* !] En revenant, ils repassèrent par la maison et quand ils étaient à peu près devant ma cachette, j'entendis le Docteur dire, s'adressant à ma grand'mère : Ma chère maman, laisse-moi t'embrasser ; je ne sais si ce n'est pas la dernière fois que je te vois.

Alors Madame Raoul le reprit : pourquoi dire cela. Si tu dis cela, tu vas nous tuer. Je ne puis pas affirmer s'il embrassa aussi Madame Raoul. —Ensuite, on l'escorta jusque dans la rue. —Un instant après, j'entendis Horace dire à sa femme : «Clara, demain matin, tu me feras apporter en prison une gourde et un matelas. [*Référence a été faite par vous à ce passage hier. - Hé oui* !]

Les enfants d'Horace criaient et pleuraient à chaudes larmes. Je restai à peu près +une demi-heure dans ma cachette et quand je supposai qu'il n'y avait plus aucun envahisseur dans la maison, j'ouvris la porte.

Ma grand'mère me demanda hâtivement : Où étais-tu Clément ?—Que t'importe, lui répondis-je, je me sauve. —Où vas-tu, me répliqua-t-elle ?—Que t'importe, lui répétai-je ! –A ce moment-là, je tremblais de peur. Je pris le chemin de la barrière et descendis d'un pas hâtif. Arrivé devant la maison de Fabius Hyppolite, je m'arrêtai un instant comme pour me fixer sur la route à prendre. Je repris ensuite ma course folle et quand je fus à l'encoignure de Madame Vve Siméon Salomon, ma tante, [*Angle des rues Magloire Ambroise et Romain, Jolibois dixit*] je me heurtai à un détachement d'à peu près soixante dix hommes de police à la tête duquel se trouvait le Sous-inspecteur Arban Nau vêtu d'un costume de bleu français, recouvert d'un pardessus de caoutchouc et coiffé d'un grand chapeau de paille du pays comme le mien. [*Oui, d'à peu près soixante dix hommes, vous avez bien lu* !] Il était sur un cheval rouge. La patrouille, en me voyant, s'arrêta court. C'est à ce moment que vraiment j'eus peur. Je compris que mon compte était fait. —Qui vive, me cria un homme de la bande !—Silence de mon côté. —Qui vive, me répéta un autre ! – Même silence. Alors, Arban éperonna vers moi et me menaçant de son cocomacaque : Yap'f mandé ou coté ou pralé, me cria-t-il, et ou pa ça réponn ?[5]—Alors, en tremblant, je lui répondis; «Moin cé ti mounn'qui rété ca Misié Horace Coicou yo fèque arrété alor yo voyé m'palé madam Siméon[6]. [*Vraiment malin, le bonhomme* !-*Arban, lors de son procès, confirmera le fait.*]

---

5   On vous demande où vous allez, et vous ne répondez pas?

6   Je suis un enfant placé chez monsieur Horace Coicou. Il vient d'être mis en état d'arrestation, alors on m'a envoyé avertir madame Siméon.

Il daigna alors me regarder d'un air dédaigneux en me disant : Coté yo passé avec yo ?[7] Je m'empressai de répondre : Yo passé enbas avec yo.[8] Il me dit alors : Ou capab allé[9]. —Malgré son autorisation j'avais tellement peur, que je restai toujours debout. Ils prirent alors le chemin du Champ-de-Mars et quand ils étaient partis, je me rendis chez Mme Siméon. Là, je trouvai ma tante affolée qui me dit : «Mon cher Clément, on vient d'enfoncer mes portes et de bouleverser mes affaires en disant que j'ai ici un dépôt d'armes. [*Selon Jolibois, souvenez-vous, d'infructueuses recherches avaient été aussi faites dans son école privée située à quelques blocs à l'Est*] Je lui répondis alors : On vient d'arrêter ces messieurs; Quant à moi, je me sauve. Oui, répliqua-t-elle, sauve-toi.» Je m'enfuis par la cour et escaladai une quinzaine de clôtures. Quand j'atteignis le lieu où je voulais me rendre, je frappai plusieurs fois, mais vainement. On consentit à m'ouvrir seulement quand j'avais décliné mon nom. — Quelques heures plus tard, j'entendis des rafales du côté du cimetière : Je tirai ma montre. Il était quatre heures moins le quart. Néanmoins, j'étais loin de penser que c'était mes oncles que l'on fusillait.

A six heures du matin, quand je sus l'affreuse réalité, je me rendis chez ma grand'mère. La maison ainsi que celle d'Horace était comble de parents et voisins. Ma grand'mère m'apprit que l'on me cherchait, que je devais me sauver dans le moment même. Je m'enfuis alors me mettre en lieu sûr, et huit jours plus tard, j'entrai à la légation d'Allemagne.

*

– Terrible, non ?
– Je le crois aussi.
– A la mère des Coicou qui, aux fins de l'amadouer sans doute, s'enquérait de son identité, avez-vous remarqué comment Joannis Mérisier s'est présenté ?

«Je suis le général Joannis, l'ex-adjoint du général Carrié.» Carrié étant mort depuis le 19 mai de l'année précédente, et le général Jules Coicou, ayant été nommé, quoique provisoirement, disait-on, commandant de l'arrondissement de Port-au-Prince, on eût pu s'attendre à ce qu'il dise, l'adjoint du général Coicou, non ? Le témoignage nous le montre, au contraire, persistant à se désigner, et contre tout bon sens, par rapport au défunt!

– Bizarre.

---

7   De quel côté est-on parti avec eux?

8   En-bas.

9   Vous pouvez disposer.

Fut-ce à cause de l'immense prestige dont avait joui Carrié à ce poste ? Prestige dont, plus que de son association avec le parvenu Jules Coicou, il s'était senti touché et grandi, et dont, par conséquent, il entendait en remontrer encore dans cette identification pour ainsi dire obsolète et d'outre-tombe ?

Ou bien, se sachant dans la demeure de la mère adoptive de son supérieur hiérarchique, jugea-t-il préférable de passer sous silence le nom de celui-ci, nom qui, évoqué, eût risqué d'amoindrir cette crainte bestiale, farouche qu'il entendait à ce moment et à tout prix inspirer pour le respect au doigt et à l'oeil de ses moindres ordres ? Je ne sais trop.

Pierre Louis, alité, dormait d'un sommeil d'ange, et ce, malgré ce qu'il avait appris d'Edmond Ethéard !

Ce qu'il dit à sa mère en l'embrassant (à défaut de nous prouver son implication), nous le montre, à tout le moins, pleinement au fait des motifs de son arrestation.

Arrivé chez lui, ayant appris la fusillade de ses oncles, Clément nous parle de cette injonction faite par sa grand mère de se sauver; on ne laissait de le chercher.

Traumatisme d'une vielle femme fortement éprouvée ou fait réel ? Pourquoi le cherchait-on ? Il n'avait été qu'accidentellement mêlé à cette histoire, si j'ai cru bien comprendre. Mérové avait été pris avec ses deux fils, lesquels, épargnés par les fusillades, furent relaxés le lendemain.

Nourrissait-on quelque chose de précis contre lui ?

Et huit jours plus tard, il entrera, nous dit-il, à la légation d'Allemagne.

Huit jours plus tard, ce qui nous ramène au 23 mars. Deux jours après l'embarquement sur le *d'Estrées* des réfugiés du consulat français des Gonaives qui, à distance, nous paraît la note finale de cette histoire. Et six jours après le canon de *l'Indéfatigable* que l'on donne pour avoir mis fin à cette tuerie insensée qui, aux dires de plus d'un, entendait fermement se poursuivre. Entre vivre l'Histoire et la raconter, il y a un fossé immense ! Oui, immense. Mais poursuivons notre périple.

*

MME AMICA CHANCY

D. Voulez-vous me dire ce que vous savez de la fusillade de vos trois fils ?

R. Le samedi 14 mars entre 10 et 11 heures, je fus réveillée par un vacarme épouvantable; on frappait violemment à toutes les portes de la maison, et au milieu de tout ce vacarme j'entendis une voix qui criait : Docteur ! Docteur ! Moi, pensant qu'on venait chercher Louis pour un malade—Comme, d'ailleurs, cela se faisait très souvent—je n'hésitai pas à aller ouvrir, et, sans prendre le temps de passer ma robe, je me dirigeai au salon pour ouvrir la porte qui donne sur la cour, étant donné que c'est à cette porte surtout que l'on frappait avec le plus d'acharnement. Je n'avais pas encore mis la main sur la clef que la serrure céda et la porte s'ouvrit. Alors je me trouvai en face d'un homme coiffé d'un chapeau de paille à large bord, un mouchoir rouge noué autour du cou, portant une manchette en bandoulière et un cocomacaque à la main; il cria : *en avant ! allongez !*

A ces mots, des hommes armés, au nombre d'une trentaine environ, firent irruption et, précédés de l'homme au grand chapeau, ils gagnèrent le haut de la maison. Dans sa fougue, l'un d'eux faillit me renverser en me donnant une poussée. Je me transportai en haut puisque Louis et Clément s'y trouvaient. Les portes et les fenêtres étaient gardées. Louis, assis sur son lit et à demi- réveillé, était entouré d'hommes : le Monsieur au grand chapeau lui disait : en le secouant par les épaules, *Docteur ! Docteur ! reveillé ou, habillé ou vous êtes arrêté* [10]! Au même instant parut Clément qui dormait dans la chambre d'à côté, il demanda : *ça ça yé ?*[11] Alors l'homme au grand chapeau lui dit : *habillé ou tout, coté zames ou gangnin icite*[12]?

A ce moment mes forces me trahirent et, me jetant aux pieds du général, je lui dis : *mangnin cœur moin m'sieur, moin prête pour mourir là nan pieds ou, cila a cé ti moune li lécole, qui moune ou yé frè moin* [13]? Il me répondit : *Cé moin général Joannis Mérisier* [14]et se tournant vers Pierre-Louis qui soulevait son oreiller pour prendre ses chaussettes il lui dit, *si ou fait gnou mouvement zames ma foute fisié ou là sous cabanne là; et fait vite*[15]. A cette menace du général, ma fille, Mme Vve Raoul Prophète répondit par quelques paroles un peu sévères; un colloque allait s'engager entre elle et le général Joannis lorsque Louis, qui avait gardé le silence jusque-là, intervint et dit à Clarisse : *pour moi Clarisse, ne dis rien !* Entre-temps, Louis avait fini de s'habiller. Le général Mérisier cria : en avant ! Alors on descen-

---

10 Réveillez-vous, habillez-vous, vous êtes arrêté.

11 Que se passe-t-il?

12 Vous aussi, habillez-vous; où sont les armes que vous détenez ici?

13 Là, touchez mon coeur, monsieur! je suis au bord de mourir ici même, à vos pieds. Celui-là est un enfant qui fréquente encore l'école. Et vous, qui êtes-vous, mon frère?

14. C'est moi, général Joannis Mérisier.

15 Tentez seulement de vous emparer d'une arme, et je vous fusille là, sur le lit même; et faites vite!

dit avec le malheureux. Arrivé à la dernière marche de l'escalier il m'attira vers lui et m'embrassa, il en fit autant pour Clarisse. Quand on fut hors de la barrière, le détachement s'arrêta un moment, et, comme le même tapage se faisait entendre chez Horace, je m'y rendis pour voir ce qu'il y avait. Arrivée à la barrière, je vis Horace au milieu d'un détachement sous les ordres de l'Inspecteur Auguste Fusillé. Il demanda et obtint la permission de s'arrêter un moment pour uriner et, après il m'a embrassé ainsi que Clarisse, puis les détachements se mirent en marche.

D. En sortant pour aller chez Horace, à part Joannis Mérisier et Auguste Fusillé, vous n'aviez pas remarqué d'autres gens dans la rue ?
R. Oui, à part ces deux Messieurs et les hommes à pied qui formaient les détachements, il y avait dans la rue des hommes à cheval; Ils se tenaient à distance, ce qui fait que je n'ai pas pu les bien reconnaître. Mais ce n'était pas des hommes ordinaires. *[Qu'entend-elle par là, demandez-le lui, bon Dieu !]*

D. Donc, c'est tout ce que vous savez ?
[Sans doute avait-elle voulu dire des bourgeois.]
R. Non., je n'ai pas fini. Après le départ de ces messieurs, je rentrai chez moi et passai le reste de la nuit dans une dormeuse, avec la certitude qu'on allait tout simplement les emprisonner. A 3 1/2 h. je m'apprêtai à faire du café pour leur en apporter en prison au jour, et tandis que j'allumais ma veilleuse, de vives détonations se firent entendre, j'eus peur, je poussai un cri. Alors, Madame Raoul me demanda : *Maman pourquoi ce cri ?* Je lui répondis : *On a tiré. Eh bien !* me dit-elle*, puisque vous êtes si inquiète je m'en vais voir ce qu'il y a;* puis elle sortit. Un peu plus tard, entre 4 et 4 1/2 heures, j'entendis de nouvelles rafales, alors prise d'une vive inquiétude je sortis à mon tour pour aller voir ce qu'il y avait; et comme on venait d'arrêter mes deux enfants, j'eus le pressentiment d'un malheur.

J'étais non loin de la maison quand je fis jonction avec Clarisse qui revenait de la ville et pleurait à chaudes larmes ; elle se jeta dans mes bras et sans l'interroger je compris tout.

*

Assis comme de coutume dans sa galerie intérieure et, selon ce que laisse déduire sa lettre de protestation, dans l'ignorance aussi complète qu'incompréhensible de ces fameuses rafales retentissantes de l'aube mais d'un effet nul sur son sommeil, est-ce à ce moment précis que, délaissant le bonheur chaud d'un matinal café, Limpreville Memnon sortira à leurs cris et les verra de sa barrière ? Du coté du pont du Bois-de-Chêne, nous affirme-t-il. De toute évidence, la rue du Petit-Four devenue rue Cappoix. Quelle heure était-il ? Aux environs de six heures si l'on en croit ce qu'il dit de ses habitudes. Les autres témoignages. Oui, c'est possible. Dévorée d'angoisse, elle a du tourner en rond d'abord et, morte d'impatience, s'est décidée à aller voir... mais poursuivons.

– Minute ! Ne laisse-t-elle pas supposer s'être trouvée, à ce moment encore, dans l'ignorance complète de l'arrestation de Massillon ?

– «*...comme on venait d'arrêter mes deux enfants ...*» Cette déduction est judicieuse en effet. Si tel s'avérait le cas, toutefois, à entendre Clarisse alors qui, on le verra, de s'être rendue devant le cimetière venait de tout apprendre, on peut imaginer qu'elle avait eu son comble. Place maintenant au sous-commissaire Porsena Laurent.

*

PORSENA LAURENT

D. Que savez-vous des événements du 15 Mars ?
R. J'étais de garde au Petit Four en ma qualité de sous-commissaire de la police, sous les ordres du sous-inspecteur Laroche. - Vers les 7 heures du soir, l'inspecteur Laroche laissa le poste pour aller en ville, sans rien me dire. Cependant comme sous-commissaire, je maintins le poste jusqu'à minuit, heure à laquelle il revint en toute hâte, leva tout le poste, à l'exception de deux hommes et nous emmena sur la tribune du Champs de Mars, pour y monter la garde autour d'un homme et d'une femme qu'on y avait consignés.

– *[Plutôt tardive, non? Que penser sérieusement de cette heure proposée par Porsena Laurent ?*

– *Elle est loin d'être juste. À cette heure, en effet, Massillon devait être écroué depuis belle lurette.*

Regardons de plus près.

À quelle heure exactement a-t-on conduit Massillon en prison ?

Vers les neuf heures du soir, nous dit Clara Samuel. Mais, à supposer que nous ayons bien lu et qu'il n'y ait pas d'erreur de typographie, cette heure proposée par Clara Samuel a toutes les chances de souffrir du problème inverse. C'est pourquoi nous nous référerons aux déclarations, déjà soulignées par moi, du témoin Beauvais Bréva, membre, on s'en souvient, de l'escorte à laquelle fut confié ce rôle :

«C'est alors que nous fîmes route pour la prison, passant sur la place et longeant la rue du champs de mars. C'est après avoir déposé

Massillon que le général Jules envoya le même détachement renforcé de quelques hommes de garde à l'arrondissement, prendre Horace et Louis.»

Ce que, je l'ai déjà dit, confirme nettement cette déclaration de Dorléus Jn Phillipe :

«Dans la nuit alors on amena les trois frères Coicou, Massillon d'abord, Horace et Pierre-Louis ensuite.» [L'Impartial, samedi 13 mars, no 28]

Aussi bien du reste que Porsena Laurent lui-même, vous vous en rendrez compte plus loin.

Évidemment, Bréva ne nous donne aucune indication d'heure, mais manque qui peut-être corrigé si nous savons à quelle heure l'arrestation d'Horace et de Pierre Louis a eu lieu:

À quelle heure Horace et Pierre Louis furent-ils arrêtés ?

Vers onze heures du soir (Clément Coicou)

Entre 10 et 11 heures (Mme Amica Chancy)

Vers 11 heures du soir (Mme Vve Raoul Prophète)

10 heures et demie (Clara Déjoie)

Donc on comprend bien que Massillon qui avait été emprisonné avant l'arrestation de ses frères, ne pouvait encore se trouver au Champ-de-Mars à l'heure indiquée par Porsena Laurent.

– Et qu'est-ce qui vous porte à récuser cette indication de neuf heures proposée par Clara Samuel ?

– Parce que, ainsi que je l'ai dit, elle a toutes les chances de souffrir du problème inverse. Et on peut aisément comprendre pourquoi.

À quelle heure est elle relâchée ? Une heure plus tard, nous dit-elle, non ? Une fois relâchée, que fait-elle ? Elle court avertir Horace et Pierre Louis de l'arrestation de Massillon et du danger les menaçant, mais arrive trop tard et trouve la maison vide, à l'exception des enfants, «ces dames étant parties, soit pour suivre Horace et Louis, soit pour sauver Camille.»

Si l'heure proposée pour l'emprisonnement est en effet 9 heures, compte tenu de la distance infime séparant la Prison des Femmes (Rue Saint-Honoré, à l'emplacement ou s'élèvent aujourd'hui l'Ecole des casernes Dessalines et l'Hôpital Militaire) des tribunes du Champ-de-Mars, d'une part, et de la maison des Coicou d'autre part, serait-il trop tard pour avertir Horace et Pierre Louis ?

On peut aisément affirmer que non. Si l'on considère l'estimation la plus basse, (celle de Clara Déjoie) tout au plus trouverait-elle les hommes de Joannis Mérisier et de Fusillé Laroche en pleine action.

À mon avis, l'heure à laquelle l'emprisonnement a eu lieu, devrait se majorer d'une heure. Ce qui cadrerait mieux avec les indications d'heure contenues dans le témoignage d'Emmanuel Dégand à propos de deux missions dont il avait été chargé auprès de Leconte dans les tribunes. Et au fait aussi qu'un laps de temps très court a du séparer l'emprisonnement de Massillon de l'envoi d'hommes pour prendre Horace et Pierre Louis. Pourquoi Jules aurait-il attendu plus d'une heure pour ce faire ? C'eut été courir inutilement le risque de les voir s'échapper. Mais laissons poursuivre Porsena Laurent.]

D. Qu'avez-vous vu à cette tribune ?
R. Général Leconte, Général Arban, Joannis, Charléus, Laroche, Thimoclès Lafontant, Ministre Laleau, Emile Diqui, Thomas Paret, Altéus Michel, Gilbert qui sont entrés dans la tribune où se trouvaient la femme et l'homme prisonniers.

Le ministre Laleau était en buggy, quand on a fait conduire les prisonniers en prison, il s'est séparé de l'escorte et a dirigé sa voiture vers le palais. Les bourgeois que je viens de citer étaient revêtus de pardessus et à cheval : il venait de pleuvoir. Le commissaire Altéus s'est rendu à son poste sur le marché Debout. *[Ah! le fameux passage dont vous avez fait mention lors de notre lecture de l'interview de Laleau. Remarquez qu'il nous dit également avoir vu Thimoclès que Alexandre Nelson, lui, n'avait pas vu. Ce dont il témoigne est antérieur aux faits sur lesquels porte le témoignage de Josias Ambroise.]*

D. Etes-vous resté tout le temps à la tribune ?
R. Quand on a été arrêter les deux autres hommes derrière L'exposition, on laissa mes hommes pour garder la tribune, sous les ordres de deux députés du Nord, entr'autres, St-Julien Sannon, et de trois aides-de-camp, parmi lesquels Thomas Hyacinthe.

J'y ai vu aussi Emmanuel Dégand.

[Incompréhensible ce qu'il dit là. Une fois Massillon et Clara Samuel conduits en prison, ce dont il nous dit plus haut avoir été témoin, pourquoi continuer à garder les tribunes ?]

Quand on a été arrêter les deux autres Frères Coicou, on les fit conduire tout droit en prison, alors un aide de camp vint nous apporter l'ordre de lever la marche avec le premier arrêté. *[Pierre Louis probablement, ainsi que le laisse croire le passage suivant]*

Arrivés au carrefour de la rue St-Honoré, comme la femme de M. Horace le suivait, affolée, celui-ci, l'ayant en vain priée de s'en retourner, frappa du pied, en parlant d'autorité.

Alors seulement Mme Horace s'arrêta, nous suivant encore du regard.

Arrivés devant la prison, le général Jules parut à la fenêtre du bureau de l'arrondissement et dit : «fais yo entré» [16]On fit entrer ces messieurs en prison et le général Arban défila avec nous au bureau central.

– [*Ça par exemple ! Voilà un fait crucial, inouï dont Jules- par modestie, pensez-vous?- s'était bien gardé de faire mention à Callard. Incroyable !*

– *Hé oui ! Porsena Laurent, l'avez-vous remarqué, ne fait pas mention non plus de la visite chez la maîtresse de Grimard, laquelle a eu lieu, selon Beauvais Bréva, peu après qu'Horace et Pierre Louis fussent déposés en prison.*

«Après avoir déposé ces messieurs en prison, on nous retourna à notre poste, nous autres hommes de la police administrative. Mais arrivés au haut de la rue St Honoré, le général Arban que nous rencontrâmes dans les parages de la prison des femmes nous donna un coup de sifflet, nous nous arrêtâmes; il nous prit pour renforcer son détachement et alla avec nous fouiller chez Mr Grimard.» [Beauvais Bréva]

Les témoignages de Mme Célina Eugène et de Louis Alvarez le donnent pour avoir été présent. Et la lettre de Grimard, parue près d'un mois après son interview, l'accuse, nous l'avons vu, d'avoir pris part au pillage auquel ont donné lieu les fouilles de sa chambre et de sa propriété.

– *Omission plus qu'intéressée alors ?*

– *À mon humble avis.*

– *Incroyable!*

– *Quoi?*

– *Jules n'affirme-t-il pas n'avoir tenu que de Nérestan Zamor, son adjoint, le fait, cette nuit-là, de l'entrée en prison de ses parents ?*

– *Un mensonge de plus du sieur Jules, Georges, et que soulignent nettement les déclarations de Nérestan lui-même que nous lirons plus loin. Mais laissons poursuivre Porsena Laurent]*

Vers 4 heures, il (*Arban Nau*) nous remit sur pieds et ordonna de *trier* deux officiers et quelques brigadiers sachant tirer pour aller exécuter ces prisonniers.

Alors je m'esquivai subrepticement dans le corridor tout près de la terrasse et après qu'on fut parti avec les hommes choisis, je me rendis chez moi, puis au poste du Petit Four, à 5 heures.

---

16 Faites-les entrer.

D. Où était le général Helvé quand on choisissait les hommes ?
R. Il était en dedans. Mais il n'avait pas de pouvoir. Le général Arban faisait tout. Même le lendemain matin quand le général Helvé demanda au commissaire Delorme combien d'hommes on avait fusillés, Arban cria sur lui, lui disant que ce n'était pas son affaire.

On dit même que lui et Leconte voulaient fusiller Helvé aussi cette nuit-là sous prétexte qu'il était le complice de son beau-père.

*

Arban évidemment dont, pour clôturer ce chapitre, je vous invite, à présent, à lire tranquillement le témoignage, s'inscrit en faux, vous le verrez, contre ces déclarations.

J. ARBAN NAU

D. Vous vous êtes défendu de toute participation aux exécutions du 15 Mars. Mais, pourtant, beaucoup d'accusations sont portées contre vous, au cours de notre enquête ?
R. Je confirme ce que je vous ai dit dans ma lettre, à savoir que j'ai assisté à l'arrestation de deux individus seulement. *[Lettre non parvenue à nous.]*

D. Pourtant tous les agents de police ont été d'accord à vous rencontrer à leur tête un peu partout cette nuit-là et Mr Joannis affirme que vous avez été même avant l'heure convenue, cerner la maison des Ethéart ?
R. Ce n'est pas vrai. Je n'ai été conduit que chez Alluption et chez Alexandre, par le gal Joannis qui est venu me réveiller à trois heures du matin. *[En sa compagnie comme en celle de Joannis, Théagène Cinéus laisse entendre pourtant la présence d'Arban Nau incontestable dans une perquisition opérée chez les Ethéart. Fait qu'il situe entre l'arrestation d'Alluption Casimir et celle d'Alexandre Christophe. Un double jeu de Joannis ? Assurément, puisque par sa femme, nous l'avons vu, il avait pris grand soin, le jour même, de les faire avertir du danger les menaçant et accorder de surcroît protection à leurs sœurs qui s'en allaient de nuit les prévenir. Pourquoi cette dénégation d'Arban ? Évidemment, le fait dont il est question ici, à savoir qu'il avait été avant l'heure convenue cerner la maison des Ethéart et que le journaliste nous dit tenir de la fameuse lettre de Joannis, n'est pas mentionné par Théagène Cinéus. Une invention de Joannis ? Pourquoi ?]*
Ce que j'avais oublié de mentionner dans ma lettre est que, quand vers

les 9 heures 1/2, Camille Gabriel m'a remis une liste comportant les noms Grimard, Ethéart, Alluption Casimir et Alexandre, en me disant : d'ordre du Président, il faut les arrêter, ce Grimard surtout; il est du Cap, vous ne devez pas le manquer. - En sortant du Palais, je me rendis directement chez Grimard, en passant derrière la prison des femmes où j'ai rencontré Mme Clara Déjoie qui m'appela pour me dire: Arban, Arban le gal Laroche et Joannis viennent d'arrêter le Docteur et Horace, voyez ce que vous pouvez faire pour eux. Je lui répondis de ne pas s'inquiéter. (*Partie illisible. Si vous entendez citer mon nom? On a cité mon nom?*) nom dans d'autres arrestations, c'est que j'ai beaucoup de gens qui me détestent. Même mes parents ont été l'objet de beaucoup de vexations, parce que j'ai été officier de police. Je vous prierais de me confronter avec n'importe qui m'accuserait d'autre chose.

A propos de la déposition de Porsenna et Delorme, *[Témoignage non parvenu à nous non plus.]* je ferai ressortir la contradiction qui existe entre eux et qui prouve qu'ils déposent avec passion. Comme vous l'a dit Delorme, ce sont les hommes de police rencontrés dans la rue que le gal Leconte a pris et non des francs tireurs, (*tireurs d'élite ?*) comme l'avance Porsenna.

La police n'a jamais été cerner la maison du gal Helvé. Jamais ! Jamais ! *[Assertion de Delorme ?]* Au contraire, quoique révoqué du service, le gal Helvé était resté l'ami et l'enfant gâté du général Nord. Il y a eu une sorte de commérage entre sa mère et madame Nord qui lui assurait toute la protection du gouvernement. Il n'a jamais été recherché ou persécuté en aucun temps.

D. Ne dit-on pas que c'est vous qui avez été arrêter Mérové ?
R. Jamais.

D. Non plus chez Roche Armand ?
R. Jamais. Et Mme Roche Armand, si elle a de la conscience, ne pourra pas citer mon nom.

D. N'avez-vous pas parlé à Jules Coicou derrière la tribune, pendant qu'on interrogeait Massillon ? *[Fait que le journaliste tient de Beauvais Bréva, lequel, derrière cette tribune en effet, déclare avoir vu, on s'en souvient, Arban en compagnie de Jules.]*
R. Non, non. J'y étais envoyé par le général Helvé à qui un nommé Bernadotte venait d'annoncer qu'on arrêtait du monde sur le Champ-de-Mars, mais je n'y ai pas vu Jules Coicou.

D. Quels sont ceux que vous y aviez vus ?

R. Le général Leconte, le général Thomas Hyacinthe, Choute Lafortune avec toute la police du centenaire, le général St Julien, chef des volontaires et quelques aides-de-camp, dans la tribune.

D. N'avez-vous pas vu Dégand, Alexandre Nelson et des bourgeois ?

R. Non. Aucun de ceux-là.

[Supposons une minute que nous ne disposions nullement de témoignage de Dégand et de Nelson où on les voit certifier eux-mêmes leur présence à un moment ou un autre sur le Champ-de-Mars, qu'aurions-nous été tenter de conclure sur la foi de cette déclaration d'Arban ?

Dégand, que nous lirons plus loin, remarquez-le, n'a pas fait mention de lui non plus au nombre de ceux entrevus par lui sur la place. Pour Dégand c'est peut-être explicable, puisqu'il prétend n'y avoir été qu'appelé par deux missions les plus brèves. Mais pour Nelson qui, lui, nous l'avons vu, déclare positivement avoir vu Arban lui-même... .

– Il dut, selon toute vraisemblance, y avoir foule.

– C'est mon impression aussi. Mais laissons-le poursuivre.]

–

D. Est-ce devant vous que Massillon a été souffleté ?

R. Non, non, non. - Pas devant moi. Je ne suis d'ailleurs pas resté à la tribune; je suis retourné à mon poste, faire rapport au général Helvé de ce que je venais de voir. Tout ce que j'ai constaté, c'est que Massillon était *cerqué* par la police du centenaire. - Je ne peux charger ma conscience en vous disant ce qui n'est pas vrai; *[Avait-il été ce spectateur passif qu'il prétend ? Ce n'est point du tout, nous l'avons vu, ce que nous laisse croire Alexandre Nelson.]* de même que je ne peux souffrir qu'on m'accuse d'avoir poignardé Roche Armand contre qui je n'ai jamais rien eu. Quoi ! Poignarder un homme qui va à la mort ! Je ne saurais être capable d'une telle lâcheté et à chaque fois que je l'entends dire, je sens que je souffre dans mon âme. *[Une autre rumeur aussi de cette histoire dont nous parlerons plus loin.]*

D. De sorte que vous ne savez rien autre chose que ce que vous venez de dire ?

R. Rien autre chose.

*

POUR LES VICTIMES DU 15 MARS
CONVOCATION
Messieurs les interprètes du drame émouvant de feu Massillon Coicou, «l'Empereur Dessalines» sont priés de se rendre lundi premier Mars à 3 hrs. précises de l'après-midi en la maison privée de...

Mécontents de l'oubli où nous nous obstinons fermement à les tenir, les préparatifs de la manifestation du 15 mars qui, par ces mots, entendent s'imposer à notre attention. Accordons-leur, je vous prie, un peu de notre temps.

PREPARATIFS DE LA MANIFESTATION

– Allons-y, Georges, et par ordre chronologique.

Jeudi 25 février. Sous la rubrique Coup d'oeil, c'est le numéro qui nous informe de cette rencontre ayant eu lieu, le jour-même, entre le comité chargé de l'organisation de cette manifestation publique en l'honneur des victimes du 15 Mars, et le président Simon. Déjà lu cette rubrique... Passons donc au numéro suivant.

– Et quand donc s'il vous plaît ?

– Au moment de la lecture de l'interview du général St-Fort Colin. «Au champagne, le général Simon a prononcé de belles paroles où vibre son coeur d'homme et de patriote», etc...

– En effet, vous avez raison. Au suivant alors !

– C'est celui du samedi 27 février, et qui contient l'appel adressé à la nation par ce comité. Intéressant !

> Samedi 27 février
> MANIFESTATION
> En faveur des assassinés du 15 Mars 1908
> APPEL A LA NATION
> Notre histoire nationale a souvent été maculée. On en rencontre des tâches de sang presque à chaque page. Depuis ces vingt dernières années surtout, l'on s'est appliqué à pratiquer les exécutions sommaires avec la même observance fidèle et le même respect religieux que dans les autres pays on professe pour les garanties constitutionnelles, ce qui fait dire à l'étranger railleur que la fusillade sommaire est une institution nationale d'Haïti.

[- Quelle vigueur de ton, bon Dieu !
- Frédérique n'était pas loin.]

(...) Concitoyens

Maintenant qu'un changement considérable s'est produit dans la situation politique du pays (...)

Maintenant qu'une ère nouvelle nous permet de jouir de tous nos droits, nous devons dans l'intérêt bien entendu de l'avenir national, nous efforcer de faire réparer les iniquités, réprimer les crimes politiques, afin d'en empêcher le retour, et, en même temps, encourager le nouveau gouvernement à ne point se laisser écarter de la voie droite, à persévérer dans ses bonnes dispositions en dépit des flatteurs, des espions, des conseillers pernicieux et intéressés, de tous les mauvais citoyens qui, pour la satisfaction de leurs appétits, voudraient nous ramener au long régime d'oppression, de terreur et de sang dont la révolution du Sud nous a si heureusement débarrassés.

Dans ce double but : - poursuivre la réparation et la répression des iniquités et des crimes de ces temps derniers, contribuer à remettre en honneur le respect des lois et des libertés qu'elles consacrent, - nous avons pensé à faire une manifestation en faveur des victimes des saturnales du 15 Mars 1908 et nous n'hésitons pas à demander l'appui moral et le concours pécuniaire de tous les hommes de principes, de tous les patriotes qui pensent sincèrement que notre traditionnel despotisme gouvernemental est la seule cause de nos maux ; [*Et la cause de notre traditionnel despotisme gouvernemental, Georges, quelle est-elle, je vous prie?]* nous avons pensé à nous adresser à la nation entière, à tous, afin de rendre notre manifestation, notre protestation contre les exécutions sommaires grandiose et superbe.

Tel est l'objectif qui a motivé la constitution de notre comité. Nous avons soumis notre programme au Président de la République et il nous a pleinement approuvé. Il a été le premier à nous offrir sa cotisation. C'est à vous maintenant, pauvres et riches, grands et petits à offrir votre part de contribution à notre oeuvre.

Vous devez cette réparation morale au pays. Le but de notre manifestation, en effet, est moins de réhabiliter la mémoire des assassinés (...) que de démontrer par le fait que la nation entière condamne le 15 Mars, en piloriant les auteurs, et manifeste sa ferme volonté de voir, désormais, nos gouvernants rompre définitivement avec le système abominable des fusillades sommaires et nocturnes. C'est donc une oeuvre de réparation nationale et vous n'y faillirez pas, concitoyens.

C'est avec cette conviction que nous vous saluons en la Patrie.

Les Membres du Comité.

Charles Germain, J. B. W. Francis, Duquerrouette, Arsène Chevry.

Secrétaire : J. Duclervil, Trésorier, Catinat Fouchard, Président, P. F. Frédérique.

Oui, l'appel brûlant du comité et qui va donner le branle aux préparatifs hâtifs et empressés. Des listes de souscription vont être lancées dans divers points du pays, recueillant près de vingt mille gourdes. Somme, il va sans dire, des plus énorme pour l'époque. Selon Jolibois qui, vraisemblablement, écrivait son livre vers la fin des années soixante-dix (j'en présume, évidemment, me basant sur la date de sa dédicace: 1981), elle devait représenter plus de deux cent mille gourdes en valeur réelle de ce moment. Une petite idée ?Le salaire légal d'un soldat de l'époque, je le redis, était d'une gourde par mois, ce qui, additionné d'une gourde et demie d'allocation alimentaire, totalisait deux gourdes et demie. Le salaire d'un capitaine, lui, était de cinq gourdes. Le salaire des responsables militaires d'arrondissement variaient entre quatre-vingt-cinq et cent-vingt gourdes. En 1919, soit dix ans après cette souscription, dans la livraison du 27 septembre de l'Essor, ne voit-on pas un journaliste alarmé se plaindre en ces termes de la crise de logement: «On désespère de pouvoir trouver un logement. Les grandes maisons sont aussi rares que les petites. D'autre part, les loyers sont excessifs. Les appartements qu'on louait 30 à 35 gourdes, 4 à 5 pièces, se louent actuellement 25 à 30 dollars, eau et électricité à part. On attend en vain l'arrivée des compagnies de construction dont on parle.»

– Quoi ?.. 4 à 5 pièces... 25 à 30 dollars, et il osait se plaindre !

– Et il avait raison, le bougre, car le prix avait plus que triplé. Mais revenons illico, Georges, à notre manifestation.

POUR LES VICTIMES DU 15 MARS

CONVOCATION

Messieurs les interprètes du drame émouvant de feu Massillon Coicou, «l'Empereur Dessalines» sont priés de se rendre lundi premier Mars à 3 hrs. précises de l'après-midi en la maison privée de M. P. F. Frédérique, Président du Comité, pour prendre certaines décisions au sujet de la manifestation projetée, en faveur des victimes du 15 Mars.

A. Innocent

– Antoine Innocent ?

– Oui, notre romancier et auteur bien connu de *Mimola*. Membre du Théâtre Haïtien, fondé par Massillon Coicou à son entrée en 1904, il figurait, nous dit-on, parmi les meilleurs acteurs que comptait l'époque. Au demeurant, à sa création, le 21 octobre 1906, l'incarnation de l'empereur soi-même dans ce drame applaudi.

MERCREDI 3 MARS 1908

[Tiens ! Intéressant !...]

DERNIERE HEURE

D'après une dépêche, hier du Cap, le célèbre assassin, St Julien Laboucherie, s'est évadé de la prison, et le concierge a été écroué à sa place. Nous donnerons prochainement de plus amples détails.

C'est pour nous l'occasion de recommander au geôlier de la prison de la Capitale de redoubler de vigilance.

Ces détails, viendront-ils ? Nullement eu, en tout cas, le bonheur de tomber dessus. Contentons-nous de savoir qu'il sera repris plus tard et, lors des assisses de 1912, jugé en compagnie de Léonce Leconte et de Jules Coicou.

À Propos du 15 Mars

Faute de place, nous ne pouvons pas, aujourd'hui, publier le programme détaillé de la manifestation du 15 Mars. Nous nous contenterons d'en indiquer les grandes lignes :

Exhumation des restes des victimes

Messe de Requiem à la cathédrale.

Inhumation.

Discours, etc.

Numéro spécial de l'Impartial [*Numéro, malheureusement, non parvenu à nous.*]

CONVOCATION

Les acteurs du Théâtre haïtien qui ont représenté le drame émouvant de feu Massillon Coicou «l'Empereur Dessalines» sont priés de se réunir chez Me P. F. Frédérique cet après-midi, à six heures précises pour une répétition générale.

INVITATION

Une cordiale invitation est faite à tous ceux qui désirent parler, soit en prose, soit en vers, devant le monument élevé à la mémoire des dix assassinés du 15 Mars, de se faire inscrire, de ce jour au... (*illisible, Georges*) 13 (?) du courant, chez le Président du comité. Sont également invités tous ceux qui veulent collaborer au Numéro spécial de «l'Impartial' devant paraître ce jour, à envoyer leurs articles, prose ou vers, le 12 au plus tard au siège de l'administration du journal.

Prière aux détenteurs de listes de souscriptions d'en recouvrer le montant au plus tôt et de le faire parvenir au trésorier du Comité, Monsieur Catinat Fouchard.

SAMEDI 6 MARS

MANIFESTATION DU 15 MARS

En attendant la publication prochaine du programme détaillé, voici les grandes lignes auxquelles s'est arrêté le comité d'organisation : Exhumation, le 14 Mars dans l'après-midi, des restes qui seront mis dans dix cercueils richement ornés, portés à bras à la Cathédrale, où ils seront exposés et veillés toute la nuit. Des commissaires monteront la garde autour du sarcophage. Le 15, à 8 heures du matin, service solennel de requiem, l'absoute sera donnée par Mgneur. Conan. Conduite par le Clergé en voiture des dix bières portées à bras de la Cathédrale au Cimetière extérieur ou Mgneur Pouplard bénira le monument.

Ce monument devra se composer d'un caveau à tiroirs, comportant dix cellules et surmonté d'une colonne tronquée en ciment armé, en attendant l'arrivée du monument définitif qui devra remplacer cette colonne. Le terrain, concédé par la commune, est de 12 pieds sur 18 et est situé juste au milieu du nouveau cimetière. [*Le cimetière extérieur, évidemment, qui, à l'époque, prenait tranquillement le pas sur celui dit intérieur de Sainte-Anne, et datant, lui, des premiers temps de la colonie.*]

Après la bénédiction du caveau et la descente des bieres, discours, élégies, thrènes etc seront lus.

Le soir, les anciens acteurs du « Théâtre Haitien « donneront une représentation de gala de «l'Empereur Dessalines», le dernier chef-d'oeuvre dramatique de Massillon Coicou.

L'édition du samedi 13 mars, no 28, nous informera d'une petite modification au programme :

«Le public invité à la manifestation du 15 Mars, est prévenu que les restes des victimes, au lieu d'être transportés à la Cathédrale, seront placés dans la Chapelle du cimetière extérieur, et ce, conformément à une lettre du Secrétaire d'Etat de l'Intérieur, adressée aux membres du comité.

A l'issue de la Messe de requiem dite à la cathédrale, le cortège se rendra à la Chapelle du cimetière d'où les cercueils seront retirés pour être déposés dans le caveau construit à cet effet.»

En justification de cette retouche de dernière heure exigée au programme, quels arguments avançait-elle exactement, cette lettre adressée au comité ? Se basait-elle, ainsi que le pense Jolibois, sur des prescriptions d'hygiène publique dont l'observance, en pareil cas, ne laisse d'être primordiale? C'est ce que laissera entendre le rapport de Célestin que je compte vous faire lire plus loin. Pourquoi L'Impartial, alors, n'en fait-il point explicitement cas ? Peur de donner prise à des racontars, et que ne manqueraient nullement de mettre à profit d'éventuels détracteurs de la manifestation, risquant de la faire échouer ? Ce n'est rien moins que probable, car, concernant les mesures hygiéniques à observer en vue de l'exhumation préalable des restes des victimes, le mémoire rédigé à l'intention du comité organisateur par le Dr Antoine Célestin au nom du Jury médical, ne paraîtra, bizarrement, que 5 jours plus tard, dans l'édition du samedi 20 mars, no 31.

Quels règlements prévalaient à l'époque ? Ceux prescrits depuis 46 par l'OMS, nous apprend Jolibois, ne permettent l'ouverture d'une fosse, la translation de dépouilles mortelles qu'après le délai formel de dix-huit mois accompli. Donc s'opposeraient tout bonnement à ce projet, qu'ils jugeraient prématuré, les victimes tombés seulement douze mois plus tôt, étant loin, par conséquent, de réunir les conditions requises. Mais ce sont là des règlements qui auront cours trente-six ans plus tard. Quels règlements ou quelles coutumes prévalaient à l'époque ? Etant donné ce soin mis par l'OMS à édicter ces dix-huit mois comme durée minimale pour qu'une translation soit jugée salubre, on peut supposer la pratique probablement courante d'y procéder à moins. (?) Supposition bien sûr. Je parle beaucoup mais n'avance guère.

INVITATION

Les villes de province qui en ont encore le temps et les moyens, peuvent se faire représenter à cette manifestation par un ou plusieurs délégués. Prière de prévenir même par télégrammes, afin que nous puissions réserver dans le programme définitif le tour de parole de ces délégués.

– *Une manifestation mémorable et d'envergure, quoi !*
– *Hé oui !*

APPEL

Un pressant appel est fait aux détenteurs de listes de souscription tant de la Capitale que de la province, de faire parvenir au plus tôt au Trésorier, (M. Catinat Fouchard, rue du Centre,) les valeurs déjà recouvrées, ainsi que les listes; car le temps qui nous sépare du 15 Mars est court et les dépenses du comité sont énormes.

CONVOCATION

Les interprètes de L'Empereur Dessalines sont convoqués chez Me P. F. Frédérique, ce soir à 6 heures et tous les soirs à la même heure, pour les répétitions de la pièce. Que l'on ne se fie pas à la connaissance parfaite de son rôle pour s'abstenir ; [*Ah! ah ! ah! je savais que ça vous aurait plu. De ce point de vue, également, rien de changé sous notre soleil !*] car l'on doit se rappeler qu'il ne reste que quelques jours d'ici au 15 et que les répétitions en commun sont indispensables pour la bonne harmonie de l'action scénique. Tous les interprètes indistinctement sont donc priés d'être réguliers et ponctuels. Le succès est à ce prix.

Deux annonces de plus, je crois, et nous entrerons dans l'essentiel.

MERCREDI 10 MARS

L'exhumation des restes des victimes du 15 Mars aura lieu dimanche prochain. Les fouilles commenceront à 8 heures (*Du soir ? Du matin ?*). Les parents des martyrs iront avec des draps pour envelopper les ossements.

Le convoi se rendra à la Cathédrale, dans l'après-midi. Les personnes qui voudront envoyer des couronnes et des fleurs sont invitées à se faire inscrire afin que leurs noms soient portés au programme de la grande manifestation du 15 et celles qui détiennent les listes de souscription sont priées d'en verser le plus tôt possible au Trésorier du Comité les valeurs réalisées.

MM. Les Commissaires sont convoqués dimanche, à 8 heures, (*Du soir ? Du matin ?*) dans le salon du Président, Me Frédérique.

Du matin, nous apprendra l'annonce du samedi 13 citée plus haut, et qui comportait également un rappel de cette convocation.

– «Ça me tue» (That's killing me), comme, bien souvent, se surprend, à le répéter Holden Caufield, adolescent palpitant et brisé de doutes de *L'attrape-coeurs*, Georges.

– Quoi ?

– L'argent de la souscription, entre autres choses, servira, nous l'avons vu, à payer dix cercueils richement ornés, un caveau à tiroirs comportant dix cellules et surmonté d'une colonne tronquée, les frais d'inhumation et tout, mais les draps, ce sont les parents qui les fournissent.

– Oui, émouvant, si c'est ce que vous voulez dire.

*

– Quoi ?

– Dans cette édition du samedi 20 mars, no 31, un relevé de comptes comportant des noms de détenteurs de listes de souscription au nombre desquels figurent un C. Coicou (notre C. C. ?), Clara Déjoie et, à deux reprises, une dénommée Mme Galette.

– La nôtre ?

– Qui d'autre pouvait-il être ?... Si oui, en tout cas, étonnant, comme c'est souvent le cas chez nous, que ses neuf longs mois de détention n'eussent aucunement aliéné en elle tout élan de civisme, et tenue éloignée, par conséquent, de devoirs de cette sorte.

– Oui, étonnant... plutôt vrai, ça.

MESURES HYGIENIQUES
[Parait en réalité dans l'édition du samedi 20 mars, no 31.]
Prescrites pour l'exhumation des restes des victimes du 15 Mars 1908.

1. Avoir un nombre suffisant d'ouvriers pour pouvoir travailler rapidement, sans pourtant creuser plus de deux fosses en même temps.

2. Il faut opérer avec une température tempérée et avant que la brise d'Est ne souffle au plus, entre 6 hs A. m *[L'indication supérieure fait défaut. Jolibois propose 7 hrs 1/2.]* et entre 5 hs. Et 7 hs. P. M

.·.

Manifestation

En faveur des v-ctimes du 15 Mars 1908

Situation de la Caisse au 5 Mars 1909

	Débit	Crédit
1909		
Mars 5 Net produit Liste No 8		
A. Michel P. P.		31.
Liste No 2 Mme Galette P P.		247.
» No 132 C. Coicou		81.
» No 103 »		96.
„ No 70 Lacruz Gonaïves		68.
„ No 78 Ann. Béliard		10.
·. No X Mme Ch. Dubé		15.50
Achat 1 Livre de caisse	3.	
Compté av. à Mr. Dorleuil	200.	
„ av. à Mr. Regel Guillaume	200.]	
Balauce	145.50	
	G. 548.50	548.50
Autant en caisse		G. 145.50
Au 6 Mars 1909		
Balance au 5 mars 1909		145.50
Mars 6 Reçu du Ministre Canal		100.
net produit liste No 43 Catulle Thébaudy		5.
liste No 133 Léonce Placide		30.50
liste No 73 J. P. Arthur Coicou M.		60.
liste No 125 V. Décatrel P.P.		120.
liste No 144 Jolibois P.P.		22.20
„ No 124 Clara Déjoie P.P.		46.
C/ p/. Bordereau Imp. de l'Effort		
Balance	50.	
	479.20	
	G. 529.20	529.20
A nouveau		G. 479.20
Au 8 mars 1909		
Balance au 6 Mars 19..		479.20
Mars 8 net produit liste No .:0		
Chs. Mathieu		46.50
Liste No 21 avaloir Chs. Germain		15.
liste No 72 Masseau Désinor St Marc		64.
liste No 136 Camille Bruno		5.
liste No 112 Mme Galette		148.50
liste No 122 A. Michel av.		9.
		767.20
Autant en caisse		G. 767.20
Au 9 Mars 1909		
Balance au 8 mars 1909		767.20
Mars 9 net produit liste No 139 C. Cantave Croix-des-Bouquets		10.
liste No 31 Duclervil P. P.		18.
liste No 33 » »		44.
liste No 37 » »		38.
Avaloir sur liste No 103 Castera Délienne P. P.		25.20
Autant compté sur reçu à Th. Dorsainvil	200.	
Balance	711.40	
	G. 911.40	911.40
A nouveau		G. 711.40

(à suivre)

3. Arroser les fosses avec une solution de liqueur antiseptique S. L. F. ou jeter des pelletées de chlorure de calcium ou de sulfate de fer en assez bonne quantité au fur et à mesure que l'on fouille;

4. La terre enlevée doit être empilée en un seul endroit près de chaque fosse;

5. Les ouvriers doivent être munis d'instruments à manche assez long afin qu'ils n'aient pas besoin de se courber en travaillant;

6. Brûler pendant l'opération en deux endroits opposés (aux environs de chaque fosse) un mélange de poudre antiseptique pour la purigation; [*Purgation ? Au sens vieilli de désinfection ? Plus plausible ici, en tout cas, que fumigation proposé par Jolibois.*]

7. Arroser les restes mortuaires avec une solution de liqueur antiseptique;

8. Ces restes mis en bière, seront recouverts d'une bonne couche d'une poudre antiseptique pour l'embaumement;

9. A l'achèvement complet du travail, laisser brûler en permanence dans de grands vases pendant 24 heures au moins, un mélange de goudron et d'acide phénique brut, de charbon de terre ou de toute autre substance ayant la propriété d'assainir l'atmosphère;

10. Commencer à remplir les fosses, après l'exhumation, avec la dernière terre ôtée et mélangée avec du chlorure de calcium ou de sulfate de fer;

11. Prévenir tout envahissement préjudiciable à la santé publique, un nombre restreint de parents des victimes assistera à l'opération pour pouvoir recevoir les restes mortuaires de chaque fosse;

12. Commencer l'opération à l'endroit opposé au vent.

Dr CELESTIN.

RAPPORT [*Edition du samedi 20 Mars.*]

Au Jury médical central,

En ville,

Monsieur le Président,

Messieurs les membres,

Déférant à la demande du Département de l'Intérieur et obéissant à une question de principe prescrite par la loi organique du jury, vous m'avez délégué pour assister à l'exhumation des restes des victimes du 15 Mars de l'année dernière, entreprise par le Comité de la manifestation institué en conséquence.

Ma mission achevée, je viens vous exposer immédiatement ce qui a été fait, - quoique par sentiment de solidarité, vous ne m'ayez pas laissé seul à la tâche.

Le mémoire que j'ai rédigé pour pouvoir effectuer cette opération et que je vous ai préalablement communiqué, a été soumis au Président du Comité qui l'avait agréé. De concert avec celui-ci, nous avons scindé le travail ainsi : 1o. les fosses et les carrés en maçonnerie ont d'abord été détruit au ras du sol [*Élevés par les parents des victimes durant les derniers mois du règne de Nord Alexis ? C'est fort probable.*] et les emplacements arrosés avec des solutions antiseptiques et désinfectantes, et une poudre antiseptique pour fumigation, en vue d'assainir l'atmosphère, a été brulée en deux foyers distincts; 2o. à 3 heures P. M. l'opération de l'exhumation a commencé pour prendre fin un peu avant le crépuscule. [*Les recommandations P. M. n'indiquaient-elles pas entre 5 heures et 7 heures ? - C'est bien ce que j'ai lu aussi.*]

Pendant ce temps, la poudre sus-indiquée était brûlée à intervalles. Ensuite, après chaque exhumation, la fosse fut arrosée de solutions antiseptiques puis remplie; les emplacements également arrosés avec les mêmes solutions et autres produits désinfectants.

En dernier lieu, il a été brûlé, en deux points opposés de l'endroit où l'exhumation venait d'être effectuée, un mélange complexe de substances antiseptiques, désinfectantes et aromatiques.

Vous comprendrez bien que toutes ces précautions prévues ont dû être prises, non seulement par une impérieuse obligation, mais surtout à cause du milieu dans lequel nous vivons, où l'esprit passionné fait si aisément la part des responsabilités.

L'envahissement qu'il n'a pas été facile de contenir, mû par la curiosité des uns et les sentiments d'affection des autres pour les fusillés, a seul empêché l'entière exécution des différents paragraphes du mémoire sus-dit. [*Vous en avez parlé hier.*]

Il n'est pas sans nécessité de vous signaler que l'inhumation de ces malheureuses victimes a été faite dans des conditions tellement désastreuses, que les personnes qui ont pu voir de près, ont manifesté leur indignation par des soupirs et même par des exclamations.

C'est ainsi qu'il a été constaté que les fosses, - pour la plupart, - avaient à peine un pied et demi de profondeur et une longueur qui n'égalait pas la taille des victimes. Des neufs fosses qui avaient été creusées à l'occasion de cette exhumation, l'une d'elle renfermait les restes de deux individus bien nets. [*Alluption Casimir et Mérové Armand, selon le procès-verbal, que nous lirons après, du juge suppléant Charles Lilavois.*]

Ainsi ces constatations n'ont pas manqué de faire tressaillir l'assistance et sont l'indice de ce qui dénotait tout l'empressement mis pour accomplir un acte ténébreux, dont les éléments bien certains et irréfutables par conséquents, ont du sans nulle doute faire défaut.

Voilà donc entièrement confirmées certaines versions qui étaient l'objet de toutes les conversations après la catastrophe du 15 Mars 1908.

Si les exigences de la guerre civile veulent que l'on soit sans pitié pour les vaincus, mais – à certains moments – un sentiment de profonde humanité, de conscience et de fraternité devait planer sur toutes les considérations particulières; car une fois les victimes se trouvaient réduites à l'impuissance, le voe victis des vainqueurs [*Malheur aux vaincus*] aurait du faire penser à ceci : hodie mihi, cras tibi. [*Aujourd'hui moi, demain toi*] [*Déclaration touchante mais, à son insu, on ne peut plus tendancieuse, Georges. Car, vaincus, est-on en droit de se demander, l'étaient-ils vraiment tous ?- Je vous suis bien; mais laissons-le poursuivre.*]

N'est-il pas vraiment écoeurant pour les parents de voir la réalité que leurs chers protecteurs avaient été brutalement réveillés du sommeil réparateur des fatigues de la journée et arracher de leur lit pour aller le continuer, (le sommeil,) – cette fois-ci éternellement – dans une fosse, sous la terre fraîchement remuée ? – Les parents et les victimes n'ont pas même eu la satisfaction de se dire un mot d'affection ni de consolation, voire une recommandation.

Passer de vie à trépas de cette façon, c'est une iniquité que l'on aurait pu croire seuls capables, les peuples que n'a pas encore effleurés le contact bienveillant de la civilisation.

Voilà encore, Messieurs, ce qui est à consigner dans les Annales du pays après cent cinq ans d'Indépendance si chèrement acquise, au nom de la Liberté, de l'Egalité et de la Fraternité.

L'Impartiale Histoire viendra demain stigmatiser en la circonstance, ceux-là dont la responsabilité aura été précisément démontrée. [*Lente comme à l'accoutumée chez nous, mais elle viendra. De ça, soyons certain.*]

C'est sous l'emprise de ces considérations que s'achèvent ces quelques lignes que je présente comme le Rapport de la mission que vous m'avez confiée.

Je réitère, monsieur le Président, messieurs les membres, l'assurance de mes sentiments distingués.

Le membre délégué du jury médical central,
Docteur A. M CELESTIN.
PROCES-VERBAL [*Edition du lundi 22 mars, no 32.*]

LIBERTÉ, EGALITÉ, FRATERNITÉ
REPUBLIQUE D'HAITI

L'an mil neuf cent neuf an 106ème de l'Indépendance et le quatorze Mars.

Nous, Charles Lilavois, suppléant de juge de Paix de la section Nord, requis par la Commune, nous sommes transporté devant le cimetière extérieur pour assister à l'exhumation des cadavres des victimes du 15 Mars de l'année dernière.

Les mesures hygiéniques prescrites par le jury médical ont été rigoureusement remplies [*«Rigoureusement» c'est beaucoup dire. L'heure qui a vu l'exhumation débuter, 3 heures, répondait-elle seulement aux recommandations du jury ?*] et neuf fosses ont été ouvertes devant nous. Dans l'une de ces fosses nous avons constaté la présence de deux squelettes que les fossoyeurs ont déclaré être ceux de Mérové Armand et Alluption Casimir. Dans une autre nous avons trouvé un squelette très long et reconnu pour celui de Robert Lamothe. La fosse ayant été trop courte pour le cadavre qu'on voulait y faire entrer, les jambes du patient ont été repliées et le squelette a gardé cette position dans laquelle nous l'avons trouvé. Dans une autre fosse désignée pour celle de Paul St-Fort, la charpente décharnée de la victime représente la position assise, comme si l'individu, jeté à demi mort dans la fosse, aurait tenté des efforts pour se relever au moment ou des pelletées de terre seraient venues l'enterrer dans cette position.. - Le crâne de Louis Coicou portant comme un bandeau au front une marque transversale ; celui d'Alexandre Christophe a été littéralement broyé et celui de Massillon Coicou brisé en éclats. [*Souvenez-vous de l'ordre «tirez li nan tête»* [17]*du témoignage de Clara Déjoie- À qui vous adressez-vous? À moi ?- Ah ! vous avez raison, nous n'en avons encore nullement pris connaissance, en effet, où ai-je la tête? mais ça va venir; soyez-en sûr!*]

Toutes ces fosses ont été creusées à la profondeur de dix-huit pouces et quelques unes de Un pied seulement.

Après l'exhumation et les constatations, nous avons dressé le présent procès-verbal pour servir et valoir ce que de droit, les jour, mois et an que ci-dessus.

CH. LILAVOIS.

– Que vaut, juridiquement parlant, un tel procès-verbal? Pas grand chose, ferait, à bon droit, ressortir un formaliste, mon vieux Georges.

– Et que lui vaut, s'il vous plaît, un jugement aussi sévère ?

– Incroyable ! Non ? Le juge suppléant a réussi l'extraordinaire prouesse de faire allégrement l'économie de trois victimes (Horace Coicou, Félix Salnave et Roche Armand), l'avez-vous au moins remarqué ?

– Euh... Attendez. Bien sûr que vous avez raison! Et pourquoi donc, selon vous ?

---

17 Tirez-le à la tête!

– Peut-être n'y avait-il rien de particulier à signaler les concernant, je présume. Mais tout de même ! Neuf fosses, nous déclare-t-il, ont été ouvertes. Fallait-il au moins qu'il fît mention de tous les occupants. Un procès-verbal, c'est, avant tout, ça, que je sache?

– Amusant !

– A tout prendre, oui, si vous voulez. Mais ce fait ne l'est-il pas davantage ? Dans l'une de ses notes de bas de page où il est fait mention de lui, Gérard Jolibois nous dit ceci:

> «Charles Lilavois deviendra membre de la Commission Communale de Port-au-Prince de 1936 à 1940. Fut l'un des meilleurs amis du Président Sténio Vincent, même après le mandat de ce dernier.»

Pourtant dans l'édition du samedi 17 avril 1909 de L'Impartial, no 39, soit un mois et quelques jours seulement après la rédaction de cet hypothétique procès-verbal, ne trouve-t-on pas, en deuxième page, cet avis de décès des plus curieux et surprenant :

> Décès
> Un honnête homme qui a su souffrir sans défaillance, chrétiennement vient d'entrer dans le repos du seigneur : Charles Lilavois, juge suppléant au Tribunal de paix «section Nord»
> Les funérailles ont eu lieu cette semaine à Saint Joseph.
> Nous saluons avec respect son départ et envoyons à sa famille nos cordiales condoléances.

Il n'y a pas de doute. C'est bien le même. Juge suppléant au tribunal de paix «section Nord». Qu'il put s'en trouver deux du même nom, au même moment, à occuper cette charge est chose, admettons-le, hautement peu probable!

Pourtant Jolibois qui, par erreur, selon toute vraisemblance, l'avait confondu avec un homonyme (son fils ? Un cousin du même nom ?) nous le laisse croire vivant encore en 1940 ! Soit trente ans après. D'un crochet foudroyant, la découverte de cette méprise, boxeur patenté, Georges, m'a envoyé droit au tapis!

– Droit au tapis ?...Et pourquoi ?

– Euh... Je ne sais trop. Adressez-vous à mon psy qui, j'espère, vous éclairera.

La notoriété de C. P. E. Bach fut telle, nous dit-on, que Haydn, de passage à Hambourg, espéra le rencontrer. Mais en 1795, date de cette visite, Bach était mort depuis sept ans...!

– Ah!

– Imaginez-vous ! A une connaissance perdue de vue, vous vous apprêtez, un beau matin, à rendre courtoisement, et par surprise, la plus prometteuse des visites. Un émoi considérable vous trouve devant sa porte. À laquelle, à coups réservés mais enthousiastes, vous consentez patiemment à frapper. On prend du temps à vous ouvrir mais on le fait. Nom et prénom déclinés, vous manifestez fébrilement, votre désir d'être annoncé et, d'un parent ou, encore mieux, d'un propriétaire à la mine perplexe, effarée, vous vous entendez tranquillement signifier l'impossibilité absolue, irrémédiable d'accéder à un tel voeu, attendu évidemment que l'honorée n'est plus depuis longtemps, étant passé de vie à trépas sept, huit ou même dix ans plus tôt ! Pour moi, s'il y a un comble dans la méprise, Georges, ce doit être ça !

Mais trêve d'égotisme vain et malséant, mon ami. Place plutôt à quelqu'autre entrefilet. Tout lu d'essentiel à l'exception, évidemment, du compte rendu de la manifestation. Tout comme Jolibois c'est au Nouvelliste du mardi 16 mars 1909 que nous allons avoir recours. Raison: bien que le style, mièvre par endroit, agace, il ne laisse de comporter la relation la plus complète et la plus détaillée de ce qui a eu lieu ce jour-là. Le lire maintenant ? Ce serait, je pense, une bien mauvaise idée; gardons-le pour la fin, en guise de conclusion pour ainsi dire aux interviews restantes, sur une partie desquelles je vous invite, maintenant, instamment à nous pencher.

TENTATIVE D'ARRESTATION D'ALEXANDRE CLEOPHAT ET DU GENERAL ELIACIN

D. Après avoir laissé Massillon en prison, où êtes-vous allé ?

R. Au palais.

D. Alors vous n'aviez pas continué avec Leconte

R. C'est-à-dire qu'il m'avait donné l'ordre de le rejoindre à Lalue. J'y ai été et ne l'ayant pas trouvé, je suis rentré au palais (...)

D. (...) N'avez-vous pas été avec le général Leconte chez le général Eliacin ?

R. C'est directement là qu'il allait quand il m'a dit de le rencontrer à Lalue; mais je n'ai pas pu trouver la maison d'Eliacin.

[Interview d'Alexandre Nelson. L'Impartial, 18 janvier, no 10.]

Gardons en mémoire, et pour le bien de notre périple, cette affirmation de l'aide de camp Alexandre Nelson, car en ce qui a trait aux perquisitions opérées cette nuit-là par Leconte et sa bande, à sa juste place, (la première évidemment) nous permet-elle de situer celle, infructueuse, advenue chez Eliacin. Lequel Eliacin, du reste, dont, par bonheur, nous disposons d'un témoignage. Cependant, bien que la logique nous commande de nous y pencher en tout premier lieu, une entorse, à mon avis, s'impose à la chronologie, et ce, au profit évident de celui de Mme Théoma Laporte, d'un intérêt, Georges, primordial. Écoutons-la :

MME THÉOMA LAPORTE

D. Voulez-vous nous dire ce que vous savez des événements de la nuit du 14 au 15 Mars ?

R. Comment donc, Monsieur ! J'en sais long puisque ces brigands sont venus briser ma clôture et envahir ma maison à minuit; cette nuit-là, au su de tout le quartier. Mme Vve Lespinasse, ma voisine peut vous en dire quelque chose. Mr Harmonière Bayard qui était mon voisin est mort lui, de saisissement qu'il a eu des scènes auxquelles on s'est livré chez moi. Voici Monsieur: Depuis sous le gouvernement Hyppolite, j'ai connu très intimement Camille Gabriel. C'est moi qui, à son arrivée ici, lui trouvai une maison dans la rue des casernes; et j'ai toujours su conserver mes bonnes relations avec lui. De sorte que j'ai pu obtenir de lui certaines révélations, notamment sur les faux commis par MM Laurent et Joannis pour faire fusiller mon mari, Mr A. Cléophat qu'ils avaient accusé d'avoir reçu- en prison- P. 500 pour renverser le général Nord. Ils avaient fait entendre au vieux que Cléophat était d'autant plus redoutable qu'il possédait du courage, un dépôt d'armes, *un troupeau d'hommes* dociles à sa voix et de l'argent. - Mon mari aurait réellement été fusillé, si le jour de la St Alexis, au moment où le Président sortait de l'église, je ne m'étais précipité – mue par une inspiration - à ses pieds, pour lui demander, à la grande porte de la Cathédrale, la grâce de Cléophat. La peine de mort, prononcée contre lui, a été commuée, puis il a été gracié. - Camille m'a beaucoup aidé à obtenir ce résultat. - Il n'est pas méchant, Camille. -

Donc depuis qu'Alexandre avait été mis en liberté, j'étais toujours sur mon qui-vive; car je savais qu'on ne cherchait que l'occasion d'en finir avec lui. - C'est ainsi que j'ai pu savoir ce qui allait se passer la nuit du 14 Mars. - On m'avait fait prévenir qu'il y aurait eu *mouvement* ce soir-là et j'ai fait découcher mon mari. Si Alluption m'avait écouté, il ne serait pas mort ; car je l'avais fait prévenir et lui avait aussi donné le conseil de ne pas se coucher chez lui ; de se mettre à l'écart et d'attendre des nouvelles. Il refusa, disant qu'il n'était dans rien et qu'il n'abandonnerait pas sa maison. - Que vous importe de passer une nuit dehors ? Cela passe si vite ! – Non, jamais ! Me répondit-il – *[Une seule nuit hors de chez lui, Georges ! Oui, que lui aurait-elle coûté ?]*

Eh bien ! Monsieur, à minuit, une bande d'assassins, moitié à pieds, moitié à cheval, envahit ma maison, après avoir brisé les clôtures, pénètre dans ma cour et dépose dans ma cour 5 caisses de munitions dans mon cabinet d'aisance. *[Cette pratique est donc plus vieille qu'on ne le croit !]* Quand le général Léonce Leconte ordonna impérativement d'ouvrir, je m'exécutai sans hésiter.

La tourbe des envahisseurs alors fit irruption et Leconte me demanda de perquisitionner dans ma chambre. Vous pouvez continuer, lui répondis-je, - puisque vous avez déjà commencé. Pénétrez ! Monsieur Octave Durand, à ce moment brise une caisse de munitions au milieu de ma chambre. Je proteste et lui dis quelques paroles désagréables. Ils cherchent Alexandre sous le lit, je m'indigne et leur dis qu'ils savent bien qu'Alexandre n'est pas homme à se cacher sous un lit; que s'il était dans la maison, il ne leur laisserait pas la peine de le chercher... sous un lit.

Pendant ce temps, on venait de s'emparer de mon fils Camille, âgé seulement de seize ans. Alors le misérable Tichoute cria : Corde ! *[Oui, notre Choute Lafortune, chef de la police spéciale de Nord Alexis]*. C'était pour amarrer mon enfant et l'emmener. Vous comprenez Monsieur, si j'ai dû protester et avec quelle vigilance. Enfin, le général Leconte me fit droit, en déclarant que mon fils n'était qu'un enfant dont on n'avait pas besoin et contre lequel on n'avait pas reçu d'ordre. On me le laissa donc.

Après avoir bien fouillé partout, les chefs se retirèrent, en laissant un bivouac pour garder ma maison.

A 4 heures du matin, une autre escouade de police se présenta chez moi, commandée par le commissaire Gilbert qui s'est montré très courtois et s'est conduit en père de famille. [*Oui, Gilbert Calixte, selon toute vrai-semblance.*] Après avoir perquisitionné et quand il a su que Leconte avait passé avant lui et n'avait rien trouvé, il se retira sans me molester. - Cette fois, il n'y avait que des hommes de police dans le détachement : les gens de la société ne s'étaient pas présentés.

D. Comment ! y a-t-il eu des gens de la société dans le premier détache-ment qui vous avait fait visite ?

R. S'il y avait des gens de la société ? Attendez donc ! Je vais vous le dire. Quand on fut sorti de chez moi, on alla prendre Alluption. Au moment de le conduire, il demanda son chapeau, on lui répondit qu'il n'en avait pas besoin, puisqu'il allait au *pays sans chapeau.*[18] [*Incroyable !*] Ah ! pauvre Alluption, s'il m'avait écoutée ! Jusqu'au dernier moment, quand j'ai été chercher mon fils qui d'ordinaire se couchait avec lui, je l'exhortai à s'en aller, lui parlai d'un songe que j'avais eu et qui était plutôt une vision. Mais ce fut en vain.

Maintenant, laissez-moi répondre à votre question, à savoir s'il y avait des gens de la société parmi les envahisseurs de ma maison. -Oui, Monsieur, à part les généraux Jules Coicou, Joannis, Lerebours, Octave Durant, Tichoute et Laboucherie, j'ai bien reconnu Messieurs Timoclès Lafontant, Stéphen Archer et Emile Diqui, parmi les bourgeois qui...

D. Pardon, Madame, vous faites des accusations formelles. Etes-vous bien sûre de ce que vous avancez ?

R. Si je suis sûre ? Mais à la zafè [19]! Ces Messieurs sont entrés chez moi, ont tenu la lampe pour fouiller. Je leur ai même parlé : Monsieur Diqui était déguisé avec une tunique très ample, gonflée devant et lui faisant un gros ventre : Monsieur Timoclès était en costume civil et montait un che-val gris ; Stéphen, lui, portait un grand chapeau rabattu sur la face. [*Une vraie mascarade alors ! – Ne vous l'avais-je pas dit ? Où ceux qui n'avaient pas pu aller combattre dans l'Artibonite, s'évertuaient, par ce cirque, à ten-ter de se rattraper.*]

Quand je les reconnus, je m'adressai à Stephen, en lui disant : «*Sé-nateur, ou même tout ou nan ça ; m té crè ou té birocrate, ou té moune la Société, moune lé contact* [20]?

A ce moment, il détourna la face et essaya de s'enfuir dans la rue où

---

18 Dans le folklore haitien, lieu mythique où s'en vont résider les morts.

19 Mais, quelle affaire!

20 Sénateur, vous aussi prenez part à un tel fait! Et moi qui vous croyais un bureaucrate, un homme de la société, un homme à relations et d'un commerce recherché?

je l'ai suivi pour y voir une foule d'autres bourgeois revêtus de grands pardessus ou travestis en costumes de police, avec de grands chapeaux de paille, que je n'ai pas pu reconnaître, parce qu'ils se tenaient dans l'obscurité, détournaient la tête ou rabattaient leurs chapeaux quand ils s'apercevaient que je cherchais à les dévisager. Si je les ai reconnus ! Mais j'étais absolument saine d'esprit et je n'avais pas peur. Je leur ai parlé, vous dis-je. Ils ne peuvent rester en ma présence pour le nier. -

D. Aviez-vous vu le ministre Laleau ?
R. Non.

D. Et Camille Léon ?
R. Non plus. Mais je sais que quand le gal Nord envoya prendre la tête d'Antoine Simon, c'est lui qui fit à Antoine Férère une dépêche pour lui demander de recevoir chez lui Vilhardouin qui venait faire une opération pour le Président... *[Irrecevable déclaration !-Vous en avez parlé.]*

D. Pardon. Est-ce tout ce que vous pouvez nous dire sur le 15 Mars.
R. Camille Gabriel m'a dit après le 15 Mars, que depuis la veille, Montreuil lui avait communiqué la liste des gens à fusiller ; mais qu'il ne l'avait pas approuvée et qu'il ne croyait pas que cela pourrait se passer ainsi. *[Voilà notre fameuse phrase citée plus haut pour Montreuil. La possibilité qu'elle ait dit ça uniquement pour protéger Camille Gabriel est-elle absolument à écarter ? Elle ne se défend pas d'un faible pour cet homme-là, à qui son mari, avoue-t-elle, devra en grande partie d'avoir eu la vie sauve lors de son emprisonnement. Je ne sais trop.]*
Je peux vous renseigner, Mr et renseigner la Justice ; car après les événements, beaucoup de ceux qui y ont pris part, ont voulu se justifier. C'est ainsi que Léonce Leconte m'a dit que ce n'était pas sa faute s'il s'était présenté chez moi ; car il était soldat et que c'était le député Valembrun qui lui avait montré la maison de Cléophat, puisqu'il s'était présenté plutôt chez Emmanuel Alexandre. Je sais beaucoup de choses, je vous dis. Ainsi le jour de l'incendie, Timoclès a brutalement retiré une pompe des mains de Chavineau Durocher qui essayait d'éteindre le feu. Il a déclaré que Port-au-Prince devait être détruit, à l'exception des édifices publics ; et ce, d'ordre du Président.
Chavineau a protesté et Timoclès a tiré son revolver sur lui. Alors, bravement Chavineau jeta sa veste et allait sans arme affronter son adversaire armé.
A la suite de cet incident, Lafontant voulant faire un mauvais parti à Durocher, le dénonça au gal Nord.

Il ne dût son salut qu'à Mr Aurel qui a pris sa défense.

On dit même que Lafontant avait imbibé la pompe de kérosine, pour la brûler.

D. Je vous remercie bien, Madame.

Plus n'a été interrogée.

*

Assez curieux tout de même ! Etes-vous seulement disposé à croire pareille chose ? J'entends que le gouvernement de Nord Alexis ait pu se retrouver la main dans ces incendies fameux et dévastateurs, lesquels, éclatant au mois de juillet (le premier, le dimanche 5 juillet, et le second, cinq jours plus tard) dans un contexte marqué d'une crise économique croissante, avait détruit près d'un tiers de la capitale, n'épargnant ni édifices publics ni édifices religieux et faisant douze mille sans abri ? Non. Pourquoi ? Sinon à grossir la misère, et à augmenter, par ce fait, le nombre déjà considérable de mécontents, vous ne voyez nullement ce qu'un gouvernement établi eût pu gagner à un tel acte, lequel n'équivaudrait rien moins qu'à le voir excaver lui-même, et délibérément, le propre tombeau de son avenir. Evidemment, on pourrait nous rétorquer qu'une dictature n'appréhende nullement les choses en historien, et a du mal, très souvent, à contrôler ses propres excès. Mais il y a des limites! Pourtant, le peuple, Georges, le croyait ! (D'où le nom de savane Cécé que porteront jusqu'à leur relèvement, les quartiers dévastés et les kilomètres de ruines) Parues dans L'Impartial, pas mal de lettres de lecteurs le présentent sans sourciller à l'origine de ces fléaux dévastateurs. Qu'aurait inspiré, nous laisse-t-on croire, l'existence soupçonnée de caches clandestines d'armes à feu dont, par ce biais rigoureux, on entendait débarrasser la ville. Bizarre, non ? Un cas évident où le froid raisonnement de l'Histoire s'oppose au sentiment vécu du moment et où l'absence déplorable d'enquête sur l'origine de ces terribles calamités ne nous permet, pour trancher, et se former une opinion, que le recours, tout compte fait, a un bon sens apeuré et timide.

– Que pensez de cette histoire de Chavineau Durocher racontée par Mme Théoma Laporte alors ?

– Elle peut être vraie sans pour autant se révéler une preuve de la main du gouvernement derrière tout ça : mécontent d'un passe-droit, Thimoclès, pour se venger de Nord Alexis, aurait bien pu tenir à vouloir faire accréditer une telle vision. (Que sait-on des intrigues de fin de mandat ayant cours à ce moment) Elle peut avoir eu lieu pour un motif tout autre et s'être vu attribuer celui-ci par les ennemis de Thimoclès et ce, dans le dessein arrêté de le perdre sans retour aux yeux de Tonton Nò (pour les torts occasionnés par ses paroles au prestige de son gouvernement, lequel ne manquerait point alors de punir ce conseiller zélateur d'une disgrâce des plus souhaitée). Variante de la deuxième hypothèse: elle peut avoir eu lieu pour un motif tout autre et s'être vu attribuer celui-ci, non par les ennemis de Thimoclès mais par des opposants du régime habiles à la manipulation des faits. Et, nous sommes loin, croyez moi, du compte des possibilités. Cela dit, fermons vite cette parenthèse et avançons.

– En voilà une interview !

– Une des plus importantes de l'enquête, à n'en pas douter. Cette accusation portée par L'Impartial et qui, pour englober aussi bien civils que militaires, revêtira une tournure fracassante et collective faisant sourciller plus d'un, une des preuves, je réitère, qu'elle ne procédait rien moins, et dans l'ensemble, que de purs et stricts témoignages; et aussi, à tout prendre, que les responsabilités s'étendaient bien au-delà de Jules Coicou à la personne duquel, on s'éverturera après, et contre tout bon sens, à vouloir les circonscrire.

– «Ils ont tenu la lampe pour fouiller.» Quelle expression!

– Symbolique, c'est évident, de l'attitude affichée cette nuit-là par certains de nos parlementaires! Quoique d'autres, on le verra encore, aient été bien plus loin, en s'oubliant jusqu'à s'arroger les gants de procéder eux-mêmes à des arrestations!

Un petit problème à signaler, cependant, au niveau des indications d'heure de Mme Théoma Laporte. D'abord pour la visite chez elle de la première escouade : elle aurait eu lieu, selon elle, à minuit, ce qui ne laisse d'être en contradiction, vous le verrez, avec l'interview de Mme Roche Armand, laquelle déclare, elle aussi, cette heure pour avoir vu la même équipe venir procéder, et brutalement, à la capture de son mari. Laquelle des deux a commis la méprise ? L'heure de Mme Roche Armand, s'étant vue à peu près confirmée par un autre témoin, j'aurais tendance à dire Mme Théoma Laporte et placer cette tentative d'arrestation d'Alexandre Cléophat après celle d'Eliacin et peu avant la capture de Roche Armand.

Visite de la deuxième escouade maintenant. L'heure indiquée est 4 heures du matin. Est-elle rigoureusement exacte est-on en droit de se demander, et ce, d'autant plus qu'elle laisse entendre l'arrestation d'Alluption survenue après celle-ci.

Ecoutons Théagène Cinéus:

«À peu près vers 2 heures, Joannis est venu nous réveiller (Arban Nau et Théagène Cinéus, au bureau de la Police Administrative, l'immeuble sis à la rue Pétion 1ère et abritant aujourd'hui le centre de santé de la cathédrale.) Il avait une liste qu'il a consultée et il nous conduit chez Mme Théoma à la recherche de Cléophat que le gal Leconte avait pourtant été chercher avant nous. Il n'y était pas. Nous avons été ensuite chez Alluption.»

Mention aucune n'est faite du commissaire Gilbert cité par Mme Théoma mais tout porte à croire qu'il s'agit de la même escouade. La possibilité que celle-ci eût pu mettre deux heures à arriver de la rue de l'Abreuvoir (ancien nom de la rue Pétion 1er) à la rue des Miracles où loge Mme Théoma étant à écarter, posons-nous la question laquelle des deux indications d'heure serait la bonne. Je penche pour celle de Théagène que d'autres témoignages indirects, nous le verrons, prouveront être plus proche des faits.

Une dernière chose pour finir. Certains noms cités par cette dame, l'avez-vous remarqué, se retrouvent au nombre de ceux que Josias Ambroise[21] affirmait avoir vus ensemble, mais un peu plus tôt, non ? Ce qui m'a toujours donné lieu à croire que, se suivant chronologiquement dans un laps de temps assez court, les épisodes narrés par ces deux témoins se donnaient mutuellement créance.

Comme il fallait s'y attendre, cette interview n'avait pas été sans histoire et...

– Par pitié, ne le rangez pas encore !

– Quoi ?

– Le numéro ! Il contient une lettre de Madou que j'avais commencé à lire.

– Ah ! oui ! Cette lettre.

Port-au-Prince, le 9 Février 1909
Monsieur P. F. Frédérique,
Directeur de l'Impartial
En ville.
Monsieur le Directeur,

Je vois dans votre journal No du 6 de ce mois, une phrase de Monsieur Emmanuel dit Nadreau, qui dit que le petit Madou s'est permis de l'accuser, et que j'avais commis des faux et qu'il m'avait livré à la Justice. [*C'est une réponse à l'interview de Nadreau.*[22]]

Je trouve drôle la phrase de ce Nadreau, qui était un grand espion police secrète du règne de l'ex-Président Nord Alexis, c'est par ces moyens que ce bourreau pût arriver comme chargé de la commune de

---

21 Page 229.

22 Page 233.

Port-au-Prince; Après avoir dénoncé tout le quartier de l'exposition et pris part à la mort des victimes du 15 mars.

Je ne suis pas le petit Madou qui s'est permis, je suis Monsieur Aurel Madou, qui est dans son droit légitime de former une plainte contre un bourreau qui a commis des abus d'autorité sur moi, et l'auteur de la mort de mon regretté frère Léonce Madou, qui était malade lors de mon arrestation si terrible, ce 7 Janvier 1908. Je ne prétends pas entendre ce surnom de petit Madou, je suis Monsieur Aurel Madou, fils légitime de Mr. et Mme. Youance Madou. S'il fallait faire la biographie de mes parents, je prendrais trop de temps. Je n'ai jamais subi aucun jugement dans ma vie ni des choses déshonnêtes, je marche la tête haute.

Je vous prie, s'il vous plait, Monsieur le Directeur, de donner suite pour moi le plus tôt.

Recevez mes salutations sincères.

Aurel Youance Madou

Madou est en colère, il n'y a pas à dire.

Nadreau avait été nommé commandant de la Place en remplacement de Jules Coicou lorsque ce dernier fut nommé commandant provisoire de l'Arrondissement à la mort de Justin Carrié survenue le 19 mai 1907. Donc, visiblement, ne devait point sa bonne fortune aux circonstances entourant la conspiration Coicou, ainsi que nous le laisse entendre ici Madou ; non plus qu'à la répression qui s'ensuivit puisqu'elle l'a vu prendre asile le jour même à la légation française puis, de là, gagner l'exil. Madou laisse entendre également que Nadreau aurait pris part à l'assassinat des victimes du 15 mars. Qu'entend-t-il exactement par là ? Que, bourreau, il aurait participé aux exécutions sommaires de cette nuit-là ? Mais les faits si importants pour nous et qui, seuls, nous permettraient sur le cas Emmanuel Nadreau, une opinion nette et définitive, il néglige de les apporter. Madou est en colère et nous devons, Georges, nous méfier de ses affirmations. Passons. *Oui, la lampe, Georges, et pour fouiller.*

– Et cette autre ?

– Quelle autre ?

– Cette lettre.

– Ah ! Elle porte sur des faits de quelques six mois antérieurs aux événements qui nous intéressent. Mais, si bon vous semble, vous pouvez toujours en prendre connaissance.

Port-au-Prince, le 4 Février 1909.

Monsieur l'administrateur du journal «l'Impartial «

En ville

Oui, et pour fouiller.

Le dernier numéro de l'Impartial en reproduisant un entrefilet du journal l'Action qui révèle entre autres faits que certains magistrats du régime déchu appartenaient à des commissions d'enquête politique, demande que la lumière soit faite sur les graves accusations portées par son confrère. *(Nous avons bien lu ça en effet [23])* A ce propos, laissez-moi vous dire que mon regretté père, l'un des fusillés du 15 Octobre 1907 avait comparu devant une commission d'enquête siégeant à la conciergerie de cette ville, laquelle était composée de Messieurs Léon Nau, [*Selon une mise au point de J. B. W Francis parue dans l'édition du 25 février, no 24 de L'Impartial, il n'avait point fait partie de cette commission.*] Abel Rameau, doyen et juge du Tribunal civil, Pauléma Jean-Jacques, juge de paix, Normil Sambour dit Biga, préfèt de police, Léandre Larencul. C'est sur le rapport dressé par la commission que la cour martiale présidée par le chef du cabinet d'alors *(Villehardouin Leconte ?)* condamna l'auteur de mes jours à la peine capitale. Il n'est pas superflu que je dise que malgré la sentence prononcée contre lui, mon père avait la velléité de croire que lui particulièrement, il ne serait pas exécuté, se basant sur ce que, l'époux de sa soeur occupait les hautes fonctions de Secrétaire d'Etat de la Justice. Cependant depuis le 15 Octobre, il dort son dernier sommeil tout près de Maxi Momplaisir. [*Assassiné, lui, quelques quatre ans plus tôt, le premier Janvier 1904.*]

Recevez, Monsieur le Directeur, mes sincères salutations.

Alexandre Moise fils aîné.

Oui, l'affaire du Tramway dont nous avons fait mention hier, et dont un écho se retrouve dans la seconde tranche de l'interview de Jules Coicou. Dans la nuit du 14 au 15 octobre 1907, au passage du tramway à proximité du Palais, une bombe placée sur les rails, explose, et la fumée, nous dit-on, envahit la chambre proche du président. Pour faire un exemple, des seize citoyens condamnés à la peine capitale sur dénonciation de complot, un mois plus tôt, et par cette commission d'enquête, cinq sont sortis du lot pour être fusillés, dont Alexandre Moise, père de celui-ci et beau-frère de notre Trasybulle Laleau. Mais ça c'est une autre histoire qui, pour être révélatrice des façons glaciales et toute de cruauté d'un règne arbitraire et tyrannique, ne saurait, cher ami, nullement prendre le pas sur la nôtre... *Oui, pour fouiller*

Mais, où en étais-je ? Oui, je parlais des réactions que n'avait pas manqué de susciter l'interview de Mme Théoma Laporte et je cherchais à cet

---

23 Page 239.

égard la lettre de Valembrun qui ne s'était point fait attendre. Où est-elle seulement ? Oui, la voilà. C'est L'Impartial du mercredi 17 février.

Au Directeur du journal «l'Impartial»
Monsieur le directeur

En attendant que le général Léonce Leconte réponde à ma lettre du 13 courant lui demandant des renseignements précis sur la révélation que la nommée Madame Théoma Laporte a faite sur mon compte et qu'elle dit tenir de ce général, je vous prie de donner publicité à cette lettre, afin que, dès à présent, ceux qui ne me connaissent pas, sachent que l'on a voulu me calomnier.

Ai-je besoin d'annoncer qu'elle est mon ennemie, depuis le mois de novembre 1906, celle qui a dit à l'Impartial : «On m'avait fait prévenir ! ! ! qu'il y avait eu (*aurait eu*) mouvement ce soir-là et qui, sur ce simple avis, s'est empressée d'aller conseiller à feu Alluption de ne pas se coucher chez lui, de se mettre à l'écart et d'attendre des nouvelles ?

Alluption qui n'était pourtant dans rien, d'après sa propre déclaration à la nommée Madame Théoma, laquelle était si bien renseignée qu'elle fit sortir de chez la future victime, son fils Camille âgé de 16 ans, qui d'ordinaire s'y couchait.

Encore moins cherchai-je à savoir le rôle que la révélatrice a eu à jouer dans cet événement, car je ne suis pas de ceux qui s'occupent des affaires des autres, même lorsque ceux-ci ont la velléité de croire pouvoir m'éclabousser.

Seulement dans l'interview de la sus-dénommée, je retiens ceci : qu'elle a connu très intimement Camille Gabriel et qu'elle a toujours su conserver ses bonnes relations avec lui ; de sorte qu'elle a pu obtenir de C. Gabriel certaines révélations ! ! !

L'on n'a qu'à se rappeler que Camille Gabriel passait pour être le directeur de la politique du gouvernement du général Nord et qu'il ne savait pas en dévoiler les secrets pour avoir une juste idée des relations dont a parlé Mme Théoma Laporte.

Veuillez agréer, M. le Directeur, l'expression de mes meilleures salutations
Signé: Valembrun, avocat
Député au corps Législatif.

Où veut-il en venir exactement ? Par hasard, le sauriez-vous cher ami? Cette contradiction qu'il a cru savamment déceler chez Mme Théoma Laporte, dites, existe-t-elle seulement? Sachant Alluption une cible potentielle du régime, n'aurait-elle pu bien l'avertir sans que nécessairement cela implique qu'elle le sache dans quelque chose. Pour se voir, et à ses dépens, les frais de visite policière et d'arrestation, depuis quand, dans notre pays, sous nos latitudes, s'avérait-il nécessaire qu'on soit dans quelque chose ! N'ont-elles pas toujours eu leurs abonnés nos tyrannies ? Que leur port, leur indépendance d'esprit, leur grande gueule plus que des actes concrets désignent, et au moment des hourvaris, inexorablement à la répression. Non ?

Il a retenu l'apparente contradiction, notre logicien, et non la réponse fournie par Alluption, lequel, convaincu de son innocence, est resté chez lui malgré l'avertissement et, selon Théagène Cinéus, s'est fait prendre dans son bain. Oui, un peu farfelu tout ça. Occupons-nous plutôt de sa lettre à Leconte, plus intéressante car d'un objet plus précis. *Oui, la lampe tenue, cher Georges, et pour fouiller.*

> Port-au-Prince, le 13 Février 1909
> Au Général Léonce Leconte
> Kingston
> Général,
>
> En lisant le journal «l'Impartial' de ce jour, dont je vous envoie ci-joint un exemplaire, je me suis arrêté, à un passage où Mme Théoma Laporte insinue, dans une interview, qu'après les exécutions du 15 Mars de l'année dernière, vous lui aviez déclaré entre autres choses, «que c'était le député Valembrun qui vous avait montré la maison de Cléophat, puisque vous vous étiez présenté plutôt chez Emmanuel Alexandre» Les termes de cette déclaration semblent révéler que je faisais partie de l'escorte des militaires qui étaient chargés de procéder aux arrestations de la nuit du 14 au 15 Mars.
>
> C'est pourquoi je vous prie de me dire si jamais j'ai eu à vous montrer la maison de Mr A. Cléophat ou celle de toute autre personne cette nuit-là.
>
> Ayant été malade, alité à partir du Samedi 8 Février 1908, après les funérailles de feu le Général Magloire, je vous prie de me dire formellement si, de cette date du 8 Février au mois d'Avril 1908, vous avez souvenance de m'avoir rencontré, soit dans les rues, soit ailleurs, soit même dans ma maison où d'ailleurs vous n'êtes jamais allé.
>
> Ce renseignement m'est absolument nécessaire pour que je puisse savoir quel cas faire de la partie me concernant dans l'interview de Mme Laporte. -
>
> Je vous salue affectueusement.
>
> (signé) Valembrun, avocat, Député au corps législatif
>
> N. B. Cette lettre est recommandée au No 3. 202

Certaines précisions nous manquent pour avoir l'exacte mesure de ce dont il est question ici. Dans cette lettre à Leconte, j'espérais vivement, et de la part de Valembrun, certaines indications précises d'adresse pour me faire une idée exacte des sous-entendus de la déclaration de Mme Théoma Laporte à son sujet. Mais, logicien, il a quand même négligé de nous les fournir. À lire l'interview de Mme Théoma Laporte, l'idée, je ne sais trop pourquoi, (le verbe montrer sans doute) s'était formée en moi d'un voisinage de quartier entre Emmanuel Alexandre, Mme Théoma Laporte et Valembrun. Et dont le crime, à tout prendre, n'avait été rien d'autre que celui assez courant d'un voisin un peu mouchard et indiscret. À la vue d'une escouade de police faisant fausse route, lequel s'était fait fort et assez tôt de la mettre sur la bonne voie, en lui indiquant adroitement celle exacte où dépister le gibier. Mais écartant d'emblée cette idée de voisinage, ce qui ressort de la lettre de Valembrun nous force, c'est évident, à chercher d'autres sous-entendus. Il aurait fait partie du groupe venu prendre Cléophat et auquel il aurait indiqué l'adresse (si tel était le cas, étant donné cette adresse connue de lui, il n'y aurait pas de méprise du tout) ou, plus vraisemblablement, il se serait retrouvé par hasard au moment où l'on faisait irruption chez Emmanuel Alexandre (qui habitait où, l'on ne sait) et, mis au courant de l'identité réelle de la personne recherchée cette nuit-là, serait intervenu pour corriger la méprise. Pour comprendre le fin mot de ce qui se dit là, et, par conséquent, la nature exacte de l'accusation, des précisions, avouons-le, nous font déplorablement défaut. Mais passons.

– Y avait-il eu réponse de Leconte ?

– Si oui, elle ne nous est pas parvenue. Et en l'absence d'une telle réponse, admettez-le, impossible il nous sera toujours de dire qui précisément médisait sur le compte de Valembrun; de Leconte qu'il saluait affectueusement, cher Georges, ou de Mme Théoma Laporte, son ennemie jurée connue.

– Bien sûr...Ah ! ah ! ah ! Oui, impossible, admettons-le...

. . . .

Que cherchez-vous ?

– Une réponse de L'impartial à une lettre rectificative de Mme Théoma Laporte parue dans le Nouvelliste du 19 février. Et vous que lisez-vous ?

– Rien. Ce texte qui, par hasard, m'est tombé sous les yeux. Un reportage, je dirais, sur le départ pour la Havane du ministre Anténor Firmin.

– Ah ! bon. Vous permettez?

Oui, la lampe, Georges, et pour fouiller.

MERCREDI 10 FEVRIER
Départ de M. A. Firmin
Envoyé Extraordinaire et Ministre Plénipotentiaire d'Haiti à Cuba.
[Oui, la vie qui va!
Rentré au pays le 13 décembre 1908, soit 8 jours après la chute de
Nord Alexis, et voilà qu'on débarrassait le sol de sa présence. Car ce titre
de Ministre plénipotentiaire à Cuba, n'était-ce point, et on s'en rendra
vite compte, une manière d'exil doré ?]
Hier après-midi, suivi d'un immense cortège d'amis M. Anténor Firmin s'est embarqué avec sa famille à bord de l'Annexe pour se rendre à son poste à Cuba.

Par l'organe de notre Directeur, la Rédaction a présenté ses compliments et ses voeux à la distinguée compagne de notre éminent Ministre, en lui remettant un superbe bouquet qui lui témoigne notre admiration et notre vénération. - *[Quel mot!- Oui, une vraie religion, c'est sûr]* Plusieurs dames et demoiselles avaient tenu à marquer leur sympathie à Mme Firmin, et elles l'ont accompagnée jusqu'à bord où elles ont passé quelques minutes agréables ensemble.

Des bouquets ont été aussi remis à M. le Ministre, visiblement ému et qui a fait à tous la recommandation d'être sages et de prêter leur dévoué concours au Gouvernement en vue de l'aider à réaliser quelque bien pour le pays.

Le champagne a coulé, et l'on s'est séparé en souhaitant bon succès à M. Firmin dont l'éloge n'est plus à faire.

L'Impartial envoie ses chaudes félicitations au grand Haïtien et espère que, par son habilité et son tact bien connus, il obtiendra que les deux Républiques soeurs et voisines marchent indissolublement liées par des relations d'amitié sincère pour leurs intérêts réciproques et leur commune évolution.

Merci. Dans le silence des absents, mon ami, la vie, certes indomptable, et qui toujours va!
Rien dit sur l'affaire Coicou, Firmin ? Pourquoi ? De sa réclusion au consulat de France des Gonaives avait-il lu la manchette, et effrayé par ce bonnet qu'en toute impudence, elle s'ingéniait à lui faire porter dans ces vêpres, avait-il trouvé mieux son compte à n'en point dire mot ? Sur le débarquement, les circonstances entourant celui-ci, oui, mais sur ces faits, pas le moindre, pas un piètre mot, c'est évident. Un peu moins de silence sur cette affaire, bon Dieu, et, à nos yeux brûlés de veille, pas mal de coins d'ombre eussent, d'évidence, trouvé leur éclairage. Oui, pas mal de coins d'ombre. Mais passons.

– *À quoi pensez-vous ?*
– *Euh... à rien. Parlais tout seul, Georges. À part moi.*

*

SAMEDI 20 FEVRIER
   Le général Joannis Mérisier, ancien adjoint de Jules Coicou a été
arrêté et écroué.
– Déjà lue cette annonce, non ?
– Absolument.

*

INTIMIDATION OU REMORDS !
   Pour toute réponse à la lettre rectificative signée de Mme Théoma
Laporte et publiée dans le «Nouvelliste» d'hier, [*Oui le voilà notre texte. Il
s'agit du Nouvelliste du vendredi 19 février 1909.*] nous maintenons pour
fidèlement reproduite l'interview de Mme Laporte, telle qu'elle a été publiée dans notre No 20. - Cette déclaration qui nous a été faite, en présence
de témoins, a été en outre confirmée devant plus de 12 personnes, le jour
de la confrontation entre Mme Théoma et M. St-Armand Lerebours.
   Que pour une raison ou une autre, Madame Théoma juge nécessaire,
sept jours après sa publication, de rectifier sa déclaration, nul ne saurait l'en
empêcher ; mais qu'elle ne nous la laisse pas pour compte. Nous revendi-
quons hautement la responsabilité des attaques que nous dirigeons contre
les autres ; mais ne permettons pas qu'on se décharge sur nos épaules des
conséquences de déclarations volontairement faites. - Que cette dame ait dit
vrai d'abord et se soit laissé intimider ensuite, ou qu'elle ait menti dès le
début et calomnié sciemment, c'est affaire qui regarde sa conscience ou son
courage. - L'Impartial n'a fait que recueillir et publier fidèlement la déposition vraie ou mensongère de cette dame, comme il l'a fait d'ailleurs, pour les
30 autres dépositions publiées avant celle de Mme Laporte. Là s'arrête sa mission. - Il n'ira pas rechercher sous quelle influence Mme Théoma Laporte a
cru devoir rectifier sa déposition, ni pour quelle raison elle n'en a rectifié que
la partie qui concerne le Sénateur Archer après que celui-ci l'aurait menacée
d'une action en Justice. - Intimidation ou remords, c'est pas notre affaire.

Oui, et pour fouiller.

– Quelle conviction, bon Dieu ! Quelle énergie !
– Déjà entendue, cette appréciation, non ?
– Lequel jugez-vous par trop répétitif, elle ou l'enthousiasme sans

bornes qui me soulève, enthousiasme incessant et toujours admiratif?

– Euh... vous m'avez eu.

– ... Mais poursuivons avec le témoignage du général Eliacin, cette fois-ci... Ah ! J'allais oublier.

– Quoi ?

– Profitant de cet esprit un peu fureteur qui nous anime, et pour vous détendre un peu, la demande de rectification, négligée précédemment, du témoin Josias Ambroise.

– Lui aussi en a eu ?

– Rares sont, dans cette enquête, les interviews qui ne sont pas suivies de demande de rectification. Les procédés de recueillement des témoignages de l'époque (le journaliste prend note et rédige sur place sans cette possibilité de retour sur soi que va procurer le magnétophone), compliqués de problèmes d'ordre culturel et linguistique, rendaient plus que prévisible un tel fait, et ce, compte tenu du caractère par trop brûlant du sujet, et prêtaient d'autant plus à ce genre de retournement qu'on pouvait aisément faire endosser au journaliste la responsabilité de certaines déclarations regrettées après coup. Nous sommes loin de l'ère précise et allègre du magnétophone, mon ami ! Et encore... !

Mercredi 23 Février
AVIS

Me P. F. Frédérique prie toute personne en la possession de qui le hasard aurait fait tomber ses livres, portraits de famille ou papiers privés, qui n'ont d'intérêt et de valeur que pour lui seul, de bien vouloir les lui rapporter contre bonne récompense chez lui, No 67, Rue du Centre.

Ces papiers, livres et portraits ont été enlevés de l'Etude du soussigné, lors de la prise de possession de ses archives en 1902. [*Après la défaite de Firmin qui l'avait vu tranquillement se résigner à l'exil ?*] Cependant, Me Frédérique s'engage à ne demander aucun compte ni aucune explication à ceux qui les lui auront fait retrouver.

– Sept ans après ! plutôt maigres, non, ses chances de les retrouver ?

– Sept ans, c'est long en effet. La ville, à l'époque, avait beau ne compter que 100. 000 âmes et n'avoir pour coeur que notre centre-ville, aujourd'hui une maigre perle de son long collier brisé et écrabouillé, sept ans, c'est bougrement long. Oui, voici, à coup sûr, ce qu'il nous faut:

VOIX DES AUTRES
Nous publions sans commentaire ces deux lettres rectificatives qui se contredisent.

Le public, en notant la différence qui existe entre la rectification du 20 et celle du 22 découvrira sous quelle influence elles sont faites.

Nous ne manquerons pas non plus de dire que Samedi M. Josias est venu, en présence de M. Mayard, nous prier, de la part du Gal. Tancrède, de rectifier la partie concernant ce général. Nous objectâmes que nous avons fidèlement reproduit sa déclaration dont d'ailleurs nous lui avons au préalable donné lecture. Nous ne faisons ni camaraderie, ni calbindage dans notre enquête.

A. D (*Oui, Alexandre Duquerrouette*)

Port-au-Prince, le 20 Février 1909
Au directeur de l'Impartial
Monsieur le Directeur
Mon interview, que vous avez publiée dans votre No du 17 du courant, comporte une erreur que je crois devoir relever immédiatement.

Je n'ai pas déclaré avoir reconnu le Gal Tancrède, chef de l'Etat-Major général de l'armée, mais bien des adjoints de ce général.

En vous priant de donner publicité à la présente, veuillez agréer, Mr le Directeur, mes meilleurs compliments.

Josias Ambroise.

Port-au-Prince, le 22 Février 1909
A Monsieur Pierre Frédérique
directeur de l'Impartial
En ville
Monsieur le Directeur,
Dans le No 21 de votre journal du 17 Février courant, une erreur s'est glissée dans la publication que vous y avez faite des réponses que j'ai eu à faire à votre reporter, M. Duquerrouette, qui était venu me questionner chez moi sur ce que je savais concernant les évènement de la nuit du 14 Mars. Je vous prie de bien vouloir rectifier cette erreur.

Je n'ai jamais dit avoir vu le général Tancrède Bellote dans l'escorte du Ministre Laleau.

Après m'avoir posé plusieurs questions auxquelles j'ai répondu en toute conscience, M. Duquerouette a demandé : « qui était chargé du Département de la Guerre en l'absence du général Célestin ?» Je lui répondis que c'était le Ministre Laleau. Il ajouta : «qui était le chef de l'Etat-major de l'armée ?» Je répondis : le général Tancrède Belotte.

Voilà tout ce que j'ai eu à dire du général Tancrède Belotte. Je vous prie de bien vouloir consigner cela dans votre journal, en publiant la présente.

Veuillez agréer, Monsieur le Directeur, l'expression de mes sentiments distingués.
Josias Ambroise.

*

– Elles ne se contredisent que trop, en effet.

– Assez en tout cas pour laisser transparaître clairement et sans faille, le souci premier et ridicule de telles vaines palinodies : dans un témoignage ne comportant rien en soi d'infamant, et un homme aux abois du seul fait de voir son nom y figurer, l'aider gracieusement à faire perdre euh... à gommer littéralement toute trace d'une présence cette nuit-là, somme toute bien compréhensible et justifiée par les rues, et ce, compte tenu de l'état évident d'alerte prévalant depuis le débarquement des forces firministes aux Gonaives et les rumeurs enflammées et persistantes de coup d'Etat: Il est militaire et, de l'armée, par surcroît, chef de l'état-major! Mais, un peu de panache quand même !

– Oui, c'est son absence qui eût du faire l'objet d'étonnement.

– Absolument. Et à laquelle, convenons-en, personne ne serait disposé à croire de toute façon, à moins de preuves manifestes de maladie et d'alitement. Laissons là ces vaines lâchetés, mon ami, et attelons-nous sans retard aux interviews restantes de cette série ; et surtout sans nous laisser distraire cette fois-ci, car il s'avère plus qu'impérieux d'avancer.

Oui, la lampe, certes, cher Georges, mais non plus pour fouiller.

*

GÉNÉRAL ELIACIN
ANCIEN CHEF DE LA GARDE

D. - **Voulez-vous général, me donner quelques renseignements sur ce qui vous est arrivé dans la nuit du 15 Mars dernier ?**
R. - Très volontiers. - Persécuté comme je l'étais sous le Gouvernement du Général Nord, j'ai toujours su prendre mes précautions pour ne pas tomber sous les coups de mes ennemis. - Dans ma retraite, j'ignorais donc ce qui se machinait dans l'ombre. Et dans la nuit du 14 au 15 Mars, tandis que je dormais tranquillement, on frappa vivement à ma porte. *[À quelle heure, bon Dieu ? Il n'y a pas d'indication d'heure... Et le journaliste néglige de s'en enquérir!]*

Réveillé en sursaut, je parus à ma fenêtre et demandai : Qui va là ? On répondit : Ouvrez ! Je demandai encore qui êtes-vous ? Même réponse : Ouvrez donc !

A ce moment, le fusil d'un soldat qui était sous ma galerie tomba et me fit comprendre que cette visite nocturne ne m'apportait rien de bon. - En vieux soldat que je suis, je gardai pourtant mon sang froid et fit bonne confiance : attendez, leur dis-je, je descends. En effet, je suis descendu ; mais au lieu d'ouvrir la porte de la rue, j'ouvris doucement celle de la cour et m'en fus de cour en cour me cacher dans les bois d'où je ne suis sorti que le 5 Décembre dernier. - En partant, et pour éviter d'être poursuivi, j'avais donné l'ordre à ma femme d'ouvrir et de retenir les envahisseurs à perquisitionner.

D. - Parmi les envahisseurs, quels sont ceux que vous pouvez citer ?
R. - Thimoclès Lafontant, Jules Coicou, Thomas Hyacinthe, Emmanuel Dégand et une foule d'autres qui étaient des soldats.

D. - Etes-vous bien sûr qu'Emmanuel Dégand était chez vous ?
R. - Certainement. Je l'ai vu de mes yeux. Il y avait clair de lune. Et de ma fenêtre, j'ai pu voir M. Emmanuel Dégand escaladant ma barrière, le revolver au poing, pour essayer de me barrer le passage par la cour tandis que les autres sicaires m'assiégeaient par devant. Ce Dégand a été le plus intrépide de tous. *[Dégand, on le verra, niera avoir été chez Eliacin laissant entendre que, par méprise, ce dernier l'avait sans doute confondu avec Thomas Hyacinthe avec qui, nous dit-il, il présente de fortes ressemblances. Pourtant, l'avez vous remarqué, Eliacin, bizarrement, les cite tous les deux.]*

D. - Avez-vous aussi vu le ministre de la Justice d'alors ?
R. - J'ai vu un civil, un Magistrat, ai-je pensé, mais je ne l'ai pas reconnu. Des gens de mon voisinage qui observaient ont dit avoir vu Me Laleau ; mais moi personnellement ne l'ai point vu. Je ne veux pas charger ma conscience en accablant des gens que je n'ai point vus.

Si vous voulez avoir de plus amples renseignements, vous pouvez interroger Mme Adélaïde Hilaire qui demeure dans la rue de la Révolution. (*Rue de l'Enterrement évidemment.*) . Elle pourra vous renseigner assez exactement.

*

À ce complot, objet de notre périple et de nos préoccupations, cher ami, quels rapports précis pouvaient bien lier Eliacin ?

À notre grande perplexité, il n'en laisse entendre aucun!

«Persécuté comme je l'étais sous le Gouvernement du Général Nord, nous dit-il, j'ai toujours su prendre mes précautions.» Persécuté pour quels motifs ?

Tout comme Dolaires Laporte et Lorquet, un passé d'adhérent au firminisme ?

Son interview exceptée, aucune trace d'un quelconque rôle joué par lui dans ce qui nous est parvenu de cette enquête. Pas plus du reste dans ces comptes rendus, abondamment mis à profit par nous, des séances d'assises, lesquels, par les déclarations furtives dont ils ne laissent d'être émaillés, constituent pour nous, un appoint majeur et incontournable. Donc aucun document, aucune allusion à confronter avec ses dires.

– Aucune?

– Rien. Pas la moindre. Maintenant, pourquoi nous renvoie-t-il à Mme Adélaide Hilaire ? Avait-elle été témoin ? Jouissait-elle de relations lui ayant permis d'avoir, et la clé de cette visite nocturne, et les noms de ceux y ayant pris part ? Voilà en tout cas sa mise au point; lisez-la, je vous prie, et dites-moi si quelque chose de clair pourra jamais s'en dégager.

Port-au-Prince, le 7 Janvier 1909
A Monsieur Pierre Frédérique, directeur de «l'Impartial'
En ville.

Monsieur le Directeur,

Il m'a été communiqué le numéro de votre journal contenant une interview où le général Eliacin vous renvoie à moi pour avoir de plus amples renseignements sur certains personnages qui auraient pris part, dit-il, à l'arrestation de ceux qui ont été fusillés le 15 Mars 1908.

Ce n'est pas sans une grande surprise que j'ai lu la déclaration de ce général dont je ne suis pas la voisine [*Notons en effet qu'Eliacin, lui, habitait à Lalue.*] et que je n'ai vu chez moi que longtemps après l'acte déplorable dont vous recherchez les auteurs.

Je ne puis donc vous donner aucun renseignement à cet égard, n'ayant pas été parmi ceux qui ont opéré à l'arrestation des malheureuses victimes du 15 Mars.

Une femme peut-elle être requise pour l'accomplissement d'une telle besogne ? Après cette question à laquelle tout le monde répondra je ne puis que vous offrir, Mr le Directeur, l'assurance de ma considération distinguée.

Mme Adélaide Hilaire.

*

Que peut bien vouloir dire tout cela ? Visiblement ce n'est pas au titre dont elle se défend qu'Eliacin en réfère à elle puisqu'elle admet l'avoir reçu chez elle (ce qui n'aurait pas eu lieu, je présume, si Eliacin l'avait soupçonnée d'une quelconque participation à sa tentative d'arrestation), et longtemps après l'acte, précise-t-elle. Or Eliacin n'a-t'il pas dit être sorti «des bois» que le 5 Décembre ? Et son interview, parmi les premières faites par L'Impartial, accompagnant l'éditorial introductif de Frédérique et notre fameuse liste des bourreaux, paraîtra dans l'édition du mercredi 6 Janvier no 4. Que veut donc dire alors «longtemps après l'acte» ? Le mois qui sépare le départ de Tonton Nò de ce témoignage ? Étant donné ce laps de temps écoulé, n'aurait-elle pas dit plutôt, Mme Hilaire, ne l'avoir vu chez elle qu'au mois de Décembre ? Il y a assurément du bizarre là-dessous, non ? Mais résignons-nous une fois de plus à ce manque somme toute d'un poids négligeable dans notre histoire.

– Assez curieux, en effet, tout cela.

A mon avis, cette supposition que c'est sans doute pour la soupçonner d'avoir pris part aux arrestations qu'on s'en réfère à elle, n'est rien d'autre que pure comédie. Que, pour se dérober à toute velléité qui pourrait naître chez quiconque de venir l'interroger, elle entend jouer aux yeux de l'opinion, et ce, par peur de retombées supputées sur sa vie sociale de toute indiscrétion dont elle pourrait se rendre coupable vis à vis d'une telle histoire. Elle connaît son milieu. D'expérience elle sait Haïti une terre glissante, comme, en écho à l'adage, nous aimons à le répéter, elle entend donc ne point être importunée, tarabustée, qu'on la laisse tranquille. C'est tout. Lors de ses rencontres avec Eliacin, elle avait dû s'ouvrir à lui de certains faits que ce dernier avait jugés d'un intérêt primordial pour cette enquête en cours mais manquait de cette perspicacité voulue pour comprendre que, bons immanquablement à rehausser d'une sauce piquante et grave les vaines «audiences» de ses soirées perdues, ils n'étaient point destinés par elle, cependant, à être livrés au grand public ou tout au moins dans un journal, et ce, avec, de surcroît, son nom bien en évidence coiffant, en gage d'authenticité, de caustiques et bien brûlantes révélations. Elle a du maudire Eliacin d'une telle indiscrétion.

– Si tel fut vraiment le cas, Georges, je pense bien... Oui, c'est bien plausible ce que vous dites-là. Bien plausible. Mais euh... avançons. Faisons place à un autre témoignage, celui combien révélateur et édifiant de Mme Vve Roche Armand.

ARRESTATION
DE ROCHE ARMAND
ET DE ROBERT LAMOTHE

(...) De sa fenêtre, elle vit des cavaliers portant des chapeaux de paille à larges rebords et des pardessus.

Quoique traversant les derniers jours de sa grossesse, elle court, affolée, dans les ténèbres, après son époux. (*Roche Armand)*

(...) A la reprise, le substitut Rosemond fit ressortir que, jusqu'en ce moment, le jour n'était pas fait sur Mérové Armand, Robert Lamothe- dont la disparition interessa particulièrement un membre du Jury- Félix Salnave, qui sont bien morts.

[Le Nouvelliste, 2 aout 1910. Compte rendu du procès Montreuil]

MME. VVE. ROCHE ARMAND

D. Excusez-nous, Madame, de raviver votre douleur, en vous demandant de nous raconter les circonstances dans lesquelles votre mari a été arrêté et fusillé ?

R. C'est avec empressement que je vous fournirai les renseignements à ma connaissance; car, c'est mon devoir d'aider à faire luire la vérité et de poursuivre les assassins de mon mari. Donc, quelque pénible que soit pour moi la remembrance de cette scène du 14 Mars, je vous la redirai toute.

C'était vers minuit, cette nuit-là. Nous dormions, quand un bruit infernal de gens qui frappaient à la porte nous réveilla en sursaut. Nous regardâmes par cet oeil-de-Boeuf que vous voyez là, et Roche put se convaincre que nous avions affaire à des malfaiteurs officiels. *[Pas mal du tout ça !]* Il ne perdit pas de temps pour ouvrir la porte de la cour, escalader la clôture qui nous sépare de Mme Barthe et de là se rendre, toujours en passant par dessus les clôtures, dans une propriété vacante donnant sur la rue du Centre. Il ne prit pas le temps de s'habiller tandis qu'il s'en allait ainsi, les ouvriers qui d'ordinaire couchaient dans son atelier de tailleur situé au rez-de-chaussée, s'étaient levés et, effrayés, avaient ouvert aux assassins. Ceux-ci envahirent la maison, escaladèrent les escaliers et pénétrèrent jusque dans ma chambre où ils me trouvèrent dans mon costume de nuit. Le premier qui monta fut Emmanuel Dégand. Il s'est montré très brave, car connaissant le tempérament de mon mari, il savait qu'il se risquait en entrant ainsi chez lui, la nuit.

D. Permettez-moi d'interrompre votre récit, pour vous demander si vous êtes bien sûre d'avoir vu Emmanuel Dégand ?

R. Absolument sûre puisqu'il m'a parlé. Il a été, comme je vous l'ai dit, le premier qui ait fait irruption dans ma chambre; il a pris ma lampe pour chercher mon mari dans mon lit. Je lui observai que Roche Armand n'était pas de tempérament à se cacher sous un lit et que lui, Dégand, le savait. *[Lisez «Souvenirs d'épopée», mon ami. Selon Castera Délienne, la bravoure incarnée, ce Roche Armand![24]]* Il me répondit qu'il savait que mon mari était dans la maison, me disant familièrement, après avoir fouillé tous les recoins de ma chambre : *«ma chère, ba nou li non; nous pa pé fè li engnin.[25]»* Mais, je les encourageais à chercher, à fouiller, pour permettre à mon pauvre mari de faire du chemin, me disant que le temps qu'ils passeraient à per-

---

24 Voir bibliographie page 526

25 Ma chère, donnez-le nous, nous ne lui ferons aucun mal.

quisitionner serait employé par Roche à mettre une plus grande distance entre lui et ses envahisseurs. - Mais au moment où je faisais ces réflexions, j'entendis un cri de triomphe : «*main li, main li.*[26]» Et le gal. Leconte de se rendre à la rencontre des autres sbires qui étaient dissimulés dans la cour voisine, ayant à leur tête le commissaire Theagène Cinéus qui était monté sur un quénépier qui lui servait d'observatoire. «Nou pran li ?[27] demanda Leconte. «Oui général, répondirent les autres. Mais Roche s'était défendu. Dans la lutte, il eut le bras droit fracassé. Mais il était d'un courage admirable qui me fait l'aimer encore davantage, au-delà de la tombe. Son bras cassé pendait, et lui ne se plaignait pas... Lorsque le général Leconte et toute la bande des assassins qui étaient chez moi s'en furent le prendre des mains de Théagène, je me précipitai sur leur pas, traversai dans la cour voisine pour protester quand on voulut emmener mon mari dans le costume qu'il portait : il sortait de son lit. - On m'accorda la permission de l'habiller. C'est seulement alors que je m'aperçus que son bras était cassé et quand j'en fis la remarque, il me répondit froidement : «Mais oui, ma chère, ils me l'ont cassé à coups de fusils.» Toutefois, ils ont trouvé que j'étais trop lente à habiller mon mari et ne m'ont pas laissé le temps de lui mettre ses chaussettes que j'ai glissées dans la poche de sa lévite, lui recommandant de les mettre, une fois entré en prison. Tandis que j'habillais Roche, laissé à la garde de quelques hommes, le gros du détachement est allé vis à vis prendre Lamothe qu'ils ont conduit presque nu, en même temps que mon mari.

D. Quels sont ceux que vous avez vus dans l'escorte ?
R. M. Léonce Leconte, Thomas Hyacinthe, Dégand, Arban Nau et foule d'autres que je n'ai pas reconnus. Ceux que je viens de vous citer, je les connais particulièrement; car ils étaient des visiteurs assidus de mon mari. Ils lui devaient tous.

D. Est-ce devant vous qu'Arban Nau a poignardé votre mari ?
R. Non. C'est en route pour le cimetière qu'il l'a assassiné à coups de poignard. Mon mari, bien que privé de l'usage de son bras droit, s'est défendu héroïquement contre l'assassin qui le criblait de coups de poignard. Quand il était réduit à ne plus pouvoir retourner les coups qu'il recevait, il crachait au visage de son lâche agresseur. Il a expiré avant d'arriver au cimetière; mais il est mort en brave. *[Bizarre, non ?... Euh ... laissons-la poursuivre.]*

---

26 Le voilà! le voilà!.

27 L'avez-vous pris?

D. Quels sont les bourgeois que vous avez vus ?
R. Je n'en ai reconnu aucun. Mais mes voisins certifient avoir vu Borgella Sévère qui était resté dehors avec les hommes de police.

[- ?
– Le député de la Grande Rivière du Nord, exilé volontaire à Kingston. L'impartial s'indignait qu' à l'exemple de Jules Coicou, et en compagnie de Leconte et de St-Julien Sanon, il n'ait point fait, et de la part du ministre J. F. Magny, l'objet d'une demande d'extradition.
– Le «coui couvri coui» !
– Vous y êtes. Son nom figure aussi, et en bonne place, dans la liste des bourreaux.
-Oui, ça me revient maintenant.]

Ces messieurs portaient tous de grands pardessus. Ils ne m'ont pas permis de suivre mon mari. Même quand je suis venue pour embrasser mon infortuné mari, ces bourreaux m'ont bousculée : Retournez, madame, retournez ! Et cet ordre était impératif, brutal.

Cependant je n'y faisais pas attention et continuais à aller où m'appelait le devoir. -Je n'ai consenti à m'en retourner que quand ces brutes ont menacé de porter la main sur moi. J'ai cédé plus pour Roche que par peur pour moi-même; car je savais qu'il n'aurait point toléré une pareille brutalité sur ma personne et se ferait tuer...

D. A quelle heure avez-vous appris la mort de votre mari ?
R. A six heures du matin. À 4 heures, j'étais au calvaire, faisant une prière en sa faveur quand j'entendis des coups de feu. Revenue immédiatement chez moi, l'on m'a dit d'abord que c'était des citoyens qu'on était allé arrêter et qui se défendaient. Mais à 6 heures, on m'a révélé la terrible vérité, juste au moment où je m'apprêtais à apporter son café à mon mari. Je me rendis directement au cimetière où je trouvai les bourreaux montant encore la garde et empêchant les parents des victimes de pleurer, menaçant même de les arrêter s'ils ne se taisaient et ne s'éloignaient.

Mais j'ai pleuré quand même.
Je criai haut et exhalai ma douleur, en dépit d'eux;
Monsieur, votre oeuvre est réparatrice et je vous remercie de l'avoir entreprise : elle soulage ma douleur et me fait entrevoir que mon espérance n'est pas vaine de pouvoir remplir mon devoir envers mon mari et de voir un jour ses lâches assassins punis suivant leurs oeuvres.

*

– Quelle interview bon Dieu !

– Oui, l'une des plus belles à n'en pas douter.

Théagène Cinéus et Arban Nau sont cités comme ayant pris part à cette arrestation, était-ce seulement possible ? Car à peu près à la même heure, Célina Eugène, on le verra, témoignera les avoir vus chez elle, à la recherche de Grimard. Interrogés, on l'a déjà vu pour Arban, ils nieront catégoriquement, tous les deux, avoir été d'une part quelconque à cette arrestation. Et il n'y a pas moyen de mettre en doute leur parole.

Est-ce Choute Lafortune qu'elle aurait pris pour Arban ? Signalé, nous l'avons vu, dans l'escorte de Leconte par Mme Théoma Laporte, à la rue des Miracles, peu auparavant, il est particulièrement présent dans les témoignages d'autres témoins (Gelus et Degand), et singulièrement absent dans celui de Mme Roche Armand. Ce qui a de quoi étonner vu sa présence remarquable au Bel-Air cette nuit-là (oublié de le dire... Roche Armand et Robert Lamothe résidaient au Bel-Air), et que conditionnait en quelque sorte son titre de chef de la Police du Centenaire.

Elle nous affirme : «ceux que je viens de vous citer (Arban compris) je les connais particulièrement; car ils étaient des visiteurs assidus de mon mari.»

Ne sachant jusqu'à quel point lui étaient familiers ces gens, à l'esprit ne saurait nous venir, par conséquent, l'idée de mettre son affirmation en doute; cependant force nous est de constater qu'il y a le témoignage de Célina Eugène, celui de Louis Alvarez pour certifier la présence chez eux d'Arban Nau et de Théagène Cinéus à l'heure indiquée où se serait produite l'arrestation de Roche Armand.

Un autre point:

«Est-ce devant vous qu'Arban Nau a poignardé votre mari ?»

Une autre rumeur de cette histoire.

Et parvenue à Mme Roche Armand au lendemain sans doute des exécutions. Laquelle, bien que son interview laisse clairement entendre n'avoir nullement été présente lors, ne se fait pas moins surprendre à la rapporter sans les précautions nécessaires dont, par prudence, se voit ordinairement entourée toute déclaration de faits appris par ouï-dire. Et d'un ton affirmatif, péremptoire ne laissant nul doute quant à la véracité du fait. Mais une rumeur sans plus. Et qui, en sus, laisse entendre Roche Armand mort en route pour le cimetière. Pourtant, on verra Jules Coicou, détails à l'appui, nous affirmer Roche Armand avoir fait partie, ce soir-là, du premier groupe des fusillés. Oui, détails à l'appui. Mensonge une fois de plus du sieur Jules ? Quel intérêt aurait-il à nous faire accroire ça ? Je ne vois trop.

Curieuse rumeur, non ? Mais on y reviendra.

*

M. CH. GELUS
(ARRESTATION DE ROBERT LAMOTHE)

D. Voulez-vous nous donner quelques renseignements sur les événements du 15 Mars ?

R. C'était vers minuit et demi environ, j'étais souffrant; je dormais, quand ma bonne me réveilla en disant qu'il y avait des voleurs dans la cour. Vite, je me lève, prends mon revolver et vais à la fenêtre de ma chambre qui donne sur la cour. De là, j'ai pu voir un militaire armé, qui me coucha en joue, en criant : «il y en a un qui vient d'entrer là, en paletot noir.» Ce militaire, faisait sans doute partie des volontaires du Nord, ce que j'ai pu reconnaître à son accent. Vous êtes un insolent, lui dis-je; mes portes sont fermées et vous dites qu'il y a un voleur chez moi... Est-ce donc moi que vous traitez de voleur ?

A ce moment, la bonne ouvre une autre fenêtre; tout de suite, le même militaire menace de faire feu. Alors je lui crie : Vous êtes dans une maison étrangère, ne tirez pas. Il n'a pas tiré. Et une voix de me demander : Quelle est votre nationalité ? Français ai-je répondu, tandis que quatre hommes vêtus de noir escaladaient le mur de clôture de ma cour pour venir trouver les leurs m'envahissant déjà. -

J'étais encore à la même place, quand j'ai entendu des bruits dans mon W. C. et des voix qui criaient : Nou prend li ! Nou quimbé li ![28] Et d'autres qui répondaient : Bat li ! bali ![29] Alors, je me suis habillé et suis descendu; arrivé en bas, j'ouvre la porte, et j'ai vu que c'était Robert Lamothe, mon voisin, précédé du général Léonce Leconte et escorté d'une bande de gens armés. Lamothe, presque nu, me pria d'aller chercher ses souliers et son linge chez lui, pendant que le général Choute Lafortune le couchait en joue. *[Lamothe, lui aussi, cette nuit-là, dormait tranquillement dans son lit !]* -Général, lui dis-je, ne tirez pas, vous êtes chez un étranger. - Il me répondit que c'était un révolutionnaire. Je lui objectai que rien ne le prouvait, puisque j'étais en présence d'un homme nu; qu'en tout cas, il était libre d'amener son prisonnier, mais qu'il ne devait pas tirer chez moi.

Le général Leconte, alors, me demanda l'entrée de ma maison, pour y chercher l'homme que l'on disait avoir vu entrer. -Je veux bien vous permettre d'entrer, lui répondis-je, mais pas avec tous ces gens qui vous accompagnent. Non, dit-il, il faut que j'entre avec toute mon escorte.

Dans ce cas, je refuse général. - *[Peur d'une nuée dévastatrice de sauterelles ?- Je présume. Lisez le témoignage de Célina Eugène et vous m'en direz.]*

---

28 Nous l'avons pris! Nous le tenons!

29 Battez-le! Encore!

– J'enverrai chercher le juge de paix.

Tant pis, répliquai-je. Si vous croyez pouvoir entrer ici à cette heure, il vous faudra d'abord passer sur mon cadavre. -Il n'a rien dit. Et j'ajoutai : vous voilà quatre hommes bien armés, je vous permets d'entrer pour perquisitionner. (Ces quatre hommes étaient : le général Leconte, le commissaire Choute Lafortune, un militaire et un bourgeois dont le nom m'est inconnu, mais que je reconnaîtrais si je le voyais.)

Leconte riposta : et s'il est armé ?

– Fi donc ! Répondis-je, vous êtes quatre et vous avez peur d'un homme ? Eh bien ! Je vous précède, suivez-moi. Oui, je le veux bien, dit-il, mais si je le prends, je le brûle là. Très bien, j'accepte. Et s'il n'est pas rentré !...

A ce moment, le bourgeois dont j'ai parlé plus haut entraîna Lamothe en disant : Assez causé. -En s'en allant, Choute Lafortune m'adressa ces paroles : Je vais dire au Président que vous êtes un receleur. - Non, répondis-je, vous lui direz plutôt que vous avez brutalement violé mon domicile en brisant la clôture de ma propriété et en escaladant le mur de l'intérieur de ma cour.

Je suis remonté dans ma chambre; là, j'ai entendu la voix de Lamothe qui me demandait son paletot. Quoique souffrant, je suis sorti dans l'humidité pour aller lui rendre ce dernier service; mais avant d'arriver à lui dans la rue, un militaire à cheval est venu prendre de moi le paletot. C'est alors que j'ai vu devant la maison de Mme Roche Armand une trentaine d'hommes, cavaliers et piétons. En rentrant, j'ai remarqué qu'il y avait deux soldats dans ma cour; j'ai demandé au gal Leconte si c'était par son ordre que ces deux hommes se trouvaient encore chez moi. - Il m'a répondu que non, et il les fit sortir. Je me remis donc au lit, mais je n'ai pu dormir; et vers 4 heures environ du matin, j'ai entendu des coups de feu. Plus tard, j'ai appris que ces messieurs avaient été exécutés. - C'est tout.

*

– Une question qui m'intrigue.

– Allez-y.

– Selon vous, ce bourgeois en question, s'agissait-il du même dont a fait mention Mme veuve Roche Armand et que les voisins ont certifié être Borgella Sévère ?

– Cette interrogation, je l'avoue, s'est posée à moi aussi. Ces voisins, en effet, ce sont les mêmes, tout compte fait, que possédait Gélus; mais, aussi plausible que nous paraît la chose, nous ne saurions l'affirmer.

Remarquons toutefois qu'à la différence des autres qui, nous dit-on, se travestissaient ou portaient un chapeau rabattu sur leur face, de crainte d'être reconnus, lui se montre à découvert et ne s'est point caché de Gélus.

– Celui de Mme veuve Roche Armand aussi si les voisins ont cru le reconnaître.

– Celui du général Eliacin également, ne l'oubliez pas. Thimoclès Lafontant excepté, le seul civil à avoir été compté au nombre des militaires venus en visite nocturne chez lui, ce soir-là, et qu'il n'avait pu identifier (certains voisins lui avaient déclaré avoir reconnu Laleau) ; dans les trois cas, il s'agit de la même bande qui opère : celle du général Leconte. Ce qui m'a donné l'idée d'aller relire les témoignages en quête d'autres contextes où apparaîtrait Leconte avec un bourgeois à découvert et identifié mais ils n'existent malheureusement pas.

– Un peu frustrant ce périple ?

– Plutôt.

– Une autre question pour finir : Et cet homme à paletot noir donné pour avoir pris abri chez lui, selon vous, qui pouvait-il bien être ?

– Aucune idée.

D'abord, était-ce Lamothe qu'on avait cru voir entrer et, la nuit aidant, on l'aurait affublé d'un paletot qu'il était loin de revêtir ?

Un parent de Lamothe qui, comme Clément Coicou, et pour se soustraire à un plus que probable emprisonnement (sinon à pis), s'était vu contraint de détaler ?

Un co-habitant de Lamothe ?

Un voisin effrayé appréhendant de se voir, lui aussi, objet d'arrestation.

Ou un homme de plus dont il s'agissait de procéder à la capture cette nuit-là, le troisième du quartier, et qui, plus chanceux que les deux autres, n'avait pas été rattrapé. Impossible à démêler, avouons-le, un tel énigme !

– Mon sentiment en tout cas est que s'il s'était agi d'un homme recherché, voisin de Mme veuve Roche Armand et De Gélus, il aurait été nommé.

– C'est bien le mien aussi. Mais mettons tranquillement fin à cette série par un témoignage qui ne laisse de m'intriguer : celui d'Emmanuel Dégand.

Oui, le cas Dégand m'intrigue, Georges. Écoutons-le.

EMMANUEL DÉGAND

D. Comme vous avez dû le voir, vous êtes accusé d'avoir pris une part très active aux fusillades du 15 Mars. Voulez-vous me dire si vous y avez réellement participé et dans quelle proportion ?
R. A 9 heures du soir, l'aide de camp Blanchard est venu me chercher chez moi d'ordre du chef de l'État major. Ne m'ayant pas trouvé, il a laissé l'ordre verbal à ma famille de monter au palais, parce qu'il y a mouvement ce soir-là.

[Selon le témoignage de Blanchard, souvenez-vous, ordonnée par Camille Gabriel et selon le vœu du président, cette quête des aides de camp, St Armand Lerebours et Dégand entre autres, prend indéniablement place un peu plus tôt. Contentons-nous de le signaler et avançons.]

Naturellement il avait dû aller à la poste, comme c'était un samedi soir; en sortant de la poste, il a entendu ma voix sous la galerie de Mme Vve Clebert (?) chez qui j'étais. Il m'appela en présence de ces dames et me dit : «je reviens de chez vous. J'ai laissé l'ordre pour vous de monter au palais.» Sur l'heure, je fis part à ces dames de la communication qui venait de m'être faite, en leur recommandant de ne pas rester tard ce soir-là. Rentré chez moi immédiatement, je passai mon uniforme et me rendis au palais. Je m'en appelle même à Joseph Blanchard et à tous les anciens collègues (?) présents à Port-au-Prince.

D. - À votre arrivée, où était votre chef d'Etat-major ? Êtes-vous sorti avec lui cette nuit-là ?
R. –Puisque j'ai été le dernier aide de camp arrivé, je ne pouvais pas sortir avec lui, étant que je ne l'avais pas vu. Il était déjà dehors. Je m'en appelle encore sur ce fait à tous mes anciens collègues.

D. Savez-vous à quelle heure, il était sorti ?
R. - Je ne puis pas vous le dire, puisque je n'étais pas là.

D. - Pouvez-vous fixer l'heure exacte de votre arrivée au palais ?
R. - Je ne puis pas le faire d'une façon rigoureusement exacte; mais je peux vous affirmer que j'étais au palais entre 9 (?) et 10 heures.

D. N'êtes-vous pas pourtant sorti cette nuit-la ?
R. - Oui, je dois l'avouer, et cela ne doit étonner personne; car j'étais soldat. Quand devant tous les aides de camp présents, Mr Camille Gabriel m'appela et me dit d'aller trouver Le général Leconte, pour lui passer tel ordre, je lui demandai tout naturellement où était le général Leconte, car

étant le dernier aide de camp venu, je ne pouvais savoir s'il était dehors, où il était allé. Il me dit » *Vous le trouverez dans ce dehors* (sic)» -Je suis donc sorti. Et comme militaire il me fallait le trouver. -En arrivant du côté de Mme Vve Dégand, la place Pétion, *[aujourd'hui, place de l'Indépendance.]* je fis rencontre avec le gal Auguste Laroche dit Fusillé. Je l'appelai et lui demander où est le gal Leconte ?

Il me dit : le général Leconte est sur la savane. Arrivé sur le Champ-de-Mars, je trouve le chef d'État-Major à la tribune avec beaucoup de militaires. Je l'appelai à part et lui donnai ma mission.

D. - Pouvez-vous dire la nature de cette mission ?
R. - Comme militaire, permettez-moi de ne pas pouvoir révéler les ordres que j'ai été chargé de transmettre.

D. - Pouvez-vous citer quelques noms des personnes que vous avez vues avec le général Leconte au Champ-de-Mars ?
R. - Le chef de la police spéciale, général Tichoute, Thomas Hyacinthe, Alexandre Nelson et puis beaucoup d'officiers militaires.

D. -y avez-vous remarqué des hommes déguisés ?
R. - Je ne puis consciencieusement vous dire oui, n'étant pas entré dans la tribune et n'ayant pas cherché à observer ce qui s'y passait.

D. Qu'avez-vous fait après avoir rendu votre mission ?
R. Je suis retourné à mon poste.

D. - Y êtes-vous resté toute la nuit ?
R. - Non. Monsieur Gabriel m'a envoyé une nouvelle fois en mission auprès du général Leconte.

D. - Où l'avez-vous trouvé cette nouvelle fois ?
R. - Toujours au Champ-de-Mars.

D. - Quelle heure était-il ?
R. -Je ne puis vous le dire.

D. -Qu'avez-vous vu cette fois-là ?
R. - Cette fois-là, je suis entré dans la tribune même pour rendre ma mission que, par discrétion de soldat, je ne peux dévoiler. En agissant ainsi, j'ai voulu me rendre compte, un peu, de ce qui se passait, intrigué que j'étais par l'air mystérieux qu'on prenait. Alors, j'ai vu Massillon Coicou,

les bras croisés, portant jaquette noire et pantalon blanc, debout et entouré de soldats.

[Extrayons ce passage de l'interview de Jules Coicou. De l'objet d'une des missions dont, auprès de Leconte, s'était vu investi Dégand ce soir-là, ne nous permet-il pas une juste idée ?

> «(...) Ils furent tous deux conduits à la tribune du Champ-de-Mars où un instant après le colonel Dégand vint dire au général Leconte de la part de Camille Gabriel, de mettre immédiatement en liberté la femme qu'on venait d'arrêter avec la caisse de munitions.» [Louis Callard. Interview de Jules Coicou]

Si Callard tenait ce fait de bonne source, (de Dégand lui-même qui, en privé, s'était montré moins discret ?) Clara Samuel avait raison de croire qu'elle avait été relâchée tardivement pour ne pas donner l'éveil aux autres frères Coicou. Car, en dépit de cet ordre reçu, elle sera conduite à la Prison des Femmes et libérée, nous dit-elle, une heure plus tard seulement. Mais poursuivons.]

D. - Est-ce la dernière fois que vous êtes sorti du palais cette nuit-là ?
R. - Non. j'étais sorti encore pour apporter une 3ème mission au général Leconte que j'ai rencontré cette fois chez Roche Armand, dans les parages du Bel-Air. *[Il en avait, cette nuit-là, de missions à porter, notre Dégand !]*

D. - Comment saviez-vous que vous l'y auriez trouvé ?
R. - C'est au bureau central où je m'informai qu'on m'a dit qu'il était du côté du Bel-Air. Comme militaire il me fallait le trouver quand même.

Quand je suis arrivé à l'angle des rues du Bel-Air *(l'actuelle rue Macajoux)* et du centre, j'ai rencontré Auguste Archer qui sortait au bruit des chevaux qui passaient, je lui ai dit : mon cher, rentrez chez vous. Il peut vous le dire lui-même. En rencontrant le détachement, je demandai à haute voix si le gal Leconte était là. Celui-ci m'imposa silence en levant la main et en faisant : chut.

Je lui remis ma mission, et lui me confia les papiers qu'il avait pris de la poche de Massillon Coicou et que j'apportai immédiatement à Camille Gabriel *[Est-ce possible, mon vieux Georges? Nous y reviendrons.]*

D. - N'êtes-vous pas entré avec le gal Leconte chez Roche Armand ?
R. - Non.

D. - Avez-vous assisté à son arrestation et à celle de Robert Lamothe ?
R. - Oui, je l'ai vu arrêter et sortir, à telles enseignes que sa femme, en-

ceinte, était pieds nus, affolée dans la rue, elle a été reconduite chez elle par moi.

[Les papiers à lui confiés, n'a-t-il pas dit pourtant qu'il s'en était allé immédiatement les mettre en possession de Camille Gabriel ? Or ce qu'il nous dit là, le laisse voir d'une présence sur les lieux jusqu'au baisser de rideau!

Contradiction ?

Absolument. Mais laissons-le poursuive.]

D. - Avez-vous continué avec le détachement ?

R. - Non. Jamais. Je suis retourné directement au palais.

D. - Alors ces MM. n'ont pas été exécutés devant vous ?

R. - Non. J'en appelle à tous les anciens aides de camp.

D. - Avez-vous vu le gal Arban poignarder Roche et lui casser le bras ?

R. - Cela n'a pas eu lieu devant moi. Je me rappelle seulement que le général Choute voulait abattre le captif à coups de crosse de fusil. Alors je tirai mon revolver en lui disant que s'il le faisait, je le brûlerais, car il n'en avait pas le droit, le général Leconte étant le seul chef dans le moment.

[... Ne tenons-nous pas, cher Georges, l'origine de notre fameuse rumeur ? Ce fait qui, amplifié, était parvenu à Mme Roche Armand sous la forme que l'on sait. Et d'autant plus portée à y accorder foi que, au fait du bras cassé de son mari (qui l'avait sans doute dû à ces coups de crosse du général Choute), elle n'avait pas été témoin du moment où cela s'était produit. La question de Pierre Frédérique, qui nous laisse voir cette rumeur dans sa version complète et originelle (poignarder et casser le bras) et telle qu'elle avait du courir les rues durant presqu'un an (cette interview est antérieure de plus d'une quinzaine de jours à celle de Mme Roche Armand, notez-le, où elle deviendra «poignarder» tout court) tend à accréditer notre hypothèse d'un fondement de véracité et de justesse. Évidemment, l'impossibilité où nous serons toujours de pouvoir expliquer comment un fait dû au général Choute Lafortune eût pu être attribué à Arban Nau d'une part, et situé à un autre moment de cette histoire (en route pour le cimetière, nous dira Mme Roche Armand) nous enlève toute possibilité de certitude et nous condamne en quelque sorte, et à jamais, à un mutisme de perplexité et d'interrogation. Mais laissons-le poursuivre et sans interruption cette fois-ci. Nous discuterons certaines de ses affirmations à la fin.]

D. - Avez-vous été à Lalue chez le général Eliacin ?

R. Non. Jamais.

D. Cependant le général Eliacin dit vous avoir vu.
R. Je jure que non. Il a dû se tromper; car Thomas Hyacinthe me ressemble beaucoup.

D. On affirme pourtant que vous êtes sorti avec Leconte pour accomplir les saturnales du 15 Mars.
R. Non. Je jure que ce n'est pas vrai. Tous mes collègues peuvent dire que j'étais le dernier arrivé ce soir-là. Ce ne serait pas à moi d'ailleurs qu'on aurait confié cette mission secrète, puisque le nom de mon frère était sur la liste pour être fusillé. (*Cette fameuse grande liste dont parle Lorquet ?)* On était allé pour le prendre chez moi. Après cela on est venu faire des perquisitions pour trouver, dit-on, les armes de Massillon dont il était le dépositaire, ce qui avait rendu ma soeur malade, comme tout le public sait.

D. - Alors toutes les missions que vous êtes allé faire cette nuit-là, vous ont été confiées par Camille Gabriel.
R. - Oui

D. Où était le Président ?
R. Dans sa chambre.

D. C'est donc Camille Gabriel qui donnait des ordres ?
R. Oui. Et on ne pouvait ne pas exécuter ces ordres, puisqu'ils étaient sensés venir du Président lui même.

D. - Étiez-vous présent quand le gal Joannis est venu demander à Gabriel, de la part de Jules Coicou, l'ordre de fusiller Alluption Casimir et autres ?
R. - Je ne sais pas si c'était Joannis. Mais un adjoint de l'Arrondissement est venu, non pas demander l'ordre, mais annoncer qu'on allait finir avec Alluption et Salnave.

Quelques instants après son départ, Gabriel descendit et demanda un aide de camp pour aller dire au commandant de l'Arrondissement de surseoir à l'exécution de ces deux messieurs, mais il était trop tard.

Voilà, en toute franchise, quel rôle j'ai rempli cette nuit-là. Vous comprendrez vous-même que je n'ai aucune responsabilité.

Le gouvernement, d'ailleurs, n'avait aucune confiance en moi, à cause de mon frère aîné qui est sur la terre d'exil jusqu'à présent.

*

– Fini ?

– Euh... oui... fini

– Ainsi que je l'ai dit précédemment, un témoignage qui ne laisse au plus haut point de m'intriguer, Georges. Étaient- elles aussi franches qu'il le laissait entendre, les déclarations de l'aide de camp Dégand ? Certaines de ses affirmations en tout cas méritent, de notre part, et aussi court qu'il puisse se révéler, un arrêt de mises au point édifiantes et nécessaires.

1– «... et lui (général Leconte) me confia les papiers qu'il avait pris de la poche de Massillon Coicou...»

Est-ce possible ? A quelle heure a eu lieu l'arrestation de Roche Armand et de Robert Lamothe ? Entre minuit et minuit et demie, nous dit-on, non ? À ce moment, les papiers ne se trouvaient-ils pas déjà au Palais depuis longtemps? Trois témoignages peuvent nous aider à ce sujet : celui de Clara Samuel, celui de Frédéric Marcelin et celui d'Emile Marcelin, son cousin.

«Arrivés à la tribune, on nous mit sous la garde de soldats et de police, on fouilla Massillon ; on lui enleva ses papiers qu'on envoya au Palais» [Clara Samuel]

Voilà ce que nous dit Clara Samuel; et cet empressement à les envoyer au Palais ne s'avère que trop compréhensible quand on sait qu'au nombre d'eux, figurait bien la lettre du premier mars, le pont par trop indispensable entre la caisse de munitions et les réfugiés des Gonaives.

Selon un compte rendu des assises (Nouvelliste, 9 mars 1912,) Jules- l'ai-je déjà dit?- affirmera l'avoir personnellement remise au Président.

Frédéric Marcelin, nous l'avons vu, à qui, au Palais et par Tonton Nò lui même, elle sera montrée peu de temps plus tard, en aura, à cette occasion, connaissance.

Si l'on en croit Emile Marcelin qui affirme s'être séparé de Frédéric Marcelin vers les onze heures, et sur les paroles d'une promesse formelle de jugement que ce dernier venait d'arracher au président à l'égard de Massillon et de ses frères, (paroles assez précises puisque à cette heure, en effet, nous venons de le confirmer, il n'y avait qu'eux d'arrêtés) on ne peut que donner raison à Clara Samuel et voir son témoignage comme l'expression fidèle de ce qui, à la tribune du Champ-de-Mars, s'était réellement produit ce soir-là.

Par conséquent, curieuses au plus haut point, ne laissent d'être à nos yeux les affirmations de l'aide de camp Dégand. Et, méritant par trop, de notre part, un soupçon de mensonges des plus honnêtes et justifiés.

D'autres papiers de Massillon ?

De combien, ce soir-là, bizarrement, se retrouvait-il donc porteur, alors ? Et surtout, en dépit de ses déclarations à Frédérique, pourquoi, une fois en possession de ces hypothétiques papiers, voit-on Dégand, sur les lieux, s'évertuer à y demeurer jusqu'à la fin ? Dans quel but ?

2– Au tour de cette seconde assertion maintenant :

«N'êtes vous pas rentré avec le gal Leconte chez Roche Armand ?»

«Non», répond-il, ce qui revient à dire que Mme Roche Armand s'était trompée et l'accusait faussement.

Touché par les rumeurs se donnant cours ? Par l'opprobre dont elles l'entachaient ? Lors des assises de 1910, en tout cas, on apprendra qu'à Mme Roche Armand et aux lendemains même des événements, Dégand s'était fait fort de démontrer qu'il n'avait été d'aucune part quelconque à l'arrestation de son mari.

Non convaincue, Mme Roche continuera de plus belle ses affirmations. Et l'aide de camp Dégand, ses dénégations.

«Dégand nie être allé chez Mme Roche : il était devant la maison de D. Lilavois quand il vit Mme Roche suivant son mari arrêté «Madame, rentrez chez vous « et la ramena chez elle.» [Le Matin, 1er août 1910. Compte rendu de la sixième journée d'audience]

Une chose demeure quand même curieuse, mon ami :

Prenons cette partie-ci de son interview:

«D. - Avez-vous vu le gal Arban poignarder Roche et lui casser le bras ?

R. - Cela n'a pas eu lieu devant moi. Je me rappelle seulement que le général Choute voulait abattre le captif à coups de crosse de fusil. Alors je tirai mon revolver en lui disant que s'il le faisait, je le brûlerais, car il n'en avait pas le droit, le général Leconte étant le seul chef dans le moment.»

Un fait aussi essentiel, pourquoi Mme Roche Armand n'en parle-t-elle pas ? (Relisez donc son témoignage !) Parce que, tout simplement, elle n'en avait pas été témoin, et ce, bien que, à l'ouïe du cri de triomphe saluant la capture de son mari, elle nous affirme s'être précipitée sur les pas de Leconte qui, dans cette cour voisine où Roche avait été pris, (ou amené) s'était transporté à la rencontre de son prisonnier. Cette scène dont parle Dégand a donc eu lieu là ou Roche avait été pris et au moment exact où ça s'était fait.

Que faisait-il là, et à ce moment précis, s'il n'était pas, lui aussi, à la poursuite de Roche Armand ? On surestime notre idiotie !

3– «Avez-vous été à Lalue chez le général Eliacin ?»

Fait du à la même bande, nous l'avons vu, et que le témoignage de

Nelson nous permet de croire simultané à l'arrestation d'Horace et de Pierre Louis et antérieur à celle de Roche Armand. Maintenant relisons Eliacin et arrêtons-nous à cette question:

«D. Parmi les envahisseurs, quels sont ceux que vous pouvez citer ?

R. Thimoclès Lafontant, Jules Coicou, Thomas Hyacinthe, Emmanuel Dégand et une foule d'autres qui étaient des soldats.

D. Êtes-vous bien sûr qu'Emmanuel Dégand était chez vous ?

R. Certainement. Je l'ai vu de mes yeux. Il y avait clair de lune. Et de ma fenêtre, j'ai pu voir M. Emmanuel Dégand escaladant ma barrière, le revolver au poing, pour essayer de me barrer le passage par la cour tandis que les autres sicaires m'assiégeaient par devant. Ce Dégand a été le plus intrépide de tous.»

Que répond Dégand ? Que Eliacin à du le confondre avec Thomas Hyacinthe de par cette forte ressemblance physique existant entre eux deux, non ? Lequel Eliacin, à l'instar de Mme Roche Armand du reste, affirme, nous l'avons vu, avoir reconnu Thomas Hyacinthe aussi. Curieux, non ?

– Que pensez-vous ?

– Evidemment, il ne nous sera jamais possible d'éclaircir le fait, mais dans la relation des faits et gestes à lui attribués par les deux témoins, étrange, je trouve quand même l'analogie frappante qui ne laisse de les unir: pour Mme Roche Armand, il a été le premier a faire irruption dans sa chambre, et pour Eliacin, celui qui, de tous ses envahisseurs, se révélant le plus entreprenant, a tenté, en escaladant sa barrière, arme au poing, de lui barrer la fuite par la cour. Et ça, mis en relation avec ce qu'il nous dit à propos de son frère impliqué dans notre histoire, ne peut que nous laisser songeur.

– Se sentant en danger ou en porte-à-faux avec ce frère compromis, désireux avait-il sans doute été, de vouloir se distinguer en faisant montre d'un zèle bruyant ?

– «Ce Dégand, nous dit Eliacin, a été le plus intrépide de tous!»

Place maintenant à sa lettre rectificative:

Rectification de Emmanuel Dégand
Port-au-Prince, le 12 Janvier 1909
A Monsieur le directeur du journal l'Impartial

Monsieur le Directeur,
Dans l'intérêt de la vérité, je vous prie de bien vouloir rectifier et

préciser les réponses suivantes que je vous ai faites lors de votre interview.

Relativement à la rencontre faite avec Mr Auguste Archer, je vous ai dit que Mr Auguste Archer, se figurant que les bruits qu'il entendait dans son quartier étaient l'oeuvre de voleurs, s'est accidentellement adressé à moi dans la rue pour se renseigner. C'est alors que je lui répondis en propres termes «ce ne sont pas des voleurs, entrez chez vous»

2) A propos des ordres que me transmettait au Palais Mr Gabriel, je vous ai positivement dit qu'il s'agissait d'ordre à moi personnellement transmis par lui, jamais d'ordres généraux à lui transmis aux autres devant moi.

3) A votre demande: «avez-vous assisté à l'arrestation de Roche Armand ?» Je vous ai répondu par l'affirmative. Je suis étonné de voir votre interview paraître dans votre journal le nom de Robert Lamothe.

4) Vous n'avez pas relaté, sans doute par erreur, ma déclaration suivante : «En remontant au Palais à la suite de ma dernière mission, j'ai fait rencontre du côté de la Pharmacie Normale avec Mr Talandieu Chrispin, à qui j'ai donné le conseil d'entrer chez lui, vous pouvez vous en référer à lui»

Comptant sur votre impartialité pour donner publicité à la présente lettre rectificative, je vous remercie d'avance et vous présente mes meilleures salutations.

Em. Dégand.

Par trop ridicule et vétilleuse cette demande de rectification. Prenons-la point par point.

1. «Quand je suis arrivé à l'angle des rues du Bel-Air et du Centre, j'ai rencontré Auguste Archer qui sortait au bruit des chevaux qui passaient, je lui ai dit : mon cher, rentrez chez vous. Il peut vous le dire lui-même.» (Version de L'Impartial.)

À Frédérique, que reproche-t-il exactement, l'économie bien compréhensible des détails ?

2. Je ne vois nulle part dans l'interview où il est question de ça.

3. Bien qu'ayant eu lieu, on l'a vu, à peu près au même moment et dans un voisinage assez proche, il pourrait en effet n'avoir pas assisté à cette arrestation, et Frédérique avait sans doute eu tort d'ajouter à sa question (et à sa question seulement !) le nom de Robert Lamothe, mais nous basant sur le témoignage de Mme Roche Armand, il ne demeure pas moins curieux que Roche Armand et Robert Lamothe, ayant été réunis et conduits ensemble après leur arrestation, Emmanuel Dégand qui, de son propre aveu, est resté jusqu'a la fin, jusqu'au baisser de rideau, pour ainsi dire,

n'ait point noté, aux côtés de Roche Armand, la présence quasi-nue et, vu sa stature, nous dit-on, plutôt remarquable de ce dernier!

– Une rétention ridicule d'information!

– Oui, et qui, par l'inquiétude qu'elle laisse clairement transparaître, traduit un manque d'aisance et de franchise à tout le moins suspect chez cet homme qui soi-disant n'avait rien à se reprocher.

Et qui, pour la moindre syllabe arrachée par Frédérique ne laissait, on l'a vu, d'en appeler abusivement à ses anciens collègues!

4. Ces circonstances sont en effet absentes de l'interview. Qu'auraient-elles apporté exactement ?

La preuve qu'il disait vrai en ce qui a trait à quoi ?

Qu'il était retourné au Palais, sa prétendue mission achevée ? Encore que ça n'a point été mis en question dans l'interview, on voit difficilement comment cette rencontre évasive avec Talandieu Chrispin, eût-elle lieu dans les parages mêmes du Palais, eût pu fournir une telle preuve.

Et à supposer qu'elle le pût, est-ce une garantie que sa présence auprès de Leconte au Bel-Air avait été réellement appelée par une mission à lui confiée par Camille Gabriel ?

Et surtout une garantie que, une fois franchies les portes du Palais, il n'en était guère ressorti car, entre le moment précis où eurent lieu ces arrestations (minuit, minuit et demie) et celui combien mémorable des exécutions (3 heures 1/2 et 5 heures) prenant place dans le cours immuable des choses, quelques bonnes heures avaient quand même vu leur écoulement : terribles pour ceux qui allaient mourir, d'expectative de silence et revanche sotte pour ceux qui décidaient de leur sort!

Cela dit, je ne pense pas qu'il puisse être soupçonné d'avoir eu une quelconque part aux exécutions. Outre le témoignage de Blanchard, il y a pour le certifier, cette réponse qu'il donne à Frédérique :

> «D. – Étiez-vous présent quand le gal Joannis est venu demander à Gabriel, de la part de Jules Coicou, l'ordre de fusiller Alluption Casimir et autres ?
>
> R. – Je ne sais pas si c'était Joannis. Mais un adjoint de l'Arrondissement est venu, non pas demander l'ordre, mais annoncer qu'on allait finir avec Alluption et Salnave.»

Cet adjoint était Nérestan Zamor, et comptant parmi les derniers interviewés de L'Impartial. Son témoignage paraîtra dans l'édition du mercredi 10 mars, no 28, soit cinq jours avant la manifestation et deux mois donc après l'interview de Dégand. Preuve probable que les choses se racontaient. Et ce qu'il met dans la bouche de Nérestan Zamor cadre bien en effet, nous le verrons, avec l'ordre reçu par ce dernier du commandant provisoire de l'arrondissement de Port-au-Prince, le général Jules A. Coicou.

. . . .

– Fatigué ?

– Assez.

– Bien compréhensible, compte tenu du chemin parcouru, mon ami. Oui, bien compréhensible. Allons reposer et, à reprendre tout ça, demain ne nous retrouvera que mieux.

– Euh... bonne idée, je crois. Oui, excellente idée.

– Plus l'âge des vaines crâneries, Georges... Non, plus de cet âge... Euh... du moins, je le présume.

– Ah ! ah ! ah !

– À demain tôt alors.

– Oui. À demain tôt.

TROISIÈME PARTIE

ET À PRÉSENT LES FAITS

(SUITE ET FIN)

... Et lui qui a connu l'indicible angoisse de l'homme voué à l'exécution, en passe d'être fusillé, ne s'est point manifesté... pour indexer ouvertement ceux qui entendaient l'immoler...ses avortés bourreaux ? Étrange... en effet... non?

— A quoi pensez-vous donc?

— Euh... à notre mystérieux Benjamin.

— Je l'aurais juré !

La plume est là qui m'attend.
Poids d'une plume muette, avare...

– Bien reposé?
– Je crois que oui.
– Et d'attaque?
– Un déjeuner, j'ose dire, plantureux, ce café décidément que vous semblez déterminé (miracle de New-York?) à réussir mieux que quiconque, que saurais-je, dites-moi, exiger d'autre? Mais vous, je vous trouve un peu songeur.
– En quête d'informations sur certains noms de notre histoire, et à feuilleter cette riche et magnifique encyclopédie, je suis tombé, par hasard, sur ce portrait assez copieux, je trouve, d'un homme de cette époque agitée et fameuse «des baïonnettes». Lequel aujourd'hui (que le temps file, Georges !) pour voir son nom sombrer dans le plus parfait oubli, n'avait pas moins manqué, en ses jours, de se distinguer hautement à l'attention: Edmond Défly. Portrait, je l'avoue, qui me laisse, en effet, songeur, sinon me trouble au plus haut point :

DÉFLY EDMOND

«Port-au-princien de vieille souche, grand, le regard scrutateur, la poignée de main cordiale, Edmond Défly était un homme d'initiative. Partout où il passa, il laissa une empreinte indélébile. Soldat d'élite pour qui l'honneur et la probité militaire incarnaient un véritable symbole, Défly montra ce que pouvait une volonté ferme alliée à un dévouement sans bornes.

Il consacra la première partie de sa jeunesse presque exclusivement à l'exercice de ses fonctions publiques. Mais en août 1888, la prise d'armes de Seide Télémaque, au Cap-Haitien, son entrée triomphale dans la capitale, sa mort héroïque, la guerre civile qui s'ensuivit, décidèrent de l'intervention active de Défly dans la politique. Dans cette arène, sa conception des choses se résumait nettement et de façon précise; il professait le principe d'autorité et le respect de la hiérarchie.

Sous le gouvernement des présidents Florvil Hyppolite et Tirésias Antoine Simon Sam, Edmond Défly grimpa rapidement les échelons, occupant tour à tour les postes d'inspecteur en chef de la police, de chef des mouvements du port et de commandant de Port-au-Prince. Jugé par contumace sous le gouvernement de Nord Alexis (procès de la consolidation), il rentra au pays sous la présidence d'Antoine Simon et se présenta devant un jury qui l'acquitta. Au début du gouvernement de Cincinnatus Leconte, Défly exerça les fonctions de chef des quatre corps de la garde, puis remplaça Léonce Laraque à la tête de la garde présidentielle, où on le nomma le 17 septembre 1911. Le président Tancrède Auguste garda Défly à ses côtés et lui confia le commandement de l'arrondissement de Port-au-Prince ; il succédait ainsi au général Beaufossé Laroche, appelé à titre de ministre de la guerre et de la Marine le 16 septembre 1912 (...)» [Ertha Pascal Trouillot et Ernst Trouillot. Encyclopédie biographique d'Haïti. T. 1. p.285-86]

Voilà, me direz-vous, un de ces rares et vrais haitiens qu'on regrettera toujours de n'avoir pas connu et si possible (qui sait ?) tâté de la cordiale poignée de main ! Au mois de décembre 1897, pour l'opinion par trop radicale professée sur la capitulation honteuse du gouvernement de Sam devant l'ultimatum allemand (l'affaire Luders) et dont on craignait sans doute la contagion dans le pays et sa traduction en menées subversives contre le gouvernement, Pierre Frédérique écroué à bord de la *Crête-à Pierrot,* savez-vous de quel crime cet homme, à l'époque commandant de la Place, s'est odieusement rendu coupable ? Ouvrons *L'Etat Vassal* de Roger Gaillard et au ministre des Etats-Unis, W. F. Powell, laissons le soin de nous le conter:

«Dans la nuit du 24 au 25 décembre, la population de Port-au-Prince a l'habitude de tirer des coups de fusil et des pétards dans les rues et sur les places.»

«Le jeune Frédérique[1], étudiant âgé de 17 ans et demi, frère du rédacteur en chef de «L'Impartial», actuellement détenu à bord du bâtiment haitien Le Crête-à-Pierrot, se promenait absolument inoffensif, avec le jeune Archin, neveu de M. Carméleau Antoine, ministre de l'Instruction publique et de la Justice, quand son camarade tira un coup de revolver en l'air. C'était au coin de la rue Bonne-Foi et de la rue du Centre (...) il était onze heures et quart du soir.

«Le général Défly, commandant de la ville de Port-au-Prince, accourut aussitôt avec quelques soldats et, avisant le jeune Frédérique, il l'apostropha violemment en ces termes: «Ah! Te voilà ! Je suis heureux de mettre la main sur quelqu'un de ta famille, car j'en ai assez de ta race ! A genoux, et demande-moi pardon. «Le jeune Frédérique, sans trop s'émouvoir, répondit par un refus, affirmant qu'il n'avait pas tiré le coup de revolver. Le général donna sur-le-champ l'ordre de le conduire au cimetière et de le faire fusiller.

«Le jeune homme crut à une plaisanterie et marcha d'un pas ferme jusqu'au cimetière, mais voyant qu'on l'adossait au mur, il comprit la gravité de sa situation et se jetant à genoux, il demanda pardon en pleurant au général Défly.

---

1 Valéry Frédérique.

– «Il est trop tard, répondit celui-ci. Qu'on le fusille !

«Mais les soldats, noirs eux-mêmes, émus sans doute de pitié, dirent qu'ils ne voyaient pas. Le général Défly, impitoyable, ordonna de suspendre une lanterne au-dessus de la tête de l'infortuné qui fut fusillé ainsi sans jugement.

«(...) L'indignation causée par cet acte de sauvagerie a été grande dans la ville et trois ministres sur six ont demandé, chacun séparément, au président Sam, le châtiment ou au moins la révocation de ce nègre féroce, mais sans pouvoir l'obtenir, car Défly, ainsi que le général Saint-Fort Colin, commandant de l'arrondissement de Port-au-Prince, ont été les principaux agents électoraux dans cette ville du général Sam lors de son élection à la présidence.

«M. Brutus Saint-Victor,[2] je le tiens de sa bouche, a dit au président : «Ce meurtre est d'autant plus odieux que la victime est le frère du journaliste Frédérique, et qu'il revêt le caractère d'une vengeance politique.»

[Correspondance commerciale du ministre des Etats-Unis, W.F.Powell. pp. 256-58]

– Vous voilà, vous aussi, tout à coup songeur!

– Je n'ose pas croire pareille chose possible! Un homme, le même, nous est présenté sous deux jours si violemment contraires: sous les traits du plus dévoué, du plus accompli des hommes de bien, d'un coté, et de l'autre, du plus terrible, du plus ignoble des assassins !

– Typique, j'ose dire, de cette impunité qui nous a bouffés crus, engloutis corps et biens, c'est une métamorphose bien de chez nous, mon vieil ami. Par Powell il a été saisi au vol, au moment, autrement dit où, dans l'arène, il donnait libre cours à sa fureur et ce, à seule fin de bien faire ressortir qu'on ne saurait ne pas compter avec sa coriace et sombre virilité; et par l'Encyclopédie, après la pose, quand tout avait fini par vite sombrer dans l'oubli et que, sur la scène, ne restait plus que l'homme d'une réussite confirmée, ayant vu son succès renouvelé sous tant de gouvernements. L'extraction d'une obscurité rédhibitoire exceptée (origine-t-elle par trop à l'esclave ?) et son immédiat corollaire, l'écorchement du vrai parler (français aujourd'hui toujours, si je ne m'abuse), quoi, tout compte fait, n'est pas jugé au fond bien dérisoire chez nous et apte, par conséquent, au pardon le plus entier...euh... le plus oublieux? Oui, quoi ? Mais passons vite cher ami. Oui, bien vite !

– Sur le parcours de ceux jugés par eux... Mais..

---

2 Ministre, lors, des Relations extérieures (note de Roger Gaillard).

– De grâce, cher Georges, ravalons notre amertume et passons vite à notre sujet !

*

– Ce paquet, c'est quoi?

– Appelés à coup sûr à faire les frais du bout restant de notre périple, des numéros importants de L'impartial, du Nouvelliste, du Moniteur et du Matin. Importants au plus haut point, en effet, ils contiennent les témoignages que nous devons finir, le compte rendu promis de cette grandiose manifestation aussi bien, du reste, que ceux, précieux et instructifs, ayant vu le jour   régulier autour des trois procès occasionnés par notre histoire.

– Qu'attendez-vous donc pour les ouvrir ?

– Un signal de vous, peut-être.

– Mais, ma question, elle n'est rien d'autre, si je ne m'abuse !

– Ah ! ah ! ah ! Et je n'entends nullement vous faire languir, mon ami. Allons-y alors et par... la suite des arrestations? Un retour à Jules Coicou ? Euh...finissons, je crois, une fois pour toutes, avec ces arrestations. Nous ne retrouverons que mieux, et un peu plus tard, notre cher Jules. Oui, bien mieux, c'est évident.

ARRESTATION
D'ALEXANDRE CHRISTOPHE
ET D'ALLUPTION CASIMIR

Le prévenu Décius Avin, pour avoir été mis en cause, s'explique aussi : il n'a été mêlé à cette affaire que pour avoir assisté à l'arrestation d'Alexandre Christophe. Il met un peu de gaieté, par son pittoresque, dans ces graves débats.

[Le Nouvelliste, 29 juillet 1910. Compte rendu du procès Montreuil]

St Ange partageait la même habitation qu'Alexandre Christophe. Il raconte comment vers 4 hres du matin, sa maison fut cernée par feu Joannis Mérisier et sa bande. Il dit entr'autres choses, qu'Arban Nau, caressant ce matin-là les cheveux d'Alexandre Christophe, aurait prononcé ces paroles : «Quelle belle tête vous avez! Qu'est-ce que le Général Nord vous a fait ?»

[Le Nouvelliste, 2 août 1910, Compte rendu du procès Montreuil]

ST-ANGE ST-PIERRE

D. On a cité votre nom comme ayant été arrêté pendant la nuit du 14 au 15 Mars. Que pouvez-vous me dire relativement à cet événement?
R. Mon ami, feu Alexandre Christophe et moi, habitions la même maison, à la Croix-des-Bossales. Ma chambre à coucher était à l'étage et la sienne au rez-de-chaussée.

Le dimanche 15 Mars, à 4 heures du matin, comme je m'éveillais, j'entendis un bruit de pas et de voix contenues, en même temps, qu'un cliquetis d'armes. Je me rendis compte qu'on cernait la maison, par devant comme par derrière.

Je me levai et m'habillai.

Je n'avais pas encore fini, quand on frappa une première fois à la porte d'entrée. Je ne répondis pas. On frappa une seconde fois si violemment qu'Alexandre qui dormait fut réveillé. *[Dormait lui aussi !- Hé oui !]* Au lieu d'ouvrir, il monta me trouver et me demanda ce que cela signifiait. Je lui dis alors que la maison était cernée, et comme en 1902 il avait été au Limbé, peut-être on est en train d'arrêter les anciens firministes; et que dans ce cas, cette visite nocturne serait plutôt pour lui que pour moi. Dans cette hypothèse, je lui dis de rester en haut et de me laisser aller ouvrir; car on faisait mine déjà d'enfoncer la porte.

Quand je descendis, avant d'ouvrir, je demandai : qui va là? On me commanda du dehors : Ouvrez! J'ouvris. On me demanda pour Alexandre. Absent, répondis-je. On fouilla ses appartements, on ne le trouva point. Le général Arban alors me dit : il s'est couché ici; il est dans la maison; Joannis me dit : ou caché n'homme-la ; m'ap fisié ou nan place li[3]. Habillé ou[4]. Je m'habillai et pris mon chapeau. Pendant ce temps, on était monté à l'étage et fouillait mes appartements. On finit par découvrir Alexandre derrière un matelas. On le fit s'habiller et descendre.

Alors Joannis insista : m'ap fisié ou quand même; car ou té connin n'homme lan té la[5]. Nou tou dé va passé.[6]

Non ! riposta Théagène, je connais Saintange. C'est un homme inoffensif.

Arban ajouta : je le connais aussi, il ne s'occupe que de ses coqs et n'est jamais dans rien. D'ailleurs nous n'avons ordre de prendre qu'Alexandre

---

3   Vous avez caché le bonhomme; je vous fusillerai à sa place.

4   Habillez-vous!

5   Je vais vous fusiller quand même car vous saviez que le bonhomme était présent.

6   Vous passerez tous les deux!

D. Décius Avin avait-il intercédé pour vous? *[Dire de Cinéus que le journaliste tente de confirmer.]*
R. Je ne l'ai point vu chez moi. S'il était là ou avait dit quelque chose, ce n'est pas à ma connaissance.

*

THEAGÈNE CINEUS

D. Vous étiez, n'est-ce pas, sous-commissaire de la police, lors des événements du 15 Mars, voulez-vous me dire ce que vous en savez.
R. -Chef de police à Miragoâne sous le gal Aubry qui m'avait connu ici, au Bureau Central, je n'avais pas pu me faire avec le général Grandjean fils, commandant de l'arrondissement de Nippes. J'avais donc demandé une mutation pour Petit-Goâve que j'ai dû abandonner aussi parce que je ne pouvais m'accorder avec le gal Bréa. -Revenu à Port-au-Prince, le gal Helvé qui était pour moi comme un père, me fit entrer dans la police, en qualité de sous-commissaire, en remplacement de Lorismon Charles.
C'est là que les événements du 15 Mars me surprirent.
Le 14 Mars, vers les 7 heures du soir, le Gal Helvé me donna l'ordre d'aller arrêter Mr Alexandre Cléophat. -. *[Souligné par moi hier, voilà le fait insolite, et qui ne laisse, vous m'en direz, de déjouer toute tentative de compréhension!]* J'ai été au Bel-Air, et ne l'ayant pas rencontré dans les rues, je me suis abstenu d'aller chez lui, comprenant bien que le gal Helvé aurait dû penser que moi seul, je ne pourrais pas arrêter un homme comme Alexandre Cléophat. J'ai donc été chez Henrius Henry qui tient une maison de jeu et lui demandai pour Cléophat. Il ne l'avait pas vu de la soirée. Je m'en revins donc au Bureau faire rapport à mon chef de mes recherches infructueuses. Alors il m'envoya une nouvelle fois avec le commissaire Gilbert.
Nous avons parcouru le Bel-Air, nous arrêtant chez Antoine Rimpel où il y avait un bal dans l'espoir d'y rencontrer notre oiseau. Il n'y était pas. Nous sommes rentrés au Bureau Central faire notre rapport. Comme nous avions demandé pour Cléophat à plusieurs personnes, on a dû le lui dire et il s'est sans doute mis à couvert. *[N'était-ce point le but recherché de cette tentative un peu bizarre et timide d'arrestation? Je me le demande.]*
Je suis donc resté au Bureau Central, me reposant dans une dormeuse, jusqu'à dix heures, quand le ministre Marcelin se présenta à cheval, accompagné de T. Lafontant, monté sur un cheval gris pintade et d'une foule d'autres bourgeois, en civil et conféra avec le gal Helvé. Imédia-

tement, l'inspecteur m'appela et donna l'ordre d'aller à la tribune du Champ-de-Mars où je trouverais le gal Arban, à qui je devrais dire d'ordre du ministre Marcelin, de se rendre au Palais où le Président l'attendait. *[Notre Marcelin? – Oui ministre de l'Intérieur a.i, et qui, outre de nous laisser entendre une visite plutôt tardive au Palais, nous parlera de son étonnement qu'on eût procédé à des arrestations en pleine nuit! Menteur sans vergogne! A lire ces circonstances, peut-on dire honnêtement qu'Arban avait menti?*

Car, il me paraît que si Helvétius avait la certitude qu'on le trouverait au Champ-de-Mars c'est sans doute parce qu'il l'y avait envoyé.] Arrivé au Champ-de-Mars, je vis le gal Jules avec un détachement, entourant un homme griffe, vêtu d'un pantalon blanc, d'une jaquette noire et d'un chapeau de paille de riz. Ce prisonnier que je ne connaissais pas était Massillon Coicou; je ne le connaissais pas alors. Le gal Arban Nau venait de partir pour le Palais. Je m'y rendis et lui remis ma commission. Il avait déjà vu le Président. Il était à pied et revêtu de son par-dessus, car il pleuvait. Il m'ordonna d'aller au Bureau Central, de faire seller son cheval et de le lui amener au Champ-de-Mars, ce que je fis faire par le planton Mardi qui m'accompagna. *[Fait, nous l'avons vu, que Timoléon Mardi semble pourtant nier, laissant entendre n'avoir accompli cela que de sa propre initiative.]*

Il m'a gardé avec lui et prit avec le gal Joannis et le commissaire Gilbert, à la tête de deux détachements de police et de soldats, la route du Morne-à-Tuf.

Ils ont été fouiller chez la maîtresse de Mr Grimard qu'on n'a pas trouvé, ni dans sa chambre de garçon où l'on a aussi perquisitionné

En revenant, du côté de la Prison des Femmes, une femme qui nous suivait, cria : Arban, Arban, on vient d'arrêter Docteur. Voyez ce que vous pouvez faire pour lui. Arban répondit : Ne vous inquiétez pas.

[Remarquez que lui aussi, tout comme Arban, laisse entendre qu'ils auraient été directement du Palais chez Grimard, et ne parle pas du retour d'Arban au Bureau Central (revoir témoignage de Timoléon Mardi) ce que nous ne pouvons attribuer qu'à une défaillance de mémoire car cette méprise fait de la perquisition chez Grimard un fait simultané à l'arrestation d'Horace et de Pierre Louis alors qu'il n'a eu lieu (relire Beauvais Bréva) chronologiquement qu'après. Il nous paraît, en effet, difficile que certains acteurs tels Fusillé Laroche, Beauvais Bréva, Porsena Laurent, qui seront vus chez la maîtresse de Grimard, et Joannis qu'il nous dit avoir fait partie du nombre bien que, n'ayant point été cité, aient pu en même temps se trouver derrière L'exposition à arrêter Horace et Pierre Louis.]

Arrivés au coin de l'Arrondissement, nous rencontrâmes toute une force à peu près de 300 hommes, sur les deux ailes, et des cavaliers en militaire et en bourgeois, accompagnant 3 hommes : les trois frères Coicou. On les déposa en prison devant moi.

[-L'erreur est flagrante en effet. Car on pourrait déduire de ce qui se dit là que Joannis n'avait pas été chez Horace et Pierre Louis.

-Remarquez ce qu'il nous dit à propos des trois frères Coicou. Quel galimatias! Mais poursuivons car il y a, croyez-moi, de bien meilleurs passages dans cette interview.]

Joannis alors invita Arban à se reposer avant de continuer les opérations.

Nous nous sommes donc rendus au Bureau Central où nous avons fait un petit somme, enlevant seulement la bride aux chevaux

A peu près vers 2 heures Joannis est venu nous réveiller.

Il avait une liste qu'il a consultée et il nous conduit chez Mme Théoma à la recherche de Cléophat que le gal Leconte avait pourtant été chercher avant nous.

Il n'y était pas.

Nous avons été ensuite chez Alluption. On a brisé la clôture et nous avons pénétré par cette brèche. En entrant, je me suis cogné contre une marmite qui a fait du bruit. Alors le gal Joannis qui avait le revolver au poing, me coucha en joue, en me disant : gad'non, ma fisillé ou oui !⁷

Nous avonc donc trouvé Alluption en train de se baigner. -Nous l'avons arrêté, lui avons donné le temps de s'habiller et l'avons conduit en prison. Puis, nous sommes allés à la Croix des Bossales où nous avons trouvé le gal Décius Avin à qui Arban a annoncé qu'il allait faire une arrestation dans sa section. Il était couché, il s'est levé et nous a accompagnés chez Ethéart que nous n'avons pas trouvé, puis chez Alexandre où nous avons d'abord trouvé un nommé St-Ange que nous avons arrêté. Puis les fouilles nous ont fait découvrir Alexandre lui-même. - On voulait emmener St-Ange aussi, pour n'avoir pas dénoncé la cachette d'Alexandre; mais Décius et moi avons protesté, en faisant observer que St-Ange est un pauvre malheureux qui ne connaît que ses gaguères et ses coqs.

En conduisant Alexandre, Joannis lui demanda :

Pourquoi alliez-vous combattre.

Pour être aide de camp de Firmin? Eh bien! Vous allez l'être.

Arrivés devant la prison nous rencontrâmes le gal Jules qui lui dit : Ah ! C'est vous, Alexandre qui avez pris sept cents gourdes hier aprèsmidi. *[Incroyable !]*

---

7   Prenez garde, sinon je vous fusille!

Il était 4 heures 1/2 et il faisait presque jour, alors j'ai pu reconnaître Montreuil, Léonce Leconte et foule d'autres bourgeois et militaires.

Alors le gal Jules appela le commandant du 6 ème régiment pour conduire Alexandre en lui disant : main trois frères m'yo à terre là. Minnin Mr allé : pit con maro zannana cou pingouin.[8]

Au moment de partir pour le cimetière, Alexandre m'appela et me dit : Théagène, voici ma clef que vous remettrez à St-Ange. Vous lui direz d'annoncer à ma mère qu'on va me fusiller.

Au jour, j'ai été à la recherche de St-Ange et j'ai accompli la mission sacrée qui m'était confiée.

A 2 heures, Arban nous fit tous monter à cheval pour une tournée en ville. Il avait seul la haute main. Le gal Helvé n'est pas sorti du Bureau durant toute cette affaire. *[Dire identique à Porsena.]*

Quelque temps plus tard, on le révoqua et moi-même peu de temps après, je laissai le corps.

Immédiatement après les persécutions commencèrent contre moi. On me dénonça comme agent firministe. Un jour même, le général Coicou m'appela, me montra mon nom sur une liste de prétendus conspirateurs et me menaça de la fusillade.

D. - N'avez-vous pas été aussi chez Roche Armand?

R. Je suis étonné d'entendre dire que j'y ai été. Si j'y étais, je vous le dirais comme je vous ai dit tous les autres endroits où nous avons été, puisque je suis soldat et que je n'ai aucune responsabilité.

*

– Incroyable!

– C'est bien le mot qui convient, Georges. Maintenant, comme annoncé précédemment et en manière de boucle pour ainsi dire, un retour à Jules Coicou s'avère des plus recommandé, je crois. Oui, des plus recommandé, c'est sûr.

---

8   Mes trois frères sont couchés morts sur la place. Emmenez-le! Et qu'il pleuve ou qu'il tonne!

RETOUR A JULES COICOU

Le substitut Constant établit que l'accusé ne fait qu'accuser d'honnêtes gens sans se justifier ; il se contredit : il a passé la nuit du 15 Mars et s'est trouvé devant le cimetière, de son propre aveu. Il faut qu'il parle.- « Il est venu pour cela, replique Me Moise; pendant 4 ans a pesé sur lui une odieuse accusation, l'heure est venue de faire luire la vérité ! Ce n'est plus un procès-verbal qui se plaide, comme il y a deux ans, mais l'œuvre sainte de la Justice qui se manifeste.

[Le Nouvelliste, 6 mars 1912. Compte rendu du procès Jules Coicou]

L'accusé parle de Bléus Augustin, qui de la part d'Emmanuel Coicou, lui avait apporté une lettre précisément au sujet du parti de Ménos (murmures).-on réquisitionne pour faire amener au tribunal Bléus Augustin après des observations appuyées par Me Moise et des membres du Parquet.

Dans toute la salle, l'émotion est intense, poignante. Vifs colloques entre Jules, Emmanuel et Edmond Coicou. On dut suspendre l'audience, pour rétablir l'ordre.

[Le Nouvelliste 6 mars 1912. Compte rendu du procès Jules Coicou]

JULES COICOU
(SUITE ET FIN)

– Où l'avions-nous quitté ?

– À cette question je crois :

D. - Et qu'était venu chercher Montreuil en prison ?

R. – Sans doute pour ordonner au geôlier de préparer ces messieurs.

B. - Les préparer à quoi ?

R. - Pour l'exécution. Car, vers les 4 heures, on sortit avec ces messieurs.. Alors Nérestant, se tenant sur le premier marchepied de l'escalier me dit : l'Arrondissement ? Je lui répondis. Qu'est ce que vous dites ? Il me dit : on vient de passer avec ces messieurs sous un fort détachement ayant à sa tête Leconte, Choute, Montreuil, Thomas Hyacinthe et St Julien Laboucherie; parmi les prisonniers, j'ai vu Roche Armand, le parent de votre femme. Je lui répondis : croyez-vous cela ? Il me dit : Oui. J'ordonnai alors de seller mon choual.

D. - Votre choual rouge bas ?

R. Oui, mon choual rouge, je passai le pied à l'étrier et suivi de mon guide monté sur un cheval blond ....

D. Comment s'appelle votre guide ?

R. J'ai oublié son nom Mais, c'est le fils d'Antoine Larobé qui m'avait été donné pour ce service par Souvenir, le chef des canonniers en bas. *[C'est le régiment préposé à la garde de l'Arsenal à l'époque situé à l'angle sud-ouest de la rue des Casernes et de la rue du Magasin de l'Etat; on le désignait aussi, nous dit Lamaute, sous le nom d'»Artillerie en bas»]* Alors je me précipitai sur les pas du détachement que j'ai rencontrai à la rue de l'Enterrement en face de la maison Clermont. Alors, pour ne pas le suivre, de trop près, je mis mon choual au pas afin de mieux observer ce qu'on allait faire. Enfin on arriva devant le cimetière.

D. Alors, vous ne vous êtes pas laissé voir ?

R. Non, je me suis tenu à l'écart pour bien observer ce qui allait se passer...

D. Passons. Alors ?

R. Alors, devant une pile de roches, on plaça ces messieurs dans l'ordre suivant : Mérové au levant, Horace au couchant, et les cinq autres Robert

Lamothe, Massillon, Docteur Coicou et Paul St Fort au milieu. *[Et Roche Armand ? Oublié ?]*

D. Et les trois autres : Alluption, Salnave et Christophe ?
R. Alluption, Salnave et Christophe ont été les derniers fusillés. Ces MM. dont je viens de vous citer les noms ont fait partie de la première série de sept.

D. Alors ?
R. Alors, quand on eut fini de les placer, le général Leconte dépêcha au palais Thomas Hyacinthe pour prendre les derniers ordres. Entre-temps, St Julien Laboucherie, chef d'exécution fit la distribution des balles au peloton. Mérové remit au gal. Leconte, pour sa famille : ses manchettes et son chapeau et dit : Le général Nord regrettera cela, car je suis innocent. Massillon flagella le général Nord par des paroles dures. Le Docteur Coicou l'interrompit en lui faisant observer qu'il n'avait rien à dire. Horace remit une commission pour Colline, sa soeur.

D. A qui ? À vous ?
R. Pas à moi, mais je ne me rappelle pas à qui. Quant à Roche Armand, en trois fois il voulut parler à Leconte qui refusa de l'entendre. *[Il avait de bonnes raisons, le chef d'état-major!]* Sur ces entrefaites arriva Thomas Hyacinthe du palais, il appelle Leconte à part et tous deux se retirèrent sous la galerie d'une petite maison voisine du Café Gaillard, où Thomas Hyacinthe fit part- sans doute- au général Leconte des ordres du palais. Car, immédiatement, Léonce Leconte cria à St Julien Laboucherie : St Julien, ou capab fait zaffaire a ou.[9] A ces paroles, je me retirai pour ne pas assister à l'exécution de mes trois parents. J'étais à l'encoignure de feu Alexandre Moise quand les rafales se firent entendre.

D. - Cependant on affirme tellement que vous avez participé aux exécutions que vous avez ordonné de faire vite avec ces messieurs pour qu'ils ne souffrissent pas trop, en outre d'avoir vanté le courage de plusieurs d'entre eux.
R. - Ce n'est pas vrai.

D. - Vous n'avez pas non plus donné en prison, pour amarrer Horace ou Massillon, la têtière de votre cheval?
R. - C'est faux.

---

9 St Julien, vous êtes libre d'accomplir votre besogne.

D. - Horace ne vous a pas non plus parlé en prison ? Ne vous a-t-il pas dit entr'autres paroles, celles-ci : Général, c'est vous qui faites cela ?

R. - C'est encore faux.

D. - Et à quelle heure eut lieu l'exécution des trois autres messieurs ?

R. - Immédiatement après. Quand j'arrivai au bureau, revenant du ci-metière, je descendis de cheval et restai un moment devant le bureau lorsqu'arriva un détachement sous les ordres d'Arban Nau qui conduisait un homme. Alors Arban me dit: Min n'homme yo rélé Alexandre là ; nous sotte prend li sous tête youn caille.[10] *[S'il faut en croire St-Ange St- Pierre, il y a d'évidence erreur de personne.]*

D. - On n'entra pas en prison avec lui ?

R. - Non. Alors je répondis à Arban : Allé fait avec li ça yo té dit ou fait avec les autres yo,[11] et m'adressant à cet Alexandre que je ne connais-sais pas du tout dans toute cette affaire et, voulant voir sa figure, je lui demandai : coté ou moune compère[12] ? Il me répondit qu'il était de Port-au-Prince et s'appelait Alexandre Christophe ; puis on continua avec lui pour le cimetière.

D. -Cependant, d'après la déposition du Commissaire Théagène Ci-néus il parait que vous le connaissiez déjà. *[Hé oui !]* Dans sa dé-position, Théagène Cinéus déclare que, quand le détachement qui conduisait Christophe et dont il était, arriva devant la prison ; et qu'on vous annonça la capture du gibier vous vous êtes avancé vers Christophe et lui avez dit : ce ou minm Christophe qui prend sept cents gourdes hier après-midi [13]? Alors appelant le commandant du 6ème Régiment pour conduire Christophe, vous lui avez dit : Min trois frères m'yo à terre là. Minnin m'sié allé : pit cou maro zannan-na cou pingouin?[14] *[La déposition de Cinéus est formelle là-dessus.]*

R. Ce n'est pas vrai.

[Il le reconnaîtra pourtant, en partie, lors de son procès:
«– Emmenez-le, s'écrie-t-il !

---

10 Voilà l'homme dénommé Alexandre, nous venons de le capturer sur un toit.

11 Allez en user avec lui ainsi qu'il vous a été ordonner de le faire avec les autres.

12 D'où êtes-vous originaire, compère?

13 C'est vous, Christophe qui avez pris sept cents gourdes hier après midi..

14 Mes trois frères sont couchés morts sur la place. Emmenez-le! Et qu'il pleuve ou qu'il tonne! .

Le général explique ainsi son cri : «Ah ! Quand j'ai su qu'on avait tué mes trois cousins, j'avoue que je n'ai eu de ménagements pour personne.» [Le Matin, 6 mars 1912. Compte rendu du procès Jules Coicou.]

D. Passons. Alors Salnave et Alluption étaient encore en prison ?
R. Oui, immédiatement après Alexandre, on sortit avec Salnave pour le cimetière puis quelques minutes après, ce fut le tour d'Alluption.

D. On attendit qu'ils furent tous trois réunis pour procéder à l'exécution en bloc ?
R. Non. On les exécuta séparément. Chaque arrivé était immédiatement fusillé. Christophe en premier lieu, Félix Salnave en second et en troisième et dernier lieu, Alluption qui a été le dernier exécuté.

D. Il était quelle heure, quand les exécutions eurent lieu ?
R. Entre 4 et 4 1/2 heures, le jour allait poindre.

D. Cependant, on rapporte, d'une part que Félix Salnave a été le dernier exécuté - d'autre part, qu'il a été fusillé par votre fait, que les exécutions avaient pris fin déjà et qu'il était même oublié quand vous vous souvenez de lui, vous êtes monté au Palais demander ce qu'il fallait faire avec le petit Salnave.
Alors on vous dit de le fusiller aussi ? ... (*Les faits se sont passés exactement ainsi. Des témoignages l'attestent; sauf que Jules, comme nous l'avons vu hier, n'était pas monté au Palais lui-même mais avait dépêché Nérestan Zamor, son adjoint, annoncer qu'on allait finir avec Alluption et Salnave. Remarquer le soin qu'il met à brouiller l'ordre dans lequel ces deux dernières exécutions ont eu lieu. Pourquoi?*

À seule fin de faire perdre toute trace de responsabilité dans la mort de Salnave, évidemment. Tôt dans la soirée du samedi 14, il l'avait fait arrêter par Montreuil, dira-t-il lors des assises (fait que nous ne pourrons malheureusement jamais prouver), alors qu'il visitait les bouches à feu du Palais. Et sans savoir qu'il s'agissait de lui. Du bluff pur et simple ? Trois hypothèses en tout cas s'imposent d'emblée à notre périple. La première : selon le plan établi par les conjurés, le Palais National, devant faire sous peu (le lendemain 15, nous dit-on) l'objet d'une attaque par Nérette, adoptant ce port camouflé et comme sans but du simple promeneur de la manchette, Salnave, auquel est dévolu un rôle quelconque dans cette attaque, n'hésite nullement à se rendre sur les lieux et ce, à seule fin d'une mise au point définitive du dit plan ou, plus modestement, de sa partition... et lui, au courant de tout, sait mieux que quiconque à quel appel précis, impérieux vient obéir Salnave dans ces parages. Et ce n'est nullement hasard que ce soit lui qui l'ait indexé.

La deuxième : la présence de Salnave aux abords du palais est absolument fortuite: Mais loin à ce moment d'imaginer le coup de Nérette, Jules qu'un climat de mensonges et de malentendus empêche sans doute de croire au caractère fortuit de cette présence (dans sa conversation avec Nérette le mercredi 12, rappelez-vous cette phrase qu'il nous dit tenir de lui et qui n'est peut-être pas une invention pure: «Nérette me répondit que cette conspiration était menée minutieusement, si bien que même les chefs de colonne ne se communiquaient pas») et ne veut pas courir le risque de laisser en vie ce témoin gênant dont, en cas d'enquête, ses ennemis pourraient apprendre beaucoup, le fait conduire à la mort.

Troisième hypothèse (La plus sordide en fait- mais pourquoi pas ?- et qui fait jouer à plein les liens de parenté bien connus unissant Félix Salnave à Firmin et d'autres asilés des Gonaives): ne nourrissant aucun doute quant à l'innocence de cet homme, Jules qui escompte de sa fusillade cette note d'incontournable nécessité dont, aux yeux de l'opinion, elle ne manquera point de revêtir autant ce complot que sa cuisante répression, faisant peser, par conséquent, d'un poids moins lourd sur ses épaules, la mort odieuse, la mort terrible de ses propres frères, le fait conduire à la mort.

Et Jules qui entend couper court d'avance à ces hypothèses qui ne manqueraient point de voir le jour pour peu qu'on s'interroge sur les raisons qui l'ont vu se décider bien tardivement à faire mourir un homme que la horde avait épargné (il devait être dans les cinq heures), inverse l'ordre de sa fusillade. Mais laissons-les poursuivre.

De ces trois hypothèses, laquelle vous parait la plus plausible ?

Les deux dernières évidemment. Mais on en reparlera plus loin.]

Alors on vous dit de le fusiller aussi ?

R. Ce n'est pas vrai. Je ne pourrais pas vouloir voir mourir Félix Salnave attendu que quand mon fils mourut, il me prêta un concours considérable, c'est lui même qui adressa pour moi tous les billets de faire part. Je ne vis aucun parent près de moi.

[Voilà sans doute ce qui, à mon avis, explique qu'il soit mort le dernier. Jules a hésité...puis, à la pensée du danger que ce captif ne manquerait point de le faire courir (ou à l'idée de ce qu'il pourrait tirer de sa mort), s'est décidé.]

Maintenant, pour ce qui est de Ti-Roche, Paul St Fort et Salnave, leur exécution n'a été que le fait de question absolument privée. *[Dans la lettre au général St Fort Colin, les deux à mourir pour des questions d'ordre per-*

sonnel, souvenez-vous, étaient Paul St Fort et Roche Armand. Voilà mainte-
nant Salnave ajouté à la liste!]

Roche Armand paya, par son exécution, les insultes qu'il fit quelques
jours auparavant à Léonce Leconte, au sujet d'une valeur de ... que Leconte lui devait pour la confection de deux pantalons. *[Quelle histoire !-Hé*
oui !] Paul St Fort, fut exécuté pour avoir quelques jours auparavant toisé
un grand personnage du gouvernement en réponse au salut de ce dernier.
Quant à Félix Salnave, il mourut pour avoir, en Février, accompagné à
bord Charles Germain et Duquerrouette qui partaient pour l'exil...

D. C'est tout ce que vous savez des fusillades du 15 Mars ?
R. C'est tout.

**D. C'est un droit qu'on ne peut pas vous retirer : celui de vous défendre
des accusations portées contre vous. Mais je vous ferai remarquer aussi qu'en majeure partie vos déclarations sont en parfaite contradiction
avec les dépositions même de ceux-là qui opéraient cette nuit-là. La
plupart déclarent formellement vous avoir vu opérer conjointement
avec eux. D'autres gens, les parents même des victimes, déclarent vous
avoir vu chez eux ; enfin la vindicte publique vous accuse d'être l'un
des principaux auteurs des hécatombes du 15 Mars.** *[(Une manière as-*
tucieuse sans doute de clore cette partie-ci de l'interview en appelant à la
vigilance du lecteur vis à vis des assertions de Jules, car, Mme Théoma
Laporte (son mari avait décampé) et Eliacin exceptés, nous ne disposons
d'aucun témoignage relatif à la participation de Jules aux arrestations
cette nuit-là.]
R. Qu'importe ! Ce que je sais et que j'affirme, c'est d'avoir dénoncé, comme je vous l'ai déjà dit, trois individus, et il y a plus, je n'ai pas été le premier à dénoncer cette conspiration. Je ne suis pas responsable de l'exécution des autres. Et, à supposer même que j'eusse contribué à l'exécution
de tout ce monde, ma responsabilité eut été encore à couvert, car j'étais
soldat. Il y avait des ministres. Quel était le devoir des ministres de la
Justice et de l'Intérieur ? N'ayant pas pu empêcher ces exécutions, ils
devaient dès le lendemain donner leur démission. Il y avait une Chambre et un Sénat, quel était leur devoir ? D'interpeller dès l'ouverture de
la session les ministres de la Justice et de l'Intérieur. Rien ne fut fait. Au
contraire on vit le dimanche 15 Mars, après la petite revue, Sénateurs,
Députés, Magistrats, tout le monde enfin, des gens que vous ne voudrez
pas croire, présenter au Président leurs félicitations, à l'occasion de ces
fusillades. On n'avait pas confiance en moi, la preuve en est que le lendemain des exécutions, ce dimanche-là même, en me pressant la main,

Timoclès Lafontant me dit : Général Jules, maintenant vous avez droit dans ce gouvernement.

D. Pourquoi vous avait-il dit cela ?
R. Parce que mes trois cousins avaient été fusillés.

D. À propos, voulez-vous me dire quel rôle a joué Timoclès pendant cette nuit. *[Intéressante question !]*
R. Je ne sais pas. Ce que je sais, c'est que Timoclès était tout, il n'avait pas d'heure pour aller au Palais, il y était tout le temps. *[C'est exactement ce qu'a dit Montreuil de Thimoclès, non?-Absolument. Mais bornons-nous, nom de Dieu, à cette nuit-là !]* On dit que j'ai eu une affaire au Consulat avec lui, c'est pas vrai. C'est Laraque qui eut une affaire avec Laleau - qui était toujours triste au Consulat –à propos d'une affaire de manger. *[Quelle vulgarité chez un divisionnaire!]*

D. Pouvez-vous me dire quels sont les bourgeois qui avaient pris part aux exécutions de cette nuit-là ?
R Je ne puis pas vous affirmer qu'il y avait ou qu'il n'y avait pas de bourgeois dans cette affaire, attendu que cette nuit je gardais mon poste. A ce sujet, c'est-à-dire, à savoir si à part les noms que je vous ai déjà cités, il y avait d'autres personnes prenant part à ces exécutions, adressez-vous d'abord à M. Na Jn Philippe, geôlier de la prison, au directeur du Cimetière et au chef de corps du 6ème Régiment *[Celui de Marmelade.]* cantonné au moment de cette affaire au bureau de l'Arrondissement, qui vous renseigneront. On met sur mon dos tous les péchés d'Israël. De tous les lieutenants du général Nord, je ne suis pas le seul qui ait fusillé ou fait fusiller. Qu'a-t-on fait à ceux-la qui ont fait fusiller les Traversière, Moise, Nelson, Dumay etc. etc. On ne les poursuit pas ceux-là ?

D. A propos, puisque vous venez vous-même sur la question, voulez-vous me dire le rôle joué par vous dans ces exécutions, puisque vous étiez Commandant d'Arrondissement ?
R. Aucun. C'est Monsieur Biga (Normil Sambour) qui, voulant obtenir le ministère de l'Intérieur vacant à ce moment, inventa avec sa clique, les Larencul et Cie, une histoire de bombe.

Un matin, ils placèrent sur les rails du tramway, à proximité du Palais un ferblanc contenant quelques matières explosibles et quand le tramway vint à passer, la bombe en question éclata, et une fumée s'en dégagea qui envahit la chambre du Président. Alors il fit comprendre au général Nord qu'il fallait fusiller les prisonniers. Des seize condamnés on prit alors cinq. Je n'étais pas là quand toutes ces combinaisons eurent lieu. J'entrai au Palais immédiatement après. Alors le Président me dit : général, il y a mouvement, allez faire battre l'assemblée générale, ce que je fis. Et l'affaire Maxi ? Qu'a-t-on fait à ceux-là qui ont fait mourir Destouches, Clément Lafontant etc. etc. *[Inutile de dire que, loin d'avoir été éclaircie, cette partie-ci de son témoignage, soulèvera de la part des noms cités, un tollé de protestations.]*

D. Vous n'étiez rien, lors de cette affaire. Comment pouvez-vous en être au courant ?
R. Je n'étais rien, mais je me tenais au palais pour ne pas être fusillé, car on me dénonçait à tout moment au Président, comme firministe. Clément Lafontant et Destouches ont été victimes de haines personnelles.

Des fausses lettres politiques ont été écrites, et on les publia dans les journaux entre autres «Le Moment» pour justifier l'exécution de ces messieurs.

D. Ces lettres ont été écrites par qui donc ?
R: Les Clément Magloire, Vilmenay, Régulus et Co. *[Déclarations calomnieuses, selon toute vraisemblance. Preuves à l'appui, on verra ces journalistes se défendre de toute participation à ces événements.]* Quand à ma responsabilité dans cette affaire du 15 mars, je vous le dis et vous le répète encore, elle est couverte, car j'étais soldat. Et si, à ce sujet, vous voulez avoir des renseignements, adressez-vous au Juge Valmé qui recevait les dépositions des lieutenants du gouvernement. Il détient les pièces.

D. Pouvez vous me dire, général, les raisons qui vous ont déterminé à laisser Kingston pour ici. Car, en connaisseur, je puis vous dire que Kingston est le centre où la vie est à meilleur marché pour l'exilé?
R. J'ai laissé Kingston, parce que là où est le général Nord je ne puis pas rester ... *[Aucune mention, remarquez-le, de sa demande d'extradition.]*
.. Et puis d'ailleurs, je suis l'ami du Gouvernement du général Antoine, car, quand il était délégué, à chaque fois qu'il venait à Port-au-Prince, il savait me faite visite.

D. Et par quel miracle avez-vous pu vous échapper de Port-au-Prince ?
R. On dit que c'est Pierre-Pierre qui a facilité ma fuite, on se trompe, mon fils: dèyè mône gain mône, tende.[15] *[Plaisimond Pierre-Pierre, à l'époque directeur des douanes de la Capitale, s'il faut en croire Jolibois. Le numéro du 2 janvier de L'Impartial fait largement état de cette rumeur.]*

---

15 Un morne en cache toujours un autre.

Massillon devait être fusillé depuis à l'époque où il faisait du Théâtre à Bizoton. Le gouvernement prétendait qu'il conspirait. [*Mensongère ou non, référence à une époque d'activités fébriles de notre théâtre. Deux ans après la fondation de cette compagnie déjà mentionnée (le Théâtre Haïtien), sur la propriété de Christian Mevs à Bizoton-les-Bains, en effet, on verra l'entreprenant poète, le 12 septembre 1906, donner naissance, et de concert avec Jules Rosemond, au premier théâtre en plein air d'Haïti.*]

Je vais rentrer. J'ai déjà écrit au Président pour lui demander non pas un passe-port mais lui annoncer que je rentre pour me faire juger. Car, je ne veux pas accepter toute la responsabilité qu'on fait peser sur mes épaules. (*Oui, voilà le mot clé, dirait-on*) Il y a des gens qui rôdent à côté du Palais ou qui y sont déjà quand leur place ne doit pas être là. C'est une honte pour moi, parce que je suis le seul Commandant d'Arrondissement qui soit en exil.

En prenant congé, le général me dit : moin pa di ou toute, pacequé si m ba ou toute, moin pa pé gangnin angnin pou moin baille lô ma rivé la bas[16].

*

Voilà la clé de tous les mensonges dont est truffée cette interview. Jules n'entend pas porter plus de responsabilité dans cette affaire qu'un Montreuil ou qu'un Thomas Hyacinthe par exemple, les exécutants fidèles d'un ordre émanant du plus haut de l'Exécutif et qui, par une interprétation plutôt étroite du texte de la loi, croient leur responsabilité de soldat absolument couverte, et sa situation d'ancien conjurateur (à la fois catalyseur et bourreau de ses complices) tendant à faire de lui un cas à part, le gêne. Et ce, d'autant plus que, malheureux dans son exil, il entend bien regagner son pays (la lettre à Jonathan St Fort Colin est-elle uniquement motivée par de la pure reconnaissance?). Au Président Simon, lui-même, il a écrit, nous apprend-il, à seule fin de lui manifester sa volonté ferme et délibérée de rentrer se faire juger. Cela a de quoi surprendre. Étant donné le contexte un peu particulier de quête de légitimité et d'apaisement des tensions (typique de nos sorties de règne sanglant) qui, au début de celui-ci, voit le pouvoir du débonnaire Antoine Simon, s'essayer à faire bon ménage avec l'intelligentsia de l'heure, firministe dans ses meilleurs élans (L'Impartial même n'en est-il pas un exemple des plus édifiants?) et qui, à son endroit, tout bien considéré, risquerait bien de se révéler rien moins

---

16 Je me garde bien de tout vous révéler, parce que si je le fais, je n'aurai rien à dire à mon arrivée au pays.

que fatal. Evidemment, cela n'est que superficialité et lui, Jules, l'homme des baïonnettes, et qui, en matière de nos moeurs politiques, pourrait en remontrer à quiconque, le sait d'expériences consommées aussi bien, du reste, que d'instinct (Avez-vous entendu sonner le «dèyè mône gain mône» asséné à Callard !). Mais le risque est grand quand même.

Simon avait-il reçu cette lettre? Quelle fut sa réaction? Mais est-ce pur hasard? Toujours est-il que c'est seulement trois ans plus tard, sous le règne cette fois-ci de Cincinnatus Leconte, grosso modo, donc, trois ans écoulés également après le procès Camille Gabriel, deux ans après celui de Montreuil, et quatre ans après l'affaire du 15 mars, alors que semblait depuis longtemps effritée, faisant corps avec cette demande intense et immédiate de réparation des forfaits, toute expectative de ce renouveau social, de ce renouveau des moeurs amorcé et sous-tendu par cette enquête, qu'on le verra tranquillement regagner le pays, faire en compagnie de Léonce Leconte et St Julien Laboucherie l'objet de ce fameux jugement souvent mis à profit par nous dans ce périple, jugement tenu, nous l'avons vu, au mois de mars 1912, et qui, donnant lieu à trois audiences, défraiera la chronique durant 6 jours; mais ça c'est une autre histoire. Oui, une toute autre histoire. Pour le moment, attelons-nous plutôt, et tenacement, à la lecture des témoignages qui nous restent.

– Il y a quelque chose qui me chiffonne. Le passage de son interview concernant Alexandre Christophe, est-il possible de le reprendre, je vous prie?

– Evidemment.

Cependant, d'après la déposition du Commissaire Théagène Cinéus, il parait que vous le connaissiez déjà. Dans sa déposition Théagène Cinéus déclare que, quand le détachement qui conduisait Christophe et dont il était, arriva devant la prison ; et qu'on vous annonça la capture du gibier, vous vous êtes avancé vers Christophe et lui avez dit : cé ou minm Christophe qui prend sept cents gourdes hier après-midi ?

Ah! L'expression *«vous le connaissiez déjà»* de Callard. A mon avis, ça ne veut nullement dire que Jules le connaissait vraiment...euh... en personne, j'entends, mais s'avérait à tout le moins au courant de ses dispositions favorables à ce complot (selon ce que laisse croire son cohabitant St-Ange St-Pierre, nous l'avons vu, Alexandre est un ancien firministe actif au front du Limbé en 1902). Il n'est pas interdit de le croire probablement abouché avec Massillon. Et ce détail d'ordre pécuniaire qui, dans la chaleur et la pleine spontanéité des actes, avait, par mégarde, j'imagine, échappé à Jules, le concernant, détail par bonheur tombé à l'oreille de Théagène Cinéus qui nous l'a restitué, tout comme ceux relatifs à Edmond Ethéart vus par nous précédemment, avaient sans doute dû figurer au nombre des choses qui, de la visite de Massillon au Bureau de l'Arrondissement, le vendredi 13, à son arrestation le samedi 14 dans la soirée, s'étaient vu constituer les frais du cuisinage éhonté opéré par son frère Jules à son insu. Avait-il, Alexandre, été pris dans les circonstances rapportées par Jules? «Min n'homme yo rélé Alexandre la ; nous sotte prend li sous tête youn caille.» Les circonstances de son arrestation, nous l'avons vu aussi, étaient tout autres. Découvert derrière un matelas où, pour se soustraire à ses envahisseurs, il avait eu, et sans camoufler plus avant sa présence (son lit était resté défait !), la mauvaise fortune de se cacher, il avait été pris séance tenante et brutalement emmené. En prêtant à son arrestation de telles circonstances, Jules, visiblement, s'était trompé de personne.

Lui aussi, vous en avez fait, étonné, la remarque, dormait tranquillement cette nuit-là. Place, maintenant, aux autres témoignages.

ÉCHO DES ASSISES

«Le juré Félix Magloire apprend ensuite de l'accusé, (*Jules Coicou*) que la lettre à Etienne fils fut apportée des Gonaives par un étranger, mais qu'il en ignorait le contenu ; le Président lui en avait seulement parlé ; que, toutefois, il remit lui-même une lettre au général Nord, prise de Massillon.» [Le Nouvelliste, 9 mars 1912. Compte rendu du procès-Jules Coicou.]

«Et l'on interroge cet accusé, toujours à propos de la caisse de munitions. Il avoue l'avoir remise à Massillon, le soir du 14 mars, et c'est une femme qui l'emporta, cependant qu'à sa sortie Massillon devait tomber, au Champ-de-Mars, dans un cordon de troupes qui l'attendaient. «Le procédé est machiavélique, dit-il, mais c'était cela, il le fallait.»

Voilà le guet-apens nettement établi ! S'écrie le substitut Constant.» [Le Nouvelliste, 8 mars 1912. Compte rendu du procès-Jules Coicou]

«Le juré Félix Magloire veut qu'on renseigne sur l'état dans lequel Alluption Casimir fut amené en prison. - Il était presque nu, en cotte de chemise, répond le témoin (*Dorléus Jn Philippe)*» [Le Nouvelliste, 7 mars 1912. Compte rendu du procès-Jules Coicou]

Relire Théagène Cinéus, Georges. Alluption Casimir ou Robert Lamothe ? Enfin, quelle importance!

*

Et c'est alors que j'ai pu reconnaître ces messieurs

GENERAL NERESTAN ZAMOR
ANCIEN ADJOINT DE L'EX-COMMANDANT DE L'ARRONDISSEMENT LE GAL. JULES COICOU

D. Général, dans son interview que vous avez dû lire dans notre journal, le général Jules Coicou, dont vous étiez l'adjoint, a dit que c'est à vous qu'il avait confié la garde du bureau de l'Arrondissement, durant la nuit du 14 au 15 Mars?
C'est vous, dit-il, qui lui avez fait le rapport qu'on venait d'entrer en prison avec ses parents, au milieu d'un fort détachement commandé par les généraux Arban Nau, Fusillé, Léonce Leconte et Joannis. Voulez-vous nous dire si ces faits sont exacts? *[Reprise rigoureusement exacte des dires de Jules?- Absolument. Mais nous pouvons toujours vérifier. Exacte.]*
R. Non.

D. **Vous n'étiez donc pas de service?**
R. Oui, je n'avais reconnu personne, bien que j'aie vu entrer du monde en prison : il faisait noir.

[Gardons en mémoire le témoignage de Porsenna Laurent qui comptait, cette nuit-là, souvenez-vous, au nombre de ceux ayant conduit Horace et Pierre Louis en prison. Arrivés devant celle-ci, nous dit-il, le général Jules parut à la fenêtre du Bureau de l'Arrondissement contigu et dit : «fais-yo entré.» Avait-il été averti par quelqu'un de leur arrivée en ces lieux et sous bonne escorte ? C'est probable. Mais ce qui demeure certain, en tout cas, c'est qu'on ne l'avait nullement vu montrer, à l'ouïe de cette nouvelle, ce rôle passif prétendu dans son interview.]

D. **C'est bien. Mais quand on a été prendre les prisonniers pour les conduire à la mort, n'est-ce pas vous qui en aviez donné connaissance au général Jules?**
R. Oui, et c'est alors que j'ai pu reconnaître ces messieurs parce qu'il faisait déjà jour : il était environ 4 heures 1/2 du matin ; j'ai, en effet, annoncé à l'Arrondissement, qu'on sortait de la prison avec ses parents

au milieu d'un fort détachement commandé par les généraux Leconte, Choute, Montreuil, Thomas Hyacinthe et St Julien Laboucherie. [*Les noms soulignés de la fameuse lettre à St Fort Colin, notez-le.*]

Montreuil était sur un cheval rouge et se tenait devant la barrière de la prison, il n'était pas rentré avec les autres ; il avait deux hommes à pied à ses côtés.

– [*Ces détails (couleur du cheval, présence de deux hommes à pied à ses côtés) l'avez-vous remarqué, sont identiques à ceux que nous a fournis Jules Coicou au sujet de la première visite quelques heures auparavant, de Montreuil à la prison. Visite ayant eu lieu, selon Jules, dans le but d'ordonner au geôlier de préparer les prisonniers pour l'exécution.*

– *Un mensonge sans doute de Jules que j'attendais cette occasion pour relever.*

– *Pourquoi ce mensonge de Jules?*

– *Souvenez vous qu'il n'était pas en de bons termes avec Montreuil. A la fois assouvir sa vengeance de lui et se faire passer pour totalement étranger à cette décision d'exécution. Un coup double, dirait-on. Maintenant, faisons appel à Déjoie Dorcé pour clarifier ce point: Selon lui, la première fois où Montreuil s'était présenté devant la prison, il était à peu près minuit. À la question «était-il seul», que répond-il ? Il était à la tête d'une forte escorte à cheval et suivi d'une plus forte colonne d'hommes à pied. Maintenant, cette mise au point faite, poursuivons avec Neréstan Zamor.*]

D. Alors, et selon ses instructions, vous teniez le gal. Jules au courant des moindres faits qui se passaient au dehors?
R. Oui ; j'étais placé pour cela. A 5 heures du matin, le général m'expédia au Palais, pour annoncer à l'un des aides de camp de service, qu'on venait de sortir avec Alluption et Salnave.

La mort dans l'âme je me mis en mesure d'exécuter cet ordre ; sans doute le gal. Jules trouva que j'étais trop lent et il m'apostropha en ces termes: *moin voyé ou et ouap maché doucement ; ou gangnin lè ou contre?*[17] Je pleurai et me hâtai d'aller au Palais où je remis la commission à l'aide de camp de service.

D. Quel était cet aide de camp?
R. Je ne me le rappelle pas.
[-*Dégand?*
Il était là, c'est sûr, à preuve, l'évocation presque textuel du message

---

17 Je vous charge d'une mission et vous y allez de cette lenteur; il m'a bien l'air que vous êtes contre!

fait tenir au Palais par Jules. Si c'était à lui directement, sur l'identité de
l'adjoint messager, n'aurait-il pas été plus affirmatif? «Je ne sais pas si
c'était Joannis, a-t-il dit, mais un adjoint de l'arrondissement est venu....»
Ce qui montre qu'il a du tenir le fait sur l'heure mais d'une autre main.
Du moins c'est ce que je pense. Avec de tels rétentionnaires, peut-on être
jamais affirmatif!...Mais laissons poursuivre Nérestan.]

D. Quel était cet aide de camp?
R. Je ne me le rappelle pas.
J'étais si bouleversé! Ce que je sais, c'est que j'ai transmis la commission. J'étais, en effet, sous le coup de la plus poignante émotion et de
la plus profonde douleur...Massillon qu'on venait d'exécuter, était mon
parent, car, il a enfanté avec ma cousine Saincilia. Et rien qu'au souvenir
de cette triste nuit, mes larmes coulent : Voyez MM. - Il parait que je ne
convenais pas comme adjoint : je n'étais pas un *officier capable* ; et après
l'incendie du mois de Juillet dans lequel j'attrapai une pleurésie, je fus
révoqué par le général Jules.
[– Ces poètes et leur vie ...
– Des coureurs de cotillon?
– Tous autant qu'ils sont !
– Ah! ah! ah!]

*

– A quoi pensez-vous?
– À vos affirmations au moment de l'interview de l'aide de camp Emmanuel Dégand. La preuve qu'il était au Palais cette nuit-là, peut-être aisément faite à partir de cette mission de Nérestan dont il a évoqué à peu de
chose près, les paroles.
– Oui, à peu près. Mais il y a une différence de taille quand même et
qui, de surcroît, joue en sa faveur. Selon Dégand, il avait annoncé non pas
qu'on allait sortir avec Alluption et Salnave mais qu'on allait finir avec
eux. Et je ne sais trop pourquoi, mais ça me semble bien ce qui avait été
vraiment dit ce jour-là.
– Vous avez peut-être raison.
Ça c'est quoi?
– L'interview du geôlier Dorléus Jn Philippe. À laquelle nous devons,
sans dételer, nous colleter à présent.
– Auparavant, une petite question si possible.
– Allez-y.
– Pourquoi Jules a-t-il tenu à faire savoir au Palais qu'on allait finir

avec Alluption et Salnave?

– C'est vraisemblablement parce qu'ils ne figuraient pas sur la liste des promus à la fusillade.

– Pourquoi arrêtés au soir du 14 au 15 sous la prévention de complot n'y figuraient-ils pas? Bénéficiaient-ils d'une protection particulière?

– Non. Ils auraient été quittes pour quelques jours de prison sans plus.

– Rien donc ne nous interdit de croire qu'on ne disposait d'aucune certitude quant à leur participation à ce qui se tramait.

– Rien ne nous interdit de le croire en effet.

*

– À quoi pensez-vous?

– Aux déclarations d'Alluption à Mme Théoma Laporte le pressant de découcher cette nuit-là. Se pourrait-il qu'ils fussent exécutés étrangers à toute idée de complot?

– Hé oui ! mon grand ami. Et ils sont loin, nous l'avons vu, d'être les seuls. Mais nous en reparlerons plus loin, soyez-en sûr, faisons place nette pour le moment au témoignage plus qu'essentiel du général Dorléus Jn Philippe.

Témoignage
du geôlier Jn Philippe
et ce que nous pouvons
ou non en tirer
concernant la présence parmi les prisonniers
de notre Benjamin

GENERAL DORLEUS JN PHILIPPE
EX-DIRECTEUR DE LA PRISON
DES HOMMES DE LA CAPITALE

D. Général, dans son interview le général Jules Coicou nous réfère à vous pour avoir des renseignements sur les assassinats du 15 Mars et notamment sur les bourgeois qui s'étaient présentés, cette nuit-là, en prison dans l'escorte des divers commandants militaires qui vous avaient fait visite. Voulez-vous vous mettre à notre disposition à ce sujet?

R. Oui. Le samedi 14 Mars, entre 8 heures et 9 heures du soir, [*Heure rigoureusement exacte?*] le général Jules Coicou se présenta devant la barrière de la prison et m'appela pour me donner l'ordre de mettre dans les fers, pour en cas de besoin, messieurs Félix Salnave qu'on m'avait amené dans l'après-midi et Madou qui était en prison depuis le mois de Décembre. Les officiers du 2ème bataillon du 30ème régiment cantonné à la prison, sont montés avec moi et nous avons exécuté l'ordre de l'Arrondissement quelques heures plus tard. Dans la nuit alors on amena les trois frères Coicou, Massillon d'abord, Horace et Pierre-Louis ensuite.

D. Qui les avait amenés, et en vertu de quel ordre?

R. Le Commandant de l'arrondissement lui-même *et d'ordre supérieur* (Vous savez ce que cela signifie, puisque vous avez connu la prison et les fers) Les autres : Roche Armand, Alluption, Alexandre Christophe, Robert Lamothe, Paul St Fort, Mérové et ses deux fils, ont été amenés par le général Léonce Leconte, chef de l'Etat-major du Président, et repris, une demi-heure après leur entrée, par le même Leconte.

Le dimanche 15 Mars, à 5 heures du matin environ, tandis que les officiers du 30ème et moi sortions pour savoir ce qu'il y avait dehors, le gal Jules Coicou se présenta en personne et me dit : où est Félix Salnave?

Le général Bellomon Bélizaire, chef de la garnison et moi répondîmes que gal Salnave est là aux ordres du Président. Non clama le gal Jules, *cé moin qui té arrêté li lors li ta pé compté canon nan la cour gouvernment.*[18] Et puis il fit semblant de s'en aller mais, revenant tout de suite, il nous enjoignit avec force menaces de lui livrer le prisonnier, Félix Salnave. *Ban moin li ! cé moi qui té arrêté li : yo fisié toute moune, yo pa ça quité li : Ban moin li.*[19] Force nous fut donc de lui livrer Salnave, puisque c'est lui qui nous l'avait envoyé.

D. Est-ce qu'on n'avait pas essayé de prendre aussi pour les exécuter des citoyens qui n'étaient pas en prison avant les Messieurs dont nous parlons?

R. Non, à part ce que je vous ai dit concernant Madou, qui m'avait été amené depuis le mois de Décembre.

D. Quels étaient les bourgeois que vous aviez vus dans la cour de la prison?

R. Aucun, car, à partir de six heures du soir, les bourgeois n'y entraient plus, à moins que ce soit pour être internés. Il n'y avait dans la cour que le général Leconte et son état-major.

D. Quels sont les aides-de-camp que vous aviez reconnus dans l'escorte de Leconte?

R. Pas un seul ; je n'en avais pas le temps, puisqu'on me pressait de remettre les prisonniers, avant qu'il fut jour. *[Mensonge?-Il n'y a aucun doute]* Leconte est donc entré avec des aides-de-camp; mais son escorte était resté dehors.

Dans la matinée, vers 10 heures, il vint prendre les deux fils de Mérové qu'il conduisit au Palais ; ces jeunes gens ont été remis en liberté.

D. Quelle a été dans cette affaire, la conduite du général Bellomon, le chef de la garnison?

R. Le général Bellomon est un homme de bien dans toute l'acception du terme, et il eut une conduite des plus louables ; il essaya, mais en vain, de sauver Salnave. Lui et moi avions, en effet, résisté au général Jules, mais le dernier mot resta à l'Arrondissement.

---

18 C'est moi qui l'ai arrêté alors qu'il s'est fait surprendre à compter les canons détenus dans l'enceinte du palais..

19 Donnez-le-moi ! c'est moi qui l'ai arrêté: on a fusillé tout le monde, on ne saurait, lui, le laisser en vie.Donnez-le-moi!

Personnellement, je n'ai jamais eu de rapport avec le général Jules, si ce n'était que pour le service et par correspondance. Ce général n'avait point confiance en moi et me l'avait même dit en présence de la garnison. Il me haïssait : la lettre qu'il m'adressa le 16 mai 1907 et que je vais vous lire l'atteste.

Cette lettre a été communiquée au Président et à ses Ministres. Jules fut appelé, et, en plein conseil des Secrétaires d'Etat, je lui dis qu'il me connaissait, puisque tous deux nous sommes de Port-au-Prince, et que je n'ai jamais été son camarade. Depuis, il me haïssait et m'en voulait mortellement ; et la première fois qu'il m'adressa la parole, après cette affaire, fut le 14 mars au soir, lorsqu'il vint me passer les ordres pour mettre Madou et Salnave dans les fers. Je ne m'explique donc point que ce monstre se soit permis de citer mon nom et veuille essayer de m'associer à *sa nuit fatale,* lui, l'exécuteur des hautes oeuvres, le professionnel breveté en ces matières.

*

– Fini ?

– Bien sûr.

– Interview d'une importance extrême !

– Sans aucun doute.

– Et qui, par conséquent, nécessite de notre part quelques petites clarifications et mises au point. Premier point à discuter : Jules avait-il conduit personnellement les frères Coicou en prison ?

C'est ce qui, à première vue, se dégage de la lecture de cette partie-ci de l'interview :

«D. Qui les avait amenés, et en vertu de quel ordre?

R. Le Commandant de l'arrondissement lui-même et d'ordre supérieur [Vous savez ce que cela signifie, puisque vous avez connu la prison et les fers] Les autres : Roche Armand, Alluption, Alexandre Christophe, Robert Lamothe, Paul St Fort, Mérové et ses deux fils, ont été amenés par le général Léonce Leconte, chef de l'Etat-major du Président, et repris, une demi-heure après leur entrée, par le même Leconte.»

Ce n'est nullement ce que nous dit Alexandre Nelson au sujet de Massillon, ni non plus Porsenna Laurent au sujet d'Horace et de Pierre Louis.

Tiré d'un compte rendu fait par Le Nouvelliste d'une des journées d'audience du procès-Jules Coicou, ce paragraphe, Georges, ne peut-il nous être d'un certain apport :

«(...) Témoin, ajoute le substitut, répétez haut et fort ce que vous savez des agissements de Jules Coicou, durant la nuit du 14 au 15 Mars ?

Le témoin répète que c'est Jules Coicou qui envoyait les prisonniers. On les remettait, non pas à lui directement, mais au chef de la garnison à la prison. Coicou s'en informait et de ses propres yeux contrôlait l'exécution de ses ordres.» [D. J. Philippe. Le Nouvelliste, 7 mars 1912.]

«Amenés», donc, doit être pris dans un sens tout autre que celui où nous l'entendons. Et s'il sous-entend, de manière abusive, celui dont on répondait vis-à-vis des prisonniers, il n'est nullement en contradiction avec les témoignages de Nelson et de Laurent.

On trouve le même abus de sens dans cette phrase de Beauvais Bréva :

«C'est après avoir déposé Massillon que le général Jules envoya le même détachement renforcé de quelques hommes de garde à l'arrondissement, prendre Horace et Pierre Louis Coicou.»

Second point à discuter. Certains prisonniers avaient-ils été remis personnellement à Jules ?

C'est ce qu'insinue la réponse faite par Dorléus à la question de Frédérique. Et qu'il laissera clairement entendre plus tard lors des assises de 1912 :

«(...) On revient au témoin Jn-Philippe, qui précise avoir reçu, cette nuit du 14 au 15 Mars, onze individus (en plus de Félix Salnave) dont deux jeunes fils de Mérové Armand. De ce nombre, 6 furent livrés à Leconte personnellement (ce qu'atteste l'accusé) les 4 autres à Jules Coicou lui-même, dont Félix Salnave le dernier, à 4 hres.

– D'ordre de qui, demande-t-on, furent-ils incarcérés ? – Des généraux Leconte et Coicou, répond le témoin, qui eux-mêmes vinrent les reprendre.» [D. J. Philippe. Le Nouvelliste, 7 mars 1912.]

D'abord que nous a raconté Jules? Les prisonniers emmenés par Leconte et consorts, lui, avait ordonné de seller son cheval et les avait suivis. Maintenant, essayons rapidement de relire à ce sujet ses adjoints Déjoie Dorcé et Nérestan Zamor :

Déjoie Dorcé:

«D. Vous rappelez-vous à quelle heure, il est rentré au bureau après cette dernière sortie ?

R. Je ne me rappelle pas. Mais il rentra et passa le reste de la nuit au bureau, pour n'en sortir qu'à 4 heures, au moment où le général Leconte est venu prendre les prisonniers (Oui, le général Leconte, notez-le bien.)

pour les emmener au lieu d'exécution. - Le général Jules était en haut ; quand il entendit le bruit dans la rue, il demanda qui c'était. C'est moi qui lui répondit que c'était le chef d'Etat-major du Président avec son détachement composé de police et de volontaires et de soldats. Alors, le général Jules descendit, fit seller et sortit.»

Nérestan Zamor:

«D. C'est bien. Mais quand on a été prendre les prisonniers pour les conduire à la mort, n'est-ce pas vous qui en aviez donné connaissance au général Jules?

R. Oui, et c'est alors que j'ai pu reconnaître ces messieurs parce qu'il faisait déjà jour : il était environ 4 1/2 heures du matin ; j'ai, en effet, annoncé à l'Arrondissement, qu'on sortait de la prison avec ses parents (On sortait de la prison, notez-le) au milieu d'un fort détachement commandé par les généraux Leconte, Choute, Montreuil, Thomas Hyacinthe et St Julien Laboucherie.»

Personne n'entend nous apprendre ce qui s'était produit après que Jules fût descendu... c'est évident, mais personne ne le contredit non plus.

Doit-on croire que Nérestan s'était trompé en affirmant avoir vu les parents de Jules parmi les prisonniers, lesquels seront remis à Jules lui-même, une fois descendu. Et qu'alors se seraient produit les faits dont la rumeur parviendra à Callard:

Les rumeurs de Louis Callard: (ces faits ont-ils eu lieu au moment de les conduire pour le cimetière ?)

«D. Vous n'avez pas non plus donné en prison, pour amarrer Horace ou Massillon, la têtière de votre cheval?

R. C'est faux.

D. Horace ne vous a pas non plus parlé en prison ? Ne vous a-t-il pas dit entr'autres paroles, celles-ci : Général, c'est vous qui faites cela ?

R. C'est encore faux.»

Relisons, je vous prie, Dorléus Jn Philippe. À la question de Frédérique:

«Quels étaient les bourgeois que vous aviez vus dans la cour de la prison?»

Que répond-il?

«R. Aucun, car, à partir de six heures du soir, les bourgeois n'y entraient plus, à moins que ce soit pour être internés. Il n'y avait dans la cour que le général Leconte et son état-major (Que le général Leconte, notez-le bien.)

D. Quels sont les aides-de-camp que vous aviez reconnus dans l'escorte de Leconte?

R. Pas un seul ; je n'en avais pas le temps, puisqu'on me pressait de remettre les prisonniers, avant qu'il fut jour. Leconte est donc entré avec des aides-de-camp; mais son escorte était restée dehors.

Dans la matinée, vers 10 heures, il vint prendre les deux fils de Mérové qu'il conduisit au Palais ; ces jeunes gens ont été remis en liberté (...)»

Aucune mention d'une présence quelconque de Jules dans cette fameuse cour, à ce moment! Bizarre, non? Une présence qui, dans son témoignage, eût du éclipser celle de Leconte, compte tenu du caractère par trop exceptionnel et incongru du fait. Prenons ce compte rendu des déclarations faites au prétoire par Jules Coicou, la veille du témoignage de D. Jn Philippe :

«Pendant la nuit, il (Jules Coicou) garda son bureau; c'est, vers trois heures du matin, son adjoint Nérestant Zamor qui lui annonça que l'on conduisait des prisonniers, entr'autres trois de ses frères. - De suite il monta à cheval, ne put rencontrer que devant le cimetière l'escorte commandée par Léonce Leconte et Laboucherie. Ces messieurs étaient déjà en posture d'être fusillés.

A mon étonnement Léonce Leconte répondit : «C'est d'ordre du Président qu'on fait l'exécution.» Il n'eut qu'à se retirer (...)

L'accusé Leconte, interrogé par un juré, atteste la véracité du fait.» [Le Nouvelliste. Mercredi 6 mars 1912. Compte rendu du procès Jules Coicou.]

Les prisonniers remis à Jules, personnellement, pourquoi aurait-il attendu d'arriver devant le cimetière, les prisonniers en posture d'être fusillés, pour se livrer à sa comédie d'homme étonné?

– Que conclure donc de tout ça?

– Qu'il y a eu faux témoignage de Dorléus Jn Philippe lors des assises. Ce n'est que trop évident.

– Et pourquoi donc, selon vous ?

– L'assouvissement de ce vieux contentieux, de cette antipathie vécue et réciproque dont il fait mention dans son interview avec Frédérique ? Sans doute. Mais ce fameux procès ayant eu lieu sous Cincinnatus Leconte, cousin du chef d'état-major, je ne peux m'empêcher, et il n'est pas interdit de regarder ce faux témoignage sous l'angle de ses immédiats effets. Et ils sont d'importance : accablants davantage encore pour Jules dont les actes, compte tenu de ses liens de parenté avec certaines des victimes, se trouvent déjà pris sous un faisceau des plus odieux, ils ne laissent d'être, quant à Léonce Leconte d'une ombre accrue des plus propices, reléguant son rôle d'une prééminence indiscutable cette nuit-là (venir quérir les prisonniers et les conduire à la mort !) à celui d'un simple et comme négligeable comparse. Mais ça, c'est une autre histoire dont nous parlerons plus loin.

– Et ces fameuses rumeurs parvenues à Callard ?

– Elles auraient pu bien tenir entre l'emprisonnement et la sortie pour l'exécution, ainsi que, du reste, nous le suggère fortement le premier compte rendu du témoignage de Dorléus Jn Philippe cité précédemment :

> «(...) Témoin, ajoute le substitut, répétez haut et fort ce que vous savez des agissements de Jules Coicou, durant la nuit du 14 au 15 Mars ?
>
> Le témoin répète que c'est Jules Coicou qui envoyait les prisonniers. On les remettait, non pas à lui directement, mais au chef de la garnison à la prison. Coicou s'en informait et de ses propres yeux contrôlait l'exécution de ses ordres.» [D. J. Philippe. Compte rendu du Nouvelliste, 7 mars 1912]

A notre incroyable mystère, l'expression «de ses propres yeux» pourrait bien, à tout prendre, se révéler d'un éclaircissement passable, non ?

– Absolument.

– Troisième et dernier point : Ne nous a-t-on pas dit qu'Alexandre n'était point entré en prison ? Comment expliquez-vous que Dorléus le compte (relisez-le) au nombre des prisonniers par lui livrés à Leconte ?

– Euh...attendez! Assez étrange en effet.

– Ou il avait un trou de mémoire, ou il avait vraiment livré dix prisonniers, mais s'était trompé sur l'identité de l'un d'entre eux qu'après coup, sous l'influence des révélations de la presse, il avait pris l'habitude de désigner sous le nom d'Alexandre Christophe.

– Notre Benjamin?

– Ne vous avais-je pas promis, Georges, d'y revenir ? C'est, en effet, à lui que je pense toujours. Mais nos chances de le vérifier se révèlent malheureusement quasi nulles.

– Les archives de la prison; c'est à elles, sans aucun doute, qu'il convient de s'adresser, et trouver le registre d'écrou dans lequel avaient été consignés les noms des internés cette nuit-là.

– Pour satisfaire à la rigueur et par acquit de conscience, pour ainsi dire, j'entends ne ménager nul effort à cette fin, mais si, comme de règle, pareille formalité avait été soigneusement accomplie par notre geôlier, pensez-vous sincèrement qu'il eût accouché d'une telle bourde aussi effrontément?

Comme l'indique, du reste, l'extrait de notre second point, on le verra en 1912 affirmer en plein prétoire exactement ce qu'il a dit à Pierre

Frédérique, sans soulever ou sans que la moindre objection de la part du ministère public n'ait été retenue par nos chroniqueurs. La même incroyable méprise se retrouve également dans cette courte, mais irremplaçable, lettre de Madou que j'entends, Georges, à présent mettre sous vos yeux. Mais à la différence de Dorléus Jn Philippe, on peut imaginer qui a été confondu par lui avec Alexandre Christophe, et qui ne peut-être que l'un des prisonniers dont il n'a pas fait mention des noms, à supposer évidemment qu'ils partageaient, eux aussi, sa cellule : Roche Armand, Robert Lamothe, Paul St fort Colin. Où est-elle cette fameuse lettre? Oui, la voilà : Elle porte la date du 3 février 1909 mais a été publiée dans L'Impartial du 13 février sous ce titre que vous voyez là, probablement destiné à lui donner du relief dans une colonne surchargée où elle serait à tout le moins perdue :

LA NUIT DU 14 AU 15 MARS: TÉMOIGNAGE D'AUREL MADOU

M. le Gal Emmanuel Nadreau, ex-chargé de la place de Port-au-Prince, était venu dire au concierge de la prison des hommes de cette ville de faire transporter Mr Aurel Madou au même cachot que Mr Félix Salnave. Il était minuit quand on était venu avec férocité m'ordonner de m'habiller. En sortant dans la cour, je voyais des soldats armés de fusil et une caisse de munitions, (*celle du flagrant délit? C'est ce que, à tort peut-être, je me plais toujours à croire*) ensuite je voyais le concierge ouvrir une chambre et me dire d'entrer, et m'a mis aux fers, étant aux fers aussi, je voyais le feu Félix Salnave à mon côté et aux fers aussi, quelques minutes on emmena les messieurs Horace et Louis Coicou, Mérové, Alluption Casimir, Alexandre Christophe, un fils de Mérové et Mr l'honorable Massillon Coicou...quelques heures de temps, après la pêche, on venait nous prendre deux par deux. Le fils de Mérové et moi qui sont en dernier, on nous a laissé pour le lendemain, car il faisait jour et si ce n'étaient pas les trois coups de canon du navire de guerre anglais, nous serions exécutés dimanche au soir. Maintenant, voyant marcher, fier et librement, dans les rues Mr Nadreau qui est aussi coupable que le général Jules, je prie la justice de porter attention à cela, car c'est un criminel endurci ; on prend trop à la légère les choses en Haiti [Aurel Madou, Port-au-Prince, 3 février 1909]

– Oui, la même erreur, c'est évident. Et encore plus grave ici, car on pourrait aisément déduire de sa lecture que l'arrestation d'Alexandre Christophe s'était produite aux environs de minuit, non?...L'ordre de le mettre aux fers ne venait-il pas de Jules Coicou ?

– S'il faut en croire notre geôlier, oui. Mais Madou, nous l'avons vu, nourrissait contre Nadreau, une rancune des plus tenaces, ce qui, à son endroit, l'avait poussé à des affirmations hâtives, irraisonnées. Affirmations, nous l'avons vu, marquées au doute et au mensonge. Maintenant, à cette enquête, mettons un point final par la lecture pénible des témoins de la Place du cimetière.

Arguments oubliés
en faveur de mon hypothèse
de l'innocence de Félix Salnave :

1- Ses frères et son beau-frère sont au consulat, et lui ne se cache point; mieux, se permet une balade aux abords du Palais.

2- A supposer qu'un quelconque plan d'attaque nécessitait, sur les lieux, une mission d'espionnage, fût-ce à lui, qu'elle eût été confiée.

3- Convaincu même médiocrement de culpabilité, n'aurait-il pas fait partie des premiers fusillés ?

A supposer qu'il dût à une protection particulière de se voir épargner par la horde, bien puissante devait être celle-ci, ou suffisamment en tout cas, pour l'empêcher de mourir.

4- Et si Jules dit vrai, qu'il avait, au mois de février, accompagné à bord Charles Germain et Duquerrouette qui partaient pour l'exil, quel meilleur gage pourrait-on avoir de son innocence ?

Le beau-frère de Firmin et, de surcroît, frère d'Albert Salnave, au su et au vu de tous, accompagnant, au mois de février, des firministes notoires en partance pour l'exil !

Faut être bien au-dessus de tout soupçon pour pouvoir se rendre coupable d'un pareil acte !

Par quel miracle, alors, avait-il pu, jusqu'au 14 mars, échapper à l'emprisonnement ou à la fusillade ?

Voilà mes arguments, Georges, connaissant notre milieu aussi bien que nos arbitraires ancrés, irréductibles, vous jugerez par vous-même ce qu'ils peuvent bien valoir.

D'AUTRES TÉMOINS
DE LA PLACE DU CIMETIÈRE

A la rue St-Honoré, elle rebrousse chemin sur l'ordre de son mari. (...)
Mais elle ne peut pas rester chez elle : elle se rend aux environs du cimetière. A la lueur d'un coup de feu, elle reconnaît, grâce à la couleur blanche de ses vêtements, Horace Coicou déjà mort.
[Le Matin, 27 juillet 1910. Compte rendu du procès Montreuil]

La 2e journée, hier, sur cette capitale affaire s'est déroulée avec la
même note passionnante. Dès l'ouverture des débats, les esprits étaient
en ébullition ; le creuset s'ouvre de toutes les choses les plus odieuses, qui
font douloureusement frissonner à mesure qu'elles se précisent. C'est un
cri d'horreur ; l'orgie sanglante du 15 Mars étouffe, et par instants, les
remous significatifs dans l'auditoire à travers des incidents, donnent à
l'audience une vive allure, souvent d'une tristesse navrante.
[Le Nouvelliste 7 mars 1912.Compte rendu du procès Jules Coicou]

MME VEUVE RAOUL PROPHÈTE
NÉE CLARISSE COICOU

D. Que savez-vous, madame, de l'exécution de vos trois frères?
R. Le 14 mars vers 11 heures du soir, le bruit le plus infernal se faisait entendre autour de la maison. On frappait en même temps à toutes les portes : des voix criaient : ouvrez! Ouvrez ! Docteur ! Enfin maman, prise de peur, se disposa à aller ouvrir la porte du salon.

On avait frappé avec tant de force que la porte céda et des hommes armés pénétrèrent. Ils envahirent le haut de la maison où se trouvaient Pierre-Louis et Clément qui dormaient à ce moment-là. La maison était déjà envahie que l'on frappait toujours aux autres portes, alors j'allai ouvrir à mon tour et un nouveau détachement pénétra. Chaque ouverture était gardée par dix ou douze hommes et en passant pour aller dans la chambre de maman plusieurs marchèrent sur mes enfants, particulièrement sur mon fils Etienne qui garda le lit plus de deux mois après cette affaire, souffrant d'un abcès au pied. Sur ces entrefaites, on faisait du tumulte en haut; j'entendis la voix de maman; alors je montai pour voir ce qu'il y avait. J'arrivai et vis Louis assis sur son lit, en train de passer son pantalon; et comme il soulevait son oreiller pour prendre ses chaussettes, le général Joannis Mérisier lui dit : *Si ou fait gnou mouvement zames ma foute fisillé ou sou cabanne la et fais vite.*[20] Ces impertinences me révoltèrent et je répondis au général Joannis Mérisier que Docteur n'avait pas à faire vite et prendrait pour s'habiller le temps qu'il prend toujours. Alors Louis pour empêcher que la discussion continuât me supplia de ne plus dire un mot. Entre-temps, le malheureux avait fini de se vêtir. On descendit avec lui et arrivé en bas, il nous embrassa, maman et moi.

Sur l'ordre du général Joannis, le détachement s'arrêta devant la barrière. A ce moment, ce même vacarme se produisait chez Horace; on frappait, on criait. Alors je traversai immédiatement pour aller voir ce qui s'y passait. Le général Joannis Mérisier s'était adjoint à l'inspecteur Fusillé Laroche et ils avaient procédé à l'arrestation du pauvre Horace qui, tout souffrant ce soir-là, pouvait à peine se tenir sur ses jambes. Il nous embrassa et fit la recommandation à Clara de lui apporter en prison le lendemain matin, sa montre et une ou deux gourdes de nickel, [-*Une mention de ce fait, nous l'avons vu, se trouve aussi chez Clément Coicou- Sûr]* puis, on continua avec eux. Je suivais les détachements, accompagnée de Clara;

---

20 Tentez seulement de vous emparer d'une arme, et je vous fusille là, sur le lit même; et faites vite!

en deux fois on nous commanda de retourner et l'un deux ajouta : *yo di nou tounin oui! Ça qui allé pa pé rétounin non.*[21] J'étais à l'encoignure de madame Blanc, quand l'idée me vint d'aller annoncer à ma sœur, Mme Vve. Siméon Salomon, l'arrestation de ces messieurs. J'entrai et la trouvai comme une folle. Elle nous annonça à son tour qu'on venait de perquisitionner chez elle. Au même instant entrèrent Clément et Fernand Coicou; *[Le fils d'Horace Coicou, selon ce que nous apprend Jolibois. Clément, lui, oublié de le présenter, était le fils de leur frère Arthur.]* ils nous conseillèrent de rentrer chez nous et, sans nous le faire dire une nouvelle fois, nous remontâmes à la maison. Je trouvai maman dans des transes ; elle se jeta dans une dormeuse et y passa le reste de la nuit sans pouvoir fermer les yeux. Je n'ai pas besoin de vous dire, à mon tour, à quelle douloureuse perplexité je fus en proie ; toutes ces scènes auxquelles je venais d'assister étaient faites pour jeter l'épouvante dans mon âme, aussi je passai une nuit effroyable. Il sonna trois heures et demie à l'horloge. Alors maman se leva pour faire du café à ces messieurs (car elle devait aller en prison au jour.) Au même moment, des coups de feu retentirent, *[Elle fait mention de ces coups de feu aussi. Et qui auraient retenti, notez-le, aux environs de trois heures et demie.]* maman poussa un cri, je lui demandai : Pourquoi ce cri maman? Elle me répondit : On a tiré. Mes fils ! Eh bien, lui dis-je, puisque vous êtes si inquiète, je m'en vais voir ce qu'il y a. Je sortis en effet.

Cette fois encore, Clara m'accompagna et nous nous dirigeâmes vers le cimetière. *[Pourquoi spontanément vers le cimetière? Était-ce dans cette direction qu'avaient été ouïs les coups de feu, ou se laissaient-elles tout simplement guider par leur intuition?]*

Arrivées au coin du café Gaillard, le factionnaire nous empêcha de continuer. Immédiatement, une femme vint à passer, elle revenait de la place du Cimetière où les exécutions se faisaient. Je m'approchai d'elle, et, après lui avoir décliné mon nom, je lui demandai ce qu'il y avait devant le cimetière, elle me répondit ceci : *Madame, moun yap fusillé ; moin soti poté lampe baye mari moin pacequé yo soti réveillé li pou li allé fouillé trou* [22](elle me dit tout ceci sur un ton de pitié). *Et où demeurez-vous?* lui demandai-je. *Pré icite* [23]me dit-elle. Je lui demandai si elle voulait nous amener chez elle, ce à quoi elle acquiesça de bon cœur. Elle nous reçut, Clara et moi, avec toutes les bienveillances du monde, nous offrit de

---

21 On vous enjoint de vous en retourner! Car, ceux qui s'en vont ne reviendront certainement plus.

22 Madame, des gens qu'on est en train de fusiller; je viens d'apporter une lampe à mon mari qu'on est venu réveiller pour qu'il aille creuser des trous.

23 Tout près d'ici.

l'éther en nous disant : *Bon Dieu va protégé nous, pace que ether ça la, cé nan pharmacie Sainte-Anne moin acheté li mercredi mardi gras*[24] ; *[La pharmacie de Pierre Louis Coicou, Georges. Une coïncidence?]* ; puis elle nous fit du thé.

D. Vous ne connaissez pas le nom de cette femme?
R. C'est la femme de Vertus Jn Jacques, le directeur du cimetière. Vers 5 1/2 heures, nous sommes sorties pour aller devant le cimetière. Cette fois, on nous laissa passer, et, comme je demandais à un fossoyeur quelques renseignements sur les exécutions celui-ci me répondit qu'on lui avait formellement défendu de répondre à pareilles interrogations.

D. Vous n'aviez pas de cobs[25] sur vous?
**Car, je présume qu'il cherchait aussi à exploiter votre curiosité en ti-
rant profit d'un prétendu secret dont il était l'un des dépositaires à
cette heure-là.** *[On verra que ça n'avait point été le cas, qu'il avait dit vrai, défense formelle leur ayant été faite de dire quoi que ce soit sur ce qui venait de se produire.]*
R. Sans doute, et tandis que je le suppliais de me donner ces renseigne-
ments, une femme passa à côté de nous, je l'arrêtai et lui demandai si elle pouvait me donner des détails sur les personnes exécutées. Elle me prit par le bras, m'emmena au cimetière et s'arrêta devant la grande Croix. Alors là, elle me nomma neuf ou dix personnes, et les premiers noms qui tombèrent de ses lèvres furent ceux de mes trois frères.

Le coup était trop brusque, je n'eus pas la force de pousser un cri et, sans interroger davantage, je pris congé d'elle en me dirigeant au Cime-
tière des Fusillés. Là, je trouvai un fossoyeur, je lui demandai de me dire où se trouvaient mes trois frères, et, sans se faire prier, il me désigna du doigt une fosse qu'il me déclara être celle d'Horace, mais, dans mon affo-
lement, je compris que cette seule fosse renfermait mes trois frères et ne pensai pas à me faire désigner celles de Massillon et de Pierre-Louis. Cette constatation faite, je rentrai à la maison.

*

– Terrible ! Émouvant !
– Je me demandais bien quand vous consentiriez à rompre ce lourd

---

24 Dieu vous protegera, car cet éther-là, c'est à la Pharmacie Sainte-Anne que je me le suis
   procuré, le mercredi du mardi gras.

25 Mot créole d'origine incertaine et désignant, suivant le contexte, centime ou argent.

et bien compréhensible silence, Georges, de sorte que nous puissions jeter un rapide coup d'œil à ces gloses utiles et clarificatrices:

Le café Gaillard ? Selon Jolibois:

«Il se trouvait à l'angle ouest de la rue de l'Enterrement et de la rue Oswald Durand. Il a subsisté jusque dans les années trente et quarante : du moins l'établissement, qui a appartenu à d'autres propriétaires. Un office de Pompes Funèbres occupe présentement cette position.» [L'exécution des frères Coicou, p. 68.]

L'emplacement est indiqué sur la copie d'un plan levé par l'arpenteur géomètre Justin Bouzon en 1891 et se trouve, il me semble, un peu plus au sud de l'endroit où le situe Jolibois. À l'angle ouest de la rue de l'Enterrement et de ce qui deviendra plus tard la rue Dehoux. Parallèle, si l'on peut dire, à la rue O. Durand, elle longe, elle, le cimetière dont l'entrée principale y donne de plain-pied. Sur quoi, par conséquent, elle ne laisse d'offrir une meilleure vue. Autant sans doute que sur la Place du Cimetière.

Ecoutons Georges Corvington. Parlant des lieux d'agrément jouissant de la faveur du public aux environs de 1910, donc sous Antoine Simon, il note :

« Les restaurants et les cafés sont toujours très nombreux, et parmi ceux qui bénéficient d'une clientèle de choix, se placent les restaurants Saint-Joseph, Sainte-Rose, les Caves de Bordeaux, le restaurant de la Glacière, les bars de L'Avenir, de la Bourse, de la Gare, du Port, des Amateurs, le bar Fin de Siècle, le nouvel American Bar de la place Geffrard et, voisin du cimetière, le café de John-Adams Gaillard, avec sa fameuse enseigne : Ici on est mieux qu'en face. [Port-au-Prince au cours des ans, t. 4, p. 195.]

Cet humour ne s'entend bien que si en face, ou presque, est le cimetière. Passons.

La Grande Croix ?

«La grande Croix s'élevait autrefois au Sud de l'actuel bâtiment de la direction du cimetière, non loin du pavillon, alors en bois, des décès, sis aussi à l'est de l'entrée principale actuelle.» [G. Jolibois, op. cit., p 69.]

«En entrant au Cimetière Extérieur, on y remarquait une grande croix en bois au pied de laquelle le visiteur déposait des cierges.» [Emmanuel Lamaute. Le vieux Port-au-Prince, p. 55.]

«En 1917, le Cimetière Extérieur s'étend par l'annexion du Cimetière des Varioleux dont il était mitoyen. L'année suivante, l'administration communale apporte au champ des morts d'autres améliorations, en construisant de nouvelles allées macadamisées et en abattant la Grande

Croix qui se dressait à proximité de l'entrée principale et était la cause de manifestations superstitieuses.» [G. Corvington. La Capitale d'Haiti sous l'occupation, t. 5, p 150.]

Les tombeaux des personnes fusillées garnissaient l'extérieur des murs. C'est à cette place, qu'à l'époque, les condamnés à mort étaient ordinairement exécutés et inhumés. [Emmanuel Lamaute, op. cit. p, 55.]

Parle-t-il de la façade nord du cimetière? –Euh...Vraisemblablement.

La place du Cimetière ? Sur le plan de Port-au-Prince, levé et dessiné par l'ingénieur L. Gentil Tippenhauer en 1897, elle ne laisse d'être clairement indiquée, et, donc, parfaitement visible. Elle était située à l'ouest et non loin du café Gaillard, entre la rue de Normandie (actuelle rue Oswald Durand) et cette voie qui, drainée et élargie à ses dépens, deviendra plus tard, et sous l'occupation, la rue Dehoux. C'est sur une partie de son emplacement, coupé aujourd'hui par la pointe nord de la rue Fleury Battier, et sur lequel débouchait en plein la rue du Centre ou rue Dauphine, que s'élève, sans doute, de nos jours (je parle de mémoire Georges, donc, vis-à-vis de mes assertions, vous invite scrupuleusement à faire montre de la plus extrême méfiance !) la place Carl Brouard (?). Je me le demande. Mais poursuivons notre périple, mon ami. Place maintenant à Clara Déjoie.

*

CLARA DEJOIE
(SUITE)

...Horace était inquiet de ne pas voir revenir Massillon *[De chez Jules évidemment- D'où vous avez conclu qu'ils s'étaient peut-être vus peu auparavant?- Absolument]* ; mais je le rassurai en lui disant que Massillon probablement, ayant beaucoup à faire, était allé ailleurs. — Il résolut enfin d'aller se coucher. Auparavant, il me demanda de lui faire un badigeonnage à la teinture d'iode, car il souffrait un peu d'une douleur au dos.

A peine était-il couché – 10 heures et demie – qu'un bruit infernal se fit entendre dans la cour, on frappa en même temps à toutes les portes, en criant : au feu ! levez-vous donc ! au feu !

J'ai été la première à me lever. Par la fenêtre, j'ai pu voir devant la maison, derrière, partout, des soldats. Alors je dis à Horace : tu es pris. Je le fis entrer dans son cabinet de toilette, derrière une porte et je dis à notre petite fille d'ouvrir, car les assassins menaçaient de faire feu sur la maison, si on n'ouvrait pas.

Ils pénétrèrent dans la maison, montèrent les escaliers juste au moment où Horace sortait de l'endroit où je l'avais mis pour demander à sa mère, dont il venait d'entendre la voix, ce qui se passait.

Alors, Auguste Fusillé—qui n'est ni Laroche, ni Fusillé. — (Il s'appelle Laroche, parce qu'il était le domestique de Cadet Laroche, et le surnom de Fusillé lui a été donné, parce qu'il a beaucoup fusillé de monde au Cap) –prit Horace au collet et aidé de Joannis le traînèrent en bas, dans la rue où il trouva Louis qui avait été pris avant lui.

On les conduisit ensemble. Arrivés sur la savane, *[-Le Champ-de-Mars?- Euh...bien sûr]* on a fait une halte sous les arbres devant la porte d'Archibal «le fils de Mamie»

Je croyais qu'on allait les fusiller. J'ai crié. Et ce Fusillé me dit : Retournez, pé bouche ou, Bon Dieu pour ou.[26]

J'étais accompagnée de Mme Michel, la sœur de Moncey Thézan.

Nous avons quand même continué à suivre ces messieurs, malgré les menaces, et les brutalités dont j'ai été l'objet de la part des soldats. Mais Horace, craignant qu'on ne portât la main sur moi, m'ordonna de retourner. Pierre-Louis l'appuya, en me disant que c'était une imprudence que je commettais en allant ainsi tête nue sous la pluie ; car il pleuvait un peu. *[-Cette fameuse pluie! – Hé oui! Bien présente, il n'y a pas de doute, dans les témoignages.]*

Je n'allais pas obtempérer à l'ordre d'Horace malgré tout; mais ayant fait jonction avec l'escorte du gal Arban, je dis à celui-ci que Louis et Horace venaient d'être arrêtés. Il me dit de ne pas m'inquiéter, et de rentrer chez moi.

Je compris aussi qu'Horace voulait me faire retourner pour aller mettre ses papiers en sûreté, en cas de perquisition. *[Ces fameux et combien énigmatiques papiers !]*

Je me rendis donc à la maison vers les deux heures du matin. Ayant entendu des coups de feu, je me suis rendue devant le cimetière, accompagnée de Mme Raoul, Mme Siméon qui nous accompagnait, était laissée en route pour s'occuper de sauver Camille. *[Le C. C de notre fameuse lettre ? C'est la seconde et dernière fois qu'une mention brève de lui, sera faite dans cette histoire. Selon Jolibois, à la messe de quatre heures a. m, ce dimanche, à St-Joseph, il put être enfin avisé de la mort de ses frères et se réfugia au morne de l'Hôpital[27]]* Arrivée devant le café Gaillard, il faisait encore noir, – nous avons pu constater qu'on avait déjà fusillé Horace qui

---

26 Retournez, ne dites mot, Dieu est avec vous.

27 Op. cit. p. 59, note de bas de page.

gisait par terre dans sa veste blanche. [*Qui d'autre, à part elle, désigne ce nous? Ce témoignage est absent de l'interview de Clarisse !*] Massillon et Louis, étaient encore debout et je n'ai été bien éveillée à la réalité que quand j'ai entendu la voix de Massillon qui disait : allez dire à ce monstre que je suis encore debout. On avait déjà fait deux feux sur lui. Alors Jules Coicou ordonna : tirez li nan tête.[28]

[*-Sans blague ! À Callard, ne l'a-t-on pas vu affirmer pourtant que, l'ordre donné par Leconte à St-Julien de procéder à l'exécution, lui s'était retiré pour ne point assister à la fusillade de ses parents?*

- Oui. Et je l'ai lu aussi bien que vous.]

Les victimes étaient alignées tout le long des toises de roches empilées pour la réparation du cimetière.

La femme du gardien apportant une lampe à son mari pour qu'il put faire sa pénible besogne d'inhumation, on la bouscula, on la chassa, on nous chassa aussi.

Cette femme alors, – Mme Vertus—nous amena chez elle et essaya de nous consoler. Nous sommes restées là jusqu'à 5 heures du matin, entendant toujours les fusillades qui se faisaient d'une façon sinistre : on donnait deux balles à chaque homme.

Quand nous avons voulu aller voir les cadavres, avant leur enterrement, on s'y opposa.

Le lendemain, on vint fouiller chez moi. On n'avait rien trouvé. [*Le témoignage d'Emile Lucien, en parle.*]

D. Quels sont ceux que vous avez reconnus?
R. Auguste Fusillé, Joannis Mérisier, Arban Nau, Alexis Tassy, [*Quoi? - De retour du cimetière où il venait d'inhumer sa mère, l'homme qui avait eu le surcroît de malheur, cette liste des bourreaux fraîchement sortie et présentée à lui, de voir en toutes lettres son nom y figurer, fait qu'indéniablement il ne devait qu'aux racontars de méchants pécheurs? - Ne vous avais-je point dit de ne jurer de rien dans cette histoire !...Euh ...encore que, compte tenu de l'heure et de ce climat de bousculade régnant en maître à ce moment, une erreur d'identité est toujours chose possible, mon ami.*] Léonce Leconte, gal Voltaire qui se trouvaient devant le cimetière et qui me revêcha quant à me désigner la fosse des miens. [*En voilà un dont mention n'a jamais été faite du nom!- Le général de division Voltaire Saint-Louis, parti à bord du «Sarnia», lui aussi, en compagnie de Nord Alexis? Cette fameuse lettre du «Duguay Trouin», Georges, l'a vu compter sans faute au nombre de ses signataires.[29]*]

---

28 Tirez-le à la tête !

29 Au moment de prendre congé le 5 décembre de l'hospitalité accordée par le vaisseau

Il y avait aussi devant chez moi, au moment de l'arrestation, des *gentilshommes* habillés en civil et portant de grands chapeaux de paille rabattus sur la face. Je n'ai pas pu les reconnaître.

*

– D'un sang froid étonnant quand même, cette femme !

– Je ne vois que trop ce que vous voulez dire. À mettre son témoignage en regard à celui de Clarisse on a peine à croire qu'elles avaient été ensemble sur les mêmes lieux, et confrontées à la même pénible réalité. Et on se prend même à douter de ce qu'elle nous dit avoir vu tant, chez Clarisse, à partir du café Gaillard où elles sont bloquées par le factionnaire, l'impression d'une absence complète de vue sur ce qui se produit sur la place du cimetière semble totale et définitive. C'est pourtant de là (certainement plus proche du cimetière que nous le laisse croire Jolibois. Il faut décidément vérifier ça) que Clara Déjoie nous laisse entendre qu'elle et Clarisse (c'est bien elles deux que représente son nous, non?) avoir vu Horace déjà assassiné gisant dans sa veste blanche et Massillon et Louis encore debout. Fait dont n'a nullement fait mention Clarisse. Mais les différences ne s'arrêtent pas là. Clara Déjoie nous dit: «Mme Vertus nous amena chez elle (le nous une fois de plus) et essaya de nous consoler.» Cela sous-entend qu'à ce moment déjà, sinon rendue à la réalité pénible et consommée de leur fusillade, consciente du moins devait se trouver Clarisse que ses frères, eux aussi, figuraient au nombre des condamnés, et en tant que tels, bien présents sur la place, n'attendaient, tout comme d'autres, que leur imminente exécution. Laquelle Clarisse pourtant nous laisse entendre toute autre chose. Rendue devant le cimetière, en quête brûlante d'informations, au sortir vers 5 heures 1/2 (après que tout fût terminé) de leur refuge de chez Mme Vertus, et entraînée au pied de la Grande Croix, à des fins de discrétion, par une passante sollicitée et désireuse de la renseigner, c'est là et à l'ouïe seule de leurs noms tombés bon premiers des lèvres de l'inconnue, qu'elle se retrouvera au fait irrévocable de leur mort.

– Oui, sa phrase «Le coup était trop brusque» laisse entendre ça en effet.

– Evidemment, on me reprochera, Georges, de la lire de trop près, de la prendre un peu trop littéralement, mais ça ne laisse de chiffonner.

Que faut-il penser? Que l'une d'entre elles (Clara Déjoie évidemment) en rajoute ?

---

de guerre français depuis le 2, lettre qu'en manière de remerciement firent tenir l'ex-président Nord Alexis et les membres de sa suite, à Pierre Carteron et Kerauden, respectivement ministre de France et commandant du Dugay Trouin.

Ainsi qu'au cours de notre périple, et à deux reprises, je crois, il nous a été donné de le constater, faisant peu de cas des règles strictes, des règles formelles du témoignage, elle a tendance à mêler rumeur et faits vécus, et certains détails, tel, par exemple, ces deux balles données à chaque homme au cours de la fusillade, semblent, à nos yeux, bien trop précis pour ne pas revêtir l'apparence de particularités apprises après coup, mais cela, en plus du fait de pouvoir facilement être isolé, ne nous porte pas pour autant à douter de tout ce qu'elle nous affirme, n'en fait pas nécessairement un témoin absolument indigne de foi.

– À moins de supposer Clarisse entièrement sous choc et incapable de rien discerner, ce dont ne s'était point rendu compte Clara Déjoie à ses côtés.

– Relisons le témoignage de Clarisse, plus précisément, à partir de son arrivée devant le cimetière. Que nous raconte-t-elle, en fait? Rien, sinon comment elle était parvenue au fait que ses trois frères avaient compté au nombre des victimes de la place.

Elle est totalement muette, pour la partie du cimetière, des coups de feu significatifs.

– Pas une mention des coups de feu en effet, alors qu'il est évident qu'elle en a du entendre.

– Ou que l'occasion, Georges, n'a nullement fait défaut pour qu'elle en entende (Mme Vertus, chez qui elles avaient pris refuge, habitait, on le verra, dans le voisinage proche du cimetière). Et cette absence trahit en quelque sorte le trait fondamental, le trait essentiel sur lequel se fonde son témoignage: le refus absolu de l'évocation des détails. Et ça a joué à fond dans sa manière de relater le drame, appelée, par conséquent, à ne privilégier que les bord opposés, les bords extrêmes, c'est à dire ceux qui, dans l'ellipse des faits observés ou des impressions intermédiaires, indiquaient l'irrémédiabilité des choses.

Pour elle, ce qui importe c'est de nous dire comment elle était arrivée à la confirmation que ses frères avaient été fusillés.

Le reste elle l'a gardé pour elle et pour se protéger.

Et le journaliste, le comprenant peut-être, ne la brusque pas. La fameuse question : «n'avez-vous reconnu personne?» ne lui a même pas été posée.

– Oui, j'en ai fait la remarque aussi... Euh...

– Quoi?

– D'un tempérament plus introverti sans doute et, partant, plus émotif que Clara Déjoie, elle peut avoir été frappée par une sorte de peur bien compréhensible de voir, de se rendre à l'évidence de ce qui se déroulait devant ses yeux (trop absurde pour être vrai!), préférant s'accrocher jusqu'à la fin à l'espoir insensé que ses frères ne faisaient point partie des victimes de cette place, ou, qu' au dernier moment, un miracle surviendrait qui les épargnerait. Et c'est cela qu'elle a raconté en fait, et involontairement sans doute. Cette peur et cet espoir (qu'une énumération de noms avait anéanti d'un coup brusque et très sec) à défaut des faits et descriptions que lui réclamait le journaliste, et qu'elle n'avait point en elle à faire état (son sens d'observation dût en avoir pris un sacré coup!) ou, comme vous l'avez dit, et c'est encore mieux, a préféré garder enfouis tout au fond d'elle pour se protéger sans doute de la douleur que ces évocations ne manqueraient nullement de faire ressurgir.

– C'est fort plausible ce que vous dites là... oui, fort plausible... mais passons maintenant à Altéus Michel et rangeons tranquillement, et comme ils sont, côte à côte, comme nous aimons à le dire, ces deux témoignages qui nous donnent tant de peine et ne laisseront jamais de m'intriguer.

– Une question avant de clore: les détails que nous apporte Clara Déjoie sur l'ordre donné par Jules de tirer Massillon nan tête, qui ne prouvent que trop sa participation directe à ces exécutions, les connaissiez-vous déjà?

– Absolument.

– Au moment de la lecture du passage de son interview où il déclare, l'ordre d'exécution donné, s'être retiré pour ne point assister à la fusillade de ses parents, qu'est ce qui explique, faisant écart aux habitudes, que vous n'ayez rien dit pour faire ressortir ses éhontés mensonges.

– On verra, en effet, Louis Callard se porter en faux contre ses affirmations, mais il n'y a aucune certitude qu'il ait menti. Certains témoignages laissent croire qu'il ait dit vrai. Mais nous en reparlerons en temps et lieu.

Ah! intéressant!

– Quoi?

– Extrayons, au passage, cette partie, justement en question, de son interview; dans notre discussion avec Jolibois sur l'emplacement exact du café Gaillard, ne peut-elle nous être d'un certain apport?

> «Sur ces entrefaites arriva Thomas Hyacinthe du palais, [Que Leconte, nous dit-il, y avait dépêché en quête des derniers ordres] il appelle Leconte à part et tous deux se retirèrent sous la galerie d'une petite maison voisine du café Gaillard, où Thomas Hyacinthe fit part, sans doute, au général Leconte des ordres du palais. Car, immédiatement Léonce Leconte cria à St Julien Laboucherie : St Julien ou capab fait zaffaire a ou[30]. A ces paroles, je me retirai pour ne pas assister à l'exécution de mes trois

---

30 St Julien, vous êtes libre d'accomplir votre besogne.

parents. J'étais à l'encoignure de feu Alexandre Moïse quand les rafales se firent entendre.»

Si de la galerie de cette petite maison, que Jules nous dit voisine du café Gaillard, Leconte peut crier des ordres à St Julien sur la Place du cimetière et être entendu, ça me paraît que son emplacement était bien plus proche du cimetière que ne le laisse croire Jolibois. Et, probablement, là où, dans son plan de notre vieux Port-au-Prince, le situe l'arpenteur géomètre Justin Bouzon, qui n'a peut-être pas commis d'erreur. Ce qui expliquerait mieux cette vue plutôt nette qu'en dépit qu'il faisait nuit, aura Clara Déjoie du théâtre de la fusillade. Mais tout cela, encore une fois, reste à vérifier et nous n'allons pas nous y attarder outre mesure. Place, ainsi que je l'ai annoncé, au témoignage d'Altéus Michel.

*

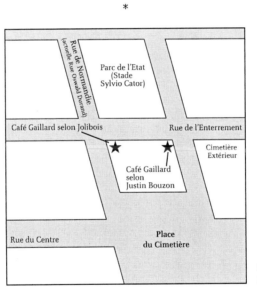

Localisation
Café Gaillard

ALTEUS MICHEL
SOUS-INSPECTEUR DE LA POLICE,
CHEF DU POSTE DU MARCHÉ DEBOUT

D. Voulez-vous me dire ce que vous savez des événements du 15 Mars ?
R. J'étais à mon poste quand le dimanche 15 Mars, entre 3 1/2 et 4 heures, J'entendis des coups de feu dans la direction du cimetière. Immédiatement je mis mes hommes sur pied et attendis. *[Les mêmes qu'avaient entendus Clarisse, Clément Coicou et Mme Amica Chancy, notez-le, l'heure*

est à peu près la même.] Quelques moments après je vis venir un groupe de militaires ; alors mon factionnaire demanda : qui vive ?

En effet, c'étaient des militaires qui passaient devant le poste en se dirigeant vers l'Eglise Ste Anne. Spontanément je me mis à les suivre, tout seul, pour savoir ce qu'il y avait, et je les suivis ainsi jusque sur la place du cimetière où je trouvai qu'on avait déjà fusillé du monde. Puis du groupe se sont détachés trois hommes que j'ai reconnus par leur voix *[Par leur voix ! Que peut bien vouloir dire pareille chose, Georges?]* : c'étaient Félix Salnave, Mérové Armand et Paul St Fort ; ils ont été exécutés en ma présence par des hommes de la police du Centenaire, ayant à leur tête les généraux Laboucherie et Choute Lafortune.

[-N-a-t-on pas dit que Félix Salnave avait été fusillé bon dernier et seul? Que fait son nom ici, en compagnie de Paul St Fort et Mérové Armand?

– Accordons peu d'attention à ces assertions pour le moment. Nous discuterons de tout cela plus tard. Après lecture des autres témoignages. Laissons paresseusement couler le flux, comme on dit.]

Un quart d'heure environ après l'exécution, le gal Jules Coicou accompagné de ses adjoints et de son guide, se présentait sur les lieux.

Je vais à lui et il me dit : général, je vais envoyer des prisonniers pour fouiller les trous de ces Messieurs ; vous devez rester ici pour maintenir l'ordre. - En effet, les prisonniers sont venus et moi je suis resté devant le cimetière jusqu'à l'inhumation des cadavres.

D. N'aviez-vous pas été prévenu par le Ministre Marcelin, le samedi soir, vers 10 heures, qu'il y avait mouvement et qu'il fallait tenir vos hommes en bon ordre, si bien qu'il leur a offert un grog afin de les porter à se tenir éveillés?
R. Non.

D. Pourtant, Mr Josias qui, à l'époque, avait son café en face du poste a affirmé que le Ministre vous avait rendu visite ce soir avec avec son escorte, et que c'est dans son café que vous étiez allé acheter une bouteille de rhum avec l'argent donné par Mr Marcelin. Il affirme avoir tenu cette confidence de vous. *[Les détails exceptés, c'est, en effet, ce qu'il nous a été donné de lire dans Josias Ambroise, non ?]*
Que pouvez-vous répondre à cela ?
R. Il a menti.

– [Sérieusement, Georges, pensez-vous que Josias Ambroise eût pu se rendre coupable d'un tel mensonge, d'une telle invention? D'abord dans quel but? Pas dans celui de nuire en tout cas, car le fait qu'il prétend tenir d'Altéus Michel (que Marcelin les avait prévenus qu'il y avait mouvement ce

soir-là et offert un grog afin de les porter à se tenir éveillés) et son évident corollaire (qu'Altéus, par conséquent, se fût donc retrouvé informé qu'il y avait mouvement ce soir-là) ne comportent, admettez-le, absolument rien de répréhensible. Dans les circonstances prévalant cette nuit-là, ce ne sont que choses assorties de légitimité et, partant, bien compréhensibles de la part d'un ministre de l'Intérieur et d'un militaire en commandement d'un poste. Dans quel but alors?

– Quoi admettre. Quoi ne pas admettre, là, peut-être, réside toute la question.

– Je crois aussi.]

D. C'est bien. Voulez vous nous dire quelles sont les personnes que vous avez remarquées pendant cette nuit ?
R. Léonce Leconte, devant le cimetière et Montreuil Guillaume, en bourgeois, qui passa devant mon poste pendant cette nuit et traversa la place Ste Anne.

D. Et le gal Arban ?
R. Non.

D. Aucun Ministre ?
R. Aucun Ministre.

D. Jusqu'à quelle heure êtes-vous resté devant le cimetière?
R. Jusqu'à cinq heures et demie du matin, avec le gal Laboucherie. Après il a regagné son poste, et moi le mien.

D. Bon ; mais puisque le gal Jules vous avait ordonné de rester sur les lieux pour y maintenir l'ordre, vous avez eu certainement à aller lui faire votre rapport avant de rentrer à votre poste. L'avez-vous fait?
R. Non.

D. Où aviez-vous passé la soirée du 14 Mars ?
R. Depuis 7 heures jusqu'à 10, j'étais avec le gal Joannis, adjoint à l'arrondissement, qui avait reçu de son chef l'ordre de procéder à l'arrestation de Messieurs Alexandre Cléophat, Pétion Courtilien Roy et les frères Ethéart. Je vous réfère à la déposition de ce général ; elle est l'expression fidèle de la vérité, à part une petite erreur à propos de l'heure à laquelle nous nous sommes séparés : c'était dix heures au lieu de onze.

*

– Cette lettre, Georges, demeurée introuvable pour moi ! Tout le monde, en fin de compte, y fait référence. Ça m'ennuie au possible, croyez-moi, de ne pouvoir la produire.

– Dans ce périple décidément édifiant et nécessaire, on ne peut dire qu'elle soit d'un manque qui fasse horriblement souffrir !

– Pensez-vous?

– Bien sûr !

– J'entends bien vous croire, cher ami. Oui, je l'entends bien. Euh... Place nette maintenant à Exil Bois dit Piquant Fossoyeur, un témoin, hé oui, et des premiers moments de la place du Cimetière.

Un groupe de militaires, celui suivi par Jules, ou prétendument (Eh oui !), avait emprunté la rue de l'Enterrement, un autre, celui d'Altéus Michel, la rue du Centre qui, par sa pointe Sud, nous l'avons dit, débouche en plein sur la Place du cimetière.

Pourquoi emprunter la rue de l'Enterrement qui, au sortir de la prison, oblige à tourner à gauche sur la rue du Champ-de-Mars?

Ou bien le second groupe avait-il emprunté d'abord la rue de l'Enterrement puis, par la rue d'Ennery, avait fait cap sur la rue du Centre en passant devant le poste du marché Debout ? Euh...A quoi, tout compte fait, peuvent bien mener de telles questions ? Place plus utile, et comme annoncée, à Exil Bois dit Piquant Fossoyeur.

EXIL BOIS
DIT PIQUANT FOSSOYEUR

D. Mr Vertus Jean Jacques déclare que c'est vous qui êtes venu frapper à sa porte le 15 Mars, avant le jour, pour le requérir de la part du gal. Leconte. Voulez-vous m'expliquer comment vous vous êtes trouvé, à cette heure, avec ce général et quelle part vous avez prise aux opérations macabres qu'il a faites cette nuit-là?

R. C'est bien simple de vous dire comment je me suis trouvé avec ce général. Voici : le dimanche 15 Mars, je me suis levé de très bonne heure, et à 4 heures du matin, après avoir pris mon café, j'ai été, comme de coutume, m'asseoir tout près du poste de police en face du cimetière. J'étais là depuis quelques instants déjà, assis dans l'obscurité, adossé au poste de police, quand je vis venir un détachement d'hommes armés, conduisant d'autres hommes sans armes, parmi lesquels il y en avait qui étaient vêtus de blanc. - J'eus peur, je dois l'avouer. Je voulus même fuir; mais il n'y avait pas moyen de bouger, - Le chef du détachement qui n'était autre que le général Lecon-te, éperonna son cheval, vint à moi, me dévisagea, voulut me parler, mais fut si pressé qu'il continua avec le détachement quelques pas plus bas, devant la toise de roches que vous voyez empilée devant le cimetière. Là, il plaça ses hommes, que dis-je? les fis pousser devant leurs conducteurs qui les fusillaient à bout portant. Quand j'entendis le premier feu qui était une véritable rafale, je tremblai dans tous mes membres.

Tandis que les soldats achevaient leurs victimes par des coups détachés, le général lança son cheval dans ma direction, à fond de train, en disant; n'homme m'té ouè là ti t'a è r. r. r là?[31]

A ces mots l'effroi me glaça jusque dans la moelle des os. Mentalement je recommandai mon âme à Dieu, et répondis en grelottant de peur : main moin oui, général papa.[32] Alors il me demanda ce que je faisais là, à cette heure? Si j'étais du quartier? Si je savais là où se logeait le directeur du cimetière? Sur ma réponse affirmative à cette dernière question, il m'ordonna : Vite, trouvez-moi le directeur du cimetière et amenez-le moi sur le champ-Si vous retardez, je vous fusille aussi. - Je n'ai pas besoin de vous dire, Monsieur, si je retrouvai mes jambes pour courir chez Vertus que je réveillai à grand fracas, autant pour m'assourdir et tromper ma peur que pour éviter la punition qu'on avait promis d'infliger à mon retard possible.

---

31 Où est l'homme que j'ai vu tout à l'heure?

32 Me voici, général papa.

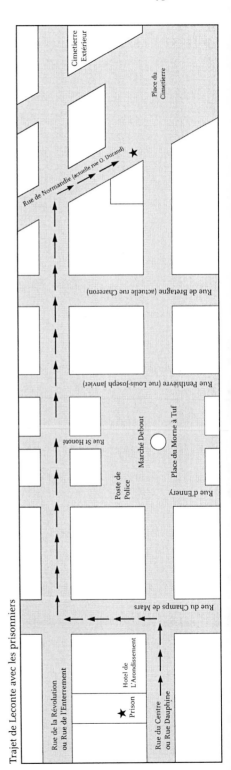

Quand je revins avec Vertus, le général nous bouscula tellement qu'il nous ôta notre âme. Nous allâmes réquisitionner dans le voisinage, les fossoyeurs et les bourgeois qui dormaient chez eux ; car, le général avait ordonné de creuser dix fosses et de finir avec l'inhumation des cadavres dans l'espace d'une heure. Si le jour se faisait et qu'il restait encore des cadavres à terre, Vertus aurait été fusillé. Le général Leconte ne blaguait pas : il l'avait dit, et à son air, je suis sûr qu'il l'aurait fait.

Enfin à force d'efforts, nous pûmes échapper à la fusillade.

D. Quels sont ceux que vous avez vus cette nuit-là dans l'escorte?
R. Ils étaient si nombreux !

A part les soldats, il y avait une foule de cavaliers. Comme j'avais peur et que je n'y étais pas intéressé, je n'ai pas pris la peine de les dévisager. Mais ceux que j'affirme avoir reconnus, sont le général Jules Coicou, Montreuil, Leconte qui m'avait inspiré une terreur panique et le commissaire Altéus qu'on envoya chercher des prisonniers pour aider à creuser les fosses; mais, il ne revint qu'après que tout était fini.

D. Avez-vous vu le général Montreuil *basculer sa carabine de 16* **et faire feu sur l'un des martyrs?**
R. S'il l'a fait ce n'est pas devant moi.

Ça a dû être pendant que j'allai chercher Vertus ou quérir des fossoyeurs. En tout cas, je ne l'ai point vu faire cela.

D. Puisque vous avez assisté à la première rafale, vous avez du entendre le colloque entre les victimes et leurs bourreaux. N'avez-vous pas entendu Massillon Coicou réclamer qu'on laissât le plus jeune des frères pour prendre soin de la famille?

[Une autre rumeur de cette histoire et dont mention a déjà été faite précédemment. Dans une lettre ouverte à Arsène Chevry sur la question du préjugé de couleur en Haïti (L'Impartial no 46 du vendredi 12 mai 1909), nous verrons Louis Callard y faire référence sans précisions de ses origines. Selon cette même lettre, «pour qu'il comprit bien combien sa demande était intempestive, on le fit assister à l'exécution de celui dont il avait osé solliciter la grâce.»]
R. Je n'ai pu rien entendre puisque l'on était bien trop loin de l'endroit où j'étais blotti.

D. Vous n'avez pas vu non plus Léonce Leconte souffleter Massillon en lui disant : M'pa vini icite pou palé francé ![33]

---

33 Littéralement: je ne suis point venu ici parler le français. Dans l'esprit: je ne suis point venu ici tenir de oiseux propos.

R. Non plus. Je ne pouvais rien voir ou entendre de ce qui se faisait ou disait. Je vous le répète, j'avais trop peur. Ce que je viens de dire plus haut est tout ce qu'en conscience, je peux déclarer.

*

AURILUS JEUNE DIT FRÈ YIS
AGENT DE POLICE,
DE GARDE AU POSTE DU CIMETIÈRE
DANS LA NUIT DU 14 AU 15 MARS

J'étais au poste avec Petit-Jacmel, agent de police comme moi, lorsque vers les 5 heures du matin- le dimanche 15 Mars- nous vîmes arriver un détachement. Petit-Jacmel cria : Qui êtes-vous? – Silence ! – Qui êtes-vous? Répéta-t-il. Alors un officier éperonna son cheval sur nous et nous administra des coups de bâton.

D. Qui était cet officier?
R. C'était le général Léonce Leconte, chef de l'Etat-major du Président. - Il nous demanda : Où est le directeur du cimetière? – Il est chez lui. - Donnez-le moi tout de suite, et malheur à vous si vous ne le trouvez pas. Au même moment arriva le Directeur qui avait entendu le bruit, sa maison étant tout près du cimetière. Le général Leconte lui dit : *Fouillé trous messié yo, tout de suite ; tant pis pou ou si jou baré ou.*[34]

Le pauvre Directeur était atterré et moi je tremblais de peur ; mais me remettant tout de suite- car je suis un vieux 16 ème, *[Régiment de ligne de l'Anse-à-Veau, nous apprend Lamaute]* je lui dis : Elias –un fossoyeur – est couché au dépôt attenant au poste, allons le réveiller; ensuite je vous accompagnerai chez les autres fossoyeurs. Je n'avais pas fini de parler que le peloton fit feu. Le général Montreuil cria : Vive Nord Alexis ! Et le peloton répéta : Vive Nord Alexis !... J'accompagnai le Directeur au portail de Léogâne où nous trouvâmes, couchés dans une cour, trois fossoyeurs, frè Lys, Ti-Jeanty et le frère de Cétoute, dont j'oublie le prénom. Dans l'intervalle, d'autres coups de feu partaient et de nouvelles victimes tombaient sous les balles des bourreaux. Comme les quatre fossoyeurs ne suffisaient pas pour la besogne – on était pressé –l'on fit venir les prisonniers pour les aider.

D. Quelles sont les autres personnes que vous aviez remarquées dans l'escorte?

---

34 Fouillez tout de suite la tombe de ces messieurs; et tant pis pour vous si le jour vous surprend.

R. A part les généraux Leconte et Montreuil Guillaume que j'ai cités déjà, il y avait le général Jules Coicou, Arban Nau et Altéus Michel, ce dernier a été désigné pour activer le creusement des fosses. Il y avait plusieurs autres cavaliers militaires et civils que je n'ai pas pu reconnaître. C'est moi qu'on avait placé en faction devant la maison de Madame Gaillard pour empêcher que des profanes [*Hé oui, mon vieil ami ! «des profanes», vocable éminemment révélateur!*] arrivent sur le lieu du crime avant l'inhumation des cadavres. - Et Ti-Jacmel a été chercher de l'eau pour éteindre le feu qui brûlait les vêtements des exécutés. [*De l'avis d'anciens officiers rapporté par Jolibois, fait qui n'a pu se produire que parce que le peloton de tir s'était tenu trop près des victimes, à un mètre environ ou moins. Gerard Jolibois, op. cit., p.20.*]

D. Où est Ti-Jacmel?

R. Il est parti depuis longtemps; je crois qu'il est maintenant à Léogâne. J'ai entendu les dernières paroles de boss Mérové, qui sont celles-ci :

«Je suis innocent ; je n'ai rien fait au général Nord, et voilà qu'on va me fusiller. Général Nord en rendra compte à Dieu, il paiera cher ma mort» - C'est Ti-Rouge, major au bureau central, qui se faisait le plaisir de donner le coup de grâce à ces Messieurs.

Plus rien n'a été entendu.

*

– Au contraire de ce que nous affirme Décius Avin, voilà qui tend nettement à prouver une part indéniable et plutôt active de la Police administrative à ces exécutions.

– Au contraire de ce que nous affirme Arban Nau aussi.

– Non. Lui laisse entendre exclusivement coupables de cette participation, sinon de la besogne entière, des hommes de police recrutés en pleine rue par Leconte, et non, comme l'avance Porsenna Laurent, des hommes qu'au Bureau Central, il aurait, lui Arban, ordonné de sélectionner sur le volet de leur habileté au tir.

– Étrange! Non.

– Quoi?

– Je pense à ce major Ti-Rouge qui, aux dires d'Aurilus Jeune, donnait le coup de grâce aux fusillés. Sept ans plus tard, au mois de juillet 1915, un nommé Ti-Rouge, sergent de la Réforme (corps militaire qui, sous l'égide d'un autre renouveau, voit coquettement le jour sous Cincinnatus Leconte), sera impliqué dans ce massacre inouï et sans nom des détenus politiques de la prison de Port-au-Prince. Massacre perpétré, nous le sa-

vons, sous Vilbrun Guillaume Sam et qui, tel un point d'orgue, verra prendre fin cette période dite «des Baïonnettes»[35]. Le même? A en croire un
compte rendu fait par l'Essor, d'une des audiences du procès auquel, deux
ans plus tard, donnera lieu ce carnage (no 82 mercredi 11 Juillet 1917)
il répondait, lui, au nom de Charlier, et ce, nous le dit-on, sans précision
aucune s'il s'agissait de son prénom ou de son patronyme. Oui, Charlier.
Et est présenté comme l'un des plus zélés et des plus fidèles agents d'exécution au service ce jour-là des sinistres et tristement célèbres geôliers
Paul Hérard et Chochotte. Au nombre des victimes exécutées par lui : le
Président Oreste Zamor lui-même, nous apprend-on. Le même ou simple coïncidence, Georges ? S'il s'agit du même gars, en tout cas, on ne
peut nier, en dépit de l'instabilité politique prévalant depuis la chute de
Tonton Nord (sept présidents en sept ans!), une carrière plutôt stable et
bien assise dans l'exécution sommaire!... Hé oui! Mais fermons vite cette
parenthèse et poursuivons notre périple.

*

ALFRED JN-PIERRE
SOUS-DIRECTEUR DU CIMETIÈRE

Je ne sais rien. Parce que quand à 4 heures, attiré par les coups de feu, je
venais trouver le directeur, j'ai été arrêté par le gal Anné, chef du poste de
Jean Cizeaux. Je ne pus arriver qu'après que tout était consommé.
    – Il fait dans le court notre bonhomme?
    – Plutôt. Parue dans notre précieuse édition du 12 janvier, no 12, c'est,
en effet, et de loin, l'interview la plus courte de la série et, je présume,
de toute l'enquête. Mais, n'a-t-elle pour autant rien à nous apprendre?
Regardons voir.
    Le poste de Jean Ciseau[36]?
    D'abord Le chemin de Jean Ciseau. Selon le plan de Port-au-Prince
de L. Gentil Tippenhauer, prenant naissance sur notre actuel boulevard
Dessalines, il longeait la façade sud du Cimetière Extérieur et deviendra
plus tard la populaire ruelle Alerte. Où était situé ce poste? Selon le même
plan, un peu au sud du chemin de J. Ciseau, exactement au point de jonction du boulevard J. J. Dessalines et de l'actuelle 1er rue Bolosse.
    – Bien isolé, le lieu du crime !

---

35 Le lendemain, 28 juillet 1915, sera témoin, en effet, du débarquement des «Marines»
    en Haiti et de l'occupation du pays par les Etats-Unis.

36 Selon l'orthographe adoptée par L.Gentil Tippenhauer.

– Absolument. Une garde en faction devant le café Gaillard et, selon toute probabilité, au débouché de la rue du Centre pour contenir ceux qui viennent du nord et du nord-est. Le général Anné, ceux qui viennent du sud. Probablement une à l'ouest de la place (dans les parages du fort Lerebours?) pour ceux qui viennent de l'ouest, et il ne faut pas plus, sans doute, pour obtenir cet isolement souhaité, car, s'il faut en croire Emmanuel Lamaute, le sud-est, si populeux aujourd'hui et dont, par l'étroit chemin longeant au sud le stade Sylvio Cator (Parc de l'Etat en vieux port-au-princien), on aurait que trop à craindre l'affluence des curieux (aujourd'hui rue Dehoux ; mais loin d'exister à l'époque, cette rue semble bien ne constituer, et quant à sa dimension actuelle qu'une conquête, et bien tardive, sur le lit avoisinant, maîtrisé et drainé du Bois-de-Chêne), n'était lors qu'étendue vague, extra-muros où ne s'offrait à la vue que le spectacle de rares et sporadiques maisonnettes. Mais poursuivons.

*

GEFFRARD JOSEPH
DIT DOCTÈ

D. J'ai appris que vous avez été témoin de la fusillade du 15 Mars? Voulez-vous me dire ce que vous en savez.
R. J'habitais en face du cimetière, dans la maison de Sor Cine, limitrophe avec celle de Vertus Jn Jacques, le directeur du cimetière. Ce Vertus a deux maisons, celle habitée par sa femme Ipomène, ma voisine et celle de sa femme Marguerite qui donne sur la rue de l'Enterrement.

Ce soir-là, mon voisin s'était couché chez Marguerite où on a été le chercher.

Je dormais quand les détonations me réveillèrent. Je me mis au guet et vis juste en face de chez moi des soldats qui achevaient, à coup de feu détachés, des hommes par terre.

Je restai en observation jusqu'au jour, pour pouvoir me rendre compte de ce qui se passait.

On emmena d'autres individus pour être sacrifiés.

À 4 heures du matin, je vis de mes yeux, exécuter Mérové, Alluption et Félix Salnave.

De mon poste d'observation, j'ai tout vu, tout entendu.

Félix Salnave et Mérové voulurent parler avant de mourir, mais le général Montreuil Guillaume leur dit impérieusement : vous n'avez pas la parole.

Comme ils insistaient, - Félix Salnave surtout qui disait : «mais il faut au moins qu'on me dise pourquoi je vais mourir.»- le général Montreuil bascula en deux fois sa carabine de 16 et leur donna à chacun une balle. *[Rappelez vous la question posée à Exil Bois : Avez-vous vu Montreuil basculer sa carabine de 16 et faire feu sur l'un des martyrs?. C'est sans doute chez Geffrard Joseph, interviewé avant Exil Bois, que ce détail avait été trouvé et on voulait le faire confirmer par Exil Bois.]*

Les hommes de police firent le reste, en tirant des coups détachés. Alluption ne proféra pas une seule parole.

D. Quels sont ceux que vous avez pu reconnaître parmi les exécuteurs?

R. Le commandant de l'arrondissement, le gal Nadreau, commandant de la place, le gal Montreuil et foule d'officiers et d'archers de police.

[-Ce passage déjà cité lors de l'interview de Nadreau ! - Le seul, je crois l'avoir dit, à avoir fait mention de lui.]

D. Avez-vous assisté à l'inhumation des cadavres?

R. Non. Après 5 heures, j'avais abandonné mon poste d'observation ; car il faisait jour ; mais mon voisin Vertus, en venant prendre le café chez sa femme Ipomène, nous raconta toutes les scènes de la nuit, combien il avait travaillé, quels sont ceux qui furent braves ou lâches. *[Incroyable !]*

Il avait encore les mains tachées du sang des cadavres qu'il avait enterrés. Il nous dit, en se réjouissant, qu'il avait enterré Mérové la face en bas et qu'il avait mis quatre autres cadavres sur lui. Il raconta qu'il en voulait personnellement à Mérové, parce que celui-ci l'avait dénigré. *[Rappelez-vous le rapport de C. Lillavois -cette interview a été faite plus d'un long mois avant l'exhumation des victimes- et dites-moi si certaines choses ne se racontaient pas !]*

Jules Coicou, voulant faire construire le caveau où repose Cécé, *(La première dame, évidemment.)* s'était adressé à Mérové qui lui demanda P. 800[37] pour le travail. Jules lui répondit que Vertus lui en avait demandé seulement P. 400 et qu'il lui donnerait la préférence à ce prix. Mérové refusa en disant que Vertus n'était pas un ouvrier comme lui; que chaque ouvrier avait son prix proportionnellement à son habileté, sa probité et son rang. Jules donna le travail à Vertus et lui rapporta les paroles de Mérové. *[Une vraie crapule, ce Jules Coicou!]*

C'est peut-être pour ce caveau que ce malheureux est mort et c'est aussi pour cela que Vertus outragea son cadavre.

---

37 Piastres.

Le lendemain du jour, Vertus vint m'apprendre que «la Place[38]» était au consulat. Je lui dis : Il est si jeune, après avoir constaté tant de crimes, sa conscience ne lui permet pas d'en prendre la responsabilité. [*Oui, déjà cité également.*]

Il ne fut pas content de ma réflexion et menaça de me faire prendre aussi.

Je dus donc gagner les bois. Quand on sut que j'étais dans la section Taifer, (-*Commune de Carrefour ?- Absolument.*) on envoya détachements sur détachements avec des caisses de munitions et l'ordre de me «craser[39]» là où on me trouverait.

Je n'ai du mon salut qu'à la bienveillance d'un capitaine du 30ème régiment qui me fit prévenir à temps qu'on venait me prendre.

Ma femme même a été persécutée par ce Vertus qui a appelé la police pour la faire arrêter. Elle est encore malade de saisissement.

Je suis resté plus de neuf mois sous les broussailles et ne suis sorti que le 5 Décembre, quand le général Antoine Simon eut libéré le peuple haïtien.

Je vous jure M le Directeur, que tout ce que je vous dis ici, je l'ai vu et entendu. Je ne parle pas par ouï-dire et ne mets aucune passion dans mon récit.

*

JOACHIM FRANÇOIS
DIT PETIT PIERROT

D. N'avez-vous pas été au service du général Montreuil Guillaume?
R. Oui, j'étais son planton. Soldat du 30 ème régiment, il m'avait exonéré du service militaire, pour m'utiliser comme son cocher, sans salaire, et ne devant vivre qu'avec la ration de trois gourdes qu'on me donnait comme *homme portant* des volontaires du général St-Julien Laboucherie.

D. Pouvez-vous me dire ce que le général Montreuil fit pendant la nuit du 14 au 15 Mars dernier?
R. Immédiatement après souper, il sortit, passa chez sa femme Angèle et se rendit au palais, vers les 8 heures du soir. (*Heure rigoureusement identique, l'avez-vous remarqué, à celle avancée par Montreuil pour sa*

---

38 Abréviation de commandant de la Place.

39 Ecraser.Tuer.

seconde visite au Palais.) Avant de sortir, il m'avait ordonné de seller son cheval et de le lui amener au palais. Je lui fis amener le cheval par son palefrenier Ti-canne et me rendis moi-même chez Mme Dégand où je passai la nuit.

D. Quand est-ce que vous avez revu votre chef?
R. Eh bien ! Vers 4 1/2 heures du matin, à peine réveillé j'ai entendu des coups de feu dans la direction du cimetière. Je me suis rendu sur les lieux pour voir ce qui se passait. Arrivé là, j'ai vu plusieurs cadavres à terre et deux hommes que les généraux Joannis et St-Julien venaient d'emmener, garrottés par des soldats sans être amarrés pourtant.

C'étaient Alluption Casimir et Félix Salnave.

Joannis dit à St-Julien : Main messié yo m'minnin pou ou boulé, d'ordre l'arrondissement[40].

[Arrêtons-nous un moment, je vous prie. N'y aurait-il pas erreur ici ? St-Julien ne peut en même temps avoir emmené les deux prisonniers et les avoir reçus des mains de Joannis. C'est d'une logique, dirait-on, impossible. S'il faut en croire les témoignages, c'est la première occurrence de son nom qui relèverait d'une erreur et masque celui de quelqu'un d'autre. Mais qui? Dans ce numéro comme dans le suivant, point d'erratum réparateur. Non; aucun. C'est qu'ils ne se sont point rendu compte de la méprise, nos gaillards! Frustrant, non? Mais faisons-nous à l'idée qu'il demeurera à jamais perdu pour nous et poursuivons tranquillement notre lecture.]

Joannis dit à St-Julien : Main messié yo m'minnin pou ou boulé, d'ordre l'arrondissement.

Alors Joannis les fit adosser à une toise de roches et détacha un police pour faire feu sur chacune des victimes. On ne fit pas de rafale. Le premier qui tomba à la première balle fut Alluption Casimir. Une seconde balle l'acheva. Ensuite Félix Salnave mourut d'une balle.

D. Êtes-vous sûr qu'il était mort?
R. Nul ne peut le dire. On ne lui donna qu'une balle, c'est tout ce que je sais. Et on l'enterra mort ou vivant. Il y avait à terre un blessé, le plus grand de tous, qui faisait du bruit, [*Robert Lamothe ? - S'il faut en croire le procès-verbal d'exhumation, rien de plus probable en effet.*] on lui donna une balle. Il se tut, mais ne cessa pas de se mouvoir. On fut assez avare pour ne pas tirer une nouvelle fois sur lui.

---

40 Voilà des hommes que j'amène pour être fusillés, d'ordre du commandant de l'Arrondissement.

D. Avez-vous assisté à l'inhumation de ces cadavres?

R. Non ! Non! car, malgré mon désir de rester jusqu'à la fin, je dus me rendre à la maison, puisque le général Montreuil qui était sur les lieux venait de me remettre sa carabine de 16 et sa gibecière de balles, en me recommandant de les apporter tout de suite à la maison.

Il commençait à faire jour et les agents de police avaient reçu l'ordre de ne pas dire leurs noms et de ne pas parler sur les événements de la nuit.

D. Quand il rentra chez lui le dimanche matin, ne l'avez-vous pas entendu raconter ses exploits de la nuit?

R. Il ne rentra qu'à 11 heures du matin, *saoûl comme un cochon*. Il alla donc se coucher et, à son réveil, il se rendit chez sa maîtresse, car il faut vous dire qu'il ne restait guère chez lui et qu'il passait tout son temps chez sa maîtresse Angèle ou une autre femme de la rue des Abricots.

D. Quels sont ceux que vous avez vus avec Mr Montreuil?

R. Le ministre Marcelin sur un cheval couleur foncé, Timoclès Lafontant sur un cheval gris pintade, le gal Jules Coicou et d'autres cavaliers que je n'ai pas eu le temps de reconnaître puisqu'ils étaient dans l'escorte. Ces messieurs sont allés au palais avec Montreuil, après 5 heures.

*

– En dépit de l'obscurité inévitablement régnante cette nuit du 14 au 15 mars, mon vieux Georges, ce fameux cheval «gris pintade» qui, telle une vraie scie, hante les interviews !

– Excès de familiarité ?

– Je me le demande.

– En parlant de Marcelin précédemment, n'était-ce point à ce témoignage, plutôt brûlant pour sa personne, que vous faisiez allusion ?

– Avais-je omis de le préciser? Evidemment, les erreurs d'identité truffant par trop les interviews, mal venu serait de notre part, de nous tabler sur cette mention unique de son nom, pour déclarer sa présence sur les lieux de l'exécution, ce matin-là, un fait avéré et incontestable. Néanmoins, en ce qui a trait à l'heure à laquelle il déclare être descendu au Palais, les détonations entendues évidemment, les palinodies de notre cher Marcelin ne laissent d'intriguer. Que peuvent-elles bien cacher ? La réalité d'une présence indéniable, explicable pour maintes raisons, et que nous révèle ici Joachim François ? Ou tout simplement sa peur que l'on eût pu croire vrai (ses fonctions plaidant contre lui)un témoignage jugé par trop avilissant et accablant pour sa personne ?...Quelque soient les motifs qu'elles recèlent, en tout cas, chez cet homme que certaines circonstances de naissance, de culture et de talent destinaient sans conteste à constituer, à bien d'égards, l'un des témoins majeurs et essentiels de notre Histoire, outre d'accoucher d'une énigme appelée à demeurer à jamais insoluble pour nous, elles témoignent d'une malhonnêteté bien regrettable, et qu'on ne saura ici, admettez-le, assez souligner et flétrir. Cela dit, empressons-nous de mettre fin à ce chapitre-ci, d'une amertume...euh...d'un douloureux, convenons-en, sans équivoque, des témoignages. A qui le tour, maintenant? A Vertus Jean Jacques? Oui, sans aucun doute...

VERTUS JEAN JACQUES
DIRECTEUR DU CIMETIÈRE

D. Veuillez, je vous prie, me dire ce que vous savez des fusillades du 15 Mars et quelle part vous y avez prise?
R. Il était à peu près 4 heures du matin, le 15 mars, quand je fus réveillé en sursaut par deux rafales successives. Je ne sortis pas de chez moi, ne sachant pas ce qu'il y avait. Mais le nommé Piquant vint frapper à ma porte pour me dire que le général Leconte me demandait. Je sortis en tremblant. Quand j'arrivai, je trouvai le général Leconte, Arban Nau, St-Julien Laboucherie, Altéus, Montreuil Guillaume et plusieurs bourgeois que je n'ai pas pu reconnaître, parce qu'ils se masquaient la face. *[Avec Aurilus Jeune, Joachim François, c'est la troisième personne, notez-le, à témoigner de la présence de civils sur les lieux de la fusillade.]* Et quand ma femme est venue après moi avec une lampe, on la bouscula violemment.

Moi-même, on me menaça de la fusillade.

Le général Leconte m'ordonna d'enterrer tout de suite les neuf cadavres qui gisaient à terre.

Comme je me démenais pour trouver des fossoyeurs, le général Laboucherie me menaça de me fusiller si le jour s'ouvrait sur ces cadavres. - il m'a fallu donc, avec trois fossoyeurs et 7 hommes, bourgeois du quartier, requis par moi, creuser neuf fosses dans l'espace d'une heure, si bien qu'à 5 heures du matin, j'avais à peu près fini d'inhumer les neuf cadavres quand on vint avec Félix Salnave pour être fusillé.

D. Permettez moi de vous interrompre : je crois que vous vous trompez, car Salnave a été fusillé en même temps que Mérové. - c'est Alexandre Christophe qui a été le dernier fusillé. *[C'est ce qu'on pourrait déduire en effet de la lecture de Geffrard Joseph interviewé probablement avant Vertus Jean Jacques et Joachim François, d'affirmation différente, et bien* *avant Altéus Michel, d'affirmation à peu près semblable. Frédérique s'était-il laissé influencé par lui?]*

R. Ceux qui vous l'ont dit se sont trompés. Alexandre peut avoir été le dernier arrêté; mais il a été le neuvième fusillé, c-à-d. le dernier de la première série de neuf. - Félix est venu bien après, à 5 heures du matin, il faisait presque jour.

Quand on l'a placé, il a demandé à *uriner* et on a fait feu sur lui, tandis qu'il était dans l'accomplissement de cet acte. Tout cela s'est passé devant moi. Je puis vous affirmer que Salnave a été le dernier fusillé.

D. Pouvez-vous dire exactement où vous avez enterré chacune des victimes?

R. On m'avait tellement bousculé et *évaporé* que je ne saurais vous le dire exactement. Tout ce que je me rappelle, c'est que j'ai creusé neuf fosses et enterré dix cadavres ; il y a une fosse qui contient deux cadavres : Mérové et Alluption. [*Débarrassée de toute malice, l'information froide et objective ! -Hé oui!]*

Je me rappelle aussi que j'ai creusé un trou où j'ai enterré ensemble les 10 chapeaux des victimes.

Je peux désigner la fosse d'Horace Coicou; car je l'y ai mis moi-même et j'ai pu le reconnaître parce qu'il fut vêtu de blanc, et l'un des premiers inhumés. Vous n'avez pas idée Mr Frédérique, de la façon dont j'ai été bousculé ; si je n'avais pas fini l'inhumation avant le jour on m'aurait fusillé aussi.

D. Comment donc a-t-on pu marquer les diverses fosses puisque vous n'avez pas pu les désigner !

R. C'est un jeune homme du nom d'Olinska qui m'aidait à creuser les fosses et à lever les cadavres, qui, plus posé que moi, avait noté dans quelle fosse, il mettait chaque cadavre.

Les soldats qui étaient présents refusaient de m'aider. Je demandai le concours de prisonniers qui ne vinrent qu'après que le travail était fini.

D. Avez-vous vu Jules Coicou sur les lieux?

R. Oui. Il arriva après la fusillade de ses frères et avant celle de Salnave et demanda à Leconte *si tout était fait?* Et Leconte répondit : tout est fait.

D. Avez-vous vu le général Montreuil faire feu sur Félix Salnave, de sa carabine de 16 coups?

R. Je ne peux le dire; car je ne l'ai pas vu, occupé que j'étais à chercher des hommes pour m'aider à creuser les fosses.

[A l'entendre plus haut n'avait-on pas l'impression d'un témoin in-

tégral de la fusillade de Salnave. ? Or, ce qu'il nous dit là, laisse carrément entendre qu'il n'était pas tout entier à ce qui avait eu lieu et que certains détails cruciaux eussent pu lui échapper. Du coup, ça nous ôte toute sécurité à nous reposer entièrement sur lui. C'est à rendre dingue, ces interviews!]

Ce que je peux affirmer sur la foi du serment, c'est qu'il était là, à la tête du détachement avec les autres généraux plus haut cités. *[Il se parjurera, le bonhomme, et lors du procès Montreuil. Mais ceci est une autre histoire que nous verrons après.]*

D. Pouvez-vous me dire les noms de ceux qui vous ont aidé à creuser les fosses?
R. Ce sont : Olinska, Luc, Lys Piquant, Ellias, Piquant père, Jeanty, Nerva, Frère Tyl, Durcis, Petit-Louis, Saint-Louis.

Après les fusillades on avait mis des factionnaires dans toutes les avenues conduisant au cimetière. Devant ma porte se trouvait le major Yis qui fit retourner ma femme, accompagnant Mme Raoul Prophète et Clara Déjoie. *[À six heures du matin, ils y étaient encore ces factionnaires, s'il faut en croire madame Roche Armand, empêchant les parents des victimes de pleurer, menaçant même de les arrêter s'ils ne se taisaient et s'éloignaient.]*

D. Vous souvenez-vous que vous vous êtes vanté d'avoir pris votre vengeance de Mérové en l'enterrant la face en bas et en mettant un autre cadavre sur lui, tandis que tous les autres ont été enterrés seuls? *[Quatre cadavres, Frédérique! Pas «un autre».]*
R. Non! Je n'ai jamais dit cela, et je n'ai jamais rien eu avec Mérové qui a été mon *boss*.

D. A propos du caveau de Jules Coicou où Cécé est enterrée?
R. Jamais rien; j'ai fait le caveau pour P. 600, malgré que ce fut un travail de P. 1000. J'ai voulu prouver que je pouvais le faire, malgré les critiques, voilà tout *[Des confidences avaient vraiment été faites à Geffrard Joseph alors!- Hé oui!]*

D. N'avez-vous pas essayé de faire fusiller votre voisin *Doctè* et emprisonner sa femme, parce qu'ils critiquaient ces massacres du 15 Mars?
R. Non. Au contraire, la femme de *Doctè* est plutôt une amie de ma femme. Toutes ces histoires doivent être le résultat des tripotages du commissaire Gallumette qui était l'espion du général Jules Coicou et lui rapportait tout ce qui se passait devant le cimetière.

*

– Fini?

– Oui

– Édifiants, on ne peut plus, non?

– Absolument. Mais ne suscitent-ils pas plus de questions qu'ils ne consentent vraiment à y répondre.

– Oui, une vraie jungle, cher Georges, il n'y a pas à dire.

D'abord à quelle heure les prisonniers furent-ils emmenés sur la place du Cimetière ?

> «Vers les 4 heures, on sortit avec ces messieurs» (Jules Coicou)

> «Il était environ 4 1/2 heures du matin (lorsqu'on vint les chercher)» (Nérestan Zamor)

Pourtant, Altéus Michel, au poste du marché Debout où il se trouvait, ne nous affirme-t-il pas, entre 3 1/2 et 4 heures, avoir entendu des coups de feu en provenance du cimetière ?

Est-il le seul? Non.

À peu près à la même heure Clarisse Coicou et Mme Amica Chancy nous diront avoir entendu des détonations aussi.

Clarisse Coicou:

> «Il sonna trois heures et demie à l'horloge. Au même moment des coups de feu retentirent.»

Mme Amica Chancy:

> «A 3 1/2 h. Je m'apprêtai à faire du café pour leur apporter en prison au jour, et tandis que j'allumais ma veilleuse, de vives détonations se firent entendre (...) un peu plus tard, entre 4 et 4 1/2 heures, j'entendis de nouvelles rafales.»

Ce que semble confirmer ce témoignage de Clément Coicou:

> «Quand j'atteignis le lieu où je voulais me rendre (...) On consentit à m'ouvrir seulement quand j'avais décliné mon nom. - Quelques heures plus tard, j'entendis des rafales du côté du cimetière: Je tirai ma montre. Il était quatre heures moins le quart, j'étais loin de penser que c'était mes oncles que l'on fusillait.»

Que faut-il penser de tout ça?

La présence des prisonniers sur la place du Cimetière devant nécessairement précéder ces détonations entendues, ils avaient donc été emmenés plus tôt que nous le laissent entendre Jules Coicou et Nérestan Zamor.

À quelle heure?

C'est au témoignage d'Alexandre Nelson que nous allons avoir recours. À la question de L'Impartial «N'avez vous pas dit avoir vu Montreuil sur les lieux? Que faisait-il au moment de l'interrogatoire (de Massillon évidemment)», que répond-il ?

«Il n'y était pas. Il ne s'est présenté que vers les 3 heures du matin devant la prison, au moment de l'exécution.»

Plus en harmonie avec les témoignages cités, et dénotant mieux cette crainte bien vivante chez nos acteurs de la clarté diurne sur leurs forfaits en cours, cette indication d'heure, par conséquent, me parait beaucoup plus plausible que celles données par Jules Coicou et Nérestan Zamor.

Y a-t-il mensonge intéressé?

Un simple coup d'oeil sur les témoignages peut nous prouver que non.

Aurilus Jeune:

Il était à son poste avec Petit-Jacmel, agent de police comme lui, lorsque vers les 5 heures du matin, ils virent arriver un détachement.

Exil Bois, lui, voit ce détachement arriver à 4 heures du matin, soit une bonne heure avant !

– Oui, ces fameux exemples précédemment cités.

Cette question d'heure éclaircie, aurons-nous un égal bonheur avec d'autres ? Je ne pense pas. La courte lettre de Madou, nous l'avons vu, laisse croire les prisonniers, cette nuit-là, avoir été extraits de leur cellule, par groupe de deux. Doit-on croire que, sur les lieux de l'exécution, ils avaient été ainsi conduits ?

Contradiction évidente avec le témoignage de Jules Coicou, Aurilus Jeune, Exil Bois. Les faisait-on sortir par groupe de deux d'abord, pour, une fois dans la cour de la prison, les réunir à nouveau sous les yeux acérés de Leconte et de ses aides de camp ? Pourquoi par deux alors? Protocole de geôlier ?

Sur l'ordre impérieux de Jules Coicou, Nérestan Zamor nous affirme avoir été au Palais annoncer qu'on venait de sortir avec Alluption et Salnave, fait, nous l'avons vu, confirmé par Dégand dans son interview. Donc tout laisse croire qu'avec Alexandre Christophe, emmené avant eux, (nous dit Jules Coicou) ils avaient été les derniers fusillés.

L'interview de Vertus le confirme en partie.

L'interview de Joachim François.

Mais les autres ?

*

Maintenant, revoyons un peu, dans l'ordre lus, certains des témoignages de la place du Cimetière, et commençons par Jules Coicou:

Les paroles de Mérové exceptées, que nous affirme avoir entendues Aurilus Jeune, et qui semblent d'un ton identique[41] à celles reproduites

---

41 Jules Coicou : «Le général Nord regrettera cela, car je suis innocent.» Aurilus Jeune : Je suis innocent; je n'ai rien fait au général Nord, et voilà qu'on va me fusiller. Général

par Jules Coicou dans son interview, qu'y a-t-il de commun entre ce qu'il nous raconte et les témoignages d'Exil Bois et d'Aurilus Jeune, présents, comme lui, au tout premier moment?

Ce cérémonial bien ordonné d'exécution, assorti d'une durée appréciable qu'il laisse entendre à Callard, se cherche vainement d'écho chez ces deux témoins.

> «Là, il plaça ses hommes, que dis-je? Les fit pousser devant leurs conducteurs qui les fusillaient à bout portant.» (Exil Bois)

> «Je n'avais pas fini de parler que le peloton fit feu.» (Aurilus Jeune)

Thomas Hyacinthe avait-il été réellement dépêché au Palais prendre les derniers ordres ainsi qu'il nous l'affirme ?

Vu le laps de temps très court que ces témoins laissent entendre avoir précédé, sur la place du Cimetière, l'arrivée des prisonniers et leur exécution, on est bien tenté d'en douter.

Doit-on croire que, placés ensemble, ils s'étaient vus, néanmoins, fusiller séparément ?

> «Dans l'intervalle, d'autres coups de feu partaient et de nouvelles victimes tombaient sous les balles des bourreaux.» (Aurilus Jeune)

C'est ce que, en tout cas, nous laisse supposer le témoignage de Clara Déjoie, car au bruit des détonations entendues, comment autrement peut-elle se rendre à pied de derrière l'Exposition où était sa demeure (l'actuelle ruelle Romain), sur la place du Cimetière et trouver Massillon et Louis encore debout? Était-ce bien eux qu'elle avait vus? La fusillade de cette première série de prisonniers s'était donc étalée sur un temps plus long que ne le laissent croire les récits d'Aurilus Jeune et Exil Bois?

*

CLARA DÉJOIE

Aux paroles proférées par Massillon, elle nous affirme avoir entendu Jules Coicou ordonner «tirez-li nan tèt», lequel pourtant affirme s'être retiré pour ne pas assister à la fusillade de ses parents.

Etait-ce bien lui qu'elle avait vu ?

Voir Altéus Michel et Vertus Jean Jacques. Leurs témoignages laissent entendre que Jules pourrait n'avoir pas menti sur ce point.

Si ce n'est Jules Coicou, qui avait-elle entendu alors ?

Nord en rendra compte à Dieu, il paiera cher ma mort.»

Car, selon le rapport d'exhumation, pour se tromper d'identité sur son auteur, le fait ne laisse pas moins d'être indéniable !

*

ALTÉUS MICHEL

A quel moment fait-il son apparition sur les lieux de l'exécution?

À son arrivée, il trouva qu'on avait déjà fusillé du monde.

Donc ce dont témoigne l'agent de police Aurilus Jeune a eu lieu en son absence.

Ce dont témoigne Jules Coicou aussi, dont il était loin de soupçonner la présence au tout début, et qu'un quart d'heure seulement après l'accomplissement des faits dont il témoigne, il verra arriver accompagné de ses adjoints, pensant à tort que c'était à ce moment seulement qu'il s'amenait sur les lieux.

Tout de même est-il possible qu'il n'ait pas vu Montreuil Guillaume et Arban Nau sur la place du Cimetière?

Montreuil, il l'avait vu, en bourgeois, passer devant son poste, et traverser la place St-Anne. À quelle heure? Pendant cette nuit, nous dit-il dans son interview. Ce qui n'est rien moins qu'imprécis. Mais lors du procès Montreuil où il sera appelé à témoigner, entre 2 et 3 heures, avancera-t-il. Donc, avant les exécutions. Et Montreuil, affirmera-t-il, lui parla.

Entre ce fait, pour vrai qu'il fût, et les témoignages qui, devant la prison, laissent entendre la présence incontestable de Montreuil au moment de quérir les prisonniers, remarquer qu'il n'y a nécessairement aucune contradiction. Car, de ce poste de police, aux environs de la place Ste-Anne, à la Prison des Hommes, sis dans la même rue (la rue du Centre) ne font état, nos plans, que la distance d'un bloc.

Les hommes exécutés en sa présence avaient-ils été emmenés par ces militaires qu'il avait vus passer et suivis?

Il y a tout lieu de croire que oui (le groupe qu'il n'avait pas vu passer et dont l'action, sur la place du Cimetière, s'était révélée à lui par les coups de feu entendus, les prisonniers en main, avait suivi un autre itinéraire. Ce que montre bien le témoignage de Jules Coicou. De la rue du Centre, où, comme encore de nos jours, donne l'entrée de cette prison, il avait tourné à gauche sur la rue du Champ-de-Mars, puis à droite sur la rue de l'Enterrement.

«Puis du groupe se sont détachés trois hommes que j'ai reconnus par leur voix...»

De quel groupe peut-il s'agir si ce n'est de celui suivi par lui ?

Pouvaient-ils être Félix Salnave, Mérové Armand et Paul St-Fort?

Selon ce que nous dit Vertus Jean Jacques, confirmé par Nérestan Zamor et Dorléus Jn Phillipe, Salnave doit être soustrait du nombre, ayant été fusillé en dernier et tout seul.

Mérové aussi et Paul St Fort, que Jules Coicou nous dit avoir fait partie de la première série de sept et parmi les premiers emmenés sur la Place du cimetière.

Qui donc avait-il vus alors?

Nous aurions tendance à dire Alluption et Christophe puisque ce sont eux qu'on nous rapporte avoir été les avant-derniers fusillés (et rapprocher son témoignage de celui de Joachim François), mais il nous dit trois et non deux, ce qui montre bien un déroulement des faits non absolument conforme à ce que nous affirme Jules.

Une fois sur la place, y était-il resté jusqu'au bout et avait-il assisté à la dernière exécution?

Exil Bois nous déclare que, pour aider au creusement des fosses, ordre fut reçu par lui d'aller quérir des prisonniers, mais qu'il ne revint qu'après que tout était fini. Cela ne nous met-il pas en droit de supposer que l'exécution de Salnave eût pu avoir pris place en son absence?

Remarquez de sa part, et en passant, un mutisme le plus total sur ce rôle assigné à lui, préférant celui de préposé à l'ordre, jugé sans doute un peu moins actif cette nuit-là. Donc, qui sait, moins compromettant.

*

EXIL BOIS

Avec Aurilus Jeune, Ti-Jacmel dont nous ne possédons pas de témoignage, un témoin indéniable du tout début.

Il y a contradiction entre son interview et celle d'Aurilus Jeune, au sujet du moment auquel Vertus a fait son apparition. Selon lui, ça a eu lieu après la fusillade.

Et selon Aurilus Jeune ça a eu lieu avant.

L'interview de Vertus donne raison à Exil Bois. Mais son témoignage, lors du procès Montreuil, laisse entendre un son de cloche identique à Aurilus Jeune:

Ou est-ce une erreur du chroniqueur: «*(...) je devais fouiller des trous pour des cadavres qu'on allait faire (...)*» [*Le Matin, 28 juillet 1910. Compte rendu du procès-Montreuil]*

S'il n'avait pas été là, lui aussi, dès le début, comment eût-il pu être au fait de la sortie de Jules avant la fusillade de ses parents ?

Remarquez, Georges, qu'il aurait pu l'apprendre des autres témoins du tout début.

Autre contradiction. La fusillade est classique avec peloton d'exécution dans Aurilus Jeune. Elle est un peu plus désordonnée chez Exil Bois.

Quand il revint avec Vertus, le général avait ordonné de creuser dix fosses, nous dit-il. Est-ce dix fosses ou neuf qu'il s'agissait à ce moment de creuser?

Car, ainsi que nous l'affirme Vertus Jean Jacques, la fusillade de Salnave les surprendra alors qu'ils croyaient avoir fini.

«Le général Leconte m'ordonna d'enterrer tout de suite les neuf cadavres qui gisaient par terre» nous dira, lui, Vertus Jean Jacques.

*

GEFFRARD JOSEPH, DIT DOCTÈ

Réveillé par les détonations, il alla se mettre au guet et vit des hommes par terre que des soldats achevaient à coup de feu détachés.

Tout comme Altéus Michel, trois hommes, nous dit-il, furent fusillés en sa présence.

Sont-ils les mêmes?

Pour Altéus: Félix Salnave, Mérové Armand, Paul St Fort.

Pour Geffrard Joseph: Mérové, Alluption et Félix Salnave.

Visiblement, ils parlent des mêmes faits.

Après 5 heures, il avait abandonné son poste d'observation. Doit-on croire que Félix Salnave est venu après.

«le général Montreuil bascula en deux fois sa carabine de 16 et leur donna à chacun (Félix Salnave et Mérové) une balle.»

Joachim François, qui dit avoir assisté à l'exécution d'Alluption et de Félix Salnave, ne fait pas mention de ces détails qui, s'ils ont eu lieu, l'ont été en son absence.

Est-ce à l'exécution de ces trois hommes qu'a assisté Geffrard Joseph ?

La présence de Nadreau sur la scène de l'exécution ? Il est le seul témoin à affirmer l'avoir vu. Or, rappelons-nous les déclarations de Nadreau lui-même lors du procès-Jules Coicou :

«Il avait ordre de garder son poste contre toute attaque et n'entendait que des coups de feux vers le cimetière. C'est au Palais qu'on lui fit savoir que les exécutés furent pris les armes à la main et on lui réclama un rapport. Il dut le faire d'après les renseignements de Léonce Leconte.» [Le Nouvelliste, 6 mars 1912.Compte rendu du procès Jules Coicou]

S'agit-il, une fois de plus, d'une erreur d'identité, et que rend bien probable les circonstances, somme toute assez particulières, ayant présidé à la possession par Geffrard Joseph des données relatées dans son témoignage ? (Il était au guet chez lui, et la clarté, celle plutôt relative d'une aube naissante). Ou, pour ne point demeurer en reste, Nadreau mentait-il, lui aussi?

*

JOACHIM FRANÇOIS DIT PETIT PIERROT

Deux hommes furent exécutés en sa présence, nous dit-il : Alluption Casimir et Félix Salnave.

Ne tenons-nous pas là les derniers emmenés dont parle Nérestan Zamor?

Vertus Jean Jacques nous interdit de l'entendre ainsi.

N'étaient-ce pas plutôt Alluption et Christophe?

Notons qu'il affirme n'être pas resté jusqu'à la fin. L'exécution de Salnave eut-elle donc lieu en son absence?

Doit-on croire que la Place du cimetière n'ait vu, cette nuit-là, son arrivée qu'après l'accomplissement des faits dont, au sujet de Montreuil, fait état, et de façon circonstanciée, Geffrard Joseph?

Oui, édifiants sans aucun doute ces témoignages mais, ainsi que vous en avez fait la remarque, ne suscitent-ils pas plus de questions qu'ils ne consentent à y répondre.

– Remarquez, mon ami, que l'inverse peut-être tout aussi vrai. J'entends, ne contiennent-ils pas plus de réponses encore que nous nous sommes évertués à exiger qu'ils nous fournissent.

– Euh...Je vous suis bien, Georges, oui, parfaitement bien. Maintenant, avec certaines des victimes de la Place du cimetière confondues à tout jamais dans leur mort odieuse et commune, rangeons-les soigneusement, et de cette énergique et mémorable enquête prenons tranquillement congé par l'interview d'Emile Lucien.

*

MONSIEUR EMILE LUCIEN
JUGE DE PAIX DE LA CAPITALE SECTION SUD

D. En votre qualité de Juge de paix de la section sud de la Capitale, vou-lez-vous me donner des renseignements sur les exécutions sommaires du 15 mars, et me communiquer le procès-verbal qui a été dressé par vous, dit-on, après les hécatombes?
R. Le Dimanche 15 Mars, à 4 heures du matin, je m'habillais pour aller accompagner ma femme à l'Eglise, lorsque j'entendis des coups de feu dans la direction du cimetière; j'avais cru à une prise d'armes et je ne suis pas sorti. Mais quelques minutes après le calme se rétablit et ma femme seule sortit ; C'est par des gens qui passaient dans la rue que j'appris que des exécutions avaient eu lieu.

Vers les 8 heures du matin, le général Fusillé Laroche vint me cher-cher, au nom du Commissaire du Gouvernement.

Je fis appeler mon greffier et lui confia pour être remise au Parquet, une valise qui était en dépôt au greffe et qui appartenait à Madame Ga-lette. Cette valise contenait *cent dollars or américain,* onze gourdes, 19 centimes /monnaie Nle/ un contrat de mariage, un acte, un bordereau et une lettre signée Piquant adressée à Mme Galette ; la valise a été remise au Parquet, après reçu délivré par le commis G. Dumay.

[- La fameuse valise de la manchette!

– Hé oui! Et dont le contenu pécuniaire, vous le constatez, exception-nellement indemne de toute tentative éprouvée de manipulation, de toute retouche à des fins évidentes de renchérissement de la part de notre fécond et talentueux journaliste, avait du inspirer les circonstances évoquées de l'ar-restation de Mme Galette, la preuve par quatre, je me plais à le dire, de la va-leur évidente d'une telle somme pour l'époque. Mais laissons-le poursuivre.]

Quand je fus trouver le Commissaire Innocent Michel Pierre, il me dit de me mettre à la disposition des autorités pour donner l'entrée dans la maison de Horace Coicou qui avait été exécuté le matin. [*Surprenante, non, cette comédie de légalité après coup.*] Je me rendis donc sur les lieux où je trouvai les généraux Arban Nau, Fusillé Laroche et quelques hom-mes de police.

Dès mon arrivée, Mme Clara Déjoie me dit : C'est vous le juge Lucien? Eh bien Horace m'avait chargé de vous réquérir pour apposer les scellés sur les effets de la faillite Pape déposés ici et dont il était le syndic.

Je lui répondis que je ne pouvais lui donner satisfaction à ce moment, attendu que je m'occupais d'un autre service, mais que le lendemain je viendrais. - En effet, le lundi 16 mars, à 8 heures du matin, j'ai été apposer ces scellés, mon registre que je vous soumets en fait foi.

Après avoir perquisitionné dans la maison d'Horace où l'on a rien trouvé, nous nous sommes transportés au bureau central de la Police, où, en présence du général Manigat et du général Léonce Leconte et des généraux que j'ai déjà nommés, je dressai un procès-verbal qui a été expédié sur l'heure au Commissaire du Gouvernement. Ce procès-verbal constatait que l'autorité n'a rien trouvé chez Horace Coicou.

C'est le seul procès-verbal que j'ai signé ce dimanche 15 mars et qui, en l'absence de mon greffier, a été rédigé par l'un des secrétaires du bureau central.

Quelques jours après le 15 mars, je fus saisi d'une plainte d'un étranger contre le général Leconte, relativement à la conduite brutale du dit général dans la nuit du 14 au 15 (*Gelus?- C'est ce que je me plais toujours à croire*). Je m'empressai d'écrire à M. le Ministre de la Justice pour le «prier de bien vouloir écrire à son collègue de la Guerre afin de donner des ordres au général Leconte de se présenter à la Justice de paix de cette ville, section sud, le mardi que l'on comptera 28 du courant [mois d'avril] à 9 heures du matin, pour fournir des renseignements aux faits contenus dans la dite plainte»

Le Ministre Laleau m'a répondu de «m'adresser au chef du Parquet de la capitale qui pourra, *s'il y a lieu*, transmettre votre demande à mon Département-/Dépêche du 25 avril 1909, No 1133 -/

J'écrivis donc dans ce sens au Commissaire du Gouvernement qui m'a dit de *laisser cela*.

Ne pouvant faire autrement, les choses en sont restées là.

*

– Souvenons-nous de ce que nous a appris Clément Coicou. A six heures du matin, quand il sut l'affreuse réalité, il se rendit chez sa grand-mère. «La maison ainsi que celle d'Horace étaient combles de parents et voisins.» Se pouvait-il qu'à l'arrivée d'Emile Lucien, elle ne fussent remplies, celle d'Horace en tout cas, que de la seule Clara Déjoie? Que firent les visiteurs alors? Partis, une fois l'affreuse et douloureuse nouvelle confirmée? Ou, par Arban Nau et Fusillé Laroche accompagnés d'un renfort d'hommes, avaient-ils été dissuadés de continuer à garder les lieux?

– À quoi, dites-moi, peut bien mener, cher Georges, une telle interrogation ? Il n'est que temps de clore. Et, comme promis, si vous voulez, par une lecture rapide du compte rendu de la manifestation.

– Terrible cette histoire !

– Et ces écrits le sont-ils moins ? Honnêtement, que doit-on en penser ?

«Jugez donc selon toutes les formes légales ces conspirateurs que vous venez d'arrêter. Faites-leur un procès à grand éclat, comme vous avez fait celui de la consolidation. Qui sait si cela ne servira pas avantageusement nos revendications près de la légation de France ? (...)

Les principaux coupables avaient bien été supprimés, cela n'empêchait pas tout de même, avec les éléments qu'on avait en mains, les détenus qu'on avait dans les prisons, de reprendre l'affaire au point de vue légal.» [Frédéric Marcelin. op. cit.pp. 113 et 119]

Coupable de conspiration - je reprends ma question Georges- Paul St Fort Colin l'était-il ?

Roche Armand l'était-il ?

Félix Salnave ?

Alluption Casimir ?

Mérové Armand ? Que lui reprochait-on exactement ? L'hypothèse de Geffrard Joseph qu'il eût dû son exécution au fait d'avoir refusé de construire le caveau de Cécé pour la somme proposée par Jules Coicou, est-elle absolument à écarter ? Que penser alors des circonstances qui verront Roche Armand à ses côtés, cette nuit-là ? D'un calibre différent? Plus sérieux ?

Robert Lamothe ?

Horace ?

Pierre Louis ?

Les déclarations de Clara Déjoie laissent peser un soupçon indéniable d'implication sur Horace. Mais de Pierre Louis que savons-nous en fait ? Pris au piège de leur lien de fraternité, ne nous sommes-nous pas rendu coupables de confondre leurs actes, leur volonté ?

«Massillon flagella le général Nord par des paroles dures, affirme Jules à Callard, Le Docteur Coicou l'interrompit en lui faisant observer qu'il n'avait rien à dire.»

Que faut-il entendre là ? Un reproche à coup sûr ? Quel sens lui accorder ?

Coupables aussi, et à coup sûr, seraient les miraculés de cette fameuse nuit si, moins chanceux qu'ils ne s'étaient révélés, avaient été pris et fusillés.

Dolaires Laporte.

Alexandre Cléophat.

Général Eliacin. Laisse entendre qu'il était mal vu du pouvoir. Ne fait étonnamment état d'aucune participation à un quelconque complot.

Louis Alvarez. Sauvé de justesse par Helvétius Manigat. Lisez donc son témoignage ! Selon Auguste Fusillé, il avait été pris à la place d'un homme (Grimard Fayette) et devait donc subir le sort destiné à celui-ci.

Le général Lorquet.

Edmond Ethéard. Qui, à un véritable malentendu, des intentions confiées par Massillon à Jules, et demeurées lettre morte, devra de voir son nom figurer sur la fameuse liste.

Devant une postérité candide et bon enfant, autant à se tailler un rôle de sainte nitouche, de la m... destinée à recouvrir (de ses épaisseurs regrettables et homériques, mon vieux Georges), l'un des crimes, à n'en pas douter, les plus sordides de notre Histoire. De la m...et rien de plus. Maintenant, place, comme promis, au compte rendu de cette grandiose et émouvante manifestation. Oui, grandiose et émouvante, c'est sûr.

LA MANIFESTATION

PIEUSE MANIFESTATION

Elle a pleinement réussi, la pieuse manifestation en souvenir des victimes du 15 mars. De tous les points du pays, hier, on a communié dans une même pensée, dans un même sentiment du devoir social.

Bel acte de foi ! Noble leçon de choses ! Juste réparation !

EXHUMATION

L'exhumation des cadavres eut lieu dimanche. Elle avait attiré une foule imposante du matin au soir. Un vrai pèlerinage a été fait à notre nécropole visitée ce jour par environ 4,000 personnes : étrangers et haïtiens se confondaient.

[Imposant, un tel chiffre pour le vieux Port-au-Prince, Georges ! n'ayant point prévu une telle affluence, que le service d'ordre, par conséquent, se fût retrouvé débordé, ne se comprend que trop.]

Parents et amis, tout le monde fut saisi d'épouvante, à chaque cadavre horriblement mutilé qu'on retirait d'une fosse creusée à trois pieds à peine. *[Le rapport affirme que la plupart mesuraient à peine un pied et demi de profondeur, non ? Et le procès-verbal, lui, dix-huit pouces, quelques unes, un pied seulement. D'où peuvent bien provenir, dites-moi, ces «trois pieds» dont l'auteur (ED. F.) fait état ici de manière si catégorique. Un peu de rigueur, bon Dieu ! Ce point n'est nullement un détail. Comme l'a si bien fait ressortir Célestin, il traduit, de manière éloquente, cette hâte mise à faire disparaître les corps et, par conséquent, ne fait que trop partie de cette douloureuse histoire. Mais laissons-le poursuivre.]* Celui-ci, Robert Lamothe eut la jambe brisée, rejetée sur le corps, celui-là, Pierre-Louis Coicou a le crâne labouré portant une large trace de coup de manchette s'arrêtant au front ; cet autre, à peine mort, Paul St-Fort Colin jeté, dans une fosse trop étroite, est retrouvé à genoux comme implorant la justice divine. Deux autres, Mérovée Armand, Alluption Casimir, fraternisent sous un vieux tertre dans un enlacement convulsif. Et là, c'est le doux poète Massillon Coicou, dont la tête détachée du tronc gît à ses pieds : elle a été meurtrie, divisée. Oh ! c'est bien à cette tête qu'on en voulait.

Lamentable spectacle ! Cris, larmes des parents, sanglots des veuves et des mères inconsolées, malédictions, anathèmes du peuple contre les auteurs et les complices de tant d'assassinats !

Et la foule lentement s'écoule après que les cadavres, un à un furent déposés à la chapelle du cimetière. Il était six heures. La ville endormie se réveille silencieuse et morne. L'air est imprégné de tristesse. On y sent pleurer les âmes en deuil. Et dès l'aube, des cloches messagères de nos douleurs sonnent le glas.

A L'EGLISE

A la cathédrale somptueusement drapée de deuil, Mgr. Pouplard officie. *[L'ancienne cathédrale évidemment. Celle datant de la colonie et incendiée, comme nous le savons, en 1991. La nouvelle, dont la première pierre fut posée sous Salomon le 13 janvier 1884, encore en construction lors, ne sera inaugurée que cinq années plus tard, le 20 décembre 1914.]* Sa grandeur, l'Archevêque Conan est à son siège et, dans le choeur, se remarquent les membres du corps enseignant, les membres de la délégation de St-Marc, diverses notabilités du monde politique, juridique, financier et médical. Nous distinguons : MM. J. J F. Magny, Murat Claude, Philippe Argant, Général Mathieu, M. Occide Jeanty, Brédy, Pierre-Paul, Jocelyn, MCD Apollon, Mlle Marie Viard avec ses élèves vêtues de blanc etc.

Autour du sarcophage, des sièges sont occupés par les parents des victimes, des maîtres de cérémonie et des pompiers montent la garde. Le lutrin est présidé par le Père Plomby, du Séminaire, et les chants funèbres rythment la tristesse de l'heure et du lieu, s'alternent avec les larmes, les sanglots des mères, des veuves et des orphelins. L'absoute est donnée par Mgr. l'Archevêque. Trois prêtres revêtus de leurs chapes noires, bénissent le catafalque. Puis le cortège se forme. L'émotion est poignante.

LE DEFILE

C'est d'abord la compagnie des pompiers libres, les membres du corps enseignant avec leur couronne, la délégation de St-Marc et sa couronne, Monsieur Victor Cony avec des bouquets, les enfants d'Horace Coicou avec leur couronne, les enfants de Massillon Coicou avec leur couronne, la délégation de Jacmel, la couronne des amis de Bizoton les Bains, les acteurs du Théâtre Haïtien avec leur couronne, les élèves de l'Institution de Mlle Lucile Prophète portant une croix ornée de fleurs naturelles, la couronne offerte par le comité d'organisation, au nom de la République indignée etc. N'oublions pas un tableau endeuillé présentant les trois frères Coicou; un bouquet d'un vénérable et modeste vieillard, Thomas Jean, qui offre cet hommage à son jeune ami le poète disparu.

Le cortège se déroule lentement, silencieusement, passe les rues Roux et du Centre.

Le calme est interrompu. On est devant la prison. «Assassins ! Assassins ! Assassins !» clament dans leur désespérance les parents des victimes. La spontanéité de ces cris provoqua des larmes de regrets pour de si précieuses vies inutilement sacrifiées.

Le cortège s'avance toujours et sur tout le trajet la désolation se peint sur les visages. Et dans les maisons amies, des sanglots, des soupirs dolents s'échappent. C'est l'angoisse dans l'âme presque anéantie qu'on arrive au cimetière.

AU CIMETIÈRE

Il est plus de dix heures. Les clairons des pompiers retentissent. L'émotion est poignante. Le convoi qui entre au cimetière, déjà considérable, a plus que doublé : des humbles qui ne pouvaient pas être du cortège sont venus attendre là.

Une chapelle ardente est dressée. Le clergé bénit les cercueils. Les notes plaintives et émouvantes du Libera s'égrènent. Encore, toujours des larmes, des lamentations, des malédictions !

C'est le Président du comité, Me. Pierre Frédérique qui parle. Il prononce son vibrant discours, souligné par ce cri de Suirad Villard : Vive la liberté ! dont se font l'écho d'autres voix.

Arsène Chevry fait chanter sa douleur aux rythmes dolents d'une élégie. Le Docteur Clément Lanier traduit en une langue forte et ferme les sentiments de profonds regrets de la ville de St Marc ; Victor Delbeau dit en termes émus l'adieu suprême au Directeur du Théâtre Haïtien. Burr-Raynaud dit la belle ode exaltant la foi, le rêve de Massillon Coicou et de ses compagnons d'infortune ; Me. Isnardin Vieux trace un tableau impressionnant du régime déchu; Nevers Constant lit une magnifique lettre d'Amisial; enfin, Pierre Frédérique, comme dernier hommage au poète, récite une poésie de jeunesse de Massillon Coicou : «A LISE»

[Tirée sans doute de son recueil de jeunesse «Passions» paru tardivement en 1903 et dédié entièrement à la muse l'ayant inspiré, Lise Joseph sa fiancée, devenue plus tard, en 1891, son épouse. Mais laquelle précisément, «Philtre», «Je t'aime», «Billet doux», «Médaillon» etc... ?

Mais peut-être bien «Billet doux», c'est probable :

Hier, tu me demandais, d'un petit air candide,
Ce que c'est qu'un baiser. Or, durant deux longs jours,

J'ai scruté mes pensées, comme un homme sordide
Compte et recompte l'or qu'il entasse toujours,

Et je n'ai rien trouvé !...J'ai même voulu lire
Sous le dôme du ciel aux grands feuillets d'azur
Et je n'ai rien trouvé de bien beau pour te dire
Ce que c'est qu'un baiser !...N'est-ce pas que c'est dur ?

Et pourtant, si tu veux, m'amour, que sur ta bouche
Ma bouche qui frissonne aille un peu se poser,
Tu sentiras ton cœur, pris d'un transport farouche,
Bondir : et tu sauras ce que c'est qu'un baiser.

Pas mal du tout, hein ! Mais, pour revêtir un accent similaire, ou un tantinet plus approprié aux circonstances, ça pouvait être des notes d'un tout autre poème du recueil, sinon totalement inconnu de nous, que, venant de Frédérique, avait retenti chaleureusement ce jour-là, et pour un dernier adieu au poète, l'enceinte de notre cimetière extérieur. Soulignons-le prudemment et regagnons au plus vite notre reportage. Oui, au plus vite.]

La descente des cadavres dans le monument est faite au milieu des cris, des larmes et des sanglots déchirants.

La manifestation n'a pris fin qu'à midi.

LE SOIR

A l'Asile Français, Coup d'oeil magnifique, foule immense. Les dames sont en très grand nombre.

La musique d'Astrée entonne majestueusement l'Hymne National : la Dessalinienne; le mot de remerciement est dit par le président du comité d'organisation. M. J. Duclervil nous présente Massillon COICOU, romancier, dramaturge, conférencier, en des traits expressifs. Em. Simon dans «la Rue de Valmore-Desbordes" provoque des applaudissements émus. Arsène Chevry, coeur angoissé, lit la pièce si frissonnante d'horreur que la mort tragique du poète national lui avait inspirée sur le rocher de St. Thomas. La salle tressaille de douleurs quand Pierre Frédérique, dans «EXULTATION», cette poésie si chère à Massillon, fait vibrer l'élan patriotique dont déborde son âme d'apôtre. Antoine Innocent fait son apparition au milieu d'une émouvante ovation. Ah ! le bel effet que produit l'ode de Carl Wolf : Hommage aux martyrs du 15 mars ! Les bravos alternent avec les chants plaintifs de l'orchestre.

Le rideau se lève. Le public s'enthousiasme; dans un décor de deuil, là sur la scène, debout, animant la foi de ses disciples, Massillon Coicou en effigie sourit dans sa douce bonté.

La représentation commence. L'intérêt et le plaisir s'augmentent de plus en plus. L'émotion du public est poignante, car la photographie lui rappelle les horreurs de la nuit tragique où le poète tomba sous l'affreuse rafale. Belle et touchante représentation ! On eût dit que l'âme de l'auteur planait sur la scène. On semblait l'y voir souriant à tous, allant d'un acteur à un autre, les complimentant pour s'être ainsi donnés avec ardeur, avec foi.

Elle a pleinement réussi, la manifestation nationale du souvenir des martyrs du 15 mars. Toutes nos classes, sans distinction, ont communié dans un doux sentiment d'un devoir social.

[Doux sentiment d'un devoir social ? Que peut bien vouloir dire pareille chose, Georges ? Le sentiment d'un devoir social peut-il être jamais doux ? Un peu de vigueur quand même ! ...Mais, passons.]

Bel acte de foi ! Noble enseignement pour l'avenir- juste réparation de L'OUBLI - La Nation entière se dresse par ce symbole pour abhorrer l'exécution sommaire et pleurer tous les enfants qu'elle lui a atrocement ravis.

Après l'hommage éclatant viendra le juste châtiment de tant de calamités.

ED. F.
[Le Nouvelliste, mardi 16 mars 1909. No 3168]

*

«ED. F.», c'est, nous dit Jolibois, Edgard Fanfan, qui sera par la suite préfet de Port-au-Prince en 1930, ministre du Commerce et des Travaux Publics du Président Vincent, sénateur de la République, bâtonnier de l'ordre des avocats du barreau de Port-au-Prince. Est mort à Port-au-Prince, il y a déjà près d'un demi siècle, le 10 mars 1956.

D'une mièvrerie un peu douceureuse et agaçante, ce reportage, mais consolons-nous, mon ami, à l'idée que ces faits l'avaient retrouvé, sans doute, à tenter de faire de son mieux, et que, sans lui peut-être, rien d'aussi vivant et étoffé ne serait, aujourd'hui, parvenu à nous.

Maintenant, concernant certains noms de participants mentionnés par Ed. F, et par ordre de leur apparition dans le texte, si cela vous chante de les parcourir, intéressantes notes tirées de sources diverses :

JULES POUPLARD (?) portait le titre honorifique de Mgr. en qualité de camérier secret de Sa Sainteté le Pape. Il était lors curé de la cathédrale de Port-au-Prince et a laissé un très bon souvenir à la Capitale. Décédé en 1919.

A publié en 1905 une «Notice sur l'Histoire de l'Eglise de Port-au-Prince». La principale avenue du quartier du Bois-Badère (St-Antoine) porte son patronyme en raison de son importante contribution au développement de cette zone résidentielle. Il y fit transporter l'édifice métallique de l'ancienne Banque Nationale du Président Domingue : c'est l'actuelle chapelle de St-Antoine.

JULIEN MATHURIN CONAN (?) a été archevêque de Port-au-Prince de 1903 à 1930.

J. J. F. MAGNY, MURAT CLAUDE. (?) Déjà rencontrés au cours de notre périple. Respectivement, ministre de la Justice et des Cultes, ministre des Relations Extérieures et de l'Instruction Publique d'Antoine Simon.

PHILIPPE ARGANT. (?) Général de division et ancien représentant des Cayes à la 17 ème législature, selon une annonce de L'Impartial, il avait été nommé au mois de janvier 1909, commandant de l'arrondissement de Port-au-Prince.

MACIUS MATHIEU. (?) Selon L'Impartial encore, nommé au cours du même mois, commandant de la place de Port-au-Prince.

OCCIDE JEANTY. (?) Général, commandait la fanfare du Palais, très renommée à l'époque.

– J. M. BRÉDY. (?) Avocat. Greffier en chef au tribunal civil de Port-au-Prince. Elu le 10 janvier 1905 député de la PetiteRivière de Nippes. Et, en remplacement de Victor Cassagnol décédé, élu en 1908, au cours d'élections partielles, deuxième député de Port-au-Prince.

ANTOINE PIERRE PAUL. (1880-1968) Avocat, enseignant, journaliste, né aux Cayes le 11 janvier 1880. Élu en janvier 1908, député de Port à Piment. Très influent sous Antoine Simon. À la chute de ce dernier, il part en exil avec lui. De retour au pays trois ans plus tard, jusqu'à sa retraite en 1960, se fera remarquer dans la vie publique et occupera au sein de l'Etat, les postes les plus divers.

MARCELIN JOCELYN. (?) Avocat, journaliste, Né aux Cayes. Secrétaire du conseil des secrétaires d'Etat sous Antoine Simon. Plus tard député de la 28 ème législature.

MCD APOLLON. (?) Né aux Cayes. Secrétaire d'Etat à deux reprises sous Hyppolite. (de l'Intérieur d'abord puis de l'Instruction Publique et des Cultes ensuite) Élu en janvier 1896 député des Cayes. Membre du comité de salut public au départ de T. S. Sam. Membre du comité chargé du maintien de l'ordre au départ de Nord Alexis. Administrateur des Finances de l'arrondissement de Port-au-Prince. Nommé maire de la ville de Port-au-Prince le 8 janvier 1912.

SUIRAD VILLARD. (?) Notaire, commerçant, journaliste, né à Port de Paix en 1865. Membre-fondateur en 1904 de l'Union sportive haitienne

(USH) . Fondateur en 1912 de la société de théâtre «Parisiana». Pionnier du cinéma en Haiti. Élu sénateur le 22 mai 1914. Nommé le 22 juin 1918 conseiller d'Etat représentant le département du Nord-Ouest (27 juin 1918 - 7 avril 1922). Il est renommé conseiller d'Etat en 1922. Candidat à la présidence aux élections d'Avril 1926.

ARSÈNE CHEVRY. (1867-1915) Enseignant, homme de lettres et journaliste. Né à Port-au-Prince le 14 juillet 1867. S'est déjà signalé à deux reprises au cours de notre périple, pour sa participation à l'enquête de L'Impartial d'abord (à son actif, compte, pour le moins, nous l'avons vu, l'interview d'Emmanuel Nadreau) et en tant que membre du comité d'organisation de la manifestation. Fondateur de Le Bulletin (1892) et Le Devoir (1902), il est aussi connu pour la publication, remarquée en son temps, de quatre volumes de poésies.

CLÉMENT LANIER. (1879-1960) médecin, enseignant, né à Saint-Marc. Il fonde en cette ville le Collège Lanier en 1904. Inspecteur des écoles de la circonscription de Saint-Marc de 1909 à 1914. Directeur du lycée Sténio Vincent de St-Marc. Choisi le 8 octobre 1950, il est nommé le 26 octobre 1950 membre de l'assemblée constituante siégeant aux Gonaives du 2 au 25 novembre 1950, il représente le département de l'Artibonite. Nommé membre du conseil consultatif le 5 juin 1951. Député. Il meurt le 30 avril 1960.

VICTOR DELBEAU. (1878-1952) Naquit au Petit Trou de Nippes le 29 décembre 1878. En 1910, il occupe le poste de secrétaire de légation à Washington. De retour au pays, il dispense des cours de littérature française et de latin. Sous le gouvernement de Louis Eugène Roy, il occupera les fonctions de commissaire du gouvernement au parquet de Petit Goâve.

FRÉDERIC BURR-RAYNAUD (1883-1946) avocat, enseignant, journaliste, né à Port-au-Prince le 9 juillet 1883. Répétiteur puis professeur au lycée Alexandre Pétion de Port-au-Prince en 1903. Il part en exil à la Jamaïque en 1908. Elu le 14 octobre 1930 député de Léogâne. Rédacteur puis directeur du journal «La Phalange». Directeur du périodique «La Forge». Il meurt à Port-au-Prince le 3 avril 1946.

ISNARDIN VIEUX. (1865-1941) a été le collègue de Massillon Coicou à l'enseignement secondaire, professeur à l'Ecole de Droit, commissaire du gouvernement près le Tribunal Civil de Port-au-Prince. A laissé deux volumes de poésies, plusieurs essais et des pièces de théâtre. A collaboré à la Revue Indigène en 1927-1928.

NEVERS CONSTANT.(1878-1921) Administrateur à ce moment (et, à maintes reprises, déjà rencontré) de L'Impartial, fonction où le succédera deux mois plus tard Louis Callard. Enseignant, journaliste et homme de loi, est né à Port-au-Prince le 20 novembre 1878. Devenu membre du parquet auprès du tribunal civil de Port-au-Prince, on le verra lors du procès-Jules Coicou, et à titre de substitut, siéger au banc du ministère public.

ARTHUR AMISIAL. (- 1915) avocat, né aux Gonaives. Élu en janvier 1896 député de Saint-Michel du Nord. Elu le 2 décembre 1902, réélu le 10 janvier 1911 député des Gonaives. Président de la Chambre en 1911. Il a été un compagnon très proche d'Anténor Firmin. Il meurt le 2 mars 1915.

LOUIS ASTRÉE. (1844-1928) Musicien et chef d'orchestre d'origine martiniquaise. Arrivé à Port-au-Prince en 1861, il obtient la nationalité haïtienne deux ans plus tard. Instructeur de musique pour les chasseurs et les grenadiers de la garde de Geffrard (1865) chef de la musique préscolaire sous Sylvain Salnave (1868) professeur et directeur de l'Ecole nationale de musique sous la présidence de Michel Domingue (74-76) instructeur de musique pour les tirailleurs sous Nord Alexis (1902-1908)

M. JONATHAS DUCLERVIL. (?) Avocat, journaliste. Collaborateur assidu de L'Impartial. Membre du comité d'organisation de la manifestation. Directeur-fondateur en 1902 de l'hebdomadaire La Nation. Co-directeur du bimensuel des Cayes, Le Réveil en 1921. Sous le gouvernement de Sténio Vincent, il occupera le poste de commissaire du gouvernement près de la banque nationale.

ANTOINE INNOCENT. (1874-1969) s'est fait connaître comme acteur, puis comme professeur et secrétaire-rédacteur au Sénat. Il fut directeur du Théâtre National en 1909 et l'un des actifs collaborateurs de «La Ronde». A écrit un roman : «Mimola» et des poèmes.

CARL WOLF. 1860-1934. A écrit des fables locales sur des proverbes créoles et de nombreux poèmes.

[L'exécution des Frères Coicou de Jolibois, Encyclopédie biographique d'Haiti, t. 1. Ertha Pascal Trouillot, Ernst Trouillot, Dictionnaire biographique des personnalités politiques de la République d'Haïti, Daniel Supplice, l'hebdomadaire L'Impartial.)

EPILOGUE

LES PROCÈS

Mercredi 5 mai

DERNIÈRE HEURE

Nous apprenons que Monsieur le Secrétaire d'Etat de la Justice a écrit à la Chambre pour lui demander de lever les immunités parlementaires de Monsieur Camille Gabriel et autres députés compromis dans l'affaire du 15 Mars.

On nous annonce aussi qu'une *campagne monnayée* se poursuit très activement pour acheter une majorité qui vote contre la suspension des immunités parlementaires dont sont couverts ces députés en fuite.

Nous ne croyons pas qu'on réussisse à trouver à la Chambre une majorité assez peu scrupuleuse pour se solidariser ainsi avec le crime et mériter la réprobation nationale et le mépris du monde entier.

Nous reviendrons sur la question.

*

Mercredi 12 mai

COUP D'OEIL

Attention ! Depuis que le Ministre de la Justice a écrit à la Chambre pour demander que ses immunités soient suspendues, on dit que Camille Gabriel a laissé Turgeau pour entrer en ville où il surveille une occasion propice pour renouveler le coup de Jules Coicou.

D'autres disent qu'il compte traverser la frontière par Thomazeau.

Avis donc au Chef des mouvements du port et à la [*police ?*] administrative.

*

Lundi 17 mai

CE N'EST PAS SERIEUX ! ! !

Malgré l'assurance formelle de bien des gens dignes de foi, nous hésitions encore à croire que la majorité de la Chambre basse manquerait de moralité assez pour s'opposer à la suspension des immunités parlementaires des braves Collègues qui s'illustrèrent dans la mémorable boucherie du 15 Mars de l'an dernier.

Mais malheureusement, le tumulte importun causé par les observations intempestives de quelques inviolables à la séance de vendredi dernier semble vouloir confirmer les bruits désobligeants qui circulent depuis quelques jours.

En effet, l'on parle fortement d'une transaction... louche faite récemment. Ce qui aurait tellement profité à des mandataires...du peuple (?)

que même si, à cause d'une inconséquence quelconque l'on se verrait dans la nécessité de signifier paisiblement son congé à cette Chambre, seuls les obligés de Gabriel – et ce sont eux, dit-on, qui forment la majorité de cette Chambre – n'auraient rien à regretter.

D'autre part, l'on dit que cette majorité, quoique ayant de bon coeur accepté ce qui lui a été offert et ne voulant pas commettre l'effronterie de résister au desiderata de l'opinion publique n'accordera cependant pas de satisfaction à l'ex brocanteur de mandat législatif.

Pour notre part, même si cette dernière version était prouvée, notre loyauté nous défendrait toutes marques d'approbation.

Dans tous les cas nous dirons tout simplement à ces messieurs : Ce n'est pas sérieux !!!

LOUIS CALLARD

*

Samedi 29 mai
MONSIEUR CAMILLE GABRIEL.

Tout le monde a été étonné de la façon inusitée dont le steamer hollandais a annoncé dimanche soir qu'il allait laisser la rade de Port-au-Prince. Pendant près d'une demi-heure, le bateau, par trois fois, a sifflé avec une persistance et une force de pression qui ont attiré l'attention de tous. On croyait même à quelque accident survenu à bord. Ce signal, dit-on, était donné pour appeler un *passager retardataire* qui avait peur de venir s'embarquer et qui, pourtant, aurait arrêté au préalable sa cabine pour laquelle il aurait d'avance payé des milliers de dollars. Enfin le passager vint dans un petit canot très élégant qui glisse rapidement sur l'eau.

Au moment d'aborder le Hollandais et après avoir fait les signaux conventionnels à l'aide des deux fanaux qu'il portait, le rapide et élégant petit canot, ayant reconnu des voix de cerbères autour du bateau sauveur, s'en va à toute rame dans la direction de Martissant.

Les voix entendues étaient celles du pilote Joseph Lasalle dans un canot à tribord et de l'adjoint du port Monitus Jean-Mary, dans un canot à bâbord, qui montaient la garde autour du steamer en partance.

Ils venaient d'échanger leurs observations sur les signaux du canot suspect quand celui-ci éteignit ses deux fanaux et s'en fut à toute vitesse vers Martissant.

Trop lourds pour le suivre et trop prudents pour abandonner leurs postes, les canots du port le laissèrent s'en aller sans inquiétude et Gabriel – car on est convaincu que c'était lui – regagna la terre ferme où il se trouve abrité par quelqu'ami reconnaissant.

C'est l'occasion pour nous d'attirer l'attention de la police et du chef des mouvements du port sur la nécessité de redoubler de surveillance. Nous ne manquerons pas non plus de noter pour l'édification des inviolables, cet aveu de culpabilité qui fait fuir le député Gabriel, avant même qu'on ait statué sur son cas.

Que la Chambre se hâte de rendre son verdict sur la question d'immunités et, en attendant, que la police suive le gibier.

P. F. FREDERIQUE

Ah! oui, Georges, les procès? À titre d'imprégnation, Permettez que je termine d'abord, et tranquillement, ma lecture amusée de cet entrefilet.

Deux, je réitère, auront lieu sous Antoine Simon, l'autre, le troisième, sous Cincinnatus Leconte. D'abord, les enjeux. S'il s'agit pour beaucoup d'actes destinés à réprimer ponctuellement un crime commis, pour d'autres, (le comité de la manifestation par exemple) visiblement moins fermés à leur coté symbolique, il s'agit également d'actes marquants susceptibles, par leur réussite, d'être d'une portée historique incommensurable : mettre fin, par leur exemple, à la pratique des fusillades sommaires, contribuer à remettre en honneur le respect des lois et des libertés qu'elles consacrent, assurer l'indépendance et la dignité des pouvoirs, voilà en gros ce qu'on en attendait. Mais cette Haiti de ce début de siècle, encore euphorique du départ de Tonton Nò, et que la jouissance des libertés reconquises fait parler «d'ère nouvelle» est-elle réellement prête ? Se départant de l'enthousiasme contagieux du moment, c'est la question que devait se poser, témoin objectif des événements et des attentes de l'opinion, notre lecteur d'époque.

Grosso modo, il voit se dessiner trois camps en présence. D'abord, celui de L'Impartial. Imprégné d'idéaux républicains (aucun organe en Haïti ne les a jamais portés à un degré d'incandescence...euh... de conviction aussi élevé, soit dit en passant) il lutte pour l'instauration d'un pouvoir compétent et honnête, à la fois soucieux du relèvement national et respectueux des droits du citoyen. Il entend que les coupables soient poursuivis et punis, raison d'être de l'assiduité mise à mener cette enquête et partiellement de la manifestation. Relayé en échos faibles par Le Nouvelliste maigrichon et timide (Ah ! Le Nouvelliste !), il a de son coté toute la jeunesse assoiffée de réformes et de l'éloquence pour se faire entendre. Mais a-t-il les moyens de s'imposer ? Face à cette prépondérance du militaire, ne se sent-il pas par trop fragile ? D'où, sans doute, cette politique de soutien élogieux à Antoine Simon (elle se fait, fait admirable, sans reniement de soi, comme en témoignent les nombreux articles consacrés

à Firmin) qu'il tente d'embarrasser en le forçant à respecter les promesses libérales de ses déclarations. Pareille tactique, pour fructueuse qu'elle
puisse quelquefois se révéler, ne vaut que si du côté de la force réelle (en
Haïti, entendez toujours l'Exécutif), on entend bien faire route commune
avec l'opinion. Et si on en décide tout autrement ? De quel recours, dis-
pose-t-on ? Pour ceux qui, comme Frédérique, refusent d'abdiquer et de
s'humilier, la prison et l'exil.

– C'est l'esprit de réforme et l'éloquence réduits à attendre leur homme et à quémander ?

– Magnifique image, Georges, je m'en souviendrai !

Il y a l'Exécutif. De souche militariste certes, et, par conséquent, suspect de propension au despotisme. Mais celui-ci ne fait-il pas montre
d'un visage autre ? Ne poursuit-il pas des accusés ? À titre préventif, et
tout naturellement, ne procède-t-il pas à leur capture, leur incarcération ?
Malgré l'absence remarquable de son chef qui, d'un éclat rehaussé eût
certainement paré son déroulement, et celle tout aussi notable, d'un délégué en titre appelé à faire valoir ses vues, à faire date, n'a-t-il pas accordé un soutien indiscutable à la réussite de la manifestation et, par la
présence même de certains officiels, contribué à en faire un événement
d'une ampleur nationale ? Parade de charme d'un gouvernement peu sûr
de lui-même (son pouvoir date de décembre seulement) et qui entend
s'imposer en faisant bon ménage avec la presse ? Ou, dans la personne de
son chef, le débonnaire Simon, (délégué, depuis une vingtaine d'années,
pas un homme n'a été fusillé dans sa juridiction aime-t-on à répéter) por-
te-t-il réellement ce désir de renouveau attendu, seul garant de nouvelles
donnes ?

Si oui, se demande, bon observateur, notre lecteur d'époque, comment expliquer le maintien entêté de certains chefs militaires décriés à
leur poste ?

D'un Exécutif de cette nature, donc, héritier forcément de l'autoritarisme ancré de nos traditions, de l'arbitraire de plus d'un siècle de gouvernement, on ne saurait s'attendre, à moins de pure folie, à un reniement
spontané et absolu de soi, s'entend-il, incontinent, répondre par le plus
fébrile des enthousiastes. L'essentiel c'est ce climat d'écoute dont l'ébauche n'est point à nier, ce grand pont qui s'édifie octroyant à nos idées la
possibilité bien tranquille d'un cheminement fructueux!

Il y a la Chambre des députés (la vingt-sixième législature). Composée des élus des comices du 10 janvier 1908, des candidats de la petite
liste officielle nommés par le gouvernement de Tonton Nò (les obligés
de Gabriel comme les nomme si bien Callard), elle s'est déjà discréditée
par son mutisme sur cette affaire. L'article 109 de la constitution prévoit

qu'en cas d'abus d'autorité et de pouvoir, elle accuse le Président et le traduise devant le Sénat. A l'ouverture de la session, un mois après les événements, l'avait-elle fait ? Non. L'exposé général de la situation, déposé par devant les Chambres le 6 mai 1908, le ministre de l'Intérieur avait bien fait mention de cette histoire et des raisons ayant motivé une répression aussi brutale, avait-elle trouvé à redire ? Aucunement. Caractérisés par un antifirminisme farouche, certains de ses membres, par conséquent, ne sont que trop enclins à s'aveugler quant à la nature et la portée historique des faits en cours.

Le Matin, comme il fallait s'y attendre du reste, se fera le porte parole assidu de ce courant. Sa tactique : assimiler tout ce qu'entreprend L'Impartial à de l'esbroufe, du rabattage déguisé en faveur de Firmin. Dans un pays où l'on n'a pas l'habitude de viser haut, pareille tactique peut, en effet, se révéler incontestablement payante.

Catinat Fouchard, fils de Callisthène Fouchard,[1] fait partie, on l'a vu, et en tant que trésorier, du comité organisateur de la manifestation. Il est le seul non firministe à en faire partie. Le Matin s'étonne malicieusement de sa présence dans ce comité. Sous entendu : que fait un non firministe dans des agissements n'ayant pour but que la cause d'Anténor Firmin.

Fidèle à lui-même l'auteur de la manchette ! Cautionner fielleusement et ouvertement le crime. Oeuvrer maintenant à en assurer la totale impunité.

Mais où en étions-nous ?...Oui à cette Chambre. Ainsi qu'en émet le voeu, le secrétaire du comité de la manifestation et collaborateur assidu de L'Impartial, J. Duclervil, (L'impartial 19 mai, no 49) par un acte de rachat, saura-t-elle se réhabiliter et, faisant taire les passions, se révéler à la hauteur des circonstances ?

C'est dans ce contexte purement d'expectative que surviendront peu après notre manifestation, quelques faits de nature à jeter le doute chez les plus indécrottables de nos enthousiastes.

1- Le 17 mars, visite à Port-au-Prince du délégué Turenne Jn Gilles, symbole vivant de l'oppression des populations du nord. Au mois de février, elles avaient manifesté contre lui et exigé son départ. Une commission avait été sur place procéder à une enquête. Qu'avait-elle conclu ? Rien de nature à inquiéter le Dauphin présumé de tonton Nò puisque, à son débarquement, il était salué d'une salve de 11 coups de canon. [Voir l'éditorial «*Pourquoi ces gants blancs*» de Frédérique. No 24. Jeudi 25 février.]

---

1   Ministre des Finances et du commerce sous trois gouvernements (Salomon, Hyppolite et Sam). À côté de Sénèque Momplaisir Pierre et d'Anténor Firmin, l'un des candidats les plus influents aux élections présidentielles de 1902.(NDE)

2- Ayant trait aux événements du 14 au 15 mars, la parution le 23 mars dans Le Matin (avec l'autorisation du Président, prend-on soin de préciser), d'une lettre écrite d'exil, le 20 janvier, par Tonton Nò. Assez révélatrice, par ailleurs, de la mentalité nord-alexéenne, lettre où, face à la nation, et en disculpant tout subalterne, on le voit assumer seul toute responsabilité en ce qui à trait aux événements qui nous préoccupent. Pourquoi cette lettre à ce moment ? Pourquoi cette bénédiction du Président ? (Quoi ? Cette fameuse lettre ?...Vous en prendrez connaissance après, très certainement. Laissez-moi d'abord terminer, je vous en prie.)

3- L'affaire des placards (10 avril). Des placards sont jetés dans les rues de la Capitale, et apposés également sur certaines façades bien en vue de maisons de la cité. Que disent-ils ? «A bas la Chambre ! A bas Simon ! Vive Firmin !»

C'est une provocation, pour le moins pernicieuse, dont le sens n'échappe à quiconque.

De toute évidence, elle est dirigée contre les firministes sur la tête de qui on veut attirer la foudre du Président.

Celui-ci le comprend-il ?

Dans son audience qui a eu lieu le jour même, à entendre ses déclarations, il semble que oui. La manœuvre est déjouée.

Mais a-t-on bien compris le sens de ses déclarations ?

Et surtout, qu'il ait compris aujourd'hui, est-ce une garantie qu'il soit complètement à l'abri de telles manœuvres à l'avenir ?

4- Par des moyens détournés, dignes donc du moment, la tentative par le ministre de l'Intérieur, Renaud Hyppolite, de faire taire L'Impartial.

Les numéros qui en font état sont le 42, date illisible, le 44, mercredi 5 mai, le 45 du samedi 8 mai, le 46 du mercredi 12 mai où chaque étape de l'histoire, comprise dans une rubrique purement circonstancielle et titrée «Chemin de croix», est présentée au lecteur comme une vraie station du Christ.

– Il ne s'agit rien moins que d'un calvaire alors ?

– Absolument. Et les titres ne laissent d'être suggestifs. La sixième station par exemple se donne à lire sous le titre «*Véronique essuie la face de l'Impartial*», la quatrième, «*L'Impartial rencontre un ami affligé*», la cinquième, «*Simon* (Euh...de Cyrène, évidemment) *aide L'Impartial à porter sa croix*», la septième «*L'Impartial tombe pour la seconde fois*».

*

Le calvaire de L'Impartial

Le 26 avril, convocation par lettre du directeur de l'Effort, Ernest Schmit, par Renaud Hyppolite, ministre de l'Intérieur. Il s'entend intimer l'ordre de ne plus imprimer L'Impartial. Il s'y refuse.

Cette tentative d'intimidation avortée, on conçoit le plan d'acheter à prix d'or le matériel de l'imprimerie (Il ne vaut pas P. 1500 nickel et sera payé P. 1500 american gold nous dit l'un des articles, celui du no 40 du mercredi 5 mai, nous relatant l'affaire) et d'intimider les autres imprimeurs, de façon que, une fois mis à la porte de l'Effort, L'Impartial ne trouve plus d'autre imprimeur qui veuille s'exposer à le publier, ni aucun autre confrère qui, dans leurs colonnes amicales et ouvertes, consente à donner hospitalité à ses probables protestations. Ainsi, faute d'imprimerie, L'impartial cesserait de paraître et ce, sans avoir été supprimé ni fait l'objet d'aucune interdiction.

Comment procède-t-on exactement ? Le 26 au soir, le Département convoque pour le lendemain 9 heures du matin, tous les journalistes et imprimeurs de la Capitale. Et on achète l'Effort de Mme veuve Justin Lhérisson en s'aidant d'un prête-nom : un sous-inspecteur, nous dit-on, Eustache St Lot.

Mais entre Frédérique et la veuve Justin Lhérisson, il y avait entente : un bail. Lequel fait jouir à Frédérique du statut incontournable de fermier de l'Effort.

L'affaire va promptement devant les tribunaux. Le juge Helvétius Mondestin, par une ordonnance du 28 avril, remet P. Frédérique en possession de l'Effort.

Des dix juges de paix de la capitale on n'a pu en trouver un, néanmoins, pour donner l'entrée de l'imprimerie.

Frédérique va au Palais se plaindre d'une telle anomalie et, à son retour de cette visite, trouve tout disposé à lui accorder satisfaction, le juge de paix de la section Nord en possession d'un ordre écrit fraîchement reçu du commissaire du gouvernement.

L'affaire pourtant est loin d'être terminée, et une nouvelle surprise attend les exécutants. Le commissaire gardien, Salomon Honoré, remet au juge un acte d'opposition émané de madame veuve Justin Lhérisson. Un nouveau référé est ordonné. C'est le Juge J. J. Désir qui l'entend et qui ordonne d'exécuter. Cette fois le juge Pauléma Jn Jacques retourne à l'imprimerie en possession de laquelle, il remet, incontinent et sans plus d'obstacle, Pierre Frédérique.

Ce calvaire aura duré six jours.

Dans l'éditorial «*Vive Antoine Simon*» du numéro qui suivra (No 42,

Georges, date illisible), Frédérique, après avoir fait l'éloge de la probité du Président Simon, affirme : *«C'est donc avec la plus grande satisfaction que nous déclarons au pays et au monde que le général Antoine Simon est resté absolument étranger aux persécutions et aux machinations dirigées contre l'Impartial...»*

Ces persécutions viendraient d'où, alors? Des ministres qu'avec sa fougue coutumière, il n'a laissé de malmener dans de ponctuels et successifs éditoriaux ? Et dont les agissements se produiraient, à l'insu du Président lui-même ? Est-ce possible ? Frédérique le croyait-il vraiment ? Ou ne l'avait-il dit que par pure crainte ? Crainte qu'entre l'opinion et le pouvoir ne s'amorce, appelé de nombreux voeux, un divorce sans retour. Et qu'il savait n'être profitable qu'aux manigances du vieux jeu ?

Pour beaucoup, en tout cas, ça marque les débuts d'une perplexité qui ira croissante.

*

Le procès Camille Gabriel

Il défraiera la chronique durant au moins quatre bons mois (mai à août 1909). L'encre qu'il a fait couler est trop abondante pour que ne s'impose point à nous la nécessité vitale d'un résumé. Mais, auparavant, permettez-moi une petite incursion dans cette constitution qui sert de référence à cette histoire. Celle en vigueur à ce moment, l'ai-je déjà dit, est celle de 1889. Ouvrons-la rapidement et puisons, à la section 4 du chapitre traitant du pouvoir législatif, les articles se rapportant à notre cas. Ils sont au nombre de quatre : de 85 à 88.

Art. 85. - Les membres du Corps Législatif sont inviolables du jour de leur élection jusqu'à l'expiration de leur mandat.

Ils ne peuvent être exclus de la Chambre dont ils font partie, ni être en aucun temps poursuivis et attaqués pour les opinions et votes émis par eux, soit dans l'exercice de leurs fonctions, soit à l'occasion de cet exercice.

Art 86. -Aucune contrainte par corps ne peut-être exercée contre un membre du Corps Législatif pendant la durée de son mandat.

Art 87. - Nul membre du Corps Législatif ne peut être poursuivi, ni arrêté en matière criminelle, correctionnelle, de police, même pour délit politique, durant son mandat, qu'après l'autorisation de la Chambre à laquelle il appartient, sauf le cas de flagrant délit et lorsqu'il s'agit de faits emportant une peine afflictive et infamante.

Dans ce cas, il en est référé à la Chambre, sans délai, dès l'ouverture de la session législative.

Art. 88. - En matière criminelle, tout membre du Corps Législatif est mis en état d'accusation par la Chambre dont il fait partie et jugé par le Tribunal criminel de son domicile avec l'assistance du Jury.

– Plutôt bien protégés nos inviolables!

– Hé oui ! Par une constitution qui, avec raison, entend leur garantir pleine indépendance en les abritant, cela va de soi, de toute manœuvre perfide de l'Exécutif. Mais qui se révèle avoir les bras liés quand, au mépris de leurs mandants et trahissant la charte mère, ils vont, eux-mêmes, et disgracieusement, s'acoquiner ouvertement avec lui. Et croyez-moi, des deux cas, ce n'est pas le moins courant.

Cela fait, passons maintenant au résumé.

Cette demande de levée d'immunités dont, nous avons vu précédemment Frédérique faire mention, avait été produite par J. J. Magny le 30 avril 1909. Et il faudra attendre le 1er juin pour voir la commission spéciale formée en vue de statuer sur cette demande, présenter son rapport à la Chambre des représentants (Demande, signalons-le, qui n'avait trait qu'à certains membres de la Chambre basse. L'accusation qui pesait sur la tête du sénateur Archer dont le nom, nous l'avons vu, avait été cité par Mme Théoma Laporte, n'avait eu aucune suite, sans doute de ce que Mme Théoma Laporte s'était rétractée).

Un long mois de chaleur et de débats sans précédent dans nos annales.

Lundi 17 mai. Dans son éditorial «*Prenez garde Messieurs*»[2] (L'Impartial, no 48) on verra Frédérique mettre en garde la Chambre des conséquences pour elle d'un refus de la levée des immunités. Dans le même numéro, un article de Louis Callard, «*Ce n'est pas sérieux*», semble lui faire écho.

Mardi 18 mai. Lamarre Gourgue, député de Dame Marie qui, lors des débats houleux qui animeront la chambre, se signalera pour son intransigeance contre toute levée d'immunités, se fait à nouveau remarquer. Dans un article paru à cette date dans les colonnes du Matin, en effet, il n'éprouve aucune gêne à reconnaître publiquement ses motivations essentiellement dues à un sentiment de pure reconnaissance vis-à-vis de son collègue poursuivi, Camille Gabriel.

– Quoi!

– Hé oui! Une absence totale de scrupules, le voyait-elle exprimer tout haut ce que, empêtrés dans certains codes et mal à leur aise, un grand nombre de ses collègues, par conséquent, s'évertuaient à mâchonner tout bas ?

---

2 Texte reproduit en annexe

Mercredi 19 mai. No 49 de L'Impartial. Deux textes sur la question : celui de Nevers Constant, «*Une question à point*» et celui de Duclervil : «*La Chambre des députés et le pouvoir judiciaire*» Dans le même numéro, une réponse inoubliable de Pierre Frédérique au député Lamarre Gourgue. Tenez, Georges, la voilà![3]

Vendredi 21 mai. Dans son éditorial «*Fantasmagorie[4]*», compte rendu par Frédérique d'une séance ayant eu lieu la veille à la Chambre, et destinée aux sanctions à prendre ou non contre L'Impartial du fait de son éditorial du lundi 17 mai, «*Prenez garde Messieurs!*», jugé par nos inviolables des plus véhément et subversif.

Mardi 1er juin. La commission remet son rapport à la Chambre des députés.

Lundi 7 juin. Levée des immunités parlementaires des députés compromis dans l'affaire du 15 mars.

Camille Gabriel (Avait-il été arrêté ? S'était-il constitué prisonnier ?) sera à la disposition du juge d'instruction.

Dans son édition du 4 juin, no 60, et L'Impartial d'applaudir chaudement. Mais le tout est-il joué ?

Il reste maintenant les dispositions de l'article 88 auxquelles on peut toujours avoir recours. Et selon celles ci, nous l'avons vu, obligation est faite au Judiciaire et à l'Exécutif de soumettre tout réquisitoire à la Chambre qui seule peut mettre en accusation.

Et c'est de là, bien entendu, que nous viendra le coup. Le rapport du 27 août qui renvoyait hors de cour et de procès tous les collègues impliqués.

*

LA LETTRE DU 20 JANVIER DE NORD ALEXIS

DÉCLARATIONS DE NORD-ALEXIS (parues, nous l'avons dit, dans l'édition du 23 mars du Matin, no 596)

Kingston, 20 janvier 1909

Monsieur Clément Magloire
Directeur du Matin
Port-au-Prince

Mon cher Magloire,
Je vous prie de bien vouloir insérer dans votre journal le manuscrit ci-inclus.

---

3 Texte reproduit en annexe..

4 Reproduit également en annexe.

Avec mes remerciements.
Nord-Alexis.

Depuis après mon départ de Port-au-Prince 1e 2 décembre dernier, date à laquelle je quittai le pouvoir que me confia l'Assemblée Nationale du 21 décembre 1902, composée alors hommes de tous les partis en présence, les journaux d'Haïti ont entrepris, sans approfondir les faits et la justesse des raisons qui déterminèrent parfois mon gouvernement à prendre des mesures que commandaient impérieusement certaines circonstances politiques ils ont entrepris, dis-je, de les critiquer, de les calomnier, enfin de les représenter devant la Nation comme étant des actes commis par un particulier, n'ayant aucun droit, n'étant investi d'aucun pouvoir suprême, en un mot, sans mission de veiller à la sûreté de l'État, Hélas ! ils comptent pour superflus les moyens défensifs dont la Constitution et let lois m'armèrent régulièrement quand il me fut conféré le pouvoir de l'Etat à l'époque. N'était-ce pas pour m'en servir au moment voulu ? Ne devrais-je pas en faire usage le 15 mars 1908, alors qu'une révolution issue de l'insurrection du 15 janvier aux Gonaïves, fut découverte à la Capitale, alors que des citoyens, embauchant l'autorité militaire, furent pris en flagrant délit, avec armes et munitions ?

Je veux croire que c'est pour plaisanter que l'on semble me reprocher une défense si légitime, encore plus, en attribuant injustement cette mesure à des hommes, officiers et soldats attachés à différents degrés de grade au gouvernement que je présidai et dont me restent personnellement responsables devant Dieu et l'Univers.

Maintenant, cela dit, que les passions déchaînées à tort soient rengainées, que l'on se fasse paraître intéressant par des innovations intelligentes ! Et que l'on se montre patriote pour l'action.

Nord-Alexis.

Lettre à tous égards significative d'une tradition d'ignorance et de mépris de notre charte, c'est évident. Mais une semaine seulement après notre fameuse manifestation, quel est le but poursuivi par sa publication ? Il est, me semble-t-il, des plus clairs : désamorcer ce courant d'opinion qui se forme et qui réclame la poursuite en justice des assassins et prévenus. Pourquoi cette caution d'Antoine Simon dont en manière de chapeau, soin avait été pris, je l'ai dit, de mentionner l'autorisation?

*

RAPPORT DE LA COMMISSION SPECIALE CHARGEE DE STA-
TUER SUR LA DEMANDE DE LEVEE D'IMMUNITES

CHAMBRE DES DEPUTES
Rapport à la Chambre des représentants.
Messieurs les Députés,

La Commission spéciale chargée de statuer sur la demande de
levée d'immunités parlementaires de M. M. les Députés Thimoclès
Lafontant, Emile Williams, Camille Gabriel, Emile Marcelin, St Julien
Sanon et Borgella Sévère, en vertu de la dépêche de M. le secrétaire
d'Etat au département de la Justice, en dâte du 30 avril dernier, au
no 714 transmettant à la Chambre le dossier de l'affaire accompagné
d'une lettre du juge d'instruction V. Valmé, dâtée du 20 avril de cette
année

A l'honneur de soumettre à votre appréciation le résultat de ses
travaux.

Après avoir scrupuleusement examiné les différentes pièces qui
forment le dossier de l'affaire, la Commission s'est arrêtée à cette
considération que la levée des immunités d'un membre du Corps législatif n'implique pas nécessairement sa participation au fait qui lui
est reproché, que c'est uniquement dans le but de permettre à la Justice de suivre son cours ; que d'ailleurs les Députés inculpés ont le
plus grand intérêt à ce que la lumière se fasse dans une question qui
intéresse à un si haut degré leur honneur particulier et la dignité de la
Chambre en général.

Il résulte de l'examen des pièces du dossier que l'intérêt supérieur
de la Justice commande de lever les immunités des députés Thimoclès
Lafontant, Emile Williams, Camille Gabriel, Emile Marcelin, St Julien
Sanon et Borgella Sévère.

En conséquence, votre commission spéciale, à la majorité, vous propose, chers collègues, de lever les immunités parlementaires des collègues sus-désignés, en vertu de l'article 87 de la Constitution.

La Commission espère qu'après que la justice aura fait la plus grande lumière possible sur les faits qui ont donné lieu à la présente mesure,
les collègues incriminés recouvreront bientôt la pleine jouissance des
privilèges que leur confère la Constitution.

Fait à la Chambre des Représentants le [mardi 1er] Juin 1909
M. E Ducheine, L. Drouinaud, J. M. Brédy, A. François
Le Président : M. Morpeau, le rapporteur, Valembrun.

[L'Impartial, mercredi 2 juin 1909, numéro 56]

Note tirée de Jolibois :

«Les conclusions de ce rapport des plus modérés indiquant même à la Justice le sens de ses investigations furent approuvées par la majorité des députés de la vingt-sixième Législature (séance du lundi 7 juin 1909 de la Chambre)» [Op.cit, p 217]

*

ET L'IMPARTIAL D'APPLAUDIR !
(4 juin 1909, no 60)
Coup d'oeil pour les députés
Généralement quand on accomplit un devoir, on ne s'attend pas à des félicitations publiques. On se contente de faire ce qu'on doit et la satisfaction qu'on éprouve pour cela est en soi... Mais, nous estimons qu'il en est autrement pour le milieu où nous vivons et où l'on semble appréhender tant de faire son devoir. Aussi, est-ce pourquoi, à propos de la levée des immunités des Députés Camille Gabriel, Timoclès Lafontant, Emile Marcelin, Emile Williams, Saint-Julien Sanon et Borgella Sévère, nous nous empressons d'adresser à la Chambre nos meilleurs compliments pour la solution apportée à cette question.

*

LE VERDICT DE LA CHAMBRE DES DEPUTES
Faisant suite à ces dispositions, une deuxième commission se forme au mois de juillet pour statuer cette fois-ci sur les poursuites dirigées contre leurs collègues. Le résultat, déjà annoncé donc sans surprises, de ses délibérations :

(Le Matin, lundi 30 août 1909, no 727)
27 août 1909
Rapport de la commission spéciale
A
La Chambre des Députés
Messieurs les Députés,

Votre commission spéciale désignée aux fins de statuer sur les poursuites dirigées contre nos collègues impliqués dans l'affaire du 15 Mars, vient vous soumettre le résultat de ses délibérations.

FAITS
Dans la nuit du 14 au 15 Mars, diverses arrestations politiques ont

été faites ; des portes ont été enfoncées, et après qu'on avait violé leur domicile, des citoyens ont été arrachés de leur lit à la suite d'une dénonciation de complot produite par le général Jules Coicou, alors commandant de l'Arrondissement de Port-au-Prince.

Et le lendemain vers les quatre heures du matin, toute la ville de Port-au-Prince était réveillée au bruit d'une vive fusillade. Dix de nos concitoyens venaient de tomber, victimes de la plus brutale des exécutions sommaires. - L'opinion publique a vite fait de rechercher à qui incombe la responsabilité de ce crime inouï. Et comme autour du Chef de l'Etat siégeaient alors des serviteurs dévoués qui, entre temps, remplissaient le rôle de conseillers officieux, une clameur s'est élevée pour désigner à la vindicte publique les députés Borgella Sévère, Saint Julien Sannon, Camille Gabriel, Emile Williams, Emile Marcelin et Thimoclès Lafontant.

Ils sont donc prévenus d'avoir pris part à ces exécutions. - Une instruction ouverte à cet effet a donné le résultat suivant :

1. En ce qui concerne Borgella Sévère. Aucune pièce du dossier ne le désigne comme ayant pris part ni directement ni indirectement à l'affaire du 15 mars. Son nom n'est même pas cité dans les actes de la procédure si ce n'est dans l'interrogatoire du Député Camille Gabriel, lequel a déclaré dans l'instruction «qu'après avoir appris l'exécution de ces messieurs, lui Camille Gabriel, protesta formellement contre cet acte qu'il qualifia de barbarie, et quand parlant (au Président) de la façon indignée qu'il était, et que le Président ne lui répondant plus, il entra dans la salle du Conseil où il se souvient d'avoir vu Borgella Sévère près d'un divan sous (?) lequel était couché Saint Julien Sannon et Hector Jn Joseph, debout à ses côtés, il redit ce qu'il venait d'exprimer au Président en traitant de lâches et d'assassins tous ceux qui avaient une responsabilité quelconque dans les actes qu'on venait d'accomplir.»

Il ressort de ce qui précède que Borgella Sévère qu'aucun témoin, pas même un co-prévenu n'a désigné, n'a aucune responsabilité dans les exécutions sommaires du 15 mars 1908.

2. En ce qui concerne Saint Julien Sannon. Un seul témoin a dit l'avoir vu cette nuit-là, à la tribune du «Champs-de-Mars», c'est le nommé Porsenna Laurent, alors commissaire de police attaché au poste du Petit-Four. Et la déposition de ce témoin s'est trouvé affaiblie de ce que, après avoir désigné plusieurs personnages qu'il avait prétendu avoir vus à la même place, dans la nuit du 15 mars, il s'est rétracté pour l'un d'eux, disant qu'il s'était trompé.

(Voir le journal «l'Impartial») où sa rétractation est publiée sans aucune protestation de sa part. [*Document non parvenu à nous*] Il n'est pas sans utilité de déclarer que, fût-il réellement à la tribune du «Champ-de-Mars» à l'heure indiquée par le nommé Porsenna Laurent qui est d'ailleurs une voix isolée, cette circonstance, à elle seule, ne suffirait pas pour le rendre responsable soit des arrestations illégales, soit de l'exécution des victimes, ces arrestations, hormis celle de Massillon Coicou, ayant été faites aux domiciles des victimes, et les exécutions sommaires devant le cimetière extérieur. Or, personne n'a déclaré avoir vu Saint Julien Sannon violer cette nuit aucun domicile, ni qu'il s'était trouvé devant le cimetière en train de participer aux exécutions.

3. En ce qui concerne Camille Augustin Gabriel. Indépendamment du rôle général qu'on attribue à ce prévenu dans la politique du Gouvernement déchu, la Commission a examiné quelles sont les charges relevées contre lui dans cette affaire du 15 mars.

Or, un co-prévenu, actuellement en prison, a eu à citer son nom devant le juge d'instruction, c'est le général Joannis Mérisier. Voici en quels termes le dit Joannis Mérisier, alors adjoint du Commandant de l'Arrondissement déposa devant ce Magistrat, le samedi 20 Février dernier :

[Et suit évidemment la fameuse déposition déjà connue de nous dans ses moindres termes.[5] Enchaînons donc directement sur la suite : le résumé des déclarations au juge d'instruction de Camille Gabriel lui-même. Oui ce passage.]

Interrogé par le Magistrat instructeur, Camille Gabriel Augustin confirme à peu près la déposition de Joannis Mérisier, puisqu'il eut à protester contre les propos que le général Coicou venait de tenir au Président disant «qu'il exécuterait père et mère, parents, frères ou autres qui lui feraient la proposition de conspirer contre le Gouvernement, surtout quand on a été assez léger pour lui dire qu'il n'aurait que la vie sauve au triomphe de la Révolution parce que pour des raisons de haute politique, on était obligé de pouvoir à son remplacement par le Général Prudent.»

Ce n'est que quand le général Coicou jura sur la vie de sa femme et de ses enfants qu'il exécuterait le même soir les conspirateurs que Gabriel protesta devant le Président qui semblait l'approuver, surtout lorsqu'il ajouta que le Président avait tout à gagner en faisant interroger les révolutionnaires pour connaître leurs desseins et leurs complices. Ce que du reste le chef de l'Etat lui avait promis.

L'interrogatoire de Camille Augustin Gabriel, celui de Joannis Mérisier, et celui de François Moise (celui-ci ne sachant rien des événements du 15 Mars) sont les seules pièces qui ont été soumises à la Commission, concernant le rôle joué par le prévenu Gabriel dans cette affaire.

---

5   Voir déposition Joannis Mérisier, page 271

Il était bon de mettre en pleine lumière cette considération importante tant il est vrai que, dans la recherche de la vérité et de la justice, le juge doit tenir peu de compte de la clameur du moment, quand surtout certaines considérations politiques s'y attachent.

La Commission estime donc que, quelque griefs que l'on puisse avoir à reprocher à la politique du général Nord Alexis, Camille Gabriel, quoi qu'il soit réputé avoir été l'inspirateur de cette politique, n'a contre lui aucune charge dans les exécutions sommaires du 15 Mars 1908.

4. Les députés Emile Williams, Emile Marcelin et Thimoclès Lafontant faisaient des tournées d'inspection avec Monsieur Fréderic Marcelin, alors chargé du portefeuille de l'Intérieur. C'est ainsi qu'au mois de Mars 1908, ils se trouvaient tous les soirs, tantôt au Palais, tantôt visitant les principaux postes de la ville. Ce soir du 14 Mars, après que Massillon Coicou était arrêté, Mr Marcelin venait d'obtenir du Président qu'il ne serait pas exécuté sommairement, mais qu'il serait, de même que ses compagnons, livrés à ses juges naturels, ces collègues ont regagné leurs maisons respectives ainsi d'ailleurs que le ministre lui-même. Les adjoints du ministre qui, cependant n'ont pas été accusés comme eux, affirment qu'ils étaient rentrés chez eux effectivement après la tournée que le ministre venait d'effectuer. Tous les autres témoins entendus à l'instruction, ont déposé dans le même sens. Auguste Armand qui a déclaré qu'Emile Marcelin était chez Roche Armand cette nuit-là, n'a pas pu soutenir sa déclaration. Il avait lui-même passé toute la nuit au Palais en sa qualité d'officier de la cavalerie de la garde du Gouvernement. Madame Roche Armand de qui il prétend tenir cette déclaration n'en a pas déposé devant le juge d'instruction. Et d'ailleurs, il est suffisamment établi qu'Emile Marcelin, Thimoclès Lafontant, Emile Williams et Fréderique Marcelin étaient ensemble ; d'où il suit qu'il n'était pas possible de voir l'un sans les autres. *[Un quadruple de frères siamois, Georges, il n'y a pas de doute !]*

La déposition de Mme Thomas (*Théoma ?*) Laporte tendant à dire qu'elle a vu Thimoclès Lafontant chez elle pour procéder à l'arrestation de Mr Alexandre Cléophat n'a pas de fondement. [*Et comment en aurait-elle !]* Les raisons qui viennent d'être exposées plus haut s'appliquent aisément au cas de ce député. En outre, Alexandre Cléophat n'a pu être arrêté pour être exécuté puisqu'il a eu la bonne fortune de se mettre à couvert ; et ce, sur l'avis de Camille Gabriel d'après la propre déclaration de cette dame.

Quant à la déclaration de Mme Vve Louis Eugène Lafontant qui a déclaré avoir vu Thimoclès à côté de Mr Marcelin au moment de l'arrestation de Mr Paul St-Fort, la Commission n'a pu s'y arrêter, étant donné que cette déclaration qui est d'ailleurs contestée, [*Par qui ? Quand ? Et où ?]* fût-elle vraie, n'a aucune valeur au point de vue pénal. [*Pourquoi ?*

Parenté par alliance ? Aussi couillons que nous puissions être bon Dieu, faites semblant de nous informer au moins !]

Il n'est donc pas établi que Thimoclès Lafontant ait participé ni directement, ni indirectement, soit comme auteur, soit comme complice aux saturnales du 15 Mars 1908.

Par ces motifs, la Commission vous propose, MM. les Députés, de déclarer qu'il n'y a pas lieu à suivre contre les collègues sus-dits et de les renvoyer hors de cours et de procès aux termes de l'article 115 du Code d'Instruction Criminelle.

Fait à la Chambre, le 27 Août 1909.

J. D Brézault, Jh Sévère ; A. R. Durand, J. B. Laurent.

Le Rapporteur   Le Président

Denis St Aude   J. Jeannot

Pour Copie Conforme.

Le chef de bureau de la Chambre des Représentants.

Emile Nelson.

Selon Jolibois (mais est-ce vraiment nécessaire d'en faire état, Georges), conclusions qui, à une écrasante majorité, furent adoptées par la Chambre des députés.

«Camille Gabriel put partir librement pour Curaçao où il resta en exil jusqu'en 1911. Il aurait, en février 1911, financé la prise d'armes de Cincinnatus Leconte.» [Op. cit., p 224]

*

Quoi ?
Le procès Montreuil Guillaume ?

Il aura lieu onze mois plus tard, au mois de juillet 1910. À son sujet s'impose aussi, il va de soi, la nécessité, Georges, d'un plus que bref résumé.

D'abord les précédents :

Lettre du Commissaire du Gouvernement près le Tribunal civil de Port-au-Prince, Léonce Coutard, adressée au Secrétaire d'Etat à la Justice, J. J Magny (Le Matin, mercredi 20 janvier 1909, no 5).

Elle informe que sept mandats d'amener lancés contre les prévenus de l'assassinat du 15 mars ont été exécutés. Sont déposés en prison les nommés Emmanuel Dégand, Alexandre Nelson, Auguste Laroche dit Fusillé, Théagène Cinéus, Montreuil Guillaume, Arband Nau et Octave Durand. À cette liste s'ajouteront plus tard, selon L'Impartial du samedi 20 février,

Joannis Mérisier et, selon celui du samedi 27 mars, Emmanuel Nadreau. Ayant laissé Port-au-Prince pour le Cap, selon L'Impartial du 23 janvier, St Julien Laboucherie avait été arrêté et écroué dans cette ville. Il s'enfuira de la prison le 2 mars et, arrêté de nouveau trois ans plus tard, sera jugé, nous l'avons dit, en compagnie de Léonce Leconte et de Jules Coicou.

Mercredi 8 septembre 1909. Par L'Impartial, nous apprenons que l'instruction du procès du 15 mars ayant pris fin, avait pris place la Chambre du conseil chargée de rendre l'ordonnance dans cette affaire.

Lundi 11 octobre 1909. A un mois près de sa constitution, et un mois et demi après le rapport de la commission spéciale, ordonnance de la Chambre du conseil composée des juges H. Mondestin, D. Maignan et L. Montès assistée du greffier F. Bistouri, siégeant à P. A. P (L'Impartial, samedi 16 octobre 1909) . Elle renvoie tout le monde de la prévention et ce, aux termes de l'article 115 du Code d'Instruction Criminelle.

Cette ordonnance méritant au plus haut point lecture, je me permets, Georges, de la mettre sous vos yeux (euh...les conclusions, bien entendu!) :

> (...) La Chambre du conseil, après avoir délibéré conformément aux dispositions des articles 115 et 119 du Code d'Instruction Criminelle, dit que les charges ne sont pas établies contre Laraque, Trasybulle Laleau et Louis Borno. En conséquence, les renvoie de la prévention, (*Louis Borno, ne l'oublions pas, avait été nommé le samedi 14 mars aux Affaires Etrangères*) dit aussi que les charges ne sont pas non plus suffisamment établies contre les nommés Emmanuel Nadreau, Montreuil Guillaume, Arban Nau, Joannis Mérisier, Auguste Laroche, Petit Choute Lafortune, St-Julien Laboucherie, Thomas Hyacinthe, Cherfils Télémaque, Emmanuel Dégand, Théagène Cinéus, et Alexandre Nelson; en conséquence, les renvoie de la prévention, ordonnent qu'ils soient mis en liberté sur le champ s'ils ne sont pas retenus pour autre cause; dit que les charges ne sont pas non plus établies contre les nommés Vitellus Jean-Gilles, Octave Durand, Décius Avin, Oswald Jean, Petit Paul St-Sumé, Lamennais Kébreau, Emmanuel Petit, Gilbert Calixte et Altéus Michel; en conséquence, les renvoie de la prévention aux termes de l'Article 115 du Code d'Instruction Criminelle.
>
> Dit au contraire qu'il y a lieu à suivre, que les indices et charges sont assez graves contre les nommés : 1 °) Nord-Alexis, ex-président d'Haïti, 2°) Jules Coicou, ex-commandant de l'arrondissement de Port-au-Prince et 3°) Léonce Leconte, ex-chef de l'Etat-Major du Président d'Haïti, tous trois en fuite.
>
> En conséquence, les renvoie conformément à l'Article 119 du Code d'Instruction Criminelle par devant le tribunal criminel de Port-au-Prince

pour y être jugés, à savoir, Nord-Alexis, pour homicide volontaire, ayant donné l'ordre d'exécuter sommairement les prisonniers Massillon Coicou, Horace Coicou, Pierre Iouis Coicou, Mérovée Armand, Alluption Casimir, Paul St-Fort Colin, Alexandre Christophe, Félix Salnave et Robert Lamothe dans la nuit du 14 au 15 mars 1908, aux termes des articles 240 et 249, deuxième alinéa du Code Pénal.

Jules Coicou, commandant d'Arrondissement de Port-au-prince comme auteur principal de ces homicides volontaires mais avec les circonstances aggravantes relevées à la charge de préméditation et guet-apens d'après les articles 240, 241 et 247 du Code Pénal.

Léonce Leconte, ex-chef de l'Etat-Major du Président comme complice pour avoir aidé, assisté et procédé avec connaissance à l'exécution du dit ordre, Articles 144, deuxième alinéa, 145, 240 et 249 du Code Pénal.

Ordonne qu'ils soient pris au corps et déposés dans les prisons de cette ville si déjà ils n'y sont détenus, ordonne en outre que toutes les pièces de la procédure soient remises sans délai au Ministère public, pour que par lui, il y soit fait ce qu'il appartiendra (...)

– Jules Coicou comme auteur principal de ces homicides !
– Hé Oui ! Et ce, en dépit de la fameuse lettre du 20 janvier du nonagénaire ! Mais cette ordonnance soulèvera un remous considérable et fera, comme de juste, l'objet d'un pourvoi en cassation.

*

POURVOI EN CASSATION

Ouvrons L'Impartial du mercredi 20 octobre 1909. *«À part l'opposition faite par le parquet à l'ordonnance rendue dans l'affaire du 15 mars, nous informe ce numéro, les parents des victimes qui s'étaient portés parties civiles au procès se sont, eux aussi, pourvus en Cassation. Leurs avocats sont Mes César, W. Michel, E. Rampy, F. Rimpel, Arnault Jeune et P. F Frédérique.»* Il nous apprend, en outre, que leurs moyens avaient été déposés ce jour même.

Mercredi 17 novembre 1909. Première des audiences occasionnées par le pourvoi contre l'ordonnance de la chambre du conseil.

Mercredi 24 novembre. Deuxième audience (Elle a vu, comme annoncé, soulignons-le, Pierre Frédérique plaider au nom de la partie civile)

15 décembre 1909. Prononciation tant attendue de l'Arrêt du tribunal de Cassation. (Le Nouvelliste 16 décembre 1909)

Le dispositif de l'arrêt ? À moins de m'abuser, il mérite également, et sans aucun doute, lecture:

(...) Le Tribunal dit qu'il n'y a ni crime, ni délit à la charge des nommés : 1) Louis Borno, 2) Numa Laraque, 3) Thrasybulle Laleau et 4) Frédéric Marcelin, tous les quatre ex-Secrétaires d'Etat et des nommés 1) Alexis Tassy, 2) Vitellius Jean-Gilles, 3) Piquion, 4) Octave Durand, 5) Emmanuel Nadreau, 6) Cherfils Télémaque, 7) Oswald Jean, 8) Petit Paul, 9) Altéus Michel, 1) St-Sumé 11) Lammenais Kébreau et 12) Emmanuel Petit ; en conséquence, les renvoie de la prévention et ordonne, en conformité de l'article 115 du Code d'instruction Criminelle, leur mise en liberté...Dit qu'il y a lieu à suivre contre les nommés : 1) Arban Nau, 2) Montreuil Guillaume, 3) Petit-Choute Lafortune, 4) St-Julien Laboucherie prévenus d'avoir comme complices, aidé et assisté avec connaissance les auteurs des crimes commis dans la nuit du 14 au 15 mars 1908 et qui consistent en violation de domiciles, arrestations et détentions illégales suivies d'assassinats.

Et encore contre les nommés : 1) Emmanuel Dégand, 2) Thomas Hyacinthe, 3) Alexandre Nelson, 4) Décius Avin, 5) Auguste Laroche, 6) Gilbert Calixte, 7) Théagène Cinéus et 8) Joannis Mérisier complices pour aide et assistance avec connaissance dans les arrestations illégales opérées pendant la nuit fatale.

En conséquence, les renvoie devant le Tribunal Criminel de Port-au-Prince ; ces crimes étant prévus et punis en ce qui concerne les principaux agents sus-dénommés, par les articles 44, 45, 147, 240, et 245 du Code Pénal, en ce qui concerne les derniers par les articles 45, 85, et 141 du même code.

Ordonne qu'ils soient pris au corps et déposés dans la maison de justice, si déjà ils n'y sont (...)

Sur le cas de Léonce Leconte l'arrêt était loin d'être clair : demeurait-il sous la charge de complicité stipulée par l'ordonnance et, par conséquent, était rejoint par la première série de prévenus, à savoir, Montreuil Guillaume et consorts ou, par l'arrêt, se voyait-il, lui aussi, promu au rang d'auteur ?

C'est ainsi, semble-t-il, qu'on le comprenait car, trois ans plus tard, le mardi 5 mars 1912, annonçant aux lecteurs l'audition des affaires en état pour la session, on verra un journaliste du Nouvelliste déclarer :

«Déjà la première qui s'évoque, comme nous l'avons annoncé, est celle du 15 Mars 1908, par le jugement aujourd'hui des nommés Jules Coicou et Léonce Leconte, co-auteurs, et d'un complice : St-Julien Noel, dit Laboucherie.»

Mais, à bien regarder, de la part du journaliste, rien n'autorisait une aussi vigoureuse affirmation. Cela dit, passons.

Ce procès donnera lieu à sept audiences, du lundi 25 juillet au mercredi 3 août.

Par une annonce du Nouvelliste du samedi 23 juillet 1910, retenons ces faits intéressants : le nombre des témoins cités (150!). Le décès sans précision de cause et de date de Joannis Mérisier survenu dans l'intervalle. Celui également, survenu le premier mai à Kingston, de Nord Alexis.

«Tous les membres du Parquet se présenteront pour soutenir l'accusation. Il y aura à la défense beaucoup d'avocats : Maitres Pierre Hudicourt, Delatour, Rodolphe Barau, François Moise etc. Pour les parties civiles, les avocats sont encore en nombre ; on cite déjà : Maitres Arrault, Léonce Viard, Foucard Rimpel, J. B. W. Francis, Jules Ducasse, Windsor Michel, Emmanuel Rampy, Borgella Camille, etc.»

«On sait déjà que le tribunal est présidé par le juge doyen A. St-Rome et le Jury par Albert Neff.» (Le Nouvelliste du 26 juillet.)

«Le Parquet au complet soutiendra l'accusation» (Le Matin du 25 juillet.)

«De ces sept principaux accusés, quatre sont en fuite, deux seulement sont sur le banc du crime : MONTREUIL GUILLAUME et ARBAN NAU» (Le Nouvelliste du 26 juillet.) [Nord Alexis, s'étant vu par sa mort extrait du nombre.]

«Une couronne de prévenus qui ont à répondre de faits moins graves, entoure les deux accusés.» (Le Nouvelliste du 26 juillet.) : ceux nommés dans l'arrêt, évidemment, moins Thomas Hyacinthe (en fuite) et Joannis Mérisier (décédé)

LE JURY (composé de douze citoyens)
Albert Neff, Maurice Desravines, Pétion Péreira, François Mathon, Virgile Décatrel, Albéric Elie, Edgard Hyppolite, Auguste Montas, Louis Ducoste, Arthur Patry, Jules Arrault, Christian Trouillot.

LES TÉMOINS ENTENDUS.
En nombre moins considérable que prévu, certes, mais imposant : Clara Déjoie, Beauvais Bréva, Alexis Tassy, Galumette, Nérestan Zamor, Clément Coicou, Emmanuel Nadreau, Vertus Jn Jacques, Louis Rimpel, Déjoie Dorcé Falaise, Constantin Mayard, Trasybulle Laleau, Thomas A. Vilmenay, Dorcély Etienne, Christian Régulus, Léandre Larencul, Altéus Michel, Emmanuel Chancy, Porsena Laurent, St Ange St Pierre, Emmanuel Coicou, Aristhomène Desravines, Auguste Bosq, Lamennais Kébreau, Aurélus Jeune, Osman Lafontant, Camille Gabriel (les trois derniers défaillants)

Jetant la confusion dans les débats, deux témoins à charge se signaleront à l'attention lors de la troisième et quatrième audience : Vertus Jn Jacques et Déjoie Dorcé.

Vertus Jn Jacques :

Témoigne en contradiction avec son interview et aux dires du Ministère public, avec sa déposition devant le juge d'instruction. Il déclare n'avoir vu ni Montreuil ni Arban devant le cimetière.

Mais, pour ne point déroger, Georges, laissons aux comptes rendu des assises le soin de nous faire revivre ça :

TROISIÈME JOURNÉE D'AUDIENCE

D'abord, Le Nouvelliste:

«Voici maintenant l'ancien directeur du Cimetière, Mr Vertus Jean-Jacques.

Bien qu'il ne fréquente plus journellement les fosses il est presque muet comme un tombeau.(...) Mais on a vite ressuscité la déposition écrite de Vertus Jean-Jacques, qui sait lire et écrire. On y relève des contradictions flagrantes avec sa déposition actuelle. Il dit maintenant n'avoir pas vu Montreuil Guillaume et Arban Nau devant le Cimetière, alors qu'il l'avait déclaré à l'instruction.

Le Ministère public requiert l'arrestation de ce témoin, pour faux témoignage. Me Hudicourt prend immédiatement position pour le témoin. Il établit avec son habituelle vigueur de parole que des variations peuvent se présenter dans la déposition orale d'un témoin, que le Code a prévu le cas. Il aborde certaines considérations pour démontrer que l'atmosphère devenue calme, les esprits moins surchauffés, le témoin a repris ses sens aujourd'hui et il a déposé la vérité. Le Substitut Rosemond ne se révèle pas moins sceptique. Il tient un délinquant. Les faits sont par trop évidents et palpables pour qu'on ne le frappe pas. Il est temps que ce jeu de mensonges cesse pour que la justice, dans l'intérêt de tous, fasse son oeuvre.

Me Arrault Jeune appuie fermement cette réquisition du Ministère public.

Une courte suspension a été décidée. Valembrun renonce à la parole sollicitée. Et le Tribunal décide, considérant, dit-il, que des variations peuvent se produire à l'audience dans la déposition d'un témoin, il n'y a pas lieu d'arrêter le témoin, rejetant la demande du Ministère public.

Ce fut aussi le point final de cette audience autour de laquelle les commentaires et les réflexions se sont multipliés à l'infini.» [Le Nouvelliste, 28 juillet 1910]

Fini? Maintenant, Le Matin:

«Une rumeur parcourt la salle : Vertus Jean-Jacques, l'homme sur qui compte le plus l'accusation, est là, prêt à déposer.

«Que savez-vous de l'affaire du 15 mars ? Rien sinon qu'à deux heures du matin, je fus réveillé par le général Leconte, accompagné d'une troupe armée. Je devais fouiller les trous pour des cadavres qu'on allait faire. Aidé de fossoyeurs que j'allai moi-même quérir, j'en fouillai dix.

«Qui avez-vous vu devant le cimetière ? Personne.

Vous n'avez-vu ni Montreuil Guillaume, ni Arban Nau ? Non.

Le Ministère public ne peut contenir son indignation – et son désappointement.

Le témoin ment ; dans sa déclaration au Juge d'instruction il a dit avoir reconnu Montreuil et Arban devant le cimetière. C'est faux témoignage que de dire maintenant le contraire. Toute la partie civile demande en même temps la parole. Je ne peux donner la parole qu'à un seul dit le juge-doyen. Protestations de la partie civile. Me Arrault est admis par elle à parler en son nom. Il se joint au Ministère public pour reconnaître Vertus coupable de faux témoignage et demander son emprisonnement. Le Juge-doyen, après avoir entendu Me Hudicourt, rejette la demande du Ministère public et de la partie civile.

Il est six heures et demie. On lève le siège. Vertus reviendra demain achever sa déposition.» [Le Matin, 28 juillet 1910]

*

QUATRIEME JOURNÉE D'AUDIENCE

LE NOUVELLISTE

«Très mouvementée, hier, la 4e audience sur cette ténébreuse affaire, a été marquée de faits significatifs. Les choses se précisent : la vérité s'annonce lumineuse. C'est encore Vertus Jean-Jacques, l'homme aux variations étranges, qui va alimenter les débats. On le presse à nouveau de questions, pour se fixer sur son compte.

Un juré lui parle de ses dépositions à «l'Impartial»; le témoin dit ne rien se rappeler de cela, ni ses déclarations publiées dans ce journal. Me Hudicourt dit qu'aujourd'hui Mr Vertus dépose libre et sans la contrainte de «l'Impartial», dont l'enquête politique voulait trouver quand même un coupable dans Montreuil Guillaume. - Sur des renseignements demandés, le Parquet établit, par des dates précises que la déposition du témoin à l'instruction, est antérieure à son interview dans «l'Impartial». Vertus se trouble à de nouvelles questions posées. Si un journaliste peut se tromper, dit le commissaire du Gouvernement, le juge d'instruction ne peut lui-même avoir menti. ; au surplus Vertus a signé ses déclarations par lesquelles il a affirmé avoir positivement vu Montreuil et d'autres devant le cimetière. Sur les instances du commissaire, le témoin essaie de faire entendre qu'il n'a pas varié. Indigné, Me Midouin démontre l'imposture de ce faux témoin dont il y a lieu de regretter la non mise en accusation : Vertus ose maintenant outrager la magistrature dans la personne du juge d'instruction.

Me Hudicourt proteste et dit que c'est là de l'intimidation : le témoin Vertus ne peut être arrêté –Me Francis dévoile hardiment la fausseté du témoin, qui veut impunément en imposer à la justice. Le Parquet accentue en traits vigoureux. Tumulte : tous parlent à la fois, colloques enflammés. La séance dut être suspendue. Vertus Jean-Jacques, arrêté, est relaché peu après.» [Le Nouvelliste, 29 juillet 1910]

LE MATIN, GEORGES?

«On se souvient que Vertus, accusé de faux témoignage par le ministère public, ne dut son salut qu'à la fermeté du juge-Doyen, qui décida qu'il n'y avait pas lieu de l'arrêter : il n'existait, selon le jugement, qu'une simple variation entre la déposition de Vertus à l'instruction et celle qu'il venait de faire. Mais Vertus devait se présenter aujourd'hui pour achever sa déposition. Le Ministère public lui pose la question : «Qui avez-vous vu devant le cimetière ?» et, sans attendre la réponse du témoin «greffier, faites un ordre d'emprisonnement pour Vertus Jean-Jacques» Même réponse : il n'a vu devant le cimetière ni Montreuil Guillaume ni Arban Nau.»

Le commissaire Midouin ne se sent pas de colère. On appréhende Vertus, étonné, disant vrai, d'être coupable de faux témoignage.

En entreprenant de rendre compte des audiences criminelles, nous ne sommes pas engagés à n'être pas nous-mêmes, à taire nos sentiments personnels. Non, ce n'est point par de tels procédés, en demandant à un témoin de se parjurer pour éviter la prison, que l'on peut se flatter de découvrir la Vérité ! On s'en éloigne au contraire, on s'écarte ainsi de la voie de la Justice.»

Le Matin ? Ce journal, évidemment, et vous l'avez très certainement déjà deviné. Mais précisons quand même la date : celui du 29 juillet.

Theagène Cinéus (Fait à retenir et digne d'éloges)

«Ce prévenu demande la parole et fait de graves révélations : Il a vu Montreuil Guillaume devant la prison à 3 hres du matin, il était à cheval avec Léonce Leconte, d'autres cavaliers et un fort détachement de soldats et volontaires. - C'est un nouveau jour qui se répand sur les débats. Minutieusement questionné, Théagène Cinéus s'explique : il décrit même le costume que portait Montreuil cette nuit-là.

Me Hudicourt se dresse, déclare incertaines les déclarations de Cinéus.

Celui-ci affirme à nouveau : «je connais bien Montreuil» dit-il, et il précise davantage à chaque nouvelle question dont on l'assaille.» [Le Nouvelliste, 29 juillet 1910]

*

Déjoie Dorcé Falaise :

Témoigne, lui, au cours de la quatrième audience, et peu après Vertus Jn Jacques. Contradiction flagrante avec son interview et, aux dires du ministère public, avec sa déposition à l'instruction.

«Dans la nuit du 14 au 15 mars, il a vu devant la prison plusieurs détachements dont il n'a pas reconnu les chefs.» [Le Matin, 29 juillet 1910]

C'est maintenant D. Dorcé Falaise qui vient déposer. —Adjoint à l'arrondissement, il a vu et entendu bien des choses, mais ne veut rien préciser : il n'a reconnu personne. On lui oppose son interrogatoire à l'instruction (...) alors il se trouble. —Me Hudicourt vient à son secours ; mais le commissaire du Gouvernement le dénonce pour faux témoignage et requiert sa mise en accusation.

Me Hudicourt veut prendre la parole; ce droit lui est contesté par la Loi, toutes discussions contradictoires étant interdites en telle circonstance. Insistance de Me Hudicourt ; répartie de Me Francis qui flagelle les manoeuvres «tendant à justifier le crime par l'infamie et la corruption des témoins.» Tumulte. Le Parquet tout entier menace de se retirer, si l'on discute sur sa réquisition.

Enfin, le Tribunal décide, et, comme pour Vertus Jean-Jacques, déclare que D. Dorcé Falaise n'a fait que «varier» dans sa déposition : il n'y a pas encore là de faux-témoignage. - Et l'audience est levée, il est 6 hres 1/2 . [Le Nouvelliste, 29 juillet 1910.]

Mais où en étais-je? Jetant la confusion dans les débats, disais-je, deux témoins à charge se signaleront à l'attention lors des troisième et quatrième audiences : Vertus Jn Jacques et Déjoie Dorcé.

Autres faits à signaler:

1- fut décidé, à partir de la quatrième audience, que le tribunal ne siégerait qu'une seule fois par jour, de 10 à 4 heures, et...(en dépit de l'in-

confort propre d'habitude au climat estival, Georges) sans discontinuer!
2- Incessantes protestations du substitut Rosemond contre cette tendance à mener au pas accéléré les débats ... [Le Nouvelliste, 27 juillet 1910,
seconde audience.]

3- Sixième audience. Sur demande de quelques jurés, des avocats de
la défense, nous apprend Le Nouvelliste, le juge-doyen Saint-Rome, après
lecture sollicitée de quelques dépositions, veut clore les débats particuliers –Il y eut suspension d'audience. À la reprise, le substitut Rosemond
fait ressortir que, le jour n'était point fait, jusqu'à présent, sur les cas Mérové Armand, Robert Lamothe et Félix Salnave (numéro du 2 août 1910),
ne seront pas moins déclarés clos, les débats particuliers.

*

LE VERDICT

«Plus de 256 (250 ?) furent posées au Jury. - Il y répondit affirmativement et négativement, soit à l'unanimité ou à la majorité. - Tous les
accusés et prévenus ont été acquittés par le Jury» [Le Nouvelliste, 3 août
1910]

«Enfin les débats sont clos. Le Juge-doyen pose au Jury plus de 300
questions, tant sur la constance des faits que sur la culpabilité des accusés et prévenus dans l'affaire, pour tous les crimes et délits.

Il est 11 hres. – Le Jury que préside Mr Albert Neff, entre en délibération : il en revient 5 heures après avec un verdict qui reconnaît à l'unanimité la constance de tous les faits, mais à la majorité la non culpabilité
des accusés et prévenus.

Ont été donc libérés, sur ordonnance du Juge-doyen A. Saint-Rome : Montreuil Guillaume, Arban Nau, Emmanuel Dégand, Décius Avin,
Alexandre Nelson, Auguste Laroche (dit Fusillé) , Gilbert Calixte et Théagène Cinéus.» [Le Nouvelliste, 4 août 1910]

Derrière ce simulacre de jugement, se profilait-il la main socialement
déstabilisante et corrosive car toujours «politique» de l'Exécutif ?

On en aura la preuve manifeste six mois plus tard, à la lecture de
ces ordres du jour parus dans Le Moniteur du 8 et du 11 février 1911,
et qui, tous, font état des événements de Ouanaminthe (2 février - 13 février 1911) , prise d'armes des Lecontistes[6] contre le pouvoir, à laquelle
prendra part Montreuil Guillaume, lesquels préluderont à la chute, le
2 août 1911, d'Antoine Simon.

---

6   Partisans de Cincinnatus Leconte, successeur d'Antoine Simon.

LE MONITEUR (mercredi 8 février 1911)

LIBERTE   EGALITE   FRATERNITE
REPUBLIQUE D'HAITI
FRANCOIS ANTOINE SIMON
Président de la République
ORDRE DU JOUR

Par dépêche télégraphique en date de ce jour, le Délégué TURENNE JEAN-GILLES m'informe que le nommé MONTREUIL GUILLAUME a été pris et fait prisonnier par les forces du Gouvernement.

Le brigand MONTREUIL GUILLAUME, non content d'avoir, sous le dernier Gouvernement, plongé dans le deuil et la désolation bien des familles de Port-au-Prince, ne pouvait se consoler d'être déchu du pouvoir.

Malgré les protestations de fidélité et de dévouement qu'il m'avait faites en retour de la grande clémence dont il a été l'objet de la part de mon Gouvernement, [*Oui, la grande clémence, Georges, vous avez bien lu !*] il a osé lever, au Trou, en faveur du nommé CINCINNATUS LE-CONTE, l'étendard de la révolte contre moi.

Ainsi tomberont au pouvoir des forces que j'ai dirigées contre les rebelles, tous ceux qui ont participé à la téméraire et criminelle entreprise du susdit LECONTE.

Donné au Palais National, à Port-au-Prince, le 4 Février 1911, an 108ème de l'Indépendance.

A. T. SIMON

À noter le grand soin pris pour la circonstance, à reconnaître explicitement le rôle tenu par lui lors de nos événements !

*

LE MONITEUR (samedi 11 Février 1911)

LIBERTE   EGALITE   FRATERNITE
REPUBLIQUE D'HAITI
LE SECRETAIRE D'ETAT
AU DÉPARTEMENT DE LA GUERRE

Délégué spécial de Son Excellence le Président d'Haïti dans les Départements de l'Artibonite et du Nord.

ORDRE DU JOUR
AU PEUPLE ET A L'ARMEE

CONCITOYENS

La criminelle échauffourée tentée à Ouanaminthe par le général Cincinnatus Leconte, qui, hier encore, jurait fidélité au Gouvernement, est sur le point d'être réduite à néant, grâce à la vigilance bien connue de Son Excellence le Président Antoine Simon. Le dévouement du Délégué Turenne Jean-Gilles et l'activité de ses auxiliaires, tous, de fidèles et intrépides lieutenants du Gouvernement, ont assuré l'isolement de cette funeste insurrection, pour l'écraser d'une façon exemplaire. Les rebelles, poursuivant leur oeuvre néfaste, et secondés par le perturbateur Montreuil Guillaume, surnommé le petit vagabond, [*Incroyable!*] avaient essayé de s'emparer du chef lieu de l'Arrondissement du Trou. Après l'échange de quelques coups de feu, l'ingrat Montreuil Guillaume que le Président Antoine Simon a constamment couvert de sa haute protection [*Couvert de sa haute protection... Hé oui ! mon vieil ami.*] a été pris les armes à la main.

Concitoyens,

L'énergie agissante du valeureux Chef de la Nation sera toujours couronnée de pleins succès. Son Excellence le Président Antoine Simon ne reculera devant aucun sacrifice pour donner à la Patrie haïtienne la paix et la tranquillité qu'il s'évertuera à maintenir, en dépit des tentatives insensées des fauteurs de troubles qui voudraient anéantir le Pays pour assouvir leurs ambitions inavouables et anti-patriotiques.

Rassurez-vous donc, concitoyens ! Les troupes considérables et aguerries expédiées contre les insurgés de Ouanaminthe, ne tarderont pas à en avoir raison.

Haut le coeurs, haïtiens ! Le Dieu des armées garantit d'avance les victoires du Gouvernement du Président Antoine Simon.

Fait aux Gonaives, le 5 Février 1911, an 108e de l'Indépendance.

S. MARIUS

Et pour finir, l'annonce de sa fusillade :

LE MONITEUR (mercredi 8 février 1911)

LIBERTE   EGALITE   FRATERNITE
REPUBLIQUE D»HAITI
SECRETAIRIE D'ETAT
DE L'INTERIEUR ET DE LA POLICE GENERALE
ORDRE DU JOUR

Le Département de l'Intérieur et de la Police générale porte à la connaissance de la population, que Son Excellence le Président de la République, après une heureuse traversée, est arrivé hier après-midi aux Gonaives où la population l'a accueillie avec le plus vif et le plus consolant enthousiasme. - Le Président d'Haïti prend les dispositions les plus énergiques pour achever de pacifier promptement les deux communes où les audacieux ennemis de l'ordre public avaient osé lever la tête.

Déjà le chef de cette révolte criminelle, le Général LECONTE, poursuivi et traqué étroitement par les autorités du Cap, vient de se réfugier au Consulat Allemand de la dite ville.

Le Général MONTREUIL GUILLAUME qui, en laissant dernièrement pour le Cap, avait été honoré par la Commission d'aide de camp honoraire du Président d'Haiti d'un éclatant témoignage de confiance qu'il a honteusement trahi en levant l'étendard de la révolte au Trou, a été pris et passé par les armes.

Que le pays ait confiance dans les moyens de répression et de pacification employés par le Gouvernement qui y met d'ailleurs la sagesse, la fermeté et ce sentiment du respect de la vie de ses concitoyens dont le Général ANTOINE SIMON a constamment fait preuve soit comme Chef du Département du Sud, soit comme Premier Magistrat de la République.

Les autorités qui veillent au maintien de l'ordre s'inspireront toujours de ses principes de Gouvernement pour garantir la sécurité aux familles.

Port-au-Prince, le 6 Février 1911, an 108e de l'Indépendance

Le Secrétaire d'Etat des Finances et du Commerce, chargé par intérim des Départements de l'Intérieur et de la Police générale.

MURAT CLAUDE

– De quoi rendre dingue, non !

– Une vraie honte !

– Et tout ça pour l'élargissement du seul Montreuil Guillaume !

– À la capitale, depuis le mois d'octobre 1909, se font jour, de manière persistante, et en provenance du Nord, des rumeurs d'une alliance Nord Alexis-Leconte en vue de renverser le régime, fraîchement établi, du sud. Compte tenu de leur existence, et de l'état d'inquiétude et de malaise constant engendré au Palais (voir Roger Gaillard, *Antoine Simon ou la Modification*, p. 110), il est difficile de ne pas tenter d'accorder à cet élargissement des mobiles politiques d'ordre exigu. Et d'y voir sans doute, de la part du pouvoir, un besoin de s'assurer au sein de cette région (Jn Gilles est maintenu contre vents et marées. Montreuil relâché, et fait aide de camp honoraire du Président, regagne tranquillement le

Cap) certains soutiens utiles et à toute épreuve. Mais il y a plus derrière cet échec du procès. S'y manifeste en arrière-plan, et de manière apparente, une volonté évidente, d'isoler, que dis-je, d'acculer au désespoir le plus amer, le mouvement «libéral» en Haïti et ce, dans la conviction à courte vue qu'une réussite du procès serait avant tout, ou uniquement, la leur.

C'est dans le sillage de tonton Nò qu'il s'évertuait à chercher ses vrais alliés, Simon. Homme de baïonnettes et sur lequel avaient barre les plus éculées formules d'une tradition militariste, il n'accordait confiance qu'à la force des baïonnettes.

Ce qui, constatons-le, ne le prémunira nullement d'une chute aussi piteuse et plate que celle de ses prédécesseurs. Laquelle ne tardera nullement à voir le jour. Et lors de la seconde levée de boucliers des lecontistes contre son pouvoir. (8 mai 1911)

Notons en tout cas, douze jours après le verdict d'acquittement du jury lors du procès-Montreuil, suite au tollé orchestré par L'Impartial contre les promoteurs des contrats McDonald, et qui avait vu se consommer définitivement le divorce entre l'opinion et le pouvoir, l'annonce faite par Le Matin du départ pour l'exil de Rosalvo Bobo et de Pierre Frédérique, le premier pour Kingston et le second pour les Etats-Unis. Où il meurt, à New-York le 23 décembre de la même année, soit exactement 4 mois et 8 jours plus tard.

> «Cette fois on lui fermera la bouche définitivement. Il n'est plus question de le laisser partir en exil vers une chaude île antillaise où il serait plus ou moins soutenu par des compagnons d'infortune. Il sera jeté anonymement sur les rivages de New York où, très vite, à l'asile des pauvres, lui et sa femme périront de froid et de faim.» [Jean Desquiron. *Haiti à la Une.* t. 3, p. 56]

Anonymement ? Dans son interview avec Montreuil, pourtant, souvenez vous, Frédérique fait référence à New-York comme d'un lieu témoin, lui aussi, des errances de son exil de 1902-1908.

A Montreuil qui lui parle des intrigues dont il avait été victime au Palais et qui avaient vu le choix de Vilhardouin Leconte l'emporter sur le sien comme ministre de l'Intérieur, on l'entend tout de go répondre : «étant à New-york, j'ai appris qu'on vous avait fait ce passe-droit....»

New-york, donc, ne lui était pas aussi inconnu que le prétend Jean Desquiron. Dans un entrefilet consacré à la mémoire du général Eugène Magloire et paru dans L'Impartial du mercredi 23 février, no 23, une référence de lui à un hommage rendu à ce dernier dans les colonnes du New-york Herald à l'occasion de son décès, un an plus tôt, (mois de février 1908) laisse même entendre une collaboration de lui à ce journal. Que s'était-il donc passé exactement ?

C'est en terre d'exil, en tout cas, et dans le plus extrême dénuement qu'il mourra, l'homme qui disait à Montreuil Guillaume :

> «Ne vous inquiétez pas : nous ne sommes plus au temps où l'on tuait des gens dans leurs cachots. C'est la Justice qui règne aujourd'hui. Elle fera son cours. Et si vous êtes innocent comme vous dites, elle vous blanchira des accusations portées contre vous.»

Que l'Histoire, Georges, ne lui ait donné raison, tout simplement!

*

Quoi ? Le procès Jules Coicou ?

Il aura lieu quatre ans après les événements qui l'ont motivé. Près de deux ans après celui de Montreuil. Il occupera quatre journées et donnera lieu à trois audiences. (mardi 5 mars –vendredi 8 mars 1912) et verra sur la sellette trois des accusés les plus importants désignés par l'ordonnance de la Chambre du conseil (Jules Coicou et Léonce Leconte) et l'arrêt de la Cour de Cassation (lequel, nous l'avons vu, y ajoutera St-Julien Noel, dit Laboucherie) Echappé de la prison (2 mars 1909) St-Julien était-il, lui aussi, parti pour l'exil ?

C'est ce que laisse entendre Jolibois sans que nous puissions le confirmer.

Profitant de la chute d'Antoine Simon, Jules Coicou et Léonce Leconte reviendront au pays (à quel moment exactement ?) et seront arrêtés.

> «L'opinion publique avait apprécié comme un geste de démocrate le fait par le Président Leconte d'exiger que son cousin Léonce Leconte, montât sur la sellette criminelle» nous dit Jolibois.» [op. cit., p. 237]

Laissons la place au Nouvelliste :

(lundi 4 mars 1912)

> Aujourd'hui 4 mars, suivant l'ordonnance du doyen du Tribunal civil, s'ouvre dans notre Juridiction une session criminelle. – Les affaires en état ne sont pas très nombreuses, qui passeront devant le Jury ; mais il convient de noter, entre les plus importantes, l'affaire du 15 Mars, celles de Baron-Bétancés (Jacmel), de Oduma Saint Clair (Thomazeau) , et du Bassin-Général.

Il n'a été fait ce matin que l'appel général des jurés. Demain commence l'audition des affaires, dont la première qui passera est celle de Jules Coicou, Léonce Leconte et Saint Julien Laboucherie (affaire du 15 Mars)

On se rappelle la funèbre nuit, il y a juste quatre ans, où dix paisibles citoyens, entre autres le regretté Massillon Coicou, furent impitoyablement assassinés, après d'horribles souffrances. Les monstruosités commises restent encore horriblement vivantes dans toutes les mémoires.

Nous renseignerons, suivant notre coutume, aussi exactement que possible sur les diverses phases du procès, comme au sujet des autres affaires de cette session criminelle.

(mardi 5 mars 1912)

Ce matin commence, au Tribunal criminel, l'audition des affaires en état pour la présente session. Si elles ne sont pas nombreuses, quelques unes présentent un grand intérêt et peuvent être passionnantes. – Déjà la première qui s'évoque, comme nous l'avons annoncé, est celle du 15 Mars 1908, par le jugement aujourd'hui des nommés Jules Coicou et Léonce Leconte, co-auteurs, et d'un complice : St-Julien Noël, dit Laboucherie.

Tous trois étaient en fuite. Ils furent arrêtés dernièrement et passent maintenant devant le Jury.

DERNIERE HEURE. – Voici la composition du Jury : - Ludovic Ducasse, président, Targète, A. Targète, Auguste Bosq, Achillus Dorcé, Lyncée Denis, Pierre Moise, Félix Magloire, Alexandre Bienaimé, Alexis Bouchereau, Saint-Hilaire Adam fils, Charles Burck.

Composition du Tribunal : St Rome, juge-doyen, assisté du juge Désir et du suppléant Vatel. - Parquet au complet.

Défenseurs : François Moise et Léon Déjean.

Notons deux témoins du procès-Montreuil à présent jurés : St Hilaire Adam fils, Auguste Bosq.

Le juge-doyen est le même assisté du même juge Désir. Une seule personne manque à l'appel : le suppléant-juge Overt. Il est remplacé par Vatel. Parquet une fois de plus au complet : Alfred Thibault, Nevers Constant, ancien administrateur de L'Impartial.

Le Nouvelliste (mercredi 6 mars)

«Depuis hier, il se déroule devant le Jury une de ces causes sensationnelles, dont l'intérêt ne le cède pas à la gravité. Elle remue les coeurs, réveille bien des passions. Toute une foule est là, anxieuse, dans le temple de la Justice, scrutant, avec de suggestifs commentaires, l'attitude des trois accusés réunis sur le banc du crime, comme ils le furent, il y a 4 ans, dans la perpétration des mêmes faits : Jules Coicou, ancien commandant de l'arrondissement de Port-au-Prince ; Léonce Leconte, ex-chef de l'état-major du Président Nord Alexis, Saint Julien Labouche-rie, chef d'exécution le 15 Mars 1908.

Tous trois sont calmes, impassibles devant les regards inquisiteurs, attentifs à la lecture des ordonnances de renvoi et acte d'accusation. On connaît les faits. Ils eurent même à l'étranger un douloureux écho, n'ont et jamais été assez flétris pour en prévenir le monstrueux retour. Les cir-constances horribles, rappelées encore aujourd'hui, font frissonner, car le 15 Mars est une date sanglante : dix citoyens furent la nuit arrêtés et sommairement exécutés, quelques uns avec des violences corporelles.

Dans son exposé des faits, le substitut Nevers Constant montra toute l'horreur du crime, fit ressortir sobrement que les auteurs et complice, dont ceux qu'on juge, doivent en répondre ; qu'il faut qu'à leur égard la Justice se prononce, au nom de l'intérêt public ; que les entrailles des mè-res désolées tressaillent encore, des orphelins et des veuves sont réduits presqu'à la mendicité. – «Quand disparaît la Justice humaine, Dieu un jour punit ceux qui jugent, n'ayant égard qu'à des sentiments personnels !»

Ce fut un vibrant réquisitoire, dont les faits saillants devaient se préciser, hier matin même, au cours des dépositions des témoins.»

Le Matin (mercredi 6 mars]

«C'est dans une atmosphère relativement calme que se déroule l'affaire du 15 Mars devant le jury de Port-au-Prince formé ainsi que nous l'avons publié hier en omettant le nom du juré Lyncée Denis. Nous disons relativement calme, les préoccupations politiques étant actuelle-ment moins passionnantes depuis la disparition des deux principaux protagonistes qui présidèrent aux événements qui eurent leur point culminant dans la nuit du 14 au 15 Mars 1908 : le général Nord Alexis et M. A. Firmin. [Décédé à St Thomas, Georges, le 11 septembre 1910.] (...)

C'est le dernier acte du procès dit du 15 Mars. Après les personna-ges secondaires, Arban Nau, Montreuil Guillaume, Laroche, voici qu'ap-paraissent les principaux, ceux dont les autres n'étaient là, semble-t-il, que pour annoncer la venue, Jules Coicou, Léonce Leconte, Saint-Julien Noël. Leurs noms dominaient les débats d'il y a trois ans, on ne parlait que d'eux, et pour se justifier, on rejetait sur eux tout le crime, tout l'assassinat du 15 Mars. Ils sont là aujourd'hui, l'exil ni la peur ne les contiennent, ils peuvent parler. Quel mot va sortir de leurs bouches, par quel coup de théâtre va se fermer ce fameux procès, commencé parmi les plus ardentes polémiques qu'on suit depuis si longtemps avec tant d'intérêt et au milieu d'émotions si diverses ?»

Les témoins ? En nombre, certes, moins important. Tout comme pour le procès Montreuil, c'est à une femme qu'il reviendra l'honneur de débuter les témoignages : Mme Helvétius Lubin. Arban Nau. Emmanuel Nadreau. Edmond Coicou. Emmanuel Coicou, Dorléus Jn Philippe, Bléus Augustin, Pétion Courtillien Roy, Clément Magloire, Emmanuel Dégand, Auguste Laroche (dit Fusillé)

Faits à retenir:

Centré uniquement et maladivement sur la personne de Jules Coicou, un jugement en contradiction indéniable, par conséquent, avec l'ordonnance, à son sujet, pourtant, déjà assez douteuse, de la Chambre du conseil :

L'Absence, on ne sait pourquoi, d'un témoin capital : Mme Roche Armand.

En dépit de ces affirmations, déjà extraites et lues par nous, de Jules que ne figurait sur aucune liste le nom de Roche Armand; d'Emmanuel Dégand faisant nettement état des relations de clientèle unissant le tailleur Roche Armand au chef d'état-major Léonce Leconte d'une part, et d'une brouille, d'autre part, qui, au lendemain des événements, avait vu aux prises, et concernant sa fusillade, le commandant d'arrondissement et ce chef d'état-major, aucune trace, Georges, d'une volonté quelconque d'éclaircissement du fait !

La déposition douteuse au cours de la deuxième journée d'audience du geôlier Dorléus Jean-Philippe. Mais écoutons plutôt Le Nouvelliste:

«Toutefois, l'on ne marche guère ; toute la matinée d'hier, passé même midi, n'a permis d'entendre qu'un témoin : Dorléus Jean-Philippe.»

Dorléus Jean-Philippe. Témoignage, nous l'avons vu, pas tout à fait conforme aux déclarations faites à L'Impartial.

«Il était, à l'époque, geôlier de la prison ; ce qui est à sa connaissance, il le raconte d'abondance et ne répond pas moins avec force à nombre de questions, les plus diverses et fort suggestives. «Je reçus et dus livrer d'ordre supérieur, et dans la nuit même, les prisonniers sauf Félix Salnave qui m'avait été amené dans l'après midi du samedi et qui me fut réclamé le dernier, à 4 hres 1/2 du dimanche matin, par le général Jules Coicou qui attendait en personne à la barrière d'entrée.»

Interrogé, Jules Coicou nie cette dernière circonstance; le témoin la confirme et rappelle d'autres qu'il suscita pour essayer de sauver Félix Salnave. (...)

(...) On revient au témoin Jn-Philippe, qui précise avoir reçu, cette nuit du 14 au 15 Mars, onze individus (en plus de Félix Salnave) dont deux jeunes fils de Mérové Armand. De ce nombre, 6 furent livrés à Leconte personnellement (ce qu'atteste l'accusé) les 4 autres à Jules Coicou lui-même, dont Félix Salnave le dernier, à 4 hres 1/2.

– D'ordre de qui, demande-t-on, furent-ils incarcérés ? – Des généraux Leconte et Coicou, répond le témoin, qui eux-mêmes vinrent les reprendre.

Leconte dit oui et Coicou non. (...)

(...) On revint encore au témoin, à propos de la fusillade des trois frères Coicou. Alors Jean-Philippe affirme que c'est à Jules Coicou lui-même qu'il les a remis. – Je dis non, déclare Jules Coicou. – Et le substitut Constant rétablit les faits, les précise et en fait résulter toute l'évidence de la participation et de la culpabilité de l'accusé : il assista à l'exécution de ses frères, et au retour vint prendre Salnave. (...)

(...) Dans l'auditoire, les murmures sont à peine apaisés que, de nouveau, on revient encore au témoin, comme à l'accusé Jules Coicou. Le juré Félix Magloire veut qu'on renseigne sur l'état dans lequel Alluption Casimir fut amené en prison. – Il était presque nu, en cotte de chemise, répond le témoin dont on fouille le passé : Me Dejean veut être fixé sur sa moralité, lui demande ses relations avec Jules Coicou. – Oh ! Mais, celles d'un subordonné à un supérieur ; il pouvait se dire mon ami, je n'étais pas le sien : J'étais sous ses ordres (...)

(...) Où Massillon fut-il arrêté ? Demande le substitut Constant. – Je ne sais pas, dit Jules Coicou, mes avocats diront tout. – Non, ces réticences font plus encore votre perte, car les témoins renseignent sur vos perfides menées. Le témoin Jn-Philippe dit, en effet, qu'il ne sait qui amena vers 8 heures du soir Massillon Coicou en prison, mais affirme que c'est Jules Coicou qui vint le prendre avec d'autres. Et le substitut Constant, alors, rassemblant les charges, s'écrie : «Voilà le bourreau de ses frères !» (...)

(...) Témoin, ajoute le substitut, répétez haut et fort ce que vous savez des agissements de Jules Coicou, durant la nuit du 14 au 15 Mars ?

Le témoin répète que c'est Jules Coicou qui envoyait les prisonniers. On les remettait, non pas à lui directement, mais au chef de la garnison à la prison. Coicou s'en informait et de ses propres yeux contrôlait l'exécution de ses ordres. C'est ainsi qu'il fit extraire, de sa propre autorité, quatre des détenus, dont Félix Salnave. Le général Belomon peut confirmer.

Alors le substitut Constant réunit et met en relief les déclarations fournies et non controuvées du témoin ; il les rapproche des aveux mêmes de Coicou, de ses menaces à la société, et en fait un faisceau accablant pour l'accusé.

Vu l'heure avancée, l'audience est suspendue. [Le Nouvelliste, jeudi 7 mars 1912]

Quelques questions vagues exceptées, aucune volonté ou, si vous préférez, aucune trace retenue chez les chroniqueurs d'une volonté marquée de faire le jour sur l'arrestation de Robert Lamothe, P. St fort Colin, Mérové Armand, Alluption Casimir.

Echange de paroles mémorables entre Jules Coicou et le témoin Emmanuel Coicou :

> «Le substitut Constant se dresse. Des échanges de paroles entre Jules Coicou et le témoin Emmanuel Coicou, il a retenu un de l'accusé à l'adresse de son frère : «conspirateur, moin ta fisié ou tout.» Tel est l'homme, dont l'instinct sauvage se réveille enfiellé de haine et de vengeance. «C'est ma deuxième menace à vous, jurés, et à la société. C'est un cri de sa haine contre toute la famille Coicou ; car, disait-il toujours en d'autres lieux : «Ou janmin ouè nègre sott rinmin nègre lesprit ! .»- L'accusé interrompt le substitut, en bon français : «Je vous fais mes compliments, Mr le substitut. (Hilarité, tumulte, : il fallut près d'un quart d'heure pour rétablir l'ordre.» [Le Nouvelliste, 6 mars 1912. Première journée d'audience.]

Attendue au cours de la troisième journée d'audience, Mme Galette, se présente mais vu son état de santé ne se produit pas à la barre. La défense qui l'avait citée, renonce à son témoignage. Elle fait de même pour Nérette empêché, lui aussi, on ne sait trop pourquoi.

Important pour les dessous de la conspiration mais déjà extrait par nous, témoignage au cours de cette troisième journée d'audience de Pétion Courtillien Roy :

> «L'accusé intervient, parle de deux lettres qu'il avait adressées à Courtillien Roy, alors réfugié à la Légation allemande. – Le témoin les lit lui-même : l'une, de Coicou, remettait un sauf-conduit à Courtillien, et l'autre, du ministre Marcelin, informait Courtillien qu'il n'était pas recherché et pouvait vaquer librement à ses affaires.
>
> Me Camille se demande si le sauf-conduit n'était pas un piège tendu à Courtillien par Jules Coicou. L'accusé ne laissait il pas croire, - entre tant d'autres impostures – que ces fameuses lettres étaient compromettantes pour l'honorabilité du témoin ? – Ah ! fit le témoin ; et il raconte des choses étranges, les perfides menées du général Coicou qui voulait s'assurer de sa personne, le lundi 16 Mars, le fit espionner par un de ses adjoints; c'est pourquoi il entra au consulat le 31 Mars. – Jules Coicou, ajoute-t-il sur une question de Me Délienne, était pour le moins sympathique à la conspiration, s'il n'en était pas le chef. – L'accusé proteste : «moi ? Je ravageais les firministes !» [Le Nouvelliste, 8 mars 1912]

Une saillie jamais éclaircie de Jules:

«Le substitut Constant assaille Jules Coicou de questions diverses, nombreuses. - Le 11 Mars, on menaçait de le fusiller, reprend l'accusé ; le 13, il eut conférence chez lui, avec Tancrède et Nérette, qui lui fit part du projet de conspiration. Tancrède refusa, bien qu'il devait être le chef du Gouvernement provisoire ; Je refusai aussi, moi à qui on promettait d'être le Conseiller à la Guerre et Marine. De suite, après l'entrevue, j'allai au Palais tout dire au Président.

Tous ces faits rassemblés, sont mis en relief par le substitut, qui relève des contradictions de Jules Coicou et conclut que sans, pour le moins, la complicité de l'accusé, Massillon n'eût pas cherché à agir comme on le prétend.

– Pourtant, crie l'accusé, Abdalla Sada pour l'affaire avait donné de l'argent à votre femme, commissaire !

Le juré Félix Magloire apprend ensuite de l'accusé, que la lettre à Etienne Fils fut apportée des Gonaives par un étranger, mais qu'il en ignorait le contenu ; Le Président lui en avait seulement parlé ; que toutefois, il remit lui-même une lettre au général Nord, prise de Massillon-En 1902, j'étais firministe, avoue Jules Coicou ; je reçus alors à Léogâne, où il n'y avait que 9 firministes, une carte de Firmin apportée par mon neveu Pierre-Louis : je devais agir pour la cause et protéger les amis. J'étais un firministe déchinnin à l'époque ; mais les choses tournèrent, je me mis avec Nord Alexis.» *[Le Nouvelliste, 9 mars 1912]*

*

LE VERDICT ?
Ecoutons, Georges, Le Matin :

Les assises

L'Affaire du 15 Mars

—

JULES COICOU EST CONDAMNÉ
A MORT

L'audience d'hier a été consacrée à l'audition des témoins Clément Magloire, Emm. Dégand, Auguste Laroche ; Mme Galette et Alphée Alphonse bien qu'ayant été amenés malades à l'audience ont du être renvoyés, vu leur état.

Les débats généraux déclarés ouverts, le Commissaire du Gouvernement Alf. Thibault a prononcé son réquisitoire. Me Borgella Camille a ensuite, pour les mineurs de Pierre-Louis Coicou, appuyé l'accusation, puis la défense, par l'organe de Me François Moise, fit entendre sa voix après laquelle le substitut Nevers Constant produisit la réplique du Parquet. Les débats généraux fermés après la parole de Me Déjean, le jury est entré dans la chambre de délibéré à neuf heures du soir.

LE VERDICT

Ce matin le jury est revenu et au milieu d'un recueillement sépulcral traversé par les notes de la diane qui chante tout près, le chef du jury Ludovic Ducasse a donné lecture des 232 questions posées.

L'accusé est reconnu à la majorité coupable de tous les faits reprochés et sans circonstances atténuantes. *[L'accusé, notez bien. Une absence de précision éloquente, non ?]* Pour le meurtre de Félix Salnave et celui de Alexandre Christophe, le jury est unanime. Les accusés Léonce Leconte et St Julien Noel sont reconnus indemnes à la majorité sauf pour les deux victimes ci-dessus, au meurtre desquelles ils sont reconnus étrangers à l'unanimité. *[Incroyable !]*

Le jury se retire ; les accusés sont emmenés pour entendre leur sort. Un incident sensationnel marque la lecture de la déclaration du jury. Le Commissaire du Gouvernement, ayant, sans en aviser le doyen du Tribunal, donné l'ordre à la police de fouiller Jules Coicou, celui-ci s'indigne ; le doyen du Tribunal fait consigner sur le plumitif de l'audience la conduite inqualifiable du Commissaire du Gouvernement et proteste par devant qui de droit contre cette conduite. Jules Coicou lui-même s'exaspère et dénonçant le verdict comme passionné, demande à ses ennemis de l'auditoire de prendre note que ce n'est pas lui qui a fusillé Roche Armand. Dieu le justifiera.

Le Tribunal renvoie sur le champ Léonce Leconte et St Julien Noel. Le substitut Nevers Constant requiert, en vertu de la déclaration du jury, la peine capitale contre Jules Coicou. Le tribunal rentre pour préparer son jugement. Jules Coicou est réintégré dans la prison, il est assisté de l'un de ses fils mineurs, qui lui conseille le calme.

À sept heures du matin, le Tribunal reprend siège et prononce le jugement qui condamne l'ex-commandant de l'Arrondissement de Port-au-Prince à la peine de mort, l'exécution devant se faire sur l'une des places publiques de la Capitale. Le doyen rappelle le condamné au courage possible et l'avertit qu'il a cinq jours pour se pouvoir contre le jugement, s'il y a lieu. «Il n'y a pas lieu» dit le condamné en se rasseyant. MMes. Déjean et François Moise vont presser la main au condamné. Le doyen aussi.

Un nouvel acte du drame est consommé.

[Le Matin, 8 mars 1912]

«Bien escorté, mais très ferme et souriant même, le condamné Jules Coicou est conduit à sa cellule, sous les regards de la foule péniblement satisfaite.

– Il est 5 heures 1/2 du matin.» [Le Nouvelliste, 9 mars 1912]

Mais à l'inverse de Frédérique, le fou, l'idéaliste, le rêveur, qu'il connaissait bien son pays celui que nous avons entendu asséner à Callard : «dèyè mône gain mône, tende», celui qui, lors de la première audience, commençant à lâcher certains noms d'hommes par qui il fut touché de la conspiration, dira en plein prétoire : Quant à d'autres individus, on lui permettra de garder le silence, du moins pour le moment ; car «demain il sera au Pouvoir et aura besoin de ses espions (sic)» (Le Nouvelliste, 6 mars 1912) La suite, en effet, Georges, ne nous le prouvera que trop :

Le 8 août 1912, vers les trois heures et demie du matin, le Palais National sautait, voyant périr, avec trois cents soldats de sa garde, le Président Leconte. Était élu, le jour même, et pour lui succéder, le général Tancrède Auguste.

La suite ? Ces numéros du Moniteur sauront mieux que moi vous la conter :

LE MONITEUR (mercredi 8 janvier 1913)

ARRETÉ
TANCREDE AUGUSTE
Président de la République.

Vu l'art. 103 de la Constitution et la loi du 26 Septembre 1860 sur l'exercice du droit de grâce et de commutation de peines ;

Sur le rapport du Secrétaire d'Etat de la Justice ;

ARRÊTE :

Art 1er. - Est commué à six mois d'emprisonnement la condamnation à douze ans de travaux forcés prononcée par le Tribunal du Cap-Haïtien, en date du 27 Juin 1911, contre le nommé Chéridan Colas, qui a déjà bénéficié d'une commutation de peine par arrêté en date du 24 Janvier 1912.

Sont commuées à une année d'emprisonnement :

1. La condamnation à trois ans de réclusion prononcée contre le nommé Léonlien Durouville par le jugement du Tribunal criminel de Jérémie en date du 10 avril 1912.

2. La condamnation à trois ans de réclusion prononcée contre la nommée Charlitte Bazilique par jugement du Tribunal criminel de Jérémie en date du 10 avril 1910.

3. La condamnation à trois ans de travaux forcés prononcée contre le nommé Alès Maimé par jugement du Tribunal criminel de Petit-Goâve.

4. La condamnation à trois ans de réclusion prononcée contre le nommé Antoine Eliacin par Jugement du Tribunal criminel de Petit-Goâve.

5. La condamnation à trois ans de travaux forcés prononcée contre le nommé Mossor Edouard par jugement du Tribunal criminel de Petit-Goâve.

6. La condamnation à trois ans de travaux forcés prononcée contre les nommés Senil Cabé et Tuis Petit-homme par jugement du Tribunal criminel de Port-de-Paix.

7. la condamnation à quatre années de travaux forcés prononcée contre le nommé Tuberçant Joseph par jugement du Tribunal criminel de Port-de-Paix.

Sont commuées à deux années d'emprisonnement

1. La condamnation à quatre années de travaux forcés prononcée contre la nommée Elmina Ulain par jugement du Tribunal criminel du Cap-Haitien en date du 19 Juin 1912.

2. La condamnation à trois ans de travaux forcés prononcée contre le nommé Florian Moise par jugement du Tribunal criminel du Cap-Haitien en date du 20 Juin 1912. [*Et enfin la commutation qui nous intéresse!*]

Sont commuées en cinq années de réclusion :

1. La condamnation à la peine capitale prononcée contre le nommé Jules Coicou par jugement du Tribunal criminel de Port-au-Prince en date du 8 Mars 1912. (*Intéressant, non ! maintenant, sautons le reste et passons au numéro suivant.*)

2. La condamnation à la peine capitale prononcée contre le nommé Norvilus Noêl par jugement du Tribunal criminel du Cap-Haitien en date du 11 Juin 1912

3. La condamnation à la peine capitale prononcée contre la nommée Seldora Itulus par jugement du Tribunal criminel d'Aquin.

Art. 2 – Le présent arrêté sera publié et exécuté à la diligence du Secrétaire d'Etat de la Justice.

Donné au Palais National, à Port-au-Prince, le 31 Décembre 1912, an 109ᵉ de l'Indépendance

T. AUGUSTE

Par le Président :

Le Secrétaire d'Etat de la Justice

TERTULIEN GUILBAUD

*

LE MONITEUR (mercredi 7 janvier 1914)

ARRÊTE

MICHEL ORESTE
Président de la République

Vu l'article 103 de la Constitution et la loi du 26 Septembre 1860 sur l'exercice du droit de grâce et de commutation de peines ; Sur le rapport du Secrétaire d'Etat de la Justice, ARRÊTE CE QUI SUIT :

Art. 1er. - Grâce pleine et entière est accordée, à partir de ce jour, les droits des tiers réservés si aucuns sont, au nommé JULES COICOU, condamné à la peine de mort par jugement du Tribunal criminel de Port-au-Prince en date du 8 Mars 1912 et dont la condamnation a été commué en celle de cinq années de réclusion par arrêté en date du 31 Décembre 1912.

Art. 2. - Le présent arrêté sera imprimé, publié et exécuté à la diligence du Secrétaire d'Etat de la Justice.

Donné au Palais National à Port-au-Prince, le 31 Décembre 1913, an 110e de l'Indépendance.

MICHEL ORESTE
Par le Président :
Le Secrétaire d'Etat de la Justice,
ED. LATORTUE, av...

Cela évidemment se passe d'exclamation.

Pour finir, les deux versions de sa mort :

«Par la suite, Jules Coicou fut réintégré dans son grade de Général de Division aux armées de la République. Nos gouvernements éphémères avaient besoin de défenseurs qui pouvaient inspirer de la crainte-faire peur- À la tête d'une division, il était envoyé dans le Département du Nord, dans la pensée évidente que sa réputation de sauvagerie, de méchancetés suffirait à elle seule à effrayer les adversaires.

Lors d'une large déroute des troupes gouvernementales, le général Jules Coicou, soucieux de sauver sa tête prit courageusement, au pas de course, la direction d'un presbytère voisin, afin de s'abriter provisoirement et gagner un Consulat au Cap-Haïtien. Il fut poursuivi par un Salnave, qui le rejoignit, l'apostropha par ces mots : «Général Coicou, Général Coicou, je veux vous confier une lettre pour votre bon ami Félix

Salnave.» Puis, quand le Général Jules Alexis dit Coicou se retourna, il l'abattit de deux coups de revolver, vengeant ainsi les exécutions sommaires du 15 mars 1908.» [Gerard Jolibois, op. cit., p. 252-53]

«Coicou Jules Alexis (-1914) Militaire, conjointe : Pénélia Decastro. Commandant de la place et de la commune de Port-au-Prince. Le 1er Janvier 1909, il part pour l'exil à Kingston puis à Santiago de Cuba. A son retour en Haïti peu de temps après, il sera arrêté, jugé, condamné et gracié. Il est un proche du Président Emmanuel Oreste Zamor. Accompagnant ce dernier lors d'une campagne dans le Nord, il est fait prisonnier par les «cacos» qui le fusillent sans procès à Quartier-Morin en juillet 1914.» [Daniel Supplice. op. cit., p 176]

«Coicou Jules Alexis. Ex-commandant de l'Arrondissement de Port-au-Prince. S'étant trouvé dans le Nord avec le Président Oreste Zamor, il fut fait prisonnier par les Cacos qui le massacrèrent au Quartier-Morin, en juillet 1914.» [La liste rouge. Liste des victimes de la violence politique publiée dans le journal «La Plume» de Charles Moravia sur 11 numéros de Septembre à Novembre 1915.]

Satisfait, Georges? La plume (celle de Moravia aussi, remarquez-le) est là qui m'attend, ami, et il est grand temps, je crois, de m'atteler au boulot.

FIN

Septembre 1999 - Octobre 2007

APPENDICE

NOMS, ACTEURS ET COMPARSES RETROUVÉS

Joannis Mérisier. Dans la liste des prévenus d'homicides volontaires et de complicité désignés par la chambre d'accusation et l'arrêt du Tribunal de Cassation, reprise par Le Nouvelliste du samedi 23 juillet 1910, nous verrons sans plus d'information, l'épithète «décédé» accolée à son nom. Décédé en prison ? De quoi ? Et à quel moment exactement ? Au cours de l'année 1909 ou 1910 ?

Théagène Cinéus. Fusillé sommairement à Port-au-Prince, en compagnie de 4 autres détenus, le 17 février 1911, par le commandant de l'Arrondissement, Horelle Momplaisir, nous apprend la liste rouge de Charles Moravia. Dans les mêmes circonstances, inspirées selon la rumeur de l'époque par des motifs d'ordre personnel (les victimes auraient participé à l'assassinat en 1904 de Maximilien Momplaisir, frère d'Horelle Momplaisir), notons qu'avait péri également Léandre Larencul, accusateur militaire sous Nord Alexis, et auteur d'un témoignage d'une véhémence rare lors du procès-Montreuil : «Si j'étais sorti cette nuit du 15 mars, dit-il, je ne serais rentré au Palais qu'après avoir entièrement extirpé cette engeance maudite des firministes.» Un écho de ces événements se retrouve dans ces paroles de Me Alfred Thibault reproduite par Le Nouvelliste du 9 mars 1912 dans son compte rendu de la troisième audience du procès-Jules Coicou :

«Ah ! Du banc de la défense, on a été bien imprudent de parler d'imprudences firministes comme excuse à tous ces crimes. Craignons un jour que ne nous arrive ce qui advint, l'année dernière, à un avocat qui eut à faire l'apologie du crime : il est tombé, le pauvre Larencul !...»

Alexis Tassy. A-t-il disparu dans l'explosion du Palais National survenue, le 8 août 1912, sous Cincinnatus Leconte,? Dans l'interview accordée par Le Matin à Edmond Défly, chef de la garde présidentielle de Leconte, il est question d'un aide de camp Tassy mort dans la déflagration. (Le Matin, no 1628.[7])

Léonce Leconte. Ses traces semblent s'arrêter à sa sortie, le 8 mars 1912, innocenté, du tribunal.

Jules Arban Nau. Dans une liste provisoire des victimes du 27 juillet 1915 du général Charles Oscar Etienne publiée par Le Matin (no 3504, mercredi 28 juillet) son nom figure au nombre des exécutés[8].

Volcius Nérette. Commandant de l'arrondissement de Port-au-Prince sous Davilmar Théodore. Son nom figure aussi dans la même liste.

Francis J. B Webert. Avocat. Député. Élu sénateur le 17 mai 1912. Rescapé du massacre du 27 juillet, il meurt à Pétion-ville le 22 mars 1933. (34, nous dit Georges Michel, à 67 ans, précise-t-il, et de congestion cérébrale[9].)

Nevers Constant. 1878-18 mai 1921. Assassiné dans les environs de Port-au-Prince au cours d'une revendication de terrain[10].

Archer Stephen. 1854-1926. Elu le 29 mai 1914 sénateur de l'Ouest. Nommé membre du conseil d'Etat représentant le département de l'Ouest le 18 mai 1916. Est renommé le 22 juin 1918 et se retrouve Président du conseil d'Etat en 1922. Candidat à la présidence évincé par Louis Borno, la même année, Il meurt à Pétionville le 15 juin 1926.[11]

Charléus Charles. Cité faussement, on s'en souvient, par Porsena Laurent. Carrière militaire commencée sous Hyppolite. Meurt presque centenaire en juin 1974.

Thimoclès Lafontant. 5 mars 1867 - 20 novembre 1952.

Frédéric Marcelin. Meurt à Paris le 11 mars 1917

---

7   Jean Desquiron, *Haiti à la Une*, t, 3, p.121.

8   Jean Desquiron, op. cit., p, 209.

9   *Debout les Morts*,p, 115.

10 Ertha Pascal Trouillot\Ernst Trouillot, *Encyclopédie biographique d'Haiti*, p.252.

11 Voir Daniel Supplice, *Dictionnaire biographique des personnalités politiques de la République d'Haiti*, p.54.

Emile Marcelin. 1874-1936. Nommé en 1924 chef du cabinet particulier du président Louis Borno. Secrétaire d'Etat des Finances et du Commerce (1925-20 avril 1926). Nommé le 28 février 1927 membre du conseil d'Etat.. Nommé le 3 juin 1930 envoyé extraordinaire et ministre plénipotentiaire à la Havane. Il reste à ce poste jusqu'au 17 mars 1931.Il meurt en 1936.[12]

Turenne Jean-Gilles. Né au Limbé en 1832, il meurt au Cap-Haïtien le 11 décembre 1915.

Clément Magloire. 1879-1945. Deviendra par la suite Préfet des Arrondissements de Port-au-Prince, de Mirebalais et de Lascahobas, (1924) sénateur de l'ouest (1941) président de la Croix-Rouge haïtienne (1935-1945). Meurt à Port-au-Prince le 15 novembre 1945.[13]

Trasybulle Laleau. 1868-1943. Élu sénateur en novembre 1915. Membre-fondateur en 1929 de la Ligue d'Action constitutionnelle. Secrétaire d'Etat de la Justice (18 mai 1931-6 octobre 1931). Nommé juge à la Cour de Cassation le 1er avril 1942. Il meurt à Port-au-Prince en décembre 1943.

Louis Callard. 1885-1939. Fondateur en 1917 du journal Bleu et Rouge puis en 1930 de Le Pays. Arrêté sous Sténio Vincent pour délit de presse et battu à mort, il expira quelques jours plus tard au pénitencier national sans avoir reçu de soins.[14]

Charles Moravia. Jacmel 17 juin 1876- Pétionville 11 février 1938.

Léonce Coutard. 1875- ? [1910-11-1912] Louis Midouin lui succède.

Louis Midouin. Commissaire du gouvernement et comptant au nombre des membres du Parquet ayant siégé lors du procès Montreuil. Rescapé du massacre du 27 juillet 1915. «(...) blessé, nous dit Jolibois, il avait été laissé pour mort. Quand on retira les cadavres des cachots, ceux des autres victimes qui étaient tombées sur lui, il avait perdu la raison. Il a dû mourir vers la fin des années 20[15].»

---

12 Daniel Supplice, op. cit. p. 482.

13 Daniel Supplice, op. cit. p. 470.

14 Ertha Pascal Trouillot\Ernst Trouillot, op. cit., p.180.

15 Jolibois. op.cit., p.230, note de bas de page.

J. J. F. Magny. Devenu, par la suite, Juge au tribunal de Cassation(12 septembre 1918-29 août 1919), il meurt en 1919.

Renaud Hyppolite. Meurt le 23 juin 1909.

Camille Gabriel. Ses traces semblent s'arrêter à son retour de Curaçao en 1911.

Charles Germain. Membre du comité organisateur de la manifestation et collaborateur assidu de L'Impartial. Commandant de l'Arrondissement de Port-au-Prince sous Oreste Zamor. Est fusîllé sommairement au pénitencier national le 27 juillet 1915.

David Jeannot. Il deviendra ministre de l'Intérieur et ministre de la Justice de Vilbrun Guillaume Sam. Membre du comité central de l'Union patriotique. Élu sénateur de l'Ouest le 14 octobre 1930. Membre de l'Assemblée nationale constituante, signataire à Port-au-Prince de la constitution du 15 juillet 1932. Il meurt en novembre 1938.

Léonie Coicou. Resta dans l'enseignement jusqu'en 1941.Inspectrice au département du Travail et, plus tard, membre de la commission communale de Port-au-Prince (octobre 1959), elle meurt dans cette ville, le 16 septembre 1969, à l'âge de soixante-dix-huit ans.[16]

Antoine Simon. S'exile le 2 août 1911 à la Jamaïque. Il revient au pays vers la fin de 1914. Meurt aux Cayes le 10 mars 1923.

---

16 Ertha Pascal Trouillot\Ernst Trouillot, op. cit., p.241.

DOCUMENTS ANNEXES

A propos des officiers compromis dans l'affaire Coicou
Article du major Dumas

Me. Jh Murvil Noisy,
Avocat, Directeur-Gérant de La Libre Parole
Cap-Haitien

Monsieur le Directeur,

Nous nous étions promis de parler de ce qui fait l'objet de la demande à nous adressée par votre intéressant journal, mais pas aussi tôt. Nous voulions regarder jusqu'où l'on pousserait ces machinations qui n'ont d'autre but que de faire voir toujours à tout le monde que ces messieurs ont été des conspirateurs voulant porter atteinte à la vie de Nord Alexis. Merci de nous avoir fait l'honneur, à nous tout humbles, de nous demander des renseignements sur l'arrestation de ces messieurs dont, comme vous et tous les gens sérieux, nous considérons la retraite comme une honte pour l'armée. Il n'était réservé à ces messieurs d'autre sort que celui dont ils ont pâti, car hier, c'était la guerre aux gens de bien, la canaille prônait. Quel est l'homme réellement sérieux de votre bonne ville voyait-on chez nous?

Aujourd'hui nous avons à combattre. Pas de soutiens, pas de réserve, li ne doit y avoir qu'une ligne, celle des combattants, composée de toutes les consciences honnêtes, de tous les vrais patriotes unis, opposant Force de volonté à Faiblesse, Rectitude à Irrégularité. La grande victoire certaine que nous remporterons sera l'éclatante victoire de l'Honneur sur le Vice, des Principes sur la Routine. Que le Capois pourchasse le méchant; que le Port-au-princien compatisse à ses douleurs, que le Cayen n'hésite pas et agisse; que le Gonaivien ne murmure pas et vienne à leur secours et qu'enfin nous nous unissions pour panser les plaies de la malheureuse Haiti.

Pour arriver à l'arrestation, nous voudrions vous décrire le caractère de chacun des gradés à côté desquels ces messieurs ont vécu quelques jours. Nous craignons de vous condamner au supplice d'une longue attente; mais en résumé de tout ce que nous aurions pu dire, considérez une cour où se réunit tout ce qu'il y a d'abject, d'infernal, d'immonde au service d'un chef d'Etat.

Ces messieurs faisant toujours preuve d'indépendance, et étant en lutte perpétuelle contre la routine préconisée par cette crapuleuse bande d'inconscients, ont été certainement l'objet de la haine de nos grands Fidèles. Toute la meute s'est coalisée et a juré leur perte. L'occasion souvent manquée de les faire mourir était trouvée le Quinze Mars. «Le général Nord va s'en aller bientôt. Dans les caisses des compagnies, il y a des valeurs pour lesquelles nous devons déployer quelque énergie. Ces messieurs sont Gênants, il faut les supprimer. Disons qu'ils conspirent et vite ils seront exécutés. Tel a été, monsieur le Directeur, dans la nuit du 14 au 15 Mars, le résultat des machiavéliques delibérations de la meute.

En effet, après l'assassinat des Coicou, des Mérovée, des Salnave, des Roche et des autres, L'Homme Animal ordonne d'arrêter ces cinq officiers tandis que les uns dorment et que les autres plongés dans un morne silence se demandent qui doivent être les victimes, que doivent-ils faire? Ils sont arrêtés le 15 mars à cinq heures moins un quart et conduits devant le péristyle du Palais où ils sont remis à un peloton de vingt cinq hommes au moins commandé par le Colonel Hérault Pierre. Ils vont être fusillés sur la place Pétion. Une lutte s'engage entre Gabriel et le rejeton d'Attila, celui-ci veut coûte que coûte exécuter; celui-là dit non et conseille d'envoyer en prison.. Enfin, ils sont envoyés en prison, dans les fers. À monsieur Gabriel, par notre organe, ces cinq messieurs envoient l'expression de leur profonde gratitude. Après le salut du dimanche, les soldats traversent dans l'autre cour où ils sont casernés. Là, en cercle d'officiers, et en des phrases où chaque mot n'est que la traduction exacte de la noirceur de l'âme du Beau-Barbare, l'Homme-Crime tînt ce discours: Depuis vingt-trois ans je suis dans la Garde, l'on n'y a jamais conspiré. Ces messieurs sont coupables, ils seront jugés et certainement exécutés. J'ai vu des preuves manifestes de leur culpabilité. On me disait toujours qu'ils conspiraient. Messieurs, si l'on vient me dire en ce moment que l'on conspire dans la garde, je vous tirerai des rangs et, de ma main, je vous fusillerai, le Président, après, pourra me révoquer...» Y-a-t-il conspiration dans la Garde? Il y a une prétendue conspiration inventée par la grande majorité ambitieuse et dégradante pour écarter quelques officiers sérieux et indépendants. Quelles preuves a-t-on? Un bout de papier sur lequel on a l'infamie d'écrire les noms de ceux à écarter et celui d'un civil. On nous disait toujours qu'ils conspiraient et vous aviez attendu jusqu'au 15 mars après l'assassinat pour les arrêter? C'est que vous conspiriez aussi?

Une vraie révolution n'est point possible au milieu d'un tas de gens aveugles d'ambitions et chez qui tout patriotisme est éteint. Elle est possible partout où chacun comprend ses droits et ses devoirs. Le Sud les a compris, il a fait le 19 novembre. Le Nord y a applaudi et n'a pas fait cas de l'appel aux armes qui lui était fait. Port-au-Prince, comme partout ailleurs, a enregistré leurs volontés...

Le lendemain soir 16 Mars, ces messieurs vont être exécutés. Toute la meute s'acharne après eux. Mais le navire anglais Indéfatigable arrive et par trois coups de canon dit aux bourreaux: Halte-là, Haiti n'est pas seulement aux haitiens, mais aussi à l'humanité. O fière Angleterre, en souvenir de ta belle conduite, de ton beau geste tout humain, ces cinq messieurs t'envoient l'hommage respectueux de leur éternelle reconnaissance. Ils rediront à leurs enfants que tu fus unie à la glorieuse France et à la noble Allemagne pour les arracher à la mort et faire suspendre le régime barbare inauguré le 17 Décembre 1902 par Monsieur Nord.

L'Angleterre dit non, ces cinq messieurs sont remis au conseil de discipline de la Garde. On espère de lui un rapport concluant à son incompétence et renvoyant les détenus par devant la fameuse cour Martiale. Mais les membres du Conseil comprennent leur rôle et le jeu que l'on mène. Honneur à eux tous ! Ils seront toujours en proie à la plus noire misère, car ils ont une conscience qui les empêche de mal faire et un coeur qui saigne de voir l'armée si vilipendée. Et Dieu seul sait si on ne les fait point conspirer à l'heure où nous écrivons ces lignes!

Après le rapport du conseil concluant à l'insuffisance de preuve établissant la culpabilité de ces messieurs, la meute machine, la meute invente et veut rejeter l'ordonnance de non lieu rendue par le conseil. C'est encore Gabriel qui l'accepte. Enfin, malgré tout, après dix jours, ils sont libérés et vont au Président qui leur parle de Malentendu, de Malveillance des victimes qui auraient écrit leurs noms sur un bout de papier pour donner plus d'importance à leur conspiration, qu'il s'était, lui aussi, trouvé dans leur cas, un jour qu'on avait porté son nom dans une liste de conspiration à laquelle il n'avait pas adhéré, que cette punition leur fera comprendre combien de précautions ils ont à prendre, qu'en vérité il n'a jamais conspiré, enfin leur ordonne de rentrer dans leurs corps respectifs. Après ces messieurs descendent et trouvent l'Homme-Crime qui les reçoit avec un doux sourire hypocrite. Pour moi, messieurs, leur dit-il, je vous l'avoue franchement, je vous aurais tous brûlés. Peut-être, aujourd'hui, je m'en repentirais. Aussi je me demandais comment cela pouvait-il être? Mille et une hypocrisie sont débitées, on se salue, se presse la main, se retire. Ces messieurs continuent de faire leur service. Ils continuent de dormir au Palais. La meute s'agite, machinations succèdent à machinations. Ces messieurs sont gênants. Leurs caisses ont du nickel. La meute monte, descend, elle est sens dessus dessous. Il lui faut finir avec ces officiers. Elle monte la tête au vieux . Elle envoie Jules Coicou demander en récompense de l'exécution de ses cousins, celle des cinq messieurs, après force supplications et en retour d'un service aussi signalé, leur exécution est fixée au dimanche qui suit leur mise en liberté. Encore cette fois, Gabriel leur dit de se sauver. Trois d'entre eux gagnent la Légation Française, un autre se jette dans les bois, et le cinquième reste au Palais. Il n'y a pas de cerveau capable de concevoir tout ce qu'a enduré ce dernier malheureux; il n'y a pas de main capable de vous retracer tout ce qu'on a inventé pour le faire mourir, monsieur le directeur. Tout cela s'accomplit vers la fin de Mars et dans les premiers jours d'Avril.On s'accapare des caisses des compagnies, excepté celle de la compagnie d'Artillerie qui est de la Grande Ecole depuis la mort du regretté Xavier Latortue. C'est pour arriver à cette fin que ces messieurs ont été l'objet de tant de haines, de tant de persécutions. C'est pour s'emparer des caisses des compagnies qu'on les a fait conspirer. C'est pour le tintin de quelques «rondelles de ferblanc» qu'ils allaient être exécutés. C'est pour cette même cause que le Beau Barbare a été dire à Nord Alexis que Monsieur A. Giboz avait volé les ronces métalliques de l'Etat et qu'il les avait vendues; quand ces ronces métalliques avaient été achetées avec les fonds de la compagnie pour clôturer le gymnase. Ces ronces métalliques ont été réellement vendues à la Cavalerie du Centenaire et le montant de cette vente a servi à l'achat des costumes pour les élèves de la compagnie. Ce n'est rien de faux. On peut le vérifier; les livres de la compagnie sont là.

Comme nous, vous trouverez fort malhonnête une pareille conduite; comme nous, vous remarquerez que la honte est à eux qui ont combiné, inventé toutes ces machinations et que ces messieurs resteront toujours grands devant le public. Comme nous, vous reconnaitrez dans les membres du conseil de discipline de la garde, des hommes qui n'ont pas été atteints de la gangrène qui ronge notre armée. Tout le pays digère mal la retraite de ces messieurs, dit votre journal. Certes, nous le croyons bien. Mais tout le pays aussi est en proie à la plus vive indignation de voir Narcisse encore à la Cour quand le néronisme a vécu...

Attendons, espérons! Le général Simon est un vieil expérimenté. Il saura se mettre en diapason populaire.

Nous demeurons très humblement.

Major Dumas

(L'Impartial, lundi 22 mars 1909, no 32)

*

Tentative avortée d'arrestation de Grimard Fayette

MADAME CELINA EUGÈNE

(30 JANVIER 1909)

D. Vous allez nous dire ce que vous savez des malheureux événements qui eurent lieu dans la nuit du 14 au 15 Mars de l'année dernière.
R. Le soir du 14 Mars, nous étions trois couchés chez ma mère : mon cousin Louis Alvarez, un fou du nom de Oscar qui nous a adoptés depuis quelque temps, et moi; ma mère n'était pas présente. A minuit sonnant, je fus violemment secouée et réveillée par le commissaire Beauvais Bréva. Je vis alors que la maison était comble d'hommes armés : officiers et agents de police, soldats volontaires du Nord et civils. Parmi ces hommes, j'ai distingué Arban Nau, qui m'a paru vêtu d'une longue redingote noire et coiffé d'un grand chapeau de paille;[17] le sous-inspecteur Auguste Laroche, dit Fusillé, les commissaires principaux Falvéus et Gilbert; les sous-commissaires Beauvais Bréva, Cherfils Télémaque, Theagène Cinéus et Porsenna Laurent, ces derniers tous en militaire.[18]

Quand je repris mes sens, je m'apprêtais à me vêtir, mais le général Arban s'y opposa et me dit : «Madame, il n'est pas nécessaire de vous habiller; il vous suffit de me donner Grimard.» ce à quoi je répondis : «Grimard est homme, je suis femme. Je ne puis pas savoir où est Grimard.» Il pénétra alors dans le salon où il rencontra le fou que je viens de vous nommer et qui se couche d'ordinaire dans cette pièce. Arban fit procéder à son arrestation et lui demanda avec empressement. «Où est Grimard ?» Il répondit apeuré : «Grimard est en haut.-Le commissaire Beauvais ajouta aussitôt : «Général il ne faut pas écouter ce que vous dit cet homme, car il est fou. «Vous parlez trop, lui riposta le commissaire Falvéus, si vous continuez ainsi, vous passerez parmi la foule.» Le général Arban monta ensuite au grenier, après avoir chargé le général Laroche de me surveiller et de m'empêcher de m'habiller.

---

17 Arban Nau, et à peu près dans l'accoutrement décrit par Clément Coicou.

18 Arban Nau et Théagène Cinéus, on l'a vu, ont nié toute participation à l'arrestation de Roche Armand. À comparer l'heure indiquée par Célina Eugène, de leur arrivée ici chez sa mère (minuit sonnant) à celle qui aurait vu, selon Mme Roche Armand, le chef d'état-major Léonce Leconte et sa bande opérer au Bel-Air (vers minuit) peut-on honnêtement douter de leur dénégation?

Je ne sus pas ce qu'il fit dans le grenier. Bientôt après, il en descendit et ils se retirèrent. En sortant, le commissaire Falvéus dit : «Si nous avions trouvé Grimard, nous l'aurions fusillé dans la maison même.» Ces hommes avaient apporté avec eux clairons et tambours.

Quand ils étaient partis, je montai au grenier pour voir si on n'avait pas enlevé la valeur de deux cents gourdes et une autre de quarante cinq gourdes que ma mère avait placées dans cet endroit. Tout le haut était bouleversé et les deux valeurs avaient disparu.[19]

A peu près une demi-heure plus tard, ils revinrent, Arban en moins.[20] J'entendis tomber la porte à leur arrivée (à la précédente visite, ils l'avaient défoncée) et j'apparus dans la salle. Le général Laroche me demanda vivement : «Où est le petit garçon qui était là tout à l'heure ?.» Le petit Garçon n'est autre que mon cousin Louis Alvarez que j'ai mentionné au commencement. Louis se présenta et le général Laroche ordonna à ses hommes de s'emparer de sa personne et de le conduire devant le cimetière. - Néanmoins, après qu'ils eurent lié le garçon, ils l'attachèrent à un calebassier qui se trouve en face de la maison de ma mère. Ils le menacèrent de fusillade s'il ne disait pas où était Grimard. Mais Louis persista dans sa réponse tendant à dire qu'il ne savait pas où était Grimard. Alors Beauvais intervint auprès du général Laroche et lui parla ainsi : «général, ce garçon est un enfant. Conduisons-le au bureau central où nous pourrons l'interroger à l'aise. Ce à quoi il accéda. On le conduisit donc au bureau central. Chemin faisant, il passa devant la maison de sa mère et, m'a-t-on dit, le commissaire Beauvais, intercédant toujours, obtint la permission de frapper à la porte de cette dernière maison. La mère de Louis se réveilla et s'entretint un moment avec le susdit commissaire.

D. Dans la foule, avez-vous remarqué le commissaire Choute Lafortune, dit Ti Choute ?
R. Non. Je ne l'ai point remarqué.[21]

D. -Et Thimoclès Lafontant ?[22]
R. Non plus.

*

---

19 Après Léonie Coicou, Grimard Fayette, Balthazar Christophe Pierre, Josias Ambroise, en voilà une qui se plaint, elle aussi, de vol opéré cette nuit-là.

20 On devine bien pourquoi!

21 Ce qui est bien compréhensible car, à cette heure, peut-être se trouvait-il encore dans les parages du Bel-Air!

22 Pourquoi ces questions ? Que cherche-t-il exactement ? Avait-il entendu dire que ces deux hommes s'étaient trouvés, eux aussi, chez Grimard ? Sans doute.

LOUIS ALVAREZ
AGÉ DE SEIZE ANS
(27 janvier 1909)

Ce soir là, à dix heures, je me mis au lit dans la salle de la maison de ma tante. Celle-ci n'était pas présente, elle était sortie assez tôt dans la soirée pour aller chez sa soeur lui apporter quelques marchandises pour être vendues pour elle; elle en avait ce soir-là un peu trop. Le couvre-feu la surprit dehors et elle ne rentra pas. J'étais donc seul dans la maison avec ma cousine Célina et un fou du nom de Oscar qui se couche avec nous depuis quelque temps, quand, vers minuit, je trouvai la porte grande ouverte et la maison envahie par une foule d'officiers, de soldats, de police et de civils. Parmi ces hommes, je reconnus le général Arban Nau, qui me parut être le chef de la bande. Il était Vêtu d'un grand pardessus et coiffé d'un chapeau de paille. A sa suite se trouvaient, le général Auguste Laroche, dit Fusillé, le commissaire Falvéus, le clairon Dorsonne (?) , les sous-commissaires Beauvais Bréva et le commissaire Gilbert. Je vis encore une foule d'autres, mais que je ne connais pas.

Mon premier soin, en me réveillant au bruit qu'ils firent tous, fut de demander qui c'était. En même temps, je cherchais une boite d'allumettes que j'avais près de moi et que je ne pus pas trouver aisément. Le général Auguste me dit : «Si vous ne vous empressez pas d'allumer la lampe, je vous sauterai la tête.» En Même temps, il fit le mouvement de tirer son sabre du fourreau. Je retrouvai à ce moment la boite d'allumettes et j'allumai la lampe. Le général Auguste me dit encore : «Si vous ne me donnez pas Grimard, je vous fusille.» Ce à quoi, je répondis : «Je suis un enfant, je ne connais pas les affaires de Grimard. Je rentre chaque soir à dix heures et je ressors le lendemain à quatre heures du matin.» Il me dit encore : «Habillez-vous.» J'obtempérai à son ordre. Mais je remarquai que je n'avais plus mes souliers que j'avais déposés près de moi en me couchant.[23] L'un des agents de police qui était dans la foule s'empara, en ce moment, de mon ceinturon, dans le gousset duquel se trouvait ma montre, je lui criai : «Laissez cela; c'est à moi.» Il jeta alors avec force la montre sur le parquet et la brisa. Il me dit ensuite : S'il vous en faut la boite, vous pouvez la prendre. Dans ce même temps, un groupe montait au grenier. Il descendit peu après et tous se retirèrent ensemble.

A peu près, une demi-heure plus tard, ils revinrent et demandèrent à ma cousine où j'étais. Je me chaussai alors avec les souliers appartenant

---

23 Un de plus à se voir, cette nuit-là, les frais éhontés de ce prélèvement parallèle et, sans doute, stimulant de butin. Et pour de malheureuses godasses, dirions-nous; Incroyable !

à ma tante. Ils procédèrent à mon arrestation, me lièrent et me placèrent sous un calebassier situé en face de la maison pour me fusiller si je ne leur disais pas où était Monsieur Grimard. Je répétai ce que j'ai dit plus haut et c'est à l'intervention heureuse du commissaire Beauvais Bréva que je dois d'avoir été conduit au Bureau Central. Chemin faisant, je passai devant la maison de ma mère qui demeure aussi au faubourg Salomon. Le commissaire Bréva fit faire halte à la colonne et frappa à la porte. Ma mère apparut et je lui appris mon arrestation. Le commissaire lui parla et nous continuâmes notre route. Sur la menace qui fut faite au commissaire Beauvais d'être fusillé à ma place si je me sauvais, je fus confié particulièrement à sa garde et le gal Auguste qui était à cheval, put nous devancer quelque peu. Le commissaire Beauvais m'entretînt de ce que j'aurais à faire ou dire quand on m'interrogerait au Bureau Central. Il me conseilla de persister dans ma dénégation. Je devais dire tout le temps, -ce qui était vrai, du reste- que je ne savais pas où était Grimard.

Arrivé au Bureau Central, je fus remis au général Helvé qui me fit subir un interrogatoire en présence du gal Arban que je rencontrai dans l'accoutrement ci-dessus décrit. Le Gal Helvé, sentant que je ne pouvais rien lui dire de ce qu'il désirait savoir, me plaça dans la salle des Secrétaires du Bureau Central et se retira. Cinq à dix minutes plus tard, le gal Auguste et le commissaire Petit-pierre Maitre pénétrèrent dans la salle et m'apostrophèrent comme suit : «Vous ne voulez décidément pas dire où est Grimard.» je répondis : «Grimard est du Cap; au lieu de consentir à mourir pour lui, je vous dirais volontiers où il est si je savais.»[24] Alors ils répliquèrent : Je vais vous faire dire. -Le commissaire Petit-Pierre Maitre me lia à nouveau et ils me firent prendre la rue qui conduit au cimetière. Quand j'arrivai devant le Palais de la Chambre, j'entendis un coup de sifflet, et un commissaire dit au gal Auguste que le gal Helvé ordonnait de retourner avec moi. Ce qui fut fait et je fus placé alors sous la consigne. La corde me fut retirée quand le gal Auguste reçut l'ordre de retourner avec moi. A quatre heures, il revint encore pour me prendre; mais le gal Helvé lui dit qu'il croyait que j'étais relaxé. Il répondit que ce n'était pas possible, que j'étais un homme; qu'on m'avait pris à la place d'un homme; que je devais être ou fusillé ou emprisonné.[25] Le gal Helvé lui répéta qu'il croyait que j'étais relaxé.

Il pénétra donc sous la consigne et se mit à interroger ceux-là qui s'y trouvaient : Nous étions cinq. Il avait déjà parlé à deux d'entre nous,

---

24 Indice, sans aucun doute, plus qu'intéressant de ce régionalisme outrancier régnant en maitre à l'époque.

25 Passage déjà mentionné au cours du récit.

quand il fut appelé par le gal Helvé et il ne revint plus auprès de moi.[26] A cinq heures, le commissaire Pascal Bréva, frère du commissaire Beauvais, me fit sortir de la consigne et me replaça dans la salle des Secrétaires, et, à sept heures du matin, sur les démarches de mon père, le capitaine Delphin de la Musique des chasseurs de la garde, je fus relaxé par le gal Helvé.

*

---

26 L'identité de ces quatre autres détenus n'a point été découverte.

Autour de la demande de levée des immunités parlementaires

TROIS ARTICLES DE PIERRE FRÉDÉRIQUE

PRENEZ GARDE, MESSIEURS !

On sait déjà dans le public que la Chambre ne veut pas suspendre les immunités parlementaires des Députés compromis dans l'affaire du 15 Mars. On a déjà affirmé, - et nous avons rapporté ce bruit qui n'a point été démenti, -que près de cent mille dollars seront dépensés pour acheter une majorité complaisante à la Chambre. Nous disions que nous ne croyions pas possible le succès de cette opération scabreuse. Aujourd'hui, les événements revêtent un caractère plus positif : les vagues bruits se traduisent en paroles authentiques prononcées à la tribune. Les soupçons semblent être confirmés par la conduite, les gestes et les discours de certains INVIOLABLES. L'attitude de la Chambre se dessine nettement et l'heure nous parait solennelle. C'est pourquoi nous venons dire à Messieurs les Députés : Prenez garde! Tant pis pour vous, si vous ne faites pas ce qui est juste!

Qu'on ne se hâte pas de nous appeler énergumène quand si nous signalons l'abîme que Messieurs les Députés semblent vouloir creuser sous leurs pieds et dans lequel ils s'engloutiront infailliblement s'ils se mettent en travers de la Justice.

Depuis que le Libérateur a changé l'ordre de choses établi par Nord Alexis, - Messieurs les Députés semblent ne pas s'en apercevoir,- l'opinion publique a repris ses droits dans la conduite et le contrôle des affaires du pays. Ceux qui administrent ne peuvent plus se refuser à rendre compte; ils ne peuvent plus bâillonner les citoyens qui réclament; de même ceux qui, à tort ou à droit, sont décorés du titre de mandataires de la nation ne sont plus admis à étouffer la voix de cette nation et à agir hautement et avec impunité contre les intérêts, les sentiments ou les aspirations de cette nation. Quand des pseudo-mandataires agissent contrairement aux voeux de leurs mandants, ils s'exposent à voir révoquer leur mandat régulier ou non, sans préjudice d'autres désagréments. Ce que nous disons ici peut être vérifié par des événements de date récente.

Si nos Députés actuels n'ont pas la mémoire trop courte, ils se rappelleront les fameuses séances des 4 et 6 juin 1897. Des députés impopulaires qui, comme aujourd'hui, étaient menés par celui qui les avait nommés, animés, comme aujourd'hui, par la soif cupide de l'or, la passion politique ou la nécessité de servir LEUR MAÎTRE, avaient attaqué inconsidérément un cabinet revêtu de la confiance du peuple et soutenu par lui.[27]

Eh bien ! il arriva que le peuple désavoua les députés, les chassa de leur palais, arracha de leur boutonnière la cocarde bicolore. Beaucoup d'entre eux furent maltraités, et s'ils n'avaient commis l'indignité de rentrer, le 6 juin, le vote qu'ils avaient émis le 4, ils auraient été obligés de s'en aller définitivement.

Si nos députés actuels veulent bien méditer un instant sur cet épisode de notre histoire parlementaire contemporaine, ils éviteront de tomber dans leur propre piège ou de s'humilier inutilement.

Le peuple haïtien tout entier entend que les criminels du 15 Mars soient jugés, QUELS QU'ILS SOIENT. Et nul pouvoir ne peut empêcher que ce jugement ait lieu.

Nous sommes partisans de l'éclosion de toutes les libertés, pour les citoyens comme pour les pouvoirs publics; mais aussi, et surtout, nous sommes partisans de la Justice souveraine; car il n'y a pas de Liberté sans Justice.

Si la Constitution fait obligation de demander une autorisation pour poursuivre un membre du corps législatif, c'est simplement pour garantir son indépendance et le protéger contre les persécutions possibles d'un gouvernement despotique qui pourraient bien le poursuivre et disposer de sa personne, uniquement pour le punir de ses opinions exprimées à la tribune ou de sa conduite politique. Mais le Législateur n'a point entendu que cette prérogative put servir à assurer l'impunité à des crimes aussi abominables que les assassinats du 15 Mars.

La liberté de la Chambre ne peut pas aller jusqu'à entraver l'oeuvre de la Justice. Et puis, est-ce qu'il peut se rencontrer dans cette Chambre composée de JEUNES une majorité pour commettre cette infamie ?

Ne sait-on pas que le monde entier suit avec un intérêt peu commun le procès du 15 Mars ? que, dès lors, ceux qui, à tort ou à raison, constituent la représentation nationale n'ont pas le droit de nous couvrir ainsi d'opprobre: en se solidarisant avec le crime, en mésusant d'une prérogative que la Constitution leur accorde?

Et s'ils s'avisaient d'en agir ainsi?

---

27 Incident qui eut lieu sous T.Simon Sam et qui, à propos d'ordonnances de paiement décernées par le ministère de L'Intérieur, vit aux prises la 21 ème législature (une créature de l'ancien ministre des Finances d'Hyppolite, le tout puissant Versandre Stewart) avec le cabinet ministériel composé entre autres d'Anténor Firmin (Finances, Commerce, Relations Extérieures) de Solon Ménos(Justice et Cultes) de Valérius Douyon (Intérieur) et J.C.Artaud (Agriculture et Travaux Publics).(NDE)

Il n'y a qu'une seule juridiction qui pourrait alors connaître de leur cas : le peuple souverain. Et l'on sait comment il procède. C'est à lui que nous faisons appel dès maintenant.

Nous le convions à ne pas se désintéresser du rapport de la commission instituée par la Chambre. Il faut qu'il soit à la séance où ce rapport se discutera; et il nous trouvera avec lui pour se manifester.

Nous ne demandons pas de représailles sanglantes; nous ne voulons pas d'une revanche anarchique et sauvage; mais nous EXIGEONS que JUSTICE SE FASSE.

Si les contrebandiers d'hier décorés de la cocarde de députés pouvaient faire que la loi, la Justice et l'équité fussent lettres mortes; s'ils pouvaient exonérer les plus grands criminels, il y aurait lieu de pousser le DELENDA.

Mais le peuple souverain est là qui rétablira l'équilibre et qui dira ce qu'il pense de la prétention de ceux qui croient qu'il suffit de porter,- n'importe comment- une cocarde de député pour pouvoir disposer de la vie des meilleurs citoyens, voler des vingtaines de mille dollars à la République et obtenir un bill d'indemnité(?) de collègues en assassinat ou en vol.

Non ! le peuple est vivant; il a les yeux ouverts et, sous les auspices de l'homme, de la JUSTICE et de la LIBERTÉ, il demandera, exigera que FORCE RESTE À LA LOI.

Sa volonté seule prime; et si les députés veulent s'en convaincre, ils n'ont qu'à faire l'essai de leur petite combinaison pour voir avec quelle facilité leurs cocardes seront arrachées de leurs boutonnières et si jamais ils siègeront au Palais de la rue de la Révolution.

PRENEZ GARDE MESSIEURS! Le peuple entend que Justice se fasse.

P.F. FREDERIQUE.

(Lundi 17 mai 1909, No 48)

*

EN PASSANT

Nous avons jeté un coup d'oeil sur le No. d'hier du Matin et avons rencontré la «Réplique nécessaire» de l'honorable député Gourgue au compte rendu que «l'Impartial» a publié de la séance du 14 Mai de la Chambre. Dans cette réplique, M. Gourgue s'est borné à confirmer ce que dit notre collaborateur, à savoir que :

1. Il a agi par reconnaissance. Sur le chapitre de la reconnaissance, le député Gourgue est intraitable. Il s'écrie avec indignation ; « Que l'auteur

de ces lignes sachent que la reconnaissance est le premier devoir de l'homme et que si je la professe, c'est mon droit. Et, malheur à ceux qui sont ingrats; car l'ingratitude est le plus noir de tous les vices.»

2. Que dans sa famille, le patriotisme est tellement en honneur qu'il est devenu proverbial, etc.

Notre collaborateur Major Dumas qui avait fait le compte rendu et à qui s'adresse la réplique de l'honorable député Gourgue étant absent de la Capitale, nous nous contentons, à sa place, de demander au député Gourgue si on l'avait envoyé à la Chambre pour payer ses dettes de reconnaissance au détriment des intérèts du peuple, de la morale, de la Justice et de la vérité?

Vertu peut devenir vice, de même que tout médicament salutaire peut empoisonner. Le tout est de savoir s'en servir. La reconnaissance du député Gourgue, dans le cas qui nous occupe, loin d'être une vertu admirable, est plutôt un crime.

Quant à son patriotisme, il parait vraiment qu'il déborde..... à l'étranger.

C'est, en effet, en Amérique qu'il est allé se nicher. Car, il n'y a pas deux mois, publiquement, dans un train allant à Bizoton, et à propos d'un «petit garçon» qui, ayant payé sa place, ne voulait pas la céder, n'a-t-on pas entendu l'honorable député tonner «qu'il n'y avait que le blanc américain pour faire marcher ce pays et que quand il viendrait (avec la conviction qu'il viendra) tous ces petits nègres seront obligés de marcher et marcheront»

L'honorable député Gourgue n'a-t-il pas été, sur l'heure, rappelé au sentiment de la pudeur patriotique par son voisin, notre collaborateur et ami, Arsène Chevry, en présence d'André Duquerrouette et de tous les autres passagers qui étaient *sur la plateforme du car.* Monsieur Gourgue, à ce moment-là, avait pourtant à sa boutonnière la cocarde bicolore.

C'est donc par patriotisme qu'il parlait ainsi? *par un patriotisme débordant à l'étranger.*

C'est ce même patriotisme qui a aussi inspiré sa noble attitude à la Douane du Petit-Goâve.

Nous ne nous attarderons pas à discuter les assertions du Député Gourgue, à savoir que son Protecteur Gabriel n'est pas responsable des hécatombes du 15 Mars. Les auteurs du 15 Mars s'est-il écrié avec conviction «sont ceux qui qui ont fait le 15 Janvier aux Gonaives et qui avaient fait, au Cap, le 28 Juin 1902, et parmi lesquels se trouvait mon valeureux frère Amaré.»

C'est donc Amaré Gourgue et consorts qui ont fait le 15 Mars et non pas Gabriel.

Le Député Gourgue peut avoir raison.

En tout cas, la décision de l'honorable Député Gourgue de demander raison à son adversaire quel qu'il soit n'a ému personne dans la Rédaction du *petit bi-hebdomadaire.*

A meilleur entendeur salut et demi.

P.F.F.

(L'Impartial, mercredi 19 mai 1909, no 49)

*

FANTASMAGORIE

Au palais de la rue de la Révolution, un public nombreux assistait hier à une des plus belles représentations d'opéra-bouffe.

Un certain député Savoir ou Savoie Auguste, poussé- à cause de son ignorance et de son ineptie-par quelques collègues plus intelligents, a demandé aux Secrétaires d'Etat de la Justice et de l'Intérieur quelles mesures ils comptaient prendre contre *le numéro 17 du journal l'Impartial* (sic)

L'illustre Député, pour faire apprécier son *Auguste Savoir,* s'est livré à des considérations politico-légales sur le respect que l'on doit aux dépositaires de la puissance publique et sur les mesures à prendre contre les journalistes, *comme cela se pratique dans les pays civilisés* (sic) ; il s'est exclamé sur la possibilité d'arracher leurs cocardes aux Députés. *C'est dur, Messieurs.* Car le Député *Savoir* tient à sa cocarde et surtout *aux neuf cents feuilles,* sans compter les *casuels,* comme dans le cas des contrats onéreux, comme dans la circonstance présente. Ah ça ! pas de blague ! ce n'est pas à ce moment qu'un journaliste téméraire doit parler d'enlever leurs cocardes aux députés et d'ouvrir les yeux *au peuple souverain.* Peuple souverain! mais c'est un cri séditieux ; c'est une incitation à la guerre civile, c'est subversif des institutions nationales.

Et les ministres de l'Intérieur et de la Justice doivent se coaliser, se combiner, se multiplier pour garantir à Messieurs les inviolables *leur sécurité* dans leur petit commerce et les protéger même contre le peuple souverain.- C'est à cette heure où le national *Railroad* et la Compagnie de la Gonâve arrivent avec de gros contrats, à cette heure où Gabriel jette de l'or pour avoir une majorité, c'est à cette heure que l'Impartial, *ce brandon de discorde,* se permet de parler de nous mettre à la porte.

Mais c'est dur, Messieurs !

Et vous, Ministres, que faites-vous pour nous protéger?

Et le ministre de l'Intérieur se lève et marche à la tribune où il se *carre,* s'enfle, se gonfle dans toute l'ampleur de sa suffisance creuse pour débiter avec sa grandiloquence habituelle, le discours suivant :

Messieurs les députés, j'avais pensé que vous auriez quelque question à me poser, c'est pourquoi je me suis présenté ici sans avoir été appelé.

Comme vous, j'ai vu le *numéro extraordinaire de l'Impartial,* j'ai vu tout ce qu'il comporte et tout ce qu'il compte faire (sic). J'ai compris qu'en ma qualité de (enflez la voix, gonflez la poitrine, ouvrez grands des yeux qui sont *tout blancs*) qu'en ma qualité de Secrétaire d'Etat de l'Intérieur et de la Police, j'avais un devoir à remplir. Ce devoir, c'est de vous protéger et vous garantir votre sécurité. Aussi, pour accomplir ce devoir, j'ai du prendre toutes les mesures d'ordre, nécessaires. Avec les mesures d'ordre que j'ai prises, je peux vous assurer que *tout ce que compte faire ce No extraordinaire* (sic) restera à l'état de rêve. Tranquillisez-vous, Messieurs, rien ne vous arrivera. Maintenant si vous qualifiez *cet article* (sic) mon collègue de la Justice fera certainement son devoir».

Voilà les phrases dignes d'un élève de 7 ème que M. Renaud Hyppolite a prononcées à la tribune de la Chambre avec un aplomb et une suffisance si outrecuidante qu'un des spectateurs qui se tenait non loin de moi, n'a pas pu s'empêcher de s'écrier : *A là gnou minis qui gangnin grand gabarit.*[28]

Ainsi le Ministre *grand gabarit* a fait des effets de ventre et de poitrine, s'est penché en avant, en s'inclinant un peu et en ouvrant les bras, a montré ses dents blanches, ouvert ses grands yeux tout blancs, esquissé un sourire protecteur, et les inquiétudes du député *Savoir* se sont évanouies et la comédie est jouée.

Est-ce vraiment pour amuser ainsi le public que députés et ministres sont payés?

Il est vrai qu'ils ont fait rire l'auditoire, beaucoup même! mais nous trouvons que ces petites représentations de notre théâtre d'été coûtent un peu trop cher à la République, surtout quand nous considérons que les acteurs ne peuvent jouer que le bouffe et ne sont pas de premier ordre.

Ne pouvait-on pas vraiment se passer de ce spectacle? Quel a été le résultat de la fantasmagorie d'avant hier?

Monsieur Renaud Hyppolite s'est amené d'office- suivant sa déclaration- a mis sa bouche en coeur, *tourné ses yeux à l'envers,* souri et cela a calmé les alarmes de l'auguste député Savoir...et l'on s'en est allé ensuite boire du champagne pour célébrer le succès de cette formidable journée parlementaire !

---

28 Que voilà un ministre d'un gabarit certain !

Et c'est ainsi que vous justifiez la confiance du Chef de l'Etat, ministre de l'Intérieur? Et c'est ainsi que vous défendez les intérêts du peuple souverain, députés?

Non ! Messieurs, assez de fantasmagorie ! Essayez au moins de faire quelque chose d'utile.

Vous vous attirerez ainsi l'estime de vos concitoyens et un peu moins de ridicule.

P.F. FREDERIQUE

(Vendredi 21 mai 1909, no 50)

BIBLIOGRAPHIE

Berrou, Raphael et Pradel Pompilus. *Histoire de la littérature haïtienne illustrée par les textes, Tome I,* Paris: Editions de l'Ecole/ Port-au-Prince: Editions Caraibes, 1975

Coicou, Massillon. *Textes choisis; avec une étude biographique, historique et littéraire, des notes, des jugements critiques, des questions et des sujets de dissertation par Jacquelin Dolcé,* Port-au-Prince: Editions Choucoune, 2000

—. *Poésies nationales,* Port-au-Prince: Presses nationales d'Haïti, 2005

Corvington, Georges. *Port-au-Prince au cours des ans: La Métropole haïtienne du XIXème siècle, 1804 - 1888,* Tome 3, Port-au-Prince: Imprimerie Deschamps, 1993

—. *Port-au-Prince au cours des ans: La Métropole haïtienne du XIXème siècle, 1888-1915,* Tome 4, Edition revue et corrigée, Port-au-Prince: Imprimerie Deschamps, 1994

—. *Port-au-Prince au cours des ans: La capitale d'Haïti sous l'Occupation, 1915-1922 ,* Tome 5, Port-au-Prince: Imprimerie Deschamps, 1984

—. *Port-au-Prince au cours des ans: La capitale d'Haïti sous l'Occupation, 1922-1934,* Port-au-Prince: Imprimerie Deschamps, 1987
—. *Port-au-Prince au cours des ans: La ville contemporaine, 1934-1950,* Tome 6, Port-au-Prince: Imprimerie Deschamps, 1991

Dalencour, François. *Précis méthodique d'Histoire d'Haiti; cinq siècles d'histoire, 1492-1930,* Port-au-Prince, 1935

Danache, Berthomieux. *Choses vues; récits et souvenirs, 1902,*   Port-au-Prince: Imprimerie Chéraquit, 1939

Délienne, Castera. *Souvenirs d'épopée,* Port-au-Prince: Imprimerie de l'état, 1935

Désinor, Carlo. *Un siècle au quotidien, Tome I: Le pari impossible,* Port-au-Prince: Edition du Centenaire, 1998

——. *Un siècle au quotidien, Tome II: Le risque calculé,* Port-au-Prince: Edition du Centenaire, 1998

Desquiron Jean. *Haiti à la Une: Une anthologie de la presse haitienne de 1724 à 1934, Tome II: 1870-1908,* Port-au-Prince: l'Imprimeur II, 1994

——. *Haiti à la Une: Une anthologie de la presse haitienne de 1724 à 1934, Tome III: 190-1915,* Port-au-Prince: l'Imprimeur II, 1995

——. *Haiti à la Une: Une anthologie de la presse haitienne de 1724 à 1934, Tome IV: 1915-1921,* Port-au-Prince: l'Imprimeur II, 1996

Firmin, Anténor. *De l'égalité des races humaines, (Nouvelle édition présentée par Ghislaine Geloin),* Paris: L'Harmattan, [1885] 2004

——. *Lettres de Saint-Thomas : études sociologiques, historiques et litteraires,* Paris: V. Giard & E. Briére, 1910 [Reproduction des Editions Fardin, Port-au-Prince, 1986]

——. *M. Roosevelt, président des États-Unis et la République d'Haïti,* New York: Hamilton Bank Note Engraving and Printing Company/ Paris: F. Pichon et Durand-Auzias, 1905
Gaillard, Roger. *Le grand fauve. (1902 - 1908),* Port-au-Prince: Imprimerie Le Natal ,1995

——. *L'état vassal (1896-1902),* Port-au-Prince: Imprimerie Le Natal ,1988

Heinl, Robert Debs et Nancy G. Heinl. *Written in Blood: The Story of the Haitian People, 1492-1995,* Lanham, Md. : University Press of America, [1996] 2005

Jeannopoulos, Peter. *Port-au-Prince en images - Images of Port-au-Prince,* New York: Next Step Technologies, 2001

Jolibois, Gérard. *L'exécution des frères Coicou,* Port-au-Prince, 1986

Lamaute, Emmanuel. *Le vieux Port-au-Prince,* Port-au-Prince : Beljwèt Publications, [1939] 1999

Madiou, Thomas. *Histoire d'Haiti, Tome III: 1803-1807,* Port-au-Prince : Editions Henri Deschamps, 1989

Marcelin, Frédéric. *Le Général Nord Alexis, Tome III,* Paris: Société anonyme de l'imprimerie Kugelmann, 1909

—.   *Au gré du souvenir,* Paris: Augustin Challamel, 1913
Menos, Solon. *L'affaire Luders,* Port-au-Prince: Imprimerie J. Verrollot, 1898 [Reproduction des Editions Fardin, Port-au-Prince, 1986]

Michel Georges. *Debout les morts!, Tome I: Vers l'abîme,* Port-au-Prince: Imprimerie Le Natal, 1998

—.   *Debout les morts!, Tome II: Un été meurtrier,* Port-au-Prince: Imprimerie Le Natal, 1999

Moise, Claude. *Constitutions et luttes de pouvoir en Haiti, Tome 1: 1804-1915, La faillite des classes dirigeantes,* Montréal : CIDIHCA, 1988

Oriol, Michèle (avec la collaboration de Patrick Vilaire et Corinne Wieser). *Chef d'Etat en Haiti, gloire et misères.* Port-au-Prince: Fondation pour la Recherche Iconographique et Documentaire, 2006

Péan, Marc. *L'échec du firminisme,* Port-au-Prince: Deschamps, 1987

Price-Mars, Jean. *Anténor Firmin,* Port-au-Prince: Imprimerie Séminaire adventiste, 1964?

Supplice, Daniel. *Dictionnaire biographique des personnalités politiques de la République d'Haiti.* Lanoo Imprimerie, Belgique, 2001

Trouillot, Ernst et Ertha Pascal Trouillot. *Encyclopédie biographique d'Haiti,* Montréal: Les Editions Semis, 2001